ZHONGGUO
XIANDAIWENXUE
FAZHANSHI

中国现代文学发展史

第三版

黄修己 著

中国青年出版社

（京）新登字083号

图书在版编目（CIP）数据

中国现代文学发展史/黄修己著. —第3版.
—北京：中国青年出版社，2008
ISBN 978-7-5006-8406-0
Ⅰ.中… Ⅱ.黄… Ⅲ.现代文学-文学史-中国 Ⅳ.I209.6
中国版本图书馆CIP数据核字（2008）第138057号

第1、2版责任编辑：刘艳丽
第3版责任编辑：杜惠玲 李凌
装帧设计：瞿中华

中国青年出版社 出版 发行
社址：北京东四12条21号
邮政编码：100708
网址：www.cyp.com.cn
编辑部电话（010）64034349
营销中心电话（010）84039659
三河君旺印刷厂印刷
新华书店经销

700×1000 1/16 34.5印张 1插页 520千字
1988年11月北京第1版 1997年11月北京第2版
2008年10月北京第3版
2008年10月河北第30次印刷
印数：396501-402000册
定价：36.00元

第三版序

1960年大学毕业后，我被分配去教中国现代文学史，而且立即上讲台，从头讲到尾。那时所谓从头到尾是从五四一直讲到当前。《创业史》刚出版，就急忙买来看，厚厚的一大本还要细细地读，读完了把笔记整理一下，就是讲稿了。第一遍全包干是1961年，给北京大学中文系第一届古典文献专业(五九级)上课。那时还是“三年困难”时期，饿着肚子紧张备课，居然支撑了下来。紧接着又给文学专业六零级、六一级讲这门课。再后来还给哪几个年级讲课就记不清了，反正在北大讲授现代文学基础课一直是我的主要教学任务；直到我离开北大，才与现代文学的基础课告别。我是很喜欢基础课的，当我已经没有机会再讲基础课时，还在一遍遍的编写教材，案前独坐，写着敲着，都好像还站在讲台上对着那一张张年轻的脸庞，讲述着自己的见解，不时地听到他们的笑声。我以为高等学校最重要的任务应该是办好本科。我做学生时几乎所有基础课都是著名的老教授亲自讲授的，这是深以为幸的。我后来也带硕士，带博士，深感有的人就是基础课没学好，虽然也能在某一点上钻得很深，他们的发展总是受到了局限。

我一遍遍地讲课，也在一遍遍地积累着。最早的给古典文献五九级讲课的讲稿，有的至今还保存着。到了有机会自己来编教材，我的教材也可以说是一遍遍课堂讲稿的结集。从1984年的《中国现代文学简史》，到1988年的《中国现代文学发展史》，其后有《发展史》的修改版，再到现在这《发展史》的新版，都集聚着我长时间里教学和科研的成果。从1960年到现在，快要半个世纪了，这半个世纪中国社会都处于剧烈的震荡和变动中，人的思想变化之大，对历史(也包括文学史)的认识变化之大，说来令人感慨万千！正是这样的现实给了我启示，我在第二版的《中国新文学史编纂史》中，把历史分为

“身作之史”和“心构之史”，这后者指所有的历史著作，这是人“心构”的产品，必定随着不同时空里人的认识的变化而变化。不同时空里的人，都做出了对于人的“身作”之史的阐释，这应该是人的一种权利。几年前，我在“以人为本”思想的启发下，提出中国现代文学“全人类性”的命题，希望从“人的觉醒和解放”的角度来审视、阐释中国现代文学，使我们的现代文学能为世上更多的人所理解、所享用，更能够适应“全球化”时代的要求。而且从这样的角度来看中国现代文学发生、发展的历史，其轨迹也是很清晰的，还便于发现、发掘一些具体作品的价值，作比较符合实际的褒贬。这部新版《发展史》正是这样的尝试，哪怕只是一小步，我以为还是值得跨出去的。不论这一步的成败得失，至少可以让人们看到一种文学史阐释的实践，而后再来说长短，辨是非。

现在，编教材是不大被人看重的。但我的师辈，本学科最有学问的学者们，却都对编教材付出过很大的热情，下了很多功夫。固然他们那时编教材有着超出编写教学用书的意义，但他们肯于花费心血，还是可以说明教材的重要性的。不过就我个人而言，比起编教材来，还是更喜欢讲课；因为在课堂上可以比较自由地发挥。我看不少老师在课堂上讲的，都比他们书里写的精彩得多。

本书的几个版本里刻印着一个人半个世纪的精神漫游和思想爬行的痕迹。当我回看这半个世纪里留下的足痕，有所感慨甚至感伤应该是不言而喻的吧。我认为至今我们还不能说已经很全面地反映了中国现代文学的真实历史面貌，我多次谈到中国的现代文学不仅是雅俗文学的“双翼齐飞”，而且像个“千手观音”。明知这样的观点会有很多反对者，而且编纂实践也相当不易；但因为历史本来就是这样的，真相已经浮出水面，我坚信现代文学史的编纂将朝这样的方向去发展。只可惜我已经没有可能来把自己的新认识还原为历史的原貌，个人的奋斗终有穷期！这个时候我最想说的话就是：谢谢所有花了时间读过我的书的人，谢谢所有的批评者，也谢谢所有为现代文学史编纂的创新而奋斗的人！

2008.5.25 于广州

初版序

我从1960年开始教中国现代文学史，经历了对这段文学史的“历史的批判”、“历史的拨乱反正”和“历史的反思”三个时期。在“文化大革命”中，对历史的批判竟使得整个现代文学史剩下孤零零的一个鲁迅。那时我曾躲进北京大学外文楼上一间小小的旧期刊阅览室里看书，常常是三位馆员陪着我这一位孤独的读者，寂寞地度过了许多时日。正是在这寂寞中，我浏览了北大馆藏的许多现代文学期刊。我发现历史并不像以往所说的那样简单、干瘪，而是非常丰富、生动、复杂、曲折的。1972年春，我给北大中文系第一届工农兵学生讲中国现代文学，便依据那时所读到的史料，讲胡适、陈独秀，也讲徐志摩、李金发。但在不久后的反“右倾回潮”斗争中，因此而挨了批。只有到了“四人帮”被粉碎后，才得以跟随大家，一起迈入了“历史的拨乱反正”的新阶段。1984年我发表了《中国现代文学简史》一书，尽量地吸收几年间拨乱反正的成果。当然，几年前在北大外文楼上那小房间里做的积累和思考，这时也帮了我的大忙。现在，时间又过去四年，当编写这部《中国现代文学发展史》时，我觉得应该进而取“历史的反思”的态度。那就是，对历史不应只作描述的反映，也不能仅仅满足于给历史上的作家打分、评高低；而应该对历史作解析，透过客观的史实，和作者对史实的处理，让人们看到某段历史发展的特征和规律，它的经验、教训，使历史真正成为一面镜子。这是个长期的困难的任务，而且需要学术勇气。本书最多只能说企图开始这样去做。自知成果不多，表述亦不鲜明，只因像蚕一样，得到这么一个蜕皮的机会，便感到是十分幸运的了。

本书仍然保持着我的《简史》的基本框架。因为我认为作家评论汇编式的老体例，局限性很大。个体最优的和，并不等于整体的最优，对每一作家个体研究的成功,也并不等于圆满地认识了现代文学整体。比较起来,体裁分类的体例要好一些,因为人们可以看到各种体裁的发展线索和各体裁内部作家间的相互关系。但我也没有完全采用这种体例,我企图从文学史的事件和作家创作中,归纳概括出带有各发展阶段特征的文学现象,搭起体例的框架。各种文学现象,是由文学与其外部联系的诸因素,或文学内部联系诸因素间矛盾冲突所造成的,它本身就是事物运动的产物。因而把它用时间的链条串起来,历史便是一条不停地运动着的、有生命有色彩的江河。固然,什么时候出现什么样的作家,产生什么样的作品,有的也是重要的文学现象。可惜以往的某些体例,只以排列作家、作品为目的,而并不视之为文学现象。这样,作家与作家或作品与作品,便成互不往来的城堡。在那里,一个作家加一个作家等于两个作家。而我现在用的体例,提供了这样的可能,使一个作家加一个作家,再加他们之间或他们与周围各因素的关系,因而大于两个作家。至于这样写造成某些作家被分隔在不同章节里叙述,有损其完整性,我认为如果因此而加强了现代文学史的完整性,那还是值得的。但本书在突出文学现象的前提下,也尽可能集中地叙述作家,使他们的形象更完整些。

经过"历史的拨乱反正",现在各种中国现代文学史著作,都增添了许多新内容。本书较之《简史》,也多了个别自认为可以入史的作家作品,但这次更多的是删枝去叶,因此所述作家数量较《简史》少。这并不损害中国现代文学史的丰富多彩的面貌。把许多历史上已经沉淀下去的东西,重新搅起,再予审视,在特定时期是有必要的。但接着便应是再沉淀,而不能让水总是浑浊的。我觉得一个史学家应该有胆识地把不该沉没的历史,重新恢复原貌,给予应有的评价;同样也应该有勇气对历史进行选择,把真正经得起时间考验的作品,保留下来。短短的32年里,名垂青史的作家和传世之作,恐怕不会太多,至少不会像现在这样上百个,甚至几百个。所以我们可以编一本详尽的作家作品索引,供后人重新审察历史之用。而在编写历史著作时,入史的标准还是严格一点为好。

数年前写《简史》的时候,只从教的角度考虑问题,便在文字上求简,以便把详细的分析留到课堂上去做。书出版后,有的学生说:你的书中一部作品只分析那么三言两语,我们还得到课堂上听你灌。这个意见对我有触动,使我想到写书也该多为学的人着想。所以本书对某些重点,适当地分析得细一点，希望便于学生自学。只是这样一来，篇幅有所扩大，不能再叫《简史》了。而现在名之曰《发展史》，并非标榜对史的发展的叙述已多么充分，主要是因为眼下同名的这类著作太多，标出“发展”，略示区别。

我的《简史》出版后，读到海内外报刊上十余篇评论文章，还收到许多热心读者的来信。其中批评性的意见对我很有帮助。趁这次编写新书的机会，我尽量地吸收他们的宝贵意见。我衷心地感谢这些相识或不相识的朋友。在上海讨论本书初稿时，又得到钱谷融教授的热情指教。张毓茂教授帮助撰写了东北沦陷区文学部分。方谦、李平二位老师作为本书的特约编辑，在文字的修订上也给了许多帮助。这里一并向他们致以谢意。

黄修己

1988.1.于中山大学

重版序

《中国现代文学发展史》自 1988 年出版，至今正好 10 个年头了。这 10 年中，多次重印，发行了大约 18 万册。又经韩国高丽大学中国语言研究会 10 多位专家的集体努力，被译成朝文在汉城出版，在一段时间里做了韩国学生了解中国现代文学史的主要教材。后来又出了香港版，由“三联”发行。感谢香港中文大学黄维梁教授，他在为香港公开进修学院讲授中国现代文学课时，也选用了这部《发展史》。现在，它得以修订再版，这些都是出乎我的意料的。作为以讲授中国现代文学为职业，终身都在一遍又一遍地“重写文学史”的人，虽然明知自己学识水平不高，但看到自己的作品，不论是参与集体编写的，或是独立完成的，能够一部比一部有点进步，有的还不断被重印、重版，说明还有人要读它、用它——这无论如何是令人欣慰之事。这本身就是无言的评价，也可以说是一种奖励。我看重这种奖励，因为它不掺假，不靠“诗外功夫”，是实实在在的。

中国现代文学虽然只有 32 年的历史，但出现的作家很多，作品更多。这期间流派、社团之多，文艺思想之纷纭复杂，其变动之快速，都是古典文学所不可比拟的。用个人的力量来编写这样的文学史，不仅要有比较深厚的学养，而且要有长期的积累。前期的准备工作就不少，例如编撰现代文学大事年表（还不能太简略，太简略了实用价值不大），编撰重要作家的小传（包含他的主要作品的系年）等，这些都不能靠短时间的突击。更不用说还要查找、阅读大量的各类体裁的作品，了解已有的对这些作品的评价等等。就算花上一个人的半生，也难说绝对就够。

就我个人来说，也曾断断续续地做过这类准备。我在本书初版本的序中，回忆“文革”后期在北大图书馆读旧期刊，常常阅览室里只有我一个读者,却有三个馆员陪着的情景。那时的大量阅读,无疑是重要的准备。也是在那时,我还从王瑶先生那里借抄他在50年代初,从"作协"抄来的一批作家的自传或简历。那纸张皆已发黄,作家们写自己的历史,有的也相当马虎潦草,并不准确。但在当时,已是很珍贵难得的了。我从60年代初初登现代文学课的讲坛起,已开始断断续续、零零散散地编了部分大事记。这些都可说是为后来编书做准备,但还是不充分的。就凭着这样的基础,真是神差鬼使般,在80年代初,会壮着胆子去编那本《中国现代文学简史》。我相信个人的思想性格是次要因素,主要是现代文学学科拨乱反正成果的鼓舞,改革开放风气的催动,给了我勇气和干劲。没有这样的时代背景,便不会有我的《简史》,当然也就不会有在其基础上调整充实出来的这部《发展史》。只因准备上有所欠缺,动笔时便须加倍付出辛苦劳动。特别因为被指定为教材,必须赶在规定时间出书,编写时心情便很紧张,就好像签了军令状的出征者。每隔两三天,我要从北大图书馆提出20本书,沿着一条破旧的小镇的路,提回燕东园家里,过几天再提去换新的。时间长了,肘关节竟剧痛不止,医生说这是"网球肘"的症状,还打了两针封闭。我想这疼痛与其说是肘关节受损伤,不如说是精神压力压出来的。

我对敝帚不甚自珍,就因为用我自己的水平去读,也有许多不满意的。我在给朝文版写的序中讲了一个故事:著名的现代文学研究家吴福辉先生,在1984年发表文章,提倡个人写史,但他很谨慎地认为还要等些时候才有可能。而当他的文章发表时,我的《简史》已然哇哇坠地。我赶快寄了一本给吴先生,并且说明这提前降生的婴儿,是不足月的。这种早产儿本应送医院去加以特护,生活却逼着他立即踏上风雨交加的征途。这期间当然也尝到不少世间的甜酸苦辣,还被人盗印,只因顾不上打官司,不得不自认倒霉。匆匆间三年过去,难得有了一次蚕蜕的机会,《简史》变成了《发展史》。然而非常不巧的是正赶上我离京南下的大变动。《发展史》在北大起笔,到广州收尾。1988年暑假,我从广州回北京搬家,正好《发展史》的小样出来,我要边整理行装边校稿。我没有从容地、反复地推敲、琢磨自己作品的时间,不能不在《发展史》中留下新的遗憾。

现在,意外地有了重版的机会。但要修改它时,才发现并不容易。这毕竟是10年前的东西了,这10年间人们的思想认识又有很大的发展。我自己撰写了《中国新文学史编纂史》,浏览了70年来许多新文学史著,开了眼界,受了启迪,目光自然不同于10年前了。眼下又正在主持"面向二十一世纪教学改革研究"中的中国现当代文学内容改革的项目,并且负责主编一部《二十世纪中国文学史》的教材,用新的视角来总结这100年的文学。此时,回头看这《发展史》,便感到如要突破,得把整个框架打破,那样索性重写一部好了。这在目前当然是不可能的,但仍有事可做,这回至少要好好给《发展史》洗个澡,尽量把污垢多洗掉一些。我像小D捉虱子般来寻找错误。每捉到一只虱子都会感到又惊又喜。惊的是曾经用这样的错误去教人,不知误过多少人;喜的是这回终能改邪归正,重做新人。因此,当改完全书时,便产生了一个强烈的愿望,何时能把以前的18万册,统统付之一炬!

这当然不是说现在已万无一失了。治学之路大概也就是不断地改正错误的过程,正是在这样的过程中,让自己的认识渐渐逼近历史的真实。

黄修己

1997.4.北京旅次

目　录

引言

文学革命的由来——中西不同的人学观念——贯串始终的“人的文学”——新文学的全人类性

1917 年,中国爆发了一场文学革命。这场革命在短短的几年间就使得沿用了几千年的文言文被现代白话文所取代,实现了“国语的文学,文学的国语”的目标。同时,一种崭新的“人的文学”得到提倡并很快建立了起来,在不长的时间里,迅速完成了中国文学从古典向现代的转型。这场文学革命因为与五四新文化运动的紧密关系,故史称“五四文学革命”,新诞生的文学被称为“新文学”或“现代文学”。这是千年一遇的文学大变革,在 20 世纪之始取得成功,对中国社会的现代化进程起了巨大的推动作用。

在几千年的中华民族历史上,曾经创造过光辉灿烂的古典文学,为人类的精神宝库贡献了大量珍品。为什么在 20 世纪的之始会发生这样的文学革命呢?

从文学本身来看,古代正统的文学观念里只有诗文才算得上文学。古代诗歌经过唐诗宋词的辉煌时代,已开始走下坡路。明清虽仍然有诗的成绩,毕竟不能跟唐宋相比了。文也一样,代表清朝散文成就的桐城派等,虽也创造了不少优秀作品,但也已经不再有像唐宋八大家那样的魅力,桐城派还成了“五四文学革命”的重点批判对象。当着诗文逐渐下滑之时,被正统观念排除在文学殿堂外的,从勾栏瓦舍里成长起来的小说、戏曲却迎来了自己的高峰期。古代小说、戏曲在元、明、清创造了不朽的业绩,但是在清初出现了《红楼梦》、《聊斋志异》、《桃花扇》等作品之后,其未见有继续爬升的趋势。到了清朝末年,在都市化进程的刺激下,都市的通俗小说一度兴盛,只是受到时代条件的局限,呈现出半新半旧的特点。当作古典文学来看,这类通俗小说并非传统小说的重起新潮;作为现代文学来看,能代表时代发展方向的新的思想、文化内涵又明显有所不足。这些在城市里发展起来的通俗小说不是"现代性"受到"压抑",而是"现代性的匮乏"。这是因为这些小说属于市民文学,中国的市民阶层受社会条件的限制,无法发展成为经济、政治上独立的自由阶层,也无法在文化上担负起创造现代新文化和新文学的使命。到了19世纪末,历史悠久、成就辉煌的中国文学已经发展到一个大转变的关头,必须来个从古典向现代的转型,才能获得新的生命力。这是中国文学发展的总趋势,是文学自身的、内在的发展取向。所以不管地位多么高、多么有影响力的人物,包括曾国藩等人,想要高举古典文学的"中兴"大旗,以扭转这种发展趋势,都是力不从心的了。

那么,文学将怎么变,向哪一个方向变,这就不完全是文学自己所能决定的了,而要受到社会发展力量的制约。这时,中国的社会局势是民族危机十分严重,资本主义列强虎视眈眈,企图瓜分中国,灭亡中国。为了挽救民族命运,必须急起直追,赶上世界潮流,尽速踏上现代化之路。实现从封建社会向现代社会的转型,是紧迫的民族救亡使命。文学毫无例外地要跟随着实现这种转型从而促进社会的转型。

为什么文学革命要从语言的革命开始?文言文是古代社会和古代文学的语言工具。到了20世纪,文言文已经与人们现实生活中的口语有很大的距离,形成了"言"与"文"的分离。这无论于文学创作或其他各种思想、文化、科学的交流、传播,都是很不便利的。使用文言文为工具,越来越不便于描述现实生活,传达现代思想,抒发现代人的感情。不改革就会阻碍文学的发展进步,而且阻碍信息的传播,阻碍社会的现代化转型。所以早在19世纪后半期,提倡白话,要求改革文字、改良文学的呼声就已经此起彼伏,形成了一定的声势。语言的变革也有自身的规律,但社会发展的需要更是巨大的推动力。

文学的变革也同样地受到社会的推动。1840年鸦片战争后亡国灭种的民族危机,逼迫着中国奋起救亡。对救亡之策的思考,经历了一段过程。从认识到必须有"器物层变革",以求船坚炮利,因而有洋务运动;经甲午战争之惨败进而认识到"制度层变革"的必要,于是有戊戌维新和辛亥革命;但辛亥革命虽然推翻了千年帝制,创立了亚洲第一个共和政体,却有名无实,又接连发生帝制的复辟。那时许多群众的思想还处于愚昧状态,不认识个人的价值和权利,甚至怀疑没有了皇帝这天下该是谁的呢。所以袁世凯、张勋的复辟是有其思想基础的。在袁世凯复辟过程中,封建阶级为制造舆论,大肆宣扬封建传统伦理观念,提出立孔教为“国教”。这些都从反面教育了当时的先进知识分子,他们痛感为了救中国,亟须改变国人的思想观念,进行“精神层变革”。此时的思想界十分活跃,批判封建三纲五常等传统观念,引进各种各样西方现代文化思潮,思想界出现了罕见的全方位吸收外来思想的景象。接连不断的变革的失败,促使人们对救亡问题的思考步步深化。所谓“器物”、“制度”、“精神”三个层面的变革,就是要实现物质、政体、文化三个方面的现代化。这三者是相关联的,都不可缺少。但当时受封建帝制复辟的刺激,特别深刻地感受到思想变革的迫切性,于是有以1915年《新青年》的创刊为标志的启蒙运动,史称“新文化运动”。而要变革国人的思想观念,当时认为最重要的是改变对于“人”的观念,进行“辟人荒”的思想启蒙工作。从封建或半封建社会向现代社会转型,必然要有一场人的解放的思想运动,让广大人民群众摆脱思想上的奴隶状态,从封建帝王的“臣民”转变为现代“公民”,认识到自己应有的权利和独立人格。没有这样的“人的觉醒”,建立民主、法治的现代社会就是一句空话,所以通常把五四时期称为“人的觉醒”的时期。

在古代中国,有着非常丰富的关于人的各种学说。从孔孟、老庄、墨子、荀子以降,许多古代思想家都有他们对人、对人与人关系的看法,不乏思想精华。但是,中国古代关于人的学说有其独特性和局限性。长期作为社会主导观念的儒家思想,是建立在宗法制度和血缘关系上的,以严格的等级制度和伦理道德为基本特征,缺乏个体的人的基本价值观念,也不承认人的欲望的合理性,因而缺乏对个人存在的基本权利的确认。儒家学说能够被封建统治阶级定为一尊,成为维护千年封建制度的统治思想,其根本原因就在这里。“君为臣纲,父为子纲,夫为妻纲”的封建礼教和制度对人的长期束缚、压迫,严重地压抑了人的作用,窒息了人的生命活力,使人失去生存、发展的主动性与自主性,并且戕害、腐蚀人的意志,培育了愚弱、巧滑的国民性,大大地阻碍、延缓了中国社会的发展进步,使文明古国落后于世界发展的潮流。明清曾经出现具有叛逆思想的启蒙思想家,如明之李贽,明清之交的顾炎武、黄宗羲、王夫之和清朝的戴震等,他们关于人的观念已经具有通向近代、现代的成分,不过在封建统治思想的高压下,始终未能得到发展。对于这些,

19、20世纪之交的中国启蒙主义者已经认识到了。从严复到陈独秀都曾发表文章，对比中西文化，对比中西方人的思想性格的差异，批判国民人格上的弱点。梁启超提出了“新民”之说。鲁迅认识到“改造国民性”的意义，在辛亥革命时期已经建立了他的人学观念，主张“非物质”，“重个人”，认为中国要生存，“其首在立人，人立而后凡事举”，而立人之道，“乃必尊个性而张精神”。[1]

中国先进的知识分子在批判传统文化时，也从欧洲现代化先发国家崛起的历史经验中得到启示。他们从中世纪向现代社会转型，是经过了文艺复兴、宗教改革、启蒙运动等一系列思想革命的。欧洲有着古希腊的人文主义传统，在古代希腊已经有“人是万物的尺度”的观念，已经提出了“认识你自己”的命题。经过文艺复兴等思想启蒙运动，否定了封建神权和“君权神授”，承认“人人生而平等”。作为社会运转动力的个人主义认为，每一个人都是独立的、不可重复的个体，都是独一无二的，有着不可替代的价值，因而都有自己的存在价值和尊严。在“天赋人权论”、“社会契约论”的思想之下，形成了市场经济、民主法制等一系列制度，促进了生产力的大发展和社会生活的进步。也正是在“人的发现”的文艺复兴运动中，开辟、造就了辉煌灿烂的欧洲新文艺。这些都成了先进知识分子思考在中国实现现代化的参照系，那时发动新文化运动和文学革命的先驱们，的确也把自己的事业视为中国的文艺复兴运动。

“人的发现”，树立现代的“人”的观念，这是人类跨进现代社会的不可逾越的一步。对人的价值的认识和对人的重视，这是人类历史进步的最主要的动力。五四新文化运动以民主、科学为旗帜，以人的觉醒、人的解放为目的，顺应了人类历史发展趋向。陈独秀在《新青年》的发刊词《敬告青年》中提出对“人”的六条要求，也就是现代人的基本条件，可以作为现代新人学的基本内容。同一个时间，胡适提倡“易卜生主义”，提出培育“健全的个人主义”。周作人据“人间本位主义”，提出建立“人的文学”的主张，对新文学的建立有巨大的影响。鲁迅看到“中国人向来就没有争到过‘人’的价格”[2]，他的作品用形象从这一方面揭示许多触目惊心的现象。新文化运动的先驱提倡“个人本位主义”、“个人独立主义”，反对“以己属人之奴隶道德”，目标便是要争取“法律上之平等人权，伦理上之独立人格，学术上之破除迷信，思想自由”[3]，以为这样才能达到个人的解放和幸福。在上述思想之下，个性解放成为新文学创作的汹涌潮流。当时的陈独秀推崇托尔斯泰，因为他“尊人道，恶强权”，推崇易卜生，因为他“刻划个人自由意志”[4]。李大钊也说：“我们现在所要求的，是个解放自由的我，和一个人人相爱的世界。”[5]他将个人主义和博爱主义结合起来，在《什么是新文学》中提出“以博爱心为基础的文学”[6]。他“相信，人间的关系只是一个‘爱’字，而只有‘爱的生活才是人的生活’”[7]。傅斯年认为“我们所以不满意于旧文学，只为他是不合人性，不近人情的伪文学，缺少‘人化’的文学。我们用理想上的新文学代替他，全凭这‘容受人化’一条简单道理”，“我们对于将来的白话文，只希望他是‘人的’文学，即能引人感情，启人理性，使人发生感想的文学。”[8]

于是人们看到了一个“人的文学”的崭新时代。新文学既然要唤起人的觉醒，就首先要尽力来“揭出病苦”，把那种种可惊的愚弱国民性，那可怕的非人生活，如实地展现出来，以惊醒睡梦中的人，起而砸烂封建专制的铁屋子。鲁迅的《狂人日记》、《阿Q正传》等一系列作品都有振聋发聩之力。在他的带动下，诸多作品描写了人，特别是广大的农民在封建伦理重压下的愚昧麻木和性格的扭曲。人的觉醒使另一些作家大胆地、极力地张扬自我。郭沫若的《女神》中的自我成了能够吞下日月星辰的天狗；自我能够在自焚中新生，变得华美芬芳；自我把地球看成母亲，尊重自然界，与自然界亲昵无间。这些自我，这些人的形象在文学史上是空前的。也是因为认识了人性的特点，新文学也敢于去写人的欲望，于是郁达夫笔下的人，主要是知识分子，不再都是端庄的、典雅的，他们也有性欲甚至是变态的，也同常人一样不乏俗气。其实这是有“人气”的人物形象。男女爱情本是人间美好之情，这时得到了承认，可以尽情歌唱了。在诗的领域不再像古代只有“寄内”、“忆内”的诗，情诗成了通常的品类，“人之子”终于醒了。既然发现并肯定了人的存在价值，这时的作家也才会注意对于人的世俗生活的体察，描写花鸟虫鱼、苍蝇虱子、春风秋雨、饮酒喝茶，也都是于人有益的，因为休闲也是人之所需，看似无关紧要的小题材里都包含着人间关怀。这是小品文生长的理由，从周作人到林语堂到梁实秋，形成了体验人生情味的散文传统。这是与以文化批判为重点的杂文并峙的另一个现代散文的传统。为了培育健全的人性，新文学主张人与人之间的平等、博爱，提倡人类之间的爱，“爱”在那时成为普遍的主题。叶圣陶、许地山、王统照的初期小说就是以宣扬人类的爱为重要主题的。冰心成为最早的最受关注的女作家，就因为她唱着那时最动听的爱之歌。所有这些文学上令人眼花缭乱的新事物、新气象，标示着中国文学现代转型的成功，这一切都是中国文学史上未曾有过的。五四文学革命所创建的新文学，就新在它是“人的文学”之上。胡风曾经对此做过解释：“这并不是说，五四以前的一部中国文学史没有写人，没有写人底心理和性格，但那在基本上只不过是被动的人，在被铸成了的命运下面为个人底遭遇或悲或喜或哭或笑的人。”而五四新文学中的人，却在他们的喜怒哀乐的“同时宣告了那个被铸成了的命运底从内部产生的破裂”[9]。

对于“人”的观念的改变，必然引起审美观念的改变。要求文学创作的个性化，追求文学表现上的自由、活泼、生动，这是符合现代人的精神需求的。所以反对文言文，语言上追求阅读和表达的自由。反对诗词的严格格律，反对章回体，反对表演的程式化，都为了打破因袭传统的僵硬套式和对审美个性的束缚。为创造现代的自由、便捷的适于反映现代生活、抒发现代人情感的表现方法，从而促进语言工具和表现形式的大变革。

新文学的这些特点得到了人们的公认。蔡元培在为可以说是总结五四新文学的《中国新文学大系》写的“总序”中，归纳新文化运动的目标和内容为三：“科学精神民治思想及表现个性的艺术”[10]。他认为五四所提倡的文学艺术的最主要特征就是“表现个性”，将其与科学、民主并列。胡适把“人的觉醒”定为文学革命的内容。鲁迅也认为“文学革命者的要求是人性的解放”[11]。茅盾评价文学革命说：“人的发现，即发展个性，即个人主义，成为‘五四’时期新文学运动的主要目标；当时的文学批评和创作都是有意识或下意识的向着这个目标。……个人主义成为文艺创作的主要态度和过程，正是理所必然。而‘五四’新文学运动的历史的意义亦即在此。”[12]郁达夫总结五四新文化运动的“最大成功，第一要算个人的发现。从前的人，是为君而存在，为道而存在，为父母而存在，现在的人才晓得为自我而存在了”[13]。

新文学的特点一直贯串于它的历史全程，虽然 1927 年后因为社会背景的剧烈变动对文学发展产生了重大的影响。就在 20 世纪 30 年代，探讨国民性的主题还在延续着。沈从文怀着一腔热情来描写湘西少数民族带原始性的强悍性格，对人性中的自然性给予肯定，这是与批判现代文明遮掩之下民族精神的萎靡连在一起的，包含着追求健康、强悍的民族生命力的思考。这并非沈氏独家之见。鲁迅因尼采学说的影响也曾肯定过“野兽性”，肯定“蛮野”的意义：“文明如华，蛮野如蕾，文明如实，蛮野如华”[14]。抗战时期，闻一多还提出抗战中所需要的正是“原始”和“野蛮”：“我们文明得太久了，如今人家逼得我们没有路走，我们该拿出人性中最后，最神圣的一张牌来，让我们那在人性的幽暗角落里蛰伏了数千年的兽性跳出来反噬他一口。”[15]如果说是民族危机逼迫着中国人思考、寻求救亡之路，曾经逼出了洋务运动、戊戌维新、辛亥革命，那么“九一八”事变、“七七”事变当是更严重的民族危机，逼使人们对民族积贫积弱，沦于被侵略、受蹂躏之凄惨境地，作痛切的文化反思。于是痛感中国国民性的弱点，不断地加以揭示和批判。萧红用感伤、低回的调子描写永远是死气沉沉的小城，那里的人的愚昧麻木已到了令人颤栗的地步。芦焚写了果园城在落日残照下萧索废园的景象。它的停滞、衰败就在于从生活方式、文化观念、精神状态上反映出来的人性的缺陷和弱点。老舍在《四世同堂》中用抗日斗争为背景，检讨、批评北京市民性格上的弱点。曹禺的《北京人》在描写没落的封建家庭时，特意用了北京猿人的原始性来衬托，批判封建文明对积极进取的民族精神的销蚀。这些作品共同地提出了启发民众觉悟、改造民族性格的问题，鲁迅的传统在抗战时期的文学中得到继承、发扬。

当着中国开始自己的“文艺复兴”之时，已经是第一次世界大战爆发之后了。这时在西方，资本主义在创造了丰富的物质财富的同时，却使社会陷于严重精神危机之中，理性的旗帜飘落，非理性思潮泛滥。人们发现觉醒的人未必能使世界变得更加美好，于是文学不再高声地赞美人的伟大，而是要揭示、鞭挞人的渺小、丑陋，对人做一次更深刻的再发现。表现精神“荒原”的现代主义文学在这样的背景下兴盛了起来。这种思潮在五四时期已经波及中国的新文学，在《狂人日记》里就已经有所反映。不过中国的现代主义文学成为一股势头还是在1927年后，是在革命运动遭受严重挫折，许多知识分子对社会变革产生浓重的幻灭感的情况下发展起来的。不同的社会背景使中国的现代主义流派有别于西方，但从幻灭、绝望里对人进行反思，对人自身的认识深化了，也是其一大特征。抗战时期穆旦的一些现代主义诗篇中，对人的思考及由此产生的沉痛之情，达到了相当的深度。比照五四时期的启蒙文学，他的诗从另外的角度起到唤醒人的自我认识的作用，与“人的文学”在精神上完全是一脉相通的。

在“人的文学”发展过程中，出现了另一股文学思潮，即左翼文学思潮，并且于1928年有了左翼文学运动。这也是由20世纪的时代特征所决定的。新的文艺思潮的出现，引起了两种文艺观的争论，由于各有偏执几乎不能相容，造成了左翼文学与被称为“自由主义”文学之间的恩怨，无可避免地发生了新文学队伍的分化。这些分化和斗争，过去曾经被作为中国现代文学史的重大内容。作为历史，这些都已远去，今天应该可以历史地、客观地看待、评价现代文学史上的某些矛盾冲突。左翼文学坚持文学的阶级性，认为自己代表无产阶级的利益，同时也代表了全人类，而且无产阶级不解放全人类也就不能最后解放自己，因此其终极的目标也就是“人的解放”。马克思认为“人本身是人的最高本质”[16]，主张人应当使自己成为衡量一切生活的尺度，而且把未来社会称为“自由人的联合体”。在《共产党宣言》中宣告：“代替那存在着阶级和阶级对立的资产阶级旧社会的，将是这样一个联合体，在那里，每个人的自由发展是一切人的自由发展的条件。”[17] 这个远景目标是美好的、人性的。在中国的具体历史条件下，五四之后马克思主义产生广泛的影响，鲁迅、郭沫若、茅盾等也都先后转化为左翼作家。左翼作家以马克思主义理论为指导来观察历史和社会，在宏观地把握生活对象，深入地剖析社会，批判不合理的社会制度诸方面，也有自己的优点和创造，不少描写人的、阶级的解放的作品同样具备“人的文学”的共同性。正像许多新文学作品有着这样那样的不足，左翼的创作也有自己的局限性。

文学革命中建立的新文学，通过文学反映了广大中国人民追求“人的觉醒”、“人的解放”的历史进程。这种追求也是全人类的共同愿望和目标。因此新文学具有全人类性，它是人类文明、进步的产物，它的成果属于全人类。王国维说过：“夫美术之所写者，非个人之性质，而人类全体之性质也。惟美术之特质，贵具体而不贵抽象。于是举人类全体之性质，置诸个人之名字下。……善于观物者，能就个人之事实，而发现人类全体之性质。”[18]中国的文学，不论是古代文学，或者五四以后的新文学，都有着这种“人类全体之性质”。新文学从一开始就在世界文学的影响下发生，并逐步地走向世界，也必然能够并且正在为世界上其他民族所理解，所认同，所喜爱，它的世界的性质必将得到证明和彰显。

注释：

[1] 鲁迅:《坟·文化偏至论》,《鲁迅全集》第1卷,人民文学出版社,1981年出版,第57页。

[2] 鲁迅:《坟·灯下漫笔》,《鲁迅全集》第1卷,人民文学出版社,1981年出版,第212页。

[3] 陈独秀:《袁世凯复活》,《新青年》第2卷第4号,1916年12月出版。

[4] 陈独秀:《现代欧洲文艺史谭》,《新青年》第1卷第3号,1915年11月出版。

[5] 李大钊:《我与世界》,《每周评论》29号,1919年7月出版。

[6] 守常:《什么是新文学》,《星期日》,1919年12月8日出版。

[7] 李大钊:《双十字上的新生活》,《李大钊文集》(下),人民出版社,1984年出版,第96页。

[8] 傅斯年:《怎样做白话文?》,《新潮》第1卷第2号,1919年2月出版。

[9] 胡风:《文学上的五四》,《胡风评论集》中,人民文学出版社,1984年出版,第122页。

[10] 蔡元培:《中国新文学大系·总序》(见《大系》第1卷),良友图书印刷公司,1935年出版,第11页。

[11] 鲁迅:《且介亭杂文·〈草鞋脚〉小引》,《鲁迅全集》第6卷,人民文学出版社,1981年出版,第20页。

[12] 茅盾:《关于创作》,《茅盾文艺杂论集》上集,上海文艺出版社,1981年出版,第298页。

[13] 郁达夫:《中国新文学大系·散文二集导言》,良友图书印刷公司,1935年出版,第5页。

[14] 鲁迅:《坟·摩罗诗力说》,《鲁迅全集》第1卷,人民文学出版社,1981年出版,第64页。

[15] 闻一多:《西南采风录·序》,《闻一多全集》第3卷,北京三联书店,1982年出版,第395页。

[16] 马克思:《〈黑格尔法哲学〉批判》,《马恩选集》第 1 卷,人民出版社,1972 年出版,第 15 页。

[17] 马克思、恩格斯:《共产党宣言》,《马恩选集》第 1 卷,人民出版社,1972 年出版,第 273 页。

[18] 王国维:《红楼梦评论》,《王国维学术经典集》上卷,江西人民出版社,1994 年出版,第 68 页。

第一章

“人的觉醒”和“文的觉醒”

——五四文学革命

一、文学革命的发生

陈独秀创办《新青年》——批判封建伦理观念——进化论与文学革命——《文学改良刍议》和《文学革命论》——批判旧文学

1915年9月,陈独秀所编的《新青年》(第1卷原名《青年杂志》,第2卷起改名《新青年》)在上海创刊,对以儒家思想为中心的中国传统文化,展开猛烈的批判,为中国新文化运动的开端。

陈独秀(1879~1942),字仲甫,安徽怀宁人,参加过辛亥革命和讨袁的“二次革命”。在袁世凯复辟帝制的过程中,社会上掀起了一股尊孔的浪潮。康有为等人上书北洋政府,要求将孔教定为“国教”,写入宪法。这种为封建复辟制造的舆论,从反面催醒了激进的爱国知识分子,使他们深切地感到思想革命的重要意义和迫切性。陈独秀在《吾人最后之觉悟》中,把人的觉悟分为政治觉悟和伦理觉悟,认为如果政治上采用共和立宪制,而伦理上却仍然保持纲常阶级制,这是不可调和的矛盾,故必以独立、平等、自由之原则,行伦理之革命。他看到“别尊卑、重阶级”、“主张人治”等,是“制造专制帝王之根本恶因”,袁世凯的复辟正是这种“因”所结出的“果”。所以,他把伦理的觉悟,称为“吾人最后觉悟之最后觉悟”[1]。这就是他创办文化批判杂志,发动一场以批判封建伦理为重心的文化运动的目的。1917年初,他被聘为北京大学文科学长,把《新青年》带到北京。胡适、李大钊、钱玄同等加入《新青年》,成为骨干分子,这个刊物成了当时批判封建旧文化的影响最大的阵地。

新文化运动一开始，便以革新思想，促进中国社会的现代转型为明确的目标。陈独秀在《新青年》创刊号上发表的《敬告青年》中，提出了新文化应有的六种精神：一、自主的而非奴隶的；二、进步的而非保守的；三、进取的而非退隐的；四、世界的而非锁国的；五、实利的而非虚文的；六、科学的而非想象的。这六种精神归结起来，就是要实现人的思想的现代转型，也就是后来他在《新青年宣言》中所说："创造政治上道德上经济上的新观念，树立新时代的精神，适应新社会的环境。"[2]陈独秀还提倡"个人独立主义"，因为他认为"现代生活"在经济上求"个人财产独立"，其影响及于现代伦理学，便要求个人的人格独立，"社会风纪、物质文明，因此大进"[3]。为此，陈独秀又提出了"民主"、"科学"两个口号，比之为舟车之两轮，指出若无此两轮则社会无以前进。他在1919年1月发表的《本志罪案之答辩书》中，进一步阐明"民主"、"科学"两个口号的意义："要拥护那德先生（按：英语"民主"Democracy音译为德谟克拉西，"科学"Science音译为赛恩斯，当时简称为"德先生"、"赛先生"），便不得不反对孔教，礼法，贞节，旧伦理，旧政治；要拥护那赛先生，便不得不反对旧艺术，旧宗教；要拥护德先生又要拥护赛先生，便不得不反对国粹和旧文学。"[4]这段话概括了新文化运动的主要内容，那就是反对旧道德，提倡新道德；反对旧文学，提倡新文学。前者即思想革命，后者即文学革命，成为新文化运动之两翼。毫无疑问，比起近代以来任何一批主张改革的思想家，新文化运动的先驱者们都更为了解当时世界发展的潮流，也更清楚地看到为了追赶世界潮流，应该树立新的思想观念。没有一个深刻的思想观念的变革，中国社会的进步便是一句空话。所以当时他们强调思想革命，固然含有巩固民主共和政体的意图，但所提出的思想革命的任务，却实在有着长远的意义。

当时思想革命的矛头，直接针对着作为封建正统观念的儒家思想。《新青年》上接连不断地发表批判孔孟之道的文章，以历史上未曾有过的规模，以现代民主、自由、平等和个性解放的思想，给予统治中国思想界两千年的孔学以猛烈的抨击。1916年间，陈独秀连续发表《驳康有为致总统总理书》、《宪法与孔教》、《孔子之道与现代生活》等论文，后来又发表《复辟与尊孔》等，指出孔子所提倡的道德、礼教、政治，乃是产生于封建时代的道德、礼教、政治，只为少数君主贵族效劳；这些过时的思想观念，不合现代生活，应当加以扫荡。

新文化运动的另一骨干是李大钊。李大钊(1889~1927),字守常,河北乐亭人,1918年任北京大学教授兼图书馆馆长。他很早也已认识到:“由来新文明之诞生,必有新文艺为之先声,而新文艺之勃兴,尤以赖有一二哲人,犯当世之不韪,发挥其理想,振其自我之权威,为自我觉醒之绝叫,而后当时有众之沉梦,赖以惊破。”[5]他在《新青年》和其他一些报刊上发表了《青春》、《青年与老人》、《孔子与宪法》、《自然的伦理观与孔子》等重要论文。在《青春》中他号召青年按“天演公例”“冲决过去历史之网罗,破坏陈腐学说之囹圄,勿令僵尸枯骨,束缚现在活泼泼地之我,进而纵现在青春之我,扑杀过去青春之我”[6]。

思想革命触发了文学革命,文学革命是思想革命深化所结出的必然之果。蔡元培曾解释说:“为什么改革思想,一定要牵涉到文学上?这因为文学是传导思想的工具。”[7]新文化运动的先驱们认识到封建思想“寄寓在古文中间,几千年来,根深蒂固,没有经过廓清,所以这荒谬的思想与晦涩的古文,几乎已融合为一,不能分离”;“如今废去古文,将这表现荒谬思想的专用器具撤去,也是一种有效的办法。”[8]于是提出反对文言文,提倡白话文的主张。但是,当时文学革命的倡导者们,往往误读了西方的历史,夸大文学的变革在西方资本主义社会发展过程中的作用。早在20世纪初,梁启超就把文学的革新看成是社会革新的前提和工具。领导文学革命的先驱往往过分强调文学在社会变革中的作用,于是新文学从其诞生之日起,就被要求承载它难以负担的重任,此后也一直处于负重前行的状态。

1917年1月,《新青年》杂志发表胡适的《文学改良刍议》。2月,又发表陈独秀的《文学革命论》。随后,则是从形式到内容全面的批判旧文学,文学革命由此而气势磅礴地展开了。1917年,便成为中国现代文学起始的一年。

陈独秀在创办《新青年》后,就已经开始思考文学问题。从严复译述的《天演论》出版后,进化论思想曾经引起要求变革的中国知识分子的巨大震动,也给予他们以激励。当时中国人所接受的不仅是达尔文的生物进化论,主要还是社会进化论和文化进化论,都以万物无日不变为宇宙之根本大法。新文化运动的一批先驱者如陈独秀、胡适、李大钊、鲁迅等都曾按照各自的理解接受了这种思想。进化论可以说是影响了那时整整一代,也及于后来几代中国的知识分子。正是从进化论思想出发,他们否认有所谓千古不变的文学,认为人类生活随时代而变迁，则文学亦当随之变迁，故一时代有一时代的文学。这种思想成了文学革命的重要理论依据。他们又援引欧洲的文学历史为证明，从古典主义而浪漫主义，而写实主义、自然主义，而新浪漫主义（各种现代主义流派）等。这种文艺思潮的更迭、演进，证实文学进化为恒常之理。1915年11月，陈独秀作《现代欧洲文艺史谭》，介绍文艺复兴后欧洲文学的变迁，并与中国文学的历史做了比照。他把中国封建时代的文学看作是古典主义、理想主义的，认为古典主义“模拟古代文体，语必典雅”，“堆砌成篇，了无真意”，而“吾国之文，举有此病，骈文尤尔”；理想主义则“脱离现实，梦入想象之黄金世界”。又认为写实主义、自然主义是人类思想“由虚入实”的表现。他尤其推崇自然主义，因为它“意在彻底暴露人生之真相”[9]。按照对欧洲文学史的理解，他倾向于反对古典主义和理想主义（浪漫主义），提倡写实主义（现实主义）和自然主义。他推崇易卜生、托尔斯泰等外国作家，因为他们非独以文章卓越，更以思想左右一世纪。从这些酝酿期中的思想，已可以看出文学革命的根本观念，实在于欲以文学推动思想革新，促进社会之进步。

文学革命最早的呼声，即胡适的《文学改良刍议》。在这篇文章中，提出文学改良当从“八事”入手：“一曰，须言之有物。二曰，不摹仿古人。三曰，须讲求文法。四曰，不作无病之呻吟。五曰，务去烂调套语。六曰，不用典。七曰，不讲对仗。八曰，不避俗字俗语。”从这八个方面，胡适批评了封建文学，同时提出白话文学为中国文学之正宗，“又为将来文学必用之利器”。接着，陈独秀以更为激进的态度“高张‘文学革命军’大旗”，发表了《文学革命论》。他提出了文学革命的三大主义：“曰推倒雕琢的阿谀的贵族文学，建设平易的抒情的国民文学。曰推倒陈腐的铺张的古典文学，建设新鲜的立诚的写实文学。曰推倒迂晦的艰涩的山林文学，建设明了的通俗的社会文学。”这篇论文从总体上对封建文学进行了讨伐，批判作为封建正统文学观的“文以载道”、“代圣贤立言”等主张；批判了尊古蔑今、咬文嚼字的桐城派古文；批判了铺张空泛、涂脂抹粉的骈体文；也批判了内容枯燥却爱用冷僻典故和文字的江西派诗歌。陈独秀的文章在批判封建文学时缺乏分析的精神，但对旧文学的彻底否定，提出建立国民文学、写实文学、社会文学的明确目标，使《文学革命论》成为文学革命中一面鲜明的旗帜。它的坚决的态度、勇猛的气势，鼓舞了不满旧文学而有志于文学革命的知识分子，使文学革命迅速地发展起来。积极响应胡适、陈独秀的,有钱玄同、刘半农等一批知识分子,他们的许多文章、通信,论证白话文必定取代文言文的道理。钱玄同把桐城派和文选派称为“桐城谬种”、“选学妖孽”,加以猛烈的鞭挞。他们还对发生于上世纪初的市民文学即鸳鸯蝴蝶派(又称礼拜六派)对当时流布甚广的黑幕小说中的有害思想和低下技法,也做了批判。而受到最猛烈攻击的还有传统的戏曲和已经质变了的文明戏。周作人的《论中国旧戏之应废》、傅斯年的《戏剧改良各面观》、《再论戏剧改良》诸文,对中国旧戏作了全盘的否定,几欲犁庭扫穴,彻底砸烂,毁旧以立新。他们批判旧戏中的“团圆迷信”,“决不能引人到彻底的觉悟,决不能使人起根本上的思量反省”[10];但往往全盘否定,把脸谱、唱工、台步、武打、锣鼓等都叫做“百兽率舞”的怪相,甚至不承认旧戏是戏,认为那只是“玩把戏”的“百衲体”,“毫无美学价值”[11]。钱玄同赞同“把中国现在的戏馆全数封闭”,结论是“如其要中国有真戏,这真戏自然是西洋派的戏,决不是那‘脸谱’派的戏”[12]。五四时期批判旧文学时否定一切的绝对化倾向,大概在戏剧领域中表现得最为激烈。就是在这种含有片面性的大批判中,新文学哇哇坠地。

陈独秀并不是作家或专门研究文学的学者,所以他举起了文学革命的旗帜之后,便没有太多后续的关于文学的言论。而发表文学革命的言论较多的,是胡适和周作人。胡适在文学革命迅猛气势的鼓舞下,连续发表了《历史的文学观念论》、《建设的文学革命论》等,进一步阐述了他的文学革命观。而周作人的《人的文学》、《平民文学》诸文,宣扬人道主义的文学观和人性论,成了文学革命在思想方面的目标和纲领,无论对深入批判旧文学或建设新文学,都起了巨大的作用。

二、胡适的重大贡献

胡适的政治取向——宣传实验主义——语言革命的主张——创立新的文学观念——《尝试集》、《终身大事》等创作

1917年1月,《新青年》上发表胡适的《文学改良刍议》,为酝酿了一段时

间的文学革命吹响了号角。

胡适(1891~1962),原名胡洪骍,字适之,安徽绩溪人。1910年他到美国留学,先是学农,后改从杜威学习实验主义哲学。他在美国学习期间,受美国式的民主和生活方式的深刻影响,因而深感中国的落后,有变革社会现状的要求,对当时国内复辟帝制、提倡尊孔复古等的倒行逆施均持反对的态度。他希望中国的社会改革能引导国家走上英美式的民主道路。他认为要向"暮气攻心"的老中国的躯体,注入西方资本主义文明的"少年血性汤",才能挽救中国之命运。他还认为与其以睡狮喻中国,不如以睡美人喻之。1914年12月,他据欧洲童话题材写了《睡美人歌》,以"祝吾国之前途",希望西方资本主义的"武士"能以一吻而唤醒沉睡百年的中国美人,并结为夫妇。胡适这种政治取向,使他在五四后成为现代中国自由主义知识分子的精神领袖。

胡适自称"以'进化论'为哲学"[13],这就产生了他的"历史的文学观念论"。他又是实验主义的忠实信徒,主张做事应有"实验室的态度",认定"自古成功在尝试"。于是便产生了他的"建设的文学革命论",即主张文学革命要从点点滴滴的建设做起。他声言:"我的文学革命论也只是进化论和实验主义的一种实际应用。"[14]实验主义源于18世纪法国孔德的实证哲学,是工业社会里现代科学得到高度发展的思想产物,是科学精神渗透到社会科学领域的表现。胡适认为中国清朝的朴学已在一定程度上具有符合现代科学精神的成分,回国后他积极宣扬杜威的实验主义,将科学的研究方法与中国传统的治学精神相结合,为中国学术的现代转型作出重大贡献。他自己在学术研究中的多学科、多方面的重要创新实践和成果,使他成了中国现代学术发展的领军人物。

胡适认为文学革命要提倡的是"活的文学"和"人的文学"。前者指用白话文取代文言文,要使人们认识到被人看轻的白话,同样可以写成优美的作品,而且在今天它是更好的创造文学的语言工具。这代表了当时"文的觉醒"。后者指文学不是为圣贤、为君父的,而是为自己的,要表现自我。这反映了"人的觉醒"。胡适非常重视语言的变革,因为他认为"文学革命的运动,不论古今中外,大概都是从'文的形式'一方面下手,大概都是先要求语言文字文体等方面的大解放"[15]。更重要的是他意识到语言文字对于现代社会的民族生存、发展,有至关重要的作用。他看到西方一些国家在发展资本主义时,都有一个统一民族语言的过程,在这过程中,文学起了重要的作用,是"但丁(Dante),鲍高嘉(Boccacio)的文学,规定了意大利的国语;嘉叟(Chaucer),卫克烈夫(Wycliff)的文学,规定了英吉利的国语;十四五世纪的法兰西文学,规定了法兰西的国语"[16]。所以在1916年他便开始思考语言革命问题,想用中国的白话文学来建设中国现代的国语,以文学来推动语言的变革,进而推动社会的变革。这就是"国语的文学,文学的国语"的主张:"我们所提倡的文学革命,只是要替中国创造一种国语的文学。有了国语的文学,方才可以有文学的国语。"[17]当时美国意象派诗人的反传统和创新的思想,给了胡适一定的影响。当他将自己有关革新语言的主张写给《新青年》时,受到了陈独秀的赞扬,认为"倘能详其理由,指陈得失衍为一文,以告当世,其业尤盛"[18]。于是便有1917年1月《文学改良刍议》的发表。在这篇文章中,胡适提出文学改良的"八事",为文学革命最早的呼声之一。但"八事"所批评更多是僵化的教条主义文风,其矛头所向明确对准封建思想和文化体制。因为这类空洞无物、烂调套语的文风,反映在封建社会里所有文章的内容,都要套入按照等级尊卑制度和封建阶级的趣味所规定好了的文章套子中,扼杀了任何一点自由表达个人意志的可能性,扼杀了个人在文学上的创造性。在文学革命迅猛气势的鼓舞下,他又连续发表了《历史的文学观念论》、《建设的文学革命论》等,进一步阐发了他的文学革命观。

为了建设新文学,胡适又提出和介绍了许多新的文学观念。他写了《论新诗》,主张"诗体的大解放",认为写诗可以"不拘格律,不但打破五言七言的诗体,并且推翻词调曲谱的种种束缚;不拘格律,不拘平仄,不拘长短;有什么题目,做什么诗;诗该怎么做,就怎么做"[19]。他让人们知道除了格律诗,还有一种自由体的诗也讲究音节,只是并非事先规定好的,"一是语气的自然节奏,二是每句内部所用字的自然和谐"[20]。他的主张经他自己的"尝试",创造了褒贬不一的"胡适之体"白话新诗,开辟了以自由体诗为主流的诗歌新时代。他写了《论短篇小说》,批判章回体的僵化格式,介绍了截取生活断片、以少见多的横截法,带给中国文坛新的小说观念。他指出,并不是篇幅短的就叫短篇小说,"凡可以拉长演作章回小说的短篇,不是真正'短篇小说'"。所谓短篇小说"是用最经济的文学手段,描写事实中最精彩的一段,或一方面,而能使人充分满意的文章"[21]。这就是不求纵的连贯,只从横面切开生活，用其中精彩的片段，以概括全体的构思方法。因为社会的进步使生活节奏加快了，时间上便要求经济；而文学的进步，也要求表现技巧的经济。他从分析西方短篇小说入手，强调了注重构思布局、描写生活细节的重要性。他发表《文学进化观念与戏剧改良》，介绍西方的悲剧观念，批判旧戏的"团圆迷信"，认为这是"闭着眼睛不肯看天下的悲剧惨剧，不肯老老实实写天工的颠倒惨酷，他只图说一个纸上的大快人心。……决不能引人到彻底的觉悟，决不能使人起根本上的思量反省"[22]。这些在当时都是非常新鲜的理论和见解，对文学观念的转变和更新起了重大作用，对新文学的建立和发展产生了巨大影响。

胡适在思想和文学领域还大力提倡"易卜生主义"，形成当时有重大影响的一股思潮。易卜生主义的具体含义，从文学上讲就是现实主义。胡适在《易卜生主义》中说："易卜生的长处，只在他肯说老实话，只在他能把社会种种腐败龌龊的实在情形，写出来叫大家仔细看。"[23]这种敢于直面现实的精神，在当时不仅被看作是创作方法，而且更被视为一种"人生观"，即对待人生的态度问题。易卜生主义还提倡对既成的不合理的法律、宗教、道德的反叛；提倡"健全的个人主义"，主张造就个人，以利社会。写问题小说、问题剧的人们，一般都是"只问病情，不开药方"的。胡适则把努力造就自己，也就是"充分发达自己的才性"，"充分发展自己的个性"，作为一服根本的良方。如果说周作人的《人的文学》举起了文学上的人道主义的大旗，《易卜生主义》则更偏重于强调个人的价值和作用，进一步促进了"人的觉醒"，促进个性解放思潮的发展，在当时的思想界、文学界都很有影响。

除了发表理论文章号召和推动文学革命，胡适还积极地从事新文学创作的实验和尝试。他是白话新诗最早的作者。1917 年 2 月，《新青年》上以《白话诗八首》为题发表胡适的新诗《朋友》等。《朋友》又名《蝴蝶》，自跋"这首诗可算得一种有成效的实地试验"，大概是他有意地写白话诗的最初的满意之作。1920 年 3 月，胡适出版了诗集《尝试集》。他使中国的诗也仿照西方诗歌分了行。他的诗多平白如话，但有的仍带着旧诗的韵味。胡适不大会写诗，他的"诗应该具体"等意见，可以看出他对诗艺并无真正的理解，后来也没有多大进步。但在《尝试集》中，也有十几首是没有旧诗痕迹，体现了他的"诗体大解放"主张的。这部分诗，又较明显地表现了他在五四时期的乐观主义的思想倾向。在《威权》中表达了反抗封建权威的意愿。《乐观》、《上山》、《希望》、《一颗遭劫的星》等不同程度地唱出乐观进取的情绪。《老鸦》一诗写道："人家讨厌我，说我不吉利。/我不能呢呢喃喃讨人家的欢喜！""我整日里飞去飞回，整日里挨饥。/我不能替人家带着鞘儿嗡嗡央央的飞，/也不能叫人家系在竹竿头，赚一撮黄小米！"这是他读了易卜生的《国民公敌》后受到鼓舞，所喊出的追求个性解放的呼声。尽管他在再版自序中说，其中一部分诗"实在不过是一些刷洗过的旧诗"，后来在四版自序中又说，他的诗很像女子缠过的脚，"还带着缠脚时代的血腥气"，但《尝试集》在短期内能多次再版，连末代皇帝溥仪也读，销售量超过万册，在当时已很不容易，说明他的尝试的影响力之大。后来有人认为《尝试集》只不过给后人做了垫脚石，但能够起到垫脚石的作用，也是很大的贡献了。在诗的艺术创造上，它不如晚一年出版的郭沫若的《女神》，而且也赶不上俞平伯的《冬夜》（1921 年）、康白情的《草儿》（1922 年）等初期新诗集，但它毕竟是最早出版的个人的诗集（别集），以它的开辟作用在新诗史上取得了应有的历史地位。

胡适在大力提倡"易卜生主义"时，还模仿易氏的《玩偶家庭》，创作了《终身大事》（独幕剧），于 1919 年 3 月发表在《新青年》上。剧本写田亚梅女士为了反抗父母对婚姻自主的阻挠，大胆地脱离家庭，随自己所爱的男子出走。在《终身大事》之前虽有为数不多的剧本，却或者还很幼稚，或者只供演出而未曾发表。洪深在 1915 年创作《卖梨人》（剧本已佚），1916 年创作《贫民惨剧》（1920 年 6 月发表），当时均无剧本发表。而《终身大事》一剧发表于提倡"易卜生主义"的高潮中，所以比较引人注意，是新文学中最早产生较大影响的剧本。而且当时竟没有女性敢来演田亚梅一角，说明剧本所表现的思想是很先锋的。

在一个大转型的时代，胡适的贡献不止于文学，而是多方面的。但和所有为推动社会进步创立了功绩的历史人物一样，胡适也有他的局限性。他一方面承认一时代有一时代的文学，同时又说文言文在三千年前就是死文字了，历史上许多优秀作品便全被否定："这二千年的文人所做的文学都是死的，都是用已经死了的语言文字做的。死文字决不能产出活文学。所以中国这二千年只有些死文学，只有些没有价值的死文学。"[24]这导致对文学的民族传统的全盘否定，而这在对待传统戏剧上也表现得非常突出。胡适以为西方文学的方法完备，要以之为参照系来建设新文学，便简单地以西方没有为理由，把富有民族特色的戏曲贬得一钱不值。他认为中国京剧的脸谱、唱腔、武打等一套表演方法都要废除，理由就是西方戏剧中没有这一套，这些东西"在西洋已成了历史上的古迹"，我们要把"这些东西淘汰干净，方才有纯粹戏剧出世"[25]。胡适这些局限是时代的局限，并非他个人独有的，不过在他身上的表现倒是很有代表性的。

胡适的建设新文学的主张，经过时间的考验，证明其同样存在片面性。他提倡白话文，立下了历史的大功劳。但认为白话文的写作可以"话怎么说，就怎么说（写）"，不重视口头言说与文字书写的差别，导致文章的过分口语化，不利于白话文写作水平的提高。他的"诗体大解放"帮助打破了旧格律，但也往往使新诗成了分行的散文。为了新诗艺术的提高，不久就有人提倡新的格律诗，作为对胡适主张的反拨和匡正。

三、周作人的《人的文学》

文学内容改革的宣言——灵肉一致的人性论——文学上的人道主义——五四时期的主流文学观

周作人（1885~1967），浙江绍兴人，是鲁迅的弟弟，也曾留学日本，有与鲁迅相近的成长经历。1917 年被聘为北京大学文科教授。由于他在文学革命中发表了许多重要的言论，影响甚大，使得当时"周氏兄弟"在思想界和文学界享有同等的名声。周作人的主张与胡适的偏重形式革新不同。胡适认为历史上的文学革命多从形式下手，要求文字、文体的解放，因为"形式上的束缚，使精神不能自由发展，使良好的内容不能充分表现"[26]。而周作人则进而认为文学是由文字和思想合成的，"文字不良，固然足以阻碍文学的发达。若思想本质不良，徒有文字，也有什么用处呢？"[27]所以单变文字不变思想，算不得文学革命的完全胜利，思想改革比文字改革更为重要。

1918 年周作人发表《人的文学》[28]，较集中地表达了他的人道主义的文学观，当时被认为是文学革命中"文学内容的革新"的最重要主张。胡适在回顾五四时称之为“当时关于改革文学内容的一篇最重要的宣言”[29]。

“人的文学”即文学上的人道主义，其理论基础是人性论，因此先要回答人性是什么。周认为“人是从动物进化来的”，人是动物又是进化了的动物，这个特点决定了人的身上既有动物性（兽性），但又有动物没有的、能够超越、控制自己的原始欲望的能力，这就是神性。周作人给出的公式是：“兽性与神性，合起来便只是人性。”中外历史上的人性论主张，有一种是自然人性论，所谓“食色，性也”，认为人的自然性（动物本能）即人性。反对的一种则认为如果这样，人便与禽兽无区别，而人性应该是“人之所以异于禽兽者”，那就是人有禽兽所没有的神性。在封建社会中，为了维护森严的等级制，维护统治者的利益，在生产力还很落后的条件下，长期对广大群众实行禁欲主义，不承认人的兽性、人的欲望的合理性，甚至要“存天理，灭人欲”。本是很自然的人的欲望，被视为是肮脏、污秽的而严加禁止、取缔。用这样的禁欲主义来保证统治者的任意纵欲，从而压抑了广大群众创造生活的积极性、主动性，严重阻碍了社会的进步，使中国又古老又落后。周作人能够承认兽性是人性的重要部分，承认人的一切生活本能都是美的、善的，应得完全满足；而凡是违反人性的不自然的习惯、制度都应改正。这是思想的大解放。但周并没有降低人的品格，他同时要求人的神性，要求兽性与神性的统一。他主张的是灵肉一致的人性论。从亚里士多德认为人是理性动物，灵肉是统一的，“灵魂和身体是不能分离的”[30]；到费尔巴哈坚持唯物主义的一元论，认为人是灵魂和肉体、心灵和身体、思维和存在的统一体，肉体和灵魂是人的实体的两面——这种灵肉一元论的思想早已有之。灵肉一元论中的要点在于承认人的动物性的合理性，因而不是去压抑它，消灭它，而是释放它，让它与灵相统一，相和谐，让它迸发出巨大的生命力。思想解放、人的解放就是从这里开始的。这在中国，是到了五四才由周作人加以阐发的。所以《人的文学》一文虽然不长，也没有大段的引经据典，但所述却是非常重要的思想，表述也能深入浅出，是思想史、文学史上的重要文献。周作人后来还有一些杂文进一步表述自己的观点。如《上下身》反对将身体的“上下变而为尊卑，邪正，净不净之分”，认为人的上下身是平等的，神性和兽性也是平等的，都一样干净，并不存在谁高谁低的问题。他认为要实现“人的觉醒”，就先要人们对自己有个认识。《妇女运动与常识》中说：“中国却是怎样？大家都做着人，却几乎都不知道自己是人，或者自以为是‘万物之灵’的人，却忘记了自己仍是一个生物。在这样的社会里，决不会发生真的自己解放运动的：我相信必须个人对于自己有了一种了解，才能立定主意去追求正当的人的生活。”

周作人的灵肉一致的人性观建立起一种新的价值观——人应该有灵肉一致的生活才是正当的、健康的，才是合乎人性的，禁欲和纵欲都是反人性的，应该反对。文学艺术同样必须以合乎人性为标准，才是合理的、健康的，才是“人的文学”，反之就是“非人的文学”。周作人把这叫做“个人主义的人间本位主义”，也就是“人本主义”、“人道主义”。他说：“用这人道主义为本，对人生诸问题，加以记录研究的文字，便谓之人的文学。”到1920年的《新文学的要求》中，他更明确提出“人的文学”的两条标准：“一，这文学是人性的；不是兽性的，也不是神性的。”“二，这文学是人类的，也是个人的”，“就是个人以人类之一的资格，用艺术的方法表现个人的感情，代表人类的意志，影响于人间生活幸福的文学。”[31]这些主张集中地反映了文学领域的“人的觉醒”，是文学领域思想解放的最主要成果。不仅对新文学个性解放主题的发展有很大鼓舞和推动，使新文学作家突破了封建思想的禁区，大胆地描写青年男女追求自由恋爱，真率地表现性爱，显然有重要作用。而且影响及于社会生活，对改变封建时代拘谨、压抑的社会风气，培育自由、活泼、敢于表现自我的性格，都起了很好的作用。正如胡适所说：“《新青年》的一班朋友在当年提倡这种淡薄平实的‘个人主义的人间本位’，也颇能引起一班青年男女向上的热情，造成一个可以称为‘个人解放’的时代。”[32]

在文学创作上，周作人倾向于表现人生问题，更为强调怀着悲哀和愤怒描写非人的生活。他认为这可以使人们明了人生的实在情状，与理想生活的差距，并思索改善的方法。他在《平民文学》中说，与贵族文学不同，“平民文学应以普通的文体，记普通的思想和事实。我们不必记英雄豪杰的事业、才子佳人的幸福，只应记载世间普通男女的悲欢成败”[33]。这些见解较之陈独秀的“社会文学”、“国民文学”更具体化也更理论化，对后来为人生派文学的形成，对五四时期新文学关注劳苦人民的生活，对发现和关注妇女、儿童问题，对塑造普通人的形象等，都发生了很重要的影响。

周作人发表《人的文学》，是在做着他所说的“辟人荒”的工作，所以这篇文章的主要贡献在于阐发了灵肉一致的人性论，重点其实在于伦理学上，为新文学创建了新的哲学基础，建立了新的评价标准。它同时提出了人道主义的文学观，但相对而言这一方面的阐发尚欠充分。文学上的人道主义除了要有人性论为其哲学基础，还应该有具体的实现自己主张的文学上的理论和方法。这一系统的建立不但要提出突破性的新命题，而且还要做后续的理论工作，以完善自己的体系。这些工作在那时和后来做得还不很充分。依据人道主义的理论，将文学分为“人的文学”和“非人的文学”，显然是简单了些。就在《人的文学》这篇论文中，以这样的标准评价古代文学，明显地出现了不准确、不科学的弊病。作为某一种文学的理论基础，如果不能加以完善和健全，就会使得这一种文学因为理论资源不足，得不到有力的思想支持而难以茁壮成长。这是“人的文学”倡导中的缺陷。

由于思想革命在先，新文化运动先驱们是先有了“人的觉醒”而后才开始文学革命，提出建设“人的文学”的命题的。周作人发表《人的文学》时，许多新文学家也已经有了相同或相近的认识，发表了许多类似的言论，周的文章可以说是这种认识的集中反映。鲁迅看到“中国人向来就没有争到过‘人’的价格”[34]，所以他说“文学革命者的要求是人性的解放”[35]。陈独秀的文学革命论也是以人性论为理论基础的，他要求发展“人间性”，要求“人间性完全发达”[36]。那时陈独秀把五四定位为“人的运动”，在他开始转向马克思主义之时，便要求“资本家要把劳动者当做同类的‘人’看待，不要当做机器、牛马、奴隶看待”[37]。在上述思想之下，个性解放成为新文学创作的最强大的潮流。同时，尊重自己也尊重他人，因而新文学也主张表现人类的爱的精神，“爱”在五四后成为普遍的主题。李大钊在《什么是新文学》中提出他对文学的三个要求：“社会写实的文学”，“以博爱心为基础的文学”，“为文学本身的文学”[38]。其中“博爱”又是他最重要的文艺观：“我们现在所要求的，是个解放自我的我，和一个人人相爱的世界。”[39]“我相信，人间的关系只是一个‘爱’字，而只有‘爱的生活才是人的生活’”。“我们的至高理想，在使人间的一切关系都脱去力的关系，而纯为爱的关系。”作为人的情感与精神的解放的标志，在个人方面是“自由的我”的形成；在群体方面则是“人类互相之间，自然要各自尊重各自的个性”[40]。

人的价值与尊严的发现成了新文学的最重要成就之一，它与“民主”、

"科学"一起奠定了中国新文化的基础。所以傅斯年说"人的文学"已成为当时的主流的文学观念,"我们所以不满意于旧文学,只为他是不合人性,不近人情的伪文学,缺少'人化'的文学";"我们对于将来的白话文,只希望他是'人的'文学"[41]。

四、文学革命的发展

批判封建守旧派——文学语言转变的完成——与文化保守主义的冲突——对市民文学的批判——出现分化的势头

千年封建观念统治下的中国,爆发新文化运动和文学革命,必然遭到抵抗。封建守旧派视新思潮、新学说如洪水猛兽,他们打出"保存国粹"的旗号,攻击新文化运动先驱们"数典忘祖"、"矫枉过正"。其实关于中学与西学、本土文化与外来文化之争,从鸦片战争后就是连续不断的。新文化运动和文学革命的气势如此猛烈,自会遇到强烈的抵抗。只是此时的封建守旧派已经力不从心,清王朝的覆灭、帝制复辟的失败,使他们失去了政治的后盾。四分五裂的军阀割据,对那些武夫们来说,枪杆子是命根,却不看重意识形态工作,给了新文化运动一定的活动空隙。五四时期的思想解放运动,"百花齐放,百家争鸣"的局面就是在这种空隙里发展起来的。守旧派悖逆历史潮流又不能依靠政治权力的支持以压制舆论,便无力来与文学革命相抗衡。这就使《新青年》的同人感到"自从提倡新文学以来,颇以不能听见反抗的言论为憾"[42],便于1918年3月上演了一出"双簧戏"。由钱玄同化名"王敬轩",汇集社会上各种反对文学革命的言论,整理成一封给《新青年》的信,同时由刘半农作复,痛加驳斥。两文同时发表在《新青年》上,作为"文学革命之反响"。

当时守旧派的代表人物是林纾(1852~1924),这位译介过一百七十八十部西方小说、戏剧,对在中国传播西方文学有重要贡献的桐城派高手,这时竟成了落伍者。他写文章反对以白话文取代文言文。1919年春,在新文化运动高潮中,他发表了《荆生》、《妖梦》两篇文言小说,用影射手法,攻击新文化运动。《荆生》写田其美、金心异、狄莫(影射陈独秀、钱玄同、胡适),三人同游陶然亭，高谈阔论，发表批判孔夫子、提倡白话文等言论。这惹怒了伟丈夫荆生（一说是暗喻当时的安福系军阀），大骂他们是“伤天害理”、“背天反常”之“人间怪物”，说的尽是“禽兽之言”，并动手把他们撵走。《妖梦》则攻击蔡元培主持下的北京大学。同时他又发表给蔡元培的公开信《致蔡鹤卿书》，攻击新文化运动“覆孔孟，铲伦常”，斥白话为“引车卖浆之徒，所操之语”。这时北京大学内部也有原先拥护袁世凯复辟的筹安会人物刘师培等，以“昌明中国固有之学术”为宗旨，办了《国故》，抵抗新思潮。

1919年初，陈独秀为《新青年》作《本志罪案之答辩书》，对守旧派的“八面非难”，给予坚决的驳斥。随后，李大钊发表《新旧思潮之激战》，针对林纾的影射小说，揭露守旧派“鬼鬼祟祟的，想用道理以外的势力，来铲除这刚一萌动的新机。他们总不会堂皇正大的立在道理上来和新的对抗”；并且正告他们，今日中国真正觉醒的青年，“断不怕你们那伟丈夫的摧残”[43]。蔡元培也公开回答林纾，驳回了他对北京大学的攻击，并且申明他在北京大学对各派学说实行“思想自由”和“兼容并包”的原则。各种新思潮，凡是代表真理，代表社会进步趋向的，便不怕争鸣，必定会在争鸣中得到发展。蔡元培的学术自由、百家平等的原则，有利于各种新思潮的传播，使北京大学成为新文化运动的堡垒，并且成为影响深远的“北大精神”。文学革命的骨干也都著文批驳守旧派的保守观念。鲁迅在他的多篇《随感录》中，一一指陈“保存国粹”、“白话鄙陋”等的荒谬。他指出：“那些抵抗新文化的人，明明是现代人，吸着现在的空气，却偏要勒派朽腐的名教，僵死的语言，侮蔑尽现在，这都是‘现在的屠杀者’。杀了‘现在’，也便杀了‘将来’。”[44]

在新文化运动的促进下，1919年爆发了五四运动。这个轰轰烈烈的反帝爱国政治运动，推动历史的进步，也有力地推进了新文化运动。文学革命成了不可逆转的大趋势，守旧派已无力加以阻挡。《新青年》自1918年第4卷第5期起，全部改用白话文。当年12月，陈独秀、胡适、李大钊等又创办了《每周评论》。1919年1月，北京大学学生组织新潮社，创办了《新潮》月刊。这些刊物都成了新文化运动的重要阵地，也全用白话文写作。到1919年，各地白话报纸达数百种。其中宣传新文化最为有力的北京《晨报》副刊、《京报》副刊、上海《时事新报》副刊《学灯》、《民国日报》副刊《觉悟》，成为五四时期著名的四大副刊，对新文学的诞生、成长都有重要的贡献。另一些著名的杂志，如《东方杂志》、《小说月报》等，也都改用白话文。1920年，北洋政府教育部颁布了从小学低年级开始，语文课本逐步改用白话文的决定。从此，不仅日常的应用文，而且在各种体裁的文学创作中，白话文也都取代了文言文。中国的文学语言终于完成了从文言到白话的转变，这对于中国社会的现代化，有着重大的意义。

文学革命的影响一直传到台湾和海外侨胞中。台湾作为日本帝国主义的殖民地，要在这里发展新文学当然是十分困难的。但台湾同胞具有高度的爱国精神，思想文化和感情都同祖国血肉相连，所以新文化运动很快就在台湾得到响应。1919年，一些台湾留日学生即以与五四运动"同声相应"之意，成立了"声应会"。之后，接连又有"启发会"、"新民会"等类似的组织出现。1920年7月，台湾有了开展新文化运动的综合刊物《台湾青年》(1922年改名《台湾》)。翌年，台湾文艺协会成立，成员超过千人，这时开始有了少量的新文学作品。1923年，《台湾民报》创刊，全部采用白话文，因而被称为"台湾新文学运动的摇篮"。同时爆发了新旧文学的激烈论战。努力推动白话文和新文学的主将是张我军(1902~1955)，他在北京念书时受到新文化运动的洗礼。他自比扫除旧文学的"清道夫"，连续发表了《致台湾青年的一封信》、《新文学运动的意义》等一批文章，高举倡导白话文学的大旗，猛烈抨击旧文学。在《请合力拆下这座败草丛中的破旧殿堂》中，他说："台湾文学是中国文学的一支流，现在本流发生了变化，则支流自然也要随之而变化，这是必然的道理。"此后，出现了被称为台湾现代文学"奶母"的赖和等新文学家。1925年底，张我军出版《乱都之恋》，表现眷念故国之情，为台湾第一部新诗集。

当新文学取代旧文学已成定局，新文化运动的高潮即将过去时，1922年1月，梅光迪、胡先骕、吴宓在南京出版《学衡》杂志，连续发表梅光迪的《评提倡新文化者》等多篇论文，猛烈地攻击新文化运动和文学革命。他们中有胡适的留美同学，本亦有着促进中国走向现代化的意愿，但信奉偏于保守的美国白壁德的新人文主义，当胡适在美国酝酿语言革命时，梅光迪就是坚决的反对派。不同于封建守旧派，他们的主张是"昌明国粹，融化新知"。理论上不赞成进化论，以为在文化领域"后来者不必居上，晚出者不必胜前"[45]，新文化的诞生并不一定就是旧文化的灭绝。认为中国悠久的文化传统"必有可发扬光大，久远不可磨灭者在”[46]；应该继承，以去陈出新，存旧立新，反对一概否定。同时认为文化的变革比器物层、制度层的变革要困难得多，应是渐进的、缓慢的。他们不赞同以白话取代文言，反对“言文合一”，也反对全盘效仿西方文学，称这是“伪欧化”[47]。到了1925年，章士钊（1881~1973）复刊他的《甲寅》杂志（原为1914年创办的月刊，仅出10期，复刊后改为周刊）。章士钊是反清的重要分子，文章富逻辑性，被誉为“逻辑文”。1925年，章出任北洋政府的教育总长兼司法总长。他曾发表《评新文化运动》、《评新文学运动》等文，同样反对激进的态度，对文化进化的形式提出自己的见解，认为“新与旧之衔接……如两石同投之连钱波不如周线各别之圆形”[48]。但他也攻击白话文鄙陋低下，提出文言文与白话文应各有独立并存之价值。从这些观点可以看出，《学衡》、《甲寅》均属于文化保守主义。当着文学革命高潮将退，他们的批评带有反思五四的意义，对激进的、极端的态度本应有一定的制衡作用。但历史的实际是他们并没有起到这样的作用。文化保守主义阵营方面连篇累牍地攻击新文化运动和文学革命“颠倒是非”、“数典忘祖”、“卤莽灭裂”，使“精神界大乱”、“大恐慌”，把五四后的新文化战线描绘得一团漆黑。章士钊甚至利用官方的权力，命令从小学四年级开始恢复读经，禁止用白话作文。因此《甲寅》被称为“半官报”。激进的新文化运动的先驱更把他们视为开历史倒车的势力，因此《学衡》、《甲寅》长期被作为封建复古派而受到严厉的批判。包括鲁迅、周作人等新文学家，新成立的文学研究会、创造社等最重要的文学社团，都发表文章批驳他们。有一些批判的言论也有过火之处。因为文化保守主义站到了新文学的对立面，后来在新文学的建设上便没有他们的位置，他们的成就主要在学术研究上。直到上世纪末，文化保守主义在文化史上的意义，在国际上新儒家的影响波及国内后，才逐渐为人们所认识。

在“人的文学”成为新文学主导思想的历史背景下，比新文学出现得更早的、拥有更广大读者群的“市民文学”（现在通称为“通俗文学”，如使用这个名称，则在其前加上“都市”或“城市”，可能更准确些），在使用白话文上并不落后。在胡适发表《文学改良刍议》的1917年1月，鸳鸯蝴蝶派的重要人物包天笑，在上海创刊《小说画报》。他在《编者例言》中声称，“小说以白话为正宗，本杂志全用白话体，取其雅俗共赏”。而这时的《新青年》还是用的文言文。但以鸳鸯蝴蝶派为代表的市民文学，却在此后受到新文学界的严厉批判，被挤到现代文学的边缘去了。

19 世纪末，随着殖民地化的加剧，现代城市的迅速发展，市民已经是中国社会的一股力量。以城市为据点的现代传媒，首先面对的对象就是市民。在传媒商业化的条件下，为了满足市民市场的需求，市民文学也在 19、20 世纪之交有了很大的发展。早期启蒙思想家如梁启超提倡“小说界革命”，对市民文学的发展起了推波助澜的作用。辛亥革命前后，以报刊为主要载体的通俗小说有很大发展，形成了被称为“鸳鸯蝴蝶派”或“礼拜六派”等颇有影响的小说流派。五四文学革命前后，上海等地鸳鸯蝴蝶派的刊物、小报十分兴盛。通俗小说的繁荣是当时中国文学的新现象，它们带有反封建的因素，也有一定程度的现代性。但是，由于中国市民阶层的孱弱，市民文学无力完成取代旧文学的使命，其思想内容也不完全符合启蒙思想家的初衷。为照顾市场需求，就要认同市民社会的价值观，突出文学的消遣性、趣味性、娱乐性，所以一开始就没有得到思想界的认可和好评。五四文学革命中，标举“人的文学”大旗的新文学家们看重的是文学的启蒙作用，而忽视甚至完全否定文学的娱乐、消闲功能(如 1921 年成立的文学研究会)。他们用启蒙文学为标准，只看到市民文学的局限性，便把鸳鸯蝴蝶派归入“非人的文学”，与封建文学放到一起，加以批判和扫荡。

新文学批判市民文学是从批“黑幕小说”开始的。周作人的《论“黑幕”》、《再论“黑幕”》诸文激烈批判黑幕小说，认为其所传播的是“最毒妇人心”、“恋爱自由之无耻”等毫无人气的古训，认定黑幕小说“文学上的价值，却是‘不值一文钱’”[49]。钱玄同也批判黑幕小说“内容腐败荒谬”，“简直可称做杀人放火奸淫拐骗的讲义”[50]。李大钊则认为鸳鸯蝴蝶派小说“堕落于男女兽欲之鬼魔”，“柔靡艳丽，驱青年于妇人醇酒之中”[51]。胡适、沈雁冰等还从艺术上批评这类作品，指出其结构松散、拼凑情节、记账式的叙述等的弊病[52]，意在说明它们艺术上也没有什么可取的。当时这些批判缺少具体分析，都对市民文学持全盘否定的态度。

新文学的批判连南社也未曾放过。南社本是辛亥革命时期革命的文学社团，历史上有过不容抹杀的贡献。胡适批判南社重要成员苏曼殊的小说：“《绛纱记》所记，全是兽性的肉欲。其中又硬拉入几段绝无关系的材料，以凑篇幅，盖受今日几块钱一千字之恶俗之影响者也。《焚剑记》直是一篇胡说。其书尚不可比《聊斋志异》之百一，有何价值可言耶？"[53]

在新文学界的强力批判之下，市民文学受到很大冲击，一些通俗小说作家后来竟羞于承认自己是鸳鸯蝴蝶派。市民文学也只能以"俗文学"、"旧派小说"的身份，在新文学的冷眼下独自行进。这就造成五四后同是生长于城市的精英文学(启蒙文学、左翼文学等)与通俗文学的分流，雅俗之间壁垒森严。即便有某些相互渗透、吸收，但各自走着自己的路，各有着自己独立的发展历史。

文学革命发生不久，北邻俄罗斯在列宁领导下的十月革命取得了成功。这对中国产生了重大影响。以往中国的先进分子寻求救亡之路，是以欧美资本主义国家为榜样的。现在看到了一条新的道路——社会主义的道路。在当时纷至沓来的各种外来思潮中，马克思主义以其彻底的批判精神和完备的系统性，凭借十月革命成功的感召力，使许多先进的中国知识分子选择它作为自己的新世界观。新文化运动的激进分子中，李大钊是最早接受、宣传马克思主义的人物之一。1918 年 7 月，他在《言治》季刊第 3 册上发表《法俄革命之比较观》，指出"吾人对于俄罗斯今日之事变，唯有翘首以迎其世界的新文明之曙光"。11 月，第一次世界大战结束，他又在《新青年》上发表著名的《庶民的胜利》、《Bolshevism 的胜利》，预言"将来的环球，必是赤旗的世界！"当年冬，他在北京大学发起组织"马尔格斯学说研究会"。1919 年底，陈独秀也开始表现出接受马克思主义的取向。1919 年起，由陈独秀编辑的《新青年》改为由陈独秀、李大钊、胡适、钱玄同、沈尹默等人轮流编辑。1919 年 5 月，李大钊在由他轮值主编的第 6 卷第 5 期上，设《马克思研究》专栏，并且撰写了《我的马克思主义观》，在《新青年》上连载。《新青年》上介绍马克思主义的文章多了，到第 8 卷(1920 年 9 月出版)后，增加了陈望道、李达等新成员，成为上海共产主义小组的机关刊物。

这时，开始接受马克思主义的知识分子，在他们有关文学的文章中，可以看到一些关于革命与文学的关系的表述。1918 年，李大钊提出"平民主义"的口号，与周作人提倡写"普通人"的"平民文学"不同，他是主张向平民做宣传："必须用通俗的文学，使一般苦工社会也可以了解许多道理。"他号召青年去接触劳工，“要想把现代的新文明，从根底输到社会里面，非把知识阶级与劳工阶级打成一气不可”[54]。此后，俄罗斯文学也受到特别的关注。1918年李大钊作《俄罗斯文学与革命》(未发表)。1920年，瞿秋白在为《俄罗斯名家短篇小说集》写的序中说道：“俄罗斯文学的研究在中国却已似极一时之盛。何以故呢？最主要的原因，就是：俄国布尔什维克的赤色革命在政治上，经济上，社会上生出极大的变动，掀天动地，使全世界的思想都受他的影响。……而在中国这样黑暗悲惨的社会里，人都想在生活的现状里开辟一条新道路，听着俄国旧社会崩裂的声浪，真是空谷足音，不由得不动心。因此大家都要来讨论研究俄国。于是俄国文学就成了中国文学家的目标。”[55]同时，在“劳工神圣”口号的影响下，初期新文学作品中出现了表现下层工农的题材，这在诗歌创作中尤为明显。

十月革命后，在社会主义思潮影响下出现的这些新因素，不仅影响了文学革命的进程，而且还影响了新文学后来的发展。

马克思主义在中国的传播，使敏感的胡适看到这可能导致新文学乃至整个中国社会，走上一条与自己的自由主义理想相背离的道路，他也加紧了自己理论的宣传。五四运动爆发那一年的4月，他在《新青年》上发表系统表述他的哲学思想的《实验主义》。5月，迎接他的导师、美国实验主义哲学家杜威来华讲学。杜威表示他是为东西方文化做“媒人”而来的，他用两年工夫在中国走了12个省市，讲学时间之长，活动范围之广，在国外著名学者来华讲学的历史上还不多见。7月，胡适又在《每周评论》上发表《多研究些问题，少谈些主义》，反对空谈主义。8月，李大钊发表商榷的文章《再论问题与主义》。这场思想的交锋虽是政治论争，但论争双方都是新文化运动的最有影响的人物，新文化运动内部分裂之势已现。1920年11月，胡适致函《新青年》编委，批评“今《新青年》差不多成了《Soviet Russia》(按：即《苏俄》)的汉译本”。不久后他退出《新青年》，于1922年另办《努力》周报。五四时期新文化战线上反封建的统一战线自此开始分化。

1921年中共成立后，从事理论宣传工作的一批共产党员，曾以《新青年》季刊、《中国青年》等为阵地，宣传自己的文学主张。于是在文学战线上听到了共产党人坚决支持文学革命，反对封建旧文学和文言文，提倡新文学和白话文，批驳文化保守主义等的言论。中共这种激进的、积极参与的态度，使其与新文学保持着密切的关系，新文学与中共领导的革命运动从此结下了不解之缘,这对新文学的发展产生重大的影响。

五、新文学的新面貌

现代散文的源头——诗体大解放——问题小说的提倡——易卜生主义和问题剧

新文学的先驱者们在批判封建文学和文言文的同时，已开始以白话文进行文学创作的实践。1920 年之前,虽无新文学的“纯文学”刊物,但在许多报纸和综合性的文化刊物上,新文学作品已在炽热火爆的批判声中诞生了。

最早问世的作品中，就有议论性的散文,“因为这原是萌芽于‘文学革命’以至‘思想革命’的”[56]。1918 年 4 月,《新青年》杂志自第 4 卷第 4 期起,开辟了《随感录》专栏。所发文章开始并无题目,只有编号,篇幅短小,甚至仅三言两语。由于短,显得精悍、活泼、自由,也利于在文字技巧上多下功夫,锻打锤炼,成为尖锐精巧的语言精品,却是颇有战斗力的短论。它能迅速及时地对各种时事问题、社会问题、思想文化问题,表示反响与抗争,重点仍在思想革命和文学革命上;又易于表现作者个性,符合文学革命中主导的思潮。于是应用者渐多,这就是后来称为杂文或杂感的文体的由来。继《新青年》之后,《每周评论》、《民国日报》副刊《觉悟》,还有《新生活》、《新社会》等许多报刊杂志,也相继开辟了《随感录》专栏,推波助澜,使此种文体兴盛起来。影响最大的,有陈独秀、李大钊、鲁迅、周作人、钱玄同、刘半农等的杂文。除鲁迅、周作人后来出版有杂文专集,刘半农在 20 世纪 30 年代出过《半农杂文》,其他人的作品后来多收在他们的文集、选集中。李大钊的文章多政论性的,其中如《青春》、《今》、《新的！旧的！》等,均为五四时期著名的议论散文。他的言词虽不很激烈,但说理明晰,真理在握,从容不迫,有以理服人的风度。也有激情澎湃,声调高亢,写得很有气势的,如著名的《Bolshevism 的胜利》,那结尾处宣告:“人道的警钟响了！自由的曙光现了！试看将来的环球,必是赤旗的世界！”这语言,如撕裂了黑沉沉夜幕的闪电,惊醒阴森森大地的响雷,颇有震撼人心的伟力。陈独秀的《随感录》数量很多,内容与李大钊相近,也有不少对社会、政治的批判,但文字风格却较接近钱玄同。钱玄同、刘半农和周作人等的散文较多触及思想、文化上的问题。钱玄同和陈独秀的文章,常慷慨激昂,有咄咄逼人的气势,不重分析,时有偏胜之词,却如飓风般要扫荡一切新文化运动的障碍。这种激烈的风格,与文章内容的激进正相适应。刘半农的文章能将钱氏的激烈,以较为轻松泼辣的语调加以表现。他以"心手相应"为"做文章的第一个条件",认为要做文章,就该赤裸裸地把个人的思想感情传达出来,"我是怎样一个人,在文章里就还他是怎样一个人"[57]。所以直抒己见,不掩饰,不做作,流利清爽,有时寓庄于谐,还用反语,显得俏皮、幽默。《"作揖主义"》中,他把各种各样的守旧派人物请出来,让他们各说一段话,有如一组讽刺漫画,又像是一群丑角在戏台上的表演。

鲁迅是写作议论性散文成就最高的作家,杂文成了他进行思想启蒙的重要武器。虽然如他自述,当时为了批判各种反对新文化运动的思想,"我所对付的不过一小部分",但就他的杂文所达到的思想深度,思虑之成熟、深刻,都是他人难以取代的。同时,在各家的议论性散文中,鲁迅的作品也是最富于艺术性的。不仅语言精练、警辟、犀利,而且形象的比喻都很巧妙、生动。他以这杰出的艺术创造,为杂文这个现代新文体的建立,做出了巨大的贡献。此后,杂文便与鲁迅的名字难以分解。

杂文是现代散文的最早源头,为批判封建文化冲锋陷阵。在文学革命中,它是"桐城谬种"、"选学妖孽"的当面的对立物。各家杂文都显得自由泼辣,无拘无束,恣意而谈,绝不受什么"义法"的规范,也不受骈四俪六的僵硬格式的束缚;表意抒情均见直率,有活气,有血肉,有个性;虽多批判,语言风格并不一定都是金刚怒目式的。可以有雄壮悲壮,也可以滑稽幽默,还可以含浓厚的抒情性。不论道理是否全面,都能窥见论者诚挚之心,把那种"削足适履"的形式主义彻底摧毁了。在议论性散文之后,逐渐有了记叙性的散文,如游记之类。随后,又有小品文的产生。自此,新散文有了更大的发展。

1917年2月,《新青年》上发表了胡适的白话诗八首。随后,其他文学革命的中坚分子,如陈独秀、李大钊、鲁迅、周作人、沈尹默等,也陆续发表新诗。他们写白话诗是为了给新文学壮声威,如鲁迅所说,他是在给新诗的进军“打打边鼓”。当时发表新诗较多的刊物还有《新潮》、《星期评论》、《少年中国》等，出现了刘半农、刘大白、康白情、俞平伯等在新诗诞生期成绩较突出的诗人。影响所及，在日本的郭沫若、田汉等，也创作了不少白话新诗。白话可以用来写散文，但能否用以写作韵文，这对于它能否完全取代文言，是个很大的考验。为了建设白话新诗，首先要在思想上冲破诗必格律的束缚。胡适提出了“诗体大解放”的主张。但做诗如说话，难免有直白浅露之弊，然而冲破旧格律却正是从这里开始。新诗作者多受旧诗词的熏陶，写出的白话诗往往像是用白话翻译出来的古诗。反倒是完全散文化的诗，显出了艺术上的大胆解放。随之而来，便是由于语言工具的变换逼迫出来的，对于诗的表现方法相应变换的探索。有着比、兴传统的诗国里，象征的方法首先被较多地采用，诗人喜借助某一形象表达思想，抒发情感。当时颇受赞许的周作人的《小河》，就用了象征方法。诗歌写小河被农夫筑堰断流，河边的树木、稻子表示“忧虑”，怕河水冲破石堰而泛滥。诗写于五四运动前夕，表现了反对束缚自然人性的思想。后来蔡元培曾写《洪水与猛兽》，以洪水比喻新思潮，说它可能“泛滥岸上，把田庐都扫荡了”；和对付洪水一样，“对付新思潮，也要舍湮法用导法，让他自由发展，定是有利无害的”[58]。周作人用诗的形式所表达的，正是这样的意思。有的借物咏怀，如胡适的《老鸦》。沈尹默的《鸽子》感叹被豢养的鸽子，“飞着的是受人家的指使”，“关着的是替人家作生意”。还有陈衡哲的《鸟》，写被关在笼里的鸟，希望“飞他一个海阔天空！”这些诗都是用飞禽为象征物，表达了要求个性解放的主题。

白话的通俗自然，使它无论是描绘或叙述，都比文言更为灵便、细致，因而也更为充分。一些诗人也尽力发挥白话这种优势，在创造性地运用语言上获得了较好的成绩。例如用白话写景的诗，较清晰地写出了景色的变幻流动。康白情在《日观峰看浴日》中写日出景象：“日怎么还不游出来哟？/要白不白的青光成了藕色了。/成了茄色了。/红了——赤了——胭脂了。/鲤鱼斑的黑云，/都染成了一片片的紫金甲了。”他的《太平洋上飓风》写海涛：“黄云拥着太阳；/黑绿的水吹着白浪。/万顷，十万顷，百千万顷零零落落的波涛都怒掀掀地挤着，推着，嚷着，要争把太阳吞在肚里。”像这样的描写，古代山水诗中是不可能有的。康白情有些叙事性的诗也能显出白话的独特功能。如《妇人》写农闲时农夫牵着驴子伴妻子回娘家，在半途涉水过河时的情景，情趣盎然，写意般勾勒出一幅民俗画，也显示了诗从旧格律中解放出来后的活泼的表现力。正是这种语言上的成功，使人觉得当时“似乎只有康白情先生是个比较纯粹的抒情诗人”[59]。白话诗还承担了内容较为繁重的题材，产生篇幅较长的作品。如沈玄庐的《十五娘》，已具有叙事诗的雏形，被朱自清称为“新文学中第一首叙事诗”[60]。刘半农的《敲冰》表现在追求中的坚韧不拔和乐观精神，含有哲理诗的意味。

打破一切格律的思潮，促进了散文诗的自然兴起。周作人说他的《小河》就是受法国象征派先驱波特莱尔散文诗的启发。沈尹默、刘半农等都是最早写散文诗的。沈尹默的《三弦》主要是写景，只是最后在特定景致前，勾画一个孤苦的老人。这个画面令人产生联想，可以从中体味出较深的含义。这种艺术尝试说明白话也可以制造意境，写得含蓄蕴藉。刘半农在语言的使用上更为成功，如《晓》对于晓色的描绘，以及追求美的心境的烘托，都达到了较高的水平，能散也能聚。这不仅在一些诗中出现了凝聚力很强的警辟的诗句，而且在诗的构思上也注意集中与简练，开始有了一些艺术性较强的小诗出现。康白情的《和平的春里》，每句诗用一“绿”字，写柳、麦、水、草都绿了：“鸭尾巴也绿了。/茅屋盖上也绿了。/穷人底饿眼儿也绿了。”不但铺染了绿的颜色，而且加强了春已来临之感。“绿”起了凝聚情感的作用，增强了诗的表现力。

打破旧格律后，诗人们仍然注意诗的节奏，所求的是“自然的音节”。因为汉语的单音、双音词占绝对优势，诗句易于写得整齐，保持着相近的停顿，加上许多诗人爱用复沓的方法，也加强了诗的节奏感。像刘半农的《教我如何不想她》，节拍整齐，讲求押韵，在回环中产生柔婉的美，已显出白话诗可以格律化的趋向。胡适还很讲究诗的音韵，以寻求提高诗艺之路，他推崇沈尹默《三弦》中的一段：“旁边有一段低低土墙。挡住了个弹三弦的人，却不能隔断那三弦鼓荡的声浪。”指出这段诗交错地使用双声、叠韵和平仄声，以造成一种抑扬声调，有如弹拨三弦之声，不失为创造新诗的一种艺术探索。还有的人模仿民间歌谣。因为歌谣的节奏是较为整齐有规律的。刘半农、刘大白都在这方面做过努力。刘半农的《相隔一层纸》、《学徒苦》等，刘大白《旧梦》集中的《卖布谣》、《收成好》、《田主来》等，都有古乐府民歌的意味。刘半农的《瓦釜集》则是用江苏江阴地区的方言写的民歌体诗，他的目的是“要试验一下，能不能尽我的力，把数千年来受尽侮辱与蔑视，打在地狱底里而没有呻吟的机会的瓦釜的声音，表现出一部分来”[61]。他写了几十首劳工歌、农歌、渔歌、牧歌、情歌、悲歌、滑稽歌等。胡适“一时兴到”，也说过新诗可学民歌：“现在白话诗起来了，然而做诗的人似乎还不曾晓得俗歌里有许多可以供我们取法的风格与方法，所以他们宁可学那不容易读又不容易懂的生硬文句，却不屑研究那自然流利的民歌风格。”[62]1922 年北京大学出版《歌谣》周刊，从事各地民歌的收集、研究。

经过新诗作者们的这些努力，基本上形成了新诗艺术上的共同特征：“自由成章没有一定的格律，切自然的音节而不必拘音韵，贵质朴而不讲雕琢，以白话入行而不尚典雅。”[63]1920 年 1 月，由新诗社编辑的《新诗集(第一编)》出版，为现代第一部白话新诗集，内收胡适、刘半农、周作人、康白情、郭沫若等五十余人的 102 首新诗。集前有《吾们为什么要印新诗集》一文，热情肯定新诗的艺术价值，并以“新文学万岁，新诗万岁！”为结束语。这第一部新诗总集，显示了集体创造白话诗的努力。同年 3 月，胡适出版了他的《尝试集》，是最早出版的个人诗集(别集)。随后又有郭沫若的《女神》(1921 年)、俞平伯的《冬夜》(1921 年)、康白情的《草儿》(1922 年)等诗集问世。依靠他们所创造的新的诗形式，或叙述描绘，或言志述怀，表达诗人的见解、观感、感叹，或对时事做出反应，表现时代精神；此后白话新诗终于成为中国诗体的主流。但初期的新诗不免幼稚。1930 年代初，刘半农编《初期白话诗稿》，他在序中说：当初努力于文艺革新的人，今天看去真已“成了三代以上的古人”了。

小说形式的革新，也首先从改变小说观念开始。古代小说以章回体为基本形态，其主要特征在于通过全知全能的叙述者，向读者讲述首尾齐全、情节连贯的完整故事。短篇小说也不例外，那种千篇一律的“某生者体”，往往可以不变其结构，只要增加描述，便可衍为长篇。要创造新小说，便须打破这种公式。因为“旧小说的不自由的形式，一定装不下新思想；正同旧诗旧词曲的形式，装不下诗的新思想一样”[64]。1918 年 5 月，《新青年》发表鲁迅的《狂人日记》，就以其思想的“忧愤深广”，加以“格式特别”而震动一时，成为文学革命的最早的实绩。就在这同一期《新青年》上，还发表了胡适的《论短篇小说》。这篇文章对改变传统的小说观念起了重要作用。

在小说的内容上,当时提倡的是问题小说。文学革命既然要建立"人的文学",自然要求反映"人"、"人生"的真面目。同时,五四作为思考的时代,人们要探究人为什么不能合理地活着,尤其是底层的群众被欺压却不能觉悟的原因。当时人们批评近代小说的缺陷,就认为它"对着人生这个问题,大抵毫无意见,或未曾想到"[65],所以便很自然地倾向于创作问题小说。鲁迅的小说大都含有问题小说的特点。胡适在《每周评论》上发表的《一个问题》,描写贫穷潦倒的小知识分子的悲苦,让主人公发问:"人生在世,究竟是为什么的?""像我这样养老婆,喂小孩子,就算做了一世的人吗?"当时不少小说的名称是带着问号的,如叶绍钧(圣陶)的《这也是一个人?》、罗家伦的《是爱情还是苦痛?》等。而写问题小说最出名的当是还非常年轻的女作家冰心。

当时《新青年》上登载的小说并不多,有影响的只有鲁迅。《新潮》的小说作者较多,有汪敬熙、罗家伦、杨振声、俞平伯、叶绍钧等。他们的小说多用写实手法表现反封建的主题,往往简要地交代故事情节,还不懂得描写人物性格,塑造人物形象。小说散文化的现象也很普遍,倒也自由不拘,算是把"某生者体"冲掉了。鲁迅曾肯定他们的小说多"有所为"而发,但认为"技术是幼稚的,往往留存着旧小说上的写法和语调;而且平铺直叙,一泻无余;或者过于巧合,在一刹时中,在一个人上,会聚集了一切难堪的不幸"[66]。从总体上看,这时的新小说也未能超越初期的幼稚状态。《新潮》上这批青年作者中,后来杨振声写出了《玉君》(1925 年),算是早期中篇的较佳者,但他们总的说来成就都不大,只有叶绍钧有更大的发展。

除了写实的手法,也产生了使用浪漫主义和象征主义手法的小说,虽然数量并不多,却表现了小说艺术方法的多样化。1919 年 11 月,《新中国》杂志上发表郭沫若的小说《牧羊哀话》,是现代浪漫主义小说的滥觞。除了鲁迅的《狂人日记》用过象征手法之外,还有从事心理学研究的汪敬熙,他写的《砍柴的女儿》、《死与生》,带有象征小说的特征。

在戏剧方面,这时同样提倡写作"问题剧"。

话剧在五四新文化运动之前已被介绍到中国来了。1906 年,一批留日学生李息霜(叔同)、曾孝谷、欧阳予倩等在东京成立春柳社,以日本"新派剧"

为蓝本,改编演出法国小仲马的《茶花女》、美国斯托夫人的《黑奴吁天录》,当为中国话剧运动的开端。他们的活动立即在国内得到响应,1907 年上海便有王钟声、任天知等组成春阳社,也演出《黑奴吁天录》,获得了成功。随后各地学校学生演新剧的活动日益昌盛,以 1909 年后天津南开学校学生,在校长张伯苓支持下的话剧活动最有代表性。中国传统的戏剧叫“戏曲”,表演上的特点是唱念做打,或唱念做舞兼备;而话剧是舶来品,其形式以异于中国戏曲传统而被称为“新剧”、“文明戏”。在辛亥革命时期,文明戏因政治上的鼓动作用进入了全盛时期。但辛亥革命流产,文明戏因内容庸俗、艺术粗陋而渐趋衰落,竟成了个讽刺性的贬义词。比较好的还是学生演剧运动中的创作, 如胡适所肯定的南开新剧团的成绩:“天津的南开学校有一个很好的新剧团”,“新编的一本《新村正》,颇有新剧的意味。……以我个人所知,这个新剧团要算中国顶好的了。”[67]但五四前夕的新剧呈过渡的状态,艺术形态上还不完全是话剧。

新文化运动的高潮中,随着清算封建文化,中国传统的戏曲受到了猛烈批判。同时,新文学家也讨伐文明戏,把它与小说中的鸳鸯蝴蝶派等同视之。对传统的猛烈冲击,促进了文学观念的变革,促进了现代话剧的发展。新文学家们在戏剧创作上提倡“写实主义”,提倡写“问题剧”。有人指出当时颇受好评的南开剧团的戏就是“写实主义中的问题主义的戏”[68]。为此便大力介绍西方现代的戏剧,大量发表、出版翻译的外国剧本,这是与文明戏时期的很大的不同。所介绍的西方戏剧流派很多,但以现实主义为主,剧作家中以易卜生最受欢迎。《新青年》于 1918 年特出“易卜生号”。《玩偶家庭》(当时多译作《娜拉》)、《国民公敌》等易卜生的重要作品,在短时间里都被翻译介绍过来了。因为符合追求个性解放的时代潮流,引起热烈反响。当时创作的问题剧中,最为典型的就是胡适的独幕剧《终身大事》。

但这时话剧创作的成果并不多,人们正集中火力对传统戏曲展开批判,出现“理论非常丰富,创作却十分贫乏”[69]的现象。在一段时间里,话剧创作的成就不及散文、诗歌和小说。

注释:

[1] 陈独秀:《吾人最后之觉悟》,《青年杂志》第1卷第6号,1916年2月出版。

[2] 陈独秀:《新青年宣言》,《新青年》第7卷第1号,1919年12月出版。

[3] 陈独秀:《孔子之道与现代生活》,《.新青年》第2卷第4号,1916年12月出版。

[4] 陈独秀:《本志罪案之答辩书》,《新青年》第6卷第1号,1919年1月出版。

[5] 李大钊:《"晨钟"之使命》,《晨钟报》1916年8月15日。

[6] 李大钊:《青春》,《新青年》第2卷第1号,1916年9月出版。

[7] 蔡元培:《中国新文学大系总序》,《中国新文学大系·建设理论集》,良友图书印刷公司,1935年出版,第9页。

[8] 周作人:《思想革命》,《每周评论》第11期,1919年3月2日出版。

[9] 陈独秀:《通信》,《青年杂志》第1卷第6号,1916年2月出版。

[10] 胡适:《文学进化观念与戏剧改良》,《新青年》第5卷第4号,1918年10月出版。

[11] 傅斯年:《戏剧改良各面观》,《新青年》第5卷第4号,1918年10月出版。

[12] 钱玄同:《随感录》,《新青年》第5卷第1号,1918年7月出版。

[13]《胡适日记·1926、8、3》,山西教育出版社,1997年出版。

[14] 胡适:《介绍我自己的思想》,《胡适文选》, 亚东图书馆,1930年出版,第18页。

[15] 胡适:《谈新诗》,《星期评论》"双十节纪念专号",1919年10月出版。

[16] 胡适:《五十年来中国之文学》,《胡适文集》第4卷,人民文学出版社,1999年出版,第386页。"鲍高嘉"今译"薄伽丘";"嘉叟"今译"乔叟";"卫克烈夫"今译"威克里夫"。

[17] 胡适:《建设的文学革命论》,《胡适文集》第3卷,人民文学出版社,1999年出版,第61页。

[18] 陈独秀:《通信》,《新青年》第2卷第2号,1916年10月出版。

[19][20] 同注[15]。

[21] 胡适:《论短篇小说》,《新青年》第4卷第5号,1918年5月出版。

[22] 同注[10]。

[23] 胡适:《易卜生主义》,《新青年》第4卷第6号,1918年6月出版。

[24] 胡适:《白话文学史》,《胡适文集》第4集,人民文学出版社,1998年出版,第23页。

[25] 同注[10]。

[26] 同注[15]。

[27] 周作人:《平民文学》,《每周评论》第5号,1919年1月19日出版。

[28] 载《新青年》第5卷第6号,1918年12月出版。

[29] 胡适:《中国新文学大系·建设理论集导言》,良友图书印刷公司,1935年出版,第29页。

[30] 苗力田主编:《亚里士多德全集》第3卷,中国人民大学出版社,1997年出版,第32页。

[31] 周作人:《新文学的要求》,北京《晨报》1920年1月8日。

[32] 同注[29],第30页。

[33] 同注[27]。

[34] 鲁迅:《坟·灯下漫笔》,《鲁迅全集》第1卷,人民文学出版社,1981年出版,第212页。

[35] 鲁迅:《且介亭杂文·〈草鞋脚〉小引》,《鲁迅全集》第6卷,人民文学出版社,1981年出版,第20页。

[36][37]陈独秀:《新文化运动是什么》,《新青年》第7卷第5号,1920年4月出版。

[38] 守常:《什么是新文学》,《星期日》社会问题专号,1919年12月8日出版。

[39] 李大钊:《我的世界》,《李大钊选集》,人民出版社,1959年出版,第221页。

[40]李大钊:《双十字上的新生活》,《李大钊文集》(下),人民出版社,1984年出版,第96页。

[41] 傅斯年:《怎样做白话文?》,《新潮》第1卷第2号,1919年2月出版。

[42] 刘半农:《复王敬轩书》,《新青年》第4卷第3号,1918年3月出版。

[43] 守常:《新旧思潮之激战》,《每周评论》第12号,1919年3月9日出版。

[44] 鲁迅:《热风·随感录57·现在的屠杀者》,《鲁迅全集》第1卷,人民文学出版社,1981年出版,350页。

[45] 吴宓:《论新文化运动》,《学衡》第4期,1922年4月出版。

[46] 梅光迪:《评提倡新文化者》,《学衡》第1期,1921年1月出版。

[47][48] 章士钊:《评新文化运动》,《新闻报》,1923年8月21日。

[49] 周作人:《再论黑幕》,《新青年》第6卷第2号,1919年2月出版。

[50] 钱玄同:《复宋云彬》,《新青年》第6卷第1号,1919年1月出版。

[51] 李大钊:《晨钟之使命》,《晨钟报》创刊号,1916年8月15日。

[52] 参见胡适的《建设的文学革命论》、沈雁冰的《自然主义与中国现代小说》诸文。

[53] 胡适:《致钱玄同》,《新青年》第4卷第1号,1918年1月出版。

[54] 李大钊:《青年与农村》,《晨报》1919年2月20日。

[55] 载《俄罗斯名家短篇小说第一集》,新中国杂志社,1920年7月出版。

[56] 鲁迅:《南腔北调集·小品文的危机》,《鲁迅全集》第4卷,人民文学出版社,1981年出版,第576页。

[57] 刘半农:《半农杂文·自序》,《人间世》第5期,1934年6月出版。

[58] 蔡元培:《洪水与猛兽》,《新青年》第7卷第5号,1920年4月出版。

[59] 朱自清:《诗与哲理》,《新诗杂话》,作家书屋,1949年出版,第33页。

[60] 朱自清:《中国新文学大系诗集·诗话》,良友图书印刷公司,1935年出版。

[61] 刘半农:《瓦釜集·代自序》,《刘半农诗选》,人民文学出版社,1958年出版,第82页。

[62] 胡适:《北京的平民文学》,转引自朱自清《新诗杂话》,第112页。

[63] 康白情:《新诗底我见》,《中国新文学大系·理论建设集》,良友图书

印刷公司,1935年出版,第324页。

[64] 周作人:《日本近三十年小说之发达》,《新青年》第5卷第1号,1918年7月出版。

[65][66] 鲁迅:《中国新文学大系·小说二集序》,良友图书印刷公司,1935年出版,第2页。

[67] 胡适:《论译戏剧——答T.E.C等》,《新青年》第6卷第3号,1919年3月出版。

[68] 涵庐(高一涵):《涵庐剧评〈一念差〉》,《每周评论》第2号,1918年12月29日。

[69] 洪深:《中国新文学大系·戏剧集导言》,良友图书印刷公司,1935年出版,第22页。

第二章

揭出病苦，引起疗救的注意

——现代文学巨人鲁迅

一、《狂人日记》出世

鲁迅早期生平和思想——梦醒而无路的痛苦——没有超人，只有狂人——鲁迅小说的总序

文学革命批判封建旧文学，同时要创造新文学，鲁迅的短篇小说《狂人日记》就是文学革命所创造的最早实绩。1918 年 5 月，《新青年》第 4 卷第 5 号上发表《狂人日记》，立刻在思想界、文学界引起了震动。若说用白话写小说，这不是第一篇，例如 1917 年当时留美的陈衡哲已经发表了《一日》，李劼人更早于 1917 年在四川发表过几篇白话短篇小说。但只有鲁迅的《狂人日记》才把新文化运动的批判旧道德和提倡新文学两个内涵结合在一起，成为有划时代意义的作品，宣告了一个崭新的文学世纪的开始。鲁迅也由于此后在文学创作上的巨大业绩，成了文学革命中影响最大的作家、中国现代文学的最重要的奠基人。

鲁迅能够完成这样的历史使命，是经过了长期准备的。

鲁迅(1881~1936)，原名周樟寿，后改名树人，浙江绍兴人。他生于封建士大夫家庭，少年时代家道式微，从小康而坠入困顿的过程中深深地领略了世态炎凉，形成了他初始的也是深刻的人生体验，使他从年幼时就深感人世间的生存环境对于自身个体的异己性，从而使他对被挤压在社会边缘的底层人民怀有同情。外婆家在农村，又使他有机会接触到占中国人口大多数的农民。更给予鲁迅深刻印象的，是中国社会底层人民的辛苦麻木，他们虽然

艰难困苦地挣扎在生死线上，却大多缺少改变自己命运的期望，任凭社会吞噬。在走投无路的情况下，鲁迅离家到南京求学，在原先所受良好的传统文化熏陶的基础上，进而受到了现代科学文化的教育。那时正是戊戌维新的1898年，他读到了严复译述的赫胥黎的《天演论》。社会进化论所述“物竞天择，适者生存”，使他感到震惊，为自己古老民族面临的亡国灭种的危机而忧虑。同时又相信万物进化是宇宙法则，因而产生不断奋进以求改革社会的激情。1902年鲁迅到日本留学，这时他是一个深沉的爱国者，已经下定“我以我血荐轩辕”的决心。他选择了医学，就因为“知道了日本维新是大半发端于西方医学的事实”，希望用现代医学来“促进了国人对于维新的信仰”[1]。这时正是第一次世界大战的前夜，西方资本主义已经发展得相当成熟，物质文明的高度发达和严重的精神危机并存，现代社会的内在矛盾已经显露。理性精神失落，非理性的各种思潮已发展起来了，由人的发现进到人的再发现，从发现人的高贵进而看透人的本性的丑陋与卑琐。所以尼采宣告“上帝死了”，主张彻底破坏偶像。尼采、叔本华、柏格森等的学说风行一时。鲁迅在日本接触到西方新的文化思潮，特别是尼采、施蒂纳尔、克尔凯果尔等张扬个人、强调意志力的思想，给了痛感国人缺乏人格独立、尊严之觉悟的鲁迅以深深的刺激，他深切地希望中国能够产生具有独异的个性，能够超越俗见因而坚强勇猛的先觉者。

1906年，据鲁迅自述，一件偶然的事情成了他思想转变的契机。他在观看课间放映的幻灯时，看到日俄战争中被日本军队杀害的同胞和麻木的看客们，他们却都有着强壮的体格。他深感改变精神才是救国的第一要着，于是转而致力于提倡文艺运动。本来早已看透“世人的真面目”，深切感受了中国人性格的怯弱、懒惰和巧滑；此时在西方新思潮激励下，更感彻底批判封建观念、改造国民性的切要，使他此后成了启蒙主义的思想家。但办刊物的计划流产了，他译介的西方文学作品也极少有人光顾，使他感到非常寂寞。在这种情况下，1907、1908年发表了《文化偏至论》、《摩罗诗力说》等四篇重要论文。这些论文对人类文明历史的发展作了全面的检视，比较了中西文化特征，在此基础上提出自己对中国社会变革的见解。特别是《文化偏至论》中，鲁迅从个性主义出发，表述了他追求人的个体觉醒的意见。文中提出“将生存两间，角逐列国是务，其首在立人，人立而后凡事举；若其道术，乃必尊个性而张精神”。他也已发现西方理性精神在历史发展中暴露出的缺陷，为纠正“重物质，任众数”的偏至，提出“非物质”、“重个人”的思想，要求“掊物质而张灵明，任个人而排众数”，把“张大个人之人格”视为“人生第一义”。此文也包含他当时所受尼采“超人”思想的影响，称尼采为“个人主义之至雄杰者”。鲁迅强调他所求之个人应该是“入于自识，趣于我执，刚愎主己，于庸俗无所顾忌”，“必以己为中枢，亦以己为终极，即立我性为绝对之自由者也。”《摩罗诗力说》一篇则为“别求新声于异邦”，介绍了欧洲“撒旦派”诗人，如拜伦、雪莱、普希金、莱蒙托夫、密茨凯维支、裴多菲等，因为他们“立意在反抗，指归在动作”，希望中国也能产生这样先觉的“精神界之战士”。这时正是孙中山领导的民主革命运动进入高潮的时期，没有人能够看重鲁迅这些主张，他盼望“有介绍新文化之士人”，发“先觉之声”，“来破中国之萧条”，这愿望当然未能实现。在那时的历史环境里，鲁迅上述思想相当前卫，很少有人能够理解。这使他觉得“如置身毫无边际的荒原，无可措手的了，这是怎样的悲哀呵”[2]。他感到非常的寂寞和孤独，这种情绪的厚积，后来发而为他的一系列文学作品。

1909年鲁迅回国。千年帝制的覆灭曾使他一度兴奋，1911年冬以辛亥革命为背景创作了文言小说《怀旧》。1912年他应邀到民国临时政府教育部任职，并随部来到新文化运动发祥地的北京。辛亥革命的果实很快被袁世凯篡夺，中国社会依然如故。自从追求救国之道以来一次又一次的幻灭，使鲁迅深陷于痛苦之中。此后数年，他只怀着失望与颓唐的情绪，埋头抄录古碑，整理古籍。正如他说的“人生最苦痛的是梦醒了无路可以走”[3]，从个人婚姻的不幸，到事业奋斗的失败，四面碰壁，只有被闷在铁屋子里苦苦挣扎。但他在幻灭中清醒，在沉默中思索，在痛苦中孕育新生命。一方面固然消去了年轻时代的意气，另一方面却也越发成熟了。鲁迅的痛苦并不单是属于他个人的，这也可以说是一种“时代病”。那时以至后来，许多知识分子也经历过这种梦的破灭的痛苦。当着新文化运动发生时，鲁迅的思想仍处于幻灭期中，所以他“那时对于‘文学革命’，其实并没有怎样的热情。见过辛亥革命，见过二次革命，见过袁世凯称帝、张勋复辟，看来看去，就看得怀疑起来”[4]。对新挂出的政治招牌不轻信，正是经历了许多次幻灭后所形成的一种心态。但一旦确认了新事物的意义，他是会义无反顾地投身进来，并以他坚强的人格、丰富的经验、渊博的学识,成为新运动的坚实可靠的顶梁柱。20世纪毕竟是一个伟大的世纪。第一次世界大战后世界革命高潮的出现,激活了蛰伏的思想者的心。在新文化运动的鼓舞和召唤下,鲁迅终于又活动了起来。一篇《狂人日记》的发表,沉寂多年后的第一声呼喊,让海内震惊。而且"从此以后,便一发而不可收",时代把他推到了新文学大军的最前列。

《狂人日记》通过塑造狂人形象,充分表现了鲁迅长期思考形成的对于人的问题的见解。鲁迅希望中国能产生超人,"惟超人出,世乃太平",这种人应当是"独立自强,去离尘垢,排舆言而弗沦于俗囿"[5]。他认为有一种"个人的自大",这种人往往有几分狂气:"他们必定自己觉得思想见识高出庸众之上,又为庸众所不懂,所以愤世嫉俗,渐渐变成厌世家,或'国民之敌'。"[6] 狂人的形象具有独立的精神,具有先觉者的清醒,是个现有文化秩序的怀疑者、否定者,他质疑传统、习俗和一切陈规旧矩。他说:"从来如此,便对么?"敢把"古久"先生的"陈年流水簿"踩在脚下。他又是现实的批判者,画出现世的人心是"狮子般的凶心,兔子般的狡猾"。在批判这世界时,他也能反思自我,怀疑自己也曾参与吃人。他是憧憬美好未来的理想主义者,认为"将来是容不得吃人的人的",因而发出"救救孩子"的呼声。鲁迅在《狂人日记》里写下的这些思想,都说明他就是个庸众所不理解因而被视为"狂人"的先知先觉。鲁迅甚为明白中国不可能有尼采所说的强人,即使有也绝不会有好的命运。他说,"先觉的人,历来总被阴险的小人昏庸的群众迫压排挤倾陷放逐杀戮。中国又格外凶"[7],所以在世俗的眼光中只能被视为狂人。《狂人日记》用象征的方法,歪曲的、变形的样式,把超人写成了狂人,写成了精神病学上的"迫害狂",来表现超人的思想特征,说明在中国没有超人,只有"狂人"。本是应该期待的先知先觉,却被视为精神失常的狂人,所揭示的正是现实的荒诞性,因而小说带有浓郁的荒诞的意味。狂人是一个象征的启蒙主义者的形象。小说一发表,沈雁冰就指出,《狂人日记》是"用写实的笔法,达寄托的(Symbolism)旨趣,诚然是中国近来第一篇好小说"[8]。

《狂人日记》是一篇人的觉醒的宣言,它首先提出了人的问题——人是吃人的动物,这是人的真相。狂人对大哥说:"大约当初野蛮的人,都吃过一点人。后来因为心思不同,有的不吃人了,一味要好,便变了人,变了真的人。

有的却还吃，——也同虫子一样，有的变了鱼鸟猴子，一直变到人。有的不要好，至今还是虫子。"这是用了尼采《扎拉图斯特拉如是说》(《Zarathustra》)中的一段话，意思是人虽然越过了虫豸、猴子，但有许多人至今还是虫豸，许多人比猴子还猴子。尼采是用生物进化论的观点来揭示人的荒谬，对人自身作深刻的批判。鲁迅受这种思想的影响，早在《破恶声论》(1908年)中就指出，人类由微生物而虫蛆、虎豹、猿猴，进化"以至今日，古性伏中，时复显露，于是有嗜杀戮侵略之事，夺土地子女玉帛以厌野心"[9]。到了五四时期，他的思想又有发展，更进而揭示，中国不仅还有人野蛮地吃人，而且表面上还装饰得很文明，这种文明就是封建礼教。给这吃人的野蛮行为罩上仁义道德的伪装，这就是封建文化的特色。作品写狂人查看中国的历史，每一页上都写着"仁义道德"，其实只是"吃人"二字。这种彻底的洞察，深刻的揭示，是使思想界震动的根本原因。如果说"人吃人"含有尼采的影响，那么"封建礼教吃人"则是鲁迅不同于尼采的地方，是鲁迅对中国的独特的洞见。这使他在中国的反封建文化中成为先锋和旗手。因为这种思想的深刻性，《狂人日记》不仅是鲁迅小说的开篇，更可以说是他的小说的总序言。

二、《呐喊》和《彷徨》

五四运动前写的小说——农村题材的小说——不朽的阿Q形象——恪守封建伦理的妇女——被毁灭了的新青年

《狂人日记》之后，鲁迅接连创作了一批小说，后来编成《呐喊》和《彷徨》两部小说集。他的小说无论思想上、艺术上，都是现代中国小说的高峰。《呐喊》所收起于1918年的《狂人日记》，迄于1922年的《社戏》，计14篇[10]。取名《呐喊》，意指作者受新文化运动的鼓舞，"有时候仍不免呐喊几声，聊以慰藉那在寂寞里奔驰的猛士，使他不惮于前驱"[11]。所以这部集子明显地保留着作者于五四新文化运动高潮中，结束了一段时间的沉默后，奋起高呼的特色。《彷徨》收1924年的《祝福》、《在酒楼上》、《肥皂》等，和1925年的《孤独者》、《伤逝》、《离婚》等，计11篇。这时正值五四退潮，新文化运动的队伍开始分化，他在北洋军阀统治下的北京颇感寂寞。后来在《题〈彷徨〉》一诗中说：“寂寞新文苑，平安旧战场，两间馀一卒，荷戟独彷徨。”道出第二部小说集取名为《彷徨》的原因。他在此书的扉页上引用了《离骚》中的两句诗：“路漫漫其修远兮，吾将上下而求索。”反映鲁迅在思想苦闷中，仍不断探索、寻求真理的精神。

作为启蒙主义者，鲁迅写小说就是要将中国人的精神面貌展示出来，让人们看清精神上诸种愚昧、麻木、庸俗、委琐、卑劣的表现。目的在于唤起人们的警觉，增强改造国民性的紧迫感。看了他所展示的这许多中国人的精神状态，触发人们思考：凭着这样一些人，怎么能够使国家变得富强、民主呢？怎么能够实现国家的现代化呢？

五四运动前，鲁迅发表过《狂人日记》、《孔乙己》、《药》，这是《呐喊》的前三篇。

《孔乙己》用简单的几个场面，生动地塑造了科举制度下的读书人孔乙己的形象。《孔乙己》不像《儒林外史》那样写些热衷科举的圣人之徒的穷酸之相、虚伪之心，相反，孔乙己多少还有点可爱，尚存善良之心，让人同情。这篇小说更想表达的是，封建观念、科举制度使人不像人了，人完全丧失了作为人的价值。就是这样，孔乙己最后还是遭到了毁灭。孔乙己要谋碗饭吃还是可能的，但那不是他的人生追求。他梦想踏科举之阶梯，爬上去做个吃人者；但是没有做成，反而被吃。小说描写乡镇生活，带着点人间温馨的情调，但这表面的温馨后面是残酷的，其中的批判性却是相当深刻的。

《药》通过偶然性的情节——买人血治病却买的是被杀害的革命者的血，极写群众的愚昧和先觉者的孤独、寂寞。虚写的革命者夏瑜是被吃者，封建专制的屠刀“吃”掉这位年轻革命者，愚昧的群众华老栓、华小栓也要来吃。小说名为《药》，意含双关，一指治痨病的药，又指这其实是革命者的血。革命者为民族复兴而英勇献身，然而结果不过是用自己的血，做了愚昧群众的送命的药。这是何等的悲剧呀！鲁迅感叹“英雄的血，始终是无味的国土里的人生的盐，而且大抵是给闲人们作生活的盐”[12]。群众对革命十分隔膜、冷漠，这就是当时中国的现状。鲁迅把这现状如实地、显豁地展现出来，就是要告诉还活着的夏瑜们，唤醒民众是当务之急！

五四运动后写的，包含在《呐喊》、《彷徨》两部集子中的小说，有两大类题材最为重要，格外令人瞩目，即农村题材和知识分子题材。这说明鲁迅对农民和知识分子的思想、生活，给予特别的关注，做过深入的思考。

《呐喊》中塑造的农民形象较多，经历不同，却有同样悲惨的命运。

《明天》写孤孀的母爱，主人公单四嫂子把所有的爱给了独子阿宝。但封建思想使纯粹的母爱变质，单四嫂子的母爱观念中包含了很大的愚昧的成分。在“夫死从子”、“母以子贵”的思想下，她把自己的命运寄托在儿子的身上，视儿子为自己的“明天”。她不知道“明天”要靠自己去创造，结果她的“明天”死了，她的前景毫无希望。鲁迅把篇名定为《明天》，是一种反讽，是说单四嫂子这样可怜的农村妇女是没有明天的。

《风波》通过鲁镇船夫七斤家里因张勋复辟引起的一场小小风波，死水微澜，乍起复平，写出乡村社会像牢牢冻结的冰块，敲不碎，化不开。辛亥革命后，除了船夫七斤因为经常驶船进城被人剪了辫子，此外一如其旧。张勋复辟，“皇帝坐龙庭”的消息传来，还引起了一场虚惊，但很快又恢复了死气沉沉的旧态。辛亥革命后农村社会生活和农民思想的这种状况，令人有一种悲哀之感。

《故乡》写迅哥儿回乡接母亲，会见少年时代的朋友闰土，用前后对比的方法塑造“多子、饥荒、苛税、兵、匪、官、绅”压榨下，干枯、麻木的农民形象。闰土承受着沉重的生活压力，思想被压得麻木了，只有把痛苦归之于命运，在对神的祈祷中企求精神的慰藉和解脱。这个形象在旧中国农民中是很有代表性的，自从闰土的形象诞生后，在现代文学作品中便出现了性格上与他有血亲关系的，同一类型的农民形象系列。对于启蒙主义者来说，更加痛心的是农民完全没有人的独立、平等的思想。儿童时代的闰土还有着天真的本性，与书香门第的迅哥儿可以像兄弟一般亲密友爱地生活在一起。但是封建等级制的存在，使他长大“懂事”了，就匍伏在这种等级制度下，自觉地称迅哥儿为“老爷”了。小说轻轻的一笔画出封建等级观念在人们之间筑起的高墙厚壁。面对这样的现实，迅哥儿感到非常悲哀。小说的最后，写他希望下一代能够有合乎人性的生活，重新建立起正常的人间亲密的关系。

《阿Q正传》是鲁迅的代表作，虽然艺术上不是最完美的。但它生动地描写了阿Q形象，塑造了中国愚弱国民性的典型。自从小说发表至今，对这个形象的纷繁的评论、阐释,已经可以编一部小型的学术研究史了。各种见解迭出不穷,有说阿Q是农村无产者,也有认为他是破落地主;有说这个形象是“精神典型”,也有以为是个“共名”等等。阿Q如果不是唯一的,也是第一的中国现代作家塑造的不朽的人物形象。

阿Q是个最不像人样儿的中国人的形象。鲁迅所写的人物,从前面提到的单四嫂子、闰土,到后面还要介绍的祥林嫂等等,都不能像个正常人一样地生活在世上,他们正如鲁迅所说的,从来没有争得“人的价格”。只不过这在阿Q身上表现得最集中、最极端、最让人震撼。鲁迅的小说往往极简练地、画龙点睛地写人的精神状态。《阿Q正传》篇幅稍长,从生活状态和精神状态两个方面写人如何被践踏、蹂躏得不像人样。

鲁迅认为人在世上所追求的是“一要生存,二要温饱,三要发展”,这也是人的起码的权利。而这三条人的起码权利,阿Q都没有。不要说温饱,连活着的权利都被剥夺精光,不得不去偷尼姑庵的萝卜,不得不流浪进城做了窃贼的下手。他和常人一样有性的欲望,因为跪求吴妈不但挨打挨罚(被罚得只剩下一条裤子),而且从此在未庄被看成像瘟疫一样的可怕,无法安身。鲁迅相当充分地描写了阿Q的生存状态,一句话:他没法像个人样地活着。而鲁迅写阿Q的极其恶劣的生存状态,是为了表现他的更加恶劣的精神状态。在无法活下去或者只能极其屈辱地活着的环境里,阿Q居然照常活着,虽然有时也感到痛苦,那只是肉体上的痛苦,如饥饿、挨揍,而无论是遭受了多么大的灾难,精神上却并不感到痛苦,反而常常觉得自己是胜利者而飘飘然,这就是鲁迅突出描写的他的“精神胜利法”,亦称“阿Q精神”。具体地说,就是自欺欺人、自轻自贱、自解自嘲、自甘屈辱,而又自我陶醉甚至妄自尊大等种种表现。在失败与屈辱面前,不能正视现实,反而使用虚假的胜利来在精神上实行自我安慰,自我麻醉,或者即刻忘却。例如他挨了人家的打,便以“儿子打老子”来安抚自己,并且自以为真的成了老子,是胜利者了。由于这种病态精神的支配,他便永难振作起来以求自强,永在屈辱中苟活。他的一生是一部受尽屈辱的血泪史,直到最后糊里糊涂地被杀,才在“二十年后又是一条好汉”的呼喊中,完成了最后一次精神胜利。真是令人感到十分痛心,十分可悲。阿Q根本不懂得“人的价格”为何物,所以丝毫没有人格尊严感。说他最不像个人,不仅指他没有作为一个人起码应有的生存状态,更指他没有作为一个人所应该具有的起码的人格尊严。如果一个国家、一个民族中，被这种精神状态笼罩着的人很多，又不能尽力去改变这样的精神状态，那么这个国家、这个民族又有什么希望呢？有朝一日即使崛起于世界，也只是一群阿Q站起来，那又是多么可怕的啊！阿Q和阿Q精神都是丑陋的，这是鲁迅高悬在全民族头上的一面大镜子，让中国人时时照照，深深反思，惊醒过来，振作起来！他对自己民族的精神痼疾的鞭挞是严厉的，而每下一鞭，他的心都在流泪，都在滴血。一个伟大的启蒙主义者也是一个伟大的爱国主义者，他因此成了中华民族的“民族魂”。

“阿Q精神”的形成，最重要的原因在于封建专制制度的残酷压迫。受压迫的人民群众不是没有反抗，但反抗斗争一次次地被抛入血泊中，残酷的镇压使得群众中产生了消极的失败情绪，精神萎靡不振，渐渐地，人的正气、人的血性也被镇压掉了。在看不到反抗斗争的前景时，社会上弥漫着消沉、颓丧的气氛，有条件的可以苟且而活，甚至爬上去同流合污；更多的人们感到能够“活着”也就不错了。阿Q在听到辛亥革命的消息时，曾一度感到兴奋，但是社会现状仍然没有改变，那贫穷屈辱的生活又极为难忍，只有在痛苦中自己求解脱。闰土是求神，祥林嫂是到庙里捐个门槛。可惜对于阿Q来说，来世是太渺茫了，重要的是如何快快从眼前这接踵而至的受欺压的痛苦中解脱出来，他只剩下了精神胜利法。像他这样精神上自甘屈辱的消极状态，在当时的民众中是普遍的。

鲁迅又写了辛亥革命来到时阿Q的一场可笑的革命梦幻。阿Q对革命的理解同样表现了他的愚昧，“我要什么就是什么，我欢喜谁就是谁”，这就是阿Q所可能提出的革命目标。这是典型的“我打天下，天下便是我的了”的思想，这种思想未脱农民的皇权意识。只是他还没有取赵太爷而代之的气魄，还只是想把赵家的宁式床搬回土谷祠，暂时还没有忘掉自己这个破烂的根据地。可以想见，阿Q的革命如果成功，用不了多久他就会抛弃土谷祠住进赵府去的。所以，这种无非想拿点东西式的革命，带着自发性农民造反的特色。对于阿Q身上有革命的要求，鲁迅是明确的。他说：“中国倘不革命，阿Q便不做(革命党)，既然革命，就会做的。”[13]这里，鲁迅只是肯定阿Q会革命，但并没有肯定、赞同这种阿Q式的革命，而且这样的革命正是他所批评的“盗寇式的破坏，奴才式的破坏”，还谈不上是“革新的破坏”[14]。可悲的是当阿Q怀着满腔抱屈之情去投革命党时，遇到的却是“不准革命”，最后竟被当做抢犯随随便便地杀掉了。这是阿Q的悲剧，的确也是辛亥革命的悲剧。1913年，列宁曾经批评孙中山领导的政党“还没有能充分地把中国人民的广大群众吸引到革命中来”，指出那时的中国农民还“非常闭塞，消极被动，没有知识，对政治漠不关心。……由此也可以看出，吸引真正广大的人民群众来积极支持中华民国这件事还做得很差”[15]。在对《阿Q正传》的评论中，曾有过一种重要观点，认为鲁迅对“不准革命”和阿Q悲惨结局的描写，是为了批判辛亥革命的。这不符合鲁迅的创作意图，不符合他的批判国民性的原意；但从小说真实描写的生活图景中，可以引出辛亥革命失败的某一教训，这也是接受者可以有的一种理解，不妨视为一家之言。

阿Q形象虽然凝聚了中国国民性的弱点，但因为“精神胜利法”归根到底是一种主观唯心主义的表现，也是人类普遍的思想缺陷，所以这个人物形象也是普遍的人性弱点的概括。1923年沈雁冰就指出：“阿Q相未必全然是中国民族所特具，似乎这也是人类的普遍弱点的一种。”“作者写出了人性的普遍弱点来了。”[16]

《呐喊》的最后一篇《社戏》，是一段少年时代与农民朋友交往的回忆。在这之前鲁迅写闰土、阿Q等，主要表现了农民精神上愚昧麻木的一面；《社戏》则着重写农民的善良、淳朴、豪爽、正直，写他们心灵中美的一面。这篇小说可以与《故乡》里对少年闰土的描写连起来读，说明在鲁迅的经验里，少年人保持着纯真的人性，他们的心灵还未受到社会污染；但这些可爱的少年不就是明天的闰土吗？所以写的是美，其中包含期望“救救孩子”，让人类永远美丽的心怀。收于同集的《一件小事》，写的是城市劳动者，一位普普通通的人力车夫。作家从平凡的小事中捕捉了底层人民心灵的淳朴、善良，从他们身上挖掘人性美。

《彷徨》中有关农村题材的作品，都是表现农村妇女命运的。

《祝福》描写主人公祥林嫂的悲剧命运，主要写她的两次不幸的婚姻。人们看到的祥林嫂的每一次婚姻，都只是在封建伦理观念下，对自己从属于哪一个男人的确认；即使这个男人死了，也不能解除这种从属关系，还要为他守寡，以便死后到阴间继续服侍他。她所在的鲁镇流传一个荒唐的迷信之说：寡妇如果再嫁，将来到阴间要锯开来分给两个男人。鲁迅选择这个恐怖的传说，正是为了说明封建社会里女子没有人的权利，只是从属于男人的工具。祥林嫂出现在人们面前时已经是个逃走的寡妇，这种逃走不是为追求爱情，恰恰相反，是为了恪守“从一而终”的戒律，是为了逃避婆婆强迫她再嫁的。她宁愿为一个亡魂守寡，却绝没有一点点追求可能的幸福的念头。在被迫嫁到山里去的时候，她为了守节，在拜堂时竟撞向桌角以死抗争。后来的事实说明，她到了贺老六家，生了阿毛，多少像点人样儿，比在鲁四老爷家“暂时做稳了奴隶”要好些。但她没有意识到这一点，仍然摆脱不了自己有罪（未能守寡）的阴影。她不幸受到连续的打击，丧夫失子。鲁迅让她重复了《明天》中单四嫂子的命运。她失去阿毛，也就没有了明天，甚至被族人赶出家门。她想要摆脱“罪恶”而不得，精神上又受到那阴间惩罚的恐怖传说的压迫。她花血汗钱捐门槛让千人踩万人踏，以赎自己的“罪”，但最终还是被封建社会所遗弃。她被赶出鲁家，在除夕祝福的鞭炮声中，冻饿而死在了街头。小说不重在描写生活的悲惨，反而写祥林嫂在鲁四家做得不错，脸色也好起来了，嫁给贺老六后日子过得也还好。它要写的是祥林嫂的人性被严重扭曲，而鲁四家的人（包括下人）、鲁镇上的乡民，也都是人性被扭曲了的。封建主义的深重罪恶就在于毒化了人的灵魂，扭曲了人性，使得人都变得不像人了，从而制造了一出出人间悲剧。

《离婚》是鲁迅最后一篇现实生活题材的小说，也是表现农村妇女的。主人公爱姑的丈夫要抛弃她，而她是比较泼辣的，敢骂公公和丈夫，亲自参与离婚的“官司”，敢于申诉。这是因为娘家地位较高，她是靠着娘家的势力拆了夫家的灶的。然而可悲也就在这里，妇女要依靠父权（家庭），自己在社会上是没有地位的；而父亲实际上并不尊重女儿的意愿，他在保住了自己的面子后便与亲家达成了妥协。这样，即便爱姑不被七大人的喷嚏所慑服，最终也还是要失败的。“离婚”本是资本主义社会才有的概念，在封建时代只有“休”、“出”等。然而这民国以后的“离婚”，实际上还是爱姑的被“休”、被“出”。起名《离婚》，也是反讽。爱姑明知丈夫与寡妇私姘，她是受伤害的，在道义上占着上风，本应由她要求离婚。她却拒绝离婚，就因为怕被“休”，无脸做人。小说写爱姑的行为，有点像闹剧，实际上深刻地反映了农村妇女的悲剧。

鲁迅寻找“精神界之战士”，希望有中国的“超人”，很自然首先会考察知识分子。因为知识分子是当时社会变革的先觉者、启蒙使命的承担者，鲁迅曾对他们寄予希望，但得到的却是十分的失望。鲁迅是知识分子的一员，当然非常了解这一阶层，刻画知识分子的心灵都能入木三分，比他写农民更要深刻。

在《幸福的家庭》这篇并非特别重要的小说里，主人公是个小市民知识分子，他想成为作家。通过他来描写当时知识分子的生存状况，偌大一个中国，南北西东，竟然没有一块可以安身立命之地。在这种大环境里，知识分子能有什么作为呢？一种人是“顺势”，他们必须放弃个人的理想和志愿，与社会妥协，否则不能生存。一种人是“逆势”，坚持与社会抗争。这两种人的结局是一样的，都在强大的、坚固的环境面前惨败下来，原先青春活泼的知识青年，一个个地被毁灭了。通过这样的悲剧，鲁迅也揭示了知识分子精神上的弱点——意志力的薄弱，所以鲁迅一直提倡“韧性战斗”精神。但鲁迅并没有把知识分子写得更坏，他没有去塑造“趁势”的知识分子的形象，就是那种利用形势和环境，为自己谋私利的人。在知识分子类的人物中，受到他鞭挞的多是受封建思想教育的旧文人、封建伦理的卫道者，如《祝福》中的鲁四老爷，《肥皂》中的假道学四铭等。这当然与当时正在批判封建文化有关。几篇描写现代知识分子的小说均收于《彷徨》，说明在五四退潮后，新文化队伍的分化对鲁迅思想的刺激，因而更偏重于反思、批评知识分子思想性格上的弱点。

《在酒楼上》中的吕纬甫，原是个敏捷、精悍的人，为讨论救国之方，可以与人打起架来，显然是个热情的、有追求的青年。可是当他在小说中出场时，竟完全变样了。他经不住环境的压迫，当了家庭教师，教起《诗曰·子云》和《女儿经》。作为失败者，他把生活的一切都看成“虚无”，不论有无是非或有无意义，都无所谓。母亲叫他为弟弟迁葬、给顺姑送花，本都是毫无意义的事，他都能来一番“做戏”。处世之道就是敷敷衍衍、随随便便、模模糊糊，于是从虚无而沉沦，变成消沉、颓唐的人。但他心里仍有痛苦，故以苍蝇自嘲：“停在一个地方，给什么来一吓，即刻飞去了，但是飞了一个小圈子，便又回来停在原地点。”

《孤独者》在叙述过程中交代了主人公魏连殳，是个对社会现实敢于无顾忌地发议论的人,因不容于世俗而被视为“新党”。他的叛逆性的表现方式更为强烈,他的存在能使那些不愿意他活下去的人感到难受不堪。他在思想上是孤独者,保持着内心的清高。但在生活上抗不过世俗社会,后来竟当了师长顾问,如他自述,不能不“躬行我先前所憎恶、所反对的一切,拒斥我先前所崇拜、所主张的一切了”。他的死,也是社会对新青年的毁灭。吕纬甫、魏连殳都可以成为有为的人才,鲁迅对他们的消沉、灭亡感到悲哀,也痛切地批评了他们的悲剧性格。

《伤逝》是鲁迅仅有的描写青年爱情题材的小说。主人公涓生、子君是五四后追求个性解放的知识青年。他们在新思潮的鼓舞下,大胆地反抗家庭与世俗,子君喊出了“我是我自己的”呼声,表明追求人格独立的决心。鲁迅描写他们勇敢地反抗社会,从自由恋爱而同居;但最终还是经受不住沉重的社会压力,一张解聘的小纸条便绝了他们的生路,轻而易举地把他们逼向死地。子君首先动摇,回家去了,不久便无声无息地告别了人世。鲁迅在杂文《娜拉走后怎样》中曾经指出,娜拉走后如果不能经济独立,那只有堕落或者回来。《伤逝》中的子君虽然回家了,但小说的要点并不在于妇女解放,诸如指出实现女子人格独立须有经济制度的改革等,这在当时也算不上是新见解了。当着新文学作品为了反封建而歌唱灵与肉的解放,宣扬爱情至上时,鲁迅却通过涓生、子君的悲剧,指出人生的要义并不在于爱,“人必生活着,爱才有所附丽”。而涓生、子君并非已经到了没有活路的地步。涓生做不成小职员,也不能靠稿酬生活,难道就没有别的生存之路了?那就看能不能放下知识分子的架子,有没有艰苦奋斗的勇气和毅力。他们在患难与共的拼搏中,可能培育出更深的爱。古今有多少这样的生动的事例。然而涓生、子君是做不到的。从这样的角度看,他们二人和孔乙己这个隔代人物,处于完全不同的思想境地,实在也有某种程度的血脉相通。他们同样的懦弱,同样的连“活着”的能力也没有,最后同样被社会所摧毁了。这种历史连绵的性格悲剧,使鲁迅感到十分痛心。对知识分子在逆境中缺乏“韧性”而动摇,他在生活中有痛切之感。因此,最后让涓生表白还要奋起满带创伤的翅膀,寻找新生之路,此中也分明寄托着鲁迅的希望。

三、现代现实主义文学的开创

为引起疗救的注意——直面惨淡的人生——向心灵深深掘进——环境和细节——现代小说的民族新形式——热烈与冷峻

鲁迅的《呐喊》和《彷徨》,是现代文学现实主义的奠基石。现实主义在中国文学中有十分悠久的历史传统,鲁迅是这一传统最杰出的继承者,又是现代现实主义的开创者。

对于主张从精神上救治民族的启蒙主义者来说,鲁迅在文学革命中首重思想的革新。他认为文学作品是作家"思想与人格的表现",并对群众"造成精神上的影响"。他指出,白话文学"倘若思想照旧,便仍然换牌不换货","所以我的意见,以为灌输正当的学术文艺,改良思想,是第一事。"[17] 他深切地感受到当时广大民众的思想弱点,这就是他所说的"愚弱的国民性",诸如虚伪、自大、空疏、依赖、因循等等,这是迫切地须要改良的,为此而产生他"忧愤深广"的情怀。他曾自述,作品的取材"多采自病态社会的不幸的人们中,意思是在揭出病苦,引起疗救的注意"[18]。他说写小说是抱着"将旧社会的病根暴露出来,催人留心,设法加以疗治的希望"[19]。他要疗治的就是那思想上的病症、精神上的缺陷。他所揭出的那些病症,一件件都令人心颤栗,使人痛感唤起"人的觉醒"的迫切性。他几乎是编了一部近代社会病态心灵史,在思想革命中具有重要价值。

既是为了"改良思想",鲁迅便多写"问题小说",如他所述,要用小说向读者"提出一些问题"[20]。这也是现代文学中现实主义的一个特色。鲁迅小说可说是"问题小说"的源头、发端,也是最有价值和深度的部分。由于他观察、感受和思考的深刻,对所选的题材能开掘得深,许多问题一经他提出,便有振聋发聩之力。这是鲁迅小说具有高度思想性的根本原因,有的至今还是一面镜子,如晨钟暮鼓一般起着警世的作用。

鲁迅的小说能够起到这样的作用,还在于他具有最清醒的现实主义精神。他主张睁开眼睛看现实,要有敢于直面惨淡人生的勇气,坚决批判创作中的“瞒”和“骗”。他的小说真实地描绘从辛亥革命到五四运动后，一长段时间里中国社会现实的某些重要方面，描绘了这一时期可惊、可叹的人的精神状态。他描画了许多悲剧性的生活，沾血带泪的生活。人们从他的作品中，看到忠诚的革命者如何在寂寞中死去，滚烫的热血不过是做了愚昧群众的送命药；一心皈依、恪守封建礼教的妇女，却正是被封建礼教活活地吞噬了的；一个精悍活泼的少年，竟然变得敷敷衍衍，无是无非，活着与死去没有区别；一个反叛世俗的青年，终于跌落到世俗中，并被淹没了；一个敢打敢骂的妇女，却被“大人物”的一声喷嚏所慑服……哪一件不带着悲剧性？惟其如此，才那么触目惊心。他要让人们面对那许多可痛心的悲剧，想一想这是怎么造成的。

鲁迅对创立现代文学现实主义的贡献，还表现在现实主义艺术方法的卓越创造之上，他也是现代短篇小说新民族形式的最重要的创造者。

鲁迅的小说贡献了现代文学史上第一批，也是最重要的人物形象，如狂人、阿Q、闰土、祥林嫂、吕纬甫、子君、乃至孔乙己、四铭等等。成功地塑造人物形象，始终是现实主义文学的任务。在五四和20世纪20年代，新小说中塑造的能站得起来的人物形象并不多，因为写好人物需要较深的艺术功力。而鲁迅的这些人物，都有着鲜明的个性，个性中又无不打着时代的、社会的、地域文化的烙印，渗透着作家的或同情，或批判，或痛恨的强烈情感。

在人物形象的塑造中，鲁迅非常重视向人物心灵世界深深掘进。这方面，有时几乎有勾魂摄魄之力，能够用最简练的笔墨，把潜藏在人物深层心理的隐秘挖掘出来。他曾认为画好一个人最重要的是画好眼睛，因为眼睛是灵魂之窗。他是小说创作中画灵魂的高手，尤其是画知识分子的灵魂。《孔乙己》只写主人公对“窃书”的振振有词的辩解，和对于屡试不中的羞愧难当的支吾，便揭示了他深受追求功名的思想毒害的心灵。《在酒楼上》通过吕纬甫受母命送花给顺姑，认真做戏，却对顺姑遭封建婚姻之害无动于衷，就把他的意志消沉写得入木三分。鲁迅也写人物外在的表象，如言谈、肖像等，但那都是进入人物深层心理的通道。《故乡》中一声“老爷”，便表现了闰土当时的精神状态。有的人物，往往一两句话就写活了，因为这是极传神的一笔。《肥皂》中光棍汉侮辱年轻女乞丐的下流话“咯支咯支遍身洗一洗，好得很哩！”

竟打中四铭的神经中枢，他也津津有味地跟着说，还下意识地买了一块从来不买的香肥皂。这个道貌岸然的卫道者，其身上的兽性和那些光棍汉没有区别。但光棍汉是公开宣泄色心，而四铭却虚伪地加以包装，这样的描写把假道学灵魂的肮脏、虚伪抖搂无遗。《祝福》中写祥林嫂失去阿毛之后，见人便一字不易地重复着“我真傻……”，便将祥林嫂受刺激后精神的呆痴、心灵上的深深伤痕画了出来。这种用极省俭的笔墨画出人的灵魂的功夫，是塑造典型形象艺术上成功的关键。对人物外部形象的描写有的也极精彩，少年闰土与中年闰土相貌的对比，不仅表现艰辛生活对人物的折磨，更衬托出两种精神面貌的差异。祥林嫂沦为乞丐后的肖像画，也极其真切地表现了人物精神崩溃的状态。这些描写颇有写意特色，笔墨少，蕴含深，很富民族传统手法的意味。

鲁迅写人，也注意把人置于一定的历史背景和具体的生活环境中来表现。如阿Q活动的历史背景是在辛亥革命时期，可以看到举人的惊恐、假洋鬼子入“柿油党”等事，在阿Q心中激起的波澜。爱姑为什么那样敢打敢骂？祥林嫂已是有名望的鲁四老爷家的佣人，她的婆婆为什么敢于先抢后奏？这都与进入民国时代的大背景密切相关。鲁迅的许多故事都发生在江南农村小镇鲁镇和未庄。鲁迅描绘了那极端沉闷、闭塞、一潭死水般的封建农村的社会风貌。他还写了S城，虽为城市，却还是带着中世纪色彩和生活氛围的城镇。这些环境与他的人物思想是很和谐的，从人与环境的关系中显示人的思想。华老栓的愚昧，是从他对统治者的走卒康大叔的恭敬，与对夏瑜的茫无所知中表现出来的。阿Q的悲剧，是从他与赵太爷、假洋鬼子、吴妈、小D、王胡乃至小尼姑等一系列人物的关系中表现出来的。即使在以“手记”为形式、类似内心独白的《伤逝》中，也仍然把男女主人公放在特定社会环境中，从与周围人物的关系中写出他们的悲剧。

在人物与环境的关系上，写农民往往以人物为重，因为要展示那一个个愚昧的灵魂；写知识分子则更突出围困他们的环境，特别是《孤独者》、《伤逝》。《孤独者》的主要笔力都用在写魏连殳的生活环境，从家庭到社会。让读者看到主人公所处的环境，看到他们虽作困兽之斗，终被环境所毁灭，被社会的洪流所席卷。

鲁迅小说客观地描写生活画面，非常重视细节的真实性，这方面取严谨的态度。这看来似乎并不困难,但在五四和20世纪20年代,不用说强调自我表现的作家,就是写"问题小说"的,也因为注重倾泻主观情绪,或因为生活体验、积累的不足,便难以精细勾画生活细节。但这种功夫是严格的现实主义所不可缺少的。鲁迅在《药》中通过油腻的灯盏、带补丁的被子、小栓早起吃泡饭等,准确地写出了华家艰难的生活状况,给主人公以明确的社会身份。《祝福》中用半副对联和未必完全的《康熙字典》等,表现鲁四老爷的身份。这是写的生活细节。在《药》中写华老栓出门取人血馒头时,用"抖抖的"手两次摸摸身上"硬硬的"(银元)在不在,表现人物的紧张心理。而刽子手在接银元时,只"捏一捏"便走了,并不细数,这一捏也把刽子手的威势写出来了。这是写的动作细节。有的看来是极细小的,好比戏剧表演中道具的选择,却对真实反映生活很起作用。《风波》中七斤用的"象牙嘴白铜斗六尺多长的湘妃竹烟管",如果换在阿Q的手里就会严重失真。祥林嫂一手挽篮,内一破碗,这是表现乞丐身份的;另一手拄竹竿,特别写下端开裂,这一笔就足以说明她流落街头非止一日了。《离婚》中爱姑坐在船上,冲着对面的男乘客将两脚张开,成个"八"字,这种姿态实不雅观,不合"妇容",这个形体细节是用以表现爱姑性格的。这说明她的家庭教养不严格,唯其如此,她所受封建观念的约束也就较轻,所以比较敢于反抗。由于细节真实的讲究,使鲁迅的小说中有真实的可靠的风土习俗、人情世态的记录,具有极高的认识价值,对形成他的严格的现实主义也至关重要。因为这细节的真实,加上典型环境中典型人物塑造的成功,便构成了鲁迅小说的现实主义艺术的高度成就。

现代小说民族新形式的创造,要靠新文学作家们的共同努力,但其首功当归鲁迅。由于他的无与伦比的艺术创造,使同时期的年轻作家和后来者,少有未受《呐喊》、《彷徨》的教益和哺育的。鲁迅的小说发表后,便给人以"格式特别"、耳目一新之感。这是因为他吸收了西方小说结构经济、灵便、多样的优点,完全打破了传统的章回小说、"某生者体"的旧套。《孔乙己》打破首尾齐全的格式,用截取人物生平片断以概括其一生的结构。《药》也不循从头写起的旧规,从事件的中途——华老栓提灯出门买人血馒头写起,到第三节茶馆开门,才从茶客们口中,交代了事件的前因,到此故事基本上完成了。最后的第四节只是尾声,交代一下结局。鲁迅后来的小说,结构不断翻新,但基本上都用这种经济灵活的方法。最后一篇《离婚》，只用了爱姑在船上和在尉老爷家两个片断的组合。但从描写手法和小说的风格、韵味来看，鲁迅的小说又与传统小说间保持着密切的联系，例如古代白话小说的白描手法，通过人物自身的言行举止以表现其内心情绪，又如文言小说的精练、含蓄，这些特点也都保留在鲁迅的小说中。鲁迅是融汇了中西小说各自的优点，来创造新小说形式的。他的小说既是现代化的，又是中国化的。所以《呐喊》、《彷徨》是现代民族文学的第一座丰碑。

鲁迅的小说把清醒、冷静的客观描写，与烈火般的激情结合着。在表面的冷峻之下，包藏着也时时流露着作家内心的激情。他描写人物、场景，叙述情节，用的是精练、简洁的白描手法；但又非常注意环境气氛的渲染，因而作品色彩朴素却情浓意深。《药》以荒凉的坟地上两位同是受害者的母亲的会面交代结局，就是特意制造的“阴冷”气氛，以烘托作家的悲愤之情。吕纬甫说自己的故事，为什么要安排在酒楼上呢？无非为了点出主人公借酒浇愁的苦闷。《故乡》中用“我”回家接母亲时那阴晦的气候、萧索的荒村作为背景，以一种悲凉的气氛为闰土的出场做了铺垫。《祝福》的开头描写许多过年的细节，如放鞭炮、杀鸡、宰鹅等等，制造了非常浓厚的年关气氛，为的是衬托祥林嫂的孤独、冷寂、悲苦。鲁迅喜欢用第一人称叙述者的视角。这个“我”与故事情节不一定有多么紧密的关系，却起了增添感情色彩的功用。如《祝福》的开头和结尾中那个“我”，故作高高挂起的姿态，并急欲脱离眼前的现实，表现了作家的极端悲愤之情。《阿Q正传》的开头，写“我”为了给阿Q做传，“考证”他的生平，然而这个被处以极刑者，竟连犯事的案卷也没有。表面的幽默诙谐的笔调中，也寓藏着对统治者草菅人命的无比悲愤，达到“嬉笑之怒甚于裂眦”的效果。有时也不放过情节本身提供的机会。《明天》中写单四嫂子给阿宝送葬，把他的玩具放进棺材让他带去，而那玩具其实只是个玻璃瓶。《伤逝》中被涓生蒙头踢入土坑的狗又回来了，然而这时子君已去，当涓生看到这见证昔日爱情的狗时，他将有多少物是人非的感慨！读到这些地方，人们很容易被那感伤、辛酸的气氛所打动。鲁迅的小说中处处都充溢着作家的强烈爱憎，对现实充满激情，却不以直接宣泄激情为快，仍然极严格而客观地按着生活本来的面貌来写。冷静而不冷漠，这就形成寓热于冷的鲁迅特有的风格，也是他的现实主义艺术的一大特征。

在鲁迅走进新文学界之前，他早已接触到大量西方现代的各种新潮理论,其中又多与文学相关的,如尼采、叔本华、柏格森、克尔凯果尔、弗洛伊德、厨川白村等的理论。这些也在小说中有所反映。《狂人日记》中有明显的尼采“超人”思想的影子,作为用象征主义的方法写出的小说,无论在精神上或艺术方法上,实可称为中国第一篇现代主义的作品。他的小说中经常可以看到现代主义方法的运用。《白光》、《药》等小说中的某些意象,也都有象征性的意义。而且鲁迅绝不止于模仿,总有自己的创造性的运用。在以神话为题材的《补天》中用了弗洛伊德的学说,还可说是外加上去的。到了《肥皂》,在很严谨的现实主义方法的一篇小说里，对四铭老爷的心理描写那才是运用弗氏潜意识理论的精彩一笔，已经把心理分析与现实主义手法完全融化在一起了。鲁迅在艺术上眼光阔大,故能广收博采,为己所用。但尽管如此,鲁迅小说仍是属于现实主义的,或可说是一种开放的现实主义,这是他的最主要的小说艺术创造上的成就。

四、《野草》等散文、散文诗

早期的杂文——鲁迅的生命哲学——绝望也是虚妄——象征主义的艺术——回忆散文《朝花夕拾》

中国现代文学散文领域的重要现象,是杂文(杂感)的发达。这种文体的兴盛与五四和此后的时代背景,与现代文学参与思想革命等都有关系。还有一个原因,就是鲁迅非常看重这种形式,在杂文艺术上有重大的创造,他是现代杂文成就最高的作家。他的崇高的成就和声誉，带动了这一文体的繁盛。鲁迅认为杂文是“古已有之”的,即将文章不按文体只按写作的时间,用编年的方法编在一起,便成了“杂”[21]。他的杂文集以议论性散文为主,也含记叙性的、抒情性的,还把书信、日记、讲演、序跋、答问等各不相同的文章编在一起。当时和后来都有人不承认杂文的文学地位，鲁迅辩曰:“杂文这东西,我却恐怕要侵入高尚的文学楼台去的。小说和戏曲,中国向来是看作邪宗的,但一经西洋的‘文学概论’引为正宗,我们也就奉之为宝贝,……杂文中一体的随笔，因为有人说它近于英国的Essay，有些人也就顿首再拜，不敢轻薄。”[22] 他不拘守陈规，抱着开放的心态看文体，相信杂文会得到文学史的承认。历史证明了这种文体的生命力，它的发展的坎坷历程恰好说明它是现代社会发展和文学发展都很需要的。

杂文在社会生活，在文化领域引起了反响，是起于《新青年》开辟的《随感录》专栏。鲁迅也是在这个专栏上开始杂文写作的。这一批作品多收入他的第一本杂文集《热风》(1925年)，文字风格上最为接近尼采，表意直截，感情色彩热烈，带着五四高潮期的时代特征。同时所写的一些篇幅较长的论文，如《我之节烈观》、《我们现在怎样做父亲》等，收入《坟》(1927年)中。

鲁迅杂文的最大特点就是强烈的批判性，他猛烈地批判封建伦理观、愚昧的迷信思想和“保存国粹”等复古倒退的思想，也批判社会上存在的各种阻碍进步的心理、长期封建统治下所形成的卑劣的国民性。他一开始写作杂文就十分注意切除群众愚昧、麻木的精神肿瘤，这是鲁迅这时期杂文的中心思想，可以说比他的小说更为详尽地画出国民的灵魂。他把恪守“从来如此”的陈规，畏惧新事物的愚顽，妄自尊大、闭关自守的思想，自鄙自贱的心理，只会冷笑、毫无行动之力并恨恨而死的孱弱等等，这些由于长期封建统治所造成的卑劣的国民性，一一亮到阳光之下。他要从这古老民族的千疮百孔的肢体上挖出各色各样的思想蛀虫，以促使民族恢复青春。杂文是鲁迅进行思想启蒙的重要武器，尽了唤醒民众觉悟的职责。他的杂文所达到的思想深度，独到、深刻的见解，无人能够取代，同时又是最富艺术性的。不仅语言简练、精辟、犀利，而且形象的比喻都很巧妙、生动、引人。有的《随感录》抒情性强，更接近优美的散文诗。他以这些杰出的艺术创造，为杂文这个现代新文体的建立，做出了巨大的贡献。此后，杂文便与鲁迅的名字难以分解。鲁迅的杂文艺术，也代表着这一文体的最高成就。(本书第7章第2节中将结合他后来更多的杂文一并评述。)

《热风》之后还有《华盖集》(1926年)和《华盖集续编》(1927年)。鲁迅说这些杂文不似《热风》那么“质直”，“措辞也时常弯弯曲曲，议论又往往执滞在几件小事情上。”[23]因为此时北京在北洋军阀的统治下，政治环境十分险恶。鲁迅除了坚持批判封建文化，还要直接与北洋政府作斗争，面对正在分化中的新文学战线。当时的处境与心境，正是“两间馀一卒，荷戟独彷徨”

(《题〈彷徨〉》)。在这艰难的环境中,他的杂文艺术有了明显的发展,尼采式的语言减少了,形式更为多样,但仍然犀利而有力。在“三一八”惨案中,他写了《“死地”》、《记念刘和珍君》等,愤怒地谴责北洋政府血腥镇压群众的暴行。这些杂文是当时浓云密布的中国天空中的一道道闪电和震耳的霹雳。

同时,鲁迅仍然关注思想革命。在《未有天才之前》中指出,造就天才要有适宜的泥土,这就是使天才得以生长的民众。他歌颂泥土的伟大,但认为现时中国还没有这样的泥土;因而他不断地在杂文中深刻地揭示、批判愚弱、懒惰、巧滑等国民性,同时把这些问题归结为封建文化的毒害。在《春末闲谈》中巧妙地以细腰蜂毒汁的麻醉性为喻,极其贴切、透彻地说明了传统的封建观念对维护专制统治的作用,以此说明清除封建观念的紧迫性。在《论雷峰塔的倒掉》中也表达了这样的思想。在《灯下漫笔》中揭露:“所谓中国的文明者,其实不过是安排给阔人享用的人肉的筵宴。所谓中国者,其实不过是安排这人肉的筵宴的厨房。”因此他提出:“扫荡这些食人者,掀掉这筵席,毁坏这厨房,则是现在的青年的使命!”但认为当前的紧迫任务“还是准备‘思想革命’的战士”[24]。鉴于旧事物的顽固,鲁迅深知改革之不易,所以他在许多杂文中提倡“锲而不舍”的精神,主张“韧性”的战斗。他写了《论“费厄泼赖”应该缓行》,认为以“Fairplay”之名实行“宽容”,实为“纵恶”,主张坚决地“打落水狗”。

1926 年 8 月,鲁迅离北京赴厦门大学任教。《华盖集续编》和《坟》便是在厦门编就的。1927 年 1 月,他受中山大学之聘来到广州。这是中国社会发生大震荡的一年。鲁迅在这一年所写的杂文,收入《而已集》(1928 年)。因时代的变动,这时的杂文增添了新的内容。他在《革命时代的文学》、《革命文学》等文中,提出自己对文学与革命关系的新见解,一些杂文出现阶级论思想。在“四一二”政变后的白色恐怖中,他采用隐晦曲折、旁敲侧击的方法,撰写《小杂感》等短文,揭露蒋介石对革命者和人民群众的屠杀。从《热风》到《而已集》,可以看到一个变化。作为《热风》主要内容的文化批判,虽然在后来的杂文中一贯到底;但从《华盖集》起,特别到了《而已集》,政治批判的内容已经明显加强了。

鲁迅是现代散文诗的重要开创者。早在 1919 年的八九月间,他便已发表了以《自言自语》为题的一组散文诗(七篇)。艺术上虽然不及他后来所作，但这组带有尝试性的作品，思想上、艺术上均与其后的作品有着内在的联系。到了1924至1926年间,也就是鲁迅写作《彷徨》和两本《华盖集》杂文的同时,“有了小感触,就写些短文,夸大点说,就是散文诗,以后印成一本,谓之《野草》。”[25]内收作品23篇,1927年出版。

鲁迅说他的哲学都包含在《野草》里了,所指是这部散文诗集表达了他的生命哲学。如果说《呐喊》、《彷徨》是鲁迅对客观的社会现实的观察,《野草》则是他的主观精神世界的真实表露。

《影的告别》通过奇特的想象,写影要离人而去,但去向哪里？答案是“我将向黑暗里彷徨于无地”,表明生活、前程都是虚无的,“唯黑暗与虚无为实有”。但鲁迅是矛盾的,因为他又感到这样的思想也是不能证实的。《希望》虽是“因为惊异于青年之消沉”[26]而作,但所表达的是作者自己的思索。文中引匈牙利诗人裴多菲的诗“希望是什么？是娼妓”,但认同诗人的“绝望之为虚妄,正与希望相同”。绝望与希望既均为虚妄,那么就不应该绝望,还可以对于希望抱着希望。所以,虽然生活是黑暗、虚无的,但还要挣扎、探求、追索,要拒绝、反抗绝望。可以说整部《野草》都贯穿着也表现着这种矛盾的心态。《死火》的想象也很奇妙,因为环境的极为寒冷,火被冻成“死火”。死火如果跟随我脱离冰谷,可以重新燃烧,但将烧完;如果继续留在冰谷,又将冻灭。两难之下的抉择是宁愿出冰谷而烧尽,只要能贡献出光与热来,那是自己所甘愿的。

于是有《过客》,有《墓碣文》等。《过客》的主人公是个中年人,困顿而倔强,前方是什么虽然并不清楚,或者就是个象征死亡的坟,但他不愿停留,还要往前走。这是个不气馁、不灰心、不后退的探求者、奋斗者的感人形象。《墓碣文》的死者,虽然生命已经结束,还要“抉心自食”,不管何等的“创痛酷烈”,也要解剖自我,追问人的本味。这一篇极写本味难知、无力解答时的焦灼、痛苦的心境。死者入土不安,因为尚愿有所追求、奋斗,对这世界尚存希望。所以《野草》里很有一些表现与环境不屈争斗的篇章。《秋夜》里高高在上的闪着鬼眼的蓝天之下,光秃秃的落尽了树叶遍体鳞伤的枣树,直刺这奇怪而高的天空。也许因为是《野草》的首篇,这是最引人注意的篇章之一,人们解读时总喜欢探问枣树、天空、小飞虫等各代表了什么。其实并不一定文中的每一形象都有明确的指代，他只是用这些形象描绘出一种景象，制造出一种氛围，让读者从中感受到一种情绪，体会到作者的情感和思想。枣树给人凛然挺立、傲岸不屈之感，有藐视蓝天的气概，其中自然包含作者的坚强意志。《这样的战士》描写与披着学者、文人、君子、雅人画皮的维护封建文化的旧势力坚决战斗的战士，虽然陷于无物之阵，而且最后还是“无物之物”的胜利，“但他举起了投枪”。《淡淡的血痕中》歌颂那人间“叛逆的猛士”，却是明指与北洋军阀斗争而流血牺牲的烈士。

正是在写作《野草》时，鲁迅说过自己的灵魂里有“毒气和鬼气，我极憎恶他，想除去他，而不能”[27]。多年后他还说，写作《野草》之时“心情太颓唐了，因为那是我碰了许多钉子之后写出来的”[28]。其实这是他把人心的黑暗面看得太清楚了，尤其是对当时国人的卑劣的性情看得太透彻了。因此他对人生怀着巨大的痛苦，甚至感到虚无、绝望。他说自己的作品“太黑暗了”，“虽然竭力遮蔽着，总还恐怕传染给别人”[29]，为此而自感悲哀。人们看到鲁迅《野草》的背景、环境都是阴暗的。《秋夜》中是闪着鬼眼的天空，《求乞者》中是四面灰土，《复仇（其二）》中是四面敌意，遍地黑暗。有的直接抨击现实中人心的冷漠、虚伪、圆滑、狡诈、势利、阴险，如《狗的驳诘》、《死后》等所描写的。还有《这样的战士》里使猛士也无所用其力、杀人不见血的“无物之阵”；《聪明人和傻子和奴才》中丑恶的奴才；《立论》中所揭示的面目可鄙、可憎的市侩哲学等。《雪》和《好的故事》用优美的文字描写景致，因而往往被解读为鲁迅对美好事物的赞叹或憧憬。固然有这样的效果，但在这美景中仍让人感到缺陷，感到世上不能有完美的事物。轻盈得像雪花、斑斓得像水中倒影的文字，其中包藏着的是遗憾。晶莹剔透的雪花是“孤独的”、“死掉的”，让人看到“永远如粉，如沙”。水中的倒影哪怕能映出一天云锦，其实也只是水中花，稍稍的震动就使“整篇的影子撕成片片”了。美好的物事只能是这般的脆弱，他要“追回”、“完成”、“留下”这美好的一切，他知道这是不可能的。应该说这表现的不是鲁迅“毒”，而是他对现实认识的深刻性，对人心了解的透彻性。

不可不看到，面对黑暗现实所表露出的寒彻心脾、让神经抖颤的阴冷中，仍包含着尼采“超人”思想的影响，这是不能完全排遣掉的。《复仇》是批判冷漠的旁观者，但与小说《示众》不同，不仅描写丑陋的围观者，更着重写了鄙视这些庸众，要报复他们，使他们自感无趣的两个"超人"般的形象；他们反过来把这些无聊的鉴赏者作了被鉴赏的材料。鲁迅还特地写这两个人是裸体的，绝异于凡俗的，这更加大了他们与那些庸众的距离。《复仇(其二)》用耶稣被钉上十字架的故事，透过受尽侮辱的"神之子"之眼，看那些钉杀自己的人，是可悲悯、可诅咒的。在小说中未能塑起超人形象，在散文诗里则可以想象，依据作家自身的主观精神塑造出这样的形象来。

便这样，《野草》用不同凡响的、甚为独特的表现方法，根据作家自己真切的、痛苦的生命体验，作坦诚的内心告白。正如《题辞》所表白，他看到了"死亡"，看到了"朽腐"，这些都象征着被他看透了的人的生活。但他却由此而生"大喜欢"，他可以"坦然"、"欣然"地大笑、歌唱。因为"死亡"证明生命曾经存活，"朽腐"证明生命并不空虚。只要生命尚存，就不绝望，不苟且，不放弃抗争，像野草一样，野火烧不尽，春风吹又生！

《野草》是一部象征主义的艺术精品。鲁迅大胆地采撷异域花果，为新文学增添艺术方法。集子中虽有个别篇章是直抒胸臆的，但艺术上最有特色的是把感情隐藏、含蕴在用各种象征方法创造的形象之中。有的寄情于某一物象，如《秋夜》中的枣树。《雪》、《好的故事》中的景色，也都是作家憧憬的境界的隐喻。有的用描写现实的方法，如《颓败线的颤动》写一女子不幸以卖淫养育女儿，后竟遭到女儿鄙弃，用这现实生活画面，表示对人世的愤慨与鞭挞。其目的不在于交代情节或塑造形象，而是写意般的几笔勾勒中，隐藏自己的情感。也有的有一定的情节，如《复仇(其二)》借用《圣经》的故事，《失掉的好地狱》用幻想中的地狱的故事，《过客》有如一出短剧。而这些情节都带有象征性。有的用十分巧妙奇特的想象，如《死后》幻想一个仍有知觉的死者，从他听到的各种反应，深刻地揭示了当世的人情世态。《影的告别》中以影形的分离，《墓碣文》用梦境中审视文字剥落的墓碣文，以表现思想矛盾。这类篇章不可能句句解读，有的也迷蒙、奇诡，它的效果在于给读者造成某种感觉，从中可以体会作者特定的心态或心境。《野草》的语言是非常独特的，虽然也有晦涩的，但其文字深醇隽永、想象奇崛高超，是艺术上的精致之笔墨。其所表现的不确定性、反常性、模糊性、变形性、异端性等，正好是一种迷茫的、叛逆的、反抗的心境的表现。唯有这样的语言才可能充分地把矛盾焦灼、悲愤紧张的烈度表达出来。

《野草》之前虽已有人写过散文诗，但没有像这样集束的高质量的作品，因而作为一种边缘性的品种，在新文学中的地位并不显著。自从有了《野草》，才真正为这新品种争得了席位。只可惜《野草》之后似乎没有、少有后继者，这或者因为它只能是属于鲁迅个人的。

1926年鲁迅在《莽原》上发表十篇《旧事重提》，1928年以《朝花夕拾》为名结集出版。这是他的回忆散文，其中包括从少年到青年时期的重要生活片断。这里当然有对过去生活的缅怀眷念，叙述那与自己青少年时代相伴的人物，见证自己童年生活的百草园、三味书屋。那沾染着旧式女人某些弱点然而心地善良、热诚的长妈妈，教学认真严格而不怀民族偏见的藤野先生，正直狷介终至沉水而亡的范爱农，都是些俗人、凡人，又都有血有肉，为作者所系念，叙述中也都情深款款，充满着人情味。与《野草》的不寻常的奇崛相反，这里充满着寻常性，告诉你真实的生活就是这样的。但《朝花夕拾》不纯是回忆，同时也是对旧日生活的反思，其中对枯燥无味、强制学习、死背硬记的封建教育方式，对荒谬绝伦的封建伦理道德(《二十四孝图》)，对愚妄的封建"儒医"(《父亲的病》)，作者都怀着厌恶之情来描写。虽然是片断回忆，连起来也是一幅旧中国乡镇生活风俗画。《野草》较多借鉴西方象征派文学的技巧，《朝花夕拾》则主要继承传统散文的特点，记人记事，均墨淡情浓，在平易通脱中蕴藉深沉的情思。所描绘的是青少年时代的生活，所含蕴的则是中年人的思考与见识。而且还不忘现实，不时搀杂议论或涉笔成趣地发出对某些社会现状的抨击。叙述中顺带的引经据典，显出了学者散文的特征。

注释：

[1] 鲁迅：《呐喊·自序》，《鲁迅全集》第1卷，人民文学出版社，1981年出版，第416页。

[2] 同上，第417页。

[3] 鲁迅：《坟·娜拉走后怎样》，《鲁迅全集》第1卷，人民文学出版社，1981年出版，第159页。

[4] 鲁迅：《南腔北调集·〈自选集〉自序》，《鲁迅全集》第4卷，人民文学

出版社,1981 年出版,第 455 页。

[5] 鲁迅:《坟·文化偏至论》,《鲁迅全集》第 1 卷,人民文学出版社,1981 年出版,第 52、53 页。

[6] 鲁迅:《热风·三十八》。这篇杂文发表时署名“迅”,一说是周作人写的,但鲁迅把他收入《热风》,并为新版《鲁迅全集》所保留。

[7] 鲁迅:《集外集拾遗补篇·寸铁》,《鲁迅全集》第 8 卷,人民文学出版社,1981 年出版,第 89 页。

[8] 记者:《书报介绍·新青年杂志》,《新潮》第 1 卷第 2 号,1919 年 2 月出版。

[9] 鲁迅:《集外集拾遗补篇·破恶声论》,《鲁迅全集》第 8 卷,人民文学出版社,1981 年出版,第 31 页。

[10] 1923 年初版时为 15 篇,内含《不周山》,后将此篇抽去,编入《故事新编》,改名《补天》。

[11] 同注[1],第 419 页。

[12] 鲁迅:《集外集拾遗·〈争自由的风波〉小引》,《鲁迅全集》第 7 卷,人民文学出版社,1981 出版,第 304 页。

[13] 鲁迅:《华盖集续编·〈阿 Q 正传〉的成因》,《鲁迅全集》第 3 卷,人民文学出版社,1981 年出版,第 379 页。

[14] 鲁迅:《坟·再论雷峰塔的倒掉》,《鲁迅全集》第 1 卷,人民文学出版社,1981 年出版,第 193 页。

[15] 列宁:《中国各党派的斗争》,《历史研究》,1978 年第 1 期。

[16] 沈雁冰:《读〈呐喊〉》,《文学旬刊》第 91 期,1923 年 10 月 8 日。

[17] 鲁迅:《集外集·渡河和引路》,《鲁迅全集》第 7 卷,人民文学出版社,1981 年出版,第 35 页。

[18] 鲁迅:《南腔北调集·我怎么做起小说来》,《鲁迅全集》第 4 卷,人民文学出版社,1981 年出版,第 512 页。

[19] 同注[4],第 455 页。

[20] 鲁迅:《集外集拾遗·英译本〈短篇小说选集〉自序》,《鲁迅全集》第 7 卷,人民文学出版社,1981 年出版,第 389 页。

[21] 参见《且介亭杂文·序言》,《鲁迅全集》第 6 卷第 3 页。

[22] 鲁迅:《且介亭杂文二集·徐懋庸作〈打杂集〉序》,《鲁迅全集》第6卷,人民文学出版社,1981年出版,第291~292页。

[23] 鲁迅:《华盖集·题记》,《鲁迅全集》第3卷,人民文学出版社,1981年出版,第3页。

[24] 鲁迅:《华盖集·通讯》,《鲁迅全集》第3卷,人民文学出版社,1981年出版,第22页。

[25] 同注[4],第456页。

[26] 鲁迅:《二心集·〈野草〉英文译本序》,《鲁迅全集》第4卷,人民文学出版社,1981年出版,第356页。

[27] 鲁迅:《致李秉中》(1924.9.24),《鲁迅全集》第11卷,人民文学出版社,1981年出版,第431页。

[28] 鲁迅:《致萧军》(1934.10.9),《鲁迅全集》第12卷,人民文学出版社,1981年出版,第532页。

[29] 鲁迅:《两地书·四》(1925.3.18),《鲁迅全集》第11卷,人民文学出版社,1981年出版,第20页。

第三章

觉醒者投向社会的眼光

——为人生派的文学

一、文学研究会主张文学为人生

标志性的历史事实——"人的文学"的两个方向——文学研究会和为人生的文学——沈雁冰的文学思想——创作方法的两重性

1921 年是转折性的一年，这一年里发生了新文学发展历史上一些重要的标志性的事情。

五四文学革命后两个最重要的文学社团成立了。1 月，主张文艺为人生的文学研究会成立[1]；6 月，高举为艺术旗帜的创造社在日本成立，虽然创造社真正的活动是下一年才开始的，但同是在这一年宣告成立的。这两个社团分别代表新文学中的两大文艺思潮，对于新文学的发展有着重要的影响。从他们的言论里可知，这两个社团都是行进在"人的文学"的大道上，但在创作上表现出两种不同的倾向。创造社更关注人的自我，他们积极地张扬自我，倾诉人性受压之苦，高歌人性的解放，带有非理性的色彩；文学研究会则更关心社会上普遍的人生，探询人生的终极性问题，于是便张扬博爱，揭示种种不合理的社会、人生问题，写"问题小说"，显得更为理性化些。这两个社团的思想，把"人的文学"的主张在创作实践上具体化了。后来胡风说，"为人生"和"为艺术"虽是对立的两派，实为同一根源的两个方向，"前者是，觉醒了的'人'把他的眼睛投向社会，想从现实的认识里面寻求改革底道路；后者是，觉醒了的'人'用他的热情膨胀了自己，想从自我的扩展里面叫出改革的愿望。如果说，前者是带着现实主义的倾向，那后者就带有浪漫主义的倾向了，但他们却同是属于在市民社会出现的人本主义底精神。”[2]胡风所说觉醒者的眼睛投向社会，最典型的莫过于鲁迅，他看到的是人民群众缺乏人的觉悟，所以要用文学来启蒙。他应该是文学为人生的代表作家，虽然他没有参加文学研究会。而文学研究会的作家凭着不同的经历，在他们的作品中提出各自看到的社会、人生的问题，虽然偏向于现实主义，但也有的作家的创作带着较浓的主观情感色彩，含有自我扩张的因素。

在这两大社团成立之后，各地不断涌现许多大小文学社团，据沈雁冰后来的估计，到 1925 年已“不下一百余”[3]。随着新文学作家队伍的壮大，新的作品更多了，开始出现理论主张、创作风格接近的作家群体。为适应这种发展趋势，很自然地有组织文学社团、出版“纯文学”期刊的需要。文学研究会和创造社成立的同年和之后，戏剧方面有 1921 年在上海成立的民众戏剧社，和同年成立的戏剧协社。1925 年成立的以田汉为首的艺术团体南国社，也以戏剧活动的成就为高。诗歌方面，有 1922 年在杭州成立的湖畔诗社。1923 年成立的文化团体新月社，其中以徐志摩、闻一多为代表的一批诗人，对新诗的发展有过重要贡献。散文方面有鲁迅、周作人为首的语丝社(1924 年)，在鲁迅主持下成立的未名社(1925 年)，同年成立的莽原社等。艺术风格上接近创造社的，有 1923 年成立(据冯至的回忆)的浅草社，1925 年他们又联合杨晦等组成沉钟社，故史称浅草——沉钟社。还有由胡山源等组成的弥洒社，高长虹等的狂飙社。这许多文学社团的出现，他们所贡献的多姿多彩、风格各异的作品，共同造成了五四时期新文学百花竞放的局面。

也是在 1921 年，出现新文学最具影响力的作品。鲁迅开始发表《阿 Q 正传》，这是为新文学赢得国际声誉的小说。被认为对白话新诗有奠基意义的、郭沫若的诗集《女神》，新文学第一部短篇小说集、郁达夫的《沉沦》，也都在这一年出版。这些作品标志新文学创作在思想上、艺术上的新高度。上述历史事实说明，在提倡文学革命四年后，这场千年一遇的文学革命，已经度过了它的高潮期和新文学的发生期。从 1921 年开始，新文学以现时代主流文学的姿态进入了发展期。

文学研究会成立于 1921 年 1 月，发起人有郑振铎、耿济之、沈雁冰、叶绍钧(圣陶)、王统照、周作人、郭绍虞、孙伏园、许地山等 12 人。文学研究会成立后，即从1921年1月起，以改革后的《小说月报》为自己的主要阵地。同年又出版《文学旬刊》（后改名《文学周报》），次年出版《诗》月刊。他们除了努力创作，也重视翻译介绍国外的文学，尤重俄国和东欧等弱小民族的文学。《小说月报》出版过"被损害的民族文学专号"。会员也不断发展，如冰心、朱自清、庐隐、鲁彦等著名作家都成为它的成员，先后加入的会员达一百七十余人。到1932年上海"一·二八"事变《小说月报》终刊止，文学研究会都是我国第一大规模的文学社团，对新文学的发展做出巨大贡献。

文学研究会成立时发表《文学研究会宣言》，宣告："将文艺当作高兴时的游戏或失意时的消遣的时候，现在已经过去了。我们相信文学是一种工作，而且又是于人生很切要的一种工作。"[4]这段话大抵代表了文学研究会成员们的共同态度，因而被称为"为人生"派。他们反对封建文学，认为封建文学中有"文以载道"派，把传道当做了文学的目的，是应该反对的；还有游戏娱乐派，即吟风弄月、谈神说鬼的文学。他们把鸳鸯蝴蝶派归入此类，批判把文学作为封建名士们得意时表示风流、失意时发发牢骚的工具。为此提出文学是"人生的镜子"[5]，是"人生的自然的呼声"[6]，广义的艺术观念便是老老实实表现人生。因此要求文学要表现人生、指导人生，对于人生起作用，并提出"以文学为纯为艺术的艺术我们应是不承认的"[7]。

对文学研究会的理论建设做出最重要贡献的，是该会的组织者、主要理论家、批评家沈雁冰。

沈雁冰（1896~1981），名德鸿，字雁冰。1927年发表第一篇小说《幻灭》时，用"茅盾"作笔名，此后发表的作品便都署名"茅盾"。他是浙江桐乡人，父亲是个医生，在较为开明的家庭里，他从小得到接受"新学"熏陶的机会。1913年考入北京大学预科，1916年预科毕业，因家庭经济困难辍学，以其渊博的学识进入上海商务印书馆编译所工作，开始了他的文学生涯。《新青年》倡导文学革命，沈雁冰也开始翻译介绍欧洲文学，并于1919年1月，发表《新旧文学平议之评议》，支持以白话文取代文言文，并提出"进化的文学"应有"表现人生指导人生的能力"。五四运动后，他开始接受马克思主义的影响，一面参与政治活动，一面大力从事新文学的建设工作。1921年1月，他主持改革的《小说月报》出版。这个刊物创刊于1910年，原是城市通俗小说的重要阵地。在新文化运动的激荡下，该刊物邀请沈雁冰出任主编。沈将它改革成为新文学的第一个“纯文学”刊物，实际上是文学研究会的机关刊物。此时，作为文学理论家、批评家，沈雁冰支持“人的文学”，他认为这样的文学是可以“沟通人类情感代全人类呼吁的唯一工具，从此，世界上不同色的人种可以融化可以调和”[8]。所以，文学要把全人类的共同性写出来，“把人类共同的弱点也抉露出来”[9]。他后来回顾历史时说：“人的发现，即发展个性，即个人主义，成为‘五四’时期新文学运动的主要目标；当时的文学批评和创作都是有意识或下意识的向着这个目标。……个人主义成为文艺创作的主要态度和过程，正是理所必然。而‘五四’新文学运动的历史的意义亦即在此。”[10]

这时沈雁冰的文学思想受到19世纪法国文艺理论家丹纳（泰纳）等的影响，认为文学受“人种”、“环境”、“时代”、“作家人格”四项的影响和决定。他在《社会背景与创作》、《文学与人生》、《“大转变时期”何时来呢？》诸文中，用这样的观点解释文学与社会、文学与人生的关系，认为不是文学造成社会背景，而是社会背景造成文学；文学是时代的反映，因此“真的文学”必是反映时代的文学。在创作方法上，便主张写实主义（现实主义）、自然主义。五四文学革命的先驱们出于社会革新的愿望，要求正视现实，所以把现实主义视为时代精神。尽管沈雁冰也看到现实主义在欧洲已趋向衰微，但认为从中国当前情况来看，还值得提倡。沈雁冰在《小说月报》的《改革宣言》[11]中，认为无论现实主义的真精神或现实主义的真杰作，在国内都还没有，“故同人以为写实主义在今日尚有切实介绍之必要”。他又认为浪漫主义和自然主义各走一极端。浪漫主义文学充满“人间英雄气”，过于理想化；自然主义又过于偏重丑恶的描写。但两相比较，当新文学仍多纯凭热情的创作，过于强调自我表现之时，还以提倡自然主义为利多弊少。所以他写了《自然主义与中国现代小说》[12]等重要论文。他提倡自然主义意在强调彻底暴露人生之真相，学习其注重环境和生活细节描写的技巧，以为这些是克服当时新文学创作中某些弊病的良药。这就是自然主义、写实主义在当时受到他的重视的原因。由于他的大力提倡，扩大了现实主义理论的影响。正如后来郑振铎所说，文学研究会“比《新青年》派更进一步的揭起了写实主义的文学革命的旗帜”[13]。文学研究会也给人以是个现实主义文学流派的印象。

其实对于如何反映人生，文学研究会作家的见解是并不一致的。沈雁冰的《什么叫做文学》、《人物的研究》，叶绍钧的《创作的要素》等文中，提倡现实主义的方法。但冰心追求"'真'的文学",要做"'真'的文学家",主张"心里有什么,笔下写什么","努力的发挥个性,表现自己"[14]。庐隐认为"艺术的结晶,便是主观"[15]。朱自清反对"模拟",主张"创造",认为"创造的文艺全是真实的"[16]。郑振铎把"美"看成是文艺的生命,以"美"为文艺的"生命汁",认为美的文艺将永远不灭[17]。这些观念都偏向于文艺的主观性,要求尽情地表现真、美、个性、自我等。因此,文学研究会的创作实践往往具有"二重性"。当他们着重于提出自己对人生的看法,表现对理想人生的追求时,他们的作品便显现出明显的主观倾向和理想的色彩;当他们着重揭露人生的缺陷,表示对现实人生的不满时,则偏重于客观的叙述和描绘,常用现实主义的方法。因此,文学研究会不是一个严格意义上的创作方法的流派,而是对文学"为人生"的职能、功用,持有相近见解的文学派别。

早在1918年,周作人曾批评中国旧小说"对于人生这个问题,大抵毫无意见,或未曾想到"[18],因此提倡"论及人生诸问题"的问题小说。五四本来是一个价值重估的时代,充满了探索精神。胡适在《新思潮的意义》一文中曾谈到那时所要探讨的问题很多:孔教问题、女子解放问题、贞操问题、礼教问题、婚姻问题、父子问题、教育改良问题、文学革命问题、国语统一问题、戏剧改良问题……其中最受青年注意的还是"人生是什么"的问题。在文学中便盛行"问题小说"、"问题剧"。文学研究会的作家从"为人生"的观念出发,就以写"问题小说"而显示自己的特色。但是,一旦涉及各种问题,关注的热点便从人的精神层面进到社会层面上来了,认为问题的根源还在社会。问题小说、问题剧的矛头自然指向社会,进行社会批判。这样,五四时期关于人的精神问题的探讨就为社会批判所遮掩。到了文学研究会稍微年轻一些的成员,他们多以写乡土文学为主,其创作便从问题小说进到了乡土文学,从描写农村下层人民的生存状态,描写被摧残、被扭曲的人,把目光对准了社会的不合理性。此时,他们的文学现实主义才跨上了成熟的道路。

沈雁冰由于很早参加了中共的革命活动,文学思想也渐渐趋向于革命文学的主张。1921年他已经提到作家需有"第四阶级"的生活经验,才能反映痛苦的社会背景[19]。1922年又提出"革命的人,一定做革命的文学"[20]。到1923年,他更呼唤文学的"大转变",提出"在我们这时代,我们希望文学能够担当唤醒民众而给他们力量的重大责任"[21]。沈雁冰的主张对文学研究会作家注意表现被侮辱被损害者,创作“血与泪”的文学,起了重要作用。1925 年后,他加入了介绍革命文学理论的行列,在 1930 年代成为最重要的左翼作家之一。

二、小题材里的人间关怀——周作人的散文

“人的文学”在散文领域的体现——小题材里的人间关怀——文化批判的重要贡献——知识性和趣味性——平和淡泊的风格

周作人是“人的文学”的举旗者,是五四文学革命最有代表性、最有影响的作家和最重要的散文家之一。散文是他在创作上的主要成绩,不但数量多,而且是散文领域中“人的文学”的主要体现者。他还是现代小品文的开创者。1921 年,他发表了著名的《美文》,提倡一种“艺术性散文”,以提高现代散文的审美品位。以他和鲁迅为主将的《语丝》周刊,是五四后新文学散文创作的重要阵地,周作人和《语丝》的部分作者以其平和冲淡、优雅清隽的风格,被视为当时散文的重要流派。郁达夫在检视五四散文时曾经认为,“中国现代散文的成绩,以鲁迅周作人两人的为最丰富最伟大”[22]。20 世纪 20 年代,周作人相继出版了《自己的园地》、《雨天的书》、《泽泻集》、《谈龙集》、《谈虎集》、《永日集》等散文集;在 30 年代又出版《看云集》、《夜读抄》、《苦茶随笔》、《苦竹杂记》、《风雨谈》、《瓜豆集》等集子。抗战爆发后,周作人堕落为文化汉奸,成了民族的罪人。此后仍有相当数量的散文发表,出版过《秉烛谈》等一批集子。

周作人的小品文用轻松淡雅的文字,从容舒缓的笔调,写作小题材。他的小品文写草木虫鱼、日常生活,诸如苍蝇虱子、鱼虾螺蚌、金鱼蝙蝠、茭白菱角、喝茶品酒、风俗民情、鬼怪神祇,鸡毛蒜皮、鸡零狗碎都是可以做文章的,这也是一种题材和思想的开拓。因为所写多非关乎人的生存的最现实、最切要的事情,似有一种清闲优游的情调,表面上没有多少重大的思想意义,但实际上却是充满了对人的生活(物质和精神生活)的关怀。在描述、议论那些小事、琐事的背后,隐在的中心思想是“人应该怎样生活”。按照他对

人性的解释，凡是生而有之的、本能的欲望，就是合理的，就是善和美的，都应该得到满足。这是他主张文学的人道主义的基本内容。沿着这样的思路，就会引导出一种人生观——人活着就要奋斗，对世界有所贡献，生命才有价值；但同时也可以在这世界上有所享受。这才是合理的健全的生活。周认为人应该懂得“生活法”，讲究“生活之艺术”，人并不总在紧张战斗，也应该有轻松的休息、适度的享受。所以他说，“生活应该有张弛”，“为得要使生活与工作不疲敝而有效率，这种休养是必要的”(《谈娱乐》)。他之所以多次以喝茶为题写小品，就在于说明喝茶“也是生活之一部分”(《上下身》)，“在不完全的现世享乐一点美与和谐，在刹那间体会永久”，哪怕“偶然的片刻优游乃正亦断不可少”(《喝茶》)。在《北京的茶食》中说：“我们于日用必需的东西以外，必须还有一点无用的游戏与享乐，生活才觉得有意思。我们看夕阳，看秋河，看花，听雨，闻香，喝不求解渴的酒，吃不求饱的点心，都是生活上必要的——虽然是无用的装点，而且是愈精炼愈好。”这就是周作人的独特之处，用创作实践着一种生活理念——人除了要有大的社会的、事业上的理想和奋斗，也需要生活的关怀，也要休息、娱乐，做一些看似无意义却是正常生活一部分的事情，包括读一读小品文。而对生活的关怀也就是对生命的关怀，这也是五四的“人的发现”的一个内容。只有在肯定了人的价值后，才可能有这样的世俗生活的兴趣和关怀，才不轻视这些小题材。

但周作人反对纵欲，在《蔼理斯的话》里把“禁欲”视为人性的一部分，“人有禁欲的倾向，即所以防欢乐的过量，并即以增欢乐的程度”。就是要求享乐的适度性，要有一种理性的生活态度。《生活之艺术》中指出，“中国生活的方式现在只是两个极端，非禁欲即是纵欲”，“一切在礼教的面具底下实行迫压与放恣”。他希望“把生活当作一种艺术”，而“生活之艺术只在禁欲与纵欲的调和”。他在生活方式上讲新的节制，讲中庸之道。

这就是周作人的小品文在“人的文学”中的独具的特色和地位。

再则，那些花鸟虫鱼、日常琐事虽然并不包含重大的思想意义，却可以包含人对生活的态度、情意。人们为了肯定这一类作品的价值，往往尽量说明作者怎样地能够把平常的、细小的物事写得如何精彩、精细。其实，这一类作品的意义，不在于文字功夫上，也不在于知识性强，满足了人的求知需求上；主要在于描写这些小题材，这些生活中的琐细之事中所表现出来的，对生活满含的情意上。正因为怀着对生活的情意，便看那些平凡、琐细之物事，都有浓浓的兴味、情趣，便都想去品味一番。《苦雨》其实并不是写"苦"，因为除了小孩喜欢雨天，感到快乐的还有青蛙。人焉知蛙之哀乐？实是作者自己爱听蛙鸣，以为含着农村田野的风味。凭着对生活的兴味才有这样日常平凡生活中的敏感，才发觉这雨天生活的价值。所以作者说："倘若有人说这所记的只是个人的事情，于人生无益，我也承认，我本来只想说个人的私事，此外别无意思。"(《苦雨》)其实他想讲的就是平凡生活也还是有意思的。在以文学为改造社会的重要工具的思潮里，周作人的小品可以看作另类，但自有其独特的价值。有的通过所描写的对象，传递一种心境或心情。《鸟声》固然有许多鸟的描写，文章的好处并不在这上头。他写对北京缺少"飞鸣自在"的鸟声的遗憾，讨厌那鸡鸭"家奴"的聒噪，认为只有麻雀、啄木鸟的叫声虽干枯倒还有点春之气息，从而表示"欢迎这些鸣春的小鸟，倾听他们的谈笑罢"，表现的是作家追求的心境和一种健康、自由、有生气的生活。有的是借着某些小东西来说自己的生活态度和主张，如借着谈养鸟来表述赞同栽树养鸟，反对笼养，因为那是"痛苦的赏鉴，是一种变态的残忍的心理"(《谈养鸟》)。《北京的茶食》也不是真的要谈茶食，关键在述说自己对生活的主张。《谈娱乐》也绝非要介绍怎样来娱乐，它是反对强加于人，要求承认人各有所好，"自己要自由，还要以他人的自由为界"，"己所不欲，勿施于人。这句话虽好，却还只有一半，己之所欲勿妄加诸人，也是同样的重要"。这显然不是谈的娱乐的问题，他谈的是大问题，是在表述自由主义的精义了。这一类不妨叫做以小见大的表现方法。

人们还能够发现周的小题材中，对民俗的记录、描述占了很大的比例。这不仅在求趣味，更在于从中考察广大民众的精神。他在《水里的东西》中说了一大段话："我们平常只会梦想，所见的或是天堂，或是地狱，但总不大愿意来望一望这凡俗的人世，看这上边有些什么人，是怎么想。社会人类学与民俗学是这一角落的明灯……"他说自己不能做研究考证的文章，便写这样一些"闲话"，记下民俗，"引起大家对于这方面的调查与研究之兴趣"。《谈"目连戏"》中说，从故乡民间的一剧种中，可以"了解不少的民间趣味和思想"，可以窥视"国民性的一斑"；并且认为"中国的蒙藏回苗各族生活固然大值得研究，就是本族里也很多可以研究的东西"。所以有趣之事里面有可供研究的更深刻的内容。他有不少散文有着浓厚的“民俗学上的兴味”。如《说鬼》、《谈鬼论》从那些鬼怪故事来了解“鬼里边的人”和“人里边的鬼”，以见“中国民族的真心实意”。《关于雷公》从雷公迷信透视民情，上升到文化批判：“中国人重实际的功利，宗教心很淡薄，本来也是一种特点，可是关于水火风雷都充满那些恐怖，所有记载与说明又都那么惨酷刻薄，正是一种病态心理，即可见精神之不健全。”作为五四启蒙主义作家，周作人那时关注着国民的思想，还是出于改造国民性的目的。

周的散文中有的是记叙散文，如《村里的戏班子》等，类似鲁迅的《朝花夕拾》。除了相当一些回忆少年生活、怀念亲友的，多是写民俗或民间生存状态的。但这状态并非《阿Q正传》或一般乡土文学中的农村破产、民不聊生，而多普通人的生活小事，带着人情味，不显露地、隐隐地含着作家的同情、感慨，表示他对生活的态度(如自然顺生的态度)。也有既反映现实，也议论现实的。脍炙人口的《故乡的野菜》、《乌篷船》等，都不仅是对故乡某种生活的记载，这是他所怀念并认为值得书写的，其中隐含着作者浓浓的乡情，不妨称之为“乡土散文”。

周作人散文创作的成就不止是小品文的创造，作为五四思想革命、文学革命的干将，他的非常突出的成就还在于文化批判(有时也涉及政治批判)，他还写了大量以思想革命为中心的杂文。其《思想革命》一文可视为总纲，他看到“荒谬的思想与晦涩的古文；几乎已融合为一，不能分离”，所以“文学革命上，文字改革是第一步，思想改革是第二步，却比第一步更为重要”。

周作人的思想革命主张涉及许多方面，首先是为了思想革命，就要批判“保存国粹”等各种复古倒退的思想。如反对祖先崇拜，指出一味的崇拜祖先，是一种倒行逆施，并提出“废去祖先崇拜，改为自己崇拜——子孙崇拜”(《祖先崇拜》)。在《“重来”》中指出，中国社会上“重来”之多，子孙后辈只知重复再现祖先的坏思想，我们正被做个“肖子顺孙”的思想所压迫。周作人反对复古的重要特点，就是把他所反对的“国粹”，与中国的国民性联系在一起。他认为现在人们身上许多卑劣的国民性，正是传统的文化、心理的表现。因此他的散文中，批判卑怯、淫猥、愚昧、凶残、说诳、迷信、自大等种种国民性的篇章，数量甚多，可以说贯串在整个散文创作中。如在《民众的诗歌》中批判妥协、顺从，对生活无执著的爱，无真挚的抗辩的性格。《新希腊与中国》中批评中国人缺少求生的意志。《听说商会要皇帝》中抨击市民的“家奴气”，似乎头上无主子，天也就不亮了。《爆竹》批评了迷信、利己、麻木的思想现象……有时在介绍外国人的生活时，也把他们的民族性格特征和中国作比较，从对比中揭示中国民族性格的弱点。同当时启蒙主义思想家一样，周作人主张思想革命就是希望改变民族精神中的愚陋昏聩的因素。

周作人是人道主义的重要倡导者，从人道主义出发同情受压迫者，而以特别的关注给予弱小的妇女和儿童。这成了他的散文的一个重要题材。他介绍国外有关妇女解放的主张，猛烈地抨击各种封建思想、习俗对妇女的残害。在妇女解放问题上，他无疑是中国女权主义的先锋。《天足》怀着深厚的同情驳斥社会上种种对妇女的无理指责，指出强迫女子缠小脚是野蛮的事情，因为这是“痛苦的赏玩，是一种变态的残忍的心理”(《山中杂信》)。《临嫁潜逃的罪》指出，造成罪过的不应是女子，而是父母的包办婚姻；要免除这种现象，“最简单的是取消父母擅将女儿许给人家的权”。对那种一面玩弄女性，一面却“咏吟贞节”者，给予无情的批判，如《卑劣的男子》等。对一些新的女性为人民解放事业而献身，则给予高度的赞扬。“三一八”惨案后为纪念刘和珍、杨德群烈士写的《新中国的女子》，赞美女子对社会变革的觉悟和努力实行，比男子更早、更热烈坚定，因为她们历来所受的压迫更大、更久。他相信中国革命的成功，女子之力要占大半。他写过《小孩的委屈》等文，提倡对儿童的正当科学的教育和爱抚，使他们得到一个健全的性格。他以子女为本位，故认为父母养育子女是应该的，这是“还自然之债”；而子女不必尽孝，因为出了学校既要为国家尽义务，还得尽对子女的责任，这样的生活已很艰难(《家之上下四旁》)。《儿童的书》从个性解放思想出发，要求把儿童教育成“人”，而不是把他们变成忠顺的臣民。周作人的不少散文还介绍了童话、儿童剧、小诗等文艺品种，对建立儿童文学起了特别重要的作用。

在妇女问题上，周作人不仅批判旧伦理观念，而且从人类文化史、性心理学等方面，寻求批判的科学根据。他介绍英国性心理学家蔼里斯的理论，写过《论猥亵》、《蔼里斯的话》等。他在《北沟沿通信》中说：“妇女问题的实际只有两件事，即经济的解放与性的解放。”这指的是从传统的性观念中解放出来，因为封建伦理道德是建立在“性的崇拜”、“性的恐怖”之上的。人类正当的性的欲求并不是“不净”的、不道德的，恰恰是假道学才十分不道德。鲁迅曾强调经济解放的重要性，说出走了的娜拉如果没有钞票，还是要回来的。而周作人进一步认为还有一个性观念的解放，这是他的独到之处。这一观点不仅对于探讨妇女解放问题，而且对文艺批评也有很大的影响。

周作人散文的另一个十分重要的方面，是对于文艺问题的评论。这类文章集中在《自己的园地》、《谈龙集》以及后来出版的《艺术与生活》等集子中。这些集子中一直贯穿着“人的文学”的思想。在《文艺的宽容》中主张以自我表现为文学的主体。他同时主张文学应是“为人生”或“是人生的”。他是文艺上的“宽容”、“容忍”原则的积极提倡者。周作人对现代文学批评的开创做出重要贡献。一方面他发表了有关文学批评建设的散文，如《文艺批评杂话》，提出真的文艺批评本身也应是文艺，提出“诚”和“谦”的批评原则，反对“裁判别人”的态度；在《文艺的剿匪运动》中，提出批评者不可以父母官自居等等。另一方面他自己写了重要的书评，其中影响最大的是为保护新文学的那些篇什，如《〈沉沦〉》、《情诗》等。当郁达夫的《沉沦》、汪静之的《蕙的风》受到封建卫道者的攻击时，周作人的评论洗去强加于这些作品的“不道德”的罪名。这不仅是文学批评上的辩驳，也是对旧伦理观的战胜。

上述这些方面的杂文，加上周作人在五四运动、女师大事件、“三一八”惨案、“五卅”惨案和“四一二”政变后一系列激进的政治评论，使得他的散文在五四到20世纪20年代期间，为中国社会的进步、思想的变革贡献了力量，成为新文学散文成就中不可缺少的组成部分。如果没有这些散文，而只有他的小品文，固然也很有创造性的贡献，但现代文学史上的周作人，就不是现在这副面貌了。

周作人散文的特点在于富于知识性。例如苍蝇是人们厌恶之物，有什么好写的？周在《苍蝇》的题目下，却汇集许多与苍蝇有关的小知识：从中国的《诗经》，到希腊的古代传说、史诗，从地方的小儿谜语歌，到日本的俳谐，还有法布尔(Fabre)的《昆虫记》等。《两株树》对树发议论，品头评足，竟引了《五杂俎》、《本草纲目》、《群芳谱》、《南史》、《唐书》、《齐民要术》、《重论文斋笔录》、《越谚》、《青山记》、《蓬窗续录》、《湖雅》、日本寺岛安良编的《和汉三才图会》，还有陆龟蒙、陆游、张继的诗。引述甚多，为的证明白杨之不受欢迎，因为钉死耶稣的十字架是杨树做的。作者可称知识广博的杂家,知识性强是其文章的价值之一。在《赋得猫》中,他自述写作之前先去查了猫的典故。又曾说自己是“考据癖,从古今人的纪录里去找寻材料”(《鬼的生长》)。如果所引用的知识有趣、引人,则文章更具趣味性。如《虱子》全是关于虱子的掌故。《家之上下四旁》论孝,广征博引,精彩而又有趣,读之既得了思想,又得了知识。引证的丰富,越往后越如此,差不多在现代散文中是独一无二的。但征引过多,有的是纯知识性的,甚至成为“文抄公体”,可能使文章缺少了鲜活的气息,还会损害趣味性,减损一般读者的阅读兴趣。他的文章也像苦茶一样,有人爱喝,有人可能会皱眉头。讲趣味,但只是小圈子的趣味,虽然高雅,却只能算是“小圈子散文”。像《买墨小记》这一类文章,并不是所有的人都有兴趣、都能欣赏的。

在现代散文艺术上,周作人创造了一种平和冲淡的风格,表现在文字上是朴素的,不重藻饰,不刻意求工。他的文章几乎没有什么辞采,只用平白无华的文字来表意,使文章显得清淡,造成幽雅淡远的意态。其次是感情的隐蔽,态度恬适淡泊,即使是令人义愤填膺的事情,也使用不动声色、心平气和甚至超然物外的语调去叙述,把愤怒隐藏其中。许多篇章喜用反讽。《吃烈士》一文是愤慨于利用五卅惨案的烈士而加官进爵或赚取小利者,但用说反话的方式,把很沉痛之事用近于轻佻的语气来表述。《关于活埋》把古今中外各种活埋的事,如讲故事般说了一大串,最后说到中国现状,引出一句似无明显倾向的话:“人情恶活埋尤其是倒埋而中国有人喜为之, 此盖不得谓中国民族的好事情也。”所有的批判都在这句话里了。《狗抓地毯》谈的是思想革命,但没有剑拔弩张的批判、抨击,而是讲着某一门学科的道理,好像学理性很强,目的却在批判现实。《死法》与《碰伤》同为讽刺军阀杀人,却七拐八弯,从过去的死法直讲到现代的枪毙,议论什么是更好的“死法”,极尽曲折之能事。到晚年提到《碰伤》,还说那种“别扭的写法”是他所喜欢的。他的这些文章,比较含蓄耐咀嚼。

五四高潮之后,文化发展的趋势是向政治斗争方面靠拢,但周作人仍然守在文化上,在愈加激烈的斗争背景下,他仍在讲理性、讲中庸,保持他的平和、冲淡。文学越来越走向大众,他的作品却贵族化、绅士化了。1922年,他在《贵族的平民的》中说:“我想文艺当以平民的精神为基调,再加以贵族的洗礼，这才能够造成真正的人的文学。倘若把社会上一时的阶级争斗硬移到艺术上来，要实行劳农专政，他的结果一定与经济政治上的相反，是一种退化的现象……”他要讲求“生活之艺术”，对越来越多连生存的权利都保不住的人，这成了不着边际的侈谈。这些，他不会感觉不到，不会不感到矛盾。1925年11月，他在《雨天的书》的自序之二中说，“我近来作文极慕平淡自然的景地”，“检阅旧作，满口柴胡，殊少敦厚温和之气”；但同时又说生在这时代，“实在难望能够从容镇静地做出平和冲淡的文章来”。这就发生了他身上的“流氓鬼”和“绅士鬼”（亦称“叛徒鬼”和“隐士鬼”）的冲突。大概整个20世纪20年代，他都处于这种矛盾中。他与新文学的主流渐渐疏远，慢慢地边缘化了。因而消沉的情绪有增无减，“流氓”、“叛徒”的色彩也就越来越淡了。此后散文的格调“一变而为枯涩苍老，炉火纯青，归入古雅遒劲的一途”[23]，影响却渐渐缩小了。

三、“爱”的歌手——冰心

女作家群的出现——“爱之歌”的领唱者——赞美自然天性——最早的问题小说——娴静秀美的艺术风韵

新文化运动作为个性解放的思想运动，其重要收获之一是促成了文学领域中女作家成批地成长。五四时期成名的女作家就有陈衡哲、冰心、庐隐、冯沅君、苏雪林、石评梅、陆晶清、凌叔华、袁昌英、白薇、沉樱、林徽音等等，这是中国文学史上从未有过的现象，这是现代女性解放成果的一种表现。追求个性解放的女性选择了文学，既能较快地成名，在社会上冒头，又能获得运用文学表现自己的机会。所以初期的女性创作总含有较强的自我表现的特征。

在最早的一批女作家中名望最高的，当数冰心。冰心(1900~1999)，原名谢婉莹，福建福州人，是在诗歌、散文、小说三方面均有相当成就的作家。她在五四运动的鼓舞下，开始发表作品，1919年发表第一篇短篇小说《两个家庭》。最初写的多是问题小说，出版过《去国》、《超人》等小说集。1923年出版诗集《繁星》和《春水》,内收小诗三百余首。这些诗原是受了印度泰戈尔《飞鸟集》的启示,记下一些“小杂感”式的“零碎的思想”[24],发表时被编辑分了行,竟成为自由体诗中的一个品种,被称为“繁星体”。加以有人推波助澜,小诗便如新诗棋盘上的卒子一般,不但数量多,一时间也起过一定影响,造成“小诗流行的时代”。她还出版《往事》(内含小说)、《寄小读者》等散文集。《往事》是回忆性的散文;《寄小读者》是书信体的,怀着真挚的情感,用亲切的语言向少年读者报道自己远离家乡身在国外的生活、思绪,成为现代儿童文学最早的重要成果之一。

鲁迅曾经说过,“创作总根于爱”[25]。无论在冰心何种体裁的作品中,都有个十分鲜明的特征,那就是都贯串着她的“爱的哲学”,她是五四新文学中把“爱”的旗帜举得最高的作家。正是这个特征使她的作品在当时女性创作中最能吸引人的目光,同时也为“人的文学”增添了新内容。“人的文学”提出要创建“人间本位主义”亦即“人道主义”的文学,一方面肯定个人自身的价值,另一方面也就要求尊重所有人的价值。这是提倡“泛爱”、“互爱”的思想基础,一度成为新文学的重要主题。冰心又是五四时期作家中直接受到基督教影响最明显的作家之一,这与她的教会学校出身的背景有关。她说在中学时代“因着基督教义的影响,潜隐的形成了我自己的‘爱’的哲学”[26]。她的“爱的哲学”合乎五四新文学的主导的思潮。据许寿裳回忆,当年与鲁迅讨论改造国民性问题:“当时我们觉得我们民族最缺乏的东西是诚和爱,——换句话说:便是深中诈伪无耻和猜疑相贼的毛病。”[27]因此,宣扬“爱”才在当时产生广泛的影响,成了冰心创作的最突出的主题,超越了某种宗教的教义。

冰心的“爱的哲学”首先表现在她的两部小诗里。一些诗写她对生命的感悟。在她写的《圣诗》中有一首以“生命”为题,依据《雅各书》中的思想写道:

生命,是什么呢? ……,
他——是昙花,
是朝露,
是云影;
一刹那顷出现了,

一刹那顷吹散了。

上帝啊！

你创造世人，

为何使他这般虚幻？

她的诗中常常表达对于生命奥秘的思考，常有这样的思想："流星——/只在人类的天空里是光明的；/他从黑暗中飞来，/又向黑暗中飞去，/生命也是这般的不分明么？"(《春水·六十》)又说："未生的婴儿，/从生命的球外，/攀着'生'的窗户看时，/已隐隐地望见了，/对面死的洞穴。"(《春水·一六九》)生与死的距离是这样近，这使她常常怀着"悲感"发出哀音，反映善感的女作家对生活的感受，对爱的渴求，曲折地反映了社会环境的冷暖："秋深了！/树叶儿穿上红衣了！/她是多么害怕风雨啊！"(《春水·三八》)"大风起了！/秋虫的鸣声都息了！"(《春水·二七》)这秋虫，这红叶，都无力抗拒外部的力量，无力把握自己的命运，因此，不能不流露出感伤的情绪。她也爱写"病"："诗人病了——/诗人的情绪/更适合于诗了。"[28]她的一些散文写的是病中的思绪。最有名的小说《超人》中，是禄儿的病促成了"超人"何彬的思想转变。另一篇《悟》中，主人公锺梧也是在病中完成了从"憎"向"爱"的思想转变。泰戈尔诗歌的"澄澈"、"凄美"的风格，与冰心的柔婉情调一拍即合。她在《遥寄印度哲人泰戈尔》中说："……你以快美的诗情，救治我天赋的悲感；……以超卓的哲理，慰藉我心灵的寂寞。"[29]她的全部小诗还有其他一些作品，都染着这"天赋的悲感"，带着东方色彩和情调的悲感。所以她欣赏泰戈尔的让宇宙与个人心灵调和的主张，从泰戈尔那里接受了泛神论，演变为她的泛爱论："你我就是万物，万物就是太空，是不可分析"的，因此她要去追求人和人，人和万物，人和太空的爱。她呼喊："人类啊！/相爱吧，/我们都是长行的旅客，/向着同一的归宿。"(《繁星·十二》)被五四唤醒了的冰心，面对现实生出许多"悲感"，她选择了"爱"为"慰藉"、"救治"人心的福音，以爱心为文心，形成她的人道主义理想。

泛爱思想在冰心的的诗中，主要表现为对母爱、童真、自然的赞美、向往和追怀。她有大量的小诗是歌唱这三者的。这种思想在小诗中，比在她的散文、小说中，表现得更为鲜明、集中。《春水·一〇五》说：

造物者——

倘若在永久的生命中

只容有一次极乐的应许，

我要至诚地求着：

“我在母亲的怀里，

母亲在小舟里，

小舟在月明的大海里。”

在《繁星·一五九》中，她唱道：“母亲啊！/天上的风雨来了，/鸟儿躲到他的巢里；/心中的风雨来了，/我只躲到你的怀里。”歌颂母爱，因为母爱是人类的天性，是最纯洁、无私的，因而也是最伟大的。她认为“人类以及一切生物的爱的起点，是母亲的爱”[30]，母爱因而成了冰心创作的精神源泉。

她爱儿童，因为童心也是最自然、最纯洁的，绝不虚假，绝不造作；是“绝假纯真，最初一念之本心也”，所以说是“心之初也”[31]。郭沫若当时也说：“小儿是人类的天国。”[32]

而自然美，大海、日月、星光之美，更是造化之神功，非人力所能达到。她尽情礼赞，表示无限的眷恋。在《春水·一四》中说：“自然唤着说：/‘将你的笔尖儿/浸在我的海里罢！/人类的心怀太枯燥了。’”与龌龊的人世间相比，自然界更显得真实、美丽。

自然既是天成的，母爱、童真又都是人的天性，未受人间污染，是最纯洁的。冰心认为最值得人们去爱的，是这些天生的、天然的东西。呼唤人的天性，赞美自然天成，明显地带有引导人性向善的意向。她是带着一种宗教情感来选择、歌唱这些抒情对象的。

冰心的小诗较之初期白话诗中那些以诗说理者，显得更精致、含蓄，诗味更浓。她在《诗的女神》中所说的“满蕴着温柔，微带着忧愁”，正是她的小诗的风格。这类三言两语的小诗，必须具有较丰富的意蕴，必须是被提炼得很精纯的，必须有对生活的独特感受和发现，所以，往往含有哲理性，又曾被人称为“说教的短偈”。如《春水·二八》：“影儿欺哄了众生了，/天以外——/月儿何曾圆缺？”在司空见惯的平常现象中有自己的发现，引导人们思索其中所含的深刻道理。同时表意也要含而不露，要有“曲包的余味”[33]，才能经得起细细的品味。所以，小诗的发达不仅给自由体诗增添一新品种，也对白话新诗艺术的进步有所推进。

冰心的散文同样一以贯之地表现着一个中心思想，仍然是她的泛爱思想。这种思想在散文中可以比在诗歌中张布得更为详尽。在《画——诗》一文中，她曾把人生看做“可怜的小羊”[34]，希望“牧者”上帝能在小羊迷途复遭饿鹰追击时，来救它、爱它。这反映了善感的女作家对生活的感受，所以她欣赏泰戈尔的让宇宙与个人心灵调和的泛神论，追求“人和人中间的爱，人和万物，和太空中间的爱”[35]。这具体地表现在她的散文中，仍是对自然、母爱等的描绘和讴歌。这些散文有对祖国、对乡土的一往情深的思念，有对自然美的描述，也有对母爱的追怀，其中充溢着作家的爱国情思。无论是回忆性的或写眼前现实的，其实都不全是记叙性的。往往是通过过去的或当下的景与物，抒发作家内心的情和意。加以笔调的柔婉清丽，故更接近于抒情散文。如《寄小读者》中的《通讯七》，写飘洋过海在船上看到的自然景色，由此而勾起童年海边生活的回忆，由童年又引出对母爱的追思。全文把自然景观与对母爱、童真的眷恋之情，紧紧地糅合在一起。另一些作品中，景物描写占的分量很重，但在这景中可以体味出某种哲理来。如《往事(一)·十四》也是写海的，以几个孩子对海的女神的想象，从几个不同角度来描述。或用“艳如桃李，冷若冰霜”形容海上云霞的明媚和风雨的阴沉。或用夸饰，以女神曳着白衣蓝裳，头插新月的梳子，颈挂明星的璎珞，翩翩地飞翔，来描绘海的美丽。还有的发着“海太大了，我太小了”的感触。全篇既把海景的变幻渲染得溢彩流霞，又点出海的神秘、有容、虚怀、广博，这些特点也启迪人们对人生真谛的思考。

冰心散文的风格，哀婉凄清，温情脉脉。她的文字也是典雅、倩丽、柔婉的。她主张“白话文言化”、“中文西文化”[36]。保持文字质朴自然，同时化用古典诗文的词汇和笔法，形成文白融化的语体文，以增强表现力；使自己的文字雅隽但不浓艳，柔美但不做作，秾纤适度，保持清淡而不枯涩，自然而能凝炼，创造了清丽柔美的“冰心体”散文风格。她对白话散文艺术的创造，做出重要的贡献。

信奉“有了爱就有了一切”的冰心，却又是写问题小说最早最积极的作家之一。问题小说是五四时期最流行的小说门类，这类作品归根到底是要探究怎样才是有着幸福、合理生活的“人”。沈雁冰说：“支配人生的，是‘爱’呢，还是‘憎’？在当时一般青年的心里，正是一个极大的问题。”[37]文学研究会的作家写“问题小说”，就是想探究合理的人生究竟是什么的问题。冰心的哲学在便于自由地表达主观思想、情绪的诗和散文里，得到相当充分的表露。但她呼唤天真、纯粹的爱，深含理想的成分，只要她稍稍把眼光转向现实，观察一下现实生活的实情，立即就会发现理想和现实有多么大的差距，甚至产生悲剧感。所以当她以现实生活为题材来写小说时，便成了“问题小说”的先行者。她在小说中继续表现“爱的哲学”，这成了小说的思想底色；但须要借助人物和故事情节。尽管她很敏感，毕竟生活体验不很深入，所反映的生活比较表面化，她的小说往往缺乏思想的深刻性。第一篇小说《两个家庭》用对比的手法，通过对两个家庭的臧否，提出建立新型的合理家庭的问题。此后写的《斯人独憔悴》，表现某军国显贵之家的两兄弟参加爱国学生运动，被专横的家长禁闭在家；他们无力冲决家庭的阻挠，只好发出“斯人独憔悴”的感叹。这里提出了五四后必然加剧的某些家庭中两代人矛盾的问题。《去国》写留学生英士，学成后谢绝外国老板的高薪聘请，决心归来报效祖国；但在当时他虽有满腔爱国情，满腹新知识，却毫无用武之地，最后只好怀着悲愤惆怅之情离开了祖国。他慨叹“祖国呵！不是我英士弃绝了你，乃是你弃绝了我英士呵”，其中包含着作家自己的深沉忧愤。这篇小说提出了知识分子的出路问题。还有如《庄鸿的姊姊》，写的是只因为家境困难，无力供姐弟二人同时读书，于是资质出众的姐姐只好为成全弟弟而弃学。小说提出了女子在家庭中的地位问题，也提出了改变男女不平等现象的要求。冰心小说发现了不少社会问题，这些问题都带着鲜明的时代特征，在一定程度上反映了五四反封建的时代精神。

冰心的小说在提出这些问题时，虽有忧患的情怀，但欠缺思想深度。例如《两个家庭》批评了宦家出身的主妇不会料理家政，只顾在外应酬，致使本可有所作为的丈夫抑郁而死。但封建家庭也能培育出善理家政而且温顺娴淑的贤妻良母，遇到这样的女子，并不一定就有幸福的家庭。而作品所肯定的另一家庭，其美满是因为有一位能“红袖添香对译书”的妻子。这当然也并未触及改革旧家庭的根本。她的问题小说在思想的深刻性上稍差。

1921年发表的《超人》，又转到表现泛爱思想的主题，比她初期那些问题小说引起的反响要大。《超人》通过主人公何彬的思想转变，正面表达了人生互爱的理想，这对当时思考人生问题的青年有所触动。何彬本是个对一切都冷漠的孤独者，认为人生如演剧，在台上是父子母女，下了台摘掉假面，便各自走开。所以他信奉尼采的哲学：“爱与怜悯都是恶。”后因帮助厨房跑街的孩子禄儿治病，勾起他对慈母的思念，使他悟到“世界上的母亲和母亲都是好朋友，世界上的儿子和儿子也都是好朋友，都是互相牵连，不是互相遗弃的”；于是否定、抛弃了“超人”的思想。1924年，她创作了《超人》的姐妹篇《悟》。这篇小说写两个人物间的爱与憎两种思想的斗争。原来认为世界是冷酷、残忍的锺梧，受了一个母爱故事的感化，承认世界上有爱，因为“有了母亲，世上便随处种下了爱的种子”；“万物的母亲彼此互爱着；万物的子女，彼此互爱着；同情互助之中，这载着众生的大地，便不住的纡徐前进。”作家借着人物之口，号召青年朋友“一边流迸着血泪，一边肩起爱的旗帜，领着这‘当面输心背面笑，翻手作云覆手雨’的人类，在这荆棘遍地的人生道上，走向开天辟地的第一步上来！”作家看到了“荆棘遍地”的现实，于是开出一服“爱”的药方，在《悟》里说：“地层如何生成，星辰如何运转，霜雪如何凝结，植物如何开花，如何结果……这一切，只为着‘爱’！”表示她希望用“爱”的力量，来救治这不幸的、残破的社会。如果说冰心的小诗中有许多哲理诗，那么《超人》、《悟》就是哲理小说无疑，而且应该是五四时期最重要的哲理小说了。

冰心的泛爱思想，在五四时期有较大的影响。《小说月报》在发表《超人》时加了“附注”说：“谁能看了何彬的信不哭？”（沈雁冰）这有其社会的原因。正如在沙漠中每一滴水都是珍贵的，虽然明知一滴水是救不了人命的。在严酷的专制统治下，人与人之间往往只有严格的尊卑界限，有时连温情的面纱也没有。这种条件下，需要以爱相濡的，多半还是受欺压的弱者。冰心要把爱奉献给普天下的人，她就不能不为得不到爱的广大下层人民（尤其是妇女）感到不平并表同情。在《六一姊》里她同情一个乳妈的女儿，发出“乡下孩子也是人”的呼声。在《一个不重要的兵丁》里寄同情于一位被迫抛下幼小的爱子，享受不到天伦之乐的士兵。《庄鸿的姊姊》为有才华的女子之受歧视、被埋没而鸣不平。《最后的安息》描写受婆婆虐待的童养媳翠儿的不幸。面对这些下层民众的不幸，虽不像有的作家那样起来控诉、批判社会；但冰心能够喊出“他们也有权利得到爱”，哪怕是用的柔婉的声调，在封建专制社会里也是刺耳的反叛之声。因此，在五四时期猛烈批判封建文化时，这位接受过基督教义的女作家，便充当了爱之歌的领唱者。这就是冰心和当时那些歌唱爱的文学作品的意义。

20 世纪 30 年代后，冰心继续创作了《分》、《冬儿姑娘》、《张嫂》等一批小说，受社会环境变迁的影响，比起那些表现“泛爱”的作品，思想倾向有了变化。如《分》描写两个同是母亲所生的婴儿，等待着他们的却是不同的生活，表现人间不平的气氛更浓了。

冰心在小说艺术上，有自己的创造，推进了新小说艺术的发展。她淡化了情节，增加了小说的抒情成分，形成了具有随笔特点的文体。她的小说一般没有完整的故事，也不着力于人物塑造，多写生活的几个片断或场景，意在以之提出生活中的问题，表明作家心中的某种见解。因而，她的小说中，叙事、抒情和表达哲理，常常是溶汇、编织在一起的。

冰心的小说即使处理导致主人公死亡的矛盾，也并不把这矛盾写得非常尖锐，绝无剑拔弩张之势。揭示生活中的弊端，也不取严厉谴责的姿态。在风格上不同于同时期一些激烈地批判封建制度、封建思想的作品。她的小说往往带着静谧和睦的气氛，含有少女式的纯情和天真，散发着对弱者的爱的馨香。与其说她要揭露、批判什么，还不如说更想望的是营造一个充满爱意和温情的精神乐园；所以小说中不乏诗情画意，语气是典雅温柔的，文字质朴又很明丽，处处都可感到一个叙述者的存在，她的形象是那么温文尔雅。这些形成了她所独有的娴静秀美的艺术风韵。但有的小说只是一些印象的记述，有的人物又纯是作家主观理想的传声筒。她非常注意自己作品的艺术个性的鲜明性，却忽略了笔下人物个性的鲜明性。

四、文学研究会的其他作家

从歌唱爱和美开始——许地山小说的宗教意识——王统照，美化不了的人生——庐隐的感伤，爱的失落——冷静地谛视人生的叶圣陶

以歌唱“爱”为创作出发点，这不仅是冰心，也是文学研究会许多作家创作之始具有的共同性的特征。由于把“爱”理解为合理的人生，他们的小说表现泛爱主题，塑造一些“爱”的化身的形象，也关爱下层受侮辱受损害的人民，描写他们的痛苦生活。渐渐地从歌唱“爱”、“美”等，转而揭露生活中不公平、不合理的“丑”。这也是为人生派的文艺观发展的必然结果。于是他们的作品多写人生诸问题，提出当时他们所关心的各种社会问题，表达对人生的见解。一般地说，他们较少把笔下的社会问题从政治的角度给予解释，而是当做人生问题来探讨。文学研究会最重要的几位小说家，如冰心、叶圣陶、王统照、许地山等的作品，大抵都有这样的特点。

许地山(1893~1941)，台湾台南人，笔名落花生，曾以《落花生》为题写过一篇著名散文，教人要像花生一样有用却把自己埋藏在土里。这也是许地山自己立身处世的态度和文章品格的写照。他曾加入基督教会，于佛学、道教更有研究，因此在小说中渗透着宗教思想的影响，尤其是渗透着佛教教义，在新文学家的作品中最具宗教思想的成分，出有短篇集《缀网劳蛛》、《危巢坠简》和散文集《空山灵雨》等。他的小说创作可分为前后期。前期小说的题材以南国风光和异域情调显出其独特性。《命命鸟》、《商人妇》等描写东南亚人民生活和华侨生活，别具一格。前者写缅甸一对门第悬殊的男女青年的恋爱，因家长的反对和蛊师的迷信之害，终至双双殉情。后者写女主人公惜官帮助丈夫出洋谋生，丈夫在外发财后却把她狠心地抛弃了。这些题材都是用佛家的“人世苦”观念来表现人生的苦难，所描写的故事多不美满，多带着悲剧性；但人物怀着“出世”的态度，写受害的一方的自我解脱。《命命鸟》中那一对男女，本想死命抗争，却因看破尘世而在涅槃节前自愿赴死。《商人妇》中的惜官，出国寻夫受骗被卖给了印度人，对自己这不幸的命运也取“达观”的态度，认为“人间一切的事情本来没有什么苦乐底分别：你造作时是苦，希

望时是乐；临事时是苦，回想时是乐。”于是，一切痛苦便这样被消解了。这在代表作《缀网劳蛛》中表现得更突出，把人喻为劳苦的蜘蛛。女主人公尚洁是高尚玉洁品格的化身。她富有的丈夫长孙可望，生性嫉妒，听信流言刺伤并遗弃了她；后来受《马可福音》的感化而悔悟，乃接回尚洁，自己则为赎罪而出走了。尚洁对这一切，均取“不介意”、“不辩白”的态度，因为她爱一切又宽恕一切，包括施于她身上的横逆。她对人生持超然物外的态度，认为人生“像蜘蛛，命运就是我的网”，“所有的网都是自己组织得来，或完或缺，只能听其自然罢了”。许地山在描写客观生活的同时，也在作品中宣扬了容忍、宽恕的思想，其背后则由宿命论支撑着。许地山对造成人物苦难的原因有所揭示和批判，对受害者怀有强烈的同情；同时宣扬在宽恕、感化中化解人世苦难，用这样的故事给不完美的人生以慰藉，从这些方面表现了他的作品的宗教人道主义精神。

许地山后期所创作并收入《危巢坠简》中的小说，宗教思想的色彩淡化了，现实主义因素增强了。从 1928 年的《在费总理底客厅里》，到抗战中写的《铁鱼底鳃》，批判性明显增强。他笔下的一些苦难的人物，如《春桃》中拣烂纸的春桃，仍然是性格坚韧的人，但已远离了宗教的宿命论。作品描写女主人公遇到兵匪之祸，夫妻失散，与人同居后复与丈夫相遇，她在这些困境面前能不断地与命运搏斗，在为了生存的挣扎中有勇气面对现实，在积极求生中保有乐观精神。她再不像惜官、尚洁那样逆来顺受，而是敢于自己拿主意。虽然头上没有她们那种圣洁的光圈，却是脚踏实地在与困苦的争斗中，闪现了劳动妇女坚韧品德的光辉。这是许地山小说中极有光彩的一篇。

冰心、许地山因个人经历关系，在创作中含有宗教思想的因素；而在文学研究会另一位作家王统照的作品中，竟也能找到一点这种影子。王统照(1897~1957)，字剑三，山东诸城人。短篇小说集有《春雨之夜》、《霜痕》、《号声》等。他早期的小说中也表现了对爱与美的追求。《微笑》写青年犯人阿根在狱中被一位女犯人的微笑“超度”了，因为她的微笑是对于人类及万物的广博的爱。这微笑竟像魔法一般使阿根出狱后成了一个有知识的工人。这位女犯人是因毒死丈夫及其前妻而入狱的，她心中本来并无爱，只是因为病中受到教会女医生出于基督教义的救死扶伤行动的感化才转变的。因而，爱的源泉最后仍在于宗教。小说中作家借一位饱经世故的老犯人之口，指出世上“人人都是骗子”。此话说明作家看到了世间的丑与恶。所以他希望用爱与美来改造这世界，希望它能有一股神力，把人类都超度到理想的王国中去。《春雨之夜》出版时，好友瞿世英为之写序，指出“剑三是对于人生问题下功夫的。他以人生应该美化，美为人生的必要，是人类生活的第二生命”，“剑三的理想，是爱与美的实现，爱即是美，美即是爱”。又指出，他的作品“大致是描写实际生活与理想生活不融洽之点”[38]。这些评论点出了王统照小说的重要思想特征。王统照在表现爱与美的时候，更写出它们在生活中的“不融洽”、“不调和”。《微笑》中的女犯人被判终身监禁，她虽然已成了爱的女神，却无法超度自己。《沉思》中作为爱与美化身的琼逸，本想以艺术为媒介给人生以快乐与光明，所以当了画家的模特儿。但社会并不理解她，追求她的那些人都来横加干涉。她只好跑到城外亭子里去沉思了。《一栏之隔》中开满美丽花朵的地方是监狱，犯人们根本无心来领受这美的赐予。《技艺》写美的技艺（杂技、武功）后面，是因生活的逼迫的苦练。《遗音》中天真无邪的爱情，也被封建包办婚姻与旧习俗破坏了。这些小说不同程度地以表现爱和美的追求的幻灭，而获得现实性。这促使他转向直接的现实描写，对不合理的社会作正面的揭露。《湖畔儿语》通过“我”在湖畔遇到名叫小顺的孩子，写出下层穷苦人的辛酸：小顺叙述母亲早逝，后妈为生活所迫而卖淫，每当夜里接客，父亲就到大烟馆去伺候人，他便独自在湖畔过夜。《生与死的一行列》写的是在凛冽寒风中一队送葬的行列。住在贫民窟的光棍汉老魏死了，邻里李顺的祖父，老魏收留的残疾的义子，还有专为死人抬棺的刚二，这些老魏最相亲的人给他送葬。这生与死的行列从街市上走过，既没有人力车上妖冶妓女的光耀，也不如死囚游街那么有刺激性。他们无光无色地去，又无声无息地回，只是返回时少了一个死者，大家心中不免有点怅然。这里没有直接诉说穷人的苦，却像无声电影一般，在这行进着的行列的画面里，包含着不是用言语说得尽的悲凉和苦楚。这篇小说非常耐人寻味，代表着王统照把握现实的深厚艺术功力。《沉船》写山东农民过海闯关东时，遭遇海难的不幸。在最早加入文学研究会的一批作家中，从形而上的探讨人生是什么，转到正面描写社会矛盾，王统照是比较快的。《沉船》不仅写社会底层生活，而且理所当然的已经加入乡土文学之列了。

1922年王统照出版了《一叶》，是现代文学史上最早的长篇之一。他的最重要的长篇小说，是1933年的《山雨》，被认为是描写北方农村的第一部坚实的长篇，有人甚至把它与同年出版的《子夜》相提并论。这部长篇集中描写了农民奚大有的形象。他的生活的前半截，具有其父奚二叔的秉性，安分，知命，恋土；生活的后半截，则背井离乡而去，然而这变化来之不易。小说写他虽受军队的欺负，遭受被捕、卖地、亡父之灾，但所求仍然是农民的传统生活。实因接连而来的干旱威胁、土匪袭扰、苛捐杂税、军队洗劫，使得家乡被糟蹋得不像样儿，他才不得不携家出走了。就在这时，仍有所反顾。而返乡探望的所见所闻，终使他绝了对家乡的思念。虽然20世纪30年代的文学作品中，已有一些较为成功的农民形象，然而奚大有的形象塑造得相当坚实，仍给人以较深印象。这部小说把农民脱离土地的艰难的思想历程写了出来。

文学研究会另一位著名的女作家庐隐(1898~1934)，原名黄淑仪，又名黄英，福建福州人。她出过短篇小说集《海滨故人》、《曼丽》等。她在开始小说创作时，像冰心一样，多写问题小说。处女作《一个著作家》写一对相爱但不能结合的男女之死，提出了婚姻自主的问题，感伤的情调很浓。《一封信》以女友的家庭康乐会为背景，写一被卖当丫头的小女孩受虐至死的故事。《两个小学生》写说服了家庭，参加请愿的小学生遭到军阀部队的毒打。《灵魂可以卖吗？》写现代工厂的女工像机器一样地劳作，不仅出卖劳力，而且没有想心思的工夫，等于也出卖了灵魂；通过荷姑之口说："失了灵魂的人的苦恼，实在更甚于没有金钱的百倍呢！"如果拿《一封信》和冰心的《六一姊》、《庄鸿的姊姊》相比，拿《两个小学生》和《斯人独憔悴》相比，都可看出庐隐揭露的社会问题，更为尖锐一些。所以沈雁冰说："'五四'时期的女作家能够注目在革命性的社会题材的，不能不推庐隐是第一人。"[39]

庐隐因为在家庭中和婚姻的不幸遭遇，命运的捉弄使她年轻热烈的心灵深受创伤，她的作品便含有很强的情感因素，染着浓浓的感伤的色彩，这成了她的创作的最主要的特色。代表性的作品多含浓烈的感伤情绪，浓重地染着主观情绪的色彩，常通过凄婉直切的语言，宣泄自我的情感。她曾自述："因为我正读叔本华的哲学，对于他的'人世——苦海也'这句话服膺甚深，所以这时候悲哀便成了我思想的骨子，无论什么东西，到了我这灰色的眼睛里，便都要染上悲哀的色调了。”[40]《或人的日记》所提出的仍是合理的人生究竟是什么的问题，但主要表现女主人公亚侠面对虚伪险诈的人生，所生的“惊惧的茫然无主”的心理。她苦闷、彷徨到极点时，终于投湖自尽了。《丽石的日记》中的丽石，也是个“生的厌烦者”，她在苦闷中与沅青发生同性恋，但沅青被母亲召回并与表兄结了婚，丽石则于孤寂中死于心脏病。代表作《海滨故人》写天下无不散的筵席的人生悲剧。露沙等五位女青年，天真浪漫，用幻想编织着未来的自由王国。露沙小时未曾得到父母的爱，在教会学堂遭歧视，追求爱情又失败，难得几位同窗挚友，也不可能长相厮守，所以甚感世界的寂寞、冷酷与人生的不幸，情绪甚为感伤、悲观。整篇小说好似用多愁善感的女子的无数泪珠串成的。庐隐的这类小说，往往含自叙传的性质，又喜用书信、日记来直接披露人物情怀，具有抒情小说的特征。她虽是文学研究会的成员，在作品风格上却比较接近创造社。

感伤的文学在五四后，特别在五四退潮期中是很普遍的，但在庐隐的小说中表现得更突出、更集中。感伤本是人的一种基本的感情。投身新文学创作的女性，意识到了女子人格的独立和尊严，这是人的觉醒的表现。但越是有了这种觉醒，就越感到在中国的社会条件下，女性的解放是何等艰难；在有了不幸的遭遇时产生感伤情绪，并且进一步认识到“人世苦”，这是很自然的。五四时最有影响的两位文学研究会的女作家冰心和庐隐，代表着那时的女性文学的两个方面。冰心是正面的提倡爱的哲学，想用爱来唤醒世界的理性；庐隐从另一面描写爱的困境、爱的失落，含着感伤之情告诫人们要多看看人世的艰辛。这两方面互为补充，构成初期女性文学的一大景观和特征。只是庐隐的感伤多表现在感情的层面上，她来不及更有意识地从这里切入，去深化对人的认识。

庐隐的第二部短篇集《曼丽》，写于 1927 年中国政坛发生大震荡的时期。《曼丽》的女主人公，便由恋爱而转向革命，先是将革命视为“一朵鲜艳的紫罗兰花”，后来看到花儿萎谢，只剩满地荆棘，使她无法迈步，便陷入了深深的幻灭中。此后的作品在人物描写和主题诸方面，未曾有大的进展。其中 10 万字的长篇《象牙戒指》(1934 年)，以女作家石评梅与革命家高君宇的恋爱故事为蓝本。据说这部小说发表后，引动不少青年到北京陶然亭高、石二人的墓前凭吊。

1934 年,庐隐因难产去世,时年仅 36 岁。

在文学研究会作家中,叶圣陶小说的影响是比较大的,他的小说从题材到作品的格调,不同于上述几位,带有他所特有的淳厚方正的风度。但其发展历程也有文学研究会小说家们的共同性,是从表现对爱的追求,逐渐转向对于现实社会生活的“讽他一下”[41]。他的创作个性更能体现文学研究会主张的现实主义方法,倾向于客观地展示现实,在较为含蓄、冷静的描写中包藏自己的见地,而少直接地表达主观情绪。这就是沈雁冰说的,在文学研究会作家中,真正“冷静地谛视人生,客观的,写实的,描写着灰色的卑琐的人生的,是叶绍钧”[42]。

叶圣陶(1894~1988),原名绍钧,辛亥革命后改字圣陶,江苏吴县人。五四后,他的短篇创作收获颇丰,出版有《隔膜》、《火灾》、《线下》、《城中》和《未厌集》等短篇集。初期的小说出于人道主义思想,也曾把爱或美作为医治人生痛苦的良药。他以《隔膜》作为第一部集子(收 1921 年前的作品)的名称,就是有感于人际间存在着厚厚的一层壁障,心与心不相通。《隔膜》一篇表现人们互相热烈地、恭敬地应酬着,其实犹如傀儡的表演一般。《一生》、《一个朋友》等篇也都表现这样的思想。他的一些作品写人间爱的匮乏,表明生活需要爱。如《阿凤》写一小童养媳,受婆婆的虐待。一日婆婆外出,阿凤做家务反比平时更真诚、更迅捷,因为这时她有了短暂的快乐。小说最后说:“这个当儿, 伊不但忘了诅咒, 手掌和劳苦, 伊连自己都忘了。世界的精魂若是‘爱’,‘生趣’,‘愉快’,伊就是全世界。”《潜隐的爱》写一少寡的凄苦与孤单,她以能看一看、抱一抱邻居的小孩为快乐。当她看到孩子生病时妈妈抱着他舐犊情深的情景,竟看得发呆了。她因此知道,这就是爱,有了爱,四周也都显得光明、洁净了。《母》、《伊和他》、《小病》、《低能儿》等,也写人类情感的相通。顾颉刚认为, 叶的小说是想 “鼓吹全人类对于人的本性都有眷恋的感情, 寻觅的愿望”,要让读者思考“如何可以使得人的本性不受现实生活的损害”[43]。

但叶圣陶的小说很快就转向了以批判现实为主。因为他有长期的教育界生活的经历和体验,在批判性的作品中教育界的题材占了很大比重,以至有人把他的这类作品称为“教育小说”。而在这类题材中,也有发展变化,开始偏重从个性解放的角度来批评不良的教育方法，进而把教育界与整个社会相联系,揭示问题的根源是在不合理的社会。《马铃瓜》是批判封建科举制度的,对赶着12岁的不懂事的孩子去争功名的现象表示愤慨。《一课》、《义儿》则批评新式小学强迫学习、死灌知识的教学法,主张顺孩子之性格、特长,任其自由发展。这一类小说都是个性解放思潮的反映,其反封建的意义是明显的。到了20世纪20年代中期的一些作品,如《城中》(1925年)、《搭班子》、《抗争》(1926年)等,不写教育方法问题了。《城中》里有志教育改革的丁雨生,满腔热情地回到家乡要办新型的学校,但立即受到了旧势力的包围、攻击和迫害,他的理想无法实现。《搭班子》中的泽如,也是为了改革学校,希望与志同道合者组成一个新的班子，但社会上有人通过各种关系想要把一些腐朽的人物硬塞进来。接受之,就等于向旧势力屈服;拒绝之,则学校无法在本地立足。这些作品告诉人们,没有一个好的社会环境,教育的革新是不可能的,个性解放的理想也是难以实现的。写的虽是办学的事情,实际上是揭露了社会的腐败、黑暗。《抗争》对人物的描写更为深入。主人公郭先生有较强的反抗性,他代表受到饥饿威胁的小学教师起来抗争,但这些教师多有自私和畏惧统治者的弱点,以致抗争失败。通过郭先生带头罢教,终被枪打出头鸟,丢了饭碗,既写了中小学教员的可悲处境,也写小资产阶级知识分子的不团结和性格的软弱。郭先生在失败后,心灵空虚,羡慕打铁工人,并想将妻子送进纱厂,暗示着这可能是他的最后出路了。

如果说从题材上看,写教育界是叶圣陶的特长;那么从反映人生面貌的角度来看,写灰色人生就是叶圣陶的特色了。这可能是因为他接触最多、体验和感触最深的,是这种“灰色的卑琐的人生”。这类人物包括的阶层很广。《晨》描写裁缝师傅财源的妻子逃走了,引起小镇上各类人物无聊的反应。这里面既有类似乡董的赵大爷,也有木匠阿荣,更有那些交头接耳、叽叽喳喳的女人们,那情景、色调都有点像鲁镇。也包含知识分子,如《演讲》中滑头的“学者”,《一个青年》中求爱被拒绝而茫无所措的连山。这些作品像一幅幅素描,情节不多,故事也单纯,却逼真地画出了这一类灰色的小市民的肖像。而更为集中的仍是写教育界的人物。如《饭》中贫穷的乡村教师吴先生,屡被学委克扣,却在上司面前表现出一副穷酸、委琐的奴相。《校长》中的叔雅,明知一些教师不堪师表,却慑于他们的淫威,不敢碰他们的毫毛。《前途》中的惠之，则为了“前途”想抛弃教育工作，去做当初不愿做的警察局职员。把这一类小市民知识分子表现得最为淋漓尽致的，是《潘先生在难中》。

这篇短篇小说以1924年发生于江浙的军阀战争为背景，集中地描写让里县一位小学校长潘先生。首先写他携妇将雏，风声鹤唳，逃往上海。又立即丢下妻小回县，转发教育局不得停课的通知，视上司命令更重于生命安全。其次，写回县后为保全自己身家财产而四处钻营，蝇营狗苟，根本无心于教育。最后，写战后潘先生参加迎接战胜的杜统帅，明知军阀罪恶滔天，却写歌功颂德的标语、对联，内心虽有矛盾，但还是干得“很有点滋味”。潘先生端着统治者施给的饭碗，如履薄冰，唯恐失去这一点点既得利益，不得不过着寄人篱下、仰人鼻息的生活，养成了唯唯诺诺，畏畏缩缩，庸庸碌碌，没有正义感，没有是非观，毫无血性，甘心屈辱的奴性。个人利益和一个小家庭，占据了他全部心灵，自私委琐，庸俗低级，平时苟且偷安，战乱中又能随遇而安，整个生命是灰蒙蒙的。沈雁冰曾盛赞潘先生形象塑造的成功，认为对他“临虚惊而失色、暂苟安而又喜”等心理写得很透彻，“这一阶级的人物，在现文坛上是最少被写到的，可是幸而也还有代表”[44]。其实鲁迅笔下的吕纬甫等已具此类灰色小人物的特征，更不用说《幸福的家庭》中那位“作家”。在叶圣陶小说中，此类小人物自成系列，其后，在张天翼的创作中也可以找到一批同伴，从而使得灰色小人物，在现代文学的人物画廊中，也占有一席之地。这一类灰色小人物，其实就是市民的形象。鲁迅小说重点在于揭示农民精神上的愚弱，叶圣陶则重点批判市民的性格弱点。塑造这样的典型形象，并“讽他一下”，不仅可供这类人物（在各界雇员阶层中，常能见到）照照镜子，且对制造此种性格的环境，也是一种批判。虽不像鲁迅那样痛下鞭子，叶的态度比较温和，笔下所勾画的这类形象同样发人深思，足以引起疗救的注意。

时代在演变中，叶圣陶也跟随着时代的步伐前进，他的小说的政治倾向性鲜明起来了。1927年的《某城纪事》、《夜》等，描绘了“四一二”政变前后社会现实的某些侧面。《夜》塑造了一个坚强的母亲形象，她在女儿、女婿因参加革命遭当局杀害后，忍住了悲痛，决心再做一次母亲，把外孙抚养成人去实现其父母的遗志。1928年的长篇小说《倪焕之》，通过主人公的经历，描绘了从辛亥革命到大革命失败，长时段里中国社会的风云变幻；宣告教育救国思想的破产，标示政治革命的出路。在这之前，还没有一部长篇小说达到如此的思想容量和艺术水准。“九一八”事变后，叶圣陶又在短篇小说中表现群众的觉醒和国民党当局对群众运动的镇压，如《寒假的一天》、《一篇宣言》等。1932年的《多收了三五斗》是“丰收成灾”题材中的名篇，用近于速写的笔法，十分简洁地描绘了“一·二八”上海事变后江南农民的破产。这些小说的主题已经超越了对“灰色人生”的讽刺了。

叶圣陶十分重视语言艺术，长期从事教育工作也使他把语言的规范化视为作家的重要职责。在新文学小说家中，他的语言是非常朴实的，同时又是非常严谨的。他绝不在语言上炫奇斗巧，描情叙事都凭那平正、明净、清爽、流畅的文字。而且喜欢不露声色，即使对讽刺对象，几乎全不用夸张手法，只抓取其一二细节，用平静的口气加以表述，那讽刺效果常在读者的回味中达到。他的小说风格是蕴藉而含蓄的，看起来似乎貌不惊人，内容却颇为坚实丰富。他又喜用客观的描述，他说：“我常常留意，把自己表示主张的部分减到最少的限度。”[45]他认为如果有过多的主观色彩，就超出了“讽他一下”的程度。为此，他要尽量让客观事实说话，用人物的细小言行举止表现其思想性格。如《潘先生在难中》，最为精彩的是第一段逃难。通过指挥妻小下车的笨拙，挤出站口时的惊惶，对茶役谎称已用过饭以维持体面的虚荣心等细节，从多侧面把潘先生的心灵勾摄了出来。他的小说是文学研究会诸小说家的作品中最具现实主义特色的。

在20世纪20年代，叶圣陶小说数量不少，其文体结构也是富于变化的。初期较为散文化，有被视为随笔体的“即兴小说”，如《晓行》。后来情节有所加强，有的重故事，通过故事写人物。也有的着重人物塑造，所设计的情节片断，均为了描绘人物的性格。但无论怎样变化，结构均是紧密而不显拘谨，不事挥洒但也舒展有度，讲章法又不露痕迹。

叶圣陶写过《稻草人》、《古代英雄的石像》等童话集，他的童话的特点是在儿童的天真国土里融入“成人的悲哀”。他和以《寄小读者》等与儿童沟通情感的冰心，都是现代儿童文学的开拓者。

五、乡土文学

乡土文学的出现——描写农民的苦难——继续批判愚弱的国民性——乡土文学的艺术贡献——废名的田园小说

20世纪20年代中期，一些侨寓他乡的作家以乡土回忆为题材的小说兴盛了起来，并且延续到三四十年代，对现代农村题材的发展有重要的意义。这些作家大多有过一定的农村生活体验，怀着乡恋情结和童年记忆，当他们着意表现下层人民生活时，很自然地会以青少年时代在农村的见闻、经历作为题材。最早把这类作品叫做“乡土文学”的是鲁迅。1935年，他为《中国新文学大系》编小说二集时，把入选的蹇先艾、许钦文、王鲁彦、黎锦明等，称为乡土文学作家。当时写作乡土文学的作家，比较重要的还有王任叔、许杰、彭家煌、台静农、废名（冯文炳）等。这些人几乎都受过鲁迅小说的影响。鲁迅写过许多重要的农村题材小说，他是乡土文学的开拓者。沈从文说，鲁迅“于乡土文学发轫，作为领路者，使新作家的笔，从教条观念拘束中脱出，贴近土地，挹取滋养，新文学的发展，进入一新的领域”[46]。但鲁迅所标立的乡土文学是特定的范畴，因为那些“侨寓”他乡（都市）的作者虽来自农村，却已受过现代文明的洗礼，他们的作品是启蒙者对农村生活的回顾、反观；他们笔下的乡土文学是“人的文学”的重要部分，与后来用阶级斗争观点描写农村题材的作品是不一样的。

乡土作家中以文学研究会的成员为多，也有一些虽是未名社、语丝社的，但也持有为人生的文学观。乡土文学的出现，可说是为人生派文学观发展的结果。五四高潮中从文学为人生的观念出发，引出关于人生问题的思考，有的还带形而上的意味。对这一类问题的思考必然引导人们的眼光投向社会，所以那时风行的问题小说往往是社会问题小说。因而发现社会上许多不公和不平的现象，在创作中倾向于努力表现被侮辱被损害者的人生，甚至提出创作“血与泪”的文学。他们还译介了许多俄罗斯和东欧、北欧作家的作品，这些作品对如何反映底层人民的生活，有借鉴的价值。《小说月报》就很注意登载表现底层人民生活的作品，包括某些不知名作者的，如利民的表现学徒生活的《三天劳工底自述》等。那些来自农村的青年作者，当他们直面人生时，故乡不再只有农家乐的温馨，那里还有许多严重的问题，急切地须要认真面对。所以从问题小说到乡土文学，使为人生派朝现实主义迈进了一大步。在乡土文学中，人们闻到了扑面而来的泥土气息，看到了农村、农民的真实的生活。

乡土文学展现农村生活，首先是描写农民的种种苦难。王任叔(1901~1972)，笔名巴人，他的许多小说以乡土生活为题材。他在《疲惫者》中塑造了运秧驼背的形象，这位雇农像阿Q一样无立锥之地，勉强被准许寄住在三圣殿中，后被诬为窃贼而坐了牢。他悲愤地质问："你们说我偷也好，就算是我偷吧！但我要反问一句，我的钱，可是谁偷了？"这借酒疯所发的议论，表现了作者对于受欺压的农民的满怀同情。彭家煌(1898~1933)，出版过《怂恿》、《茶杯里的风波》等短篇集。他的《陈四爹的牛》中，描写有点像阿Q但性格更为懦弱的农民周涵海。他因妻子偷汉被乡民取笑，被人叫做"猪三哈"、"黑酱豆"，也无可奈何。雇主陈四爹只准他一餐吃两碗饭，他也能忍饥挨饿地干活。后因丢了牛怕东家责难而投水自尽。但陈四爹只为自己失牛而痛心，放牛人的下落竟无人问起。台静农(1903~1990)有短篇集《地之子》、《建塔者》。他的《为彼祈求》中写农民陈四哥幼年丧亲，12岁便给人放牛，受尽虐待，后遭水灾逃荒在外，在教堂做工，便死在教堂。王思玷的《偏枯》写一位得了偏枯病(半身瘫痪)的贫苦农民，被迫卖儿鬻女的惨状。许钦文(1897~1984)曾出版《故乡》等集子。他的《石宕》中那些打石工，是在田地上无法求生的农民。每一次塌方事故都有人被压死，幸存者明知生命没有保障，仍照样干下去，因为除此便别无生路。有一些作品则写农村破败，农民流入城市，仍然无以为生。潘训(漠华)的《乡心》写农村青年阿贵希望在城里可以挣钱还债，结果希望破灭，再也回不了故乡。李涉世的《买死的》中那位贫苦农民，倒是在外挣了一点钱，却在回家的途中被火车轧死，竟如一只被踩死的蚂蚁，无人理睬。许多作品还揭露军阀部队残民以逞的罪恶，写农民所受的残害，如台静农的《新坟》等。彭家煌《喜期》的主人公静姑，出生时便险些被溺死，长大后被迫嫁给一个跛子。可就在新婚之夜，跛子被军阀部队打死，她遭奸污后自尽，"喜期"竟成了"死期"。

乡土文学作家在反映农民的苦难时，给予受欺压更深的农村妇女以更多的关注，描写封建婚姻之害的作品甚多，写出在这种婚姻制度下的一幕幕人间惨剧。表现农村妇女的不幸命运,这是乡土文学的重要内容。如许钦文的《疯妇》反映婆媳关系,写儿子双喜出外谋生,儿媳受不了婆婆精神上的虐待,被逼得发疯而死,丈夫却被瞒着一无所知。王任叔的《村妇》写封建包办婚姻使妇女过着愁闷的无爱的生活。台静农的《烛焰》写愚昧的“冲喜”之举,使翠姑新婚即守寡。许杰的《大白纸》、《出嫁的前夜》等写一些女子的出格的叛逆行为,最终都逃不脱悲剧的结局。彭家煌的《活鬼》则用喜剧的诙谐笔调写农村早婚的小女婿家的“趣事”,展示的实是包办婚姻的悲剧。

乡土文学一方面描写农民的苦难的生存状态,另一方面则批判农民中那些令人吃惊的愚昧和麻木。这些作品坚持新文学的启蒙主义传统,继续批判愚弱的国民性。有一些作品触及近代文明侵入乡村后,所引起的思想观念和社会风气的变化(如鲁彦的某些小说);但更多地表现了在宗法制下农村中的种种愚昧、野蛮的习俗,表现农民思想的麻木。有的作品模仿《阿Q正传》的表现方法,如许钦文的《鼻涕阿二》,写外号“鼻涕阿二”的菊花,受压迫又毫无觉悟。在男尊女卑的制度下,她在家里是受虐待的。后来在夜塾中遇到年轻善良的木匠龚阿龙,她虽在封建礼教的束缚下拒绝了龚木匠的求爱,却因“恋爱即私通”的极端偏见,在村人心目中成了失贞之人,只好嫁给一个掏粪的农民。后来又被卖给师爷做妾,便照着当初祖母、母亲的方式,虐待丫头海棠并卖掉她。买者恰巧是龚木匠,二人相见时只是非常冷淡地说了句“我们原来是认识的!”本来同是封建礼教的受害者,却都已麻木,他们的注意力只集中在奴婢的买卖上了。结尾这两人重逢的一幕,颇有思想震撼力。鲁彦(1901~1944)是文学研究会晚出的重要作家,他的《阿长贼骨头》、《阿卓呆子》中的阿长、阿卓身上各有严重的精神缺陷,也都可以看出阿Q的影子。只是开掘不深,还未能塑造成比较厚实的人物形象。台静农的《天二哥》中的主人公,是个乡村的酒徒,他糊里糊涂地生,又糊里糊涂地死去。许杰(1901~1993)的《赌徒吉顺》,写沾染着赌博恶习的泥水匠吉顺,迫于生计忍辱将妻子典给有钱人家。另一篇《惨雾》写玉湖、环溪两村的械斗,以血淋淋的事实揭露封建宗族观念、地域观念和野蛮民风的严重危害。他的《贼》写乡村农人打“贼”,打的却是惨遭大兵蹂躏的农民兄弟,同是受压迫者,相互之间缺乏了解、同情。蹇先艾(1906~1994)的《水葬》,写贵州农村惩罚“小偷”的野蛮习俗。王任叔的《顺民》中的老狗,认为人生在世最要紧就是守“王法”,却正因为想要守法而被杀害。《隔离》更描写了愚昧村民毒打怀抱启蒙之志的先觉者,作家为难以惊破农民的“破屋之梦”而感慨万分。

但乡土文学中,也或多或少地表现农民的觉醒和反抗。如台静农的《蚯蚓们》,写“民变”被镇压后农民求告无门的困苦生活。高世华的《沉自己的船》,写不堪军阀部队压迫的船主和船工们,宁与船上的大兵同归于尽,便唱着号子沉自己的船,那场面是十分悲壮的。稍后,大革命时期农民运动的高涨,对乡土文学有一定影响。彭家煌的《今昔》,通过前后十年的对比,反映1926年农民运动高涨的势头。黎锦明的《尘影》,则正面反映1926年广东农民运动,描写土豪劣绅联合右派新军阀,镇压农民的反抗。鲁迅曾给这部小说以热情的赞扬。王任叔的《仇视》、《冲突》、《“唔”》、《六横岛》等都是描写在大革命的背景下,农村受压迫者的觉醒与骚动。

乡土文学的另一重要内容,是表现乡村地主阶级和小有产者的败落。鲁彦的第一个小说集《柚子》中的《自立》等,写土财主家由于兄弟的自相争斗,或由于子弟的堕落而致家庭破败。《许是不至于罢》,则写农村财主在动乱社会中岌岌可危的处境,惴惴不安的心情。第二部短篇集中的《黄金》,写如史伯伯靠自己的奋斗,购置了十几亩田、几间新房和一些家产,在陈四桥一带便受到人们的尊敬。然而自从他不能工作,在外的儿子又不能从经济上接济家庭时,不但立即受人歧视,而且讨债的、偷盗的、勒索的接踵而至,加速了他家的破产。作家要描写的是“陈四桥人的性格”:“你有钱了,他们都来了,对神似的恭敬你;你穷了,他们转过去,冷笑你,诽谤你,尽力的欺侮你,没有一点人心。”小说写出了世态炎凉,从农村中等阶层的破落,看出乡村经济的衰败。彭家煌的《怂恿》是他的一篇力作,通过买猪的平常事件,写有宿仇的两家富户间一场颇为热闹的纠纷。从那热闹的声浪里,却可听到旧的社会秩序分崩离析的响声。此外,许钦文的《父亲的花园》、蹇先艾的《到家的晚上》,都流露出对家庭破落的惋惜、感伤的情绪。

乡土文学作家的名声和影响,当时不及冰心等最早的一批为人生派的作家,但他们所创造的乡土文学,对新文学的发展具有重要的意义。他们继承了鲁迅所开辟的反映近代以来农村社会的传统。鲁迅在《故乡》、《阿Q正传》、《祝福》等作品中所描写的生活、所塑造的那些类型的人物,都在乡土文学作家的笔下被继续表现;并在更宽阔的社会面上,展现农民生活的辛酸、凄楚,表现农民的愚昧、落后,描绘了中国农村的动荡、变化。

乡土文学在艺术上的贡献，最重要的是促进了新文学的现实主义的深化，为人生派的创作发展到乡土文学，已经可以说有了较为坚实的现实主义。在这基础上,乡土文学作家的艺术手法也各有创造。如对人物心理的刻画,《赌徒吉顺》着重描写主人公将妻子典给他人时的心理矛盾,用了内心独白的方法。《疯妇》写双喜媳妇在河边淘米时,用幻觉表现她因受虐而思念丈夫。还有的作品在描写人物心理变化时,用了象征的手法。他们为新小说艺术增添了新鲜的经验。

乡土文学作品的特别贡献，是大都具有浓郁的地方色彩。中国南部农村,如浙江、安徽、两湖直到贵州的农村风光,各种风俗、习惯、人情、世态,在他们的作品中都有生动的反映。鲁迅曾说:“有地方色彩的,倒容易成为世界的,即为别国所注意。”[47]鲁彦的《菊英的出嫁》,写的是浙东民间的“冥婚”风俗。台静农的《烛焰》、许杰的《出嫁的前夜》都写给病危的未婚夫“冲喜”,造成女子的终身不幸。台静农的《拜堂》写小叔子与寡嫂的结合,黎锦明的《出阁》写乡下姑娘出嫁的风情,都带着或喜或悲的地方情调。透过与民俗相关的故事情节,有助于表现人在特定条件下的精神面貌;不仅使乡土文学具有一定的民俗学、社会学的价值,而且对促进新文学所描写的内容更具民族生活形态,也有重要作用。

乡土文学作家们的艺术风格有明显的差异。有的作家的艺术个性比较鲜明。例如鲁彦的作品,带着不同程度的玩世之态,特别在他的成名作《柚子》中最为鲜明,“但在玩世的衣裳下,还闪露着地上的愤懑”[48]。有的作者则正面表露自己的忧愤,也有的作品更多地带有感伤的色彩。他们的创作高峰期也不很一致,有的出现在 20 世纪 20 年代,也有到了 20 世纪 30 年代才比较成熟。鲁彦在 1928 年后创作了《李妈》、《屋顶下》,或表现农村妇女进城后思想、气质的“都市化”,或写婆媳矛盾的老题材,却给这种矛盾罩上农村破产危机的阴影,因此具有鲜明的时代性。到了长篇小说《野火》(后改名《愤怒的乡村》),则在更广阔的范围内描写了农民与封建势力的斗争,表现群众斗争的“野火烧不尽”的气势。20 世纪 30 年代是鲁彦的乡土文学创作真正丰收的时期。还有蹇先艾等也是在20世纪30年代才达到个人创作的巅峰。这些差异说明，乡土文学并非独立的文学流派，而是为人生派发展到一定阶段所出现的重要文学现象，或者说是为人生派的一条支脉。除去上述一些作家，废名是个人风格更为显豁的一位。

废名（1901~1967）即冯文炳，他的短篇集《竹林的故事》和中篇《桥》，大多描写农村生活，但与上述诸家呈现不同的风貌。他的小说有很浓厚的田园牧歌情调，在泥墙瓦屋里，小桥流水边，牧童牛背上，是一些淳朴善良的农民。周作人认为："他所描写的不是什么大悲剧大喜剧，只是平凡人的平凡生活，——这却正是现实。……其实这一部分未始不足以代表全体。"[49]他的故事大多在演出人性中美的一面，作品的色彩比较明亮。这种作风接近鲁迅对少年闰土和《社戏》里农家孩子的描写，也接近稍后沈从文湘西小说的格调；因此，也被称为"田园小说"。乡土文学在表现人性美上也有所收获，如蹇先艾《水葬》之感人，不在于批评农村反人性的陋习，而在于小说结束前，写了被溺毙的不幸的骆毛，他的并不知情的老母亲，还一直在等待他的归来。鲁迅特别指出这篇小说的成就，在于写出"这冷酷中的母性之爱的伟大"[50]。台静农的《红灯》写寡母汪家嫂子，儿子被杀，她为了给在阴间的儿子糊几件纸衣，到处借不到钱，只好用儿子留下的一张红纸，糊了盏灯超度亡魂。情节虽很简单，但非常单纯的母爱却颇为动人心弦。但大多数乡土文学作品重在展现农村生活，向人性深度的掘进尚嫌不足，这方面的好作品较少。这却是废名比较突出的成就，如《竹林的故事》里的三姑娘，幼年丧父，跟着母亲卖菜，对顾客很诚恳，写出了底层人物的心地善良。《菱荡》写老实善良的长工陈聋子，几乎是个像田园风光一样柔和明媚的农人。《桃园》写种桃的王老大与小女儿相依为命，此题材含着穷苦鳏夫的辛酸，却不往这方面写，并不给人沉重之感。这些小说都有意地展现底层人物的人性美的一面。但他的小说也往往含着淡淡的哀愁，如《浣衣母》写已经50岁的寡妇李妈，有良好的人缘，被称为"公共的母亲"；只因儿女或走或亡，生活艰辛，与一青年单身汉搭帮开茶馆，几被视为罪人。那汉子也顶不住社会舆论的压力而出走了。小说写出了人言可畏，即便谨小慎微，这社会也容不下朴素求生的善良妇女。小说似在不露声色中写出了封建礼教逼视下的农村妇女的悲剧命运。《河上柳》写耍木头戏的陈老爹，因木头戏遭禁，想典卖他全副的彩衣和锣鼓来还酒钱。

就是这样的伤心事，作者也不使用太悲伤的笔调，但平淡中却颇有余味，很可咀嚼。难怪周作人说，读废名这种风格的作品，如坐在树荫下晒太阳，能生“隐逸者”之感。但细细品味，仍可在似乎平淡的叙述之中，甚至是娓娓动听的述说中，品出那淡淡的哀愁，感受到其中的悲剧意味。废名自己也在为《竹林的故事》写的自序中表示，希望读者能从他的人物中理出“我的哀怨”。

废名的小说像短小的绝句，没有完整的故事，没有复杂的情节，大多只描写一些生活场面、片断或几个细节。写了少数的几个人物，不为塑造典型形象，只是有如活动在水墨山水画中的人物，人和景物难分，共同构成整幅的山水，体现着某种情感、思绪。正如周作人说的，是一种“平淡朴讷的作风”[51]，所以可把废名的小说称为“诗小说”。这也是他的创作在乡土小说中的特别之处。

注释：

[1] 茅盾在《中国新文学大系小说一集》的导言中说，文学研究会是在1920年11月成立的。那应该是开始筹备的时间。

[2] 胡风：《文学上的五四——为五四纪念写》，《胡风评论集》(中)，人民文学出版社，1984年出版，第122~123页。

[3] 茅盾：《中国新文学大系·小说一集导言》，良友图书印刷公司，1935年出版，第5页。

[4] 载《小说月报》第12卷第1号，1921年1月出版。

[5]《文学研究会丛书缘起》，《中国新文学大系·史料索引集》，良友图书印刷公司，1935年出版，第73页。

[6] 郑振铎：《新文学观的建设》，《文学旬刊》第37期，1922年5月出版。

[7] 沈雁冰：《新文学研究者的责任与努力》，《小说月报》第12卷第2号，1921年2月出版。

[8] 沈雁冰：《文学与人的关系及中国古来对于文学者身份的误认》，《小说月报》第12卷第1号，1921年1月出版。

[9] 郎损：《社会背景与创作》，《小说月报》第12卷第7号，1921年7月出版。

[10] 茅盾:《关于创作》,《茅盾文艺杂论集》上集,上海文艺出版社,1981年出版,第298页。

[11] 载《小说月报》第12卷第1号,1921年1月出版。

[12] 载《小说月报》第13卷第7号,1922年7月出版。

[13] 郑振铎:《中国新文学大系·文学论争集导言》,良友图书印刷公司,1935年出版,第8页。

[14] 冰心:《文艺丛谈》,《小说月报》第12卷第4号,1921年4月出版。

[15] 庐隐:《创作的我见》,《小说月报》第12卷第7号,1921年7月出版。

[16] 佩弦:《文艺的真实性》,《小说月报》第15卷第1号,1924年1月出版。

[17] 西谛:《卷头语》,《小说月报》第15卷第2号,1924年2月出版。

[18] 周作人:《日本近三十年小说之发达》,《新青年》5卷1号,1918年7月出版。

[19] 见1921年7月出版的《小说月报》上郎损的《社会背景与创作》。

[20] 沈雁冰:《文学与人生》,引自《中国现代文学运动资料》(一),上海教育出版社,1979年5月出版,第189页。

[21] 沈雁冰:《"大转变时期"何时来呢?》,《文学》第103期,1923年12月31日。

[22] 郁达夫:《中国新文学大系·散文二集导言》,良友图书印刷公司,1935年出版,第15页。

[23] 同上,第14页。

[24] 冰心:《我的文学生活》,《闲情》,北新书局,1932年出版,第51页。

[25] 鲁迅:《而已集·小杂感》,《鲁迅全集》第3卷,人民文学出版社,1981年出版,第532页。

[26] 同注[24],第47页。

[27] 许寿裳:《回忆鲁迅》,《新华日报》,1944年10月25日。

[28] 冰心:《诗人的病》,《晨报副镌》,1921年11月27日。

[29] 冰心:《冰心散文集》,北新书局,1932年出版,第2页。

[30] 冰心:《给日本的女性》,最初发表于《朝日新闻》,后刊于《世纪评论》第1卷第10期,1947年3月8日出版。

[31] 郭绍虞:《中国历代文论选》第 3 册,上海古籍出版社,1980 年出版,第 117 页。

[32] 郭沫若:《少年维特之烦恼·序引》,《创造》季刊第 1 号,1922 年 5 月出版。

[33] 朱自清:《中国新文学大系·诗集导言》,良友图书印刷公司,1935 年出版,第 4 页。

[34] 冰心:《画——诗》,《冰心散文集》,北新书局,1932 年出版,第 11 页。

[35] 冰心:《"无限之生"的界线》,《冰心散文集》,北新书局,1932 年出版,第 7 页。

[36] 冰心:《遗书十》,《冰心全集》第 1 卷,海峡文艺出版社 1995 年出版,第 432 页。

[37] 茅盾:《中国新文学大系·小说一集导言》,良友图书印刷公司,1935 年出版,第 19 页。

[38] 瞿世英:《〈春雨之夜〉序》,《春雨之夜》,商务印书馆,1924 年出版。

[39] 未明:《庐隐论》,《文学》第 3 卷第 1 号,1934 年 7 月出版。

[40] 庐隐:《庐隐自传》,上海第一出版社 1934 年出版,第 91 页。

[41] 叶圣陶:《随便谈谈我的写小说》,《叶圣陶选集》,开明书店,1951 年出版,第 421 页。

[42] 茅盾:《中国新文学大系·小说一集导言》,良友图书印刷公司,1935 年出版,第 22 页。

[43] 顾颉刚:《〈火灾〉序》,《文学旬刊》第 93 期,1923 年 10 月 22 日。

[44] 方璧:《王鲁彦论》,《小说月报》第 19 卷第 1 号,1928 年 1 月出版。

[45] 同注[40],第 421 页。

[46] 沈从文:《学鲁迅》,《知识与生活》,1947 年 11 月出版。

[47] 鲁迅:《致陈烟桥(1934.4.19)》,《鲁迅全集》第 12 卷,人民文学出版社,1981 年出版,第 391 页。

[48] 鲁迅:《中国新文学大系·小说二集导言》,良友图书印刷公司,1935 年出版,第 11 页。

[49] 周作人:《竹林的故事序》,《语丝》1 卷 48 期,1925 年 10 月 12 日。

[50] 同注[46],第 8 页。

第四章

觉醒者的自我张扬

——为艺术派的文学

一、创造社主张文学为艺术

创造社在日本成立——张扬人性和个性——强烈的自我表现欲——反功利主义和唯美的主张——自叙和寄托——后来的转变

1921年6月，当时留日的学生郭沫若、张资平、郁达夫、成仿吾等组建创造社，重要成员还有田汉、郑伯奇、穆木天等。8月，郭沫若的《女神》出版，列为“创造社丛书”之第一种。1922年5月，《创造》季刊创刊。创造社有了阵地，他们的活动才真正展开，影响也迅速扩大，成为新文学队伍中一支突起的异军。此后，他们又出版《创造周报》(1923年)、《创造日》(1923年，为上海《中华新报》的副刊)、《洪水》(1925年)、《创造月刊》(1926年)等刊物。

创造社的作品在五四个性解放的大潮流中，最具自我表现的特色。郭沫若认为，最彻底的表现个性才是“最为普遍的文艺”[1]。因为“人性是普遍的东西”，个人性与人类性是相通的，“个人的苦闷，社会的苦闷，全人类的苦闷，都是血泪的源泉，三者可以说是一根直线的三个分段，由个人的苦闷可以反射出社会的苦闷来，可以反射出人类的苦闷来”[2]。所以愈有强烈的个性、个人性的文学便愈有普遍性，而且也有永恒性。创造社的主要理论家成仿吾说“文学以人性为它的内容”，“人性有永远性的时候，文学也有永远性。”他认为“真挚的人性”加上“审美的形式”等于“永远的文学”[3]。成仿吾在解释什么是人性的时候，把真理爱、正义爱、邻人爱等统一于“生之热爱”，以为这些都是“永远的人性”[4]。

为了张扬人性和个性，他们要求文学创作能够真实地、尽情地表现、抒发“真情”。成仿吾说：“艺术的目的是在表出人类最高或最深的情绪；但他的生命却是‘虔诚’。虚伪的美化与一切的夸张，是必然地残害艺术的生命的。”没有“纯洁的真情”的作品，“终是没有生命的木偶”[5]。他还认为“真的文艺是人类的良心”[6]，所以文学要表现真情，要敢于赤裸裸地表现自我。郁达夫则更把表现真情提到文学的价值观上来了：“艺术既是人生内部深藏着的艺术冲动即创造欲望的产物，那么当然能把这内部的要求表现得最完全最真切的时候，价值最高。”[7]

从上面这些对文艺的理解和要求出发，创造社作家都有强烈的自我表现的欲求，在他们的努力之下，主情主义、表现主义、浪漫主义在当时成为与现实主义并立的另一个大潮流。他们提出艺术创作应该是自己的内心要求，艺术除了是艺术家的自我表现，便再没有别的了。郭沫若主张“自然流露”，他说诗只是“我们心中的诗意诗境底纯真的表现，命泉中流出来的调子，心琴上弹出来的旋律”，是“生底颤动，灵底喊叫”[8]。诗不是“做”出来的，而是从“心坎中流露出的”[9]。他主张诗要“直写”，主张直抒胸臆的“裸体诗”[10]。同时，为了这“自然流露”的方便，郭沫若也主张冲破一切格式和规律，甚至可以排斥理智，追求“绝对自由”。他说“做诗的人有绝对的自由，是他想怎么样就怎么样”，使作品的内容和形式完全一致，达到“体相不可分”[11]。由于强调自由表现，郭沫若对歌德的主情主义（感伤主义）和泛神论思想，便给予热烈的赞扬。文学是“反映”、“摹仿”的理论自然受到他们的反对。郭沫若在《自然与艺术》中，引用达·芬奇的一句话：“艺术家应该做自然的儿子，不应该做自然的孙子。”认为这不过是亚里士多德的“艺术乃自然的摹仿”的翻版；他认为19世纪的文艺都是被动的、摹仿的文艺，都没有达到“创造的阶段”。他的主张则是：“艺术家不应该做自然的孙子，也不应该做自然的儿子，是应该做自然的老子！”[12]根据这种理论，他认为文学的本质是主观的，文学的任务是表现，而不是再现。这些理论也说明创造社不仅接受西方浪漫主义、唯美主义的影响，而且也受表现主义的影响，因此他们的某些创作便也有现代主义的特征。

创造社还认为“艺术的本身上是无所谓目的”[13]，很明确地反对文学的功利主义，主张为艺术而艺术，故被视为“为艺术”的文学流派。他们反对把艺术看作工具，提出文学家要完全超越“劝善戒恶”、“有功于世道人心”的思想。“艺术是绝对的，超越一切的。把艺术看做一种工具，这明明是艺术的王国的叛徒”[14]。站在反功利和文艺无目的理论上，他们反对“文以载道”的封建文学，同时也反对文学为人生的主张。

创造社作家还非常强调文学对美的追求，他们认为“艺术所追求的是形式和精神上的美”，把美的追求视为“艺术的核心”[15]，表示追求“文学的全 perfection 与美 beauty 有值得我们终身从事的价值之可能性。而且……这些美的快感与慰安对于我们日常生活的更新的效果，我们是不能不承认的”[16]。郭沫若说，爱美，进而追求艺术，是人类婴孩时代就有的，是天生的[17]。他们提出真正艺术家的信条是“美即真即善”[18]，所以创造社的主张也带唯美主义的成分，这一观点也是他们反功利主义的一种思想依据。

创造社作为提倡浪漫主义的流派，以郭沫若的诗歌为他们的代表性作品。在小说创作方面，他们虽然也要描绘社会现实，多半是为了借以抒发自己的内心情怀，带着强烈的主观倾向，可称为“抒情小说”。其中又可分为自叙小说和寄托小说两种。自叙小说就是创造社同人所谓的“身边小说”，意即以自己身边的日常琐事为题材，这是受日本私小说的影响而产生的一种文体。因为所写多是作家亲身经历，是他们生活中的甜酸苦辣，充满着作者的喜怒哀乐之情，便具强烈的抒情性。如郭沫若的《漂流三部曲》(含《歧路》、《炼狱》、《十字架》三个短篇)、《行路难》，那里的主人公爱牟，就是作家自我的化身。郁达夫更认为“文学作品都是作家的自叙传”[19]，他的《茑萝行》等就都带着自叙传性质。但郁达夫的许多小说虽然都有自叙传性质，这些小说并不等于作家的自传，其中有的只是根据自己的某些经验虚构的，也有不少夸张。所以郑伯奇说，郁的主人公有的是“伪恶者”，即故意地夸张了人物的某些恶的思想和行为。寄托小说写的是古代或外国的人和事，其目的不在于展现古代的历史或外国的生活，而是凭借这些抒发作家出于现实的主观情怀和意绪。如现代文学史上最早的浪漫主义小说——郭沫若的《牧羊哀话》，写的是受帝国主义侵略的朝鲜的故事，寄托着作家自己的爱国主义热情。他的《鹓雏》写的是战国时庄子的故事，郁达夫的《采石矶》是写清初著名诗人黄仲则，都是把自己当时对现实的愤慨之情寄托在人物身上。

郭沫若等创造社作家的文学主张和实践，使个性解放的要求在文学上得到强烈的反映，表现了人的觉醒时代的澎湃激情。正因此，这支突起的异军便更受当时青年人的欢迎。但是，当时的中国社会现实，并没有建造好一座象牙塔，恭请创造社作家安安逸逸地在里面创造他们的美。他们飘荡不定的生活遭际，他们的叛逆、反抗旧事物的思想和狂放的气质，以及与社会现实产生的种种冲突，都使他们无法把自己那些为艺术而艺术的主张唱到底。他们的文学主张更有不少内在的矛盾，如他们也常常强调反抗社会黑暗，以为这也是文学的使命之一。在 1922 年，成仿吾就提出“文学是批评人生的”[20]。1923 年，郭沫若在《我们的文学新运动》中也提出：“我们反抗资本主义的毒龙。我们反抗不以个性为根底的既成道德。我们反抗否定人生的一切既成宗教。我们反抗藩篱人生的一切不合理的畛域。我们反抗由以上种种所派生出的文学上的情趣。”[21]在同一期《创造周报》上，又发表郁达夫的《文学上的阶级斗争》一文，认为从卢骚到王尔德的创作，都不是与社会无关的，只是他们受社会迫害，理想不能实现，才逃到艺术的王国中去。数月后，郭沫若在《艺术家与革命家》中提出：无论什么样的艺术，没有不和人生发生关系的，艺术家同时可以是革命家，艺术也可以是宣传工具。这之后，这个五四后高张为艺术之旗的社团，逐渐转变为最早倡导无产阶级文学的团体，被称为“后期创造社”。

二、引吭高歌人的力量——郭沫若的《女神》等作品

郭沫若的浪漫气质——新诗的第一座高峰——泛神论的影响——展现人的巨大力量——非理性的因素——浪漫主义的艺术奇峰——小说、话剧等作品

新文学是在思想开放的背景下诞生的，各种艺术方法都有被选择的机会。但成为当时的主流的，还是现实主义和浪漫主义这两种方法；当时在西方已经盛行的各现代主义方法，则被吸收进已成为主流的两种方法之中。1919 年，郭沫若开始在《时事新报》副刊《学灯》上发表新诗，1921 年 8 月结集为《女神》出版。五四时期的现实主义以鲁迅的小说为代表；浪漫主义作为另一股重要的潮流，则以《女神》为代表。郭沫若是五四时期代表浪漫主义的

流派创造社的最重要作家。

郭沫若(1892~1978),原名开贞,出生于四川乐山一商人家庭。小时喜爱《庄子》和屈原、李白的诗。辛亥革命时期,亲历了四川“保路运动”;武昌起义的胜利,使他欢欣鼓舞了一阵。而辛亥革命的流产殆殇,又使他产生了幻灭的悲哀。这时,他正当20岁上下,还缺乏鲁迅那样的社会阅历,不及在时局的激荡中做深入的思考。辛亥革命后,鲁迅也因失望而沉默,在沉默中思考、成熟,告别了青年时期;所以,五四时他起而呐喊,那热情是包藏在冷峻的外壳里的。郭沫若的思想准备不及鲁迅,他更多青年人的躁动不安、情绪跌宕起伏的特点;而古代浪漫主义文学的长期熏陶,使他愤世忧时,狂放不羁,有自我表现的强烈欲望。这种浪漫的气质,使他的文学创作踏上了浪漫主义之途。1913年底,郭沫若东渡日本留学。此后,在庄子、王阳明之外,又加以泰戈尔、斯宾诺莎、海涅、惠特曼、歌德等的哲学思想、文艺思想和文学创作的影响。他从斯宾诺莎等人的思想中,接受了泛神论。因为身在国外,他在文学革命中“慢了半拍”;但在异国的初期诗作也踏着五四的节拍,而且比同期国内的新诗更显得思想新颖,形象新鲜。《夜》表现对“德谟克拉西”的向往,因为只有“夜”才能“把这全人类来拥抱”,他说“夜”是“解放、自由、平等、安息,一切和胎乐蕊的大工师”。在《Venus》里大胆歌颂性爱,诗里的性爱不再是丑的、羞涩的,而是美的、自然的。他选择“死”为主题,写了《死》、《死的诱惑》,赋予死亡以新的情感色彩,死被看成是人类生命过程的自然现象,不再是可怕的、痛苦的。他的早期的诗几乎都是自由、自然、自我的歌唱,但这一部分诗多不被人们所看重,甚至误为消极、颓废。其实,整部《女神》的精神是统一的,都充满了新鲜的、现代的气息,充分地表现了那个青春时代的精神。《梅花树下醉歌》唱道:

花呀！爱呀！
宇宙的精髓呀！
生命的泉水呀！
假使春天没有花,
人生没有爱,
到底成了什么世界?

花是自然的象征，爱是生命的要义，郭沫若把它看成了“宇宙的精髓”、“生命的泉水”，如此重要！花和爱象征着郭沫若的、也是人类追求的理想境界。这就是《女神》的思想根底，他这时期的诗就是从这样的思想出发的。

1919年的五四运动，成了郭沫若诗歌创作的爆发点。他留日之时，正值袁世凯卖国求荣，接受日本帝国主义提出的“二十一条”丧权辱国的条约，使爱国者非常愤怒。郭沫若在婚姻不如意的“个人的郁积”上，复感“有国等于零”(《夜哭》)，此时又增以“民族的郁积”，内心是很痛苦的。得到五四运动的信息，顿觉民族复兴有望了，个人意志可以伸张了，他的精神大为振奋。多年来个人与民族的郁积得到了大喷发的时机。《黎明》[22]一诗用男女合唱的形式描写“太阳出海。如火烧赤壁。万道光霞齐射。海涛已就平复。海水一片汪洋”，用以形容当时的形势，歌唱这时的人像“出了笼的飞鸟”、“才发芽的春草”、“喷出了土的火山”、“黎明时候的海洋”；这时人们“出幽宫”、“出囚笼”，复乐园，热烈欢呼“我们解放了”。以前他的诗风较多泰戈尔的影响，这时觉得惠特曼的自由体形式，更适于无拘无束地、淋漓尽致地宣泄内心的激情。因而放弃了冲淡雅隽的诗风，而从惠特曼那里找到了感情的喷火口，写了许多热烈、狂放、粗犷、雄浑的诗篇。这样，“在1919年的下半年和1920年的上半年，便得到了一个诗的创作爆发期”[23]，他说，“我在那时差不多是狂了。”[24]《女神》中最有代表性的诗篇，就是在这种情绪下诞生的。他的诗有对祖国的歌颂，但更多的还是在民族复兴有望的情绪刺激之下爆发出的提升、壮大自我的激情，是张扬自我力量的狂歌；成了“自我表现主义的极致，个性主义之诗的夸张”[25]。他的诗淋漓尽致、汪洋恣肆地表现自我，极富抒情性，绝胜于初期白话新诗的理胜于情。可以说，在闻一多、徐志摩、冯至等一批抒情诗人出现之前，唯有郭诗独步新诗坛。

《女神》是郭沫若诗歌的代表作，白话新诗诞生后的第一座艺术高峰，足以作为白话新诗取代文言旧诗的时代标志。《呐喊》、《彷徨》是现代文学现实主义的开山作，《女神》则是现代文学浪漫主义的先锋。

《女神》共三辑，第一辑收三部诗剧，这是郭沫若创造的、当时非常新颖的文体。第一部《女神之再生》写神话中的共工与颛顼为争帝而恶战，使天倾地陷，含有象征南北军阀混战的意思。但诗的重点在于歌颂女神，引歌德的诗“永恒之女神/领导我们走”，后来又将“女神”用做诗集的名称。诗赞美女神的创造精神，赞美她们要创造“新的光明”、“新的温热”、“新鲜的太阳”。这是五四时期努力创造、积极追求的进取精神和美好理想的表现，表达了“我们是不甘于这样缺陷充满的人生，我们是要重新创造我们的自我”[26]的情怀。第二部《湘累》据《离骚》的内容，塑造了屈原的形象，写他无法实现政治抱负的精神痛苦。但这不是要复制一个忠君爱国的屈原，却写的是被俗世视为“疯子”、要求个性解放的人。他宣告“我有血总要流，有火总要喷”，而且要“自由创造，自由地表现我自己”，反映的是现代人对精神自由的憧憬和追求。第三部《棠棣之花》，取材于战国时代聂政刺杀韩相侠累的历史故事，也影射当时军阀混战、民不聊生。姐姐聂嫈的“我望你鲜红的血液，迸发成自由之花，开遍中华”的歌词，表达了甘为天下人的幸福、为爱情而牺牲的精神，含有不自由毋宁死的思想，唱出了为自由献身的慷慨之情。

郭沫若最有代表性的诗篇多在第二辑中，如《凤凰涅槃》这首长诗，被视为他的诗歌代表作。诗用凤凰五百岁后集木自焚，在火中得以新生、永生的神话，既象征古老中国，也比喻自我个体的蜕旧变新。所以对那些群氓式的岩鹰、孔雀、鸱枭、家鸽、鹦鹉等给予藐视、讥刺。诗歌的最后反复不断地欢呼，欢呼那凤凰更生之后的新鲜、净朗、华美、芬芳、热诚、挚爱、欢乐、和谐、生动、自由、雄浑、悠久的新生活。作者不厌其烦地用15个诗段(1928年再版时由诗人自己加以删节，留5段)，表现了诗人对新个体、新生命和新中华的诞生的欢欣雀跃，生动地唱出了热切盼望新生的满腔激情。《天狗》用传说中的天狗，这天上的破坏者的形象，来宣示自我的力量：“我把月来吞了，/我把日来吞了，/我把一切的星球来吞了，/我把全宇宙来吞了。”表现了要扫荡、摧毁一切旧事物的气势；同样，它也要吞食自我，表达诗人要求自我新生的意志。《地球，我的母亲！》是一首哲理诗，从泛神论思想出发，诗人只承认地球是自己的母亲，而不承认缥缈的天上还有位父亲，也就是不承认有上帝。诗歌热情地歌颂、赞美了在地里干活，最亲近自己母亲的矿工、农人，称赞他们是地球的孝子、宠子。

此辑中，有的诗篇还能看出十月革命后社会主义思潮的影响。《巨炮之教训》写到列宁和托尔斯泰。托尔斯泰宣扬博爱、克己和不抵抗主义；但诗人也很赞赏列宁，因为他号召为自由、人道、正义而战。《匪徒颂》在歌颂反抗传统的政治、社会、宗教、文艺各领域的“匪徒”时，也歌颂了“实行波尔显威克的列宁”。这反映了百花齐放、广泛接受新思潮的五四时期普遍的思想现象。

《女神》第三辑所收诗篇，写作时间跨度大，包罗众多内容。其中既有他的早期的诗，如前面所介绍的，也有写得稍晚、风格不同于五四高潮中的作品。如1921年的《上海印象》，是写当年诗人一度回国时之所见。他惊呼：“我从梦中惊醒了！”这种幻灭的悲哀，使他此后浪漫主义激情渐渐减弱。

《女神》诗集中的最突出的思想特色，是对“人”的歌唱，对“人”的力量的高度张扬。这可以说是前所未有的。那时的郭沫若是个泛神论者，他认为：“一切的自然只是神底表现，我也只是神底表现。我即是神，一切自然都是我的表现。人到无我的时候，与神合体，超绝时空，而等齐生死。”[27]在这样的思想下，《女神》中的人、神、自然达到三位一体。这里的“人”，就是诗中的“我”。贯穿着自我表现精神的《女神》，其形象中大都含着一个鲜明的“我”，高声地歌唱着“我”的力量，而这个“我”就是郭沫若心中的应该如此的“人”。不同于鲁迅的主要批判人的弱点，郭沫若在五四狂飙突进的时代精神鼓舞下，主要是尽力来展示人的力量，表现人的美好。浪漫主义的艺术更增强了这种表现的力度。《女神之再生》、《凤凰涅槃》都包含着对自我创造、自我更新的热烈歌颂。《天狗》的每一句诗都用“我”来开头，这个“我”简直就是一个“超人”。他是日月星辰之光，是“全宇宙底Energy(能)底总量”，他的力量强大，还能把日月星辰，把全宇宙都吞吃了。这首诗让人看到尼采思想的痕迹，表现了叛逆传统思想的狂狷，扫荡、摧毁一切封建藩篱的决心和气势。而天狗还敢于毫不惋惜地吞吃自我，也就是有革新自我的勇气和决心。《立在地球边上放号》描写太平洋有一股能把地球推倒的力量，而抒情主人公被赋予了这样的力量，全身充满了力量，热烈地歌唱“力”：“力的绘画，力的舞蹈，力的音乐，力的诗歌，力的Rhythm(律吕)哟！”面对着黑暗的现实，诗人心中的“超人”必是旧世界的破坏者。《匪徒颂》歌颂政治、社会、学术、文艺、教育各领域的破坏者。《我是个偶像崇拜者》中说：“我崇拜偶像破坏者，崇拜我！/我又是个偶像破坏者哟！”主体在客体面前有压倒一切的气概，其中充满五四的青春、进取的精神。这在中国诗歌中是少见的，让人看到了鲁迅所追求的“摩罗诗力”。

除了伟岸有力，《女神》中的“人”还是个崭新的人，充满现代气息的人，这也是过去的文学中从未有过的。塑造这样的新人的形象，才能充分表现“人的觉醒”的时代精神。在《晨安》中，这个人再不是闭关自守、目光如豆、抱残守缺，而是胸怀和眼界都很宽阔，面向祖国，面向世界，充满朝气，充满自信的。他看到的不仅是黄河、长江，而且看到俄罗斯、苏彝士运河、金字塔，看到华盛顿、林肯，看到托尔斯泰、惠特曼……在旭日初升的清晨，他向全世界问好，向全球道声“早安”，祝愿大家都来“享受这千载一时的晨光”。这个人没有自封天朝上国的自大狂，也没有半殖民地奴隶的自卑感，他对全世界都怀着友好之情，在他的眼里一切人、一切国家都是平等的。他歌唱祖国古老的文明，也歌唱现代科学技术是“二十世纪的名花！/近代文明的严母”（《笔立山头展望》）。这个人表示“我的脑筋中每天至少要/三四立方尺的新思潮”（《无烟煤》），他积极地接受世界上的新事物、新思想。他也充满弃旧图新、蜕旧变新的愿望：“趁着我们的血浪还在潮，/趁着我们的心火还在烧，/快把那陈腐了的旧皮囊/全盘洗掉！/新社会的改造/全赖吾曹！”（《浴海》）无论他是凤凰或是天狗，都敢于自焚、自啮，以求新生。

这个“人”敬重自然，赞美自然，求与自然的和谐关系。《女神》中的自然总是可敬、可爱的，是人类的朋友、母亲。这一主题在《女神》中占有相当的比重。其中如《地球，我的母亲》、《太阳礼赞》等都成为郭诗的有代表性的诗篇。这当然与泛神论思想有直接的关系，在郭的眼中人与自然在精神上是相通的，不是对立的；不应有人去征服、毁坏自然，或是反过来，让自然来惩罚人，让人陷于灾难中。朱自清说，中国古代诗歌“对于自然，起初是不懂得理会；渐渐懂得了，又只是观山玩水，写入诗只当背景使用。看自然作神，作朋友，郭氏诗是第一回”[28]。《地球，我的母亲》表现了人类对自然的最真诚的尊重，亲切地唱道：“地球，我的母亲！/我过去，现在，未来，/食的是你，衣的是你，住的是你，/我要怎么样才能够报答你的深恩？”而自然之所以值得我们去爱它，又不仅因为它为人类提供衣食等生存的条件，郭在自然界里也能发现人文精神：“我羡慕那一切的草木，……/他们自由地，自主地，随份地，健康地，/享受着他们的赋生。”那份自由、自主、随份、健康，是郭沫若，也是五四个性解放的知识分子所向往，所追求的。所以说“我的灵魂便是你的灵魂”，人和自然达到了精神的契合。今天，当人们体会到了人类与自然界建立和谐关系的重要性时,全世界的人都应该高喊一声:“地球,我的母亲!”而且郭在许多诗中,描写了这种人与自然的和谐、融合。在《雪朝》中,诗人唱道:“我全身的血液点滴出律吕的幽音,/同那海涛相和,/松涛相和,/雪涛相和。”自然万物的声响,也就是人的血脉跳动的声响,两者亲密地“相和”。而自然的律动就是“生命的写照”(《光海》)。《女神》把自然界都写得很美,充满盎然生机。如《日暮的婚筵》、《夜步十里松原》等,诗的粗犷到这时往往变得柔美、婉约,这是郭对大自然的态度的表现。当着环保成为人类的基本价值时,回看郭当年这类诗,弥觉珍贵。

《女神》所受泛神论的影响是十分明显的,这表现在诗的思想、题材、形式诸方面。老庄哲学的“体相一如”[29],王阳明的“致良知”等思想[30],印度古代波罗门和吠陀哲学的“梵我不二”,都在郭的思想上打下烙印。其中,王阳明的“心学”影响最深,郭在《伟大的精神生活者王阳明》中,认为王的“心即是理”,就是“万物一体的宇宙观”。这种万物一体的观念,使郭走进了泛神论。这方面,又以17世纪荷兰哲学家斯宾诺莎的影响为重。斯宾诺莎以“本体”为世界的本原,照郭沫若的理解:“这种学说认为自然界是本体的表相,本体是无乎不在的,不受时空的限制。有所谓神,那就是这个本体。”[31]本体即是神,因此作为本体的表相的一切,如自然万物,如诗人自己,便都是神的表现。对郭沫若来说,泛神论不仅反对宗教的一神论,还是打破一切偶像崇拜的个性解放的思想武器,是自我表现的思想根据,因为“我即是神,一切自然都是我的表现”。所以他认为诗人的宇宙观以泛神为宜。在《女神》的一些诗中,一切都获得了生命:“无限的大自然,/……到处都是生命的光波,/到处都是新鲜的情调,/到处都是诗,/到处都是笑。”(《光海》)而且诗人自我,也与大自然相通,达到了物我无间,物我合一。在《天狗》中,“我”便是日、月、星球、X光线的光。在《地球,我的母亲!》中,地球与我如母子:“我的灵魂便是你的灵魂。”在《光海》中,孩子说爸爸是空中的一只鸟,于是“我便是那只飞鸟!”从思想上说,泛神论构成了“无差别的世界”(《夜》),这引出了万物平等的思想。《地球,我的母亲!》把草木、动物都当做同胞,因为大家同是地球的儿孙。《我是个偶像崇拜者》则表示崇拜一切:太阳、山岳、海洋……万里长城、金字塔,直到崇拜我自己。把一切当偶像,世间也就没有偶像了,所以“我又是个偶像破坏者哟!”这种观念表达了人类平等的思想。

在艺术上，泛神论扩大了诗人表现的范围，在《女神》中，便有许多描写大自然的诗，如《雪朝》、《登临》、《光海》、《梅花树下醉歌》、《新阳关三叠》……都达到了自我与自然的融化合一。在诗的表现形式上，有时也受影响。如《凤凰涅槃》最后的凤凰和鸣：

我们便是“他”，他们便是我。
我中也有你，你中也有我。
我便是你。
你便是我。
火便是凰。
凤便是火。

这正是物我合一的思想所引出的奇特的表达感情的方式。

郭沫若从泛神论出发，歌颂歌德“以自然为慈母，以自然为爱人，以自然为师傅”；歌颂原始人的单纯、质朴，因为他们“最与自然亲眷”。所以强调人与自然的和谐关系，他自己的创作便认“一切自然都是我的表现”[32]。20世纪20年代后，他受马克思主义的鼓荡，思想起了变化，但仍未放弃人性解放的追求，1923年在《我们的文学新运动》中说：“我们的运动反抗不以个性为根底的既成道德……我们的运动要在文学之中爆发出无产阶级的精神，精赤裸裸的人性。”[33]

但《女神》中这个“人”，在极度的强调自我的力量时，也包含着反理性的思想色彩。如天狗就是人的意志力的象征，带着自我膨胀的疯狂性。凤凰探问宇宙是什么，表示不相信科学，也就是表示对理性的质疑。《凤凰涅槃》本应是庄严的、悲壮的，但郭把它视为“科美体”（Comedy），即喜剧。1920年在《时事新报》上发表时，本有副题，为“一名菲尼克司的科美体”。诗的主体，即凤歌和凰歌，唱的是对科学，对人生的怀疑。冷酷、黑暗的宇宙是什么？是无法解释的：“你是个有限大的空球？/你是个无限大的整块？/你若是有限大的空球，/那拥抱你的空间/他从哪儿来？/你的外边还有些什么存在？/你若是无限大的整块，/这被你拥抱着的空间/他从哪儿来？”科学也只是“莫有点知识”，无法回答这些问题。人生是什么？也是不明确的，很渺茫的：“来如风，/去如烟，/眠在后，/睡在前，/我们只是这睡眠当中的/一刹那的风烟。”凤和凰都认为，无论宇宙或人生，用科学是解释不了的，只有任凭主观的感情自由奔腾。所以当进化论成为五四思想变革的理论基础，成为主流的观念时，郭不用进化的观念来批判现实，鼓吹革命，却选择了泛神论，把自己也当做神，无拘无束地自由歌唱。非理性的思想导致他走向了浪漫主义，诗中包含着现代主义的因素也是不难感受到的。这些反理性的因素有助于表现不平庸的、非凡的精神，所以很受青年的欢迎。冯至回忆说：“《女神》在当时所起的作用，不是现在所能比的。那时，我们都会背《女神》。”[34]

《女神》在艺术上的成功创造，使自由体的新诗真正达到了诗的境界。1919年秋，报刊上开始发表郭沫若的诗时，新诗已有两三年的历史了，但优秀的新诗不多。或者未能全脱旧诗的韵味，有的像译成白话的乐府；或者又过于散文化，那些直白的表达使新诗缺少一种诗所应有的意境和韵味。《女神》实践了“绝端的自由，绝端的自主”[35]的创作主张，因而不追求任何一种诗的格式。正如郁达夫所说的，新诗“完全脱离旧诗的羁绊自《女神》始”[36]。郭诗任凭感情驰骋，自然流露，依据内在的感情节奏，自然地形成诗的韵律。《天狗》表现急切不可耐的要求爆发的激情，诗句短截，节奏急促，如狂暴的急雨。《立在地球边上放号》每句都很长，似不尽海潮滚滚来，写出海潮奔腾翻滚、后浪紧追前浪的韵律。《炉中煤》节拍整齐，婉转回环，有一种割不断的绵绵情意，正适合表现眷念之情。而《凤凰涅槃》表现一种雄浑肃穆的气氛，需要庄端之态，所以讲求整齐，在整齐中有变化，如：

我们这缥缈的浮生，
好像那大海里的孤舟。
左也是漶漫，
右也是漶漫，
前不见灯台，
后不见海岸，
帆已破，
樯已断，

楫已飘流，

柁已腐烂，

倦了的舟子只是在舟中呻唤，

怒了的海涛还是在海中泛滥。

这里的诗句，单双句对仗工稳，显得十分严整。然而短的有三言、四言、五言，长的达十二言，又可谓变幻多端，读起来或长吁，或短唱，节奏感很强。《女神》所包含的诗的形式是丰富多样的，它的五十余首诗并没有一个统一的格式，以实践自己的主张："诗应该是纯粹的内在律，……便不用外在律，也正是裸体的美人。"[37]《女神》之后，郭沫若逐渐背离这些主张，诗越写越整齐，虽然仍是自由体的，但那种四句一节、逢双叶韵的格式占了优势（如诗集《恢复》之后的诗），反而失去了《女神》无拘无束地做诗所生的艺术感染力。

《女神》常常使用比喻、象征的手法，借助某一形象来寄托、抒发自己的感情。既使用古代神话、历史故事，也借人格化的自然景色以抒情。因选用的形象十分巧妙、恰切、新颖，使感情的表达能淋漓尽致。这是郭沫若诗歌浪漫主义的主要特征。《湘累》中屈原说的"我创造尊严的山岳、宏伟的海洋，我创造日月星辰，我驰骋风云雷雨，我萃之虽仅限于我一身，放之则可泛滥乎宇宙"，实也是郭沫若的创作方法。在《女神》中，山岳海洋，日月星辰，风云雷雨，也都唱着郭沫若之歌。用天狗这民间传说中的天上的破坏者，来寄托自己破坏旧事物之情，多么恰当，这不大令人愉快的形象本身，就带着某种叛逆的感情色彩。用炉中煤表现爱国之情，煤受压于地下，满身乌黑，是低贱的，故自称"黑奴"，也可为底层劳动者的象征。他们确有煤那般的光与热，煤那般的朴实而真挚，有自我牺牲精神。由他们来唱爱国之歌，是再好不过的了。

郭沫若的诗中不拘古典、洋典，爱用X光线、摩托车的前灯、电灯公司、维纳斯、丘比特的弓弩等作比喻，都给人以新颖之感。比喻的新鲜还指具有时代性，一种"人的觉醒"时代的特征。男女之爱、裸体、亲吻，成了郭所描写的或用作比喻的形象。裸体在诗中不再是羞耻的，而是一种美，而男女的亲吻也是一种表达感情亲热的方式，不必加以掩藏或用隐喻。这样的描写在当时具有先锋性，是思想开放的表现。《炉中煤》表现炽热的爱国热情，此诗用的是恋歌的形式，用男女之爱来表达对自己祖国的真挚感情。同时期的著名诗篇，至今传唱不绝的刘半农的《叫我如何不想她》，同样是用恋歌形式来表现爱国之情的。在封建时代绝对是犯忌的，到了五四时期，要把对祖国的深情表达得充分，却须要借助男女间的爱恋来作比喻，这足以说明男女私人的爱情已得到承认，被认为是美的、善的。“我为我心爱的人儿，/燃到了这般模样！”在五四，似乎只有这样写才能强烈地表出对祖国的爱。

《女神》是新诗中的豪放派的先驱。它的艺术风格，既有“雄而不丽”，也有“丽而不雄”的，但能代表《女神》特色的，是惠特曼式的“雄而不丽”。它的想象新奇，语言粗犷，气势磅礴，声调激越，笔调汪洋恣肆，如振鬣奋蹄的行空天马，如翻江倒海的洪波巨浪。许多诗都像“无限的太平洋鼓奏着男性的音调”（《浴海》），它的美是一种壮美，阳刚之美。但也有些诗，如《日暮的婚筵》写海边落日景象，以巧妙的想象，把落日形容为涨红了脸庞的新娘，被鼓荡着心波的海洋（新郎）拥抱了去。这类诗娴静优雅，秀色可餐。《女神》的诗，多豪迈、雄健，也有这种清丽、婉约的，可说是花团锦簇；证明了新诗在艺术上可以充分地表现新的时代、新的生活、新的情感，而且有些方面是旧诗所不可企及的。《女神》真正是五四时期一座瑰丽多姿的浪漫主义艺术奇峰。

《女神》时期郭沫若的创作还有小说、话剧等，所表现的精神与其诗歌是一致的。新文学小说的浪漫主义也是郭沫若开的头。创造社作家的小说多为“寄托小说”和“自叙小说”。1919 年 11 月，郭在《新中国》杂志上发表第一篇小说《牧羊哀话》，借朝鲜李朝爱国贵族闵崇华被害的故事，寄托作家的反帝情绪，是现代浪漫主义小说的滥觞。又如他写战国时庄子故事的《鹓雏》，写德国哲学家康德的《Lobenicht 的塔》等。自叙小说以身边的日常琐事为题材，如他的《漂流三部曲》（含《歧路》、《炼狱》、《十字架》三个短篇）、《行路难》等，多带有自叙传的性质。小说的主人公“爱牟”，就是作家自我的化身，反映了那个时代知识分子艰难的生存状态。但最值得注意的还是他的性心理小说，如《残春》、《叶罗提之墓》、《喀尔美萝姑娘》等。郭沫若在解释《残春》时说：此篇力点不在事实的进行，而在心理描写上，“我描写的心理并且还在潜在意识的一种流动”。[38]他是借用弗洛伊德关于梦的理论，写主人公的潜意识，是现代小说中片断地使用意识流手法的一篇，成了现代心理小说的前驱。他所说的“心理”、“潜意识”指性心理，都以坦白地暴露对婚外异性的恋情为特征，带有颓废的色彩。这种题材在创造社的张资平、叶灵凤的小说中更多。

郭沫若还是五四时期历史剧创作中成就最突出的作家。他在1923年写了《卓文君》和《王昭君》两剧。1925年又写了《聂嫈》。后来他把这三个剧汇集成《三个叛逆的女性》出版。五四时期的创作中，赞美女性是郭沫若个性解放思想的重要表现，所以他的最重要的诗集以《女神》为名，其中的三篇诗剧，头一篇就是歌颂不仅补天而且创造新天的女神；在第二、三篇的男主人公身边，都有一个像母亲、姐姐一样保护、指导、激励他的女性，即屈原身边的女须、聂政身边的聂嫈。他要把女性写成真正的“人”，甚至比男性更高大的“人”。《卓文君》是当时第一部“翻案剧”，一反把新寡的卓文君私奔司马相如视为“淫奔”丑行的传统观念，把她写成一个追求个性解放、勇敢反抗封建礼教的女性，一个娜拉式的人物。比《终身大事》里出走的田小姐精神上要高得多，她已经意识到是为争得“人的资格”而斗争。郭把卓文君的叛逆行为视为人的觉醒，人的纯真情感的复苏。如她所说，“我处女时代纯洁的前生又好像苏活转来了的一样”。同时塑造了几个男性形象，如冥顽不化的卓王孙、虚伪无耻的程郑、奴性十足的周大、动摇卑怯的秦二，个个在卓文君面前显出了卑劣和渺小。在郭沫若笔下，真正不道德的恰恰是这些满口“仁义道德”的男人。“昭君和番”的故事成为历代文人吟唱不绝的题材，多是出于同情红颜薄命。郭沫若却从个性主义的角度，把王昭君写成具有强烈的反叛性，藐视君王的恩宠，坚持自己的选择，为保持人格独立不能忍受做宫廷中供人淫乐的玩物而自愿投荒北去。《聂嫈》是《女神》中诗剧《棠棣之花》的扩写。受了五卅运动的鼓舞，剧本热烈歌颂了聂嫈为反抗强权、争取自由而舍生取义的壮烈行为。其主题超出了追求个性解放，塑造了一个坚贞不屈、杀身成仁的女性英雄形象，对启发广大女性的觉醒仍有巨大的作用。郭沫若的历史剧虽然都有史料的依据，但并不拘泥于此。因为他的目的不在于真实再现历史，而在于“借古人的骸骨，另外吹嘘些生命进去”[39]。他认为“创作家与历史家的职分不同：历史家是受动的照相器、留声机；创作家是借史事的影子来表现他的想象力，满足他的创作欲”[40]。所以用的是浪漫主义方法，不仅增加了虚构的人物、情节，而且为了表达自己的思想感情，可以让人物说出现代的语言，不怕给人以不协调之感。他的剧作也如他的抒情诗，激昂澎湃，气势雄浑。后来，在20世纪40年代，他的历史剧创作取得更大的成就，使他成为现代最重要的一位历史剧作家。

《女神》之后，郭沫若在诗歌方面又有《星空》（诗歌散文集）、《瓶》、《前茅》的出版。1923年他从日本归来，正值五四退潮期，面对国内的现实产生幻灭的痛苦；因而《星空》便没有了《女神》那种澎湃的热情，表现出彷徨的情绪，如《彷徨》十首。粗犷的笔致也变得恬淡了，如《天上的街市》想象天上的牛郎织女得到解放，可以自由往来，表达了对民主自由的向往，但已无《女神》的"粗暴"。这时的情感显得深沉，同是用神话传说，《洪水时代》采用大禹治水的故事，来歌唱战胜千难万险的艰苦奋斗精神。《前茅》所收大多是1921年到1924年间的诗作，由于郭沫若逐渐接受马克思主义的影响，这部诗集留下了思想转变途中的足迹。在《力的追求者》中，诗人宣告与"低回的情绪"、"虚无的幻美"告别。《歌笑在富儿们的园里》表示："你厚颜无耻的自然哟，/你只是在谄媚富豪！/我从前对于你的赞美，/我如今要一笔勾消。"已经现出抛弃泛神论的趋向，而且社会主义倾向益发鲜明。在《黄河与扬子江对话》中说："已往的美与法——是18世纪的两大革命，/新兴的俄与中——是20世纪的两大革命。"号召人民揭竿而起，"如俄罗斯无产专政一样，把一切的陈根旧蒂和盘推翻"。许多诗中表现了阶级观点，艺术上渐多通过描写现实生活来抒发感情，使他的诗渐渐显出直白浅露的弊病，甚至标语口号化。如他自述"我要以英雄的格调来写英雄的行为，我要充分地写出为高雅人士所不喜欢的粗暴的口号和标语。我高兴做个'标语人'，'口号人'，而不必一定要做诗人"[41]。此后，他的诗便不再有《女神》那样的艺术魅力了。同时，新诗创作中的格律诗派和象征诗派继而崛起，新诗的形式探索进入了新阶段，自由体独步的时代过去了。

三、性苦闷的直率告白——郁达夫的小说

写出人身上的"俗气"——青春期性苦闷的告白——"零余者"的形象——浪漫主义的情绪流小说

创造社诸作家的小说创作，以郁达夫的成就为最高。五四时期鲁迅带着

人的觉醒后的痛切之情，通过笔下的人的形象，来批判愚弱的国民性，所以着重写了人的弱点，人的精神上种种愚昧的表现。郭沫若则用诗来歌唱人的力量，塑造的是他心中希望的人的形象；也是在有了人的觉醒后，才可能这样高度地肯定人的价值。郁达夫和他们不同，他的小说所写的人，虽然大多是知识分子，却着重写他们身上的“俗气”。知识分子是人群中最有文化修养的，是文明的代表，却摆脱不掉人的自然性，照样有人的各种欲望，包括中国人的最大的隐私，最不愿意被人看到的对于性的欲望。他的不少作品写了人的性欲，目的不在于表现性，而在于写出真实的人。这样如实写来，不做任何的掩饰，十分的老实、真诚，这同样是人的觉醒的一种表现。因为他写到的其实不过是人的本色，无伤于人的价值、尊严。作家写出人无论多么高贵，只要是个真实的人便终有其“俗气”的一面，不必否认，不必遮羞。“无瑕不真”，郁达夫不过说了真话、老实话，本来无甚特别，却被认为大胆、坦率、惊世骇俗；这样，倒正好显示了小说独有的思想价值。在建立“人的文学”的历史任务中，郁达夫的小说有着自己的独特贡献。

郁达夫(1896~1945)，原名郁文，浙江富阳人。1913 年随兄赴日，1921 年毕业于东京帝国大学。他在日本期间读了许多文学作品，颇受重于人的肉欲描写的日本私小说的影响。他在这时期写过三篇小说，即《银灰色的死》、《沉沦》和《南迁》，都以留学生生活为题材。1921 年，这三篇小说以《沉沦》为名结集出版，为中国现代文学第一部短篇小说集。在当时和后来，对这部小说的评价毁誉并交，就因为郁达夫小说坦率地描写了人在青春期中的性的苦闷。《沉沦》集里的主人公都是留日学生，他们身在异国，作为弱国子民而遭受民族歧视，精神上受到深深的伤害。但《沉沦》集的重心不在于此，而在于描写主人公在青春期中的性苦闷。《银灰色的死》中的 Y 君妻子已亡故，他在日本做个“逐客离人，无穷伤感”，不断借酒浇愁。酒馆主人的女儿静儿似乎很同情他，但这位可以慰藉他的感情的女子，不久也要出嫁了。这使 Y 君精神更加颓废，终因酒量过度倒毙在路上了。《南迁》中的主人公伊人，名誉、金钱倒已有或将有了，只因缺少爱情，也成了个感伤主义者。这三篇中以《沉沦》在当时青年中的反响最大。

《沉沦》的主人公“他”，是个与周围环境格格不入的青年。他家境贫寒，三岁丧父，后到日本留学，因与其兄志趣不合而绝交，经济上陷于困境。他有正义感，看不惯社会的黑暗，心怀不平，远离同学。因甚感自己没有出路，加以备受民族歧视，精神痛苦，这便是他的“忧郁症”的原因。这在一般有民主主义觉悟的、爱国的知识分子中是有普遍性的。但作品没有从这普遍性的一面展开主人公与现实的矛盾冲突，而集中表现人物内心的苦闷，特别是性的苦闷。他在青春期中很自然地产生爱情的需要，但作为身处异国的穷留学生，是得不到爱的。他在日记中说，“我并不要名誉，我也不要那些无用的金钱”，“我所要求的就是异性的爱情！”热烈追求爱情，这是五四时期个性解放的一个重要内容。这种正当、合理的追求竟难以实现，便造成他以性苦闷为主要症状的“忧郁症”，并由此导致性心理的变态，如对男女之事格外敏感，爱看小说中的色情描写，偷窥房东女儿洗澡等。因为得不到爱情，得不到灵的慰藉，于是他偏向肉的方面的自慰。为此而承受着犯罪感的沉重精神压力，经常深深自责，却又无力自拔。他便这样在不断的自我折磨中失却了心理平衡。小说通过这性的苦闷的告白，写出人性的被扭曲，发出了人生需要爱情，而且需要灵肉两相满足的爱情的呼喊，因而成为五四后青年人要求个性解放的非常大胆、坦诚的呼声。《沉沦》也成了以青年问题为题材的青春文学中独具特色的一篇。

按照封建时代“存天理，灭人欲”的思想，人的正当的性要求，被等同于淫秽，深受压抑。而《沉沦》通过一个普通青年的性心理，展示了简单的道理——人的自然本能受到压抑，得不到满足，是违反人性的，因而是痛苦的、不合理的。从这个意义上说，《沉沦》有明显的反对封建禁欲主义的倾向，它喊出了人之声。而它对人的自然要求，对压抑这要求而导致的变态心理，都敢于无遮掩地以“露骨的真率”，大胆地加以披露。这对于虚伪矫饰成风，普遍善于深埋掩藏真实心理的社会，无异有巨大的思想冲击力。《沉沦》之受到攻击、恶评并不意外，过了几十年后即使可以不予全盘否定了，也还不能给予正面的评价。但只有这样才写出一个真实的人，郁达夫是宁愿“伪恶”，绝不“伪善”的。在世俗社会还笼罩着浓重的封建思想影响时，这样做也要有相当的勇气。而他这真诚、坦白的艺术作风，绝不回避对人的本性的袒露，也给新文学带来一股沁人肺腑的新鲜气息。《沉沦》真可说是“人的文学”中的独具异彩之作。

《沉沦》的主人公身上有不少弱点。他孤芳自赏，落落寡合，是个孤独者。他不满腐败的社会，对民族歧视感到愤恨，但又非常缺乏行动的力量。过多的感伤、忧郁使他常常自怨自艾，自伤自悼，无所事事，借酒浇愁，最后只有走向死亡，在内心痛苦无法解脱的情况下蹈海自尽了。这个感伤、忧郁的青年走上绝路时，从心里发出了“中国呀中国，你怎么不强大起来”的慨叹，这种悲愤之音中深藏着五四青年感时忧国的情绪。这个普通、正直又可以有为的青年，以他不幸的结局向人们申诉那个时代青年心中的不平和痛苦，用自己的死对那个时代提出了抗议。而这一切均不能触动社会的根基，他的死正是鲁迅所批评的“恨恨而死”。从他的身上也能看出中国知识分子的某种悲剧性格。郁达夫把自己作品中的这类人物称为“零余者”。他们在五四新思潮的冲击下觉醒了，但身上还有不少旧思想影响的负累。《沉沦》的主人公便沾染着一些传统文人的名士气。鲁迅曾指出，为艺术派作品的主角往往“或夸耀其颓唐，或炫鬻其才绪”[42]。而当他们过于颓唐时，他们的才华也便成为多余的了。像这类人物，只要跨过一步是有可能成为颓废派的，但在时代潮流的推动下，在中国，他们后来在历史的安排下，大多被吸引到一条新路上去了。

郁达夫回国后，创作了《茫茫夜》、《风铃》（即《空虚》）、《秋柳》等，主人公均为“于质夫”。这时的小说较多地描写国内在军阀统治下的黑暗现实，像于质夫这样的知识分子，报国无门，追求新生的愿望破灭，只剩了满怀愤懑之气。作家也继续写主人公的性苦闷与性变态，写他出入酒肆青楼，既在花街柳巷厮混，也有严厉的自我谴责。这个形象正是《沉沦》的主人公形象的延续，但不再有《沉沦》那样的影响力。如果说《沉沦》是以其大胆真实地描写人身上的自然性，写出即便有文化修养的人身上也难免“俗气”，从而起了“轰动效应”；那么后来类似的、以两性关系为题材的作品，包括篇幅较长、用力较多的《迷羊》等，并没有在这基础上有什么深化或开拓。作家敢于肯定性爱，但他自己的性爱意识却并非都很健全，这在新作中也有流露，所以后来的此类作品未能超越《沉沦》。

郁达夫还有表现底层劳动人民的痛苦生活，并借此宣泄自己心中不平之气的小说，如《春风沉醉的晚上》和《薄奠》。前者描写失业的知识分子“我”，与孤苦的烟厂女工陈二妹的互相理解、关怀。后者写北京的一位人力车夫，从他的衰老外貌的描绘，也从他对家境贫困、生活悲苦的诉说中，为人们提供了一幅城市劳动者凄凉的生存境况的真实画面。叙事者的“我”在小说中占有突出地位，作家不是着力于劳动人民生活的客观描绘，而是突出“我”与他们同是天涯沦落人，甚至比他们更加受难，写互相间情感的交相融汇。作品浓重地染着叙事者的主观感情色彩，带着一股感伤的情绪。

到了 20 世纪 20 年代末，创造社向革命文学转型，郁达夫的思想也起了变化。随着艺术技巧趋于圆熟，小说的现实主义成分渐渐地多了起来。1932 年写的《她是一个弱女子》，在鲜明的政治背景前，描画了三个女性的不同道路；批判封建资产阶级出身的李文卿的堕落，表现小资产阶级女性郑秀岳的软弱，肯定了冯世芬的革命道路。尽管对意志薄弱的郑秀岳的描写远较冯世芬充分，但这种“三人行”式的构思，显然是受了当时革命文学思潮的影响。同时，他以相当清隽委婉而富于诗意的文字，写了《迟桂花》以及《瓢儿和尚》等几个短篇，表现了作家当时的寂寞情怀，以及在政治局面极端恶劣的环境中，追求宁静安谧的心境。他需要的就是《迟桂花》中郁先生所到的翁家山，那里远离尘世的喧嚣，周围是明媚的风光，有和睦相亲的人际关系，还有莲妹那样纯净无邪的女子，一切俗欲邪念都会在这里得到净化。对那种怡然自得的生活境界的向往，曲折地表现了在人世纷争中作家身心的疲倦。这样的小说与《她是一个弱女子》同出于一年，则反映了作家思想的矛盾。郁达夫的最后一部小说是写于 1935 年的《出奔》，是以大革命为题材的。

1945 年日本无条件投降后，郁达夫在苏门答腊被日本宪兵杀害。20 世纪 50 年代初，中央人民政府追认他为革命烈士。

郁达夫对现代浪漫主义小说的艺术创造，有重要的贡献。现代小说中的浪漫主义，不多采用奇异怪诞的情节，对鬼神世界的兴趣似乎也不及对现世人间生活的关注。其浪漫主义的特征，主要表现在作家主观情感的宣泄上，描写现实生活的真意还在于将这作为情绪的喷火口。所以郁达夫不无偏激地强调，所有的文学作品都是作家的“自叙传”。虽然他自己的创作实际上也不可能都是“自叙传”，但这一主张却足以表明他的小说有强烈的自我表现的特点，往往从头到尾贯串始终的是作家的情绪流。这正如他在回顾自己的创作时说的：“写《沉沦》的时候，在感情上是一点儿也没有勉强的影子映着；我只觉得不得不写，又觉得只能那样地写，什么技巧不技巧，词句不词句，都一概不管，正如人感到了痛苦的时候，不得不叫一声一样，又哪能顾得这叫出来的一声,是低音还是高音?"[43]他的小说同郭沫若的诗一样,也是生的颤动、灵的喊叫。

这种情绪流的小说不大重视人物的塑造,不求细节的真实刻绘。自叙小说的主人公是作家自我表现的话筒;寄托小说中的人物则是作家借以浇我胸中块垒的酒杯。即使《薄奠》等小说中的劳动者形象,也紧紧地黏附着作家的灵魂,或者可以说是作者内在情绪的外化。这类小说的结构常是单纯的,不作严谨的布局,以便于情绪恣肆奔放地自由流泻。故事的进展不是依照严格的性格冲突和情节的内在逻辑,而是随着主观情绪的起伏而奔突向前。那些自叙小说,往往徘徊于散文与小说两种文体之间,难有分明的界限。因为不重剪裁,有时文章不免松散。但自《春风沉醉的晚上》和《薄奠》以后,技巧趋于圆熟,也有一些作品艺术上比较讲究,也能注意结构的绵密。

郁达夫既重主体的自我表现,有的小说便也具有抒情性的特色。描绘自然景色,均着主人公的主观感情色彩,情景交融,有的满蕴着诗意。他常用大段的内心独白,随着情绪的波澜,或倒泻如瀑布,或飞腾如喷泉。一些情节也是从人物的宣叙调式的表述中说出来的。也写梦境,如《还乡后记》;也用表现主义的分身法,在"我"的实体之外另写一幻觉中的自我,如《青烟》。一定程度的抒情意味,起到牵引读者的感情,使之随着情节的进展而与作者共同起伏。

四、徘徊于灵肉之间

张资平等的性爱小说——单纯表现性心理——适应市民的阅读需求——风格接近创造社的作家

创造社另一位重要小说家张资平(1893~1959),广东梅州人。1920 年 11 月发表处女作《约檀河之水》,1922 年出版自传体长篇小说《冲积期的化石》,描写教会的腐败内幕,是现代文学的第一部长篇小说。他的《约檀河之水》和后来的《约伯之泪》、《公债委员》、《上帝的儿女们》等,也含着揭露和批判教会的内容。早期的一些短篇小说如《植树节》和描写异域生活的《她怅望着祖国的天野》、《木马》等，反映知识分子和下层人民的生活，对受侮辱者表示同情。张是多产作家，出版《爱之焦点》、《梅岭之春》、《不平衡的偶力》等短篇小说集，《飞絮》、《苔莉》、《最后的幸福》、《爱力圈外》、《上帝的儿女们》等中长篇小说，总共约有30部。

张资平小说的内容多为表现人的性的欲望，尤其是女性的性欲。情节多因性而引起，或为性所决定，不仅有多角恋爱，更有在世俗的眼里是反伦理的男女关系。他的作品实际上很接近弗洛伊德的性心理学，即把性欲视为人的行为的终极动力。出现这种文学现象的原因在于，长期封建观念统治下，把人的正当的性要求视为肮脏、污秽之事，以此作为十分虚伪的禁欲主义的思想根据。“人的文学”承认人的自然性（兽性）是正常的、正当的，这在当时是一种思想的解放，使文学创作获得一片可以真实地写人的欲望的领域。创造社的郭沫若、郁达夫等都开始走进了这个领域，从性欲的描写中发出人性解放之声。比起别的作家，张资平这时更为集中地以性为主题，写性心理，也含有对封建禁欲主义的反拨的意义。但“人的文学”要求性的开放的诉说，其指向是反对反人性的封建禁欲主义；而张资平的指向，却是一切对于性的束缚。他描写性的欲望受到限制或不能满足，造成了人的痛苦，其原因不一定出于封建禁欲主义的压迫，也有的是人们应该遵循的社会文明和道德规范的约束。这后一类写得多了，很自然会招致人们的反感和谴责，所以张的作品一直声誉不佳，也曾受到鲁迅的讽刺。

以他的中篇小说《最后的幸福》为例，这是被认为张的比较好的一部作品。女主人公姜瑛因为种种原因一次次地错过了机会，误了当嫁之时，后来不得已，只好嫁给年纪比自己大很多的赵士雄做填房。赵还是个鸦片烟鬼，健康状况不佳，也就不能满足姜瑛对性幸福的要求。过去向她求婚的男子，这时一个个重新出现，在不同的境遇下姜与他们一一发生了性关系，却都没有得到真正的幸福，最后悲惨地死去。姜错过嫁期除了她自身性格的原因，也与家庭包办婚姻有一定的关系，如能描写造成悲剧的原因本是有意义的，但作品没有向这方面开掘。赵某不能给姜幸福除了健康因素，也还有他的思想、情感的因素，但作品重肉轻灵，只讲她对性的不满足，好像只要赵身体健壮就万事大吉了。后来那一个个男子未能给姜以幸福，因为他们实际上只是在欺凌女性，张资平也不予揭示和批判。这就限制了他的作品在表现个性解放思想上的价值，这种情况在张资平的小说中是很有代表性的。而张把性作为所有情节的动因，乃出于他的文艺观，他认为："人类是一种生物，其思想行为多受生理状态支配。所以观察人类先要由生理方面的描写。"[44]所以他的创作便特别注重表现人的生理要求，特别注重描写性欲。他的这种观点倒是与自然主义相近的，这里面含有自然主义和日本私小说的影响。

使张资平的创作与个性解放的主潮拉开距离的，还有他对性解放的态度。就在《最后的幸福》中有一段宣言式的表述，认为幸福就是欲望的满足，但现在还不能完全满足："还有一部分的希望或欲望受了道德律的制限或受了夫妻的名义的束缚；那个女子就不能算幸福了。"要在性的问题上反对一切道德律，反对一切人伦规范，这并非健全的个性解放的要求。这段话不仅表达书中人物的意愿，也表现了作家自己的思想矛盾，他既图放手写性的欲望的满足，又有所顾忌，便不时打打"擦边球"。同为有所好评的《梅岭之春》，写了叔侄（侄女）的乱伦和性放纵，但"他们的血统关系是'他们的祖父是共祖父的兄弟——嫡堂兄弟'"。这样算下来，也就算不上有多大的血缘关系，无所谓"乱伦"了。小说写这个侄女在周岁时就被抱给某三岁的孩子做童养媳，用她这不幸经历作为隔代恋的原因。后来又让"婶婶"去世，"叔叔"成了单身，他们的结合合法了，也就可以逃过道德的谴责了。

张资平的小说能满足一部分市民的阅读需求，他因此也被人称为市民小说家、海派作家等。张资平写的虽为新文学的小说，但具有近代发展起来的城市通俗小说的某些共同性。钱杏邨当年曾批评说："张资平先生的恋爱小说里并没有写出他的恋爱哲学来。其实，要严格的讲，他根本上是不曾描写灵肉两方的恋爱的。从他的恋爱小说里，我们所能以找到的，可以说只有肉的爱——是具着那种浓重的肉的气息的爱的小说。"[45]钱是从个性解放的角度作这样的评价的，其实张的作品是有其哲学的，这就是《最后的幸福》中姜瑛说的"所谓幸福并没有绝对的，只看她的欲望能否满足"。在灵肉之间的徘徊，最终并无多大犹豫便倒向了肉的方面，以肉的满足为幸福的首要条件。这种哲学可以说贯串于张的全部小说。由于在性问题上，相对而言男性比之女性所受压抑要少，张的小说便尽量突出女性形象中对性满足的企求。当着人的本能欲望与社会文明规范存在无法克服的矛盾时，张资平的小说帮助某些市民编造幻想，感动他们，让他们得到些微精神上的满足。说到底，他能在一定程度上适应某些市民的欣赏心理和需求，所以张的小说销量很大。

张资平的小说善于编织生动的故事情节，人物心理描写一般都较细致，文字也较流畅、通俗。但是因主题的单一，故事情节不免相近，艺术上也存在锤炼不足的缺陷。抗战开始后，张资平沦为汉奸，被人民所唾弃。

创造社一些年轻作家风格上有接近张资平的，比较有成就的如叶灵凤(1905~1975)，他著有短篇集《菊子夫人》、《女娲氏之遗孽》等和中篇《红的天使》、《未完的忏悔录》、《时代姑娘》等，几乎都是青年的婚恋、性爱题材。《浴》、《姊嫁之夜》等都写青年人的性的躁动，描写性的自然进程。《昙华寺的春风》、《摩伽的试探》写禁欲主义不可能压抑人的本能，人总是要追求现世的快乐，对压抑人的本性的不自然行为进行嘲讽。叶注重性心理的细致描写，文字也比较张资平更为流丽。但当时对他的作品的评价也是不高的。如果把性压抑、性扭曲的缘由指向社会，包括郁达夫的《沉沦》中，性的问题也还是与社会问题交织着的，那么虽然会有争论，还容易得到理解和接受。叶的作品也是单纯写性的，但只是在展现年轻人的性意识状态，有时还要编造出一些奇特的情节以吸引人，就很容易被认为格调不高。这类作品能够告诉人们的是，人有性的要求是很自然的，这种欲望在青年身上一般还更强烈些。这在思想解放的年代，在力争冲决封建观念对人的欲望的束缚的年代，也是有意义的。名篇《女娲氏之遗孽》写婚外恋和私生子，同样未写明造成的原因，作者似将女主人公蕙作为“现代一部分在恋爱痛苦下妇人的象征”，说她的痛苦是“时代病”。也许表现了五四后某些青年获得一定程度的恋爱自由后，当新的道德规范还未臻坚固时，搞不清“礼教中的贞操与Cupid箭簇上的恋爱果有何关系”，于是发生婚恋和性关系上的摇摆、彷徨，产生思想上的矛盾、痛苦。张资平、叶灵凤等，都有描写性意识的勇气(但他们的作品并未描写刺激感官的性行为)，可是仅止于表面地写性的欲望，他们的作品便未能具有多么深刻的思想价值。留给人们的启示是，写性的问题总要和社会问题相关联，或者通过性能够反映社会问题，才容易获得思想价值；单纯写性，其意义总是有限的。

在创造社作家之外，当时还有一些作家的小说，艺术风格接近为艺术派。

冯沅君(1900~1974),笔名淦女士,河南唐河人。她不是创造社成员,但从1923年起在《创造周报》上发表短篇小说,以描写女性恋爱心理而引起注意。她侧重于内心世界的表现,与创造社作家的表现手法相近。后出版《卷葹》、《春痕》、《劫灰》等集子。在当时最有名气的女作家中,冰心很少描写两性之爱,庐隐的这类题材往往带着很浓厚的感伤情绪;而冯沅君写的爱情,其特色是大胆、真挚、热烈。如书信体的《隔绝》,内容是女主人公反抗家庭逼婚,在被幽禁中偷偷写给情人表达坚贞之情的信。续篇《隔绝之后》,写女主人公逃离家庭未成,一对情人双双殉情,以死对封建婚姻制度提出抗议。《旅行》写一对恋人在旅行中甜蜜地共同生活,可说是篇纯情小说。这些作品都表现了主人公争取自由恋爱的勇敢行为,也很大胆而又分寸适度地描写他们的性爱,贯串着反对封建礼教、争取人格独立的炽热激情。冯沅君后来用其全力于学术研究,创作上未得更大发展。

还有一位王以仁(1902~1926),虽是文学研究会的作家,其创作的题材与风格却酷似郁达夫,他自己也说是受到了郁达夫的深刻影响,作品都带"达夫色彩"。他有短篇集《孤雁》。其中《孤雁》、《流浪》等都写穷困潦倒的知识分子的流浪漂泊,把主人公写成似乎是天下第一可怜的人。但穷到身上只剩一元钱时,仍在渴望着女子的爱情。王以仁写的也多是自叙小说,和郁达夫的同类小说一样,都在一个思想开放的时代里,无所顾忌地表达自己的欲望。他们的情感可能不为某些人所理解,但表达的都是毫无掩饰的诚挚之心。

注释:

[1] 郭沫若:《由诗的韵律说到其他》,《文艺论集》,光华书局,1932年第5版,第184页。

[2] 郭沫若:《论国内的评坛及我对于创作上的态度》,《文艺论集》,光华书局,1932年第5版,第116页。

[3][4]成仿吾:《革命文学与它的永远性》,《创造月刊》第4期,1926年6月出版。

[5] 成仿吾:《补白》,《创造》季刊第3号,1922年7月出版。

[6] 成仿吾:《补白》,《创造》季刊第4号,1923年2月出版。

[7] 郁达夫:《生活与艺术》,《晨报副刊》,1925 年 3 月 12 日。

[8] 郭沫若:《补白之二》,《创造》季刊第 1 号,1922 年 5 月出版。

[9] 郭沫若:《雪莱的诗·小序》,《创造季刊》第 4 号,1923 年 4 月出版。

[10] 郭沫若:《论节奏》,《文艺论集》,光华书局,1932 年出版,第 40 页。

[11] 同注[9]。

[12] 郭沫若:《自然与艺术》,《创造周报》第 16 号,1923 年 8 月 26 日出版。

[13] 郭沫若:《文艺之社会的使命》,《文艺论集》,光华书局,1932 年第 5 版,第 45 页。

[14] 郑伯奇:《国民文学论》,《创造季刊》第 7 号,1923 年 12 月出版。

[15] 郁达夫:《艺术与国家》,《创造周报》第 7 号,1923 年 6 月 3 日。

[16] 成仿吾:《新文学之使命》, 《使命》, 创造社出版部, 1927 年 8 月出版,第 10 页。

[17] 同注[13],第 50 页。

[18] 成仿吾:《真的艺术家》,《创造周报》第 27 号,1923 年 11 月 11 日。

[19] 郁达夫:《五六年来创作生活的回顾》,引自《中国新文学大系·散文一集》,良友图书印刷公司,1935 年出版,第 167 页。

[20] 成仿吾:《歧路》,《创造季刊》第 3 号,1922 年 10 月出版。

[21] 郭沫若:《我们的文学新运动》,《创造周报》第 3 号,1923 年 5 月 27 日。

[22]《黎明》,载上海《时事新报·学灯》1919 年 11 月 14 日,未收入《女神》。

[23] 郭沫若:《创造十年》,《沫若文集》第 7 卷,人民文学出版社,1957 年出版,第 56 页。

[24] 郭沫若:《我的作诗的经过》,《质文》第 2 卷第 2 期,1936 年 11 月出版。

[25] 周扬:《郭沫若和他的〈女神〉》,《解放日报》,1941 年 11 月 16 日。

[26] 郭沫若:《创造工程之第七日》,《创造周报》第 1 号,1923 年 5 月 13 日。

[27] 郭沫若:《〈少年维特之烦恼〉序引》,《创造季刊》第 1 号,1922 年 5

月出版。

[28]朱自清:《中国新文学大系·诗集导言》,良友图书印刷公司,1935年出版,第5页。

[29]《庄子·齐物论》:“天地与我并生,而万物与我为一。”

[30]王阳明认为人的“良知”是天生就有的,“致”指扩充。

[31]郭沫若:《女神·三个泛神论者》注一,《沫若文集》第1卷,人民文学出版社,1957年出版,第63页。

[32]同注[30]。

[33]同注[21]。

[34]引自徐庆全的《关于“郭沫若著作编辑委员会”成立会议的记录》,《中华读书报》2004年4月14日。

[35]郭沫若:《序我底诗》,《郭沫若论创作》,上海文艺出版社,1983年出版,第214页。

[36]郁达夫:《〈女神〉之生日》,《时事新报》副刊《学灯》,1922年8月2日。

[37]转引自《沫若诗话》,吴奔星等编,四川人民出版社,1984年出版,第23页。

[38]郭沫若:《批评与梦》,《文艺论集》,光华书局,1930年出版,第133页。

[39]郭沫若:《孤竹君之二子·幕前序话》,《郭沫若全集》文学编1,人民文学出版社,1982年出版,第238页。

[40]郭沫若:《孤竹君之二子·附白》,《郭沫若全集》文学编1,人民文学出版社,1982年出版,第241页。

[41]同注[23]。

[42]鲁迅:《中国新文学大系·小说二集导言》,良友图书印刷公司,1935年出版,第7页。

[43]郁达夫:《忏余独白》,《忏余集》,天马书店,1933年2月出版,第5页。

[44]张资平:《文艺史概要》,时中书社,1925年版,第73页。

[45]钱杏邨:《张资平的恋爱小说》,《张资平评传》,现代书局,1932年出版,第7页。

第五章

新文学的多方面发展

一、新诗艺术的多元化

自由体诗成为主流——《蕙的风》和爱情诗——杰出的抒情诗人冯至——主张新格律诗的新月派——闻一多主张诗的“三美”——象征派诗歌的出现

朱自清在为《中国新文学大系·诗集》写的导言里,把五四后的新诗分为三大派:自由体诗、格律诗、象征派诗。如果从文体上看,象征派诗也是自由体的。但他的三分法倒是可以概括五四后新诗的面貌。自由体诗从胡适等一批先驱者的提倡、尝试,到郭沫若《女神》的成功,已经冲破旧诗词格律,实现诗体解放,在20世纪20年代成了中国新诗的主流。此时自由体诗有了很大的发展,既有向宏伟型发展,产生了二三百行的长诗;也有向小型发展,每诗仅三五句的小诗也盛行一时。形式既甚为多样,内容也更丰富了。“人的文学”思潮对诗歌创作的重要影响,就是使抒发个人情感的抒情诗在五四后特别发达。从抒发家国之情,到表达个人爱情,各类品种都很丰富繁盛。

1922年,文学研究会的作家创办《诗》月刊,是中国现代文学史上第一本诗刊。同年,他们又出版了朱自清等八位同人的诗集《雪朝》。郑振铎在为此集写的《短序》中说:“诗歌的声韵格律及其它种种形式上的束缚,我们要一概打破。因为情绪是不能受任何规律的束缚的。”他要求诗要“真率”、“质朴”,“雕琢与粉饰不过是‘虚伪’的遁逃所,与‘直率’的残害者”。这大概可以代表这时自由体诗作者们的共同的意见。在他们中间,朱自清的诗成就更为显著。后来,他还成为现代重要的诗歌理论家和批评家。他的诗较突出地表现了不断追求的激情和踏实坚韧的精神。五四后觉醒的知识分子认识到了人的价值,便有了实现人生价值的自觉,和由此而来的一些苦闷和紧迫感。《自从》表现抒情主人公寻找"人间之花",但在人生的路上,"我寻了二十三年,/只有影子,/只有影子啊!""我要我所寻的,/却寻着我所不要的!"在《匆匆》中写时光流逝,去而不返,他在八千多个日子中只匆匆徘徊,恐怕在人间白走了一遭。这种情绪更集中在二百多行的长诗《毁灭》中。长诗表现主人公在"流离转徙"中跌宕起伏的思绪。他在五光十色的花花世界中,"闻着的是浓浓的香,/尝着的是腻腻的味"。这里朋友如云,但"翻来是云,/覆去是雨,/别过脸,/掉转身,/认不得当年的你!"追寻的结果是幻灭,所剩的只有孤寂。尝够这人生的苦味后,返回故乡,"拨烟尘而见自己的国土",但他表示还要继续追索,"要一步步踏在土泥上,打上深深的脚印!"这诗很典型地表现了一部分觉醒的知识分子,在追求自我价值的实现过程中的思想矛盾、困惑,并且力图坚韧、踏实地探索的真诚愿望。在构思上明显地受《离骚》、《招魂》、《七发》等的影响,全诗以主人公的抒怀为主线,兼用象征,密密层层,深沉蕴藉,耐人寻味。在20世纪20年代的长诗中,像这样思想内涵和艺术功力都很深的作品是很少的。《毁灭》是当时十分杰出的一首咏怀诗。

1924年,白采(原名童汉章)发表七百余行的长诗《羸疾者的爱》。全诗是"羸疾者"(一个漂泊的诗人)和慈祥的老人、美丽的孤女、母亲、伙伴四个人的对话,用这种方式来抒发诗人的主观情感。这四人都被设计成"中庸型"的人物,而主人公"羸疾者"则是"怪诞少年",具有尼采思想的"超人式"的人物,寄托着作者的理想。羸疾者拒绝美丽孤女的求爱,因为自己病体瘦弱,如果接受少女的爱便是害了她。他不是不爱而是有更大的爱,不是无情而是对人间大有情:"我正为了尊重爱,/所以不敢求爱;/我正为了爱伊,/所以不敢接受伊的爱。"诗人用他身体的不健全来反衬他精神的坚毅、强壮,歌颂他:"你心比那心壮的更心壮,/比那年少的更年少。"诗中作者认为"生活的两面"(指灵与肉),肉体生命是更有价值的,而"羸弱是百罪之源",所以他要毁灭自己:"既不完全,/便宁可毁灭;/不能升腾,/便甘心沉溺。"这里有尼采思想的明显影响;但他是为了"我们萎靡的民族,我们积弱的祖国",他要爱他的女子记住"人母"的责任:"你须向武士去找健全的人格;你须向壮硕像婴儿一般的去认识纯真的美。"这又是与尼采的不同处。《羸疾者的爱》反映在

“人的觉醒”后，知识分子中追求健全的人的想望。

“人的文学”的提倡和思想革命引起伦理观念的变化，对文学创作的一个重要影响，便是现代爱情诗的出现。白话新诗最早一批作者中，在20世纪20年代也创作了不少爱情诗，如刘大白出过《邮吻》，郭沫若出过《瓶》等集子。其中有较为优秀的，如郭沫若的《瓶·第三十一首》：“我已成疯狂的海洋，/她却是冷静的月光！/她明明在我的心中，/却高高挂在天上……”而在爱情诗领域，最受人注意的还是五四后崛起的汪静之等湖畔诗社的诗人。

湖畔诗社于1922年4月成立于浙江杭州，主要成员有汪静之（1902~1996）、应修人（1900~1933）、潘漠华（1902~1934）和冯雪峰（1903~1976）。当年出版了他们四人的诗合集《湖畔》，次年又出版应、潘、冯三人的诗合集《春的歌集》。汪静之则于1922年出版《蕙的风》，这是新诗史上第一部以爱情诗为主体的诗集，以其直率地表达男女爱情而引起社会上强烈的反响。后来他继续发表爱情诗，收在《寂寞的国》中。

湖畔诗社虽是个小社团，却是创建新诗的十分积极的实践者，他们的第一个合集就是以诗社名义自己出资印行的。爱情诗在他们的诗中占着最显著的位置。他们被称为“真正专心致志做情诗”的诗人[1]，同时也写风光，写一点人生的情景、生活的感受，写自己内心的淡淡的哀愁。汪静之的许多爱情诗，表现男女纯真爱情的热烈、真挚、坚贞，写爱的甜蜜和陶醉，写相思的愁，也写失恋的苦。他的诗大胆袒露地歌唱男女情爱，显得天真烂漫、质直单纯。如《别情》，写抒情主人公无论在睡眠、喝茶、上课、读书，那蚊帐上、茶杯里……只看到一个心上人，他甚至要把心上人寄来的诗稿也吞到心里去。这类诗，虽因直白而显得清浅，却表现了大胆反叛封建世俗的精神。《过伊家门外》一诗，曾因写抒情主人敢于“冒犯了人们的指摘，一步一回头地瞟我意中人”，而受到“不道德”的指摘。即使像《太阳和月亮的情爱》这种借自然现象、客观景物来抒写爱情的诗，也不似徐志摩、冯至的情诗那么柔婉、温润、含蓄。《被残的萌芽》为私生子受歧视而鸣不平。《孤苦的小和尚》表现年轻小和尚偷看求佛的妇人。那种大胆的叛逆精神，使人觉得他是诗界的郁达夫。那时的诗评家曾赞美他的诗有孩子们洁白的心声，坦率的少年的气度。从这爱情的歌唱中，相当真切地反映了五四时期追求个性解放的精神。

朱自清说过:“中国缺少情诗,有的只是‘忆内’‘寄内’,或曲喻隐指之作,坦率的告白恋爱者绝少,为爱情而歌咏爱情的更是没有。”[2]这当然主要是指古代的文人诗而言。爱情诗的出现、发达,既是个性解放思想的迸发,也是对人类两性关系的美的追求的表现。当时有人认为这是“诗的责任”,“今后的诗不是为两性的爱作留声机,是为两性的爱作叫鸣鸡”[3]。追求自由爱情是五四新诗歌,也是小说、话剧等的重要的内容。汪静之的爱情诗,是诗歌题材上的一个重要的开拓。而且,为男女爱情在诗中争得了地位,把追求“有灵魂底拥抱,更望有肉体底飞舞”(潘漠华《春的歌集·恋诗篇》),作为合理的、自然的、健康的行为,还要化为美的歌声来咏唱,这更成了五四时期“人的觉醒”的一部分。由《蕙的风》引起的论争中,鲁迅、周作人等给予封建观念有力的批驳,推动了文学上的思想解放。

汪静之和其他湖畔社诗人的诗,艺术上还是比较幼稚的,似乎还不善于提炼,艺术手法也不够丰富。它是靠直率表达感情,产生一种稚拙的美、粗朴的美来打动人的。但他们也在进步中,汪静之的《寂寞的国》,诗句趋于整齐,用词比较讲究,比喻也多了,艺术上比《蕙的风》成熟。

在20世纪二三十年代,冯至曾被鲁迅称为“中国最为杰出的抒情诗人”[4]。可以这样说,他的诗代表着那时期抒情诗的最高水平。

冯至(1905~1993)是浅草—沉钟社的主要成员之一,诗集有《昨日之歌》、《北游及其它》等,比较充分地写出五四后觉醒的知识分子寻求出路,但生活和思想都没有着落的苦闷、幻灭的心情。《饥兽》写“饥荒的灵魂”:“纵使没有一件血的食物被我寻到,怎么/也没有一支箭当作血的食物射来?”这是当时觉醒的知识分子普遍感到的寂寞。《蛇》为情诗,其开头就是:“我的寂寞是一条蛇,/静静地没有言语。”他要歌唱爱情,情诗《我是一条小河》描绘爱情的美丽,但这美丽却是无法得到的。“我”虽有“软软的柔波”,流过森林花丛,把美丽的倒影想象成恋人,但无可奈何地终于流入了无情的风厉浪狂的大海,美丽幻影也都飘散了。这诗似写失恋之苦,却反衬出不少知识青年在追求中的失落感。他的许多诗表现了在迷茫的人生途中的思索,在彷徨中的追求,在生活没有着落、精神难得依托时的哀伤:“天上沉寂,/人间纷纭——/这里又怎能供我/长久徘徊!/怅惘,孤独,/终于归向何处?”(《楼上》)因此,他的诗中贯穿着一股感伤的情绪,不妨用“感伤的诗”来概括冯诗的情感特征,却也因此使他的诗充满了浓郁的抒情意味。《北游》是1927年诗人北上哈尔滨谋生时所写,由12首诗组成,是五四后重要的抒情诗。全诗以“阴沉”为基调,把反映现实与个人的情感抒发相结合,读者从其所描写的生活中能够深切地感到,是黑暗的现实使人“此身饮罢无归处”,只好“独立苍茫自咏诗”(这是诗前引的杜甫的诗)。既能以诗写实,又有饱满的诗情,是继承古典诗歌,特别是杜甫的现实主义传统的实例。

《昨日之歌》的下卷是四首有浓郁的抒情性的小叙事诗。《吹箫人》、《帷幔》描写封建门第观念、包办婚姻造成追求爱情的男女青年的悲剧,歌颂了忠贞的爱情。《蚕马》改造了古代传奇,写一匹马对一位女子的忠贞不渝的爱,谴责了马的主人对女儿幸福的漠视,也表现了女儿对美好爱情的朦胧的憧憬。马甘愿为了爱而贡献一切,使悲剧中带着一点悲壮。最后一首《寺门之外》则通过一老僧的自述,写灵与肉的冲突,点出违反人性的修行,所得不过是“幻灭的蜃楼”,具有反禁欲主义的倾向。这几首叙事性的诗,旋律凄清哀婉,含有很浓的感伤情绪。像《蚕马》在情节发展的每一段落,都重复吟唱:“只要你听着我的歌声落了泪,/就不必打开窗门问我,‘你是谁?’”制造了一种缠绵悱恻的情调,有让人感到回肠荡气之效,增强了诗的感人力量。把叙事诗写得几乎也是抒情诗,在当时甚为难得。

作为思想解放和诗体解放产物的自由体诗,在发展中遇到了问题。人们并不满足于只有一种自由体,何况自由体在艺术形式上的缺陷,越来越被人们所感觉到了。后来人们回顾诗的这场大革命,便认为“新诗运动最早的几年,大家注重的是‘白话’,不是诗”[5];“新诗的初期重在旧形式的破坏,那些白话调都趋向于散文化”[6];开路先锋《尝试集》的价值,只在于“与人以放胆创造的勇气”[7]。批评得比较激烈的如梁宗岱,说:“所谓‘有什么话说什么话’,——不仅是反旧诗的,简直是反诗的;不仅是对于旧诗和旧诗体的流弊之洗刷和革除,简直是把一切纯粹永久的诗底真元全盘误解与抹杀了。”[8]于是在20世纪20年代,就有新格律诗的提倡,有象征派诗的引进,各各在新诗艺术上进行探索,意含纠偏新诗的过于散文化和忽视艺术性。诗歌领域开始出现形态较为鲜明、完备的流派。

白话的新诗可否有格律，有人思考或试验过。1923年，陆志韦出版了他的诗集《渡河》，已很注意诗的节奏和押韵，被认为“实在是徐志摩氏等新格律诗运动的前驱”[9]。1923年成立的新月社，是五四后一个重要的文化社团，胡适、梁实秋、陈西滢等都曾是它的成员。这个团体在新诗领域中曾有很大的影响，因为它拥有以徐志摩、闻一多为主干的一批成就卓著的诗人，又以提倡格律诗在诗坛上独树一帜，以至后来有的人把新月社看成似乎是一个诗社。起初他们没有自己的阵地，多在《晨报》副刊和《现代评论》上发表作品。直到1926年4月，才在《晨报》副刊上辟一《诗镌》。徐志摩在《诗镌弁言》中宣告：“我们……要把创格的新诗当一件认真事情做。”他指出，那种兴致来了，随手写下的，不能就是诗。我们的责任是替思想灵魂“构造适当的躯壳，这就是诗文与各种美术的新格式与新音节的发现；我们相信完美的形体是完美的精神惟一的表现”[10]。此文实是新月社诗人提倡新格律诗的宣言，他们也被称为“新月派”。1928年3月，徐志摩等创办了《新月》月刊。

为新月派诗歌理论做了最重要贡献的是闻一多，他曾发表《诗的格律》等论文，提出系统的新格律诗理论。闻一多受欧洲唯美主义的影响，认为生活中的美是以艺术美为标准的，所以“自然的不都是美的，美不是现成的”，“没有选择便没有艺术”[11]。他的理论便与自由体诗的代表诗人郭沫若正相反。郭沫若认为诗不是“做”出来的，而是“写”出来，是从心里“流”出来的。闻一多则认为诗就要“做”。他既反对绝对的现实主义，也把只注重“自我表现”而不注重艺术创造的，叫做“伪浪漫派”。而做诗，就要有规矩，正如有趣的游戏必须有规矩一样，故诗的格律不可废除。他主张戴着格律的脚镣跳舞，这对于有魄力的作家不但不觉得碍事，反而是戴了脚镣才跳得痛快。故格律对于不会写诗的人是障碍物，对会写诗的人则是利器。

但闻一多主张格律诗并非退回到旧格律去。他认为白话诗的格律，要相体裁衣，达精神与形体的调和。故新格律诗的格式应层出不穷，不似旧格律诗只有一种固定的格式；这新的格式又是我们由自己的意匠随时构造，不似旧格律诗的格式是他人替我们创造的。所以当有人主张学西方的“商籁体”(Sonnet，十四行诗)时，闻一多虽然赞同，但认为不能照搬。

为了建设新格律诗，闻一多又提出了具体主张，即从听觉、视觉两方面着手。“诗的实力不独包括音乐的美(音节)，绘画的美(词藻)，并且还有建筑的美(节的匀称和句的均齐)。”[12]他借鉴西洋诗歌的方法,根据现代汉语的特点,主张音尺(或称音步、顿数)的整齐,以加强新诗的节奏感。他自己的创作,在这些方面都能刻苦地推敲,以语不惊人死不休的精神,在艺术上狠下功夫。

经过闻一多等的努力,新月派诗人以一批精致的诗作,把白话新诗的艺术大大地向前推进了一步。这使新诗艺术在郭沫若之后又迈出的极重要的一步。闻一多、徐志摩这两位新月派的代表诗人也与郭沫若一样,成为创造新诗的一代诗宗。

此外,还有朱湘等也各自做了自己的贡献。朱湘(1904~1933)有《夏天》、《草莽集》等诗集,他的诗还较多地受古诗词的影响,情调较哀伤。《草莽集》中的《王娇》一诗,长达九百多行,是20世纪20年代少见的长叙事诗。但以诗述故事,在叙事与抒情的结合上,不及同期的冯至。1931年,陈梦家编选了《新月诗选》,内选徐志摩、闻一多、饶孟侃、朱湘、孙大雨、方令孺、林徽音、陈梦家、方玮德、卞之琳等18位诗人的80首诗。这算是对这一诗歌流派做了总结,同时也标示着这一流派的历史作用的结束。1933年6月,《新月》出了第4卷第7期后停刊,宣告新月派活动的中止。

几乎和新月派提出创建新格律诗同时,象征派的诗也出现在中国的诗坛上。新文学创作从诞生之日起就受西方文学的影响,包括象征主义的影响。在诗的领域中如早期的《小河》(周作人)、《月夜》(沈尹默)等,已经可以看出这种影响的痕迹。但是专门写作象征派的诗,从而使这一诗派在中国引起广泛注意的人,则是李金发。1925年,他的第一部象征派诗集《微雨》问世,接着又出版《为幸福而歌》、《食客与凶年》,中国才有了真正意义上的象征派的诗,李则被公认为中国象征诗的创始者。

李金发之外,当时不同程度受象征主义的影响,诗歌创作成绩较为显著的,还有创造社的王独清、穆木天和冯乃超等。王独清出版过《圣母像前》、《死前》等诗集,受拜伦、雨果影响,偏向于浪漫主义。但也表示“我很想学法国象征派诗人,把‘色’(Couleur)与‘音’(Musique)放在文字中”,追求“色”、“音”感觉的交错。他还提出“诗是最忌说明,诗人也是最忌求人了解!”“常人认为‘朦胧’的,诗人可以看出‘明了’来。这样以异于常人的趣味制出的诗,才是'纯粹的诗'。"[13]穆木天也提出:"诗的世界是潜在意识的世界。……诗是要暗示的,诗最忌说明。说明是散文的世界里的东西。"所以"诗越不明白越好"[14]。他们比李金发更详细地高张了象征派的主张。穆木天的诗集有《旅心》,冯乃超出过《红纱灯》,思想内容有接近李金发之处,也表现出在枯燥、贫乏的生活里,一些知识分子空虚、寂寞、忧郁、疲惫的精神状态。但语言并无李氏之晦涩,形式上也做过一些探求。如穆木天的《苍白的钟声》,把诗行也拆了开来:

> 听　残朽的　古钟　在　灰黄的　谷中
> 入　无限之　茫茫　散淡　玲珑
> 枯叶　衰草　随　呆呆之　北风
> 听　千声　万声——朦朦胧胧——
> 荒唐　茫茫　败废的　永远的　故乡之
> 　　钟声
> 　　　　　　（听　黄昏之深谷中）

这是希望通过文字的特别的排列和形式的变幻,来表示断断续续的钟声在随风飘荡,用这样的形式来帮助情感内容的显现。

二、闻一多和徐志摩的诗

闻一多的诗——爱东方恬静的美——"三美"的实践——徐志摩的诗——爱、美和自由——偏重音乐美

闻一多(1899~1946),原名闻家骅,湖北浠水人。1922年从清华赴美留学,所学专业为美术。1923年出版《红烛》,1928年出版《死水》,这两部诗集收了他主要的诗作。未入集的有三百余行的、描写清华学生生活的《园内》等。

前后两本诗集的思想色彩不很一样。《红烛》较多染着五四时期追求、进取的风采和色泽。当时文学研究会作家的创作中,把美作为人生的理想,闻

一多固然也有这样的思想倾向，但他是主张“为艺术而艺术”的，也就更加热情地歌唱对于美的追求，为他当时是艺术的学徒，所以又偏重于表现艺术美的追求，因此被人认为是个极端的唯美主义者。但诗中的美或艺术，都包含着诗人对生活的热爱和对美好理想的憧憬。在《色彩》中，他唱道：

生命是张没价值的白纸，
自从绿给了我发展，
红给了我情热，
黄教我以忠义，
蓝教我以高洁，
粉红赐我以希望，
灰白赠我以悲哀；
再完成这帧彩图，
黑还要加我以死。
从此以后，
我便溺爱于我的生命，
因为我爱他的色彩。

这里，色彩象征着美，代表人的各种情感，诗人认为这是生命的价值。有了美，生命才是可爱的、珍贵的，值得“溺爱”的。他的诗高唱为艺术而献身的精神。《剑匣》以精心雕镂一极其华贵精美的剑匣，比喻对美的苦心铸造；等到大功告成，他甘愿用剑匣来结束自己的生命。《李白之死》以月亮象征美，歌颂李白投水救月，以身殉美。在《艺术底忠臣》中，他表示“美即是真，真即美”，他要“鞠躬尽瘁，死而后已”，“真个做了艺术底殉身者”。他所要抒发的就是这种对美、对艺术的忠诚，以及在创造美的过程中追求的执着、失败的苦恼、成功的欢愉等。正是透过这些追求艺术美的具体描写，让人看到一个忠诚严肃的、认真执着的，开辟生活、创造生活的抒情主人公形象，而看不到唯美主义作品常有的颓废色彩。他对美的追求是与《红烛》中“莫问收获，但问耕耘”，《志愿》中甘将热血染成无名小花，给路人以温暖的高尚情怀、牺牲精神相连着的，这正是五四时期青春进取精神的表现。

闻一多诗歌的非常突出的特点，是他的爱美是和爱国紧紧相连的。而他的爱国又首先是因为热爱祖国的文化。他说过，“我酷爱我们祖国的文化”[15]，“我爱中国固因他是我的祖国，而尤因他是有他那种可敬爱的文化的国家。”[16]他的爱的情感深深扎根在民族文化的土壤里，已经形成他独特的审美观，便不仅爱得坚实，而且是非常强烈的。他对于那“东方的恬静底美”是极赞扬的，所以《忆菊》一诗在歌颂了“自然美底总收成”时，禁不住满怀激情地唱道：“秋风啊！习习的秋风啊！/我要赞美我的祖国底花！/我要赞美我如花的祖国！”

然而这么可爱的祖国，却有那么多的不幸，这更激起诗人汹涌的情感波涛。他直接表现爱国主义主题的诗很多，不断诉说对祖国的深情。《祈祷》强调要把民族的记忆抱紧，要保有尧舜的心和荆轲、聂政的血。《一句话》说有一句震天动地的话，像青天霹雳，像火山爆发，那就是“咱们的中国！”面对帝国主义的侵略，使台湾、港澳沦为殖民地，他写了《七子之歌》，表达的是殖民地同胞对祖国母亲的依恋，每一段诗的最后都呼喊着：“母亲！我要回来，母亲！”

这类诗中又有两种是写得多的。一是在国外创作的，表现思念祖国的游子之情，多收于《红烛》。一是回国以后，由于看到现状的黑暗所发出的，由失望而致愤慨甚至愤怒的情绪。透过这愤慨、愤怒之情，强烈地反映了对祖国爱之甚、求之切的赤子之心。这在《死水》中表现得更鲜明。

前一种诗除了《忆菊》，还有《太阳吟》、《孤雁》等。前者写出身在异域，有无家可归之感的憔悴游子思乡的九曲回肠。后者自比失群的孤雁，听到祖国呼唤“归来罢，失路的游魂！/归来参加你的伴侣，/补足他们的阵列！”这些诗都不同程度地表现了对民族歧视的厌恶。回国后写的《洗衣歌》，抓住美国社会上一个普遍现象——鄙视以洗衣为业的华人，对美国的种族歧视给予猛烈的抨击。诗歌没有停留在为华人鸣冤屈、表同情之上，而是揭露美国社会的贪心、欲火、铜臭、血腥，将傲慢的种族主义者置于受批判的位置。诗歌表现了抒情主人公为维护受欺压的弱者的人格尊严，所表现出的高度的民族自尊心。

另一种诗是写理想与现实发生冲突后的愤慨、愤怒之情，同样是出于对祖国深切的爱。《发现》相当充分地写出了这种情绪，一个慷慨激昂的爱国者形象跃然纸上。《一句话》、《一个观念》、《祈祷》诸诗,也都抒写了爱国的火热的心。到了这种时候,诗人便从对美的追求转而批判丑的现实。《静夜》一诗生动地表现一个正直的爱国诗人,面对现实是无法安坐在艺术的象牙塔中的:

如果只是为了一杯酒,一本诗,
静夜里钟摆摇来的一片闲适,
就听不见了你们四邻的呻吟,
看不见寡妇孤儿抖颤的身影,
战壕里的痉挛,疯人咬着病榻,
和各种惨剧在生活的磨子下。
幸福!我如今不能受你的私贿,
我的世界不在这尺方的墙内。
听!又是一阵炮声,死神在咆哮。
静夜,你如何能禁止我的心跳?

北京发生"三一八"惨案后,他写了《文艺与爱国》,提出为祖国而死就是伟大的诗篇。由于思想的变化,他描绘现实的诗也比过去多了。有用写实手法刻画军阀战争中农村凋敝惨象的,如《荒村》。也有用象征手法的,这就是著名的《死水》,那一潭腐臭的死水,正是当时中国现实社会的形象写照。从他的深沉的痛苦和极度的愤慨之情中,折射出了热切盼望社会进步的思想之光。

闻一多反对"伪浪漫派",他的艺术方法却正属于浪漫派的。不过他不取赤裸裸地宣泄自我之路,而是将自己的感情附着于他所选择的某一形象,托物寄情,这是他的主要方法。如《红烛》,诗人选择了燃烧自己、照亮他人的蜡烛,用以表达为了创造光明,甘愿流干眼泪的自我牺牲的情怀。但和郭沫若有所不同,郭沫若选择了象征性的形象,则把抒情主体与象征性的客体合二而一,如他笔下的天狗、炉中煤等等就是诗人自己。闻一多则把主体置于客体之外,通过主体对客体的描述、臧否,来表示主体的态度,宣泄主体的感情。所以《红烛》中的蜡烛,《忆菊》中的菊花,《孤雁》中失群的雁,《太阳吟》中的太阳，直到《死水》中那一潭臭水，都不是闻一多自己。它们有的是主体所要歌颂的，有的是主体诅咒的对象，都是从对客体对象的肯定或否定中，来抒发诗人的情感。

但也有部分诗是直接歌唱自己情感的。如《发现》、《洗衣歌》等，几乎都不用什么比喻，非常用力地写出主人公的情绪。《发现》中主人公迸着血泪呼喊、以拳擂地的逼问，这些怒发冲冠的外部形象，使人充分体认了主人公的愤慨。《洗衣歌》则从主人公把主顾的衣物称为“悲哀的湿手帕”、“罪恶的黑汗衣”，表现了他的藐视之情。这些诗的文字比较朴素，但表达的感情非常强烈。

闻一多写诗讲究比喻的使用，这对于增强诗的形象性有很大作用。由于他想象的丰富神奇，一些比喻出人意表又十分贴切，很有艺术的感染力。他把芭蕉叶形容成“芭蕉的绿舌头”；果仁是被幽闭的灵魂，还穿着豆绿的背心；青蛙的叫声成了“水国底军歌”；火柴被形容为君王的“樱桃艳嘴的小歌童”；古怪的思想被形容为非禽非兽的蝙蝠；就是抽象的战争，也被写成是“驮着灰色号衣的战争”，变得具体而鲜明了。他在写景时，这种比喻帮助了描写。如写小溪之夜：“铅灰色的树影，/是一长篇恶梦，/横压在昏睡着的小溪底胸膛上。”他写风吹池水皱是“阴风底冷爪子刚扒过饿柳底枯发，/又将池里的灯影儿扭成几道金蛇”。他在语言上重视修辞，常常使用拟人化手法，像“贤良的桌椅，朋友似的亲密”，还有“悲哀的湿手帕”、“罪恶的黑汗衣”等，使万物在诗里都变得有生命了。这些都表明闻一多是很下功夫在“做”诗，使他的诗在艺术上绚丽多彩。但有时选用的形象较陈旧，又用得太多，如朱湘所说，使人感到太“文”、太“累”。他的一些优秀诗篇，如《忆菊》用浓墨重彩反复描写菊花，《死水》给“死水”涂上一层层的厚厚的颜色。讲究绘画美而用词过于繁重，有堆砌之感。正如浓妆艳抹，有时反不如淡泊朴素的感人。

闻一多提出诗的“三美”，他自己也在努力地实践这主张。他注意选择词藻，在某些诗中则尽量使文字色彩浓烈，以加强内容的表达，如《死水》中故意用美的词藻写丑：

> 也许铜的要绿成翡翠，
> 铁罐上锈出几瓣桃花；

再让油腻织一层罗绮，

霉菌给他蒸出些云霞。

他的诗每行的音尺多相等，整首诗的构造也多均衡、对称，不仅视觉上产生美感，更重要是造成音节上的整齐，如《忘掉她》、《洗衣歌》、《渔阳曲》等。加以很注意押韵和声调抑扬的交错，使诗具有音乐性。在《洗衣歌》的某些段落中，一行诗中间的停顿，也使用双声叠韵，产生很强的韵律感：

年去年来(lai)一滴思乡的泪(lei)，

半夜三更(geng)一盏洗衣的灯(deng)……

下贱不下贱(jian)你们不要管(guan)，

看那里不干净(jing)那里不平(ping)，

　问支那人(ren)，问支那人(ren)。

这些整齐的诗是那样自然浑成，人们看不出有意增删的痕迹。这正是闻一多艺术功力之所在。在新格律诗的创造上，闻一多最费心血，不但成果卓著，且对整个格律诗派都产生过重大影响。所以徐志摩说他是“最有兴味探讨诗的理论和艺术的一个人。我想这五六年来我们几个写诗的朋友多少都受到《死水》的作者的影响”[17]。

徐志摩(1897~1931)，浙江海宁人，是新月社另一重要诗人，被视为新月社诗歌的“盟主”，出版过《志摩的诗》、《翡冷翠的一夜》、《猛虎集》、《云游》等诗集。徐年轻时留学英美，在英国剑桥大学形成影响他一生的“康桥情结”。《康桥再会吧》把剑桥视为“难得的知己”，是自己的“精神依恋之乡”，表示“此去身虽万里，梦魂必常绕”。《再别康桥》一诗写他在依依惜别之时，心之向往、情之所钟。他眼里的康桥如此之美，这里柳树是夕阳中的新娘，这里的清泉沉淀着“彩虹似的梦”，令他全身心拜倒，表示“在康河的柔波里，/我甘心做一条水草”。1924年，徐志摩在《晨报》副刊上发表《一首不成形的诗》，其三是“表示想望的”，即散文诗《婴儿》，用另一种方式描写他的“彩虹似的梦”。《婴儿》描写临产妇人的痉挛性的阵痛，诗人希望出现一个伟大的事实，希望她产下一个宁馨儿，就是在中国实现他在剑桥学习时所形成的“自由、平等、友爱”的理想社会。胡适曾指出徐志摩的人生观“只有三个大字：一个是爱，一个是自由，一个是美。……他的一生的历史，只是他追求这个单纯信仰实现的历史”[18]。徐在《这是一个懦怯的世界》中也曾说，他追求的“理想的天庭”，就是“恋爱，欢欣，自由”。这些可以概括徐的“康桥情结”和他的诗的思想内涵。由于个人情感经历的缘故，他诗中的爱情诗占了很大的分量，在不少这类诗里，爱情、自由和美是统一着的。他歌唱爱的悲欢际遇，也代表着自由和美的命运。

徐诗怀着单纯的甚至天真的激情，不断地歌唱诗人的理想。《我有一个恋爱》说：“任凭人生是幻是真，/地球存在或是消泯——/天空中永远有不昧的明星。”这晶莹闪耀的明星就是诗人的理想的象征，诗人为追求这理想，甚至可以不惜牺牲自己。《为要寻一个明星》中的主人公，在黑夜里骑着拐腿的瞎马，在茫茫荒野中去寻找“明星”，直到“天上透出了水晶似的光明”，这时“荒野里倒着一只牲口，/黑夜里躺着一具尸首”。有一些诗更写得勇猛甚至悲壮，如《无题》中的朝山人不顾攀登中的伤痛、血迹，不怕狼嗥、蛇绕，不后退、不倒地，鲜血淋漓也要“冲破一切的恐怖，迟疑，畏葸，苦痛”，“前冲；灵魂的勇是你成功的秘密！”最后，看到了理想的高峰，“在蓝天里，在月华中，秾艳，崇高，——/朝山人，这异象便是你跋涉的酬劳！”这首诗充分表现了诗人的决心。这在《海韵》中得到更加艺术化的表现，诗写一位“爱大海的颠簸”的女郎，不听再三呼唤她回转来的声音，坚持在海波中旋舞，最后让海浪吞没。诗在女郎与呼声的对答中，在她与猛兽似的海波的对比中，把这勇敢的女郎写得非常美：

“女郎，胆大的女郎！
　　那天边扯起了黑幕，
　　　这顷刻间有恶风波——
女郎，回家吧，女郎！”
　　“啊不；你看我凌空舞，
　　学一个海鸥没海波：”——
　　在夜色里，在沙滩上，

急旋着一个苗条的身影——

婆娑，婆娑。

与那几乎有摧毁一切之力的大海狂浪相比，孤独的女子显得那样的弱小、单薄，就更表现出她义无反顾，不惜牺牲，愿做生活中的弄潮儿的气概。结局虽然是悲剧性的，却写得气宇轩昂，悲壮而不悲观。

徐志摩的许多诗十分强烈地抒发对光明的热烈向往、期待，不畏艰难的寻求，实现理想的乐观主义情绪。这类诗，是五四后新文学中出现的乐观、进取、向上精神的重要组成部分。

追求理想的另一面，便是对于人间现实的不满。这在徐诗中也有较鲜明的反映，他揭露军阀战争的罪恶，同情下层人民的苦难。在《灰色的人生》中写道，民间是"衰老的，病痛的，贫苦的，残毁的，受压迫的，烦闷的，奴服的，懦怯的，丑陋的"。他的一些诗具体描写了这景象，如《盖上几张油纸》、《一条金色的光痕》、《先生！先生！》等。《叫化活该》把"大门内有欢笑，有红炉，有玉杯"的景象，与在尖刀似的西北风中求乞者作了对比，并且写出了自己与后者的共鸣："我也是战栗的黑影一堆，蠕伏在人道的前街；我也只要一些同情的温暖，遮掩我的剐残的余骸！"还有《太平景象》、《大帅》等是揭露军阀战争罪恶的。《庐山石工歌》唱出劳动者粗犷雄浑的劳动歌声，认为这是痛苦人间的呼吁。这类诗可以证实徐志摩还是关心现实的，他的眼光看到了痛苦的角落。在《古怪的世界》里发出这样的怀疑："我独自的，独自的沉思这世界古怪——/是谁吹弄着那不调谐的人道的音籁？"五四后的中国并未诞生徐志摩所盼望的宁馨儿，他的个人感情生活也屡遭挫折，承受着世俗社会的压力。于是在一些诗里难免流露着黯淡的失望、幻灭的情绪。《消息》一诗，写雷雨暂息，彩虹当空，"好兆！明天准是好天了"。然而，一阵雷声，使诗人的"希望，不曾站稳，又毁了！"这就是徐志摩从现实生活中听到的"消息"。于是，他感叹"生命即寂灭，寂灭即生命"(《默境》)，他表示"我不爱人间"(《诗》)，他悲哀地表示要用小刀来求解脱，又说"除了消灭更有什么愿望？"在《去吧》中说："去吧，种种，去吧！""去吧，一切，去吧！"他具有诗人的天真，或者就是胡适所说，"太单纯"[19]了。正因为如此，无论写追求或者表现失望，都还是真挚的，这是他的诗能打动人的原因之一。随着时代的发展，他的怀疑、彷徨更加重了，思想产生迷惘，在《“我不知道风是在哪一个方向吹”》中喟叹：

我不知道风
是在哪一个方向吹——
我是在梦中，
在梦的悲哀里心碎！

我不知道风
是在哪一个方向吹——
我是在梦中，
黯淡是梦里的光辉。

这首诗以往被解读为政治诗，也有当做情诗来读的，各有道理。徐诗往往超越具体的所指，从不同时空条件下诗人的实际情感中，不难从中看出他对人生、对生命的理解和态度。这首诗在另一层面上，可以读出人生就像“在梦中”，人对生命的无力把握。从徐的精神历程来看，则可以看出他的“彩虹似的梦”难圆，在他的梦中只能把“黯淡”权充“光辉”，这是一种感伤的无奈之情；倒也很真实地反映了中国一些单纯的却还带着政治幼稚性的知识分子，在复杂的社会变动中一时的苦闷。

为爱情而歌，是徐志摩诗的重要内容。这些诗篇歌唱纯真的爱情，委婉优美，表现对个性解放的追求。如《雪花的快乐》、《落叶小唱》、《两个月亮》、《云游》等，大多写得真挚、热烈、温柔、清新。徐的爱情诗不仅手法多样，想象巧妙，艺术高明，而且情感浓郁，颇为动人。《雪花的快乐》把自己想象为雪花：“假如我是一朵雪花，/翩翩的在半空里潇洒，/我一定认清我的方向——/飞扬，飞扬，飞扬，——/这地面上有我的方向。”最终飞到早就认明了的自己心爱的人的身上：“那时我凭借我的身轻，/盈盈的，沾住了她的衣襟，/贴近她柔波似的心胸——/消溶，消溶，消溶——/溶入了她柔波似的心胸！”把爱表现得如此真诚、执着，对爱的追求又是那么潇洒，让人感到了爱情给生命带来的活力。

在诗歌艺术上，徐志摩也在英国雪莱、拜伦等的影响下，确立了他的浪漫主义创作倾向。但他不靠文字的浓艳，他的文字是很朴素、平易、口语化的，也不用过多的象征、比喻。徐志摩的诗在艺术上与闻一多诗的区别，在于相对地不注意绘画美。他很少堆砌色彩浓艳的词藻，用比喻也恰如其分，不求神奇。因而诗更平易、清爽、明净，也很流丽。有的诗运用口语，如以溥仪出宫后故宫残破为题材，慨叹人事变幻的《残诗》，就因使用北京的口语而有“京味”，被朱湘称赞为“平民风格诗”。市井俗语具有平民的眼光和视角，用来诉说显贵宫庭的败落，不仅有一种调侃的意味，还造出人世沧桑的感伤氛围。

他的文字不浓艳，但是感情却表现得很浓郁。他很会制造轻盈、柔婉的情调和气氛，以表现自己的感受、心境。《再别康桥》写环境，写河畔的金柳、河中的波光艳影、潭中虹一般美的泉水……从作者笔下的这些画面，可以体味到他对这环境的深情。再加上愿做这水波中一条水草，要走也是悄悄的，怕惊动康桥，这些主观情感的渲染，就把抒情主人公的依恋、惜别之情烘托了出来。同样写别离，《沙扬娜拉一首》则描写告别的对象。短短五行诗，一个低头、一声珍重，加上一个水莲花的比喻，不仅让日本女子温柔、娇羞的神态活了起来，而且似乎让人看到她们的精神特征；他写出了人物形态和神情之美，从而表现了一种甜蜜中又含哀愁的别情离绪。这些诗的文字都不浓艳，却也能充分表现徐志摩诗的婉约之风。他的诗歌风格与闻一多差别明显，如果说闻诗近于阳刚，则徐诗基本上是阴柔的。

在诗的表现手法上，徐志摩是十分讲究的。他能够运用各种各样的方法，变换着花样来写相近的题材，显出诗才富赡。如他有许多爱情诗，却绝无雷同之感。表现手法非常多样，变幻无穷，写出了爱的过程中各种复杂的情感波动，有甜蜜也有苦涩、悲伤。《雪花的快乐》是以雪花为意象，“我”和“雪花”融而为一，唱出“我”的心愿。《两个月亮》、《云游》借用天上的月、地下的水，间接地较为隐晦地表达爱情。《她是睡着了》的方法，则是极力描绘自己所爱的人的美丽。《落叶小唱》为了写失恋的苦，把梦与现实交织，梦醒了，只余窗外秋声，留下一缕惆怅。《我来扬子江边买一把莲蓬》则借着剥食莲蓬表示“我的心比莲心苦”，表达的是凄苦。《翡冷翠的一夜》不像他一般的爱情诗，用了描绘、铺叙的方法，细致展现感情委婉、深沉的弱女子的复杂心理活动过程，表现刻骨铭心的爱。《呻吟语》先是欢快地说“愿意忘却了人间有忧愁”,“像一只没挂累的梅花雀,/清朝上歌唱,黄昏时跳跃”;最后亮出条件,“假如她清风似的常在我的左右”。写的是忧愁,语言却毫不忧愁。

徐志摩对诗的音乐美是非常强调的,他主张彻底的“音乐化”,认为这才能达到“诗化”。诗的思想感情是靠那音节的和谐优美得到加强的。如柔婉之情的造成,便与音节柔婉有关。《雪花的快乐》中不断重复“飞扬,飞扬,飞扬”一句,既造成雪花纷飞的轻盈感,又产生了轻松愉快的情调。《沙扬娜拉一首》重复地说“道一声珍重”,不仅写出日本女郎礼貌谦恭,而且使人感受到那依依惜别之情。《再别康桥》那柔和、优雅的情致写得颇为淋漓:

轻轻的我走了,
　正如我轻轻的来;
我轻轻的招手,
　作别西天的云彩。

这里一是靠音尺的整齐;二是靠押韵产生的回环之感;三是靠复沓,三次重复“轻轻的”,造成一种柔肠千转百折、无限缠绵之感。闻一多所提倡的“节的匀称和句的均齐”,在徐诗中做得更好些。他的许多诗的格式都是很整齐的,有规律的。例如喜欢用“a,b;b,a”式的反复格律形式。如:

我冲入这黑绵绵的昏夜,
　　为要寻一颗明星;——
　　为要寻一颗明星,
我冲入这黑茫茫的荒野。

而且还尽量运用文字的排列来制造音乐性。《沪杭车中》这样排列词组:

匆匆匆!催催催!
一卷烟,一片山,几点云影,
一道水,一条桥,一支橹声,
一林松,一丛竹,红叶纷纷:

这是写车子行进中从车窗所看到的一路景色。景色的变幻，表现了车的速度。而在音节上，从“匆匆匆”开始，到“红叶纷纷”，都使人有一种车声隆隆之感。有的诗还采用特别的排行方法，如《阔的海》结尾：

像一个小孩爬伏
在一间暗屋的窗前
望着西天边不死的一条
缝，一点
光，一分
钟。

把“缝”、“光”、“钟”三字与前边的数量词切开，单独排于每行之首，好像敲响了三声钟。

三、李金发(髮)的象征派诗

象征派诗的创始者——第二次“人的觉醒”——李金发诗的思想——象征艺术的创造

李金发(1900~1976)，广东梅州人，曾留学法国学习雕塑。他受象征派先驱法国诗人波特莱尔的影响，并称著名象征派诗人魏尔仑为“我的名誉老师”[20]。1925年，他在周作人等的支持下出版了第一部象征派诗集《微雨》，接着又出版《为幸福而歌》、《食客与凶年》。他被称为中国象征诗的创始者。

象征派的诗之异于现实主义和浪漫主义，从艺术方法上说，在于不用真实描写的手法，也不直接地抒发自己的情怀；它往往使用异乎常态的奇怪的联想、隐喻、幻觉、暗示等，以之象征诗人所要表现的思想、生活，因而造成了朦胧、迷离、神秘的色彩。由于象征方法的怪异，诗句晦涩难解，须要读者运用自己的联想去猜测，解读就比较困难。朱自清曾解释：“象征诗派要表现的是些微妙的情境，比喻是他们的生命；但是‘远取譬’而不是‘近取譬’。所谓远近不指比喻的材料而指比喻的方法；他们能在普通人以为不同的事物中间看出同来。他们发现事物的新关系，并且用最经济的方法将这关系组织成诗；所谓‘最经济的’就是将一些联络的字句省掉，让读者运用自己的想象力搭起桥来。”[21]通常用比喻是为通过它拉近读者与诗人的思想距离；象征主义的比喻则反之，是拉远了读者与诗人的距离，读者必须自己绕圈圈去寻找诗人的原意。好的象征派诗可以让读者在绕圈中得到艺术的享受。这就是这种艺术方法较之现实主义、浪漫主义的先锋性。

在西方，象征主义诗派是现代主义的前驱。资本主义社会发展到了19世纪后期，一方面是工业、科技已经高度发达，创造了丰富的物质财富；但另一方面并没有给人们带来美好的生活，反而造成种种严重的社会矛盾，引发了后来两次空前的世界大战。当初的理性旗帜飘落，西方社会的精神危机加剧，非理性的思潮蔓延，正像尼采说的“上帝死了！”这样的现实也促使一些知识分子对人做进一步的反思。文艺复兴、启蒙运动都高度地肯定人，热情地赞美人，相信人的觉醒必能使世界变得更加美好。现在人们可以看到，贡献出伟大奇妙的创造、非常了不起的人，却有着固有的、难以逃脱、无可救药的人性的缺陷，甚至是丑恶的、凶残的。无论地球上矗立着多少闪耀着现代光芒的高楼，世界其实只是个“荒原”，一个精神的“荒原”。有人把这称为人的“第二次觉醒”。一些知识分子进一步思考人，促进了对人自身认识的深化；但也有一些人，对人并对世界感到幻灭、绝望，对人失去信心，由看不到希望而走向了颓废以致疯狂。在文学上，他们有自己的美学追求。他们要营造一个精神的归宿和灵魂的安息之所，这当然是无法用理智加以证实的，因而只有用象征来暗示。而这象征的世界，又纯是个人印象的世界，不一定要与他人沟通，于是便以朦胧、神秘为美，认为“指明对象，就是对诗歌所给与我们的满足减少四分之三”[22]。更有以丑为美的，认为“艺术有个神奇的本领：可怕的东西用艺术表现出来就变成了美”[23]，这就是“恶之花”。

就五四后中国的实际情况来说，无论在社会的、思想的发展上，都不具备产生西方现代主义的条件。但五四后的中国社会是开放的，敞开了胸怀承接四面八方的风雨。尤其像李金发这样的留学生，可以直接接受法国象征派的影响。李写象征派的诗虽然没有西方现代主义的时代背景，却因为五四后一些知识分子感到社会黑暗、生活不安、前程渺茫，乃至个人遭遇等原因，产生悲观颓丧心情，与象征主义诗歌的某些情绪产生共鸣，于是也学着写起象征诗来了，以“观察遍万物之喜怒/为自己之欢娱与失望之长叹”（《诗人》）。李金发生活在国外，更感与异乡生活的矛盾，在《寒夜之幻觉》一诗中，浪漫之都巴黎在他的眼里，喧闹市声“如猫犬争执在短墙下”，寺塔如伸向天空的“死神之手”，塞纳河里“泛着无数人尸与牲畜”。这种非写实的描写，凸显人与生存环境的不兼容。《诗人凝视……》之一中，他写在风雨中伫立路旁的“残废之乞丐”，“欲慈悲人造他的幸福”，然而那些“游散的人”，却“各自在生命上徜徉，/同仁看惨酷之神秘”。这样的世态也是人的命运的象征。接着在该诗之三中说：“诗人咬着笔儿欲写，/墨遂干了，/按着琴儿欲奏，/弦遂断了。”既然不能认真地“凝视”现实，便只能吟唱个人的哀怨：“世纪的衰病，攻打我金发之头，如秋深的雾气，欲使黑夜更朦胧。”（《印象》）于是，“雾儿暂张，——/单调的朦胧，——/亲密的烦闷”（《晨间不定的想象》），似乎成了他的诗的思想特征的概括。最具代表性的是以“弃妇”的形象，象征自己的生活遭际和对生活的哀戚之感，表现的是面对命运的孤独和绝望之情（《弃妇》）。他的诗的整体基调充满了哀伤，选择的形象多为死神、朽兽、坟墓、骸骨、黑夜、空谷等，造成一种十分哀伤无望的气氛，用以支撑主题，渲染气氛。

作为他的感伤情绪的思想基础，他的诗进一步表现对生命的理解，生与死也成了他的重要主题。他写《生》是“酒肉充满台儿，/痛饮狂吞，/怕欢乐不常在！”因为他觉得“生命便是/死神唇边/的笑”（《有感》）。这些诗句里带着浓厚的颓废色彩。相对而言，爱情就被视为布满暗礁的生活中的“灯塔之光”。他写了不少爱情诗，既有对美丽爱情的追怀，也写失去爱情的悲伤和痛苦。也有的诗描绘自然美，歌唱美丽的自然景物，并表现对故乡的怀念。

全部的诗组合成一个抒情主人公形象，那就是在阴冷暗夜中无力挣扎、十分疲乏、企望得到安慰的颓废者。就连徐志摩诗中那一道追求的亮色，在李金发的诗中也难以找到。三部诗集基本上表现一个主题，便显得雷同。但也有一些诗表现了美好的爱情，表现思念故乡和母亲的游子情，也描绘了国外风情，带着点异国情调，可惜数量不多。

李金发把象征派的艺术引入新诗，有较成功的，也有不很成功的。他的诗总体上是朦胧、晦涩的，一些词指代不明，一些意象的象征义也较费解，造成理解的障碍。“橡林”、“小鹿”、“野鹤”、“游蜂”等，都好比是诗中的密码符号。文学革命中反对用典，李金发自创新典、洋典，出于诗人心灵，带着主观性，其含义难以解读。诗中句与句、段与段有如没有桥梁和轮渡的一座座孤岛，要靠读者自己去串联以分辨、体会其中的思想。语言不但嵌着一些古文和外文，而且有时不顾语法规则，使诗句显得拗口难读。由于表现上的怪诞、神秘，李金发便被人称为“诗怪”[24]。但象征派诗异常注意意象的捕捉，便促使诗人去选择可供与主观情感相结合的形象。如他选择花园中的鸟兽昆虫，用以构筑自己想象中的人生社会，写出《园中》。他写《琴的哀》，表现的却是自己的哀怨。他在诗中大量运用比喻，如“我的灵魂是荒野的钟声”、“我的心如晨鸡般起立”、“女人的心，已成野兽之蹄”。这些比喻都很奇特，却很有助于思想感情的表达。他十分注意语言的形象化，说诗情饱满是“满腔欲滴之诗意”，写风雨是“雨儿狂舞，风儿散着发”，描绘烈日是“阳光张火焰之眼，监督着全空间之辗转”。他常常用某种感觉加强表现力，如“曲径之石子在颠沛之脚下强硬”、“花枝受重露而疲乏”等。在词的选择上也有十分奇崛之处，虽嫌欧化却有助于诗形象的鲜明性。如“弃妇之隐忧堆积在动作上”、“死叶匍匐在沟里”、“灿烂在园里的花枝上”等。通感的使用也产生了“粉红的记忆”、“金色之泪”、“红夏”、“蓝心”等易于引起联想的词句。乃至整个诗的表现方法，也有奇特而又含蓄的，如《里昂车中》对夜间行车的描绘：

细弱的灯光凄清地照遍一切，
使其粉红的小臂，变成灰白。
软帽的影儿，遮住她们的脸孔，
如同月在云里消失！……

这类有艺术闪光的诗句，还是不难从李金发的青涩的象征诗中辨认出来的。对于增强白话新诗的艺术性，是有好处的。所以尽管他的语言的陌生化不合传统的思维习惯，但许多人仍然从其中受到启发，把一些表现方法吸收到自己的创作之中。象征诗的出现，对矫正初期白话诗中现实主义的过于直白浅显和浪漫主义的过分情感宣泄，起了积极的作用。

抗战时期，李金发出版诗文集《异国情调》。这时，他说：“象征派诗出风头的时代已过去,自己亦没有以前写诗的兴趣了。”[25]此集中仍收了12首诗,多描写抗战现实的,已不是象征派的诗了。其中最后一首《苏俄之歌》,是翻译苏联的《祖国之歌》的歌词。

四、多种风格的散文

现代散文的个性化——朱自清等文学研究会作家的散文——《语丝》等社团的散文——报告文学的滥觞

五四之后,现代散文取得巨大的成就。当时写散文的作家很多。中国现代文学史上,不论运用何种体裁的作家,几乎没有不写散文的,小说家、戏剧家、诗人甚至学者、教授,也出版他们的散文集。因为处于一个思想解放、个性解放的时代,作家主体性的确立,使得此时的散文作品,都具有十分鲜明的艺术个性,形成散文风格的多样性、丰富性。朱自清在1928年曾概述当时散文发展的繁荣景象:“就散文论散文,这三四年的发展,确是绚烂极了:有种种的样式,种种的流派,表现着,批评着,解释着人生的各面,迁流曼衍,日新月异:有中国名士风,有外国绅士风,有隐士,有叛徒,在思想上是如此。或描写,或讽刺,或委曲,或缜密,或劲健,或绮丽,或洗练,或流动,或含蓄,在表现上是如此。”[26]当时不仅有鲁迅的深沉峻厚、尖锐泼辣的风格,有周作人的平和淡泊,而且还有朱自清、冰心等的清丽雅隽,郭沫若、郁达夫等的奔放潇洒,叶圣陶、许地山的平正质朴,徐志摩的浓艳华美等等。散文的功用也不像文学革命高潮中以议论为主,这时它被更广泛地运用,记叙、写景、抒怀、言志、评述等各种类型的散文都有很大的发展,还出现了萌芽状态的报告文学。

文学研究会的几位主要作家,在散文创作方面都有很高成就,尤以冰心、朱自清为突出。

朱自清(1898~1948),字佩弦,祖籍浙江绍兴。他是《雪朝》诗人的主干分子,但诗的成就不及散文高。这时期出有《踪迹》(诗文集)、《背影》两部集子。

他与冰心散文都以文字的优美、风格的清丽隽永而著称。但冰心更善于抒情，她的散文即使是记叙性的，也像抒情诗一般。而朱自清更善于描写，在描写中做到情景交融，在诗与画的交融上，达到高度的成就。

运用白话文描写景致，是朱自清散文中最优美的部分。古代散文中写山水游记的很多，成就极高。在朱自清之前，白话散文写景的，如某些游记，成就并不高，往往直接记述所见之景，感叹“景致绝美”、“景色真是好看”，一般难以具体、细密地画出那景致美的形与色来。而在朱自清的笔下，读者能具体而微地通过文字看到那景的美来。他写景的成就比之古代同类散文，并不逊色，就其细腻、深切而言，则超越了文言文。如《温州的踪迹》之二的《绿》，写的是梅雨潭的瀑布，用比喻形容那瀑布，如少妇的裙幅，如鸡蛋清的软与嫩，令人想起触过的最嫩的皮肤；虽未具体描写瀑布的有限的形，却能让读者感觉到那水的柔媚的质，从而产生无限的联想。接着是写色，用的是对比，涉及北京什刹海的绿杨，杭州虎跑的绿壁，西湖和秦淮河的水等，非浓即淡，只有梅雨潭水绿得恰到好处。这一段描写，简直是散文中的“绘画美”。文字或让人感到刻意求工而偏于秾纤，但却不能不佩服作家想象力的开阔与驾驭文字的功力之深。《桨声灯影里的秦淮河》的前半段，全是写景，但并不只写秦淮河外在的形貌，而写在特定时刻里十分丰富的多种感觉——河水色彩的浓淡色度，河面的宽窄尺度，两岸房屋的新旧程度，河水的冷热温度，河里月色、灯光倒影明暗的亮度，歌声、笛声喧闹起伏的响度。这一切又都在变幻中，让人产生一种正在随船行进的感觉，领略了秦淮河之夜的特有韵味。《荷塘月色》先写心境的不宁，于是在夜间散步，领略了荷塘美景；经过这美景的洗礼，使主观情绪得以超越、升华，竟使心境恢复了宁静。这是从情的变化，体现景的力量。同时，使用精致、惟妙的比喻，写出了月下荷塘特有的风韵。写荷花的美，用明珠、碧天的星星、出浴的美人来形容，确切而又优雅。又写荷花的香，“仿佛远处高楼上飘过来的渺茫的歌声似的”，既是远处的，又是渺茫的，说明是淡淡的清香。而用歌声比喻香气，则是在散文写作中运用通感。此外，还用蝉声、蛙声来烘托，产生“鸟鸣山更幽”的效果，更突出了清静幽深的气象，把人引到往古的遐思，从而完成把情从烦躁引向宁静的过渡。朱自清的这些作品，在现代写景散文中，占有突出地位。1921 年，周作人曾写过一篇《美文》，说外国文学的论文有学术性的和艺术性的，后者又称美文,“在现代的国语文学里,还不曾见有这文章,治新文学的人为什么不去试试呢?”[27]朱自清的散文正做了这种实践,对打破“美文不能用白话”的迷信,是有重要贡献的。

朱自清的散文还有另一种风格。一些记叙性较强的散文中,固然仍表现了他善于描写的特长,但不再用绚丽浓艳的形容比喻,而是用清淡的语言、平易的叙述,在朴素中寓情感。这一类作品更能表现作者思想性格的正直、热情。如《生命的价格——七毛钱》,表现了对世道不公的深深的愤慨,表现了对受侮辱者的深挚同情,并“因此想到自己的孩子的命运,真有点胆寒!钱世界里的生命市场存在一日,都是我们孩子的危险!都是我们孩子的侮辱!”作家就这样把自己的命运与受欺压的人民相连着。在《白种人——上帝的骄子!》中,写西洋孩子的骄傲的一瞥,如何触动并伤害了作家的民族自尊心。《执政府大屠杀记》记录了“三一八”惨案中的亲身经历,记述事件的前前后后,直接地揭露了北洋军阀政权的血腥罪行。这一类风格的作品中,影响最大的还数《背影》,内容是回忆父亲在车站送别儿子的情景,通过儿子的眼光看父亲。如描写父亲爬上月台的笨拙的动作,这是为儿子去买橘子,费劲的动作里透出深挚的亲情,写出了父爱的纯真。表面上看,文字很平易,但含着感伤的情调,不仅写活了父亲的外表与内心,而且透过他那一举一动,似乎也让读者看到了他的家庭的惨淡光景。情缘事出,以情动人,在当时感动了许多人的心。冰心歌唱母爱,《背影》生动感人地描写父爱,而且具体地写活了亲子之情,成了新文学中描写亲情的典范性作品。

不同于朱自清、冰心等文学研究会作家之讲究在文字上下功夫,创造社的郭沫若、郁达夫从他们的文艺观出发,强调一任感情的奔驰。他们的散文多记述自己的生平,从回忆童年到描写在异国的生活,纵情抒写,不受任何章法的拘束,不讲究文字的锤炼,正如万斛泉水,奔涌而出,似滔滔不绝,但尚能止于所当止。那种潇洒之态,正好表现作家的才情。这类自叙性的散文,与他们的自叙小说,有时界限很不分明,如收于郁达夫《鸡肋集》中的《还乡记》、《还乡后记》等。这类作品多表现爱国知识分子的落魄颠沛、难以糊口的生活,喷射着对现实社会的不满情绪,既有对帝国主义的愤恨,也以嫉恨的眼光对着富有者,不时地发着世道不公的牢骚、身世不幸的感喟,诉说生涯蹇滞的痛苦和困窘。有时狂放不羁，甚或作些不着边际的浪漫谛克幻想。有时触景伤怀，或者表露对底层人民的同情和尊敬，表示甘为他们的牛马。1924年冬，郁达夫写的《给一位文学青年的公开状》(是回答沈从文的)，用书信的形式，极写正直的知识分子在社会上没有出路的景况。笔调看似谐谑，甚至有点玩世不恭，细思则毫不过分，十分真实。郁达夫的游记也很出色，出版的有《屐痕处处》(1934年)等。名篇《钓台的春昼》，写出富春江秀丽景色，寄情山水，并于凭吊古迹中，散发对社会黑暗的愤懑之情。郭、郁二位的风格是颇为相近的，但他们也有各具特色的其他一些作品。收于郭沫若小说散文集《橄榄》中的《小品六章》，是精美的散文诗，语言比较讲究雕饰，设景造境具有回味的余韵，风格近于诗中的《日暮的婚筵》一类。早在1920年，郭沫若就在《时事新报》上发表过《我的散文诗》，含《冬》、《女尸》等篇。一直到抗战时期，还有这类作品问世。他也是这类文体的有贡献的作家。

若就散文的创作而言，20世纪20年代的语丝社是个重要的社团，该社因《语丝》(周刊)而得名。《语丝》创刊于1924年，1930年停刊，是以散文创作为主的刊物，主要撰稿人是鲁迅、周作人，还有林语堂等。他们的思想倾向和特征就如鲁迅所概括的："任意而谈，无所顾忌，要催促新的产生，对于有害于新的旧物，则竭力加以排击，——但应该产生怎样的'新'，却并无明白的表示。"[28]《语丝》在北京女师大风潮、"三一八"惨案等事件中，表现出支持群众的比较一致的思想倾向。林语堂这时的散文，后来辑为《翦拂集》出版。他这时的作品，支持思想革命和改造民族精神的主张，在一些文章中批判传统的中庸哲学、乐天知命思想等。在《祝土匪》中赞扬与"正人君子"对立的"土匪"、"傻子"，强调与旧思想的抗争，认为"有艺术的骂比无生气的批评效力大得多"[29]。他也不满北洋政府的统治，讽刺"中华民国"为"中华官国"[30]。他的激进的态度使他与鲁迅、周作人等站在一起，成为"语丝派"的重要一员。但他又一贯坚持自由主义的立场，提倡政治斗争的"费厄泼赖"。鲁迅因此作著名的《论"费厄泼赖"应该缓行》表示反对。林语堂随后写了《打狗释疑》，说"事实之经过，使我愈发信仰鲁迅先生凡是狗必先打落水里，而又从而打之"，表示接受鲁迅的观点。到1928年编《翦拂集》时，他在序中称，过去写这些颇有批判锋芒的文章是"少不更事"，所发表的论调"只是一些不合时宜的隔日黄花"了。林语堂结束了他的《语丝》时期后，开始了《论语》时期，即提倡

"闲适"、"幽默"的散文的时期。

五四后，在新文学的散文领域里有一种新文体迅速发展，这就是报告文学。这种文体是伴随着新闻事业发展起来的。19、20世纪之交的报纸上已有一些比较有深度的新闻报道，在语言艺术上再加以提高，便成了兼有新闻报道和语言艺术之长，具备真实性和艺术性双重特性的文学新品种。近代一些资产阶级改良派作家写的报道西方国家社会情况的文章，可以说是最早的报告文学。五四运动和随后一些重大事件和政治运动，如"三一八"惨案、"五卅"运动中，有一些记述事件过程的散文，也近于报告文学。在20世纪20年代出现了两部初具报告文学特色的作品，这就是瞿秋白的《饿乡纪程》(原名《新俄国游记》)和《赤都心史》。瞿秋白(1899~1935)，江苏常州人，1920年10月以北京《晨报》特约记者身份赴苏俄考察。根据赴俄期间所见所闻和直接的感受，写下了上述两部散文集，分别于1923和1924年出版。这两部集子中不仅有通讯、游记，还有随感、杂记等。它的某些重要篇章已初具报告文学的形态。十月革命曾在中国人民中引起种种反响：对社会主义或视为"洪水猛兽"，或天真地幻想为极乐世界。瞿秋白的通讯报道了亲历、亲见的苏俄的情况，记录了当时苏俄面临的严重困难、"饿乡"的艰苦生活和人民战胜困难的情景，为新文学提供了全新的题材。还有些作品记录了作者从出身破落封建家庭、受旧文化浸染的知识分子，在新的社会环境中思想的蜕旧变新的"心史"。报告文学这种样式是在20世纪30年代介绍到中国来的，而《饿乡纪程》、《赤都心史》中某些篇章就具有这种体裁的特点，因而可视为报告文学的滥觞。

五、田汉和初期话剧创作

话剧的起飞时期——"爱美剧"和"国剧运动"——个性解放主题的剧作——从唯美主义到现实主义——大做翻案文章的历史剧

在初期的新文学创作中，话剧的成就略逊于其他文学部门。20世纪20

年代话剧领域尚未能如小说、诗歌、散文那样，出现成就卓著的代表性作家。郑振铎在1923年给《通俗戏剧丛书》写序时说："现在提倡戏剧的人很多，学生的爱美的剧团也一天天的发达起来。但剧本的产生，则似乎不能与他们的需要相应。到处都感到剧本饥荒的痛苦。到处都在试编各种剧本，而其结果，则成功者极少。"[31]话剧剧本创作的成就，是与话剧表演艺术水平的高低相应的。话剧作为一种外来形式，对中国的戏剧家来说是新事物；表演艺术的提高，又不能计日程功。当时一批热心于新剧运动的人，除了要创作剧本，往往同时也担负表演的任务，要花费很大精力于话剧表演艺术的建设：从动员男女同台演出，到介绍、探讨导演制的建立；从话剧演技的训练，到舞美设计等，因而不可能全力投身于剧本的创作。就连"话剧"这一名称，也是经了约定俗成的过程，到1928年才经由洪深的建议得到大家公认的。但这时的话剧创作领域，个性解放的思潮汹涌澎湃，其强烈的程度比其他文学部门有过之而无不及，是个非常突出的现象。尽管艺术上有分量的作品不多，五四精神却在戏剧创作里得到充分的表现。同时，这时，出现了话剧社团和培养话剧人才的学校，话剧作品的数量增大，演出活动开始普及。这为上世纪三四十年代话剧的繁荣，打下了基础。这时可以说是中国话剧的起飞时期。

五四后出现的最重要的话剧社团，是民众戏剧社和上海戏剧协社。1921年3月，汪仲贤因感到商业化的演出对戏剧的损害，由他和沈雁冰、郑振铎、陈大悲、欧阳予倩、徐半梅、熊佛西等13人在上海发起组织民众戏剧社，5月出版现代第一本戏剧专刊——《戏剧》月刊。这是提倡"爱美剧"的团体。"爱美"(Amateur)是法语"业余"的音译。陈大悲曾作《爱美的戏剧》，在《晨报》副刊上连载。他们提倡非营业性的业余演剧，以防止戏剧"商品化"，称组织爱美剧团为"光明运动"[32]。他们宣告"当看戏是消遣"的时代已经过去，戏剧在现代生活中"是推动社会使前进的一个轮子，又是搜寻社会病根的X光镜"[33]。这些主张是"为人生"派的艺术观在戏剧中的表现。1920年，汪仲贤曾劝说、支持上海新舞台演出英国萧伯纳的《华伦夫人之职业》，却不为观众接受。这使他们觉得不可脱离观众的文化程度，因而有写作通俗戏剧的主张。民众戏剧社在戏剧理论和创作上虽有所贡献，但它不是一个戏剧演出的团体。同年12月在上海成立的戏剧协社(一说成立于1922年)，则在话剧表演上也做出了重大的成绩。它也是主张"爱美剧"的团体，并且是现代第一个

"讲组织、讲纪律、讲方法"[34]的话剧团体。原是中华职业学校学生联合校外的谷剑尘、应云卫等组成的，后来欧阳予倩和洪深也先后参加进来。这两位是当时最重要的"实践的戏剧者"，在编、导、演诸方面都有建树，对话剧运动的发展起了很大作用。欧阳予倩(1889~1962)，湖南浏阳人。1907年在东京加入春柳社，曾参加《黑奴吁天录》等的演出，是我国最早从事话剧运动者之一。此时期曾创作《泼妇》、《回家以后》、《潘金莲》等剧。洪深(1894~1955)，江苏武进人。早年在清华学校学习时期，即已开始戏剧活动。1916年毕业后赴美留学，受过严格的戏剧教育。回国后，于1923年应邀加入戏剧协社，成为主干分子。洪深在戏剧协社实行严格的排演制度和男女同台合演。曾因寻求女演员的困难而创作了只有少数男性角色的《赵阎王》，并亲自主演。戏剧协社曾演出《终身大事》、《泼妇》、《好儿子》(汪仲贤)，尤以演出洪深据英国王尔德《温德米尔夫人的扇子》改编的《少奶奶的扇子》，而获得很大的成功。这次演出被认为是第一次正规的现代话剧表演，演出的成功说明话剧艺术已可立足于中国舞台之上。这个社团坚持活动十多年，后来在20世纪30年代左翼戏剧运动影响下，曾于1933年演出苏联作家原著的《怒吼吧，中国！》此剧写1925年英国兵舰炮击万县，中国人民奋起反抗。在"九一八"事变两周年时，它的演出鼓舞了中国人民的抗日热情。

"爱美剧"推动了话剧的发展，但不能专业化也会影响话剧艺术的提高。故有蒲伯英于1921年底提出"戏剧的职业化"，使演员能"以生活上的报酬助长他艺术底专精"，虽然他也不赞同商业营利的戏剧。1922年11月，蒲伯英、陈大悲等在北京创办了人艺戏剧专门学校，用西方现代戏剧教育方法，造就高尚的职业剧人，此为我国戏剧教育的创举。这个学校虽然在1923年底即解散了，但对现代正规的戏剧教育，对促进话剧实现男女同台演出，都做出了一定的贡献。1925年，原已停办的北京美术专门学校重开，改名为北京国立艺术专门学校，添设了戏剧系。创办人为余上沅、赵太侔、闻一多等。他们还在北京《晨报》副刊上办了一个《剧刊》，提倡"国剧运动"。与五四以来彻底否定传统戏曲不同，他们肯定旧戏的"写意的"特点，提出"我们建设国剧要在'写意的'和'写实的'两峰间，架起一座桥梁"[35]。但这种见解是建立在纯粹的"为艺术"观之上，认为演戏的目的"只是要表现一些日常生活中可有可无的现象"[36]，因而反对为人生派的观点，认为易卜生式的社会问题剧，

"问题不存了，戏剧也随之而不存在"。熊佛西在该校讲授《写剧原理》时，还提倡单纯的趣味主义。文艺观点上的偏颇，以及艺术实践的不力，影响了他们的成就。但他们在介绍西方现代戏剧，培养现代戏剧人才方面也有贡献。

此外，1921 年朱襄丞等组成辛酉学社，后来也从事话剧活动，组织了辛酉剧社。1924 年，田汉等创办《南国》半月刊，后来为了发展电影和戏剧事业而成立南国社。

文明戏衰落之后，话剧得以在五四后重新崛起，是得力于爱美剧运动的。而这个运动对话剧的最大贡献，在于开始了认真严肃的剧本创作。洪深曾说过："剧本是戏剧的生命！没有剧本，其余什么艺术、主义，什么与人生的关系，一切都不必谈了。爱美剧与文明戏根本的不同，就是爱美剧尊重剧本，文明戏没有剧本。"[37]在爱美剧运动推动下，剧本创作的数量激增。依题材的分类，有表现追求个性解放的，做历史翻案文章的，有揭露社会黑暗面或直接反映社会矛盾的。而个性解放的思想，在这时的剧本创作中已成汹涌的潮流，这个现象比起其他体裁来更为鲜明。

揭露社会黑暗面的剧本，以暴露上流官宦家庭内幕的成就较高。这类题材与文明戏中的"家庭戏"有承接的关系；区别在于不作单纯的暴露，而是注入了追求个性解放的意识和情节。陈大悲的《幽兰女士》较有代表性，也是此时有分量的多幕剧。幽兰女士的父亲丁葆元是个投机政客，他认为自己建立的是"北京城里第一模范家庭"。他的继室丁李氏生了男孩，实是与管家张升换来的张的私生子。丁葆元的女儿幽兰是个追求个性解放的女性，她敢于去认被掉包的同父异母的弟弟，并反抗家庭的包办婚姻。最后，假儿子的丑剧败露，丁李氏枪击幽兰后饮弹自尽，"模范家庭"真相被揭穿。欧阳予倩的独幕剧《泼妇》写在家庭受丈夫、公婆、小姑等欺压的女子于素心，为反抗压迫逼使丈夫同意离婚后出走。她的"泼"正是大胆反抗封建观念、追求个性解放的表现。像这种揭露旧家庭，描写子女出走的剧，还有熊佛西的《青春的悲哀》等。这些话剧暴露黑暗，但多止于生活的表面，戏剧矛盾往往由一些偶然的因素造成，如《幽兰女士》中丁李氏换子行为是令人难以置信的。

这时出现一位有影响的女剧作家白薇，她的诗剧《琳丽》(1925 年)歌唱"人性最深妙的美，好像只存在两性间"，也带有鲜明的爱情至上的倾向。琳丽狂恋艺术家琴澜，感到“惟求恋能奏出真而美的生之和弦”，一旦恋爱失败，她便在幻灭中死去。浪漫主义的成就在于通过主人公形象表现对人性美的追求，张扬个性解放。这时出现几位女剧作家，她们都把女性解放的主题引进作品。如濮舜卿的《人间的乐园》批评动摇的亚当，把坚定的夏娃作为“女权运动的始祖”。《黎明》（默剧）表现象征性人物“女子”的觉醒、抗争，迎来妇女解放的新时代。

用喜剧的形式表现婚姻、爱情上的个性解放思想的，是被誉为写独幕剧能手的丁西林（1893~1974），丁是江苏泰兴人，物理学家，却以戏剧创作著名于世。他的剧作对有封建意识的人物有所讽刺，但不是那种辛辣、犀利的讽刺，而是带着诙谐意味的，温和委婉的。因而他的剧多具“优雅的喜剧”的特色。《一只马蜂》（1923 年）批评吉老太太阻止儿子自由恋爱，儿子便设法在她眼皮底下与相好的女友用暗言谈恋爱，老太太却不能察觉。《压迫》（1926 年）中房东太太要管束女儿，不肯将房子租给单身汉；而女儿追求自由恋爱，不肯将房子租给有家眷的男人。这样，房子就一直租不出去。后来一对男女冒充夫妻假装吵架才租下了这房子。作品中的母女矛盾仍然是为争取个性解放引发的。丁西林的独幕剧简洁集中，浑然一体，常从一些严肃的正剧题材上，挖掘出喜剧性，用轻松、风趣的笔调，批评某些社会现象，形成他的幽默、淡远的喜剧风格，为初期话剧中独具风格的一家。抗战爆发后，丁西林还贡献出他的代表作之一的《三块钱国币》，依然是一出喜剧，讽刺了小市民的自私、尖刻。

当时喜剧中有一些在讽刺性上，比丁西林强烈。如余上沅的《兵变》让争取婚姻自主的青年男女，戏弄父母及姑妈。其主题仍然是个性解放，反对家长干预儿女婚姻。但喜剧如果编成闹剧，过多以一些噱头来引人发笑，过度的夸张反而给人以浮滑之感，便会影响讽刺效果。

田汉（1898~1968），原名田寿昌，湖南长沙人，现代戏剧运动和创作中成就卓著的剧作家。留学日本时，曾参加创造社，后脱离该社从事戏剧电影运动，创立南国社。他是一个多产作家，一生所著话剧、戏曲、电影剧本，数量甚多。五四时期受西方多种文艺思潮的影响，使作品的思想和艺术方法相当驳杂，既充满着浪漫主义的情调，又夹杂着各种现代主义、非理性思潮的成分，也有用现实主义手法的。1920年,他在日本导演了《不朽之爱》(无剧本,后据以改编为《战友》),是讴歌纯真爱情之作,他自称此剧是唯美主义、感觉主义的作品。他的第一部剧作是1920年发表的《梵珴琳与蔷薇》,也是歌唱青年男女的爱情的,同样充满了浪漫主义的气息。梵珴琳(Violin,小提琴)是艺术的象征,蔷薇是爱情的象征。这部剧标示田汉早期的艺术至上、爱情至上思想,使他的剧多有唯美主义的色彩。那时田汉剧作中的个性解放思想,往往与强烈的爱情至上观念相联。田汉自认为其出世作是1922年的《咖啡店之一夜》。此剧写咖啡店侍女白秋英被纨绔子弟李乾卿抛弃,大学生林泽奇为她打抱不平,表现出他的反抗社会的精神。但感伤颓废的林泽奇所以为白秋英鸣不平,仍出于爱情至上的观念,认为"处女的爱情是何等神圣,哪能容这种轻薄少年的愚弄!"1924年田汉在《南国》上发表批判封建婚姻制的《获虎之夜》,是为田汉早期的代表作。"浮浪儿"黄大傻与富农魏福生之女莲姑相恋。福生因黄家破落而驱逐黄大傻,将女儿另许富户。大傻每夜都要到山上看莲姑屋里的灯光。就在她出阁前夕大傻上山看灯光时,被魏家打虎的枪误中而受了重伤。福生不准莲姑来侍候他,他遂在福生打骂莲姑声中持猎刀自尽了。《获虎之夜》批判了封建门第观念,揭露包办婚姻残害青年的生命。剧中的黄大傻和莲姑则是作者用以歌唱爱情神圣的形象,黄大傻更是个爱情至上的化身。他中了枪,自认为是为莲姑而死,"就死也死得值得"。这样的思想颇能激动当时追求个性解放的青年之心。这类歌唱爱情至上的还有如《湖上的悲剧》、《古潭的声音》等。后者更是有着神秘色彩的象征剧。诗人为拯救他所爱的女子之灵,随着她跃入古潭,这一行为实是爱情至上和艺术至上的象征。

这一时期田汉剧作中充满着对人性的力量的歌唱。《生之意志》中持身严谨的老教授,对女儿与其表兄秘密结婚甚感恼怒。但他难以抗拒新的生命力(小外孙)的"压迫"和"诱惑";因为对幼小生命的爱是普遍的人性,他终于承认了女儿的自主意志。此剧剧情的发展有点突兀,却更显作者对个性解放的胜利、人性的胜利的尽情歌颂。《颤栗》写一受歧视的私生子欲杀其母以泄恨,后因听到母亲怀他时所受虐待之苦,转而同情、赞扬母亲。此剧写私生子精神错乱,笼罩着神秘的气氛,但最终是唤回了亲情,还是人性的战胜。

田汉的剧作还往往染着浓重的感伤情绪。《南归》中爱情失败的流浪诗人，怀着心灵上深深的创痛和感伤的情绪到处流浪。他唱道："我孤鸿似地鼓着残翼飞翔，/想觅一个地方将我的伤痕将养。/但是人间哪有那种地方，哪有那种地方？/我又要向遥远的无边的旅途流浪。"流浪诗人走南闯北，始终找不到归宿，反映了大革命失败后田汉的"非常幻灭"的苦闷、彷徨的心情，这歌声曾令在浓雾中飘荡的知识青年愁肠寸断。《苏州夜话》写军阀战争粉碎了老画家的艺术至上之梦，父女离散又重逢，情节感人，也仍含着感伤情绪。

代表田汉这一时期最高成就的，是1929年的三幕剧《名优之死》。剧中塑造一位为人正直、艺术上严肃认真的老艺人刘振声的形象。他对生活不存奢望，他说："我没有儿女，我只想多培养出几个有天分的，看重玩艺儿的孩子，只想在这世界上得两个实心的徒弟。"但他悉心培养、寄予厚望的青年演员刘凤仙，却因流氓恶棍杨大爷的引诱和自己思想的弱点而背叛了恩师，刘振声被活活地气死在舞台上。剧中人物有现实的原型，从剧情中可以看出造成刘振声悲剧的社会原因。全剧风格朴实、洗练，在短短的三幕中，安排了剧场后台和卧室两个场景，使艺人的舞台生活和日常生活都展现在观众眼前，使全剧具有很浓厚的生活气氛。开场时，通过对话很简练地交代了人物的关系，然后便突出描写刘振声与杨大爷的矛盾，戏剧冲突很集中。人物的对话也能各具性格特征。这是田汉这一时期剧作中最具现实主义成分的一部。此剧在收入《田汉戏曲集》时，作者在自序中说，"这脚本在中心思想上实深深的引着唯美主义的系统"，并说是波特莱尔一篇散文诗《英勇的死》，触发了他的创作冲动[38]。但因为田汉对艺人的生活十分谙熟，怀有对刘振声这样忠于艺术的正派艺人的深深同情，对摧残艺术的黑势力的愤恨；所以在唯美主义思想浇灌下，结出的是现实主义之果。《名优之死》不仅是田汉的代表作之一，而且也是20世纪20年代话剧在现实主义上最为成功的一部作品。

田汉前期的这些作品，很突出地表现了青年人对封建思想的反抗。当时好像只有爱情至上的观念，只有写出把爱看得比生命更高、为爱宁愿去死，才足以充分表达青年人对个性解放的迫切要求。五四以后，田汉是受外国文艺影响颇深，使用艺术方法最为驳杂的剧作家。总结他的20世纪20年代的剧作，浪漫主义是他的主调，个性解放（多表现为爱情至上）是他的主题，感伤情绪是作品的底色，唯美主义、象征主义等各种现代主义的艺术也都任我所用，驳杂中有统一，重在抒情但欠思想深度。

田汉的创作以1930年为界，截然地划分了前后两个段落。《火之跳舞》和《一致》，被认为是他从“感伤主义”向“集体主义”转变的标志。前者描写了工人与资本家的阶级对立，后者是象征性的短剧，剧中百姓高呼被压迫者起来“一致打倒我们的敌人”。1930年后，田汉转变为左翼戏剧家。

与田汉共同成为此时戏剧运动重要骨干的洪深，此时最有特色的作品是别具一格的《赵阎王》。1922年，洪深听到直奉战争中，军阀部队为了夺取战俘钱财而将他们活埋的消息，产生揭露军阀和士兵的罪恶的激情，从而构思了此剧。在艺术方法上套用美国表现主义剧作家尤金·奥尼尔的《琼斯王》的表现形式，大部分时间让开枪夺财后逃入森林的赵阎王（赵大），独自一人在台上表演。赵因神经错乱，在幻觉中闪现出自己干过的杀人放火、奸淫掳掠的种种罪恶，最后他被追兵所击毙。作家写他是被生活所逼而当兵吃粮的，写他“做好人心太坏，做坏人心太好”，企图尽量揭示人物内心的复杂性。就人物塑造而言，此形象在当时的剧作中是难得的。只因观众对表现形式的陌生，当时的演出未获成功。这种集中地刻画一个人物的方法，后来被他多次运用，如抗战时的《飞将军》写高鹏飞，《包得行》写包占云等，都是洪深的成功之作。当时，类似的还有熊佛西的《王二》。王二是清末一个良心未泯的刽子手，通过表现他的矛盾的内心世界，来揭露摧残人性的黑暗社会。这出戏也是当时塑造人物较为成功的。

每一个新的时代到来之际，人们总要用新的眼光，对历史进行价值的重估，推翻旧说，提出新论。做历史翻案文章，这本身也是五四时代精神的一种表现。因此，在话剧创作中，历史题材也受到作家们的重视。因为当时正在批判封建伦理，历史上关于婚姻问题的故事和受贬斥的女性形象，就成为历史剧做翻案文章的重点。《孔雀东南飞》和梁山伯与祝英台的传说，都被编为话剧。这时在历史剧创作中最有成就的是郭沫若，他在1923年写了《卓文君》，是第一部“翻案剧”，随后又写了《王昭君》、《聂嫈》两剧（见本书第4章第2节）。在做翻案文章上，当时还出现一部有争议的剧作，这就是欧阳予倩写于1926年的《潘金莲》。自《水浒》塑造了潘金莲形象后，她就成了中国的家喻户晓的淫妇典型，遭到了一致的谴责；因而为她翻案，就有极强烈的反封建倾向。从反封建的立场看,潘金莲也是封建礼教的受害者。欧阳予倩的剧作正是强调了、突出了她追求爱情而不得的痛苦,写她由此而产生变态心理。虽带有唯美主义的色彩,但把追求个性解放的精神表现得淋漓尽致。敢于为被钉上耻辱柱的人物翻案,这是十分大胆的,反映了在五四思想解放潮流鼓荡下新文学的勃勃生机。因而该剧曾被认为"翻数百年之陈案","壮快淋漓;不愧杰作"[39];但也受到批评,因为潘的行为毕竟越过了道德底线。后来欧阳予倩自己也认为,"和恶霸同谋杀死一个没有抵抗能力的人总是不妥"[40]。

在 20 世纪 20 年代,话剧创作虽无里程碑式的作品产生,但它确已起飞。现代话剧这时已有较多的剧本和舞台实践;从比较简陋的演出,到有了正规的现代舞台演出;比较充分地表现个性解放思想,相当程度上反映了五四后人们思想天翻地覆的热烈景象——这就是本时期话剧领域的成就。

注释:

[1] 朱自清:《中国新文学大系·诗集导言》,良友图书印刷公司,1935 年出版,第 4 页。

[2] 朱自清:《蕙的风·序》,亚东图书馆出版,1922 年出版。

[3] 周无:《诗的将来》,《少年中国》第 1 卷第 8 期,1920 年 2 月出版。

[4] 鲁迅:《中国新文学大系·小说二集导言》,良友图书印刷公司,1935 年出版,第 5 页。

[5] 梁实秋:《新诗的格调及其他》,《诗刊》第一期,1931 年 1 月出版。

[6] 朱自清:《新诗杂话》,北京三联书店,1984 年出版,第 103 页。

[7] 陈子展:《最近三十年中国文学史》,上海书店,1989 年出版,第 227 页。

[8] 梁宗岱:《新诗底纷歧路口》,《诗与真·诗与真二集》,北京外国文学出版社,1984 年出版,第 167 页。

[9] 朱自清:《中国新文学大系·诗集诗话》,良友图书印刷公司,1935 年出版。

[10] 载《晨报》副刊,1926 年 4 月 1 日。

[11] 闻一多:《女神之地方色彩》,《闻一多选集》,开明书店,1951 年出

版,第 96 页。

[12] 闻一多:《诗的格律》,《晨报》副刊,1926 年 5 月 13 日。

[13] 王独清:《再谈诗》,《创造月刊》第 1 卷第 1 期,1926 年 2 月出版。

[14] 穆木天:《谈诗》,《创造月刊》第 1 卷第 1 期,1926 年 2 月出版。

[15] 闻黎明、侯菊坤:《闻一多年谱长编》,湖北人民出版社,1994 年出版,第 248 页。

[16] 闻一多:《女神之地方色彩》,《闻一多选集》,开明书店,1951 年出版,第 98 页。

[17] 徐志摩:《猛虎集·序文》,新月书店,1931 年出版。

[18][19] 胡适:《追忆志摩》《新月》第 4 卷第 1 期《志摩纪念号》,准确的初版时间未知,1931 年 9 月再版。

[20] 李金发:《巴黎之夜景·译者附记》,《小说月报》第 17 卷第 2 号,1926 年 2 月出版。

[21] 朱自清:《新诗的进步》,《新诗杂话》,作家书屋,1949 年 4 月出版,第 10~11 页。

[22] 马拉美的话,引自郑振铎等编的《文学百题》,生活书店,1935 年出版,第 114 页。

[23] 波特莱尔:《恶之花》,外国文学出版社,1986 年出版,第 8 页。

[24] 黄参岛在 1925 年《美育》第 2 期上评李金发的诗时,首次称他为"诗怪"。立即得到认同而流行开来。

[25] 李金发:《异国情调·卷头语》,商务印书馆,1942 年出版,第 1 页。

[26] 朱自清:《背影·序》,开明书店,1928 年出版。

[27] 周作人:《美文》,《谈虎集》,北新书局,1928 年出版,第 41 页。

[28] 鲁迅:《三闲集·我和〈语丝〉的始终》,《鲁迅全集》第 4 卷,人民文学出版社,1981 年出版,第 167 页。

[29] 林语堂:《论语丝文体》,《翦拂集》,北新书局,1928 年出版,第 78 页。

[30] 林语堂:《读书救国谬论一束》,《翦拂集》,北新书局,1928 年出版,第 41 页。

[31] 作于 1923 年,曾载于商务印书馆出版的熊佛西的《青春的悲哀》、

侯曜的《复活的玫瑰》等书。

[32] 郑振铎:《光明运动的开始》,《戏剧》第1卷第3号,1921年7月出版。

[33]《民众戏剧社宣言》,《戏剧》第1卷第1号,1921年5月出版。

[34] 洪深:《戏剧协社片断》,《中国话剧运动五十年史料集》第1辑,中国戏剧出版社,1958年出版,第111页。

[35] 余上沅:《国剧》,转引自《中国新文学大系·戏剧集导言》,《中国新文学大系·戏剧集》第76页。

[36] 同注[35],第77页。

[37] 洪深:《从中国的新戏说到话剧》,引自《洪深研究专集》,浙江文艺出版社,1986年出版,第176页。

[38]《田汉戏剧集(第4集)·自序》,上海现代书局,1931年出版。

[39] 徐悲鸿致欧阳予倩,见《中国话剧运动五十年史料集》第1辑,中国戏剧出版社,1958年出版,第122页。

[40] 欧阳予倩:《欧阳予倩选集·前言》,人民文学出版社,1959年出版。

第六章

从人的文学到阶级的文学

一、左翼文艺运动的发生

阶级论文学观的出现——分化之势不可挡——大革命高潮中作家的“左”倾——左翼文艺运动的国内、国际背景

1928年1月，创造社的新刊物《文化批判》创刊。在发刊词中，引用列宁的“没有革命的理论，便没有革命的行动”的语录，宣告“它将从事资本主义社会的合理的批判”，其中包括文艺的批判。同月的《创造月刊》，发表了麦克昂(郭沫若)的《英雄树》，提出建立无产阶级文学的主张。1927年底，蒋光赤、钱杏邨、孟超等组成太阳社，也在1928年1月出版《太阳月刊》，发表许多文章倡导无产阶级文学。在国际上的“红色30年代”的背景下，中国的左翼文艺运动在艰难的环境下破土而出了。

1928年，在现代文学发展史上是不平静的。五四文学革命要求建立“人的文学”，经过十几年的发展，已经完全取代了封建时代的文学，开创了现代文学的新局面。可是到了这一年，当新鲜出炉的“人的文学”还在冒着满身的热气时，又有比它更加新鲜的文学主张出现了，一批思想激进的作家提出文学的阶级论，要在中国建立“无产阶级的文学”。他们认为五四建立“人的文学”的文学革命，属于资产阶级的文化运动，现在已经是过时了的，现在要开展“无产阶级的五四”，这就是左翼文艺运动。于是，中国的文坛在1928年又沸腾了，一场无产阶级文学的倡导运动由此开始。鲁迅在总结新文学发展过程时，曾作这样的描述：“最初，文学革命者的要求是人性的解放，……大约十年之后，阶级意识觉醒了起来，前进的作家，就都成了革命文学者。”[1]

但追求“人性的解放”的文学并没有过时，更未曾消失，于是从五四开始生长壮大的新文学大树，到此刻分成了两杈，这不是相安无事的两杈，而是常常的矛盾着、冲突着。新文学也就更加不平静了。

中国的左翼文艺运动不是突然发生的。它的国内和国际的背景，都与俄国十月革命后国际共产主义运动逐渐走向高潮密切相关。五四运动后，在俄国十月革命影响下，马克思主义在中国得到迅速传播，在文学领域便有了与“人的文学”不同的一种新的文学理念，这就是阶级论的文学观。1921 年中国共产党成立后，最早从事理论宣传工作的一批共产党员邓中夏、恽代英、瞿秋白、蒋光赤、李求实等，就曾在《新青年》季刊、《中国青年》等党团刊物上，发表关于革命文学的理论文章，用马克思主义关于经济基础和上层建筑关系的理论来解释文学。如萧楚女在《艺术与生活》中说：“艺术，不过和那些政治、法律、宗教、道德、风俗……一样，同是一种人类社会底文化，同是建筑在社会经济组织上的表层建筑物，同时随着人类底生活方式之变迁而变迁的东西。只可说生活创造艺术，艺术是生活的反映。”[2]1926 年，《中国青年》刊登了刘一声翻译的列宁的《论党的出版物与文学》（今译为《党的组织与党的出版物》），为提倡革命文学提供了重要的理论依据。共产党人主张的核心部分，是要求新文学直接成为中国革命的工具。邓中夏认为，为警醒人们的革命自觉，鼓励人们的革命勇气，就要激发他们的感情，对此，“文学却是最有效用的工具”[3]。他要求“以文学为工具”，为民族独立和民主革命运动服务。为了使文学当好革命的工具，又要求文学家须成为革命人。沈泽民说：“诗人若不是一个革命家，他决不能凭空创造出革命的文学来。”[4]恽代英也说：文学家第一件事是要投身于革命事业，培养革命感情，则“自然能写出革命的文学”[5]。同时，他们也开始提到在中国创造无产阶级文化的任务。他们这时的主张虽然还比较简单，但文学必须做革命的工具，为革命服务这一根本的观点是十分明确的，这成了新兴文学的价值观。

在阶级论的文学观逐渐生长起来之时，新文学队伍也逐渐地发生分化。五四运动后，中国的政治局面仍是十分混乱的，各种思潮的相互斗争更加激化。在新文学队伍中，思想上、政治上的左右分化愈益显得鲜明了。“问题与主义”之争后，一部分开始接受或倾向马克思主义的，一些政治上持激进态度的知识分子，与胡适为代表的，在现实政治问题上坚持自由主义态度的人，矛盾和分歧愈加鲜明。一些本来是学术上的不同见解，也蒙上了政治斗争的色彩。例如关于“整理国故”的论争，这是现代学术史上一场重要论争。胡适退出《新青年》后，于1922年办了《努力周报》和附刊《读书杂志》。1923年又办了《国学》季刊，大力宣扬“整理国故”。所谓“整理国故”，就是用新的科学的理论和方法整理民族文化遗产，这本是经过文学革命之后所必有的、对文化遗产的价值重估。正如沈雁冰当时所说，“‘整理旧的’也是新文学运动题内应有之事”[6]。胡适提倡的“科学方法”，也就是实验主义的方法，对中国学术研究的现代转型有着重要的意义。但在当时具体社会背景下，便含有对抗马克思主义传播的作用，胡适也明确表示：“被孔丘朱熹牵着鼻子走，固然不算高明；被马克思列宁斯大林牵着鼻子走，也算不得好汉……我只希望尽我的微薄的能力，教我的少年朋友们学一点防身的本领，努力做一个不受人惑的人。”[7]他又发表《爱国运动与求学》，重新宣扬易卜生主义，说在这纷乱的时代，不要跟人家乱跑乱喊。他号召青年人“踱进研究室”，1923年在《读书杂志》上开列了《一个最低限度的国学书目》，竟有两百部之多。于是被认为是拉着青年去钻故纸堆，反对革命运动，向旧文化妥协、投降。一些共产党人的文章，如《努力周报的功罪》（邓中夏）、《教育界的法西塞蒂“国学”》（萧楚女）、《评胡适的新花样》（李求实）等对胡适作了严厉的批判。许多新文学作家也起来反对，把“整理国故”视为“复古运动”。1925年《京报》副刊向鲁迅等征求“青年必读书十部”时，鲁迅拒答，反而劝青年少看中国书，因为“现在的青年最要紧的是‘行’不是‘言’”[8]。

“整理国故”之争还是学术界的论争，而新文学队伍围绕北京女师大事件和“三一八”惨案的激烈争论，就是直接的政治斗争，分化之势已不可挡。这场笔战，一方是鲁迅和《语丝》的一些作家，另一方是《现代评论》上发表《闲话》的陈西滢等人。

《现代评论》创刊于1924年12月，是一综合性的杂志，也是重要的新文学刊物。陈西滢是这个刊物的创办者之一。在编辑方针上，它持资产阶级自由主义的态度，政治上左右开弓。在“五卅”惨案、“三一八”惨案中，发表抗议帝国主义暴行，批判北洋军阀政府的文章。郭沫若曾认为从总的倾向来看，也还算比较开明。《现代评论》对新文学的发展，也做出较大的贡献。它是新月社诗人们的重要园地,刊载过不少闻一多、徐志摩的诗。它不但发表创造社郭沫若、郁达夫的作品,而且其他重要社团的成员,如文学研究会、民众戏剧社、语丝社、南国社等的成员,也在这里刊布自己的创作。这个刊物还培育了沈从文、胡也频、凌叔华等著名作家。沈从文后来成为现代文学史上卓有成就的作家,胡也频成了早期左翼作家。凌叔华(1900~1990)是20年代五四后著名女作家之一,此时出有短篇小说集《花之寺》。其中许多女主人公出身、生活于旧家庭,新思潮钻过门缝窗隙,像微风般吹进她们的心头。对于女子的个性解放,她们似醒非醒。《酒后》的采苕请求丈夫允许她亲一下自己倾慕的男子,丈夫勉强答应了,她却并无这勇气。采苕发乎情而止乎礼,她或可代表凌叔华笔下女性人物的精神状态。鲁迅评述她的作品,"恰和冯沅君的大胆,敢言不同,大抵很谨慎的,适可而止的描写了旧家庭中的婉顺的女性"[9]。凌叔华的小说同情女性精神上的痛苦,对旧思想有所批判,但不带愤恨、激烈之情。写的女性性情婉顺,小说风格也可说是婉顺的,但从中仍可看到"世态的一角,高门巨族的精魂"[10],以及在文风上的一点闺气。凌叔华在20世纪30年代,还出过短篇集《女人》、《小哥儿俩》。

文学上最能代表《现代评论》的自由主义倾向的,是陈西滢的杂文。陈西滢(1896~1970),原名陈源,江苏无锡人。他在《现代评论》上发表的杂文,后结集为《西滢闲话》。这些杂文常常抨击旧中国种种黑暗、落后的现象,对军阀混战,政治腐败,教育和学术的落后,富人的掠夺穷人,乃至迷信、不能团结等群众精神上的落后面,都有所批评。他也反对文学战线上的保守派,态度坚决地支持新文学和白话文,甚至不赞同胡适提倡的"整理国故"。他认为中国是个"丑陋的民族",在批评本国的落后面时,字里行间流露出高蹈的洋绅士的气派。面对帝国主义的强暴行径,如制造"五卅"惨案,他感到义愤,但有民族自卑感,缺乏反抗的自信心。在"三一八"惨案中,他对北洋政府残杀民众表示愤慨,但又攻击"群众领袖",认为是他们把盲目的群众引向"死地",也要负"道义上的责任"。正是这样的言论受到了鲁迅以及语丝社一些作家的批驳。鲁迅说过,他的两本《华盖集》中的大量杂文,就是揭露陈西滢等"怎样地用了公理正义的美名,正人君子的徽号,温良敦厚的假脸,流言公论的武器,吞吐曲折的文字,行私利己,使无刀无笔的弱者不得喘息"[11]。

鲁迅和陈西滢之间的斗争,不是文学论争,而是政治斗争,预示着一场分裂必将发生。到了 1928 年，在新的形势下，徐志摩、梁实秋等创办了《新月》杂志，在文学上肩起自由主义大旗后，曾经是兼包并容的《现代评论》就结束了它的历史使命，于当年年底终刊。

鲁迅与陈西滢等的论战，对促成他的政治态度和思想的转变，是起了重要作用的。20 世纪 20 年代中国政治、文化战线的局面，曾使鲁迅产生过思想的彷徨和苦闷。这在他的《彷徨》、《野草》等作品中都有所反映。为了坚持战斗，不再“荷戟独彷徨”，他和所有知识分子一样，也须要寻找自己依靠的力量。而共产党和国民党是当时反对北洋政府的两股政治力量，鲁迅必有所选择。女师大事件、“三一八”惨案和与陈西滢的论战，至少使鲁迅在情感上与那些自由主义知识分子的裂痕再难弥补。鲁迅已经不可能对后来把自己视为“第三种力量”的自由主义知识分子，抱有什么希望了。包括对当时还在同一阵线里的周作人、林语堂的自由主义思想，他也已经明确地给予批评。一篇《论“费厄泼赖”应该缓行》，宣告他与政治上的自由主义划清了界限。20 世纪 20 年代中期，国共实现第一次合作，掀起了大革命的高潮。在这样的历史条件下，他已经开始接触并逐渐地向马克思主义的思想靠拢。他过去希望有“精神界之战士”来唤醒民众，从改造国民性入手，以改变中国的落后面貌。政治斗争中严酷的甚至是血腥的现实，使鲁迅感到启蒙主义的局限性。1925 年春，在给《猛进》周刊提建议时，说自己仍然认为要准备思想革命的战士，不过又认为“这种迂远而且渺茫的意见，自己也觉得是可叹的”[12]。不久，孙中山逝世后他给许广平的信中说，中国社会“无论如何，总要改革才好。但改革最快的还是火与剑，孙中山奔波一世，而中国还是如此者，最大原因还在他没有党军”[13]。“党军”即党所领导的军队。到了“三一八”惨案后，面对青年人的血，他更对以前关于文学的议论产生怀疑了，所以 1927 年在黄埔军校的演讲中，便明确地表示：“文学文学，是最不中用的，没有力量的人讲的；……而有实力的人仍然压迫，虐待，杀戮，没有方法对付他们，这文学于人们又有什么益处呢？”“中国现在的社会情状，止有实地的革命战争，一首诗吓不走孙传芳，一炮就把孙传芳轰走了。”[14]这样，鲁迅从强调思想革命，演进到更加重视政治革命于社会改革的意义，并认为要以武装斗争促进政治革命的实现。他已经不单纯是一个启蒙主义的思想家了。后来在 1927 年广州的“四一五”政变中，在血的现实面前便宣告他的进化论的思路的“轰毁”，转而接受马克思主义,并与中国共产党建立了亲密的关系。

鲁迅的思想转变在当时是有代表性的。新文学最重要的两个文学派别即“为人生”派和“为艺术”派中,都有人在20世纪20年代大革命高潮中政治上日趋革命化。沈雁冰此时已是早期共产党人之一员。郭沫若,也在1924年译完了日本河上肇的《社会组织与社会革命》后,宣告“我现在成了个彻底的马克思主义的信徒了,马克思主义在我们所处的这个时代是唯一的宝筏”[15]。他的文艺观也随之发生急遽的转变。1926年,郭沫若发表《革命与文学》,提出作家是阶级的代言人,“无产阶级的理想要望革命文学家早点醒出来,无产阶级的苦闷要望革命文学家实写出来,要这样才是我们现在所要求的真正的革命文学”。他号召作家“到兵间去、民间去、工厂间去、革命的旋涡中去,你们要晓得我们所要求的文学是表同情于无产阶级的社会主义的写实主义的文学”[16]。1926年《创造月刊》创刊后,创造社转向的趋势十分明显。他们在《创造月刊》和《洪水》上,连续发表关于革命文学的主张。1926年后,创造社已不再是一个“为艺术”的流派,而逐渐变成提倡革命文学的社团,这就是后期创造社。

五卅运动后郭沫若、沈雁冰等先后参加实际革命工作,离开了文学战线。新月社的闻一多,也一度投身革命工作。而胡适等坚持自由主义立场,反对马克思主义。一旦有了适当的条件,新文学队伍必然要来一番重新的排列。

1927年发生“四一二”政变,国共两党的统一战线破裂,国内阶级斗争激化。政治局势的剧变促成了新文学队伍的重新组合。其表现就是1928年无产阶级文学运动的出现。当时一部分大革命时期投身实际工作的作家,如郭沫若、阳翰笙、沈雁冰等,于革命失败后又回到文学战线上来了。各地一些作家,因逃避政治迫害来到上海,如柔石、洪灵菲、钱杏邨等。鲁迅也从广州来到上海定居。还有一些从国外回来的留学生,如冯乃超、彭康、李初梨、朱镜我、李铁声等留日学生,他们受国际左翼文学运动的影响,出于对蒋介石屠杀革命人民的义愤,也要在中国举起无产阶级文学的旗帜。这些作家集中在上海,便成了无产阶级文学运动的骨干。

1929年后资本主义世界出现经济危机,暴露了资本主义社会严重的社会矛盾。也在这时,苏联经济建设取得成功,推动了国际共产主义运动的发展。一些资本主义国家的知识分子思想左倾,国际上出现“红色30年代”。鲁迅在20世纪30年代回顾自己的思想历程时说过，他先是只看到旧社会腐败,但不知什么是“新的”。“待到十月革命后,我才知道这‘新的’社会的创造者是无产阶级,但因资本主义各国的反宣传,对于十月革命还有些冷淡,并且怀疑。现在苏联的存在和成功,使我确切的相信无阶级社会一定要出现,不但完全扫除了怀疑,而且增加许多勇气了。”[17]中国左翼文艺运动就发生在这样的国际背景下。而中国左翼文艺运动自始至终的左倾错误偏向,同样是有其国际背景的。

二、中国左翼作家联盟

无产阶级文学论争——左联的成立及其生存环境——左联的成绩和缺点——左联的解散

创造社和太阳社举起了无产阶级文学的旗帜，两个社团陆续发表重要的倡导文章,有成仿吾的《从文学革命到革命文学》、李初梨的《怎样地建设革命文学》、蒋光赤的《关于革命文学》、钱杏邨的《死去了的阿Q时代》等。由此引起了一场五四文学革命后的文学大论争,文学史上称为“无产阶级文学论争”或“革命文学论争”。除了《文化批判》、《创造月刊》和《太阳月刊》外,还有创造社在1928年出版的《流沙》、《日出》、《思想》等刊物,洪灵菲等出版的《我们》月刊,太阳社在1929年出版的《海风周报》、《新流月报》(后改名为《拓荒者》)等,都发表了许多倡导无产阶级文学的文章。他们一方面宣传建立无产阶级文学(当时也称“革命文学”、“普罗列塔利亚文学”或“普罗文学”)的理论主张;一方面展开对五四新文学的批判,主要矛头对准了鲁迅。

倡导者们的文章,首先论证无产阶级文学出现的必然性、合理性,宣传简单的、粗疏的关于存在决定意识,经济基础决定上层建筑等理论。从这种基本理论出发,论证了中国现代文学发展经历的三个时期,即五四的有产者文学,五四后的小有产者文学和当前的“由历史的内在的发展——连络,它应当而且必然地是无产阶级文学”[18]。这种现代文学发展历程的分析,当然是不符合文学历史的实际的，从根本上说，是出于他们对中国革命性质的错误认识。他们认为"四一二"政变是中国资产阶级的胜利，反封建的任务已经过去了，当前应该进行反资本主义的斗争。他们说："近几年来的中国社会，已经不是辛亥以前的中国社会了，因之，近两年来的中国革命的性质，已经不是单纯或民族或民权的革命了。"[19]这个时候创造、建设无产阶级文学，就是历史的必然要求，为此就要批判、清算五四"有产者"的新文学。他们过左地提出不仅要克服资产阶级的文学，而且要打倒小资产阶级作家，因为"小资产阶级的根性太浓重了，所以一般的文学家大多数是反革命派"[20]。他们认为新兴阶级负有批判旧世界的使命，成仿吾的一篇文章，题目就叫《全部的批判之必要》。又因对革命性质认识的偏差，批判的矛头便指向了新文学的主将。《文化批判》创刊号上，冯乃超的《艺术与社会生活》一文，便把鲁迅、叶圣陶、郁达夫、张资平等都作为"社会变革期中的落伍者"加以批判。其他许多的文章比较集中地批判鲁迅，包括钱杏邨对《阿Q正传》的否定。他认为阿Q的时代已经死去，表现死去了的时代的作家，便不具有现代性。他们在批判中表现出简单、粗暴的态度，如给鲁迅扣上了"封建余孽"、"法西斯蒂"、"二重性的反革命的人物"[21]等大帽子。这也是左翼作家在论辩中常用的手法，即不在理论上进行论辩，只重于揭示对方的阶级面目。既然鲁迅是"封建余孽"、"有闲阶级"，那就不必再作何种论证，他就是理应被打倒的。处于幼年期的中国共产党，这时对中国革命性质的认识正发生"左"的偏差。受其影响，创造社、太阳社的作家便在理论上、行动上都犯有"左"的错误。在中国革命的任务仍是反帝反封建时，这样对待资产阶级、小资产阶级的作家，显然都是错误的。

对五四新文学的否定，其实此前早已有过。由于早期共产党人要求文学必须是革命的工具，从这一根本的观念来考察五四新文学，就已经作出几乎是全面否定的评价。瞿秋白曾把新文学比做"好个荒凉的沙漠，无边无际的"[22]。邓中夏把包括《雪朝》、《繁星》、《渡河》在内的诗歌作品一概否定，认为是"快乐主义"、"颓废主义"、"个人主义"的，甚至把"亡国灭种"也视为"新诗人之罪"[23]。到了要正式开展无产阶级的革命文学运动时，就更要全面地清算五四新文学，并把鲁迅作为开展新运动的障碍加以批判，拿这位新文学的最有代表性的作家来祭旗。

在文学思想上，无产阶级文学的倡导者们也是延续着早期共产党人的以文学为工具的思想,有人还提出文学青年应成为“留声机”。此时多了一点理论上的依据，这就是美国作家辛克莱的主张:“一切艺术都是宣传。普遍地,而且不可逃避地是宣传;有时无意识地,然而常常故意地是宣传。”在具体叙述中,要求革命文学“反抗一切旧势力”,“反个人主义”,“它的主人翁应当是群众,而不是个人;它的倾向应当是集体主义”[24]。要以真挚之情去描写“农工大众的激烈的悲愤,英勇的行为与胜利的欢喜”[25],等等。这些表述了他们建设无产阶级文学的初步构想。

从上述事实可以看到,无产阶级文学的倡导,有许多思想缺陷和准备的不足。对中国社会的认识犯了政治上左倾的错误。文学上理论资源不足,作为补救后来才有译介马克思主义和苏联文艺理论的热潮，当时还只能很简单地对文学提出政治的要求。各方面准备不足而匆匆上阵的无产阶级文学倡导运动,一开步就犯了错误,是难免的。后来鲁迅回顾这一场倡导运动时,指出“那时的革命文学运动,据我的意见,是未经好好的计划,很有些错误之处的”[26]。

创造社、太阳社对鲁迅等作家的批判，引起了鲁迅等的反驳，于是在1928年出现了无产阶级文学论争的高潮。

鲁迅于1927年10月从广州来到上海,他原拟联合创造社共同奋斗。但却遭到创造社等的围攻。为了回答他们的攻击,鲁迅发表了《“醉眼”中的朦胧》等杂文进行反批评。鲁迅认为“世界上时时有革命,自然会有革命文学”,“自然也会有民众文学……说得彻底一点,则第四阶级文学”[27]。但他从来认为根本问题在于作者是否是一个“革命人”,因为“从喷泉里出来的都是水,从血管里出来的都是血”[28]。按照这样的理解,他认为创造社、太阳社的作家提倡无产阶级文学,条件并不成熟。因此提出“当先求内容的充实和技巧的上达,不必忙于挂招牌”[29]。

此外,鲁迅还批评了倡导者在理论上的一些片面性。如为了强调文学在阶级斗争中的作用,便主张“一切文艺都是宣传”,却忽视了文学本身的特质,轻视艺术性。鲁迅指出:“一切文艺固是宣传,而一切宣传却并非全是文艺”,“革命之所以于口号,标语,布告,电报,教科书……之外,要用文艺者,就因为它是文艺。”[30]

鲁迅在论争中曾发表《扁》，他以匾尚未挂出，两个近视眼却争论起匾上的字来，比喻当时争论无产阶级文学问题的条件并不成熟。他说："我只希望有切实的人，肯译几部世界上已有定评的关于唯物史观的书……那么，论争起来，可以省说许多话。"[31]为了正确回答当时无产阶级文学倡导运动中提出的种种问题，鲁迅自己动手做翻译工作。他说这是要从别国窃得火来，煮自己的肉，所以后来他自述："我有一件事要感谢创造社的，是他们'挤'我看了几种科学底文艺论，明白了先前的文学史家们说了一大堆，还是纠缠不清的疑问。"[32]

当鲁迅受到创造社、太阳社的围攻时，冯雪峰以"画室"为笔名，发表了《革命与知识阶级》，批评了创造社攻击鲁迅的错误。他后来对中国共产党与鲁迅间建立密切联系，起了重要作用。

茅盾（即沈雁冰）也参与了这场论争，发表了《从牯岭到东京》等文。他在1927年秋至1928年上半年，创作了《幻灭》等三部中篇，受到无产阶级文学倡导者们的批评。茅盾为维护自己的创作进行反批评，便更多涉及文学创作上的问题。他不同意把描写幻灭、动摇等革命过程中的消极面，视为作者的"落伍"，也不同意一定要在作品中指明出路。同时，他对初期无产阶级文学的标语口号化，作了尖锐的批评。他认为与其"空着肚子顶石板"，不如去写自己熟悉的小资产阶级题材。对茅盾的反批评，倡导者们当然是不予接受的，但《创造月刊》的编者认为他"提出了许多现实的具体的问题，这些问题，我们不应该抹杀它，而应该正当地去解决它"[33]。

这场论争带来的一个重要成果，便是促进了双方的理论学习。鲁迅为了求得对一些问题的答案，亲自动手翻译马克思主义文艺理论，出版了他所译卢那察尔斯基的《艺术论》、《文艺与批评》，普列汉诺夫的《艺术论》等。而翻译介绍马克思主义理论，也正是创造社的一项任务，1929年他们出版的《新兴文化》、《新思潮》，太阳社的《海风周报》以及《引擎》等刊物，都用大量篇幅译载马列主义经典作家的作品和宣传介绍马列主义的文章。1928年底开始，由鲁迅、陈望道等翻译的《文艺理论小丛书》陆续出版。1929年5月起，又陆续出版鲁迅、画室、沈端先（夏衍）、杜国庠等翻译的《科学的艺术论丛书》。这是无产阶级文学倡导运动的一大收获，对左联的成立起了促进作用，因为这些理论"给大家能够互相切磋，更加坚实而有力"[34]。由于这种翻译的热潮，

1929 年便被称为社会科学的“翻译年”。经过学习，创造社、太阳社成员的思想也有了变化。本来他们不同程度地受了苏联“无产阶级文化派”和波格丹诺夫的机械论的影响。经过学习，了解了苏联文艺论战情况，才认识到“新文化是承认一切旧文化的传统，旧文化里的一切的新要素，新发展”[35]，认识到“对于旧文学的遗产及艺术的言藻之专门家不能轻率地加以侮辱”[36]，从而改变了否定一切的偏向，也改变了对鲁迅等的态度。这样，为后来的联合在思想上创造了条件。

无产阶级文学的论争，引起了中国共产党有关领导的注意。创造社、太阳社的党员作家，接受了中共领导的批评和停止论争的指示，改变了对鲁迅的态度。潘汉年发表的《普罗文学运动与自我批判》一文，表示倡导者们对自己的错误开始有了初步的认识。这样，经过中国共产党的促成，鲁迅和创造社、太阳社双方实行联合。1929 年春，创造社被国民党当局查封，太阳社亦已无法活动。随后，在中共领导的指示下，一些党员作家开始与鲁迅联系，酝酿成立统一的左翼文艺组织。1930 年 2 月，以鲁迅等的名义邀集部分参加论争的作家，召开以“清算过去”、“确定目前文学运动的任务”为中心的讨论会。会上，对前一阶段倡导运动中的“小集团主义乃至个人主义”，“过于不注意真正的敌人”，“批判不正确，即未能应用科学的文艺批评的方法及态度”等缺点作了检讨，并成立左翼作家联盟的筹备委员会。

1930 年 3 月 2 日，中国左翼作家联盟(简称“左联”)在上海成立。鲁迅、冯雪峰、柔石、沈端先、冯乃超、李初梨、彭康、蒋光赤、钱杏邨、洪灵菲、田汉、阳翰笙等四十余人出席了成立大会。郭沫若、茅盾、郁达夫等加入左联。会上通过了左联的理论纲领，宣告以“站在无产阶级的解放斗争的战线上”，“援助而且从事无产阶级艺术的产生”，作为奋斗的目标。鲁迅在成立大会上作著名的《对于左翼作家联盟的意见》的讲话。会上选举了鲁迅等七人组成常务执行委员会。此后国内某些大中城市和日本东京也成立了左联或其分支部。

左联的生存环境是十分恶劣的。“四一二”政变后，国民党实行一党专政，对左翼文艺运动进行镇压。1929 年后，国民党制定了宣传品审查条例和出版法，不断发布查禁书刊的密令和书目，查禁了大批优秀的文学书刊。1934 年，又设立图书杂志审查委员会，对出版物实行全面的统制。他们还逮捕、杀害左翼作家。1931年2月7日,一批中共党员被国民党秘密杀害,其中柔石、胡也频、殷夫、冯铿、李伟森是左联的作家,中外震惊。此外还有洪灵菲、应修人、潘漠华、宗晖等左联、剧联成员遭到杀害。一些著名作家遭逮捕,鲁迅也被通缉。1933年丁玲被捕,被监禁三年多才出逃获救。国民党为了抗衡并挤垮左翼文艺运动,也发动了"民族主义文艺运动"。国民党的宣传机构和报刊,曾提出"三民主义文艺"的口号。1930年6月,国民党在上海组织"六一社",出版《前锋周报》;10月,又出版《前锋月刊》,举起了"民族主义文艺运动"的旗帜。他们发表《民族主义文艺运动宣言》,提出文艺要取消"多型的文艺意识",建立起一个"中心意识",这就是"忠孝仁爱、信义和平"等传统观念。这样一些观点就是持自由主义思想的作家也是不愿接受的。而且国民党的一个很严重的弱点,就是未曾掌握"文学的武器",它没有自己像样的作家队伍。所以,这个运动始终处于孤立的境地。鲁迅、茅盾、瞿秋白等左联作家都曾发表文章揭露、批判民族主义文艺运动。《前锋月刊》仅出七期便告停刊,国民党的这个"文艺运动",几乎自生自灭了。

在上述十分困难的条件下,左联一直坚持活动。左联除将鲁迅主编的《萌芽》和原太阳社刊物《拓荒者》作为机关刊物外,还陆续出版《巴尔底山》、《世界文化》、《前哨》(后改名《文学导报》)、《北斗》、《十字街头》、《文学》、《文学月报》等机关刊物。这些刊物在国民党当局的压迫下,彼伏此起地坚持了下来。左联作家发表文艺创作,无论在诗歌、小说、戏剧、散文各领域,都有重大的成果,培育了一批文坛新秀。左联还十分重视译介马克思主义的文艺论著,重视文艺批评工作,参与各种文艺论战,开展文艺大众化的讨论。

左翼文艺运动对中国20世纪30年代文艺的繁荣贡献了力量。他们在文艺理论的译介上做了许多工作,这方面,瞿秋白的贡献最大,他在翻译原著的同时还撰文阐明马克思恩格斯反对席勒化,提倡莎士比亚化的意义,提出反对"主观主义的理想化"。他的译介工作极得鲁迅的赞赏。1935年他遭国民党杀害后,鲁迅特编辑《海上述林》两卷,内收瞿秋白的译介文字,以"诸夏怀霜社"的名义出版,作为对他的深深的怀念。瞿秋白还写过许多文艺论文,发表对文艺的见解。写于1933年的《〈鲁迅杂感选集〉序言》,是现代文学史上社会—历史批评的极致,深刻论述了现代中国某些类型知识分子的性格特征;因而使鲁迅认为可以把他视为"知己"和"同怀"。他对初期左翼文艺思想和创作的许多批评，对克服左翼文学的幼稚病是一剂良药。如批评钱杏邨的《死去了的阿Q时代》，是盲动主义的表现。他的《革命的浪漫谛克》一文，是特为帮助左翼作家克服创作偏向，给华汉（阳翰笙）的《地泉》三部曲写的序。同时写序的还有茅盾等多人。瞿的序对初期左翼创作的缺点作了颇具概括力的批评。瞿的理论批评工作始终贯彻着反“左”的精神，虽然由于历史条件的限制他也始终未能挣脱“左”的思想的羁绊。1933年9月，周扬介绍了苏联清算“拉普”（俄罗斯无产阶级作家联合会的简称）左倾理论错误的情况。周扬（1908~1989），原名周起应，左联后期领导人。11月，他发表《社会主义的现实主义与革命的浪漫主义》，向国内介绍了“社会主义现实主义”的理论，并批判了辩证唯物主义创作方法的错误。这对于纠正左翼文艺运动初期的机械论，促进左翼创作发展，都有很大意义。随着理论水平的提高，对作家作品的批评、研究也达到了新的高度。除了瞿秋白对鲁迅的评论，还有茅盾为鲁迅、徐志摩、庐隐、丁玲、冰心、落华生，胡风为林语堂等所写的作家论，周扬对曹禺《雷雨》、《日出》的评论等，把整个现代文学批评推向了新的高度。

左联作家在创作上也有重要的贡献。左翼的戏剧运动对中国现代戏剧事业的发展，对推动话剧创作、演出的繁荣，促进话剧艺术的成熟，也对发展中国的电影事业，都有着不可磨灭的功绩。在散文领域继续推进了杂文的发展，积极介绍、运用报告文学的新形式来及时地反映快速变动的社会现实。因为强调运用马克思主义的理论来观察、分析社会生活，为新文学增添了社会剖析小说的新品种。茅盾的《子夜》可说是新文学的第一部艺术上成熟的长篇小说，也是社会剖析小说的代表作。它具有广阔的社会视野，驾驭复杂多变的矛盾线索，塑造众多的人物形象，一出版就引起广泛的赞誉，使1933年被称为“《子夜》年”。这种类型的小说亦有其不足，但在深刻地反映社会现实，具有着强烈的社会批判力量诸方面，都是很杰出的。在文学创作上，左联拥有开创五四新文学的老作家，如鲁迅、茅盾、田汉等，也培育了一大批新人，如柔石、丁玲、叶紫、张天翼、沙汀、艾芜、夏衍等等。他们成为20世纪30年代中国文学的非常重要的一支力量。

左联活动时期，中国共产党正处于王明左倾路线统治的时期，作为中共领导下的文艺团体，不能不受到影响。在政治上，左联接受了左倾路线对革命性质、政治形势的错误估计，传播了“左”的政治口号，开了用政治的、政党的方式来领导文艺的头。当时有人还把左联称为“第二党”，在白区的中共组织已遭严重破坏的情况下，参与了在左倾路线下组织的中心城市的冒险活动。在文艺理论上，未能彻底地克服无产阶级文学倡导运动中出现的简单、机械的观点。茅盾所批评的“有革命热情而忽略文艺的本质，或把文艺也视为宣传工具——狭义的”[37]等偏向，仍然是左联文艺理论的主要缺陷。左联还曾接受苏联“拉普”的“唯物辩证法的创作方法”等理论，因而在创作中，特别是初期的左翼创作中，比较明显地存在公式化、概念化和标语口号化的倾向。在思想上，左联也存在宗派主义，内部不能团结；对外只承认自己这一家，思想方法上存在“非此即彼”的绝对化，不承认有中间力量。由于左联是中国共产党领导下的最重要的文学团体，它的许多成员后来都成了中共文艺事业的领导骨干，因而它的缺点对后来新文学的发展，也有长远的消极影响。

1931年“九一八”事变后，由于民族危机日益严重，民族矛盾不断上升，文学上要求有一个新的运动，即文艺界的抗日民族统一战线运动。1935年“一二·九”运动爆发，在民族救亡运动的推动下，一些左联作家提出了“国防文学”口号，它立即得到广泛的响应。随后又有“国防戏剧”、“国防音乐”、“国防诗歌”、“国防电影”等口号的提出，形成了提倡“国防文学”的热潮。1936年春，左联自动解散。2月出版的左翼文化刊物《新文化》杂志上，发表了《新文化需要统一战线》的社评，提出建立“抗日反蒋的中国新文化”的号召。“国防文学”的提出带有明显的纠正宗派主义、关门主义错误的性质，但是提倡者的文章和实践中，并未能彻底清除这些错误。鲁迅对这一口号并不满意，经与冯雪峰等商议后，由胡风在6月1日发表《人民大众向文学要求什么？》，提出另一个“民族革命战争的大众文学”的口号，引发了主要是左翼作家内部的“两个口号”的论争，并且产生了两个基本上由支持不同口号的成员分别签名的文艺界抗日宣言。尽管论争双方的言论中都包含着某些缺陷，又都有宗派主义情绪，但要求抗日和赞同建立统一战线的基本观点却是一致的。鲁迅抱病发表文章，主张两个口号的并存。10月，鲁迅、郭沫若、茅盾、巴金、冰心、周瘦鹃、林语堂等文艺界有代表性的各方人物，联合发表了《文艺界同人为团结御侮与言论自由宣言》，号召文艺界为抗日救国而联合起来，这标志着新形势下建立文艺界统一战线的条件渐趋成熟，初步完成了从统一战线破裂，转变到重新组成统一战线的精神上的准备。左翼文艺运动从论争中开始，便这样地在论争中结束了。

三、两种文学观的论战

人性论和阶级论的论战——梁实秋的“人性的文学”论——鲁迅等的反驳——“自由人”和“第三种人”——瞿秋白的“留声机”论——歌特对“左”倾思想的批评

在无产阶级文学论争还处于高潮中时，就已出现了反对无产阶级文学的言论。最主要的反对者是新月社的某些作家。1927年春，新月社创办了新月书店，由胡适任董事长。1928年3月，他们创刊了《新月》杂志，主要撰稿人有徐志摩、梁实秋、陈西滢等。《新月》和《现代评论》有明显的承接性，在“四一二”政变后的新环境中，仍然保持着自由主义的思想，因此有一段时间曾被国民党当局查禁。他们也反对正在崛起的左翼文学运动。《新月》的作家们恰如鲁迅所述，他们“感觉锐敏”，在《新月》的创刊号上，发表徐志摩写的《〈新月〉的态度》一文，打出“不妨害健康”、“不折辱尊严”两个“原则”，反对文学的“功利派”、“攻击派”、“偏激派”、“标语派”、“主义派”等，攻击矛头主要对着无产阶级文学倡导运动。新月社的主要文学理论家梁实秋，则发表文章宣扬人性论，反对文学的阶级论，否定“革命文学”。他们的言论立即受到无产阶级文学倡导者们的反驳。彭康的《什么是“健康”与“尊严”》、冯乃超的《冷静的头脑》等，分别批驳了徐志摩、梁实秋。鲁迅也写了《新月社批评家的任务》，指新月社是为统治者“维持治安”的刽子手和皂隶。他的《“硬译”与“文学的阶级性”》一文，是左翼文学反对梁实秋人性论的最重要的一篇文章。这样，在左联成立前后的一段时间里，发生了左翼文艺运动中第一场两种文学观的著名的论战。

文学上的人性论和阶级论，是文学理论中带根本性的问题，它们的是非和相互关系本应该用学术争鸣的方式进行探讨，力求有个科学的共识。这样才有利于文学的健康发展。但五四以后的文学界似乎未曾形成好的学风，缺少相互讨论争鸣、切磋琢磨、取长补短的习惯，常见的是带着敌对的、宗派的情绪的相互攻击、讥刺，以自己为必是而不容争辩。是非既难弄清，情感早已破裂，有时局面难以收拾，只有不了了之或诉之政治手段。徐志摩的文章不直接、坦率地指出无产阶级文学倡导中有何缺点、错误，而是给被批评者带上有刺激性的多顶帽子，把他所反对的这些文学等同于"鸦片，毒药，淫业"。无产阶级文学的倡导者则无论是对前辈的鲁迅，抑或是对不同文学理念的新月作家，都用了无情打击的态度和语言。根本的原因是论争的双方缺少容纳、容忍不同思想的习惯。从无产阶级文学这一边来说，他们开展运动的目的明确地是要用无产阶级文学来一统文学的天下，就是鲁迅所宣布的，无产阶级文学"所要的是全般，不是一角的地位"[38]。

《新月》的主要文艺理论家梁实秋(1903~1987)，出生于北京，曾留学美国，追随新人文主义者白璧德。所以他的思想也带有保守主义的某些特征，主张讲求"文学纪律"，反对一任情感奔泻的浪漫主义，也反对"不可避免的流于感情主义，以及过度的浪漫"[39]的革命文学。他回国后发表一些重要的关于"人性的文学"的言论。当无产阶级文学运动高举阶级论的旗帜时，他接连发表《文学与革命》、《文学是有阶级性的吗？》来宣扬人性论。新文学中解释人性论的文章，最重要的无疑是五四时期周作人的《人的文学》，之后就是梁实秋的这几篇文章。只因历史背景的变化，梁的文章是针对着正在兴起的无产阶级文学的。

梁实秋的"人性的文学"论认为，"伟大的文学乃是基于固定的普遍的人性"，"人性是测量文学的唯一的标准"[40]。各阶级的人性并无两样，"他们都感到生老病死的无常，他们都有爱的要求，他们都有怜悯与恐怖的情绪，他们都有伦常的观念，他们都企求身心愉快。文学就是表现这最基本的人性的艺术。"[41]他指出人性繁复深奥，文学的表现题材应该是广阔的。人生的痛苦不止是帝国主义的侵略、军阀的压迫，还有生老病死的折磨，命运的播弄，人心的犹豫冲突。描写失恋的痛苦、春花秋月的感慨也可以伟大，"因为这是全人类公同的人性的反映"[42]。文学既是人学，就有必要从人的角度，从人性的角度给予阐明，给予分析。在梁之前和之后，现代文学创作中的许多重要成果，都在人性的挖掘上达到不同的深度。而在理论上的研究，还是做得还很不够的，成果并不多。梁实秋所阐述的，还不能说有多么充分；但仍应视为对现代文学理论的重要贡献。

他还提出“文学是属于全人类的”[43]。作品创造出来之后，就不属于那个阶级或个人，而是“人类共有的珍宝”[44]。因此反对把文学局限于某一特定的阶级，当做某一阶级的阶级斗争工具。他认为文学上的“工具论”是小看了文学的价值，因为革命是暂时的、变态的：“纯粹以文学为革命的工具，革命终结的时候，工具的效用也就截止。”[45]作为自由主义的作家，他也强调文学的独立性，“文学家永远不失掉他的独立”[46]。文学家的使命只有内心的真善美的要求，此外，不接受别的任何使命。

梁实秋的自由主义文学观，与无产阶级文学倡导者是对立的，而且是无法调和的。首先在政治上，作为自由主义者他不赞同暴力革命，而认为“一个无产者假如他是有出息的，只消辛辛苦苦诚诚实实的工作一生，多少必定可以得到相当的资产。这才是正当的生活斗争的手段”[47]。这是为革命而文学的无产阶级文学倡导者绝不能接受的，他们认定梁实秋是在维护资本主义制度，是要取消、反对革命的。所以冯乃超说他是“资本家的走狗”[48]，鲁迅更认为他是“丧家的资本家的乏走狗”[49]。他以贵族老爷的轻蔑口吻，说无产阶级是只会生孩子的阶级，缺乏鉴赏的能力，所以“好的作品永远是少数人的专利品，大多数永远是蠢的，永远是与文学无缘的”[50]，“大多数就没有文学，文学就不是大多数的”[51]。这样的言论更加激化了他与无产阶级文学倡导者们的矛盾。

其次，梁实秋在主张文学的人性论时，不承认文学有阶级性：“文学一概都是以人性为本，绝无阶级的分别……文学是没有阶级性的。”[52]这个观点是错误或片面的，因为自人类进入阶级社会，分裂为阶级后，人的思想感情便也带有阶级性。文学自然也会带上阶级性。人性和阶级性并不是绝对的对立，人既有人类所共有的人性，也有本阶级所特有的阶级性。可是当时争论的双方都只承认自己所坚持的一种，否认所反对的别一种。在当时这也是难以互容的。

左翼作家从文学理论上对梁实秋观点的辩驳不是很有力的，在坚持阶级观点，批驳人性论中，以鲁迅的几篇杂文最有代表性。左联成立之前，鲁迅就已经写了《文学与出汗》等文反对梁实秋的人性论。随后又在《“硬译”与

"文学的阶级性"》一文中,举出多个通俗的例子,证明人的思想感情有阶级的区别,进而证明文学也有阶级性。他说:"文学不借人,也无以表示'性',一用人,而且还在阶级社会里,即断不能免掉所属的阶级性,……自然,'喜怒哀乐,人之情也',然而穷人决无开交易所折本的懊恼,煤油大王哪会知道北京捡煤渣老婆子身受的酸辛,饥区的灾民,大约总不去种兰花,像阔人的老太爷一样,贾府上的焦大,也不爱林妹妹的。"鲁迅这段话在长期批判人性论中被当做经典名言。他举的例子可以说明人的思想感情是有阶级的区别的,但并不能证明没有共同的人性。例如灾民不去种兰花是因为眼前首要的事情是求生,一旦有了安全、安定的生活,他们也会去种花,因为爱美之心人皆有之,并非阔老太爷的专利。

左翼的批评文章往往以揭示论敌之阶级属性的方法,来判定对方的错误。因为只要证明对方是资产阶级,那么他的言论就是为资产阶级辩护无疑,就一定是错误的、反动的。鲁迅针对梁实秋的"大多数就没有文学"等轻视无产阶级和底层人民的言论,指出梁实秋的文章"原意是在取消文学上的阶级性,张扬真理的。但以资产为文明的祖宗,指穷人为劣败的渣滓,只要一瞥,就知道是资产家的斗争的'武器',——不,'文章'了"[53]。这种方法避开了所争论的理论本身,以作家的身份来做文章、判是非,并不利于问题的探讨。

鲁迅在论争中为新兴的左翼文学尽力作辩护。如梁实秋批评左翼文学是宣传品,鲁迅承认有标语口号化的作品,但他说明这并不是真的无产阶级文学。他举出卢那察尔斯基的《被解放的堂·吉诃德》、法捷耶夫的《毁灭》、格拉特珂夫的《士敏土》等苏联作品,说中国还没有这样水平的无产阶级文学。现在立即向新兴的无产阶级文学要求好作品,"这样的无理要求,恰如使他们冻饿了好久,倒怪他们为什么没有富翁那么肥胖一样。"[54]

人性论的文学观是需要细致探讨的理论问题,在20世纪30年代条件下还不可能作为单纯的学术问题来讨论,这一场论争也不可能对文学人性论问题做比较深入、准确的理论分析。但应该看到,现代文学从人的文学发展到阶级的文学,必然地会有一场关于人性论和阶级论的辩论,以弄清两者的关系。而这两种理论各有自己的合理性,并非势不两立反而应该互补。持人性论者应该看到进入阶级社会后,人除了有一般的人性外,还有阶级性;

阶级论者也应该承认不同阶级的人事实上还有着共同的人性。这样的认识，对于文学创作，对描写人，有重要的、积极的意义。当时梁实秋主张人性论，但他不必否定、嘲讽阶级的文学；左联作家坚持阶级的文学论，也不必否定、拒斥人性论。否定人性论是左联当时在文学理论上的一种错误，给文学创作造成了消极的影响。

在阶级论和人性论的论争中，梁实秋提出了文学的“独立性”的观点，这也是自由主义文学观的一个重要观点。紧接着又发生了左翼的文学观与自由主义文学观的另一场更大的辩论，即文学与政治关系的争论，中心在于文学是从属于政治的还是“独立”的、“自由”的。这场论争被称为“文艺自由论辩”，这回规模更大，左联的主要理论家瞿秋白、周扬、冯雪峰连同鲁迅一起上阵。显然对这场论争更加重视。

挑起这场论战的是胡秋原(1910~2004)和苏汶(1907~1964)。与梁实秋不同，胡、苏不但翻译过马克思主义文艺理论著作，胡秋原还出版过《唯物史观艺术论》；而且还曾参加过革命组织，苏汶(杜衡)曾加入左联。但是，他们的文学理念与左翼文学观相反，是以反“左”的姿态出现的自由主义文学观。胡秋原还高举着普列汉诺夫的理论为武器，被称为“马克思主义的自由主义”。

从 1931 年 12 月起，胡秋原自称“自由人”，在《文化评论》等刊物上，发表《阿狗文艺论》、《勿侵略文艺》、《钱杏邨理论之清算与民族文学理论之批评》等文。他以左右开弓的姿态，以“不主张只准某一种文学把持文坛”为名，既批判国民党的“民族主义文艺运动”，也反对左翼文艺。《阿狗文艺论》对国民党的民族主义文艺运动作了尖锐的批判，指其为“新的法西(斯)主义的文学”，“中国文艺界上一个最可耻的现象”，是特权者“最丑陋的警犬”。但他是站在艺术至上论的立场上，反对文化上的“一尊主义”，要求文艺的“民主”、“自由”。他提出：“艺术虽然不是‘至上’，然而决不是‘至下’的东西，将艺术堕落到一种政治的留声机，那是艺术的叛徒。”[55]这样的言论引起了左翼作家的注意，并迅即做出反响。冯雪峰、瞿秋白在左联的外围刊物《文艺新闻》上发表文章，认为胡秋原是“以‘自由人’的立场，反对民族主义文学的名义，暗暗地实行反普洛革命文学的任务”，并指他在反无产阶级文学上，是比民族主义文学更“前锋”，“现在非加紧暴露和斗争不可”[56]。同时，虽然承认应当清算钱杏邨理论的错误，却把本是“左”的机械论的钱杏邨理论，认定为“右倾机会主义”，是“阶级的妥协与投降”。胡秋原的自由主义的文学主张，左翼作家是不能接受的，但他们太不注意胡的反国民党文学运动的态度，未能在这一点上与他结成同盟；却认其为敌，而且是比“民族主义文学”更危险的敌人。他们在这场论争中一开始就犯了“左”的错误。

此时，自称“第三种人”的苏汶出来声援胡秋原。1932年7月，苏汶在《现代》杂志上发表《关于〈文新〉与胡秋原的文艺论辩》，接着又发表《“第三种人”的出路》、《论文学上的干涉主义》等，反对左联的文学思想。他反对“阶级文学的观念”，认为如果要求文学为某一阶级服务，就会使它变成“人尽可夫的卖淫妇”；于是，“文学不再是文学了”。他就此攻击左联不要真理，不要文艺，是“只看目前的需要。是一种目前主义”的功利论者。又说作家们若不同意左联的观点，就会被当做资产阶级的“走狗”，这样，“不但没有写作的自由，差不多竟连说话的自由都没有了”。那些“死抱住文学不肯放手”的“作者之群”，就只好“搁起了笔”[57]了。

苏汶又提出文学的“更永久的任务”，他认为不必去做阶级的武器，只要反映了“社会的真实”，也就必然会暗示解决矛盾的出路。而他所谓的“反映”，就是“如镜子反映人形，不过把这种生活照出来，如此而已。美的照出来是美，丑的照出来是丑，不掩饰丑，同时也不抹杀美，此之谓反映。这是与赞助某一阶级的斗争毫无关系的”[58]。苏汶把文学反映生活，比为镜子式的反映，抹杀了反映过程中人的主观作用，这种观点也是错误的。

苏汶的文章触及左联理论中某些机械论、简单化的错误，一些分析并非没有道理。但他也是从自由主义的立场出发，以“中国社会还没有发展到可以产生无产阶级文学的阶段”为由，来否定无产阶级文学。当时凡是反对无产阶级文学的差不多都会伸手来向左翼文学要作品，把缺少优秀的创作成果视为左翼文学的软肋。苏汶也嘲笑无产阶级文学运动已经有三年的历史了，却没有好的作品，“固然有人高唱着克服什么什么的根性和偏见。但是克服了三年还没有克服好吗？”他说这是因为在左联的理论下，左翼作家“与其作而不左，倒还不如左而不作”[59]。

1932年秋，左联开始发表系统的批驳文章，有瞿秋白的《文艺的自由和文学家的不自由》、周扬的《到底是谁不要真理，不要文艺？》、《文学的真实性》、何丹仁（冯雪峰）的《关于"第三种文学"的倾向与理论》等。鲁迅也发表《论"第三种人"》、《又论"第三种人"》、《"连环图画"辩护》等杂文批驳苏汶。

瞿秋白等的文章坚决地捍卫文学必须服从于政治的观点，他们的所有驳难都贯彻一种论辩的策略，就是公开承认对方的指责——你说得对，我们正是这样的，我们现在还要坚持。瞿秋白反驳胡、苏的左翼把"文学当作阶级的工具"的责难；但并不去说明文学为什么可以做工具，而是承认我们正是这样的，而且你也是这样的，各个阶级都是这样的，大家都把文学当作了工具。他说："文学并不是卖淫妇。文学是附属于某一个阶级的，许多阶级各有各的文学，根本用不着你抢我夺。"如果说有人把文学当作了工具，那首先就是统治阶级，他们以文学的工具向群众灌输落后的世界观，以欺骗、麻痹人民群众。现在新兴的阶级要革命了，也要求文学帮助革命。这个时候谁要劝告新兴阶级不要用这个武器，他客观上就是抱着"某种政治目的"[60]的。这种辩论的策略，等于是把对方的指责还给对方——指责我有政治目的，原来你自己就是怀着政治目的的。这在辩论中是很有力的，但并不解决理论本身的问题。其次是阶级的认定，既然文学是阶级的工具，那么问题就在于做了哪个阶级的工具。瞿秋白说，文学家"始终是某一阶级的意识形态的代表"，"文艺——广泛的说起来——都是煽动和宣传，有意的无意的都是宣传。文艺也永远是，到处是政治的'留声机'。问题是在于做哪一个阶级的'留声机'"。他是用当仁不让的姿态明确地坚持"文学是政治的留声机"的观点。他又说："当无产阶级公开的要求文艺的斗争工具的时候，谁要出来大叫'勿侵略文艺'，谁就无意之中做了伪善的资产阶级的艺术至上派的'留声机'。"[61]依据列宁关于在阶级社会里不可能有绝对自由，资产阶级作家的自由是受钱袋支配的观点，判定胡秋原等要求的是脱离无产阶级而自由；如果胡等不断然与资产阶级诀别，只是"死抱住文学"，那反而会使文学堕落。

瞿秋白指出苏汶的理论是"革命与文学不能并存论"，好像要革命就不能有文学，为文学就不能革命。瞿秋白认为革命与文学、艺术与宣传之间是可以并存，可以统一的。周扬则进而认为："革命不但不妨碍文学，而且提高了文学。"[62]周扬还指出苏汶主张的镜子式的反映，是一种照相主义，抹杀了认识主体的作用。而作为认识主体的人，是有阶级性的。无产阶级因其利益与历史发展行程的一致，故能正视现实，敢于公开承认自己的阶级性、党性。恰恰是没落的阶级害怕真理。周扬说："只有站在革命阶级的立场，把握住唯物辩证法的方法，从万花缭乱的现象中，找出必然的，本质的东西，即运动的根本法则，才是到现实的最正确的认识之路，到文学的真实性的最高峰之路。"所以"愈是贯彻着无产阶级的阶级性，党派性的文学，就愈是有客观的真实性的文学"[63]。周扬批评苏汶忽视反映过程中人的主体作用，是很必要的。但他也忽视了政治性与客观真实性的矛盾的一面，提出愈有无产阶级的阶级性便愈有文学真实性，这也是片面的。

左联作家在与胡秋原、苏汶的辩论中，犯了一个思想上、策略上的错误，就是不承认革命与反革命之间还有中间势力，否认"第三种人"的存在，把胡、苏这类可以中立，甚至可以联合的人，看作比国民党的"民族主义文学"更危险的敌人。他们认为"问题并不在于我们拒绝中立，而是在于它在客观上并非中立"[64]。这是因为左联作家心理上总认为反对自己的人就是敌人，不可能是中立的。鲁迅还打了个比方，说理论上有不胖不瘦的人，但实际一比较，不是偏于胖的，就是偏于瘦的。所以他说"第三种人"的"搁笔"，并不是因为别人不让他写，而是因为他们做不成"第三种人"。他说："生在有阶级的社会里而要做超阶级的作家，生在战斗的时代而要离开战斗而独立，生在现在而要做给与将来的作品，这样的人，实在也是一个心造的幻影，在现实世界上是没有的。要做这样的人，恰如用自己的手拔着头发，要离开地球一样，他离不开，焦躁着，然而并非因为有人摇了摇头，使他不敢拔了的缘故。"[65]从文学上看，这类比喻是很精彩的，但这不是科学的分析。鲁迅在这场论争中，仍是尽力地保护左翼文学。针对胡秋原等对左翼文艺运动的否定和嘲笑，鲁迅说"左翼文坛在理论上虽然犯过错误，却不但存在，还在发展"，"一面克服着，一面进军着，不会做待到克服完成，然后行进那样的傻事的"[66]。鲁迅还批驳苏汶的轻视文艺大众化的观点，指出唱本中也可以产生托尔斯泰和弗罗培尔。

在这场论争中，左联作家极力地捍卫文学的阶级性的观点，极力地坚持文学必须为政治服务的观点，为此甚至不惜讲些很绝对化的话。这为这种观点后来的更加强化，变成领导文艺的方针政策准备了思想条件。自从1923年中国共产党的刊物上提出革命文学主张，就要求革命文学为民族民主革命服务，做革命斗争的工具或武器。1928 年无产阶级文学倡导运动中坚持了这种观点。此时，左联作家们在与胡、苏论争中首先要捍卫的也正是这一观点。整个现代文学发展过程，正是中共奋力登上历史舞台的时期，这样的时期里把政治的重要性放在首位是很自然的。因此，文艺为政治服务，做政治的工具被看成是作家的光荣职责。一边是自由主义的作家，以为文学被当作政治的工具是对文学的贬低、侮辱；一边是左翼作家以为这样才提高了文学。这两种对立的观点当时是无法调和的。过了半个世纪，经过了文学发展的许多曲折和挫折，文艺为政治服务这一提法的弊病，才被普遍认识，也是当年的左翼作家，主动地把它放弃了[67]。

在这次论争过程中，中共中央机关的地下刊物《斗争》杂志，曾发表歌特（张闻天）的《文艺战线上的关门主义》，指出“左”的关门主义是左翼文艺运动的“最大的障碍物”。这“第一，表现在‘第三种人’与‘第三种文学’的否认”；“第二，表现在文艺只是某一阶级‘煽动的工具’，‘政治的留声机’的理论”。这种及时的批评，对纠正“左”的错误，是有好的作用的。鲁迅在参与批判“自由人”、“第三种人”的同时，也看到“第三种人”等“这混杂的一群中，有的能和革命前进，共鸣；有的也能乘机将革命中伤，软化，曲解。左翼理论家是有着加以分析的任务的”[68]。他表示左联不但要“同路人”，“还要招致那站在路旁看看的看客也一同前进”[69]。后来，冯雪峰在《关于“第三种文学”的倾向与理论》中，周扬在《自由人文学理论检讨》中，也都提出要联合“同路人”。当左联刊物发表辱骂胡秋原的诗歌时，鲁迅特地写了著名的《辱骂和恐吓决不是战斗》的批评文章。这些都说明左翼文学队伍内部也存在着抵制错误倾向的思想力量。

四、左翼文学作品的出现

为革命而文学——想象革命——蒋光慈的诗歌和小说——愤激小说——左翼创作的转变

五四新文学在“人的文学”的思想下，以启蒙为目的，故重在思想、文化的批判。左翼文学运动兴起后，在马克思主义阶级论的指导下，文学成为革命的工具，左翼作家要为革命而文学，其创作便以政治的批判为重点，目的在于揭出旧的社会制度的不合理性，以证明革命的正义性和必要性，激励人们的革命情绪。随着中国共产党领导的工农运动的开展，在革命运动中，如安源煤矿工人大罢工、"二七"铁路工人罢工、上海三次工人武装起义中，已有一些群众创作的表达革命情绪的文学作品。鲁迅曾经描述过受压迫民族的文学由哀音而变为怒吼的过程，他认为"怒吼的文学一出现，反抗就快到了"[70]。现代文学的这种"怒吼的文学"，大量地出现在左翼文学的创作中，早期比较有代表性的是蒋光慈的诗歌和小说。

早期左翼文学家多是一些接受马克思主义理论，投身革命的知识分子。他们多数是被五四新文化运动唤醒的，追求个性解放的知识分子。在革命高潮激荡之下，用他们自己的话说，小资产阶级的"意德沃罗基"（德语，意识）已被"奥弗赫变"（扬弃），因而有了革命的"烟士披离纯"（灵感），满怀热情来创造无产阶级的革命文学。但他们一般地说并不了解、熟悉工农，也并没有多少实际的革命经验。怒吼的工农革命对他们来说，既新鲜又陌生；因此他们笔下的工农革命便只能是想象的革命，或理论中的革命。又因受苏联"拉普"的辩证唯物主义创作方法理论的影响，把理论的指导作用褊狭地理解为用艺术形象图解、演绎政治概念。这样，他们的作品往往形成工农群众"受欺压——觉醒——反抗"的公式，写出的工农形象往往概念化。另一方面他们多有很强的自我表现欲望，又喜带着难以排遣的个性解放的激情，在描写革命行动时加入浪漫的恋爱故事，便出现了故事情节的"革命+恋爱"的公式。因此，初期左翼文学很难达到充分的现实主义，情节多带主观想象，从中很难看到真实的工农生活和革命斗争，多的是知识分子的"浪漫谛克"。左翼文学在当时的文坛上是新事物，因而描写革命运动也很受一些青年的欢迎。

蒋光慈（1901~1931），原名光赤，安徽霍邱人，为中国共产党早期党员。1921 年在苏俄开始写作新诗集《新梦》，于 1925 年出版。他的诗在当时最具鲜明的社会主义色彩。不少诗反映苏俄的生活，歌颂十月革命。《临列宁墓》满怀激情歌颂革命领袖，表现对领袖的崇拜："我不以为死是人生的悲剧，/我最可惜造福人类的人不能长生；/纵让全世界无产阶级号天痛哭，/也哭不醒最亲爱的墓里人！”一些国际和国内政治题材的诗，如《太平洋中的恶象》、《中国劳动歌》等，都写得慷慨激烈，最能表现怒吼文学的特点。1924年蒋光慈回到祖国，于1927年出版了《哀中国》，诗歌的内容便转向表现现实。《血花的爆裂》、《血祭》，写“五卅”惨案，歌颂英勇牺牲的同胞，表现自己的悲痛与羞愤，号召大家奋起斗争。《哀中国》一诗受拜伦《哀希腊》的启示，用诗来刻绘苦难深重的中国形象：“你怀拥着无限美丽的天然，/你的形象如何浩大而磅礴！/你身上排列着许多蜿蜒的江河，/你身上耸峙着许多郁秀的山岳。/但是现在啊，/江河只流着很呜咽的悲音，/山岳的颜色更惨淡而寥落！”诗歌表现了诗人深沉、痛切的爱国之情：

易水萧萧啊，壮士吞仇敌；
燕山巍巍啊，吓退匈奴夷；
回思往古不少轰烈事，
中华民族原有反抗力。
却不料而今全国无生息，
大家熙熙然甘愿为奴隶！
哎哟！我是中国人，
我为中国命运放悲歌，
我为中华民族三叹息。

写的虽然是“哀”，但不是哀叹，在“哀”的背后包含着无限的悲愤与决心奋起的刚健志气。这是新诗中难得的阳刚之气，是民族的雄声。蒋光慈的政治抒情诗都充满激情，但有的诗内容较空泛，有标语口号化的弊病。

蒋光慈的重要的作品还有中篇小说《少年飘泊者》、《短裤党》和短篇小说集《鸭绿江上》。《少年飘泊者》描写贫苦的农民青年汪中，双亲被地主害死，他只身飘流在外，做过书僮、茶役、店员、乞丐，参加过“二七”大罢工，蹲过监狱，最后投奔革命。通过这些经历，一定程度上反映了辛亥革命后至北伐战争前的中国社会动态，是蒋光慈小说中现实成分较强的一篇。作品是书信体的，借汪中之口说：“一个人当万感丛集的时候，总想找一个人诉一诉衷曲，诉了之后才觉舒服些。”这为求“舒服”的情感宣泄，使作品染上浓重的主观色彩。书中插入男女恋爱故事，以及汪中失去双亲后进行疯狂报复的幻觉,都带着初期左翼小说的共性。这到了短篇集《鸭绿江上》就更加强了。

1927年4月,上海工人起义胜利后不到半个月,蒋光慈迅速地完成了反映这次武装起义的中篇小说《短裤党》。小说描写了起义的领导者杨直夫、史兆炎和忠诚的工人党员李金贵等，这是最早塑造的共产党人形象。作者在《写在本书的前面》中说:“本书是中国革命史上的一个证据,就是有粗糙的地方,可是也自有其相当的意义。”这部小说还描写李金贵的妻子,共产党员女工邢翠英,当李牺牲后,产生了变态的疯狂心理,背着组织只身怀刀冲入警署杀人为丈夫复仇,结果牺牲了自己的生命。作者赞扬这种冒险主义的情绪和行动。这也是初期左翼文艺创作中有代表性的现象，在大革命失败之后,一些年轻的左翼作家从革命高潮时的精神昂奋,一下子跌落到茫然的惶惑、迷惘中,感到了理想失落的痛楚,被一种幻灭感笼罩着。于是无论诗歌、小说、散文中都有一些作品表现了这种幻灭感,如茅盾的《蚀》三部曲等。又由于小资产阶级的急躁、冒进情绪,另一些作家怀着强烈的义愤,恨不得一个早上就把敌对势力消灭掉。于是,《短裤党》中邢翠英式的个人复仇行动,在更多小说中出现。这种描写愤激情绪和个人复仇行动的小说,可称为愤激小说,是大革命失败后富有时代特征的文学现象。正如钱杏邨在1928年出版的诗集《饿人与饥鹰·自序》中所说,这类作品表现的多是“失败的党人的愤激心理”。而且这在非左翼作家的创作中也有所表现。蒋光慈在“四一二”政变后的小说有《野祭》、《菊芬》、《最后的微笑》、《丽莎的哀怨》等。其中《菊芬》、《最后的微笑》的主人公都是靠个人复仇去反抗统治者。尤其是后一篇，工人王阿贵杀了工头和跟踪者之后,竟要滥杀无辜,想把自己的父母、妹妹也全杀了,以免他们日后受苦。后来他把黄色工会委员等数人全杀了,“这时阿贵被一种胜利的愉快所笼罩住了,他觉着他做了一桩惊人的事业,因此,他看见目前的景象,只是呆立着微笑”。把革命描写成凭借个人勇气的拼命行为,把工人描写成无理智的疯狂的暗杀者,这种作品只能作为小资产阶级盲动主义情绪的凭证,只能为宣泄自己心中的仇恨,在虚构的敌人血泊前求得一快。不怕死固然英雄,但革命不是为了死,革命也不是为了杀人。这种疯狂的拼死一搏,其实是绝望情绪的表现。蒋光慈的作品说明举着阶级论旗子产生的最早一批成果,所表现的是小资产阶级的盲动情绪,思想上是不健康的；对于革命运动，也不起好的作用。

1929 年蒋光慈创作了《冲出云围的月亮》。这部小说企图描写主人公由大革命失败后的颓唐、堕落，重新回到革命队伍，但未脱"革命+恋爱"的公式。上半部描写大革命失败后主人公曼英情绪十分消沉，自称"恨世女郎"，竟然以肉体勾引政客、买办、资本家小少爷，尽情地玩弄他们以发泄自己的愤恨。作品赞美她："从前曼英没有用刀枪的力量将敌人剿灭，现在曼英可以利用自己的肉体的美来将敌人捉弄"。下半部写曼英在李尚志的帮助下，又回到革命行列中来。而这种转变，靠的是爱情的力量，是典型的浪漫谛克幻想。蒋在《野祭》、《菊芬》中，都描写革命者的三角恋爱。他曾认为，"有什么东西能比革命还有趣些，还罗曼谛克些？"[71]又说罗曼谛克的诗人"更要比其他诗人能领略革命些！"[72]因此，一方面要描写革命，表现阶级压迫和人民斗争，另一方面这革命又要是"有趣"的，"罗曼谛克"的，这就是某些小资产阶级知识分子想象中的革命。

像《冲出云围的月亮》这样的作品，在初期的左翼创作中不是个别的。如华汉（阳翰笙）的《地泉》三部曲（《深入》、《转换》、《复兴》），其第二部的主人公林怀秋，也是大革命失败后在醇酒妇人中行"慢性自杀"的人物，但神奇的突变使他在第三部中便成了工人运动的英雄，一个"可惊可佩的怪杰"，而且还得到了原先得不到的美人的爱。还有洪灵菲的《流亡》，它描写沈之霏在革命失败后的流亡生活和与黄曼曼的恋爱。这些作品表现在英雄美人的甜梦中便取得革命胜利的幻想。为发展左翼文学必须克服这种倾向，左翼作家为此做了努力。1932 年，在《地泉》重版时，由华汉邀请瞿秋白、茅盾、郑伯奇、钱杏邨写序。瞿秋白的序即《革命的浪漫谛克》，他的"革命浪漫谛克"概念，就是指初期左翼创作中的小资产阶级的幻想和狂热，由此导致违反现实主义原则，任意编造情节和渲染浮嚣气氛的"主观主义的理想化"。他指出《地泉》连"庸俗的现实主义"都没有达到，"正是新兴文学所要学习的'不应当这么样写'的标本"，"新兴文学要在自己的错误里学习到正确的创作方法"[73]。钱杏邨在序中说，回顾自己当初曾经肯定过这类作品，真不禁"恍如隔世"而"遍身发麻"。华汉则表示自己已把这种"浪漫谛克的路线"抛弃了。

这种进步同样表现在蒋光慈的创作中。他的最后一部作品，长篇小说《咆哮了的土地》（即《田野的风》），描写大革命中湖南某地一村庄的农民，在矿工张进德和背叛地主家庭的革命知识分子李杰的领导之下，组织起来向地主豪绅进行斗争。小说抛却对知识分子革命者的颓废情绪和浪漫行为的描写，较为专心致志地去写工农的革命斗争，描写农民形象，如刘二麻子、李木匠等带有农村流浪汉特征的农民。但未能彻底地摆脱“革命的浪漫谛克”。

1931年6月，蒋光慈在孤寂中病逝。这位作家从一开始写作，就致力于革命文学的创造，为中国左翼文学贡献了许多精力，也遭受了许多苦难，直到去世，《咆哮了的土地》也未能全部问世。他的作品的优点和缺点，几乎也就是初期左翼文学的优点和缺点。而且尽管他的作品有严重的缺点，当时“许多的青年，因着他的创作的鼓动获得了对于革命的理解，走向革命”[74]。当《咆哮了的土地》在他死后以《田野的风》之名出版后，有人评论这部书，认为作者“盖棺定论，他始终不失为一个有力的煽动的作者。纵然因作品里有太多的罗曼谛克的气氛而受过各方面很多的指责，然而能够这样有力地推动青年读者的作家，却似乎除了蒋光慈先生之外没有第二个”[75]。

蒋光慈的逝世预示着早期左翼文学的结束，一个比较成熟的左翼文学创作期的到来。就左翼创作而言，告别“革命的浪漫谛克”转到现实主义的轨道上，虽无明确的时间界限，但大致上可以以1933年来分割。1931年，早期重要左翼作家柔石、胡也频、殷夫等被国民党当局杀害，同年，蒋光慈病逝。1933年，洪灵菲、应修人被害，同年，丁玲被捕，身陷囹圄三年有余。这样，早期的重要左翼作家大多在文坛上息影。1933年，茅盾发表了现代长篇力作、社会剖析小说的典范性作品《子夜》，标志着左翼文学创作达到了新高度，也是一个新起点。此后，左翼文学创作的主要成果是左联成立之后，晚出的一些青年作家如张天翼、沙汀、艾芜等的作品。他们越过了倡导期的幼稚性，越过了“革命的浪漫谛克”，各个在现实主义创作上取得新的成就。

注释：

[1] 鲁迅：《且介亭杂文·〈草鞋脚〉小引》，《鲁迅全集》第6卷，人民文学出版社，1981年出版，第20页。

[2] 楚女：《艺术与生活》，《中国青年》第38期，1924年7月出版。

[3] 中夏：《贡献于新诗人之前》，《中国青年》第10期，1923年12月出

版。

[4] 泽民:《文学与革命的文学》,《民国日报》,1924 年 11 月 6 日。

[5] 代英:《文学与革命》,《中国青年》第 31 期,1924 年 5 月出版。

[6] 沈雁冰:《进一步退两步》,《文学旬刊》第 122 期,1924 年 5 月出版。

[7] 胡适:《介绍我自己的思想》,《胡适文选》, 亚东图书馆,1930 年出版,,第 24 页。

[8] 鲁迅:《华盖集·青年必读书》《鲁迅全集》第 3 卷,人民文学出版社,1981 年出版,第 12 页。

[9] 鲁迅:《中国新文学大系·小说二集导言》,良友图书印刷公司,1935 年出版,第 11 页。

[10] 同注[9],第 11~2 页。

[11] 鲁迅:《华盖集续编·我还不能“带住”》,《鲁迅全集》第 3 卷,人民文学出版社,1981 年出版,第 244 页。

[12] 鲁迅:《华盖集·通讯一》,《鲁迅全集》 第 3 卷, 人民文学出版社,1981 年出版,第 22 页。

[13] 鲁迅:《两地书·北京一〇》,《鲁迅全集》第 11 卷,人民文学出版社,1981 年出版,第 39~40 页。

[14] 鲁迅:《而已集·革命时代的文学》,《鲁迅全集》第 3 卷,人民文学出版社,1981 年出版,第 417、423 页。

[15] 郭沫若:《致成仿吾书》,《中国新文学大系·散文一集》,良友图书印刷公司,1935 年出版,第 219 页。

[16] 郭沫若:《革命与文学》,《创造月刊》第 1 卷第 3 期,1926 年 5 月出版。

[17] 鲁迅:《且介亭杂文·答国际文学社问》,《鲁迅全集》第 6 卷,人民文学出版社,1981 年出版,第 18 页。

[18] 李初梨:《怎样地建设革命文学》,《文化批判》第 2 期,1928 年 2 月出版。

[19] 蒋光慈:《关于革命文学》,《太阳月刊》第 2 期,1928 年 2 月出版。

[20] 麦克昂:《桌子的跳舞》,《创造月刊》第 1 卷第 11 期,1928 年 5 月出版。

[21] 杜荃:《文艺战线上的封建余孽》,《创造月刊》第2卷第1期,1928年8月出版。

[22] 陶畏巨:《荒漠里》,《新青年》季刊第2期,1923年12月出版。

[23] 中夏:《贡献于新诗人之前》,《中国青年》第10期,1923年12月出版。

[24] 蒋光慈:《关于革命文学》,《太阳月刊》第2期,1928年2月出版。

[25] 成仿吾:《从文学革命到革命文学》,《创造月刊》第1卷第9期,1928年2月出版。

[26] 鲁迅:《二心集·上海文艺之一瞥》,《鲁迅全集》第4卷,人民文学出版社,1981年出版,第297页。

[27] 鲁迅:《三闲集·文艺与革命》,《鲁迅全集》第4卷,人民文学出版社,1981年出版,第82~83页。

[28] 鲁迅:《而已集·革命文学》,《鲁迅全集》第3卷,人民文学出版社,1981年出版,第544页。

[29][30] 同27,第84页。

[31] 鲁迅:《三闲集·文学的阶级性》,《鲁迅全集》第4卷,人民文学出版社,1981年出版,第127页。

[32] 鲁迅:《三闲集·序言》,《鲁迅全集》第4卷,人民文学出版社,1981年出版,第6页。

[33] 创造社编辑委员会就《创造月刊》第2卷第5期(1928年12月出版)发表克兴的文章,所写的附言。

[34] 同注[26],第299页。

[35] 彭康:《新文化底根本立场》,《思想》第4期,约1928年11月后出版。

[36] 冯乃超:《他们怎样地把文艺底一般问题处理过来?》,《思想》第4期,约1928年11月后出版。

[37] 茅盾:《从牯岭到东京》,《小说月报》第19卷第10号,1928年10月出版。

[38] 鲁迅:《二心集·"硬译"与"文学的阶级性"》,《鲁迅全集》第4卷,人民文学出版社,1981年出版,第208页。

[39][40] 梁实秋:《文学与革命》,《新月》第 1 卷第 4 期,1928 年 6 月出版。

[41] 梁实秋:《文学是有阶级性的吗?》,《新月》第 2 卷 6、7 期合刊,1929 年 9 月出版。

[42] 同注[39]。

[43] 同注[41]。

[44][45][46] 同注[39]。

[47] 同注[41]。

[48] 冯乃超:《阶级社会的艺术》,《拓荒者》第 1 卷第 2 期,1930 年 2 月出版。

[49] 见鲁迅的《"丧家的""资本家的乏走狗"》,作于 1930 年,收入《二心集》。

[50] 同注[41]。

[51][52] 同注[39]。

[53] 同注[38],第 206 页。

[54] 同注[38],第 207 页。

[55] 胡秋原:《阿狗文艺论》,《文化评论》第 1 期,1931 年 12 月出版。

[56] 洛扬:《"阿狗文艺"论者的丑脸谱》,《文艺新闻》第 58 号,1932 年 6 月 6 日。

[57][58][59] 苏汶:《"第三种人"的出路》,《现代》第 1 卷第 6 期,1932 年 10 月出版。

[60][61] 易嘉:《文艺的自由和文学家的不自由》,《现代》第 1 卷第 6期,1932 年 10 月出版。

[62] 周起应:《到底是谁不要真理,不要文艺?》,《现代》第 1 卷第 6 期,1932 年 10 月出版。

[63] 周起应:《文学的真实性》,《现代》第 3 卷第 1 期,1933 年 5 月出版。

[64] 丹仁:《关于"第三种文学"的倾向与理论》,《现代》第 2 卷第 3 期,1933 年 7 月出版。

[65] 鲁迅:《南腔北调集·论"第三种人"》,《鲁迅全集》第 4 卷,人民文学出版社,1981 年出版,第 440 页。

[66] 同上,第 439 页。

[67] 1981 年 8 月,当年在上海领导左翼文化工作的胡乔木,在中共中央宣传部的会议上发表《当前思想战线的若干问题》,说明“文艺为政治服务”等提法是“不确切”的,此后不再使用。详见本书第 12 章第 2 节。

[68] 鲁迅:《南腔北调集·又论“第三种人”》,《鲁迅全集》第 4 卷,人民文学出版社,1981 年出版,第 534 页。

[69] 同注[66]。

[70] 鲁迅:《而已集·革命时代的文学》,《鲁迅全集》第 3 卷,人民文学出版社,1981 年出版,第 419 页。

[71] 蒋光慈:《死去了的情绪》,《革命文学论》(丁丁编),泰东书局,1928 年出版,第 31 页。

[72] 蒋光慈:《革命与罗曼谛克》,《革命文学论》,泰东书局,1928 年出版,第 115 页。

[73] 瞿秋白:《革命的浪漫谛克》,《瞿秋白文集》第 1 卷,人民文学出版社,1985 年出版,第 457 页。

[74] 方英:《在发展的浪潮中生长,在发展的浪潮中死亡》,《文艺新闻》,1931 年 9 月 15 日。

[75]《书评·田野的风》,《现代》第 1 卷第 4 号,1932 年 8 月出版。

第七章

左翼文学的崛起

一、丁玲等早期左翼作家

从个性解放到阶级解放——殷夫的政治抒情诗——柔石等人的小说——莎菲引发的震动——标志丁玲转变的《水》

蒋光慈的作品在早期左翼作家中有他的独特之处，他一开笔写出的可以说就是革命文学。但与他同时或稍后的那些早期左翼作家的创作,却都留下一个鲜明的发展轨迹，那就是从表现个性解放转而描写政治斗争和阶级解放。这是大多数左翼作家的共同性。因为他们往往是为争取个性解放而走上文学之路的,开始时也是写“人的文学”的。逐渐地在时局的影响下,接受了马克思主义的阶级论,转变而为“阶级的文学”,即“无产阶级文学”的创建者。

左翼文学当然也要写人,但把人的本质视为社会关系的总和,是社会决定了人。所以,左翼文学的特点在于把文学的目光引向广阔的社会,优秀的左翼文学在反映社会的广度、深度上便有它的长处。在人物形象的塑造中,他们注意突出人物的阶级特征;人物之间的矛盾、冲突,往往就是阶级的矛盾、冲突。但是由于否认、反对人性论,也造成人物塑造上的褊狭性。他们的作品还具有很强的社会批判精神,这是作为阶级斗争的武器、工具,为革命阶级服务的表现。人的文学重在批判落后的国民性,左翼文学则是旧社会制度的彻底的批判者。左翼文学的这一特征,使它在革命的宣传、动员工作中发挥了自己的作用。

蒋光慈之后，创作左翼革命诗歌的重要诗人是殷夫。殷夫(1909~1931)，浙江象山人，原名徐孝杰，笔名还有白莽等，曾是太阳社成员。15岁就开始写诗，受个性解放思潮的激荡，他写亲情、爱情，写在时代重压下和在爱情挫折中的苦闷、抑郁，也表现他热切地追求光明的情绪。这时的诗基本上是尚显稚嫩的个人抒情诗，表现一般觉醒的知识青年普遍的寂寞、孤傲、惆怅和追求，1930年，他将早期的诗辑于《孩儿塔》中，自称是他的“生的歌颂”、“花底憧憬”，但认为只是“阴面的果实”，是“病弱的骸骨”，要埋在“孩儿塔”里[1]。也是在这个时期，他受“五卅”运动影响，后来在《意识的旋律》中曾写道：“南京路的枪声，/把血的影迹传闻，/把几千的塔门打开，/久睡的眼儿自外探窥。”所以早期的诗也表达期待新的斗争的强烈愿望，呼唤热情的归来。《地心》宣告：“我枕着将爆的火山，/火山要喷射鲜火深红，/把我的血流成小溪，骨成灰，/我祈祷着一个死的从容。”政治觉醒后他参加了革命工作，“四一二”政变中曾被捕，后在叙事诗《在死神未到之前》中说：“革命的本身就是牺牲，/就是死，就是流血，/就是在刀枪下走奔！”1929年的《别了，哥哥》一诗，宣告背叛自己出身的阶级：“别了，哥哥，别了，/此后各走前途，/再见的机会是在/当我们和你隶属着的阶级交了战火。”这些诗都含着他真实的情感，表达了年轻而激进的诗人当时所理解的革命。

1929年后，殷夫经实际生活的历练，思想比较成熟了，由写个人抒情诗转而抒发集体的战斗之情，写下了许多热情饱满、富有鼓动力的政治抒情诗，如《血字》、《一九二九年的五月一日》、《我们的诗》、《我们是青年的布尔塞维克》等。这些诗热情歌颂革命斗争，描绘工人运动轰轰烈烈的的场面，包含着诗人饱满的政治激情。如《血字》是为纪念“五卅”惨案而作的。诗中用大胆的想象，把“五卅”二字形容成巨人，带着无比愤怒的情绪，从英国士兵屠杀中国群众的上海南京路上站了起来并向前走。这巨人能把血的光芒射到天的尽头，能把身影投入黄浦江；而且发出洪钟般的预言，宣布自己是“一个叛乱的开始”，是“历史的长子”，是“海燕”，是“时代的尖刺”，并宣判敌人的灭亡。可以说只有这样宏伟的想象，才足以表现中国人民坚强不屈的抗击帝国主义的民族精神。革命激情也是人的一种感情，政治抒情诗易患的毛病是革命感情的空泛，因而不易激动人心却可能给人以虚假之感。殷夫的诗所表现的革命激情多是真挚的，是参与实际斗争中的真切感受，所以虽然也用了政治词语，并不给人空泛之感。这是殷夫的政治抒情诗比当时同类作品较为优越之处。如《一九二九年的五月一日》，抒情主人公就是示威队伍中的一员，写出自己走在示威行列中的感受，显得十分亲切："我在人群中行走，/在袋子中是我的双手，/一层层一叠叠的纸片，/亲爱地吻我指头。"用"亲吻"来连接革命者的手和传单（纸片），也就是让个人的感情与革命斗争相连，从手对传单的一往情深中表现出从事革命斗争的光荣感、自豪感。虽然斗争很紧张，面临的是敌人的逮捕、屠杀，但诗中表现出来的却是对斗争的愉快、亲热之情，一种为革命献身的自觉性。如果没有亲身的深切体验，便很难用这么朴质的语言，表现这样浓郁的诗情。《让死的死去吧》悼念死者，没有悲伤叹息，也不愤怒陈词，而是以短短三字"走去吧"，表现活着的人继续战斗的意志；接着立即交代"斗争中消息不要走漏"，表现了一种沉着冷静的感情状态，似乎在提醒人们不要因为悲痛、仇恨和愤怒，而产生哪怕是稍稍的一点疏忽、闪失。还有《议决》中，描写为了明日的战斗开会商议到深夜，最后写道："明日呢，这是另一日了，/我们将要叫了！/我们将要跳了！/但今晚睡得早些也很重要。"前三句写出新的战斗将临时的激动，最后一句却突然转为冷静的交代。由欢跃转入沉静，反衬出原先的欢跃、兴奋已达到何等的程度。

殷夫的政治抒情诗，有高亢激昂的调子、急促跃动的节奏、响亮有力的语言，颇具浪漫主义的特色。艺术风格是朴实、粗犷的，虽不事雕琢锤炼，但充满激情，颇有煽动力，而且也适于朗诵。但由于锤炼不足，艺术上有时给人以粗糙之感。殷夫诗歌的数量虽然不多，但他继承了蒋光慈等开辟的政治抒情诗的传统，成为20世纪30年代最重要的政治抒情诗作者。可惜他的诗歌才华刚显露，便惨遭国民党当局杀害，牺牲时年仅22岁。1936年，鲁迅作《白莽作〈孩儿塔〉序》，怀着火一般的激情，用诗一般的语言，高度评价殷夫的诗："这是东方的微光，是林中的响箭，是冬末的萌芽，是进军的第一步，是对于前驱者的爱的大纛，也是对于摧残者的憎的丰碑。一切所谓圆熟简练，静穆幽远之作，都无须来作比方，因为这诗属于别一世界。"[2]其时，离殷夫就义已有五年，这里当然包含着鲁迅对殷夫全部诗作的整体评价，也是对为革命献身的殷夫整个生命的颂扬。

用诗歌来做革命的武器，大概最容易选择的路径是写政治抒情诗了。柔石在成为左联的成员后，作品不多，重要的就是政治抒情诗《血在沸》，还有报告文学《一个伟大的印象》。而他在这之前的创作还是比较丰富的，但仍多批判封建主义、表现个性解放的主题。柔石（1902~1931），原名赵平复，浙江宁海人，曾参加《语丝》、《萌芽》的编辑工作，是最早与鲁迅交往的左翼作家之一。1925年，出版恋爱题材的短篇小说集《疯人》。长篇小说《旧时代之死》描写绝望的知识分子朱胜瑀，因为生活的折磨而导致心理的半疯狂状态，并以他的自杀象征旧时代之死。著名长篇小说《二月》，着重描写萧涧秋在生活的搏斗中，从幻灭中来，复幻灭而去。萧涧秋于五四后为谋求出路而风萍浪迹，离乡六年终于怀着幻灭之情回到芙蓉镇。可是这里并非世外桃源，他为了救助一位国民革命军烈士的遗孀李嫂，而为世俗所不容。他与陶岚恋爱，得罪了正在追求陶岚的土豪钱正兴，又引发了一场冲突。萧涧秋曾想实行“牺牲主义”，索性与李嫂结婚，而李嫂却经受不了社会的压力，也为了成全萧与陶岚而先自尽了。当陶岚大胆地来找萧时，他又以行“独身主义”而拒绝了她。萧涧秋就是这样懦弱而矛盾的人物，鲁迅称之为“近代青年中这样的一种典型”，认为“他其实并不能成为一小齿轮，跟着大齿轮转动”[3]。萧涧秋终于又离开芙蓉镇，他将向何处去，作家并未回答。《二月》算不上革命文学，萧涧秋的作为还都是出于人道主义。但写他回归又出走，给萧涧秋安排失败的结局，标示着柔石思想转化的可能性。

紧接着《二月》之后，柔石于1930年1月发表了短篇小说《为奴隶的母亲》，描写浙东地区的典妻陋习，是乡土文学的重要作品。同一题材曾有许杰的《赌徒吉顺》等，但柔石重点写受害最深的女主人公春宝娘，而且写出了典妻的全过程。柔石把典妻陋习放在比较高的文化层次上加以表现，所以，写春宝娘被典给了知书识礼、文质彬彬的秀才。小说并不着重表现春宝娘的丈夫、皮贩子的贫穷和麻木，而把最主要篇幅给予秀才家庭生活的描写。作家要表现这野蛮习俗的发生不止是由于穷人生活的逼迫，也不止是富人对淫乐的追求，而是有深刻的经济的和文化的根源，即封建宗嗣制和封建伦理观。秀才借腹生子是为了求嗣，使他能有合法的继承者，而且可以较为稳妥地传续家产。归根到底，为了保护秀才家的私有财产，是这野蛮、荒谬的风俗的根源。所以这篇小说的思想性不仅较之《赌徒吉顺》，也较后出的罗淑的《生人妻》更为深刻。它既带着启蒙文学的特色，又显出向批判社会制度的转化。

《为奴隶的母亲》以质朴的叙述、洗练的文字，在不长的篇幅里，写了三年时间里的事。两个家庭的两对夫妇形象都是鲜明的，写出了他们心理的矛盾。秀才既说大婆的坏话，又事事顺着她。春宝娘既幻想留在秀才家，又思念自己的丈夫和儿子。小说集中地描写这位母亲的奴隶命运。对比手法的运用颇为成功，前面以给秀才的儿子起名"秋宝"，将玉戒指交给丈夫等，交代了她对家庭的情感。后面的照应则是，当她真的回家时，儿子不认识她了，像赶猪般跟在她的轿子后边起哄；当她做饭时在米缸内找不到米，丈夫竟说"你真在大人家底家里生活过了！米，盛在那只香烟盒子内"，带着妒意讥刺她。两相对比，写出了春宝娘的身体被人当做生育的器具，而且心灵也备受蹂躏。皮贩子一家所应该享有的天伦之乐，却因为另一户富有家庭的狭隘私利而遭到破坏。这两个家庭的鲜明对比，更表现了典妻风习的残忍。

胡也频也是一位从表现个性解放思想转变过来的早期左翼作家。胡也频（1903~1931），福建福州人，20 世纪 20 年代中期开始创作，出版过短篇集《圣徒》、《三个不统一的人物》和诗集《也频诗选》、戏剧集《别人的幸福》等。《也频诗选》还是早期象征派诗的一部集子，留着鲜明的李金发影响的痕迹。胡也频受无产阶级文学倡导运动的冲击，于 1929 年创作了中篇小说《到莫斯科去》，1930 年创作长篇小说《光明在我们的前面》。这两部作品表现了他的思想和创作的变化。《到莫斯科去》描写追求个性解放的素裳，实行精神恋爱的沈晓芝，主张性解放的夏克英等女性。素裳因认识并爱上革命者施洵白，逃出了家庭准备到莫斯科去。《光明在我们的前面》进而写追求进步的青年，走上社会之后应该选择什么道路。信仰安那其主义的女性白华，在恋人刘希坚的影响下，在"五卅"运动中选择了共产主义的信仰，并准备下工厂从事工人运动。这些小说都是"革命+恋爱"型的，人物在恋爱的过程中轻松愉快地完成了思想转变，具有明显的"革命浪漫谛克"倾向。

从创作个性解放主题的作品，转而去描写、宣扬阶级的解放，更为典型的还是女作家丁玲。她在没有成为左翼作家之前，发表《莎菲女士的日记》，在文坛上引起了震动，她转向革命文学，也就格外引人关注。

丁玲（1904~1986），原名蒋伟，字冰之，湖南临澧人，出身没落封建世家。

她的母亲是具有民主革命思想的女性。少年时代的丁玲跟随母亲认识了一些著名的女革命家，这对她有深刻的影响。18岁后曾就读于共产党人办的平民女子学校和上海大学。这些经历使她很早就萌生革命的思想，强烈追求个性解放，特别同情妇女的命运。当从事文学创作后，她的重要作品中几乎都有各种类型的女性形象。就同情妇女命运、塑造众多妇女形象而言，在现代众多女作家中是非常突出的。

1927年12月，丁玲发表了她的处女作《梦珂》。她后来回忆说，"四一二"政变后，听到革命遭受失败的消息，"我精神上苦痛极了！……于是我写小说了，我的小说就不得不充满了对社会的卑视和个人的孤独的灵魂的倔强"[4]。《梦珂》就是写一位单纯而幼稚的女知识青年，与周围龌龊的现实格格不入。梦珂有点像王统照《沉思》里的琼逸，深深陷在对于现实的幻灭中。1928年1月，丁玲发表了《莎菲女士的日记》，这是她的成名之作。这篇小说的发表，"震惊了一代的文艺界"[5]，并使丁玲成为现代文学史上冰心之后最负盛名的女作家。而《莎菲女士的日记》也成为郁达夫的《沉沦》之后，又一篇长时期毁誉并交之作。

《莎菲女士的日记》的主人公，与梦珂一样，也不满于周围的卑俗的生活，感到十分孤独。而这篇小说的影响远远超过《梦珂》，是因为它塑造一个现代女性莎菲的形象，提供了一个莎菲性格，这是以往新文学作品中所少有的。它是通过两性关系来写莎菲的，相当大胆、袒露、真挚而且深入细致地描写了莎菲的恋爱心理，这也是过去所没有的。通过莎菲的恋爱心理，写出追求个性解放的女子的彷徨、苦闷，写出了她们的命运悲剧。

莎菲的性格是崭新的，尽管她的心灵里也有旧文化的积淀，从而形成性格的某些矛盾。在两性关系上，她作为一个女子，绝不把自己视为被动地等待男性赏识、选择的对象，她认为自己在人格上与男性完全平等，也可以主动地去检验、评价、选择男性。因而，与传统女子的性格温顺、贤淑迥然相异，当她遇见凌吉士时，敢于"狠狠的望了他几次"，并在日记中写道："我要占有他，我要他无条件的献上他的心。"这样的思想在当时是令很多人感到吃惊的。而莎菲对男性的选择，有自己的标准。对于懦弱的、没有男性气度的苇弟，莎菲承认他是好人，可以做个好丈夫；但她不爱他，因为同他的心灵的差距太大。莎菲说："我总愿意有那么一个人能了解得我清清楚楚的，如若不懂得我，我要那些爱，那些体贴做什么？”对于凌吉士，莎菲曾被他那骑士的美貌、仪表、风度所迷醉，几乎爱到了癫狂的地步，甘愿把自己的一切献给他。但最后还是拒绝了他，因为看清了此人灵魂的庸俗、卑劣，只不过是个纨绔子弟，根本不懂得什么是爱情。可见莎菲在精神上要求灵与肉的和谐、一致的爱，是个有着很高的个性解放觉悟的青年女子。在行为上，一方面对男女关系持开放的态度，甚至认为只要对别人无害，就可以做自己想做的事。在这一点上，莎菲很容易被人误解，以为她在玩弄男性。另一方面，莎菲又是十分严肃的、克制的，与男性相处，即使在为凌吉士的外貌所迷醉，有时忘了自尊与骄傲，她的行为仍有着严格的分寸。她要维护自己人格的尊严，懂得一个青年女子的自尊、自重与自卫。作者把她写得比她周围的男性，比凌吉士、苇弟等精神上都要高出很多。总之，她是当时罕见的惊世骇俗的人物，当然不为世俗所容，引起争议几乎是必然之事。而描写莎菲性格，正是《莎菲女士的日记》的文学价值之所在。

《莎菲女士的日记》开始显示丁玲小说善于细腻刻画人物心理的艺术特征。她用日记体小说的形式，来展开莎菲的恋爱心理，写她内心的冲突。她既是大胆、开放的，又是中国土地上生长起来的，在日记中便常有自责，也常懊恼，说一些要拯救自己之类的话。小说又写灵肉的冲突，细腻地写出了她的矛盾心理。她明知凌吉士很庸俗，从心里看不起他，又难以摆脱对他美貌的狂热的迷恋，也有忘了自尊与骄傲之时。此外，还写她感到周围有人在关心她，却没有真正了解她的人，写她的深刻的孤独感。这也是塑造莎菲形象的重要一笔。

小说没有写莎菲究竟何去何从。莎菲是孤独的，她的感情圈子也很狭窄，对外部更广阔的世界，至少是知之不多。但人们可以料到，一旦她接触到足以使她精神振奋之事，例如革命斗争，她很快就会兴奋起来，毫不犹豫地踏上一条新的道路。但也并非没有投到凌吉士怀抱中的可能。所以小说客观上提出了一个问题，像莎菲这样个性主义的青年，即使已经把个人的命运握在自己手中了，她能把握好自己的命运吗？莎菲就是出走了的娜拉，她的表现正在回答“娜拉走后怎样”。1928 年的莎菲引起文坛的震动，但这也许是中国现代文学史上最后一次“个性解放”的震动。出走了的莎菲不可能永远是莎菲，或进或退她必有抉择。果然，1933 年，丁玲在《文学》杂志上发表《莎菲日记第二部》，交代说莎菲没有浪费生命的余剩，她与一个 19 岁的少年同居，第六年生了小孩。正当她读着爱人新出版的《光明在我们面前》时，他已被捕并被秘密枪杀了。莎菲不愿把时间消耗在成日的对死者的追念中，她开始读书、写日记。由于心境的变化，已写不出第一部那样的日记了。的确，不仅是丁玲，就是此后的现代文学中很少再有莎菲这类形象了。莎菲革命化了，丁玲的创作也转向革命文学了。

《莎菲女士的日记》之后，丁玲继续写了一些以不同阶层的女性为主人公的小说。其中写女知识青年的，如《小火轮上》、《自杀日记》等，基本上未超出《莎菲女士的日记》所揭示的问题，写现代女性的苦闷和不幸。另有写下层妇女的，如《阿毛姑娘》写一个乡村姑娘向往却未能尝到现代文明的甘味而死去。《庆云里中的一间小房里》写为娼的阿英，在非人的生活中的人性变异。不过，这些人物形象不及前一类写得好。

1930 年 1 月，丁玲的《韦护》开始在《小说月报》上连载，标志着她的创作倾向的转变，她开始转向革命知识分子题材的写作。同年，又创作了《一九三〇年春上海》"之一"和"之二"。这三部中篇均有初期左翼创作的某些特征，也以革命与恋爱为题材；但着重写革命与恋爱的冲突，革命者最终为了革命而放弃了恋爱。丁玲自己说，她的《韦护》"陷入恋爱与革命的冲突的光赤式的阱里去了"[6]。接着，丁玲在题材上又从描写知识分子革命者转到描写工农。1931 年，以当年十六省大水灾为背景，写成了《水》。"水"含有象征的意义，既是描写自然灾害的洪水给农民带来的苦难；又是指的不堪政府、地主的趁机打劫，愤怒地奋起反抗的农民，也像洪水一样凶猛，是可覆舟之水。

《水》是丁玲开始努力地表现工农生活的新起点，对当时左翼文学创作也是有影响的。但因为对工农群众的生活和思想感情还较隔膜，尚难以塑造出有血肉的工农人物形象。《水》带着新闻纪事性，反映生活比较表面化，而且常常在工农的嘴里加进去一些粗俗的秽语。后来批评"革命浪漫谛克"倾向时，有人也把《水》划入其中。但它毕竟是丁玲创作一个重大转折的开端。此后，丁玲便致力于表现工农的生活和斗争。《某夜》描写国民政府监狱中坚持斗争、英勇就义的革命者。《消息》表现工人地下工作者的母亲对苏区的热爱、向往。《夜会》写工人们在中秋夜开展纪念"九一八"的宣传活动。《奔》表现破产农民流入上海，照样没有活路。这时期，丁玲还以她的母亲为原型，开始创作长篇小说《母亲》，描写辛亥革命前后，一位贤妻良母式的女子的觉醒，从追求新知而走上自立、革命的道路。可惜只完成第一卷，丁玲便被国民党当局绑架了。丁玲被捕后，在囚禁中还写过几篇小说，仍保持着原先的倾向性。如《松子》，通过一位名叫松子的孩子的出逃，表现农民的悲惨生活。

丁玲擅长叙述，她的人物、情节多是由作家声色鲜明地描绘给读者，而较少让人物自己在情节进程中活动。她说在作品里，她“不愿写对话，写动作”[7]。而她的叙述是立足于细密观察基础上的，尤其写人物的内心世界，格外细腻、动人。她说她是爬进人物的心里，替他们设想何时应有何种心情，有时还立于其旁，对他们的心理给予解析。这种基本的艺术手法，后来也大体上保持着。

二、左翼文学的旗帜——鲁迅后期作品

攻守的手足——政治批判的加强——继续思想启蒙——鲁迅杂文的特点——在鲁迅的带动下——《故事新编》

鲁迅后期作品是指他到了上海（1927 年 9 月）以后，直至逝世，这期间所创作和出版的作品。这时期是他的杂文创作最旺盛的时期。1928 年 10 月出版了杂文集《而已集》，接着出版了《三闲集》、《二心集》、《南腔北调集》、《伪自由书》、《准风月谈》、《花边文学》、《且介亭杂文》及其二集、末编等共十部。小说则只有 1936 年出版的《故事新编》中的几篇。杂文成为鲁迅后期创作的主项，他投入了最大的精力。在 1935 年底的《且介亭杂文二集·后记》中说：“我从在《新青年》上写《随感录》起，到写这集子里的最末一篇止，共历十八年，单是杂感，约有八十万字。后九年中的所写，比前九年多两倍；而这后九年中，近三年所写的字数，等于前六年。”这原因也正如他自己说的：“现在是多么切迫的时候，作者的任务，是在对于有害的事物，立刻给以反响或抗争，是感应的神经，是攻守的手足。”[8]他在《答国际文学社问》中也说：“对于中国，现在也还是战斗的作品更为紧要。”[9]面对着 20 世纪 30 年代中国政治战线、思想文化战线上的现实状况，鲁迅坚持要“为现在抗争”，所以“匕首”、

“投枪”似的杂文,便成了他最主要的战斗武器。后期的杂文在思想内容和艺术创造上,与五四时期比较,都有发展,有区别。这时的鲁迅已不是个单纯的启蒙主义作家,五四以后国内政治斗争的严酷和血腥的现实,使鲁迅感到启蒙主义的局限性(这在本书第6章第1节中已有记述)。他的思想从强调思想革命,演进到更加重视政治革命的意义,并认为要以武装斗争来促使政治革命的成功。他到了上海后,政治上就完全倾向于中国共产党了。所以,这后期杂文就有了新的思想因素。

后期杂文的重要特点就是政治批判的加强,一方面与鲁迅从启蒙主义转向支持政治革命有关,一方面也由于20世纪30年代阶级斗争的紧张化。写于“四一二”政变后的杂文,有揭露蒋介石屠杀革命人民的。如《太平歌诀》、《铲共大观》,因为环境的缘故,用的是隐晦曲折、旁敲侧击的笔法。“九一八”后的《观斗》、《战略关系》、《文章与题目》、《学生和玉佛》等,批判国民政府对于帝国主义侵略的不抵抗政策;而《电的利弊》、《不通两种》、《“友邦惊诧”论》等,则揭露对内的镇压人民群众,镇压学生救亡运动;或者如《中国人的生命圈》、《天上地下》等,批判他们进攻中共领导的苏区,“用飞机和炸弹以屠杀革命群众”。《写于深夜里》之二《略论暗暗的死》,指出秘密杀人是统治者快要失败时的可耻勾当,他们已经没有自信力了。更多还是在文艺上揭露国民党当局对革命文学的血腥镇压,如《中国无产阶级革命文学和前驱者的血》、《黑暗中国的文艺界的现状》、《“民族主义文学”的任务和运命》、《中国文坛上的鬼魅》等。《为了忘却的记念》记被害的左联作家,悲愤地控诉国民党当局的法西斯罪行。时事评论《华德保粹优劣论》、《华德焚书异同论》等,也是批判法西斯主义的。

这一类杂文在政治斗争中即时地、直接地发挥作用。但更多的杂文并不是像对女师大事件、“三一八”惨案那样,就具体的政治事件发表评论;更多的是对社会现状的批判,描写特定时代背景下的社会乱象,也包括生活的、文化的领域里许多乌七八糟的丑恶现象。这些现象固然有历史的原因,但也是当下统治者的“治绩”(《沙》)。这方面的杂文数量就很多了,涉及面也很广,如妇女、儿童、青年、家庭、教育、社会心理、道德、风习、读书、语言文字、历史等问题。一是大量利用报纸上的新闻及其他文字,如《伪自由书·后记》

就是用剪刀和笔从报章上保存琐闻而编成；或来自对日常生活和习俗等社会现象的观察,包括对自己身在其中的文坛人事的观察。由于鲁迅社会经历十分丰富,看透人世的凉薄,看够人间的鬼魅,带着自身所受的创痛,所以目光犀利,洞见幽微,写的或许只是生活小事,但锋芒所指都是对着现政权的统治,起了政治批判的作用。这部分作品很可以看出鲁迅观察生活的敏锐深邃的眼力。如《弄堂生意古今谈》、《我要骗人》等,在司空见惯的日常景象中,发现令人震惊的社会动向。

而这时政治批判的文章，感情色彩也发生了变化，固然还有冷峻的一面,因为黑暗还是那么浓重,但已没有绝望的心情,一些文章里闪现着对未来的信心和希望之光。《中国人失掉自信力了吗》描述中国“自古以来,就有埋头苦干的人,有拼命硬干的人,有为民请命的人,有舍身求法的人”,称他们为“中国的脊梁”。他们虽然总被摧残、抹杀,但仍在“地底下”,今天还是可以看得到的。同是纪念战死者,《为了忘却的记念》和《记念刘和珍君》,都写得郁怒精深，但前者在悲愤中不再有重压之感，而是藐视貌似强大的屠杀者,庄严地宣告将来总有再说起死者的一天。

这一时期的杂文还有一个很鲜明的特点,是对文学界的自由主义作家、派别的批判。之前的两本《华盖集》批判陈西滢等的“现代评论派”,主要不是文学上的论争。而后期杂文几乎囊括了对新月派、“自由人”、“第三种人”、论语派等的批判，是 20 世纪 30 年代左翼文学与自由主义作家论争中火力最猛的文章。如《新月批评家的任务》、《“硬译”与“文学的阶级性”》、《“好政府主义”》、《“丧家的”“资本家的乏走狗”》、《论 “第三种人”》、《“论语一年”》、《小品文的危机》等等,都是当时论争中的名篇,矛头所向从胡适、周作人直到林语堂、徐志摩、梁实秋、施蛰存、杜衡等。因为认定了自由主义作家是现在的统治者的帮闲,他们也有对国民党的批评,那只是“小骂大帮忙”,所以又有《脸谱臆测》、《二丑艺术》、《帮闲法发隐》、《从帮忙到扯淡》等文,作不断的揭露。两篇著名的论“京派”和“海派”之争的杂文,指“‘京派’是官的帮闲,‘海派’是商的帮忙而已”,京派之批海派是“官之鄙商”,对文学风格、流派上的争论作如是之定性。他也不断地批评“性灵”派的雅人、隐士。《隐士》揭出“所谓‘隐’的秘密”,指出他们与“登士”一样,求隐也是“噉饭之道”。还针对林语堂,接连着写了七论《“文人相轻”》。

鲁迅的这些杂文批判自由主义作家，总在坚持着文学的阶级性、政治性和战斗性，他当之无愧地成了左翼文学的旗帜。又因左翼文学当时还很幼稚，鲁迅也尽着匡正、指导之责，他在文艺领域总在左右开弓。从《三闲集》开始，那些参与无产阶级文学论争的文章，如《"醉眼"中的朦胧》等，就在批评革命文学倡导者的思想片面性。《现今的新文学的概观》对旧社会将近崩坏之际，常出现"近似带革命性的文学作品"，做了精辟的分析，像镜子一般映照着左翼文学运动，是很有参照价值的。此后，他的《非革命的急进革命论者》、《对于左翼作家联盟的意见》、《上海文艺之一瞥》、《辱骂和恐吓决不是战斗》等，都是针对左联工作中的实际问题，深入剖析，中理切綮，如晨钟暮鼓，令人警醒，对左翼文艺运动的发展有重要的意义。

鲁迅后期杂文的重点虽已转移，但他并没有放弃思想上的启蒙工作，仍有很多文章批判传统观念，批判人民群众中落后、愚昧的思想。他仍然关心国民性的改造问题，如《新秋杂识》在讲儿童教育时，提醒大家勿忘"人的战士"的任务。《习惯与改革》提出注意文化上包括风俗习惯的改革，指出改革者要"深知民众的心"，若不将他们心中的旧文化消除掉，"则这革命即等于无成，如沙上建塔，顷刻倒坏"。《略论中国人的脸》批"家畜性"，指出中国人被教育训练得过于"驯顺"，失去了"野兽性"，没有生命的活力。《从孩子的照相说起》批"低眉顺眼，唯唯诺诺"。《说"面子"》讽刺中国人要面子，却往往是"不要脸"。《运命》(《且介亭杂文》)写中国人和日本人对迷信习俗所谓的"克夫"女子的不同态度，中国人有"禳解"之法，"用迷信来转移别的迷信"，批判国民的"少坚信"和巧滑，其实仍然是阿Q式的自欺欺人。有时从极平常的事情中，鲁迅也能窥出民族心理的某种缺陷，如北京胡同的名称，改"蝎子庙"为"协资庙"，改"狗尾巴胡同"为"高义伯胡同"。鲁迅不认为这只是求雅之风，因为这其实也是一种掩饰，其结果是"使大家可以永远放心打盹儿"[10]。这当然是长期的文化积淀，变成了一个民族的集体无意识，浸入人们骨髓中去了，几乎谁也不感到奇怪，而鲁迅却能揪将出来让大家看看。至于对各种卑劣的心态，他的批判也是很严厉的。《晨凉漫记》说张献忠等杀人的缘故，因为自己得不到了，也不让别人得到，便加以破坏。《爬和撞》描写往上爬的人群中，"老实的照着章程规规矩矩的爬，大都是爬不上去的"，要像"聪明人"那样，把别人推开、推倒、踏在脚下，才能爬上去。这种人当然十分卑劣，可悲的是爬不上去的“大都忍耐着一切”,还在兢兢业业地爬,顶多抱着侥幸心理想撞个机会。这是一幅稠密拥挤的社会中常见的人际关系图,稍稍思索便能领会在这图像中的人的心态。如果爬、推、撞成了中国人的习惯动作,人人都把力量耗在这上面,社会又怎能进步?鲁迅几乎把民族的惰性,从一切角落里扫出来。一篇《新秋杂识(二)》能从月食夜放鞭赶天狗中,看到放着“九一八”后被侵占的领土不去救,却要救那天上的月亮。他看到只有“远虑”不顾“近忧”,这种心理对民族振兴造成严重阻碍。鲁迅曾说:“‘中国的大众的灵魂’,现在是反映在我的杂文里了。”[11]他这许多对国民性的批判,是因为始终不忘杂文的“移人情”[12]的作用。

延续着五四新文化运动对传统文化的批判,鲁迅这时期的一些杂文继续批判儒家思想,如《男人的进化》等。《在现代中国的孔夫子》揭示被抬到吓人高度的孔子,是权势者们捧起来的,是他们的留声机,是追求权势的人的敲门砖。

鲁迅的这一类杂文,实际上是继续做着思想启蒙的工作。他揭露统治阶级的愚民政策,如《由聋而哑》指斥统治者总在封锁信息,为了“要掩住青年的耳朵,使之由聋而哑,枯涸渺小,成为‘末人’”。他提倡在文化上的开放的态度,如《随便翻翻》提倡广泛阅读,连讲扶乩的、讲婊子的,也可以翻翻,要看那些和自己意见不同的书,因为“比较是医治受骗的好方子”。《关于翻译(上)》则认为,就是“帝国主义者的”作品也可以看看,以知己知彼。

但总的看来,鲁迅的重点转到政治批判上了。如《外国也有》不承认自己落后,却以“外国也有臭虫”来自我解嘲。这实是一种典型的阿Q精神,本可用以批判国民性;但1933年的这篇杂文,却是用外国总统也有私产,来揭露民国以来总统和高官的腐败。《以脚报国》批评某些出国的女子自欺欺人,本也可以据之批判阿Q精神的,但此文也是落脚于对国家现状的批判。在20世纪30年代,《春末闲谈》、《灯下漫笔》式的文章已经不多了。

因为杂文重在表达作家对现实社会的见解、态度,因此其文字之中便有一个很鲜明的议论主人公的形象。透过文字,鲁迅杂文显现出的主人公,饱经沧桑,清醒又深沉,总在用着冷峻的眼光透视着、解剖着、鞭挞着这凉薄人世、黑暗社会、鬼魅人间。他爱憎分明,情感炽热,有激愤,有感慨,也有痛苦和悲情。他目光犀利，参透了世事，确诊出病根。他的眼睛的洞察力、穿透力、判断力都高人一等，其认识往往超过了同时代的人。常常是一言之出，一针见血，振聋发聩，令人叹服，成为经典之论。略举数例：无产阶级文学倡导运动快要开始时，鲁迅在《革命文学》中即已指明，根本的问题在于是否是"革命人"。他说："从喷泉里出来的都是水，从血管里出来的都是血。"[13]这成了辨明真伪的永恒的名言。《对于左翼作家联盟的意见》中提出"左翼容易变成右翼"，一句话就概括了对中国知识分子"翻筋斗"的性格特点的透彻认识。《文艺与政治的歧途》[14]揭示文艺家和政治家的异同和对立，初时似乎注意这一篇的人不多，当他这一论断被历史所证明时，人们才惊异于原来鲁迅早已发现。"四一二"政变时，蒋介石的屠刀杀向人民，有好心人惊呼"杀错了人"。鲁迅作《"杀错了人"异议》，指出反革命者没有杀错人，那些被害者正是他们所要杀的；倒是我们有些人"看错了人"。他的杂文不仅是中国现代文学史的重要的一部分收获，而且在中国现代思想史上也是十分宝贵的精神遗产。

鲁迅杂文的主人公，仍然是坚持"韧性战斗"，不屈不挠地与旧势力斗争，直到生命最后一息的战斗者的形象。他提倡"打落水狗"，告诫人们：敌人能叫我们妥协，他们自己是绝不妥协的。他更反对在旧势力面前低眉顺眼，唯唯诺诺，认为"驯良之类并不是恶德。但发展开去，对一切事无不驯良，却决不是美德，也许简直就是没出息"[15]。他的杂文表现了极鲜明的爱憎。一方面是主张对敌人要"无毒不丈夫"，连白眼也不给的极度的轻蔑，如在《女吊》中赞美被欺压者的复仇精神，在《死》中表示对敌人至死也不宽容。另一方面，对人民大众，对真心为人民利益而斗争的人，则表示深挚的热爱。对广大妇女、儿童的命运和青年的成长的关切，在他的杂文中处处可见。《论"人言可畏"》为同情、保护女性，批判新闻媒体的"才子"为了凑热闹、增销场而"发挥才藻"，任意描写女性，实为玩弄女性，这种时候就"不会想到自己乃是人民的喉舌"。这一切综合起来，鲜明地体现了"横眉冷对千夫指，俯首甘为孺子牛"的鲁迅性格和鲁迅精神。

鲁迅杂文的艺术个性是极鲜明的，凡自己的意见必定非常坦诚地表达出来，绝不遮掩，绝不折中，绝不含混。即便在政治环境恶劣的条件下，不得不用"钻网法"，采取隐蔽、曲折的手法，那也只是方法的巧妙，而绝不以减损思想的深刻性为代价。为此,有的文章也不免有尖刻和偏执之嫌,虽然仍可说是一种“偏执的深刻”。例如他对旧戏曲,对中医的笼统否定,就有片面性。他批评过的人物很不少,连梅兰芳也受到他的讽刺,对相当一些人的批评并不妥当,但这类瑕疵无损于鲁迅杂文的整体价值。

鲁迅杂文集中多数杂文是议论性的,其共同的特点是形象性与逻辑性的统一。因为要议论,或立论或驳论,都要有证明、有推理,没有坚固的逻辑力量难以立足。但杂文不是一般评论、政论,它具有文艺性,因而必须用形象,因为逻辑的力量是透过形象表现出来的。这些大多是很短的文章中,理性分析的文字不多,多是具体的形象的叙述,把理性的演绎、判断都隐藏在形象的叙述之中。这里包括文笔的生动。以比喻为例,用得好就比单纯的讲道理更有雄辩之力。《拿来主义》用对待旧宅的态度,批评对待遗产有“孱头”、“昏蛋”、“废物”之别,提出要沉着、勇猛、有辨识、不自私的人。这个比喻就是非常能说明问题的。《谈蝙蝠》也用借喻,以蝙蝠喻骑墙派,十分确切而有说服力。

大凡写杂文的好手,多是知识比较渊博,有被称为杂家的。鲁迅更是如此,他生活经验极广,学识极渊博,所以他的讲道理可以东拉西扯,貌似闲谈,似乎无心,却往往言之有物,充满生趣,能吸引人。他的杂文中,故事、时事、典故、笑话、日常琐事……古今中外、雅俗土洋、正史野史、天文地理,都可以拿来做文章。有用一些小故事的,如《扁》用近视眼比眼力的笑谈,批评“空空洞洞的争”。《运命》用中国“禳解”法解除“命凶”女子的习俗,读来也是很有兴味的。在《“京派”和“海派”》中用了法朗士《泰绮思》的故事,比喻两派的关系,不但增添了文章的生动性,而且帮助了观点的表述。比喻本身是形象,但比喻贴切的形象也有逻辑力量。所以让形象说话,不必多做抽象推理,也可举重若轻,以少胜多。鲁迅也引用典籍,但与周作人不同,更有趣味性,并不会因引证而让人感到枯燥,可读性是很强的。

有时不用引证典故,只需剪裁生活也能从强烈的对比中产生逻辑力量。如《弄堂生意古今谈》,只是摆出了上海弄堂里几个小小景象;然而数年间的变化,竟如题目所示,有如古今之别,令人产生隔世之感,不是也可看出国民党统治的日趋没落吗?

在缺少言论自由的环境里,鲁迅写杂文有时不得不隐晦曲折,而用来包藏真意的仍然是形象。《现代史》一文从头到尾是对街头上变戏法者的描绘，只有最后一句故作惊奇地说：写到这里才发现题目错了。其实没错，作家所要告诉人们的就是：一部现代史，无非是统治者变戏法般变换着花样来向人民骗钱的。有的杂文旁敲侧击，如《吃白相饭》，说上海滩上这类骗子直直落落自称吃白相饭，言外之意是，还有吃着白相饭却不承认的，又是谁呢？还有一些杂文趣味性很强，也很幽默，如《唐朝的钉梢》把一首古诗译成很可笑的白话诗，又似很认真地提出要研究"钉梢史"，博人会心一笑，因为实是影射和讽刺国民党特务钉梢的。

还有形容，也极大地增强文字的表现力。《白莽作〈孩儿塔〉序》中连续的排比式的形容，不但用以表示殷夫诗的地位，而且带着浓厚的情感色彩，增加了论点的力度。有的形容文字更是优美的，如《忆韦素园君》对痛苦的记忆的极佳形容："我的记忆好像被刀刮过了的鱼鳞，有些还留在身体上，有些是掉在水里了，将水一搅，有几片还会翻腾，闪烁，然而中间混着血丝……"这最后一句立即使人联想到，鲁迅的回忆是带着血泪的。五四以来，鲁迅的杂文始终是形象性与逻辑性互相渗透、融合的典范，到了20世纪30年代更加运用自如，手法更加多样，作品也更显风姿绰约。

而且形象选得好，还可以有典型性，成为某事物、人物、现象的象征。一方面，鲁迅"论时事不留面子，砭锢弊常取类型"[16]。他在选取形象时，是很讲究要有代表性和概括力的。另一方面，在杂文写作中照样做到"开掘要深"，眼光深深射入生活的底蕴，从他画出的那五花八门、光怪陆离的社会现象中，确也挖掘出了半封建半殖民地社会的"灵魂"。就每一篇杂文而言，所评述的多是具体的、细小的，有的似乎是极平常的，但是许多单篇合在一起，却构成相当完整的社会形象。这就是鲁迅自己所说："我的杂文，所写的常是一鼻，一嘴，一毛，但合起来，已几乎是或一形象的全体。"[17]因此，鲁迅杂文中不仅那些具体的形象或所用的比喻，能够概括某种类型的人、事的特征，更可以说，他的杂文从总体上已经构成了旧中国社会的缩影。

鲁迅杂文中包含的文体样式是十分丰富、自由活泼的，到了后期，风格上也不仅只有深沉峻厚的了。用"魏晋风骨"来概括鲁迅的风格是很有见地的，但不可忽略了他的杂文也具多姿多彩、不拘一格的特征。鲁迅从表意的实际需要来决定采用的形式、方法、笔调，取完全开放的态度。有的较富政论色彩，严肃庄重，义正词严，风格严峻，气势凛然。如《论“费厄泼赖”应该缓行》、《“友邦惊诧”论》等。更多的是短评，俏泼犀利，锋芒毕露，仅一击便可致敌死命；或嬉笑怒骂、旁敲侧击，幽默诙谐中缴了论敌的械。但也有清新隽永，或富抒情性，或饱含哲理性，回味无穷。如《夜颂》像抒情散文，恰当的词藻的运用，使文章神丰气足，简直就是散文诗，编入《野草》也无不可。而《秋夜纪游》用简单的勾勒，更像速写。有的则是叙事性的，如《女吊》、《我的第一个师父》，风格均近于《朝花夕拾》。记叙性的《我和〈语丝〉的始终》、《为了忘却的记念》、《忆韦素园君》、《忆刘半农君》、《关于太炎先生二三事》等，所记虽是名人，所写往往为日常之事，少有惊天动地或奇特怪异的事迹，感人之力在于识和情。识是对人物的见识，功过的评骘得当，对人物评价严正通达；情则为分明的爱憎，贯穿于始终。也有在记叙过程中发表许多议论，如《在钟楼上》写初到广州的生活，同时发表自己对广州的观感。《上海文艺之一瞥》在生动地叙述上海文艺的发展历史时，包含许多自己对文学界的臧否。有的杂文是寓言式的，如《夏三虫》。这类样式中有思想深刻因而哲理性很强的，如《战士和苍蝇》。有一些旁征博引、考订缜密、学术性和战斗性并重。还有一些随笔、絮语，往往三言两语，意味深长，如《小杂感》、《半夏小集》等。至于书信、日记等体式也常使用。他的每一本杂文都像百宝箱一般，金光闪耀，琳琅满目。

鲁迅在开始写杂文时，也受过西方散文的启发，但在这个领域中他更多的还是继承了中国古代散文的优良传统，并且经过他的创造，开辟了中国散文的新局面。在鲁迅杂文中很容易感到它有先秦诸子的雄辩力量，有魏晋散文的泼辣锋芒，有六朝笔记的简约精练，有韩愈政论的谨严明晰，有柳宗元寓言的精当比喻，也有唐末小品的愤激和明末小品的讽刺攻击。由于他充分吸收了传统的精华，养成散文艺术上深厚的功力，经过他的广泛运用，使杂文以其强烈的战斗性、深刻的思想性和巨大的艺术魅力，“侵入高尚的文学楼台”[18]，并成为现代文学中有重大影响的一种文体。

在鲁迅的带动下，20世纪30年代杂文创作出现了高潮。当时不仅左联的刊物经常发表杂文，而且像《申报》这样历史久、发行面广的老报纸，也常在《自由谈》等专栏刊载鲁迅等的杂文；还出现一些注重登载杂文的刊物，如

《涛声》、《新语林》、《芒种》、《杂文》等。杂文的创作兴盛一时。

鲁迅之外，以瞿秋白的杂文成就为高。他的杂文多为政治评论，政治批判性最鲜明。《流氓尼德》、《财神的神通》等抨击帝国主义的侵略，揭露他们与中国封建买办势力相勾结，使中国人民受到沉重的压迫。另一些杂文则热情洋溢地呼唤革命风暴和惊雷，如《一种云》、《暴风雨之前》等像是风格热烈、情意浓郁的散文诗。不少文艺杂感也多政治意义的分析，这些作品后来收在《乱弹及其它》中。一些老作家如茅盾、郁达夫等，也常就政治时事问题写作杂文揭露国民政府。还有一些年轻新秀深受鲁迅杂文的熏陶、哺育，在杂文创作中取得较大收获。如徐懋庸出版《不惊人集》、《打杂集》，唐弢出版《推背集》、《海天集》，还有柯灵、聂绀弩等也时有佳作。这许多杂文的出现，如鲁迅所述："第一是使中国的著作界热闹，活泼；第二是使不是东西之流缩头；第三是使所谓'为艺术而艺术'的作品，在相形之下，立刻显出不死不活相。"[19]当时，他为这杂文创作的"日见其斑斓"而感到乐观。

在鲁迅后期的作品中，还有一部历史题材的短篇小说集《故事新编》，于1936年出版。这部小说集并不是严格意义的历史小说，重点在于"新编"二字。鲁迅说他写这些作品，意在从现实和历史都选取些题材，以扩大表现的领域。但不是严格地或基本上再现历史人物、事件，而是从浩瀚的史籍中选取近似或神似现实的材料，用"只取一点因由，随意点染"[20]的方法创作的。所以，他又称这些作品为神话、故事的演义。

此集中的《补天》原名《不周山》，写于1922年。《奔月》、《铸剑》两篇分别作于1926和1927年。其余《非攻》、《理水》、《采薇》、《出关》、《起死》均作于20世纪30年代。由于时间的跨度很大，鲁迅的思想已经有了变化，前后的作品便显出有所不同的思想色彩。

鲁迅说他写《补天》"不过取了弗罗特说，来解释创造——人和文学的——的缘起"[21]。小说描写女娲的孤寂与苦闷，同时通过女娲捏土为人和炼石补天，描绘了艰辛劳动的雄奇瑰丽的情景。那个时候，鲁迅小说里的妇女形象自单四嫂子到往后的祥林嫂、爱姑，都是很软弱的，令人同情的。但他还是在这故事的"演义"里，把女性描写为人类的母亲，世界的拯救者、再造者。这是鲁迅理想中的女性形象。至于他在女娲两腿间增添一个可悲、可笑的小丈夫，那是故意的，全为讥刺封建卫道者，自认为这是“油滑”。也就是说，并不一定是可取的，好在无关全文的宏旨，还可使作品多了点针砭时弊的特色。《奔月》的讽喻色彩更重些，它借勾画逢蒙的丑恶嘴脸，鞭挞那些忘恩负义、趁火打劫之徒。同时也写出了羿的落寞孤寂的难堪处境。神话中的羿能射落九日，显然是很了不起的。鲁迅在尼采思想影响下，希望有“超人”诞生，所以最初所写的女娲和羿，都是英雄人物。但他们或孤寂或困顿，正是鲁迅的现实感受和主观情感的投射。这样的情绪一直保持到之后的《铸剑》中，《铸剑》所描绘的环境气氛仍然是很压抑的，抗暴的行为是很难实施的。在这样的背景下，塑造了一个性格的两面反差极其突出的人物，一面是冷峻达到了极点，另一面却又有极热烈的心肠，极富同情心和正义感，舍得自我牺牲。这就是晏之敖者的形象。这是一个“超人”式的人物，这个形象明显地寄托着作家的理想。通过他的传奇般的谋杀国王的经历，热烈地歌颂对残暴统治者的反抗和复仇精神。《铸剑》因此被认为是《故事新编》中最精彩的一篇。

头三篇早期的作品中，正面主人公都有坚韧的、顽强的精神，却同时又都是孤独的。到了20世纪30年代，由于鲁迅成了左翼作家，他已经不再“荷戟独彷徨”了，因此同是写这种故事的“演义”，赋予他的正面人物的也就不是孤独者的情感色彩了。在《非攻》、《理水》中塑造的墨翟和禹的形象，这两个人物胼手胝足，为大众的利益摩顶放踵，埋头苦干。禹还为了治水，三过家门而不入。鲁迅把他们作为支撑中国历史的脊梁。再则，20世纪30年代的这几篇小说，与现实的联系更其密切。《非攻》中在外敌入侵时只知空嚷的曹公子和募捐救国队，《理水》中“文化山”上的各色文人等，都是活动着的现实的影子，有很明显的讽刺批判的意味。而最后三篇的意图，更主要在于通过历史故事进行社会批判。《采薇》用不食周粟饿死首阳山的伯夷、叔齐的故事，批判当时不满现实又不能正视现实，采取消极避世态度的知识分子。《出关》写老聃，《起死》写庄周，是批判老庄思想的，这显然也有现实的针对性的。《出关》讽刺主张“清静无为”的老子，还得去做那自己不愿做的事，否则便出不了关。《起死》中那个主张“通融”、“圆滑”、无是非的庄子，到了涉及与自己利害相关的事，竟吹起警笛，请求统治者的保护，当场出丑。

鲁迅写这些“新编”的故事，都有他的现实的意图。大致上可以说，早期的三篇更多的是借这些故事反映鲁迅自己的主观情绪，很难说正面人物身上没有鲁迅自己的影像。在后来的几篇中，这个特点有所淡化，现实批判的成分增加了。虽然写作的目的是一样的，前者主要是借古抒怀，后者主要是借古讽今。在创作方法上，是不拘一格、非常开放的。虽也博采文献，有的竟连细节也有所本，如《采薇》；但让僵冷的史实获得活的生命，全在于将旧事与现实联系。这里既利用历史来批判现实，也通过历史人物表达自己的理想。《故事新编》在塑造人物和细节描写上，不像《呐喊》、《彷徨》那么细致精确，往往是粗略的勾勒，有的还加以漫画化，夸张了人物的某些特征。而且不惜加入一些现代的词语与生活细节，以增强讽刺的效果。大体上说，它还是属于浪漫主义的，用这种标准去衡量，后来的几篇在艺术上都赶不上最初的抒怀为主的三篇。

历史小说在20世纪30年代也颇盛行。《故事新编》出版后九个月，郭沫若也出版了他的历史小说集《豕蹄》。郭沫若在20世纪20年代也写过《鹓雏》等三篇历史小说。1935、1936年，在他已成为成就卓著的历史学家时，又写了《孔夫子吃饭》、《秦始皇将死》等七篇历史小说。他的这些小说也称之为"速写"，同样注重对现实的讽喻。除此之外，作为一个历史学家，郭沫若的小说也"注重在史料的解释"，"对于历史的故事作了新的解释或翻案"[22]。而且往往将历史人物影射现实生活中的具体对象（如以秦始皇影射蒋介石），还借历史人物之口传作家之言。茅盾于1930年创作了《石碣》、《豹子头林冲》、《大泽乡》，用以歌颂农民的反抗斗争，从人物口中喊出"即今便是被压迫的贫农要翻身"的呼声。

选取外国神话为题材的郑振铎（1898~1958），他原为文学研究会主干分子，1933年作《取火者的逮捕》，以希腊神话中普罗米修斯盗火给人间受到宙斯惩罚的故事，写了四篇连续性的短篇。借普罗米修斯之口谴责宙斯，"自从你们兄弟们建立了新朝以后，你们的凶暴却更甚于前"，指出宙斯是"暴中之暴，专制者中的专制者"。他说，这样来影射、攻击蒋介石，是"借古人的酒杯，浇自己的块垒"，"是有大不得已的苦衷"[23]。这说明20世纪30年代历史题材小说的发展，与政治环境有关。所以到了20世纪40年代，便由同样原因导致历史剧的兴盛。注重社会批判的文学，写史的目的还是为了批判现实。郑振铎还写过《桂公塘》，在抗日救亡运动的高潮中，以坚持民族气节的文天祥的事迹，激发人们抗敌救国的热情。

三、茅盾的《子夜》等小说

《蚀》三部曲——幻灭小说——社会剖析小说的典范——《子夜》的成败得失——《林家铺子》和《春蚕》

茅盾即沈雁冰，大革命中投入革命实际工作，革命失败后脱离了岗位，开始以“茅盾”为笔名发表小说。1927年9月开始写《幻灭》，至1928年6月完成《动摇》、《追求》，合称《蚀》三部曲。大革命的失败在一些知识分子心中造成剧烈的震荡，茅盾这时回顾所经历的人生一幕时说：“1927年上半年我在武汉又经历了较前更深更广的生活，不但看到了更多的革命与反革命的矛盾，也看到了革命阵营内部的矛盾，尤其清楚地认识到小资产阶级知识分子在这大变动时代的矛盾。”[24]《蚀》三部曲正是表现他所看到、感到的种种矛盾。

“幻灭”是当时相当一部分追求革命的知识分子的心态，这种心态也表现在叶圣陶的《倪焕之》、柔石的《二月》等很多作品中，是特定时期的一种文学现象，可把这类小说称为“幻灭小说”。幻灭的前提就是幻想，知识分子因为脱离实际生活，往往喜用幻想构筑一个革命的美好前景，可是一遇实际便被碰个粉碎。“幻灭小说”中的主人公往往是被现实碰碎的人物。茅盾的《幻灭》写女主人公静，是未曾涉世，政治上、生活上均很幼稚的青年，她被大革命的浪潮所裹挟而走进了革命队伍，但远未进入革命旋涡的中心，只在边边角上看了一眼便告幻灭。作家把一个幼稚的小资产阶级知识分子的心态，写得很真切。她由恋爱而革命，又脱离革命而恋爱，回到甜蜜然而短暂的爱情生活中去了。像静这样的人物，本来是与革命无大关系的，可惜小说中对她在革命风潮中的心理变幻表现得还不够深入。因为作家对这一类型知识分子虽然熟悉，但仍缺乏深刻的理解，这与当时作家“自己生活上、思想上也有很大的矛盾”[25]有关。

那么真正的革命是什么样的？这在《动摇》里有较深刻的反映。《动摇》写

1927年春夏之交，湖北某县城里左右派的政治搏斗。老奸巨滑的劣绅胡国光,利用省特派员史俊的弱点,篡夺了县党部(国共合作时期的党部)的实权,以极左面貌胡作非为。而方罗兰等左派则孱弱之极,以致右派越发猖狂,以白色恐怖冲垮了左派政权,这个县终被反革命势力夺去了。胡国光是写得最为精彩的形象,而对方罗兰的思想却挖掘不深。写他与方太太、孙舞阳两位女性的关系,有助于从侧面表现人物;但因未能在正面战场上深入表现人物,男女关系写多了反有喧宾夺主之感。《动摇》写的是大革命的失败,是写革命的阴暗面的,自然受到"左"倾的革命文学批评家的批判。其实,这样的作品尚未能达到对革命失败作更深刻些的反思。

接着的《追求》写大革命失败后,一群没有出路的知识分子的盲目"追求",所以被认为是三部曲里最晦暗的一部。弃政从文以教育为出路的曼青,欲以"半步主义"改革报纸的仲昭,"怀疑主义"的史循,寻求刺激、游戏人生的章秋柳等,各自的"追求"都未成功。有的人为支持丈夫革命不得不去卖淫,有的准备当"土匪"(暗喻参加武装斗争)。他们好像断了线的风筝,很难说会被刮向何方。这些人物所经历的是比静女士更深刻的幻灭,人们从中看到了大革命失败后的某种时代氛围,某些知识分子的"时代病"。茅盾在第一节中即借曼青之口说,"这伙人确是焦灼地要向上……如果政治清明些,社会健全些,自然他们会纳入正轨,可是在这混乱黑暗的时代,像他们这样愤激而又脆弱的青年大概只能成为自暴自弃的颓废者了"。

茅盾是现实主义的提倡者,也是忠实的实践者。前期受法国丹纳(也译作泰纳)文艺社会学思想的影响,所以以社会动荡为主体的《动摇》写得最好,在《幻灭》、《追求》这样须要着重于人物心理探索的,就比较表面化。对大革命失败的背景下知识分子心灵的大波动,还只能说是浅尝辄止。但当时中长篇小说的艺术水平都不高,三部曲这种形式也很少见,茅盾的《蚀》比过去中长篇在艺术上明显高出一等。如《动摇》中各种冲突和大小情节的穿插,高潮的推出,人物描写中运用幻觉、象征的手法,《追求》中对几个人物不同性格的刻绘,都有很高的艺术水平。可以说《蚀》的出现,有力地推动了现代中长篇小说艺术的进步。

在无产阶级文学倡导运动中,《蚀》受到倡导者的猛烈批评,茅盾虽然有所答辩,但那些简单机械的批评对他也有所冲击,为了不至于再有太多的幻灭情绪的表露，他此后的作品开始注意给人物安排出路。《蚀》之后，茅盾于1929年写了长篇小说《虹》（未完成）。女主人公梅在婚姻与社会生活中均遭受许多挫折，在五四新思潮的影响下冲出夔门，从四川来到上海。在这里遇到了革命者梁刚夫，受他的启发、教育，又在“五卅”高潮中看到了工人阶级的力量，乃决心献身主义，终于以战士的姿态，在“五卅”风暴中走进南京路的示威队伍中。梅在四川时的思想状态，并未超出《蚀》里那些女性，性格上与她们也有相近之处。可见《虹》的第一步还踏在《蚀》之上，但它迈出了第二步，当梅在“五卅”运动中走上南京路时庄严宣告，“时代的壮剧就要在这东方的巴黎开演，我们应该上场，负起历史的使命来”，她便加入了那“突变”英雄的行列。本来是很不赞成“革命浪漫谛克”的作家，他的作品竟也有了点“革命浪漫谛克”的气味，可见当时无产阶级文学运动的震动力还是不应低估的。这部作品有意识地要给主人公铺设一条通向革命天国之“虹”，借此改变《蚀》那种暗淡的色彩。但主观上希望给人物指明出路，却忘却人物思想转变的性格逻辑，则尽管结尾是光明的，这个作品也不可能是充分现实主义的。接着，茅盾又写了《路》和《三人行》两部中篇，单从题目便可以看出，作家很想给人们指出一条正确的“路”，一条可为我师的人所走的路。但缺乏生活体验，收到的只能是概念化的酸果。这两部中篇也存在初期左翼创作的通病。茅盾参加大革命工作时，并没有想到要写作，《蚀》三部曲是他“经验了人生以后才来做小说”[26]的成果，很大程度上还有实际人生的存真。《蚀》受了批评，使他觉得只靠这“经验了人生以后才来做小说”是不够的，还要“因为要做小说，才去体验人生”[27]。后来的实践证明，先在的“要做小说”的冲动，往往来自某种理论、思想、主题，然后按照需要去找生活。这样，容易让“人生”跟着理论走。《虹》等作品的不成功，让他发现了自己的新问题，他有了新的教训：“徒有革命的立场而缺乏斗争的生活，不能有成功的作品”[28]。他于是利用可能的条件深入城乡，观察体验生活。经历了这样的曲折，他最终得到的认识则是：“一个做小说的人不但须有广博的生活经验，亦必须有一训练过的头脑能够分析那复杂的社会现象；尤其是我们这转变中的社会，非得认真研究过社会科学的人每每不能把它分析得正确。”[29]可见他还是把理论分析摆在了首位，这就有了他比较成熟的一批“社会剖析小说”，如长篇《子夜》和《林家铺子》、《春蚕》、《秋收》、《残冬》、《多角关系》、《当铺前》、《小巫》

等一批中短篇。这是一批堪称典范的“社会剖析小说”,是20世纪30年代左翼文学最有代表性之作,是中国现代文学史上自有特色的一种文学类型。

1933年,《子夜》的出版轰动了文坛,瞿秋白曾把这一年称为“《子夜》年”,足见这部小说在当时影响之大。

《子夜》的故事发生在1930年的两个月时间里,主人公吴荪甫雄心勃勃地企图发展民族工业,但这理想在半殖民地现实面前迅速地被碰得粉碎,转瞬之间便破了产,只好把自己的产业出卖给外国了。围绕吴荪甫的活动,《子夜》描绘了20世纪30年代中国社会的广阔画面——工人罢工,农民暴动,当局的镇压和对革命运动的破坏,帝国主义掮客的活动,中小民族工业被吞并,公债场上惊心动魄的斗法,资本家家庭内部的各种矛盾……五彩缤纷,绚丽多姿,在较大规模上反映了当时复杂的社会矛盾。像这样规模巨大、有一定思想深度的作品,是新文学的重大收获。不仅左翼作家,当时和后来都有非左翼的、有着不同创作理念的作家,也都赞扬《子夜》的成就。

《子夜》是社会剖析小说的典范性作品,比较完整地体现着这一类小说的特征,反映这一类小说的成败得失。

首先,在人物塑造上,社会剖析小说的人物形象多具有其所属阶级的阶级性,人物形象的阶级特征越是鲜明就越好。茅盾实践这样的创作原则,《子夜》里的大小人物都很容易辨认出是哪一个阶级的人。但是,茅盾也非常重视人物的个性描写,这使他的人物与初期左翼文学那些概念化的形象有所不同。他笔下的吴荪甫是《子夜》的第一号人物,作家要把他塑造成中国民族资本家的典型形象,但又非常明确,吴荪甫应该是也只能是中国民族资本家中的“这一个”,他应该有不同于别个资本家的个人性格特征。所以,他把吴荪甫写成有抱负、有实力、有手腕,还有爱国心,想做一个正派的企业家,希望在中国实现发展资本主义的宏图,他是看不起像金融资本家赵伯韬这样的人的。但他处境险恶,这个处境是民族资本家所共同面临的。为应付局面,吴无论政治、经济的实力,都捉襟见肘。但他能顽强挣扎,通过政客唐云山与国民党的改组派搭上关系,只是改组派并非当权的实力派,以致他要镇压双桥镇农民暴动,还要自己出钱请兵。他在经济上场面铺得太大,要办益中信托公司、裕华丝厂,还有几个丝绸厂、日用品厂,还要在公债场上与赵伯韬斗法，自然调度不灵，顾此失彼。书中塑造的另一个重要人物赵伯韬，这是个有帝国主义做后台靠山的金融资本家，用他的作为来与吴荪甫作对比，在相互映衬中表现他们的不同。赵有雄厚的实力，可以在金融投机中稳操胜券，所以他不但可以扒进各种公债，还可以扒进各种女人，腐朽性是明显的。吴荪甫以全力拼搏，“过着打仗一般的生活”，不敢稍有懈怠，更多表现出性格中的进取性。可以说赵伯韬是躺着过日子，吴荪甫则要站着过日子，而且还要皱着眉头，使出浑身解数，来对付如麻的棘手问题。他在这个过程中表现出果决和铁腕，一时成为上海滩上的风云人物。

这样的环境便造就了吴荪甫的特有的性格。一方面是魄力和学识所养成的冷静、清醒，一方面是由残忍和虚弱的结合所产生的暴躁，形成了吴荪甫特有的矛盾心理状态。他脾气不好，对下属动辄严加训斥，下各种专断的命令，但有时又能克制，使自己镇静，迅速恢复理智。这在他与屠维岳的关系中有生动的表现。因为屠竟敢泄漏减薪的消息，给工潮火上添油，吴荪甫勃然大怒。但在即将解雇他时，吴又用锋利的、几乎能穿透人心的眼光审视、考察他，终于看出此人精明强干，反而破格重用他。这一场较量的确表现了吴的气魄。吴荪甫不但有发展民族工业的理想，而且也有一定的求实精神，知道不可将计划建立在空虚的另一计划之上，而要建立在切实可行的现实基础上。因而既有冠冕堂皇地按照孙中山建国方略制定的远景规划，也有另一本账，即从何处着手的眼前具体的行动计划。但这计划从根本上说仍是建立在幻想之上，他对自己的处境不可能有个客观的、科学的估计。所以，当他陷入困境时，便一反科学精神，迷信“成事在天”，甚至纡尊降贵亲临公债场前线，晕倒在经纪人的岗亭里。这时就连汽车抛锚也能使他胆战心惊，大失常态。当他一心专注于事业时，似乎一本正经。到了日暮途穷，便无须掩盖，从逛“秘密艳窟”，到强奸老妈子，大发兽性。茅盾把吴荪甫写成是暴躁与冷静，顽强与脆弱，求实与迷信，正经与荒唐，这些矛盾的两面统一于一身的人物。这矛盾的两重性格，正是民族资产阶级的矛盾处境所造成的。所以吴荪甫的命运代表着中国民族资产阶级的命运，这是他所具有的民族资本家的共性。但像他这样有魄力、有胆识的人物，在中国民族资本家中也许是少有的，这正是作家要着力塑造的资本家中的“这一个”。在《子夜》中还有围绕着吴荪甫的大小资本家等各类人物，同在上海这座冒险家乐园里活动，大体上说也各有不同的面貌。如赵伯韬、杜竹斋、朱吟秋、周仲伟、屠维岳、莫干丞、林佩瑶等，都写得有其特色，可看出作家有意识地描写人物个性的努力。

其次，社会剖析小说要求“典型环境中的典型人物”，重视社会环境的描写，表现人物怎样受环境的影响、制约。写出富有时代特征的社会背景，这也是《子夜》具有宏大叙事的不凡气势的一个原因。全书设置了宏大的社会关系网络，为吴荪甫布置他生存的社会环境。当他雄心勃勃迈出第一步时，就遇到了许多困厄。一是厂经跌落，中国丝在巴黎、纽约被日本丝排挤；当他不得不把损失转嫁给工人时，引起了工人的反抗。二是农民运动兴起，家乡双桥镇告急，这个出身大地主的资本家失去了资本的一个重要来源。三是代表帝国主义利益的赵伯韬找上门来，提出联合建立多头公司，实则企图吞掉他的资产。这些都是富有上世纪30年代特征的中国社会现实。作家对此绝非只有理论的认识，他对这时代有比较深入的切身体验，否则，不可能写得如此深入细致。他描绘由于帝国主义侵略，军阀连年混战，人民生活极端贫困，购买力大降，再加上交通阻隔，商品销售困难，如何严重地打击吴荪甫的事业，堵死了他发展资本主义之路。而另一方面，农村破产使得大批农村资金流入城市，例如那个让女儿出卖色相探听公债情报的老地主冯云卿，就是带着大笔款子到上海来的。摇摇欲坠的民族工业无力吸收这批资金，于是它很快就流入金融市场，使20世纪30年代上海金融业特别昌盛，那里正是金融托拉斯赵伯韬的天下。吴荪甫为了打败这个劲敌，也出于其谋求发财的欲望，竟也把资金投入这冒险的金融投机中去，走上自己开始时并不想走的路，并且遭到惨败，一切理想落空，这是他所始料不及的。这就是堵死一条路（发展民族工业之路），又开辟一条路（金融投机之路）。是谁诱使他跳下深渊？就是当时半封建半殖民地的典型环境。《子夜》对此描写得肌理稠密，严丝合缝，表现了作家对半殖民地社会的深入了解和剖析，这也正是社会剖析小说的重大特色。20世纪30年代一位著名经济学家曾说，要了解中国经济状况，应该读一读《子夜》。

社会剖析小说所需要的“典型环境”，就是充满阶级矛盾的社会环境，所写虽是一时、一事，透过它却能窥见社会上风云激荡的阶级斗争。人们很容易看出这类作品的感性形象，是经过社会科学理论透视的，具有鲜明的理性色彩。尤其像《子夜》这样大题材的小说，它的情节发展的走向、人物命运的走向，其推动力主要不是来自人物的性格。不是性格决定命运，而是各种社会矛盾、斗争决定人的命运。社会发展已经为人物安排好了最终的结局，性格虽有作用但不是决定的作用。而且吴荪甫的命运已不单纯是他个人的命运，而是他那个阶级的命运，是历史的命运。20世纪30年代，中国理论界发生了一场著名的关于社会性质的论战。论战中被称为"机械派"的一派，以为1927年后中国已是资本主义社会，封建关系只是"残余的残余"，因而须要等待资本主义发展成熟了再来进行社会主义革命。这种观点可能导致取消当前的革命运动，便受到"新思潮派"等的批判，他们认为中国仍是半封建半殖民地社会，现在要把民主革命继续进行下去。茅盾认同的正是这一种观点，《子夜》运用这样的观点来观照生活，通过活生生的人物活动所展现的历史画面，说明了中国不可能走上资本主义的道路。即便是具有吴荪甫这样优越条件的人物，也非常迅速地垮掉了，中国的民族资产阶级不可能有更好的命运。这样的故事对"机械派"是个反驳，所以过去认为《子夜》用自己的方式参与了中国社会性质的论战。《子夜》的情节有点像左拉的《金钱》，其重点虽也是围绕金钱展开各种斗争，然而主要不为揭露金钱的罪恶，而在于揭示中国特定时期的社会关系，涉及到中国社会的出路何在的重大问题。这是社会剖析小说的重大特点。五四以后，马克思主义对新文学的发展取向有重大的影响，但在小说创作中真正表现出马克思主义指导作用的，茅盾是第一人。而且尽管此后这种指导作用更为普遍化了，但在中国现代文学史上像《子夜》这么典型的社会剖析小说，似乎找不到第二部了。

《子夜》把现代长篇小说的艺术性提高到一个前所未有的高度，这应是它有巨大吸引力的重要原因。在这之前，还没有现代长篇小说能够像《子夜》这样反映如此广阔的社会面貌，描写各种复杂的纵横交错的社会关系，塑造这么多生动的人物形象。茅盾具有很强的驾驭宏大生活面的能力。《子夜》中涉及城乡各个阶层，线索纷繁，人物关系复杂；但是其结构布局线索分明，层次清晰，有条不紊。他用先交代人物，随着展开情节的组织方法。第一章写吴老太爷到上海，吴荪甫为了迎接他，全家上下、远近亲属倾巢而出，各在家庭风波中先来小试锋芒，然后让这家族活动形成一条副线贯串全书。第二章写吴老太爷的丧事，社会各界都来吊唁，借此把全书重要人物检阅了一番，并且埋下了工运、农运和公债斗法三条线索。这可能受《战争与和平》的开头的启发。然后,这三条线的交织形成了全书的主线。第四章通过农村暴动,串起了曾氏父子等一些人物。这条线到此就收束了,农村斗争只成为映衬城市斗争的背景。这个紧缩完全正确,使作家得以集中笔力于城市生活的描写。有人认为第四章游离于全书,其实对结构的完整性并无多大影响。

由于《子夜》场景广阔、人物多样,也有助于展开人物性格的多面性。一个吴荪甫就是在对工人、农民、小资本家、大买办等各色人物的关系中,在顺境、逆境、欢乐、颓丧、成功、失败等种种场合中,得到了表现。作家带领着读者游遍了吴荪甫的灵魂的天堂与地狱。作家还特别用不同性格的对比、映衬来表现他:赵伯韬的诡诈、腐朽,衬出了吴荪甫有理想、有事业心的一面;杜竹斋的优柔寡断、谨小慎微,衬出了吴荪甫的果断气魄;唐云山对经营管理的外行,衬出了吴荪甫的手腕与才干;林佩瑶追求温情,衬出了吴荪甫的冷酷。连两个截然不同的奴才屠维岳和莫干丞,竟能同时成为吴的左右手,也从两个不同的侧面反映了吴的性情。这样互相映衬,使《子夜》中的人物更显得色彩鲜明。

茅盾还善于精雕细镂地写人物的心理, 对人物在不同条件下的心理反应,把握得很敏锐、准确。如林佩瑶告诉吴荪甫说,雷鸣(军官)已到了天津。吴立即从雷的行踪想到军事动态, 又由此联想、预测政局的变化和公债行情,并决心改变投机策略。而对自己的妻子林佩瑶,究竟与雷鸣有何关系,则几乎是麻木的。对此事如此迟钝,对彼事却格外敏感,思想能连锁反应式地飞跃,这正是全心沉浸于公债斗法的吴荪甫的心理特征。茅盾还常用正衬、反衬诸种手法,描绘环境,以加强人物心理的显现。如果把《子夜》比做宏伟的石窟艺术,则在总体的恢宏之中,也还有不少个体的精细之作。

社会剖析小说既然要依据某种理论来解剖社会现象, 就有一个理论先在的问题。理论既有帮助作家认识生活的作用,也可能使作家不顾实际生活去图解这先在的理论。既然社会的发展是带有必然性的,则人物的命运在一开始应该说就已经是被决定了的,个人无论怎样努力奋斗也是无能为力的,这就带着宿命的特征。因此,如果作家生活体验、积累有所不足,那么公式化、概念化的危险性就是很大的。茅盾有丰富的社会经验和高度的文学修养,但毕竟《子夜》须要反映城乡的广阔生活面,作家的生活准备仍有不足,对人物性格把握也深浅有异。因而不同生活场面的艺术描写显出不平衡性,有的人物写得不很成功,只有大体轮廓,甚至漫画化,语言也有概念化之嫌。而且人物的行为并不一定出于个人性格,而是服从理论的规定。如吴荪甫,往往不是首先把他作为一个人来写,更加注意的是作为一个阶级的典型,他应该是什么样的。在感性形象后面,总让人感到有一根粗粗的理性的绳子牵着。为了表现民族资产阶级在1927年后政治上倾向反动,就写吴荪甫如何骂共产党、请兵镇压农民暴动等,其实这些言行除了用以表明人物的政治态度,于塑造人物形象并无多大作用。还为了表现资产阶级的腐朽性,让他在事业失败后去强奸老妈子,作者原先并无这样的计划,是为了理论的需要而后添上去的。老地主冯云卿为了探听公债行情,不顾廉耻行"美人计",让女儿到赵伯韬那里做"间谍",也是为了思想而不顾人物性格的例子。不过,茅盾已经尽了他的最大努力了。必须坚持社会科学的指导,这是他作为最重要的左翼作家之一的职责;但并不想违背他理应熟知的文学创作的规律。要在这两者之间找到一个平衡点,他的社会剖析小说已是做得不错的了。所以《子夜》出版后,长期以来都得到了文艺界的高度评价。就在左翼作家中,像《子夜》这样能够契合某种理论、非常理性化的作品,也是不多见的。

在茅盾的有代表性的社会剖析小说中,除了《子夜》,当以《林家铺子》和《春蚕》最为优秀。《林家铺子》以1932年"一·二八"事变为背景,写临近上海的某小镇上一家小百货铺的破产。作品花了很多笔墨写林家铺子与整个社会千丝万缕的联系。做生意需要资金,但因战乱钱庄收紧盘底,不但不借贷反而来讨债,使林家铺子财源枯窘。林老板为集资也在吸收镇上小户人家的小额存款,这时因时局不稳都来取息讨本。这些都对林家铺子形成巨大的经济压力。特别是农民生活日趋贫困,无力消费,使生意大为萧条。同行业的竞争也因此加剧,他们散布谣言,落井下石。加以军队的勒索,官吏的讹诈、迫害,都加速了林家铺子的破产。作品十分明晰地表现帝国主义入侵、社会动乱、农村凋敝,使作为农村自然经济之补充的小商业面临厄运,这一家小铺的悲剧是特定社会矛盾的必然结果。作品结尾又描写了林家铺子倒闭后,给朱三阿太、陈老七、张寡妇等造成的灾难,以说明受害最深的还是底层人民。《春蚕》描写长江三角洲和太湖地区的蚕农生活,被认为是当时"丰收成灾"题材的最佳之作。自从丁玲的《水》之后,接连出现农村破产题材的作品。1931年16省大水灾后,1932年农业获得丰收,但"谷贱伤农"的消息时见报端，丰收的农村却更趋破败。于是“丰收成灾”成了重要的题材，重要的小说有叶圣陶的《多收了三五斗》、叶紫的《丰收》、夏征农的《禾场上》等，话剧有洪深的《香稻米》等。茅盾的《春蚕》虽然没有像《林家铺子》那样充分展开社会关系的描写，但其背景却更为广阔。通过小河上行驶的小火轮、茧厂关门等，交代了世界资本主义经济危机和日本丝畅销国际市场，给中国丝业的严重打击，由此而影响了蚕农的生活。这样，把小小一家农民的命运，与国际经济的日趋一体化相联系，写出这一家农民的悲剧有深刻的时代原因。

茅盾的小说很重视人物形象的塑造。《林家铺子》里的林老板，《春蚕》里的老通宝都描写得比较充分。这两个主人公都是宗法社会里的家长，他们的悲剧命运让人们看到了在日益殖民地化的过程中，宗法性的中国农村乡镇的衰败。在交通与交换都不发达的小镇上，林老板的家和店是一体的。宝贝女儿虽然上学，也要参加经商，她亲热地叫顾客“伯伯”，让商业交易蒙上宗法社会里的人情面纱。老板与店员本是封建师徒关系，因寿生能干，林老板把他招为女婿，他也成了林氏家庭的成员了。他们虽受到资本主义经销观念的影响，开始学会做广告，后来又在寿生的提议下采用卖“一元货”的方式开辟销路；毕竟还是村镇上的旧式小商，在战乱和国际资本入侵下已经无法生存下去了。同样，《春蚕》里老通宝的家也出现崩塌之势。他思想保守，置蚕业衰落的信息于不顾，固守旧经验。他狭隘地排外，拒用洋种，简直还是义和团或阿Q时代的农民心理，因此失败得更惨。小儿子阿多受现实的刺激，已经不存劳动发家的幻想，与老通宝发生尖锐的思想冲突，父子两代的矛盾反映宗法制的农村社会的崩溃。正如十分勤恳的林老板无力挽救林家铺子的命运，特别勤劳的老通宝也无法实现发家之梦。因为一切都由社会发展规律安排好了，非个人之力能扭转。按照茅盾所信奉的理论，这必将导致农民思想的革命化，所以《春蚕》之后，他写了续篇《秋收》、《残冬》，写“丰收成灾”激起农民的反抗，阿多成了农民自发暴动的带头人。这三个短篇，被称为“农村三部曲”。

四、张天翼等左翼新秀

越过“革命浪漫谛克”——张天翼的讽刺艺术——沙汀小说的涩味——艾芜小说的南国风——吴组缃的小说——中国诗歌会和蒲风——二萧和东北作家群

在左翼文艺运动发展的过程中，出现了一批加入左联的新进分子，或未加入左联但也在实践着左翼文学观的青年作家。这些年轻的作家出现稍晚，越过了“革命浪漫谛克”时期，便没有沾染倡导期创作的习气。1929年，张天翼发表处女作《三天半的梦》，离开丁玲的成名不过一年左右，时间不算长，但呈现出另一种创作风貌，他的小说的现实主义成分更强了。在张天翼开始发表作品时，一对四川籍的少年时代的同学，沙汀和艾芜，也在上海相遇。他们看了许多初期的革命文学作品，既产生以创作推动时代前进的愿望，又不愿意虚构一个突变式的英雄，而只想真实地表现自己所熟悉的人物。他们一道就此问题写信向鲁迅求教。鲁迅回信告诉他们：“如果是战斗的无产者，只要所写的是可以成为艺术品的东西，那就无论他所描写的是什么事情，所使用的是什么材料，对于现代以及将来一定是有贡献的意义的。”同时提出了“选材要严，开掘要深”[30]的要求。鲁迅的意见对克服初期左翼创作中的缺点，对后起的一些左翼作家注意从生活出发进行创作，是起了很大作用的。张天翼等在题材上，注意写自己熟悉的、体验较深的生活，而不再拘泥于写工农和革命斗争，因而所反映的生活面比以往左翼文学更广阔，作品也更有艺术个性。他们笔下的人物形象也不再是突变的英雄，而更接近现实生活中的真人，也更多样化了。他们尽力通过生活本身的展现，达到批判、讽刺或表彰的目的，避免过多地直接表露作家的主观倾向性。初期左翼创作中的公式化、概念化，在他们的作品中基本上消失了，他们的艺术风格各不相同，不再雷同化了。

此后，左翼文学的现实主义有了很大的增强，左翼作家的目光紧紧地盯上了现实的社会生活，这目光又是从理论的炼丹炉里不同程度地烧炼过的。如果说早期左翼创作中那种“革命+恋爱”的题材，从写革命者的爱情生活中，还流露出他们钟情个性解放的余绪，现在已经不易见到了。现在没有人再像蒋光慈那样，把革命说成是有趣的、浪漫的，而认为文学也应该杀进阶级斗争的战场，左翼作品的社会批判的力度便大为增强了。

张天翼（1906~1985），原籍湖南湘乡，1929年发表《三天半的梦》后步入文坛。30年代前半期，是他小说创作的丰收时期，题材涉及城乡各阶级、阶层的广泛生活。1931年起，连续出版《从空虚到充实》、《小彼得》、《脊背与奶子》、《蜜蜂》、《反攻》、《移行》、《团圆》、《万仞约》、《追》、《春风》等短篇小说集和中篇小说《清明时节》、《鬼土日记》、《洋泾浜奇侠》等。他和另一位著名作家沈从文，被称为当时的多产作家。他的这许多小说通过多种题材揭示社会矛盾，都贯串着对社会的批判，但又是很有艺术个性的，他的创作的特色在于批判性和讽刺性的结合。张天翼正面表现地主与农民、资本家与工人之间的阶级冲突的作品并不很多，"他的最大的才能在用轻松明快的笔调写人生的一断片"[31]。所写的人生，比较多的当是小资产阶级的灰色人生。1936年他出版三册选集，起名为《畸人集》。如果把他笔下的这些人物集中起来，可以构成一幅旧社会的"百丑图"。这使他成为鲁迅、叶圣陶同类题材的直接继承者。和叶圣陶一样，张天翼也要"讽他一下"，但不是"冷静谛视"，而是比较鲜明地表现出嘲讽甚至是戏谑的态度。他揭露、鞭挞丑的事物，先让你笑，但笑过之后，你自然会皱起眉头。这种独特的讽刺艺术引起人们的注意，颇受赞扬。

《皮带》描写下级士官邓炳生，投靠他的亲戚梁处长，当上了少尉，便幻想着步步高升。不久，梁处长离开了，他的幻想彻底破灭，于是感到天昏地黑，跪在作为军官标志的斜皮带前哭泣。用人唯亲的腐败官场只是背景，重点是讽刺灵魂卑琐的小人物。《从空虚到充实》中的李荆野，因受狱中革命者英勇不屈行为的感召，决心从"空虚踏出，走向充实"，甚至想担着苦斗的担子走向十字街头。但被保出狱后，却到洋行做事，领优厚的工资，讨漂亮的太太。邓炳生、李荆野之类的人物甘当统治者的附庸，讨吃他们的残羹剩饭，都是站在时代画卷边缘的小人物，却为张天翼所注意，把他们的卑污灵魂勾摄了出来。

他笔下还有些人物是被阶级斗争的浪潮冲到岸边发着腐臭的泡沫。《宿命论与算命论》给自首分子舒可济以严厉的谴责，揭露他为了向上爬不惜出卖朋友的可耻嘴脸。《移行》中的桑华，因为厌倦了地下斗争，羡慕资产阶级生活，竟趁着执行一项任务之机，脱离革命甘心做南洋客商的太太。《猪肠子的悲哀》中那个外号猪肠子的作家，也曾经参加过共产党，但现在已经什么党派都不是了。他不爱某公司老板的小姐，却准备娶她，因为他太会花钱，那老板钱多。他自称“卖性”，实则是出卖灵魂。在那阶级搏斗激烈的时代，灰色人物也可能变黑，这类作品明白地写出这时代的特点。

不少作品也通过两性关系表现一些灰色人物的百无聊赖的精神状态和卑劣、丑恶的内心世界。《稀松的恋爱故事》中男女主人公的全部恋爱生活就是吃巧克力糖、上馆子、看电影，庸俗透了。《找寻刺激的人》中的江震，为了追求伺候他的顺姑娘，竟想自己也去做听差，多么不切实际而且可笑。《温柔制造者》写一虚伪的老板，挑动了一个少女的感情又不给她真正的爱。更甚者如《报复》中的黄先生，用要挟手段玩弄卜小姐，应属道德败坏者之列，更是品质恶劣。这些人物又多是知识分子，有的会做诗，会写情书，心灵却这么肮脏。

此外，灰色人物群像中也包括一些下层的卑贱者，如《包氏父子》中的老包。这位一生穷苦的老奴才，既是主子的奴才，又是儿子的奴才。他希望儿子包国维能学优而仕，以改换门庭。儿子虽有向上爬之心，且绝不弱于邓炳生之流，但他没有出息，老包耗尽心血落得一场空。《包氏父子》被视为张天翼的代表作之一，因为不仅逼真地描绘了可悲的父亲和可笑的儿子，而且让人们透过父与子的矛盾，看到时代的变动。老包是封建型的老奴才，思想还停留在科举时代。小包是成长在半殖民地城市的小奴才，已沾上了满身的流氓阿飞习气，当上花花公子郭纯的打手。两种类型的奴才，两种人生理想和道德观念，这之间的摩擦、痛苦，正是20世纪30年代中国社会更加半殖民地化造成的。

在半封建半殖民地，在市民或知识阶层中，都有一些充满着庸俗市侩气或奴性的小人物，他们在社会生活中也具有某种腐蚀性。张天翼讽刺、批判这类人物，但主要不是一种人性的鞭挞或拷问，而是追寻其社会的、时代的根源，这是他的一大特色。

张天翼的另一类作品是揭示阶级矛盾的。如通过写农村地主阶级间的冲突和他们对农民的欺凌、侮辱，以揭露其凶恶、伪善的嘴脸。描写地主与农民关系的，如《三太爷与桂生》写农民桂生受大革命影响，敢于做出反抗的行为。土豪陈三太爷便捏造姐弟通奸的罪名，依族规活埋他。《蛇太爷的失败》描写另一类型的地主，以低于印子钱却高于银行利息的借贷，欺骗了农民还博得慈善家的美名。但当农民为饥饿所迫要求他开仓接济时，他却暗中勾结官府进行镇压。另外一些作品着重从地主对农妇的污辱，表现其凶残与腐朽性。《笑》中的九爷从肉体和人格两方面侮辱敢于反抗的农民杨发新之妻。《脊背与奶子》写任氏族绅长太爷以逼债为手段，企图侮辱任三嫂。这类作品，尤其是《笑》，对地主阶级荒淫无耻的揭露是很有力的。张天翼也很重视描绘人情世态，通过地主阶级的生活，特别是通过他们之间的关系来塑造地主形象，这类形象大多比较丰满。中篇小说《清明时节》写地主谢老师与罗二爷之间的勾心斗角，最后以出卖三个士兵达成他们的妥协，揭示地主阶级的凶残、阴险的本性。《反攻》中的成恒业则是地主阶级的政治代表，在大革命中他企图吞并另一地主李天师。经过一番搏斗，李天师把这个仇恨共产党的人当做共产党治了罪。《万仞约》写地主、恶棍仗势霸占山林，鱼肉农民，同时又写他们为满足私欲而展开明争暗斗。

张天翼的小说还描绘下层人民的阶级仇恨，表现他们反抗压迫的情绪。《小彼得》通过一只叭儿狗联系了工人、高级职员和总经理，表现不同阶级的情绪和心理；从工人对狗的态度中，曲折地反映了他们自发的阶级仇恨。《仇恨》写一群备受兵祸之害而流落荒原的农民，与三个伤兵的狭路相逢，写出了农民对军阀部队的强烈仇恨。《二十一个》表现在一场激烈肉搏之后，剩下的 21 个士兵再也不能忍受长官的压迫而哗变。虽然张天翼的这类小说，尚未能塑造出形象饱满的工农人物，但这类人物已不再是某种概念的拼凑，大多写得朴实、自然，是自生活中走来的，因而让人感到真实可信。

张天翼对小说的讽刺艺术有较多的贡献。他的选材多取具有讽刺意味的人与事，往往只要如实地再现这些人与事，就能收到讽刺的效果。作品的语言比较轻松、诙谐，带着一点嘲弄、戏谑的口吻，表露出作家主观的讽刺的态度。有时，还使用比喻的方法。在《报复》中把玩弄女性的黄先生垂着的头，形容为“女太太们的钱袋”。在《找寻刺激的人》中，当顺姑娘毅然离去时，便写江震“泪颗子像高尔夫球似地在他颊上滚着”。不仅于塑造人物有助，且因放大了某一特征而很有讽刺之力。作家也不放弃外部的夸张手法,以丑化所要批判的对象。《皮带》中邓炳生当上少尉后,便故作高深地在吃饭时问下级:“你的政策以为咸鸭蛋的趋势好，还是皮蛋的趋势好？”《宿命论与算命论》中讽刺不学无术、头脑反动的老游,写他把背叛耶稣的弟子“犹大”说成“犹太”,并以此作为犹太亡国的原因。《脊背与奶子》里写贪色的长太爷想要调戏任三嫂而被打红了脸,却对人说是因为族中出了淫妇而气红了脸。这些讽刺或者还是比较表面的、外在的,他也能注意挖掘人物内在的精神、微妙的心理状态。如邓炳生不让父母用明信片写信来要钱;他一当上小官便后悔当初与士兵在一起时,过于暴露自己的真实情绪,因而偷偷地向同事试探,士兵会不会看不起他。这些都很细微地揭示了邓炳生的虚荣心理,比制造一些笑料更具讽刺的力量。在这方面,《砥柱》是比较优秀的。主人公黄宜庵是四铭老爷式的人物,手法上则可以看到鲁迅《离婚》的影响。同样是安排在一艘船上,黄老先生带着女儿去相亲。通过他对解襟喂乳的女人,对隔壁舱内传出的下流语言等的态度,揭示了他如蝇逐膻却又要戒备防范的复杂、微妙的心态。最后支开女儿,与邻舱的经学会会员谈自己的秘密花头,完成了物以类聚的定则,也完成了给假道学以辛辣讽刺的任务。

中篇《鬼土日记》、《洋泾浜奇侠》也是讽刺性的,但用了非现实的荒诞的手法。本时期用类似手法写的小说,还有沈从文的《阿丽思中国游记》、老舍的《猫城记》,后来张恨水的《八十一梦》也可归入此类。仅用浪漫主义难以完全概括它们的艺术特点,它们是中国现代的荒诞小说,虽然都有夸张有余、深刻不足的缺陷。这是张天翼试图采用多种方法所做的努力,是讽刺艺术中的一种尝试。

张天翼的小说题材广,但开掘尚不很深。端出了一个个丑陋的灵魂,但能因此而引人深思,达到像《包氏父子》那样深刻性的作品还不多。此外,他的小说结构有的较松散;语言相当生动,有时却显得拖沓。如果加锤炼,他的作品在艺术上会更精致些。

张天翼还是冰心、叶圣陶之后一位重要的儿童文学作家,写有《蜜蜂》、《大林和小林》、《秃秃大王》等一批儿童文学作品。

这一时期还出现两位川籍青年左翼作家沙汀和艾芜，他们曾经是中学的同学，一起在鲁迅的指点下，踏上现实主义创作道路，创作了一批描写、批判社会现实的左翼文学作品。沙汀的作品以深刻地描写四川乡镇社会的矛盾，具有浓郁的地方色彩著称；艾芜以描绘西南边陲和东南亚地区的人民生活见长。这样的区别说明，新起的左翼作家已经能够按照自己的创作愿望，去描写拿手的题材。

沙汀(1904~1992)，原名杨朝熙，四川安县人。小时曾随舅父往来于四川的农村与小镇，目睹地方军阀统治下四川乡镇基层社会的黑暗、腐败，为日后深刻描写旧中国的四川农村做了充分的生活准备。1932年，沙汀出版了他的第一部短篇小说集《法律外的航线》，随后又有《土饼》、《苦难》、《祖父的故事》等集子问世。

在第一部集子中，沙汀曾力图表现中国共产党领导的土地革命和人民群众的抗日要求。如《法律外的航线》，企图表现红军鄂西根据地的生活。作品描写一艘过了宜昌的下行轮船，船上的人三言两语地谈论着红军，又看到北岸红旗招展，人头浮动。这样的朦胧式的反映是生活的局限所致。写得较为充分的，倒是船上外国船主查出厨师夹带"黄鱼"的事。

而当沙汀认真地表现四川乡镇社会时，他的创作便显出了坚实的现实主义功力。在这些小说中，最有特色的，一是对四川农村基层政权腐朽性的描绘，一是对地方军阀罪恶的揭露。前者如《丁跛公》，外号丁跛公的小小乡约，做着发财的梦，征粮时也能逼得小粮户上吊。但团总周三扯皮告了他的状，还遭土匪打劫，脚踝被砸，成了真的跛公。人们看到丁跛公、周团总和土匪，都是残害农民的大大小小恶势力，底层人民头上的压迫有多重，可想而知。《代理县长》写某县闹灾荒，到了吃人肉的悲惨境地。县长以请赈为名，到省城去争取经费。秘书代理县长，竟以"瘦狗还要炼它三斤油"的狠心，打算在赈灾中从灾民身上榨油水，办法是要灾民买票候赈。这主意又是出于联保主任对以往救灾黑幕的介绍，说明早已有之，并非代理县长的创举。

压在四川人民头上的还有地方军阀。沙汀的许多小说描写军阀部队令人发指的罪行。《兽道》写毫无人性的军阀部队，竟然轮奸魏老婆子在月子中的儿媳。然而衙门不肯主持公道，也许不敢吧！兵太太竟然怂恿街上的孩子，以魏老婆子劝阻大兵时表示甘愿替代的话，来捉弄、污辱她。她终于被逼疯了。这篇小说不仅写了军阀部队的兽行，更使人感到整个社会是暗天无日的。《凶手》写两兄弟被军阀部队抓去当兵，后来弟弟逃亡被抓回，哥哥为他求情。军官们竟逼他亲手枪毙弟弟。《在祠堂里》写连长李海山，只因妻子婚后对他不满，竟然将她活活地钉在棺材里了。这类故事突出地表现了兽性。军阀手下那血腥的、恐怖的行为，常常使人毛骨悚然。

沙汀的最优秀的作品多是揭露社会黑暗面的，表示对受欺压的底层人民的深切同情，充满着人道主义的情怀。但描写的重点不在于对受欺压者的同情上，而在于揭露社会的极端不合理性，让读者产生一种认识和激情，让他们恨这种现实，并认识到为改变现状就必须摧毁现存的这种制度。

沙汀重于暴露，用的方法则是客观的描写。即使如《兽道》中用第一人称的"我"，也与鲁迅小说中感情色彩鲜明的"我"不一样。在最令人愤慨的罪恶面前，他的笔也尽力地保持着冷静。这绝不是客观主义，而是把自己的主观感情深深地隐藏起来了。他要重点地暴露或嘲讽四川地方军阀和基层政权，这选材本身就包含着明显的倾向性。他的感情是压缩在故事中，故事往往压缩在短暂的时间和个别的场面中。如《在祠堂里》略去了洗衣婆女儿如何嫁给连长李海山，如何另外爱上一个青年男子等过程，只写某日晚饭后到半夜的几个小时中的事。一条线写祠堂里那一群小市民，以他们的吱吱喳喳的议论，交代了事件的缘起，设置了特定的环境，使人们看到事情发生在何等阴沉的社会氛围中。另一条线写李海山的夫妻矛盾，从连长回家，夫妻吵架，军官朋友的来到，提出些狠毒、猥亵的建议，到半夜钉棺。这一条线本是主线，但小说更多地是从副线上那些人物之所见，来交代这主线。这样就避开了由全知的叙述者来交代故事，让叙事显得比较客观。又如《某镇纪事》，几乎没有中心情节，只写镇上的生活，如风俗画一般，把四川的集镇风貌画出。结尾轻轻一句："我们这镇上的生活，也真有一点闷人呢。"而沙汀各篇小说中提供的生活画面，都是在愁云惨雾笼罩之下，读后给人一种被禁闭在憋气的闷罐子中的感觉。作者只说"有一点闷人"，读者却感到窒息已极。

沙汀小说的文字很简练，这在他同时代作家中是很杰出的。一般也不追求故事情节的丰富生动，而是提供一些场景、对话等，让读者自己去串起一个完整的故事。那对话也不是直接讲给读者听的，而是故事中人物的相与交谈。所以读沙汀的小说，有时如在路旁听陌生人谈话，须听过一阵才能明白底细。他的小说中往往有悬念。《赶路》可作为《在祠堂里》的续篇。表面上也很平淡，挤车赶路，半路上汽车抛锚，旅客住店，半夜发生土匪抢劫并杀了人。这些到底说的什么？待把它与白日车上的各种人物，他们的谈话等连在一起，才知道是军阀团长派人跟踪他姨太太的一位男家庭教师，并在半路上假装土匪杀人处置了他，原来写的也是军阀杀人的事。沙汀的某些小说，要到读完最后一段，再回味、思索一番，才能把情节弄明白。这使他的小说给人以苦涩之感，但如咀嚼橄榄，苦后有甜，且回味无穷。沙汀这种艺术风格，在现代小说作家中是不多的。

艾芜(1904~1992)，原名汤道耕，四川新繁人。二十刚出头即离家流浪到云南，后来又流浪到缅甸、马来亚、新加坡等地。1931 年，因同情缅甸农民斗争被驱逐回国。他在异乡漂泊时，为糊口写过些作品，有的曾在《仰光日报》上发表。回国后，曾和沙汀一起就创作问题向鲁迅先生求教，寄去通过船上士兵的谈话，曲折地反映红军与苏区生活的短篇《太原船上》。经鲁迅的指点后，改以自己最熟悉的流浪生活为素材，写了许多短篇，成为他的主要成就。因为在这些短篇中，把他“身经的，看见的，听过的，——一切弱小者被压迫而挣扎起来的悲剧，切切实实地绘了出来”[32]。1935 年，他出版短篇小说集《南国之夜》、《南行记》等。接着，又出版了《夜景》等及散文集《漂泊杂记》。艾芜把自己南行的流浪生活，看作是人生的大学，所以《南行记》中的第一篇就是《人生哲学的一课》。还有如《在茅草地》等，都是以自己的流浪生活为素材，写出了流浪者“辛苦的奔波，惨痛的劳碌，和伤心的失望”，也写出那个时代的某些世相。

艾芜小说的重要贡献之一，在于题材的开拓。像他这样集中地写边境各种类型的流浪者，在他以前尚未有过。《人生哲学的一课》描写一位流落在昆明的青年人，四处谋生，生活无着，最后连一双破鞋也被人偷走了。这使得这位走投无路的青年认为，“为了必须生活下去的事情，连贼也要做的，只要是逼得非饿死不可的时候。围绕我们的社会，根本就容不下一个处处露出本来面目的好人”。通过被社会挤出生活正轨者的切身感受，批判了社会的不公。艾芜更多地描写用强暴、欺骗等不正当手段求生存的游民阶层，如《山峡中》那一伙盗贼，《山中送客记》中的偷马贼等。他们也是无法谋生或受惨重迫害，才被逼上梁山的。不同于那些占山为王的绿林好汉，也不同于旧社会城市里的黑社会人物，他们在惶惶不安中四处流浪，小心地逃避当权者的镇压。把社会上这一阶层人物的思想、生活展示出来，是艾芜创作的重要贡献。

艾芜的另一贡献在于描写边境流浪者时，对这类特殊人物的心灵有自己的发现，也可以说做了一定深度的探讨。他看到在边境特定环境中，那些为社会所不容、被视为“不法”的下层人物，如窃贼、贩毒者等，也有着善良的心和豪侠的气度。他要写出这些被社会所鄙视的人们心灵中某些闪光的东西。《山峡中》是有代表性的一篇。魏大爷一伙，原先是“老实而苦恼的农民”，为生活所迫才沦为窃贼。作家只轻轻一笔，通过写魏大爷“耳根下的刀疤”，点明了他的命运，写出了社会留在他身心上的伤痕。他们结伙为盗，“在刀上过日子”，偷到钱就喝得烂醉如泥。小黑牛被人抓着打个半死，魏大爷等把他抛入呼啸着可怕的涛声的江中。这种做法是残酷的，但魏大爷说：“这算什么呢？对待我们要更残酷的人，天底下还多哩！”“要是心肠软一点，还活得到今天吗？”魏大爷等的行为正是不合理的社会逼出来的。作品给人印象最深刻的是魏大爷的女儿“野猫子”的形象，她仍存着童稚之心，似乎还应该在妈妈的怀里撒娇，但她的母亲在哪里？她只能随着父亲熟练地在行窃中扮演一个角色。小黑牛的妻子被人霸占的经历，不也可以引起人们的联想吗？特殊的生活养成野猫子特殊的性格，外刚内柔，铁石心肠中还有未泯的善良秉性。在发现了“我”的异己思想后，仍然留下了三元钱让“我”另找出路。这个人物曾被人称为中国式的吉卜赛姑娘形象。《山峡中》表现艾芜对那些采取非常手段以回报社会的被侮辱被损害者，怀有很深的同情心。其他如《松岭上》，写二十多年前杀死侮辱自己妻子的地主，孤独地藏身深山，被人们看成老妖怪的白发老人；《海岛上》写把偷来的钱又暗中归还给生病老人的窃贼；《山中送客记》、《偷马贼》里写的盗马人等等，也都写出他们性格中的善，表示对他们的同情。艾芜生动地描述了边境流浪人心灵中的豪爽、善良的一面，但同时也写他们在非常的生活中所养成的种种落后思想。《松岭上》的白发老人，他的凄凉的生活当然很值得人们同情；他是好人，却也有不光彩的行为，他把烂布扯成线，充好货卖给了乡民。《山峡中》的魏大爷一伙，对无辜的“我”，表现了善良和宽容，但在他们内部的小社会里，也有黑暗面。艾芜同样做了真实的描绘，因而生动地展现了游民思想的某些特征，写出人物心灵的复杂性，表现出作家有着向人性的深处掘进的欲望。这是艾芜现实主义追求的重要成果。

作为以制度的批判为己任的作家，当然有不少对社会现实的揭露。这方面艾芜也有特点，因为题材的特殊性，使反殖民主义主题在艾芜小说中占了一定分量。一些小说揭露殖民主义者在边境地区的胡作非为，恣意欺压、侮辱边民。《洋官与鸡》写从缅甸来的英国人，要边境村庄按英国法律扩展街道而拆掉民房，还要百姓送鸡。《我诅咒你那么一笑》写赴缅甸以货易货的傣族妇女，在边境客店过夜时常受到英国殖民者的侮辱。《欧洲的风》是这方面最优秀的一篇，写洋人不顾天黑山险，逼迫运货的赶马人赶路，以致有人跌下深崖。但洋人竟与龙老板勾结，假造抢劫者的枪声，诱使赶马人继续赶路。阴谋被揭破，洋人竟开枪镇压。作品写出了殖民者的凶狠、赶马人的愤怒，谱写了一曲“悲苦的夜的进行曲”。艾芜也表现殖民地人民的反抗。《南国之夜》描写缅甸人民的反英斗争。《我的爱人》歌颂缅甸沙拉瓦底县1930年农民暴动中被捕的“强盗婆”。

此外，艾芜还有一些描写国内其他方面生活的作品，同样充满了对弱者的同情和对强暴势力的揭露、批判。《左手行礼的兵士》写被遗弃的旧军队伤残士兵吴大经，他为军阀卖命，但家乡也遭了兵燹，自己成了残废人也回不了家。《强与弱》揭露旧监狱的黑幕，写狱中犯人也有强暴蛮横的“大老板”和受欺凌、敲诈的“百姓”，对不幸的农民阿三寄予深深同情。

艾芜的许多作品富有异国、异族的风光、情调。他也很善于描绘这种有特色的环境，以烘托人物。本来边境流浪者的生活中充满着紧张、惊险，有的还带有传奇色彩。再写那山险水恶、林深峡陡的自然环境，与那带着某种野性气氛的生活相辅相成，不仅有浓郁的地方色彩，也有浓烈的生活气息。《山峡中》最紧张的片断，也就是描写小黑牛悲惨命运的片断，与峡谷江流发出的巨大吼声相伴，仿佛那吼声把小黑牛吞食了。《松岭上》的山风、松涛，总是那么单调，似乎白发老人的生活也就是这般的单调。艾芜的小说较富于情节性。如果说某些生活的横断面的刻画不如沙汀的细密，那么纵的情节的发展变化，则较沙汀生动而有波澜。他的语言也较平易、明亮。所以，同是偏于对社会的揭露、批判，同是走现实主义的路，沙汀的风格如蜀犬吠日的四川盆地的气候，阴冷而潮湿，艾芜的风格却像海风吹拂的南国，炎热却清爽明丽。

后起的较重要的左联作家，还有叶紫。叶紫(1910~1939)，原名余昭明，湖南益阳人。他从小体验了农村阶级矛盾的尖锐，他的创作有着强烈的情感背景。1933 年发表代表作《丰收》，是“丰收成灾”题材中有特色的一篇。他写的多是熟悉的人物，小说中的“云普叔是我自己的亲表叔……立秋已经被团防局抓去枪毙了”，“为了纪念这可怜的老表叔，和年轻英勇的表弟，这篇东西终于被我流着眼泪写了出来”[33]。茅盾认为：“‘丰收’是近年文坛上屡见的题材，但是……此篇的描写点最为广阔；在二万数千言中，它展开了农事的全场面。”[34]与当时“丰收成灾”题材的同类作品有所不同，《丰收》自始至终突出地主和农民的阶级矛盾，正面描写地主对农民的剥削。同时，贯穿着“父与子”的矛盾，描写云普叔同他的儿子立秋这两代人的生活态度的差异、矛盾，也如老通宝和阿多的矛盾，反映农村社会进入一个急遽变动的时代。《丰收》之后，叶紫写了它的续篇《火》。《火》在艺术上较《丰收》粗糙，描写云普叔在事实的教育之下，抛弃了旧观念，压在心头的阶级仇恨爆发了。但人物的思想变化过程，写得不够充分。作品的结尾类似蒋光慈《咆哮了的土地》，农民们抛下家园，全部投奔红军根据地雪峰山去了。叶紫小说的构思似仍保留着初期无产阶级文学创作的某些特点，如正面地摆开地主农民的矛盾，结尾必是农民的奋起反抗等等，艺术上也较粗糙。他虽然出现较晚，但其创作特色毋宁说更接近初期那些左翼作家。

在 20 世纪 30 年代有一些新进的作家，虽然没有加入左联，但其政治倾向、文艺倾向，都与左联很相近。他们的创作品也属于左翼文艺的创作潮流，如吴组缃的作品。

吴组缃(1908~1994)，安徽泾县人。1930 年左右开始写作，对小说艺术较为讲究，创作态度严谨。本时期的短篇小说多收于《西柳集》、《饭余集》中，数量不算多，但多精品。

吴组缃最主要的成就，在于取材皖南农村生活，描写农村社会的动荡。有的作品直接触及农村的阶级对立和冲突，如在《官官的补品》中，地主家的纨绔子弟官官在上海玩舞女出了车祸，佃户陈小秃用自己的血救了他的命。官官回乡后，又用陈小秃妻子的奶水做补品。然而地主家却把陈小秃当做土匪杀害了。但吴组缃作品更多的是从多方面的生活现象描写中，来反映农村社会的动荡，又格外注意写人心的动荡。1933 年，他写了一篇很精彩的散文

《黄昏》,通过人物对话写出农村"人心大变",偷窃行为普遍,连亲娘、老婆的也要偷,没有娘、老婆的就偷别人。被人抓到挨一顿打,但追索无门,因为赃物早换钱花光了。作品就从这些精神沦落的现象来反映农村的破败。此后,接连写了《一千八百担》、《天下太平》、《樊家铺》等优秀短篇。

《一千八百担》的副题为"七月十五日宋氏大宗祠速写",只写在大旱之后,宋氏家族各房家长的一次聚会,把种种矛盾都压缩在这次聚会中。到会的二三十个人物,从政客、商会会长,到豆腐店老板、算命先生,五花八门的各色人等相聚一堂,各怀鬼胎,为了1800担义谷,各施手段,勾心斗角,闹得不可开交。通过他们的唇枪舌剑,把宋氏宗族从兴盛到衰落的过程描写了出来,而且各种人物的语言无不切合其职业、身份和心理。这个家族中,既有游手好闲、坐吃山空的败家子,也有背叛地主阶级、投身革命的子弟,确实呈现出分崩离析、无可挽救的破落趋势。可以说,一部长篇所要表现的内容被压缩到一个场面中了。在农村,往往一个村子就是一个宗族,宗族的统治甚至比地方政权的统治更有效,起到维系一方社会安定的重要作用。所以,表面上是写了一个宗族内部的矛盾,实则是宣告一套社会规范、社会秩序的崩溃。《天下太平》写的是天下不太平,此篇实可作为茅盾《林家铺子》的续篇来读,人们可以看到林老板的铺子倒闭后,店里小伙计们回乡后在饥饿与死亡线上挣扎的惨状。主人公王小福家里,从70岁的老奶奶,到12岁的小孩都在挨饿,只好卖油条、卖奶水,直至拆了家里的墙卖砖,真是写尽了人间辛酸。王小福本系老实人,他讲道德良心,敬老扶幼,秉性良善,竟被逼得走上偷窃的路,而且偷的是关系全村风水的村庙屋顶上的古瓶。这写出了农村社会的旧秩序已经崩塌,道德沦丧,难以维持正常的社会生活。而这在《樊家铺》中表现得更为鲜明,农民小狗子成了抢劫犯,也是被逼上梁山的。小说的侧重点,则写其妻线子与母亲的矛盾。为了救出小狗子,线子向母亲求救遭拒绝。其母正轮到做"会首",手边正有了一点钱,按常理是可以拿来救援女儿女婿的。小说一开始就描写母女关系的冷漠,最后则是女儿一怒之下用烛台刺死了母亲。这同样说明在农村,封建伦理已经不能规范人们的行为了。小说借一尼姑之口,再次道出"人心大变"。在当时为数众多的反映20世纪30年代农村题材的作品中,吴组缃的小说有自己的独特感受、独特角度。他只写个别人物,如王小福、线子等,从他们的生活所发生的变化,来反映农村社会的变动，尤其是伦理关系，诸如家庭关系、宗族关系、邻里关系的变动。各人都只求自己的生存，别的都不顾忌了，其后果之一就是人性的堕落，一个个人物都不再保持原先的社会角色的相貌，成了变形的人了。小说的结尾往往奇峰突起，如《一千八百担》中饥民冲进祠堂抢粮，《天下太平》中王小福爬上庙顶偷古瓶，《樊家铺》中女儿杀死母亲等，在平淡的生活中激起巨大的波澜，使人心为之一震。吴组缃的小说无疑当属于20世纪30年代、也是现代文学史上很有特色的优秀之作。

吴组缃的小说除了描写农村社会的变动，还有一些写旧家庭生活、批判封建道德的，这一部分还是属于文化批判的范畴，其主题与巴金的《家》等可以并列，在艺术上达到很高的水平，甚至可以说比上述那一类作品更有特色。这类作品描写在封建礼教统治下越轨的妇女，对她们的悲惨命运寄予深切的同情。如《箓竹山房》中守活寡的二姑，过着鬼一般的生活。《卍字金银花》中当年美丽的少女，因为守寡后怀了孕，惨遭抛弃，死于难产。《金小姐与雪姑娘》中屈从于家庭包办婚姻的金小姐，和曾经浪荡但思改悔终致惨死的雪姑娘，固然各有性格上的弱点，但归根到底都是封建礼教的牺牲品。这类作品反封建的倾向非常鲜明。艺术上“也显然在多方面摸索，多方面试练”[35]。如《箓竹山房》几乎没有什么故事情节，只是通过第一人称的“我”与新婚妻子看望二姑，写二姑家的气氛。用陪伴二姑的壁虎、蝙蝠、蜘蛛和燕子，“加以外面雨声虫声风弄竹声合奏起一支凄戾的交响曲”，造成一种“鬼趣殊多”的寂寞、阴森甚至恐怖的气氛，反衬出在封建伦理压迫下的妇女的悲惨命运。这是以环境烘托的方法来写人物。《卍字金银花》通过一个人物过去和现在的两相映照，《金小姐与雪姑娘》则用两个人物殊异性格的两相对比，以表现人物，手法各不相同。

抗战后，吴组缃创作了长篇小说《鸭嘴涝》（后改名《山洪》），这是他的重要作品，但不如他的短篇小说写得好。小说描写皖南农民章三官在抗战中的思想矛盾和成长。章三官有抗日的愿望，但不舍得抛弃自己的小日子，作品比较生动地写他由消极观望甚至逃避，转变为积极参战。后半部因为缺少对游击队政工工作的了解和体验，存在明显的概念化。

在左翼诗歌创作队伍中，在殷夫后出现了蒲风等一批诗人，除了继续坚持诗的战斗性，还追求诗歌艺术的大众化。1932年9月，左联领导下的中国诗歌会成立，发起人有穆木天、杨骚、任钧、蒲风等。1933年3月出版《新诗歌》，穆木天在《发刊诗》中提出“我们要捉住现实，歌唱新世纪的意识”，“要使我们的诗成为大众歌调”。诗歌大众化是他们的艺术主张。面向现实，描写下层人民生活，歌唱抗日救亡运动，是他们的主要表现内容。他们认为自己的诗是“诗人从个人的抒情渡到时代音响的有力的愤呼”[36]，是作为新月派、现代派诗歌的对立物而诞生的。

中国诗歌会的代表诗人是蒲风(1911~1942)，广东梅州人，20世纪30年代出版过《茫茫夜》、《钢铁的歌唱》、《六月流火》(叙事诗)等诗集。还写过《抗战三部曲》，是国防诗歌运动的主要人物。

蒲风早期所写的诗，多抒发对黑暗社会的不满和反抗的情绪，也表达诗人追求光明的愿望。这类诗多充满激情，在艺术上很明显地受《女神》的影响。如《鸦声》诅咒社会黑暗，表现方法类似《凤凰涅槃》中的《凤歌》。乌鸦飞到东南西北四方，东方是“恶人们在喜气洋洋”，西方“是片片沙漠”，“再飞向北方：/北方有的是魑魅魍魉”。《扑灯蛾》用象征手法，写不畏牺牲的飞蛾扑向灯光，借此表现追求光明的热烈情绪。表现反抗情绪的如《地心的火》，写两个年轻的战士，正在兼程赶路，要在黑暗的荒原里点起燎原之火。《火、风、雨》以火、风、雨作为感情的喷火口，颇有郭沫若的《天狗》那种摧毁一切的气势：

火！火！火！
心火！
燃烧，燃烧，燃烧呀，
把你的赤心炸裂，
把你的躯体镕销！
再燃烧，再燃烧，再燃烧呀，
把囚禁你的屋宇烧掉，
把窒息你的社会烧焦！

然后呼唤狂风来把那不平的宇宙推倒；呼唤暴雨来把那血腥的大地洗净。蒲风的这一类诗，感情热烈、奔放，浪漫主义的特征甚为鲜明。

最能体现中国诗歌会的诗歌大众化主张的，是一部分描写农村生活的诗。这部分诗多写在中国诗歌会成立之后，这时蒲风主张“技巧不能过于脱离大众”[37]。因而他在保持热情澎湃的特色的同时，转向平易、朴素、写实的风格，开始描写农民的苦难和反抗，反映农村革命的深入。这一类诗有《茫茫夜》、《农夫阿三》等。长诗《六月流火》表现苏区农民在红军的支援下与白军的斗争。

1934年后，蒲风诗中抗日救亡的主题逐渐增多。1936年，他是“国防诗歌”的积极倡导者，他的诗集《钢铁的歌唱》就是这方面的成果。《我迎着风狂和雨暴》描写抒情主人公屹立在狂风暴雨、电闪雷鸣中，他热血沸腾，义愤填膺，慷慨陈词：

> 我不问被残杀了多少东北同胞，
> 我要问热血的中国男儿还有多少。

整首诗雄健、豪迈，表现了中国人民抗日的坚强决心和气概。抒情主人公披肝沥胆，发出豪壮的语言，提出激励人心的质问，强烈地表现了反抗侵略者的决心。

总体上看，蒲风的诗是朴实、豪放，洋溢着激情的，常用象征的方法，不少诗充满浪漫主义的气息。有的诗音节铿锵，节奏分明，如《摇篮歌》是战场上的父母唱给摇篮中的孩子的歌，每一段都复沓着同样的节奏，音乐性很强。但有的诗是叙述性的，描写现实生活语言单调，缺少艺术风采，诗味不浓，有的则略嫌散文化。还有的诗，如描写他并不熟悉的苏区斗争的《咆哮》，就因缺少实际生活感受而显得空泛。

中国诗歌会会员分布各地，在国内许多城市和日本东京都设有分会。较为重要的成员有北平分会的负责人王亚平、广州分会的温流等。

自从1931年“九一八”事变后，在日本帝国主义加紧侵略中国的形势下，文艺界抗日救亡的热情日益高涨，表现军民抗日和救亡活动的作品，其数量与日俱增。在抗日救亡题材的作品中，东北作家群的作品影响最大。东北作家群指的是“九一八”事变后，先后流亡到关内的东三省籍的青年作家。因为他们的家乡沦于日本侵略者，身受过被侵略之苦，便满怀对侵略者的仇恨、对可爱故乡的怀念，拿起笔来描写东北人民的生活和他们英勇的抗日斗争。当时关内人民对东北三省的情况都很关切，因此由东北作家创作的这类作品，便产生广泛的影响。其中以萧军的《八月的乡村》和萧红的《生死场》两部长篇小说，为这一作家群的最有代表性的作品。

萧军(1907~1988)，原名刘鸿霖，辽宁锦县人，“九一八”后参加过抗日活动。1933年，与萧红合出第一部短篇小说集《跋涉》。1934年，二萧流亡到青岛，后来又来到上海。翌年，在鲁迅的支持下出版了他们成名的这两部长篇。

《八月的乡村》描写东北被日本帝国主义占领后，一支人民革命军小分队的抗日经历。这支队伍由士兵、农民、知识分子组成，还有来自朝鲜的战士。作品描写他们在支队司令陈柱和能征善战的铁鹰队长领导下，伏击日军的军需车，攻占与日伪勾结的王家地主堡子。在当时描写东北人民武装抗击侵略者的作品中，《八月的乡村》对战斗的描写是较有实感的。同时，也表现东北人民的抗日意志。如一位老人在儿子作战牺牲、儿媳被日军害死之后，他决心将孙子抚养成人，好为父母报仇。又如佃户孙家三兄弟，看到人民革命军是为人民的，便冲破老一辈的阻挠一起参了军。这些虽是作品中的插曲，但写得还较为生动，使整部《八月的乡村》成为一曲中国人民抗日的颂歌。在艺术构思上，很明显地受苏联作家法捷耶夫《毁灭》的影响，结构上如许多短篇的连缀。值得称道的是在表现战斗过程中，把几个重要人物描写得较生动。农民出身的唐老疙瘩与李七嫂相爱，在队伍撤退时竟偷偷离队去把她藏在石崖下。但李七嫂仍遭日军强暴，她的儿子也被摔死。唐老疙瘩因留与走的激烈思想矛盾而延误了行动，以致被敌人打死。李七嫂在血的现实面前，拿起他的枪参加了队伍。这两个人物互为补充，既表现了农民强烈的抗战要求，又表现了农民意识与抗日行动的冲突。小说中的知识分子萧明也是个重要角色，他与朝鲜姑娘安娜恋爱，当他被留下照顾伤病员、未能与安娜一起出发时，便大闹情绪，以致当敌人前来围攻时，竟放弃了指挥的责任。在这关键的时刻，鞋匠出身的李三弟挺身而出。李三弟的形象让人们看到唐老疙瘩可能的成长。作家明确地批评萧明，他要写出个性主义、恋爱至上等思想与抗战大业的严重冲突。这些人物的性格写得较为鲜明，使《八月的乡村》

超越了当时许多直接描写抗日战斗的作品。鲁迅认为,这部作品“显示着中国的一份和全部,现在和未来,死路与活路”[38]。《八月的乡村》的艺术还不很成熟,但它报道了人们所关注的在日本铁蹄下东北同胞的不屈斗争,标示着一个新的文学时期——为民族解放而歌的时期已经来到。所以它出版后,立即受到广泛关注。左翼作家们都把它与《生死场》作为“国防文学”的代表性作品,肯定它“带给了中国文坛一个全新的场面。新的题材,新的人物,新的背景”[39]。

1936年,萧军开始写作反映辛亥革命后东北农村阶级矛盾的《第三代》(1937年出版第一、二部)。这部小说艺术上大有进步,所描画的东北农村生活气氛、地方色彩也颇浓郁。一面是年轻一代的杨三,在与地主的斗争中当上了“胡子”的头领;一面是老“义和拳”井泉龙领导村里反压迫的示威。紧锣密鼓,把凌河村的阶级冲突写得有声有色,当时就被视为“雄浑、沉毅、庄严的史诗”[40]。可能因为未曾写完(全书到1955年才以《过去的年代》出版),这部长篇的影响反而不及《八月的乡村》,足见当时抗日题材在现实生活中所受重视远超过别的题材。萧军还出版过《羊》和《江上》两部短篇集。

萧红(1911~1942),原名张迺莹,黑龙江呼兰人。她生平坎坷,为了反抗包办婚姻逃离家庭而被父母开除族籍;因此,她常用沉郁的笔调描写人民的苦难。《生死场》写哈尔滨附近一个村庄里受压榨的农民的贫困、痛苦生活。这里充满饥饿、瘟疫、迫害,这也许和中国别处农村并无两样。难得的是萧红提供了几个很有特色的人物形象。嫁过几个男人的王婆,小女儿跌在铁犁下身亡,儿子当了“胡子”被枪杀,后来参加抗日的女儿又不幸牺牲;王婆曾因悲愤而服毒自尽,被装进棺材又活了过来。成业在高粱地里因本能的冲动而使金枝怀了孕,然而金枝嫁给他后又受他欺负,刚出生一个月的婴儿也在夫妻口角中被摔死;金枝进城谋生,却受了侮辱而归,她只好去当尼姑,然而庵里已是人去庵空。美丽而温柔的月英瘫痪了,丈夫用砖头围住她溃烂的身子,任其痛苦地哀嚎。作者把这一切悲惨的情景,描写得动人心弦。但光阴荏苒,一晃十年,境况依旧,却又多了日本侵略者的抢劫、捕杀、强奸。许多人家破人亡,被逼上梁山,终于在李青山的提议下起而战斗。在誓师会上,寡妇们表决心,一起发出“千刀万剐也愿意”的呼声。年老的不能去冲锋陷阵,也表示“生是中国人,死是中国鬼!”把一只山羊看得比性命还宝贵的二里半,终于在妻儿都被杀害后，扔下了山羊去追赶抗日的队伍。这部小说侧重点不同于《八月的乡村》，它较充分地写出了北国农民的“死的挣扎”，因而较有力地反衬出他们“生的坚强”[41]。这里人的生，几乎和牲畜一般，他们太会忍耐了；到了也要像牲畜一般被人宰杀时，才别无选择地拼死一搏。所以当人们听到那些寡妇的呼声，既为这求生之声的极端强烈而颤栗，又会感到这声音也很自然。《生死场》对东北农村生活的艺术描写，显然高于《八月的乡村》对军队生活的刻画。但这部小说在人物塑造、组织结构上也显出不成熟性。像“午间的太阳权威着一切”，“布遍了的声波旋走了满院”等欧化的句式不少，一定程度上影响了它的艺术感染力。

萧红的短篇集有《牛车上》等，有些短篇写得浓密、蕴藉。如《手》写一个农村染匠的女儿在学校所受的种种歧视。表面上她似乎是个低能儿，但人们从她染满颜色的手便可想而知她在家里的生活处境，找到她学习困难的原因，并对她产生同情。《牛车上》写旧军队对逃兵的虐杀。与萧军一些作品正面暴露旧军队的写法不同，只从被害家属的难堪痛楚中，反映出旧军队带给人民的灾难，感人之力更为强烈。

东北作家群的重要作家还有端木蕻良、舒群、骆宾基、白朗、罗烽等，他们都以描写处在民族危难之中的东北地区的生活，为 20 世纪 30 年代文学增添了新因素。其中，有的作品在抗战前夕已有一定影响，如端木蕻良的短篇《鸶鹭湖的忧郁》，从一个守夜人的眼里看出东北农村的阴凄景象，染满了“忧郁”的色彩。舒群的《没有祖国的孩子》，以朝鲜孩子在东北所受的压迫，写出亡国之痛，以激励人们反抗侵略、保卫国土的热情。东北作家群的作品，预告了一个新的文学时期的到来，一个抗战文学的新时期即将开始了。

五、夏衍和左翼戏剧运动

左翼戏剧运动的发展——田汉和洪深的新作——夏衍的《上海屋檐下》——夏衍的其他作品

20 世纪 30 年代，是中国话剧大发展的时期，这与此时左翼戏剧运动的开展有密切关系。左翼戏剧运动是中国话剧事业进步的巨大推动力，对抗战以后话剧的进一步发展，也对中华人民共和国成立以后一段时间里的戏剧工作，都有很大的影响。在1928年无产阶级文学倡导运动的影响下，话剧界也出现了提倡无产阶级戏剧的运动。1929年，郑伯奇、沈端先（夏衍）等在上海组织上海艺术剧社，首次提出了建立“新兴戏剧”（又称“普罗列塔利亚戏剧”，即无产阶级戏剧）的口号。参加者有冯乃超、钱杏邨、孟超、许幸之、石凌鹤、陈波儿、司徒慧敏等。这是最早的在中国共产党领导下的左翼戏剧团体。他们创办了《艺术》、《沙仑》两个戏剧电影专刊（均只出了一期），主张创立无产阶级戏剧，实现戏剧的大众化，基本理论与无产阶级文学倡导运动是一致的。上海艺术剧社曾组织移动演剧队到工人区演出。1930年1月，举行第一次公演，演出的剧目有《炭坑夫》（弥尔顿）、《梁上君子》（辛克莱）、《爱与死的角逐》（罗曼·罗兰）。这次演出的虽然都是外国的剧目，但影响很大。3月，由他们与摩登剧社（由原南国社的左明、陈白尘等组成）发起，联合南国、辛酉、戏剧协社等七个戏剧团体，成立了上海戏剧运动联合会（后改名中国左翼剧团联盟）。4月，上海艺术剧社举行第二次公演，演出《西线无战事》（日本山村知义根据德国雷马克的小说改编）等剧。4月28日，该社被国民党当局查封。根据当时情况，左翼剧团联盟乃于1931年1月改为以个人名义参加的中国左翼戏剧家联盟（简称“剧联”），田汉、刘保罗、赵铭彝等为负责人。这是规模仅次于左联的左翼文艺团体，分盟遍布各城市，在20世纪30年代影响很大。他们开展左翼戏剧的创作、演出活动，成立工人蓝衫剧团，组织为工人、学生、农民演出的移动剧团，翻译介绍外国戏剧作品和理论，推动电影事业的进步。在剧联领导下的大道剧团（田汉负责）、时代剧社、大夏剧社、暨南剧社等，都是当时十分活跃的团体。他们演出根据苏联拉甫列涅夫的《第四十一》改编的《马迪迦》，还有田汉、适夷等创作的短剧。1933年9月，为纪念“九一八”两周年，支持戏剧协社演出苏联戏剧《怒吼吧！中国》，曾轰动一时。1935年，剧联组织上海业余剧人协会，主办上海业余实验剧团，集中了许多著名的导演、演员从事戏剧活动，对话剧表演水平的提高做出很大贡献。由于抗日救亡运动日趋高涨，为了适应形势的需要，左翼剧作家提出“国防戏剧”的新口号，以演出来激发人民群众的爱国热情。1936年，演出夏衍的历史讽喻剧《赛金花》，冲决国民党当局的阻挠、破坏，连演22场，场场满座，轰动上海。

左翼戏剧运动的最大收获是培育了一大批戏剧人才，其中包括许多著名的剧作家。田汉、洪深等成为左翼戏剧运动的骨干，本时期又成长起一批剧坛新秀，如夏衍、阳翰笙、于伶、陈白尘、宋之的等。在这个运动的推动下，中国话剧在20世纪30年代迅速发展，曹禺、李健吾等话剧艺术的大家都在这时成长起来。

左翼戏剧运动对话剧创作的题材、主题思想，都有明显的影响。在新的创作理论影响下，表现个性解放的主题减少了，剧作家更注重表现社会矛盾，更突出表现阶级矛盾。这样的特点无论在已成名的或新成名的作家的剧作中都能看到。欧阳予倩在1928年写的《屏风后》(独幕剧)，揭露道德维持会会长康扶持的丑行。"屏风"带有象征性，意即封建道德像一面屏风一样，遮盖的是下流无耻的生活。但此剧仍是一种道德上的谴责，到了《车夫之家》(1929年，独幕剧)和《同住的三家人》(1932年，独幕剧)，便转向对阶级压迫的揭示。这些剧描写了城市下层人民，如车夫、纺织女工、电灯匠、小学教师等受多方面压迫剥削、无以为生的惨状，诉说他们的苦楚。还通过剧中工人之口喊出：不要忘记我们自己有铁一般的手和脚。欧阳予倩曾自述他的题材的变化，就因为"创作思想有所转变"[42]。曾经主张趣味主义的熊佛西，他的剧作题材也发生了变化。1932年写的《屠户》，描写农民王大、王二兄弟妯娌为争夺房产闹矛盾，土豪孔屠户乘隙而入，敲诈欺骗，掠取了房产。熊佛西在此剧的代序中，认为剧作家无论是什么派的，"无形中他是一个思想的传播者"[43]。这反映了作者文艺观的变化。他的三幕剧《牛》写了地主对农民的压迫，后经修改易名《逼上梁山》，更进而表现农民的反抗斗争。曾经写过诗剧《琳丽》的白薇，在1928年写出三幕话剧《打出幽灵塔》。剧情类似陈大悲的《幽兰女士》等剧，也是揭露封建家庭的。但剧中被土豪胡荣生抛弃的女主人公萧森，离开胡家后成了农会的妇女委员；当留在胡家的女儿萧月林处境危急时，萧森适时赶来救她，并击毙了胡荣生。此剧的内容本来是家庭悲剧，但白薇将它放在大革命的背景前，加入农民与土豪斗争的内容，并特地注明该剧是"社会悲剧"，因而带着鲜明的左翼剧作的特征。上面这些事实都可看出左翼戏剧运动的巨大影响。

本时期左翼剧作成就较高的，是田汉、洪深和稍晚从事话剧创作的夏衍。

田汉的创作以1930年为界，截然地划分了前后两个段落。前一段落的剧作，延续着早期的个性解放主题。1930年后，创作倾向发生“转向”。这年3月，田汉参加了左联。4月，发表著名的长文《我们的自己批判》，对“南国运动”做了总结，也对自身的小资产阶级感伤倾向做了自我批评。此后的创作便已“斩截地认识自己是代表哪一阶级的利益”，在思想上、艺术上都发生了转变。不久，南国社被封，宣告田汉创作历史的前一段落的结束。此后他创作了《年夜饭》、《梅雨》、《顾正红之死》(以上1931年)、《1932年的月光曲》、《乱钟》、《扫射》、《暴风雨中的七个女性》、《战友》(以上1932年)、《回春之曲》、《晚会》、《阿比西尼亚的母亲》、《洪水》(以上1933至1936年)等二十多部剧作。这些剧作的题材大致可以分成两类：一类是描写工人与资本家、与政府当局作斗争的；一类是表现民族救亡运动的。《年夜饭》通过一个广告画师的觉悟，从侧面反映上海工人的斗争，但写得生动的还是画师的小职员生活。《梅雨》描写被开除的工人潘顺华一家三种人的不同结局：潘失业后在梅雨天做不成小生意，被迫自杀；潘的未婚的女婿阿毛被工厂开除后，采用恐吓手段对付资本家，事发被捕；潘的妻子和女儿则在革命者张先生的带领下，走依靠集体、团结斗争之路，终于获得胜利。剧情紧张生动、结构谨严、感人力量强，是描写工人斗争的剧作中最好的一部。总的来说，这一类作品表现出作者饱满的政治激情，和努力表现工人阶级的生活、斗争的意愿，但因缺少工人生活的体验，难以写出性格鲜明的人物，有程度不同的概念化。“九一八”事变后，田汉的剧作题材转以表现抗日救亡为主，包括以“一·二八”事变为题材的歌剧《扬子江的暴风雨》。最早的《乱钟》，写“九一八”之夜，东北大学生听到日军进攻北大营时表现出来的爱国激情。《扫射》、《战友》、《暴风雨中的七个女性》等，有的歌颂人民群众的英勇抗敌，有的描写救亡运动中各阶层的不同态度，也有的揭露当局的失败主义、投降主义。这类题材中最有代表性的是三幕剧《回春之曲》。此剧写爱国青年高维汉从南洋归来参加“一·二八”战役，战斗中被震晕后失去记忆。爱他的梅娘拒绝了资本家少爷陈三水的求爱，回国守护、照料高。三年后，高在梅娘的精心呵护下恢复了知觉，高呼：“不愿意做亡国奴的，不愿意做顺民的起来，杀啊，前进！”剧本写高维汉受伤后忘掉一切，唯独记住“杀啊，前进！”通过这奇特的情节，歌颂他高度的爱国主义。就在他不忘杀敌的三年中，大片国土沦于敌手。人们越是为高维汉的精神所感动，便越发对国民党当局的不抵抗主义感到愤恨。《回春之曲》把爱国与爱情统一在一起，具有浓厚的浪漫主义的诗意，剧中插入一些优美的歌曲，更增强了它的抒情风味。

田汉转向表现工农，表现阶级矛盾，但由于生活局限，新题材剧作的现实主义成就和艺术感染力未能达到《名优之死》的水平。他写的剧作较简练、集中、浑圆，但未能像早期作品那样尽情抒发情感，难以给人留下较深的印象。而他原有的浪漫主义气质，在表现民族救亡情绪时，反倒更加得到发扬。高度的爱国精神使他写出了《义勇军进行曲》的歌词，一句“起来，不愿做奴隶的人们”的呼声，振奋了亿万人的心；“把我们的血肉筑成我们新的长城”，成为时代的最强音。这种精神同样贯串在他的剧作中，使他的剧作富有抒情性与鼓动力，一出戏犹如一首歌，在当时演出的宣传效果是很好的。

抗战后，田汉创作了多部多幕剧，如表现抗战中知识分子情感变化、成长的《秋声赋》(1941 年)等。1947 年的四幕话剧《丽人行》，是此时期最重要的收获。此剧在上海等地演出，曾轰动一时。剧本以“明批日伪，暗斥美蒋”的手法，写的是抗战时期的事，实际上反映了抗战胜利后国民党控制区的现实。女工刘金妹受日寇污辱，又为生活所迫投江遇救。女知识青年梁若英在与丈夫久别后，经不起生活重压，与文化汉奸王某同居，后来被王所抛弃而觉醒。革命青年李新群在黑暗中坚持奋斗，她帮助刘金妹和梁若英踏上了革命的大道。三个主要人物、三条情节线索，扭结交叉，条理清楚，结构匀称，为田汉在现代文学时期的压卷之作。

另一位著名的左翼剧作家洪深，参加左联后写的最重要的剧作是“农村三部曲”：《五奎桥》、《香稻米》和《青龙潭》。这是 20 世纪 30 年代戏剧中反映农村生活最有代表性的作品。《五奎桥》是独幕剧，但其分量相当于《名优之死》、《回春之曲》那样的三幕剧，内容是表现农民与封建势力的冲突。农民为抗旱借来“洋水龙”，却无法通过矮小的五奎桥。周乡绅以该桥关系到他家的风水，不准拆而复建。农民冲破他的阻挠，终于拆了桥。《香稻米》(三幕剧)以一家中农的破产，写拆了五奎桥后，虽然农作物大丰收，结果却是“丰收成灾”；周乡绅趁机报复，无以为生的农民放火烧了周家祠堂。《青龙潭》(四幕剧)表现官吏、乡董等“口惠而实不至”,在新的大旱之年,农民仍然走投无路。也像社会剖析小说,这“农村三部曲”是很典型的社会剖析剧。洪深根据“先进的社会科学”,意欲表现地主乡绅、放高利贷的资本家和帝国主义买办们,加紧对农民的剥削,造成农村经济破产。这种认识贯串了整个三部曲,剧中人物也都代表着不同的社会力量。但洪深写农民也与田汉写工人一样,因为并没有充分的生活体验,便难以达到成功。《五奎桥》因系独幕,矛盾集中,结构紧凑,人物中至少周乡绅写得较有活气,因而是三部曲中最好的一出。两部多幕剧艺术上稍逊一筹,通过剧中人之口宣讲“经济侵略的方法”和批评农民中的种种错误,这并不是好方法。左翼剧坛曾经指出:“洪先生是以科学实验那样求真精神出发的,而剧作完成的时候,他和观众双方所得到的已经不是现实,而是抽象的、人造的了。”并认为:“引起一个现实主义的作者的兴趣的,不是一个理论上的问题,而是事件的本身和活的人物。”[44]这种评论表现了左翼剧坛为争取戏剧创作的现实主义所做的努力。

洪深还与他人合作,执笔创作救亡题材的独幕剧,如《走私》、《咸鱼主义》等。《咸鱼主义》以谐剧的手法,讽刺小市民在民族危亡时的“自顾自”心理,在略带夸张中把人物写得活龙活现。到了抗战后,洪深创作了《包得行》、《鸡鸣早看天》等,比较他的 20 世纪 30 年代的剧作,在艺术上有很大提高。

20 世纪 30 年代还出现了一位重要的左翼戏剧家,就是夏衍。他也是左翼文艺运动的一位开拓者,并在发展现代电影事业上做出过重大贡献。但他创作话剧却较晚。夏衍(1900~1995),原名沈端先,浙江杭州人。1935 年发表独幕喜剧《都会的一角》,1936 年发表历史讽喻剧《赛金花》和《自由魂》(即《秋瑾传》),1937 年 5 月出版《上海屋檐下》。

所谓历史讽喻剧,是指剧本写的虽是历史题材,但创作的目的主要却不在于再现历史事实,而是借古讽今,用历史上发生的事与现实相比照,达到讽刺、抨击现实,教育、激励今人的作用。这和五四后郭沫若等为历史人物翻案,借以抒发主观感情的戏是不一样的。历史讽喻剧的产生,多因政治上的低气压、言论自由的丧失,剧作家不得不用曲折、影射的方法表达意见。如陈白尘在同一时间也写了《石达开的末路》,批评石达开以行“仁义”为名,放弃战斗,终致全军覆没。这出戏显然是批评国民党当局在日本帝国主义者入侵时的不抵抗主义。到了20世纪40年代，在国民党控制区，写历史讽喻剧成为戏剧创作中十分突出的现象，而夏衍是其先行者。《自由魂》歌颂辛亥革命的女英雄秋瑾，以达激扬蹈励之目的。《赛金花》则以义和团事件为背景，写清末一个微不足道的北京妓女赛金花尚有保护民众之心，以讽刺国民党当局的卖国投降政策。因此，它发表后便被“国防文学”的倡导者誉为“国防戏剧”的重要收获。因为刺痛了国民党，它的演出先遭捣乱，继被禁演，而且连带着使北平的一台《赛金花》(熊佛西作)也被禁演了。但夏衍认为，这个“以肉体博取敌人欢心而苟延性命于乱世的女主人公”，较之“庙堂上”那些统治者还好一些，对她便不免多有同情[45]；恰好剧中对义和团的落后面又有较多的暴露，因此也遭到另一些左翼作家的批评。先是鲁迅在杂文《“这也是生活”……》(《且介亭杂文末编》)中给予嘲讽；继而茅盾也说“把赛金花当作‘九天护国娘娘’到底说不过去”[46]。“九一八”后，在一些历史讽喻剧中，常常夸大个别“奇女子”在抗敌救国中的作用。有一出《卧薪尝胆》的剧中，歌颂的是郑旦“牺牲色相为国雪耻”，似乎全体国民还不如一个女子的力量大。有一出《西施》竟成了夫差与西施的英雄美人戏。有一出《昭君》则把王昭君比为“大汉的长城”。还有一出乐剧《西施》(陈大悲)，更通过范蠡之口说：“我们现在能要做的是重任以上的重任，这重任如果没有一个绝色的美女用惊天动地的手腕去把吴王的心转移过来，我们十年生聚，十年教训的计划，就没有丝毫用处。”足见在宣传抗日救亡时，某些文艺作品中也流露了不健全的意识。比较之下，夏衍的《赛金花》当然是优秀之作，但也包含某些构思的不周全，而有人发表不同的见解，提出批评，也是很正常的。

夏衍创作历史讽喻剧，目的在于政治宣传。但他写了这两部剧之后，文艺观有了变化。他在看了曹禺的《雷雨》和《原野》后，受到启发，认识到一部真实地反映现实生活的作品，即使不能直接为当前的政治做宣传，也是有意义的。于是，他以十分熟悉的上海市民生活为题材，创作了左翼话剧创作中的杰作《上海屋檐下》。他说：“戏要感染人，要使演员和导演能有所发挥，必须写人物、性格、环境……只让人物在舞台上讲几句慷慨激昂的话是不能感人的。”[47]

《上海屋檐下》描写西安事变后，1937年梅雨季节，上海一座普通的石库门房屋内的客堂、灶披间、亭子间、后间、前楼住着的五家人。灶披间里的小学教师赵振宇，是个乐天派，但他内心还时时关心着时局；他的颇有点市民俗气的妻子，对艰辛的日子则牢骚满腹。亭子间里失业的洋行职员黄家楣，这个当年的高材生正挣扎在疾病和饥饿线上；从农村来的父亲原以为儿子在外发了财，但发现儿子在典当衣物，老人家不愿连累他，便提前回乡去，老人表面的刚强中包含着多少辛酸！前楼的施小宝被流氓强迫卖身，还要她交回扣。阁楼上的老报贩李陵碑，儿子在"一·二八"战争中牺牲了，留下孤老头无依无靠，晚境凄惨。看来日子稍微过得去的是客堂里的二房东林志成，这位工场管理的家中发生的事情是全剧波澜的中心。原来当年的好友、革命者匡复出狱了。八年前匡复被捕时把妻子、女儿托付给林志成，现在他来找林。而林却已经与匡复的妻子杨彩玉同居了，他面对老友，羞愧难当。匡复也为这意外变故，精神深受打击。

林志成、匡复和杨彩玉之间的纠葛，是全剧的中心情节。但这五家人是在舞台上做同步表演的，犹如小说的多线索并进的结构方法。有时突出林志成这一家的戏，有时主要让黄家楣、施小宝等表演。剧情安排得宾主分明，有条不紊，好似并列着的一排钢琴琴键，在演奏家的手下，此起彼落，组成一曲生活的旋律，一曲上海市民生活的交响曲。因其布景又是典型的上海民房，是一座房屋横切的剖面，具有浓郁的地方色彩和市民生活的气氛，表现的又都是市民的普通日常生活；所以剧风平易淡泊，有着浓烈的生活气息，艺术上有鲜明的特色。

《上海屋檐下》的政治倾向是鲜明的，但又是隐蔽的，因为这种倾向是通过作家提供的情节自然地流露出来的。匡复出狱找到林志成和杨彩玉后，三人的关系出现了非常尴尬的局面，他们的心灵都受到巨大的创伤，都陷入深深的痛苦之中。这是一篇那个时代的"伤痕文学"。要问这是谁之过？人们都能够体认他们三人谁也没有过错。还有，是谁使住在这里的五家人各有各的痛苦、牢骚、不幸？这五家人的辛酸互相补充，互相映照，共同构成一幅用苦汁涂抹出来的画面。稍一思考，答案就出来了——造成眼前这痛苦、这悲剧的是反动的当局，是应该摧毁的这个社会。这就是《上海屋檐下》所要达到的社会批判。剧中人物不是直接控诉，不说慷慨激昂的话，而是在日常生活的演示过程中，促使观众发现问题、自己思考，它的深刻性也正含在这自己思考之中。夏衍用小人物来反映大时代。司空见惯的五家人的平常生活，共同组合成了令人气闷至极、阴沉压抑的气氛，与剧中梅雨季节相谐的是忧郁的情调。黄梅天气其实是表现一种令人无法喘息的政治气候，也暗示“雷雨”的季节快要到来了。艺术上的成功不仅使《上海屋檐下》成了夏衍的代表作，而且也是20世纪30年代左翼剧作中现实主义最为坚实的一部。

夏衍说他的这出剧中“并没有英雄人物，几个人物身上都带有缺点，带有阶级的烙印”[48]。即使是革命者匡复，出狱后也有感伤颓丧的情绪，甚至说他对生活失去了自信。最后他走了，作家并未交代他走向何方。命运在捉弄他，把他送进敌人的监狱，在血与火的考验中他可以很坚强，但可能经不起平常生活的打击，这就是人性的弱点。不过作家没有从这样的角度去开掘，他的目的还是在于社会批判。没有把匡复写成英雄，从某种观点看来已经是离经叛道的了。

夏衍在20世纪30年代还有重要的报告文学作品。20世纪30年代是报告文学兴起和旺盛的时期，这出于左联的提倡。左联在开展工农通信员运动时，提出了创作报告文学的号召，才有了“报告文学”这个名词。这种文艺性的新闻通讯报道，因适于反映急遽发展的现代社会生活而兴旺起来。“一·二八”事变中产生了一批上海军民英勇抗敌的报道，后由阿英选编出版了《上海事变与报告文学》(1932年)，这是最早的一部标以报告文学之名的结集。1936年，周立波翻译了捷克著名报告文学作家基希的《秘密的中国》。次年，又有墨西哥爱狄密勒的《上海——冒险家的乐园》(阿雪译)出版。这给我国作家以有益的借鉴。1936年，茅盾主编了规模巨大的《中国的一日》报告文学专集。这是由“文学社”征求5月21日当天的社会生活见闻的稿件，得三千余篇，从中选出了490篇。作品描写了当时城乡各阶层人民的生活，组成了一曲“奇瑰的交响乐”。同年，产生了本时期报告文学的最优秀作品——夏衍的《包身工》。

《包身工》描写上海的日本纱厂资本家与中国的“带工老板”(一种封建把头)勾结，使用包身工的情况。在现代资本主义企业中，还存在着封建制度，这是半殖民地社会特有的一种现象，最能反映中国人民惨遭帝国主义、封建主义双重压迫的状况。夏衍曾在工人的帮助下深入工厂，掌握了有关包身工的丰富材料，他用包身工生活、劳动中的具体事实，描绘这惨绝人寰的罪恶制度。《包身工》成功的关键就在于把握了扎扎实实的素材,同时在艺术上有所创造。

夏衍很注意报告文学的文学性。对包身工生活的描写很具体、形象,例如写包身工每日起床的情景,那细致的描绘使人如临其境;写带工老板与人的谈话,能显其狠毒之心。作家还注意重点写好一些典型人物,如外号叫"芦柴棒"的女工,写她备受残酷虐待,把包身工的不幸萃于其身,大大增强了作品的控诉力量。文学性也表现在语言的浓郁的感情色彩。作家回忆幼年看到渔人用墨鸭捕鱼的情景,然后说:渔人对为他捕鱼的动物并没有虐待,反而是人间连一点施与和温情也没有了。接着发出感慨:"在这千万的被饲养者的中间,没有光,没有热,没有温情,没有希望……没有法律,没有人道。这儿有的是20世纪的烂熟了的技术、机械、体制和对这种制度忠实地服务着的16世纪封建制度下的奴隶!"语言饱含着同情与愤慨。又如指出包身工是帝国主义在中国寻找廉价劳动力以及残酷压榨半殖民地人民的产物,说:"东洋厂的每一个锭子上面,都附托着一个支那奴隶的冤魂。"

《包身工》把报道事件和描绘生活,一般叙述和刻画典型,理论分析和形象描写,政论的语言和抒情的笔调,相互糅合着;把作品的现实性、揭露的深刻性和表现手法的丰富性统一起来。因而在思想性、艺术性上都达到很高水平。《包身工》对报告文学水平的提高起了很好的作用。

这一时期重要的报告文学作品还有宋之的的《1936年春在太原》,记述当年春天红军东征后,山西军阀阎锡山惊恐万状,草木皆兵,在太原加紧镇压人民。作品巧妙地将报纸新闻与现实生活中的见闻,用抒情夹着讽刺的笔墨编织在一起,显得潇洒生动。

注释:

[1] 殷夫:《"孩儿塔"上剥蚀的题记》,《殷夫选集》,人民文学出版社,1958年出版,第3页。

[2] 鲁迅:《且介亭杂文末编·白莽作〈孩儿塔〉序》,《鲁迅全集》第6集,人民文学出版社,1981年出版,第494页。

[3] 鲁迅:《三闲集·柔石作〈二月〉小引》,《鲁迅全集》第3卷,人民文学

出版社,1981年出版,第149页。

[4] 丁玲:《一个真实人的一生》,《人民文学》第3卷第2期,1950年12月出版。

[5] 钱谦吾:《丁玲》,引自《丁玲研究资料》,天津人民出版社,1982年出版,第226页。

[6] 丁玲:《我的创作生活》,引自《丁玲研究资料》,天津人民出版社,1982年出版,第110页。

[7] 丁玲:《我的自白》,《读书月刊》第2卷4、5期合刊,1931年8月出版。

[8] 鲁迅:《且介亭杂文·序言》,《鲁迅全集》第6卷,人民文学出版社,1981年出版,第3页。

[9] 鲁迅:《且介亭杂文·答国际文学社问》,《鲁迅全集》第6卷,人民文学出版社,1981年出版,第19页。

[10] 鲁迅:《华盖集·咬文嚼字二》,《鲁迅全集》第3卷,人民文学出版社,1981年出版,第10页。

[11] 鲁迅《准风月谈·后记》,《鲁迅全集》第5卷,人民文学出版社,1981年出版,第403页。

[12] 鲁迅:《且介亭杂文二集·徐懋庸作〈打杂集〉序》,《鲁迅全集》第6卷,人民文学出版社,1981年出版,第292页。

[13] 鲁迅:《而已集·革命文学》,《鲁迅全集》第3卷,人民文学出版社,1981年出版,第544页。

[14] 鲁迅:《集外集·文艺与政治的歧途》,见《鲁迅全集》第7卷,人民文学出版社,1981年出版。

[15] 鲁迅:《且介亭杂文·从孩子的照相说起》,《鲁迅全集》第6卷,人民文学出版社,1981年出版,第81页。

[16] 鲁迅:《伪自由书·前记》,《鲁迅全集》第5卷,人民文学出版社,1981年出版,第4页。

[17] 鲁迅:《准风月谈·后记》,《鲁迅全集》第5卷,人民文学出版社,1981年出版,第382页。

[18] 同注[12],第291页。

[19] 同注[12],第 293 页。

[20] 鲁迅:《故事新编·序言》,《鲁迅全集》第 2 卷, 人民文学出版社, 1981 年出版,第 342 页。

[21] 同上,第 341 页。"茀罗特"今通译"弗洛伊德"。

[22] 郭沫若:《从典型说起》,《沫若文集》第 11 卷, 人民文学出版社, 1958 年出版,第 126 页。

[23] 郑振铎:《取火者的逮捕·新序》,《郑振铎文集》第 1 卷,人民文学出版社,1959 年出版,第 185 页。

[24][25] 茅盾:《写在〈蚀〉的新版的后面》,《茅盾文集》第 1 卷,人民文学出版社,1958 年出版,第 432 页。

[26][27] 茅盾:《从牯岭到东京》,《小说月报》第 19 卷第 10 号,1928 年 10 月出版。

[28] 茅盾:《茅盾选集·自序》,开明书店,1952 年出版。

[29] 茅盾:《我的回顾》,《茅盾自选集》,天马书店,1933 年出版。

[30] 鲁迅:《二心集·关于小说题材的通信》,《鲁迅全集》第 4 卷,人民文学出版社,1981 年出版,第 367、368 页。

[31] 胡绳祖:《"健康的笑"是不是?》,《文学》第 4 卷第 2 期,1935 年 2 月出版。

[32] 艾芜:《南行记·序》,文化生活出版社,1933 年出版。

[33] 叶紫:《编辑日记》,《无名文艺》第 1 卷第 1 期,1933 年 6 月出版。

[34] 茅盾:《几种纯文艺的刊物》,《文学》第 1 卷第 3 号,1933 年 9 月出版。

[35] 吴组缃:《吴组缃小说散文集·前记》,人民文学出版社,1954 年出版。

[36] 王亚平:《永远结不成的果实》,文通书局,1946 年出版,第 97 页。

[37] 蒲风:《钢铁的歌唱·门面话》,诗歌出版社,1936 年出版。

[38] 鲁迅:《且介亭杂文二集·田军作〈八月的乡村〉序》,《鲁迅全集》第 6 卷,人民文学出版社,1981 年出版,第 287 页。

[39] 乔木:《八月的乡村》,《时事新报》,1936 年 2 月 25 日。

[40] 常风:《近出小说四种》,《文学杂志》第 1 卷第 2 期,1937 年 6 月出版。

[41] 鲁迅:《且介亭杂文二集·萧红作〈生死场〉序》,《鲁迅全集》第 6 卷,人民文学出版社,1981 年出版,第 408 页。

[42] 欧阳予倩:《我自排自演的京戏》,《自我演戏以来》,中国戏剧出版社,1959 年出版,第 291 页。

[43] 熊佛西:《写剧方法》,《屠户》,中华书局,1934 年出版,第 1 页。

[44] 张庚:《洪深与农村三部曲》,《光明》第 1 卷第 5 期,1936 年 8 月出版。

[45] 夏衍:《历史与讽喻》,《文学界》创刊号,1936 年 6 月出版。

[46] 茅盾:《谈〈赛金花〉》,《中流》第 1 卷第 8 期,1936 年 12 月出版。

[47] 夏衍:《谈〈上海屋檐下〉的创作》,《夏衍杂文随笔集》,三联书店,1980 年 3 月出版,第 600~601 页。

第八章

长篇小说和多幕剧的成熟

一、老舍的《骆驼祥子》等小说

大型作品的产生——老舍小说的基本倾向——《骆驼祥子》的成就——短篇中的故都情貌——艺术上的“俗”和“白”

新文学的小说创作是从短篇小说开始的，短篇的格式与传统小说有更明显的区别，写作短篇更有“文学革命”的意味。五四时期和20世纪20年代新文学短篇小说的成就是巨大的，但是缺少有分量的长篇小说。为充分地反映风云变幻的时代面貌，还需要有宏篇巨制，正如话剧领域需要多幕剧一样。五四后的话剧也是先从写独幕剧开始，在20世纪20年代虽有一些多幕剧，但分量轻；到了30年代，茅盾、老舍、巴金等创作了中国现代文学史上最优秀的一批长篇小说，曹禺也写出了代表现代话剧最高成就的多幕剧。这些大型作品的成功，是20世纪30年代文学比较五四时期和20世纪20年代有大的发展的重要标志。优秀的长篇小说和多幕剧创作的成功，说明新文学艺术上已臻成熟。

这时期长篇小说和多幕剧的主要作者中，茅盾以他的《子夜》显示了左翼文学的特色。其他几位，如老舍、巴金、曹禺，基本上还是立足于个性主义、人道主义来批判封建主义和各种愚弱的国民性。但是，与重点在于揭示人的精神状态的作品有所不同，他们这时的创作对社会生活的描写大大加强了，有的还把造成人的悲剧的原因归结于社会。可以说他们是沿着五四启蒙文学的为人生派的路，继续走下来的。

老舍(1899~1966)，原名舒庆春，字舍予，北京人，满族。他出身于城市贫民家庭，父亲是清皇城一名护军，牺牲于八国联军入侵北京的战争中，此后全靠母亲给人缝洗和当佣工的收入勉强维持生活。老舍年轻时的经历使他对北京底层市民生活十分熟悉，因而能够成为用纯熟的北京口语描写故都市民生活的“铁笔”、“圣手”。1918 年毕业于北京师范学校，1923 年赴英国任教，为了学英语而读英国小说，便受狄更斯等的影响。在英国完成了他最早的三部长篇小说《老张的哲学》、《赵子曰》和《二马》。这些早期之作在艺术上自不及回国后的那些作品，但已表现出老舍创作的基本倾向。前两部都写北京城里的人物。《老张的哲学》揭露地痞、恶棍老张的胡作非为，这个丑恶的害人精竟被荐往南方任省教育厅长。《赵子曰》讽刺在北京念大学的乡下土财主之子赵子曰，写他在京津鬼混，过着纸醉金迷的生活以及最后的悔悟。两部作品情节都还生动，语言有幽默之风，但开掘不深，揭露或讽刺均较表面化。相较之下，《二马》题材较新鲜，其中所反映的思想也很值得注意。小说写马氏父子从北京到伦敦去继承遗产，表现老马和小马两代人的思想差异，以及因此在资本主义社会里各不相同的际遇。作品写英国社会对中国人的歧视、偏见、污辱，体现作者对帝国主义强加给中华民族的污辱极表愤慨。像小马这样较有作为的青年人不得不告别英国，他离去时大概不会去写《再别康桥》之类的诗。这个作品很明显地包含着老舍的爱国主义的思想情绪。但他也不满祖国的贫穷、落后，他讽刺中国社会的落后面，同时也讽刺力倡革命的学生运动。在《二马》中写了他认为的救国之道，即让内行（如懂财政、市政的人）来领导国家，也就是主张专家治国。他认为腐朽的军阀政府固不足担负治国之责，学生们也应去学点真本领。他赞美的是像《二马》中的李子荣这样的人。李子荣是为老马经营古玩店的留英学生，他能想尽一切办法挣外国人的钱，他认为要多赚钱当财主，当了财主才有钱去办报、办图书馆、办博物馆、开新戏园，提高群众的觉悟，国家才能强盛起来。因而嘲笑“摇旗呐喊”的学生运动，认为纸旗永远打不过大炮，“真正爱国的人不这么干！”老舍这时的思想倾向接近于自由主义知识分子，所以他的作品既不满国内黑暗落后的社会现状，反对军阀势力，同情受压迫者；同时对已经兴起的革命运动也并不理解。这种复杂的思想状况，仍然表现在他的 20 世纪 30 年代的创作中。

1930 年，老舍回国，在大学任教，并创作了大量小说，硕果累累，成为 20

世纪30年代最有成就的作家之一。从这时到1937年，写的长篇有《猫城记》、《离婚》、《牛天赐传》、《骆驼祥子》、《文博士》，还有中篇《我这一辈子》和许多短篇。《猫城记》是一部讽喻小说，使用荒诞的手法，借火星上一个猫国，来影射现实的中国。对猫国上层统治者的讽刺，和对猫国民众愚昧、懦弱、自私、贪婪、势利、守旧等种种"国民性"的描绘，表示老舍对黑暗中国的强烈不满，对愚弱的国民性的痛切之情。书中也有对革命运动的辛辣讥刺，而所肯定的两个正面人物"大鹰"和"小蝎"，都是"超人"式的"英雄"和"教主"。这样的救世主在生活中是找不到的，所以最后的结局只能是在外族入侵和"自相残杀"下猫人的灭绝。他把结局写得如此悲惨，目的显然在于警世。这部小说比较集中地反映了20世纪30年代老舍的思想，对了解他的思想发展历程是重要的，虽然小说本身并不算成功。那时老舍对群众的落后性看得很严重，提出必须对他们进行"人格教育"。这贯彻到后来的创作中，例如鲜明地表现在骆驼祥子，这个他最重要的人物典型的塑造上。除了这部《猫城记》，老舍的小说都用现实主义的方法去描写他所熟悉的生活，把对国民性的批判与造成愚弱的国民性的环境的批判统一起来。

《离婚》写北平财政所里的三个职员：老张是圆通人，"地狱里最安分的笑脸鬼"；老李是老实人，"地狱里的规矩人"；另一个是"强人"小赵，他没有宗教信仰，没有道德观念，不承认良心和责任，敢于做各种坏事。对前两种人的庸懦软弱性格，作家给予温婉的讽刺；而对小赵，则勾画其流氓、恶棍的嘴脸，予以鞭笞。但小赵在社会上比那些安分的、规矩的都更逍遥自在。小说从这些人物的社会遭际来抨击当时的现实。《牛天赐传》写一商人家庭的破落，客观上让人看到北京社会生活的变动。商人牛老者无子，抱养一弃婴起名天赐。天赐逐渐长大的20年时间里，牛家从开当铺、煤厂、油店都能赚钱，变到了不断赔本，生意越来越难做，终致破产。牛老者死后，牛天赐继承家业，既不会经商，也不会做官，牛家便彻底破落了。这部小说很真实地描写旧式民族商业的命运，牛老者所习惯的一套经商方式，难敌资本主义的新的经营方式，也培育不出较自己更强壮的下一代。在老舍的短篇小说集《蛤藻集》中，有《老字号》、《新韩穆烈德》等篇，也是写这一内容的。这是老舍捕捉到的故都社会变迁中的重要现象。

1936年，老舍创作并开始发表他的代表作《骆驼祥子》，这是描写北京底层市民生活的最精彩的力作。这部描写人力车夫的长篇小说，和他的描写北京巡警生活的中篇小说《我这一辈子》，被称为反映市民生活的姊妹篇。

老舍虽是土生土长的北京人，在写《骆驼祥子》时，仍然在生活素材上、语言上都做了很多准备工作。这部长篇在反映市民生活上，在小说艺术上，都代表老舍小说创作的最高水平。

《骆驼祥子》写从农村流落到北京城里的祥子，怀着朴素的愿望，想挣钱买一辆人力车，以自食其力。但接连着受到三次打击。第一次是买到了车却被军阀部队抢走；第二次是攒了钱叫侦探敲走；第三次是他被诱骗，不得不与车厂老板的大龄女儿虎妞结婚，虎妞在花光了家产后死去，抛下了孤孑一身的祥子。经了这三起三落的沉重打击，祥子不仅意志消沉，竟完全堕落了。虎妞死后第二天，祥子又拉着车子出去，但再也"不像先前那样火着心拉买卖了"，"就那么淡而不厌的一天天的混"。他与一个暗娼出身的夏太太发生性关系，染上了脏病，竟也开始从烟酒、赌博、妇人中取乐。而为了钱，他也参加"宣传革命的机关"在洋车夫中的活动，成了"摇旗呐喊的老行家"；又是为了钱，他出卖了混进革命组织的阮明，用阮明的血换来60元钱，他的人格堕落了。但60元钱也救不了他，他终于连车子也拉不动，只能去红白喜事的执事队伍中，拣个轻的拿，还合不上队伍的步伐，因为他要留心捡拾地上的烟头。祥子变得人不人鬼不鬼了。作品对祥子作了批判，小说的结尾写道："……祥子，不知陪着人家送了多少回殡，不知何时何地会埋起他自己来，埋起这堕落的，自私的，不幸的，社会病胎里的产儿，个人主义的末路鬼！"这里对堕落的祥子的批判，把根源归结为"社会病胎"，把对落后的国民性的批判与社会批判统一着。小说还写了二马祖孙和其他一些人力车夫，他们都有相似的悲惨经历，等待他们的只是一头栽倒街上再也起不来的结局。作家一边鞭挞祥子的丑陋灵魂，一边怀着深厚的同情心，从祥子的三起三落中，揭示劳动人民所受的残酷剥削。军阀、特务、车厂老板乃至虎妞，像蛇一样缠着祥子，吸干了他身上的血，再把他像渣滓一样吐掉。祥子的不幸和堕落是对整个社会的有力控诉。

《骆驼祥子》成功地塑造了祥子和虎妞两个形象。祥子是进了城的农民，开始的时候虽在城里拉着洋车，仍是个地道的农民。他用老实农民的眼光看待城里的一切,用谋求个人发家的劲头来攒钱买车。他拼命出卖劳力,像一只“饿疯的野兽”般抢生意,过着极端勤俭节约的生活,甚至忍饥挨饿,城市的花花世界丝毫不能让他动心。祥子身上农民的性格、气质、心理被描写得十分准确,他那么淳朴、善良、勤劳,连阿Q那点狡猾也没有。同时他又同所有小生产者一样,眼光狭窄,除了为改变个人境遇的挣扎之外,几乎并不关心别的一切,连个哥儿们也没有。

在祥子的生活中,虎妞的出现是他的大灾难。作家对这个女性从外貌的老丑到个性的泼辣、厉害、粗鲁,都描画得淋漓尽致。虎妞的每一句话都是个性化的。她为了勾引祥子强迫他喝酒时,骂他“窝窝头脑袋”,说如果不喝就“揪耳朵灌你”,这正是以粗暴形式表现出来的虎妞式的温情。因为她既没有闺秀千金的生活环境,又没有洋女士的教养,她所看到的男女关系只有她的父亲刘四对于女子的侮辱。加上长期帮助刘四管理车夫,养成一身江湖气。虎妞的畸形的、变态的心理、行为,恰到好处地反射出刘四这一类半殖民地社会中地痞恶棍的生活。成功的形象本身所具有的批判力量,可能比直接描写刘四的罪恶还要强些。老舍把堕落的祥子称为“社会病胎的产儿”,此话送给虎妞也是再恰当不过了。丑的环境产生丑的人物。但在家庭内部,虎妞又与刘四有矛盾。自私的刘四为了维护车厂的财产而漠视女儿的幸福,既不嫁她,又怕家产落入他人之手也不为她招婿,致使虎妞错过了青春年华。小说似乎还暗示刘四与自己的女儿也有性关系。从这个意义上说,虎妞又是个受害者。虎妞爱祥子,爱他是个老实强壮的男子。她肯下嫁洋车夫,也是个大胆的叛逆行为。可是,她又无法摆脱三十多年间所养成的种种恶劣习性。她对刘四抱有幻想,起初误以为将来可以把祥子提拔到有产者的行列里来。后来与刘四闹翻,看到回家继承产业没有希望了,便又反转来吃祥子,对同情祥子的小福子竟狠毒地要绝人生路。所有这些都说明虎妞的意识极为落后,她反抗刘四与五四时代提倡的妇女解放是并不相干的。

祥子原是地道的老实农民,他的拥有一辆车的微薄愿望一再地幻灭,于是从积极奋斗到心灰意懒,对城市里腐烂的生活便渐渐失去抵抗力,终于堕落了。半殖民地的城市不能把祥子这样的农民吸收到现代工业中,把他们变成现代无产者;却以无情的剥削和腐蚀,将他们甩进流氓无产者的队伍。《骆驼祥子》生动地表现了这个过程,极具批判的力量。这也是这部长篇最有思想价值的部分。老舍重视的主要不是怎样写祥子生活上的痛苦和挣扎。相反,虎妞死后他很快就找到了安身之地,恩人曹先生要他回去拉车,他的生活不成问题了。老舍要表现的是他的精神已经死去了。但是,几番奋斗的失败,他可以一起二起,这时并不一定就完全没有三起的可能。虎妞之死固然会使祥子伤感,但自从无可奈何地做了虎妞的丈夫后,夫妻始终同床异梦,思想上、生活上都不和谐,这时他可以从虎妞的羁绊下解放出来了,他为什么要一落千丈地自甘堕落下去?老舍自认为最后的结局过于匆促。但他以为到了精神崩溃、人格堕落,祥子才算"入了辙",才像个车夫了。按照老舍当时对洋车夫的这种看法,为了能够痛切地批判他们身上的落后国民性,他最后也只能这样来处理祥子的结局了。

《骆驼祥子》的艺术,在老舍作品中也是最有代表性的。老舍长篇小说在构思上的特点,是以写人为中心,围绕人的命运来展开情节。所以他的大多数长篇,都以主人公的名字作题目。他的长篇多以一个或数个人物为描写的重点。《骆驼祥子》中,祥子的命运便是全书的中心线索,作家说"我决定不许任何人夺去祥子的主角地位",书中所有其他人物,都"因祥子而存在"[1]。茅盾也写人,也写人的命运;他要通过人的命运来剖析社会,人的活动由社会冲突来决定。《子夜》里因为社会上有那么几条冲突线索,吴荪甫便被卷在这几条线索中。老舍当然也要写社会,不写社会难以塑造好人物。但那些社会生活,是被卷在主人公命运中的,是"事随着人走"[2]。一些次要角色,无论是刘四、曹先生、夏太太、二马祖孙、孙侦探等等,还有虎妞,都围绕着祥子的命运而旋转,都服从于祥子形象的塑造。这种构思方法比较单纯,可以做到不枝不蔓,而且人物形象总是比较坚实的。《骆驼祥子》中众星拱月地突出了祥子的形象,围绕着祥子这个中心,描写了车厂、茶馆、大杂院、白房子,描写了军阀战争、工人受剥削、进步知识分子受迫害等等,让人们看到了十分丰富、有浓郁故都色彩的社会画面。

显然是借鉴了民间说书,老舍的小说多由作家来叙述故事,《骆驼祥子》就是可以说的。而叙述者常常与人物打成一片,不仅讲述人物的各种际遇,而且帮助他们展示自己的内心活动。因此,叙述者的语言常常变化着,当他以作家的身份交代矛盾的发展,描写特定的情景时,用的是一种语言,一种平易的、色彩浅淡的知识分子语言。当他描写人物特别写人物内心活动时,就用不同人物的语言。写虎妞施计谋,语言成了虎妞的;写刘四发火,又变成刘四的语言。因为作家熟练地驾驭着各种人物的语言,所以尽管是作家从旁叙述,也好像人物自己在说话。待到直接写人物的对话,那语言的地方色彩和个性化,就更其鲜明了。语言在塑造人物形象中,占了第一重要的地位。老舍在叙述中常常夹着描写,有时是十分细致的描写。对北京的风光、风俗,用亲切的语调,含情脉脉地雕绘着,有工笔画的效果。写人力车夫春夏秋冬的生活,也极为真切。祥子婚后在烈日下、暴雨中拉车的一节,用车夫的眼睛和感觉,写尽了他们的无限痛苦。语言的美,是老舍小说艺术魅力的重要源泉。

幽默是老舍小说所含有的一种风格,但他写《骆驼祥子》时决心不用幽默,让文字与血泪淋漓的现实相谐合拍。不过某些文字中仍然是幽默的,如对吝刻而善骂人的杨家,把蛮悍的张妈"收作了亲军"的描写,对虎妞逼祥子喝酒,那"一股辣气慢慢的,准确的,有力的"往祥子脖子下走去的描写,等等,都令人忍俊不禁。但全书的"幽默是出自事实本身的可笑,而不是由文字里硬挤出来的"[3]。老舍认为这是他的创作的一点进步。

老舍的中篇《我这一辈子》被称为《骆驼祥子》的姊妹篇,以第一人称写巡警生活。主人公出身城市贫民,也和祥子一样很会奋斗,曾一度当上某煤矿村警察所所长,把酗酒斗殴、罢工闹事的工人,治理得口服心服。但是因为他出身卑贱,又没有政治背景,还是被统治者一脚踢开,落了个悲惨下场。作家对他怀着深厚的同情,认为"巡警和洋车夫是大城里头给苦人们安好的两条火车道"。正如祥子愿意卖力而不可得,这位老巡警也有才无可施,通过他的一生经历反映了上层社会体制性的腐败。老舍诚心地希望中国能够成为一个开明、进步的国家,根绝他所揭示的那许多黑暗现象;让老巡警这样有才干的人,能够发挥自己的才干;让祥子这样以勤劳求生存的人,能够得到温饱。在当时,这是出于人道主义者对于国家所抱的希望,对于底层人民所持有的深切同情。所以他那时的思想虽未越出自由主义的范畴,但这种对下层人民的深切同情,使他常能站到下层人民的立场来观察、评判事物,从对革命运动的不理解,转化为同情和支持人民群众的革命斗争。

老舍还出版过《赶集》、《樱海集》和《蛤藻集》等短篇集。其中最杰出的几篇仍是写北京市民的。

这些短篇的思想倾向和几部长篇是一致的，但所反映的生活面更为广阔。老舍总是带着关切之心，在审视着故都的人与事，写出他所感受到的故都的社会变动。他最为动心的是社会还是那么黑暗，他要用笔来描写、揭露社会上各种怪现象，这成了他的短篇的重要内容。《听来的故事》讽刺政治的腐败，没本事当秘书的可以去当秘书长，当不了教授的却当了校长。《上任》揭露官匪一家，上级命令稽查长抓土匪，稽查长本来也是土匪，便把办公费发给土匪们做路费，让他们快快离去。《新时代的旧悲剧》揭露口讲“正心修身”的国学会头头，却帮儿子干尽敲诈勒索、霸占妇女、假公营私等种种坏事。还有一些写社会上的怪现状的，如《开市大吉》写医生用茶水冒充针剂骗钱，《也算三角》写军阀部队的两个士兵合娶一个女人等。

老舍的某些短篇，抓住社会上新出现的一些现象，比较敏锐地反映了时代的变动。《老字号》中的旧铺子，凭字号做买卖，讲信用，讲规矩；而新开的商店，又是广告，又是彩票，又是大减价等等。老字号的人对此很看不惯，认为规矩给搞丢了，但他们失败了，此起彼落中显出故都社会的变动。这方面最为精彩的是《断魂枪》，写一著名镖局已改为客栈了，当年武艺高强的“神枪沙子龙”，感到“他的世界已被狂风吹走了”。他情绪消沉，不肯将自己的绝技传给后人。“国术”即武术，自从有了现代热武器后，这一“国粹”的价值便大大跌落了。从沙子龙的失落感中，让人们深深感到了一个时代的逝去。沙子龙所操的活计太有时代特征了，老舍很敏锐地画出在时代的新旧嬗变中这个人物的灰色心灵。

许多作品对下层人民，特别是对受欺压更深的妇女的不幸命运，表现了深切的同情。这些作品最能体现老舍的人道主义情怀。《月牙儿》写无依无靠的母女两代人，不幸都受人欺骗，迫于生活又都沦为暗娼。作品用女儿的眼睛(第一人称“我”)来看生活，把她们的苦楚写得甚为真切。名为《月牙儿》，正是象征她们极可怜的生涯，如女儿所说：“我心中的苦处假若可以用个形状比喻起来，必是个月牙儿形的。它无倚无靠的在灰蓝的天上挂着，光儿微弱，不大会儿便被黑暗包住。”但同时，皮肉生涯也摧残了正常的人性，尤其是描写老年母亲对嫖客的态度，使人深感社会腐蚀女性心灵的罪孽，更甚于对其肉体的侮辱。这些描写具有很大的批判力量。类似的题材还有《微神》。《柳家大院》写一个典型的北京大杂院，重点写姓王的石匠一家。因为小媳妇是花了彩礼买来的，公公、丈夫便虐待她，拿她出气，连十三四岁的小姑也欺负她。小媳妇被迫上吊，由此引起了两家人的一场纠纷。事情过后，王家为了给儿子续弦，又准备卖小姑了。别看她当初欺侮嫂子很是凶恶，等待着她的正是与嫂子相同的命运。这篇作品除了写妇女的悲惨生活，也表现了都市底层市民的愚昧、不团结。

老舍的小说中也赞扬某些人物，如《铁牛与病鸭》写一位不问得失、一心从事科学实验的知识分子。《黑白李》、《歪毛儿》等赞美具有“友爱”、“耿直”等好品德的人物。但这类作品多是先有了观念而后去构撰人与事，所以不及由他据亲历、亲见所写的暴露黑暗和同情人民苦难的作品那么感人。

老舍在艺术上讲求“俗”和“白”。“俗”指的描写普通的市井生活，写风俗、民俗，他的许多小说因此具有浓郁的市井风味和北京地方色彩。他认为创作的最主要任务是塑造好人物形象，他的人物几乎都是活动在非常平凡的日常生活中的。茅盾总要设计些紧张的情节来表现人物，如吴荪甫投身于公债场的惊涛骇浪中，连老通宝这样普通农民的养蚕生涯竟也带着某种程度的冒险性。而老舍却是从容不迫地在起居饮食中来表现人物。特别是写市民生活题材的，包括《骆驼祥子》在内，也都离不开柴米油盐、生老病死、家长里短的描写。鲁迅之后，小说创作重在日常生活中写人的一脉中，老舍的作品是十分杰出的。

所谓“白”，指语言的朴实，特别重视运用群众的口语。老舍曾经有意识地不用知识分子的语汇、语气，而专用群众口语，他要看看群众语言是否也能充分地描情状物，表达意思。他的实践是成功的，地道的北京地区的群众口语，比较一般化的知识分子的语言更能生动地表现北京市民生活。尤其是那些以第一人称写的小说，如《我这一辈子》、《柳家大院》等，那一口纯熟的北京口语，对形成老舍小说特有的“京味”，有着重要的作用。当然他不是一味地用口语，而是服从于表现人物的需要。如《月牙儿》的叙事主人公是小学毕业生，略有文化，前半部分就用了小知识分子的腔调。而《断魂枪》表现的是江湖上的人物，加以有不少描写武打的场面，便较多用说书的语调。自从鲁迅等五四时期的作家开辟了现代白话文学以来，在推进白话文的发展上，老舍做出了显著的贡献。当20世纪30年代创作中语言的欧化现象还相当普遍时，老舍却在口语化的实践中取得了重大的成果，实在难能可贵。他和

20世纪40年代的赵树理,一个运用市民的口语,一个运用农民的口语,都达到了炉火纯青。而且老舍的语言色彩更丰富些,无愧语言大师的称号。“俗”和“白”,是老舍艺术上有特色的部分,归根到底,在于他对北京人民生活和语言的熟悉。

二、巴金的《家》等小说

他就是激流——由憎恨而灭亡——《家》的现实主义成就——觉新等人物形象——描写封建家族的系列小说——巴金小说的艺术

在20世纪30年代成长的作家中,以长篇小说著称者还有巴金。同样立足于人道主义之上的创作,巴金又有自己的独特性,那就是追求个性解放的愿望在作品中表现得特别强烈,他的最为人称道的作品是站在个性解放立场上描写封建大家庭的崩溃,怀着“我控诉”的激情批判封建主义。五四以后,批判封建伦理和封建家族制度本是新文学创作的主要倾向,但还没有人像巴金写得这样完整和规模宏伟。

巴金(1904~2005),原名李尧棠,字芾甘,四川成都人,出身于封建官僚地主大家庭。在这个家庭里“有将近二十个的长辈,有三十个以上的兄弟姊妹,有四五十个男女仆人”。巴金说他“从小就爱和下人在一起,我是在下人中间长大的”[4]。这使他有可能以受欺压者的眼光来审视自己的家。五四运动后,他从《新青年》等杂志中接受了个性解放的思想,对家庭产生了叛逆心理。后来在《我的幼年》(收于《忆》)中,他说:“这个富裕的大家庭在我的眼前成了一个专制的王国。……许多可爱的青年的生命在虚伪的礼教的囚笼里挣扎、受苦、憔悴、呻吟以至于灭亡……憎恨的苗于是在我的心上发芽生叶。”因为从小生活在这样的环境里,对封建家庭的黑暗、腐朽看得格外真切,一旦有了民主主义的觉悟,便有可能坚决地背叛家庭,寻求新的理想之路。1923年,巴金离家到南京读书。1927年,赴法国留学,广泛地接受欧洲各种思潮的影响。他在法国,接受法国大革命时期资产阶级自由、平等思想的影响。读了《往事与随想》,又受到俄国革命民主主义者赫尔岑的深刻影响。

这时，他还被无政府主义思想所吸引。他读了俄国无政府主义作家克鲁泡特金的《告少年》，波兰廖·抗夫描写无政府主义者抛弃爱情，在暗杀总督时牺牲的剧本《夜未央》。原先对封建主义的憎恨之情，急切要求扫荡黑暗事物的心理，便与反抗专制、独裁，主张自由、平等的思想一拍即合，各种新的思想使他激情燃烧，包括无政府主义都成为他攻击封建主义的武器。由于这样的思想经历，巴金创作的独特性，首先便是那反封建专制制度的激进的态度，他的作品多是对不合理社会现实的控诉、讨伐。当老舍主张学生要去读书，不要满街摇旗呐喊时，巴金则认为不仅书可以不读，就是生命也可以牺牲，只要是为了摧毁万恶的旧制度。他以《激流》三部曲奠定了自己的文学地位。其实他所有作品都可以说是激流，连他自己也可以说是激流，一股奋不顾身地撞向旧制度堤坝的激流。因此，他的许多作品都是感情的不受羁缚的奔腾流泻。他的创作以激情取胜，包括悲壮之情，这是他的创作的动力，也是他的创作感人的原因。就连最为现实主义的《家》等，也都染着很浓郁的主观感情色彩。而且，他的许多作品都可以说是"自叙小说"，很容易从作家的家庭、亲友中找到原型，"差不多每一篇里都有一个我底朋友，都留着我底过去生活里的一个纪念"[5]，而另有一些人物，则又明显的是作家感情的寄托或化身。

1927年，巴金在法国听到美国政府杀害两名无辜意大利人的消息，又听到国内大革命失败的消息，他产生了近乎绝望的愤激之情，为了倾吐自己的情感，暴露自己的灵魂，便写了他的第一部长篇《灭亡》。这部小说的宗旨就是他在序中所说，他要抛弃哥哥和先生教给的爱和宽恕，"去宣传憎恨，宣传复仇"。主人公杜大心是个"自由社会主义"的信仰者，也就是无政府主义者，这个人物就是憎恨和复仇的化身。女主人公李静淑，则主张用爱来洗净血迹，用爱来感化人们。于是，一场爱与憎的论争展开了。与五四时期宣扬"泛爱"的小说不同，在巴金的笔下，是憎的胜利。杜大心认为"所谓人们相爱，也只是一些梦话"，他抛弃了李静淑的爱，单枪匹马用暗杀的手段实行复仇，走上灭亡之路。《灭亡》猛烈地抨击黑暗的军阀统治，但肯定了杜大心的盲目反抗和自取灭亡，这是激进的巴金当时在无政府主义影响下思想上的局限。1928年底，巴金回国，开始勤奋地写作，几乎在同一段时间里，他进行着三种题材的创作。一是接着《灭亡》写了《新生》和《爱情》三部曲《雾》、《雨》、《电》等，表现社会上反抗旧势力的青年；一是《激流》三部曲的第一部《家》，描写封建家庭的崩溃；一是描写工人的生活和斗争，如《砂丁》、《雪》等。

《新生》以李冷形象接替杜大心，与妹妹李静淑继续辩论。李冷从事工人运动，但他的思想仍同于杜大心，他"憎恨一切，否定一切，反抗一切"，表示"不能够奉那愚蠢无知的人民为上帝"。他在发动电灯工人大罢工的前夕被捕并被秘密杀害，用李冷之死来揭露资本家勾结军阀对工人运动的残酷镇压。巴金继续把自己的人物送上"灭亡"的道路，但书中增加了"新生"的许诺，让李冷在临死前领悟了要把个人的生命与群体的生命相联系，个人便不会灭亡的道理。《灭亡》、《新生》贯串着爱与憎的交锋，这反映了巴金这一时期(以及以后不短时间里)两种思想的交战。

《爱情》三部曲企图通过爱情题材写青年中的三种性格。《雾》写周如水，他的性格是"软弱"，在爱情上的表现是"迟疑"。实际上这是一个不敢反抗封建道德的卑琐的小人物。《雨》写吴仁民，他的性格是"粗暴"，在爱情上的表现是"矛盾"。但吴仁民拒绝玉雯插入他与熊智君之中做情妇的要求，既不能说是"粗暴"，也没有什么"矛盾"。这大概是三部曲中最没有体现作家意图的一部。《电》以吴仁民、李佩珠为主角，他们的性格是"健全"，他们的表现是"行动"，描写革命与恋爱的统一。这是最详细地描写无政府主义者在一个小城中发展工人、妇女组织，开展工人运动的小说，同时也描写他们遭受反动当局血腥镇压以及他们的暗杀行动。吴仁民说，"对于我们，明天也许一切都不会存在了"，只有等待着"什么时候才轮着我来交出生命"。巴金的小说描写这一群青年猛烈地反抗黑暗的现制度，因而具有进步倾向。但这些人始终没有正确的方向，在无政府主义的影响下做盲目的反抗，他们并不"健全"。中篇《死去的太阳》也属于这一类。

巴金还以听来的关于云南个旧锡矿矿工生活的故事写了《砂丁》，又据自己在浙江长兴煤矿的一周生活体验写了《雪》(原名《萌芽》，因国民党当局的查禁改名《煤》，后又改名为《雪》)。"砂丁"是矿山里没有人身自由，可以任意打杀的奴隶。年轻的王升义为了给爱人银姐赎身，以一块银元的身价将自己卖到"死城"当了"砂丁"。在一次事故中，他和许多工人都死在矿下，而银姐还在望穿双眼地盼望他回来。《雪》继续描写矿山工人毫无生命保障的极端痛苦的生活，并把矿山作为"全个中国的缩影"。同时也写了工人的暴动，表明"雪"已经开始融化。这两部作品都表现巴金对受压迫者的深厚同情，但毕竟不熟悉矿工，不可能把他们的生活写得很充分。

当巴金怀着他的对黑暗现实的愤怒和个性解放的激情，去揭露他所最熟悉的封建家庭时，他才取得了现实主义的重大成功。这就是1931年完成的长篇《家》。这部小说连同抗战时期完成的《春》、《秋》，组成《激流》三部曲，是巴金的代表作，而以第一部《家》影响最大。

《家》描写高氏官僚地主大家庭的没落、崩溃，主要描写了这一家族的三代人。封建家长高老太爷为第一代，这是顽固地维护封建家族制度的人。还有孔教会会长冯乐山，也属于这一类。他们满口仁义道德，实则男盗女娼。六十多岁的冯乐山要娶小，高老太爷便把自家的丫头鸣凤送给他；在鸣凤不从而跳湖自尽后，又逼婉儿顶替。高老太爷是家庭中许多悲剧的总根源。克明、克安、克定等"克"字辈为第二代。这一辈中有的人逐渐向资产阶级转化，如克明从封建官僚转业为律师，他的钱不买田地而买股票，想在资本投资中获利。这种人已经看到封建家庭败落的趋势，企图挽狂澜于既倒，但已力不从心。克安、克定则是典型的坐吃山空的败家子，他们连嘴上的仁义道德也没有了，只剩下赤裸裸的男盗女娼。第三代是"觉"字辈。长房长孙觉新，是个新旧参半的人物，而觉慧、觉民还有琴等，则是受五四新思潮影响的新一代，他们是封建家庭的叛逆者。时代的影子在这两种人身上各有其表现。又有觉群、觉世那样的子弟，小小年纪就懂得调戏丫头，封建阶级一代不如一代的现象在他们身上表现得最为鲜明。以上三代人中，顽固地站在封建立场上的，多已腐烂，是等着进棺材了；头脑清醒一点的，又无力回天；一些优秀分子受到时代风潮的冲击，再也不想做封建阶级的孝子顺孙，不愿做殉葬品，便毅然决然地背叛旧家庭。这样，曾经煊赫的大家庭，便到了山穷水尽的地步。这个家庭的崩溃，标志着时代的大变动。

中国的封建社会延续了两千多年。在封建社会中，形成了一个个建立在农民血汗的基础上、用封建伦理维系着的大家族，这是支撑封建统治的一根根支柱。随着封建社会的没落，这一根根支柱必然也渐渐地腐烂下去。因此，《家》描写封建家庭的衰败过程，有着重大的认识价值。二百多年前曹雪芹写了《红楼梦》，成为不朽的世界名著。而在20世纪，中国社会进入一个大变革的时期，新文学中便出现许多描写旧家庭败落的作品，巴金的《家》是最优秀的。《家》最集中地表现了巴金的"我控诉"的激情，难得的是不单有激情，它又是巴金创作中最富现实主义的,最充分地反映了五四新思潮冲击下,封建家族崩塌时的种种独特现象。

辛亥革命后,农村地主中有一部分人在政治上失势了。《家》里面的克字辈,除了老五克定年轻外,其他都是清末的官僚。辛亥革命虽然未能变革封建土地制,高家仍然是大地主;但推翻了清政权之后,克字辈有的丢了官(如克安),有的改了行(如克明),有的死了(如克文)。这样,高家在政治上失去了势力。军阀混战中,一个马弁带着土娼出身的连长太太,居然住进了高家外花厅,这对于官宦世家来说真是奇耻大辱,然而却无可奈何。后来张军长签发的不准驻兵的告示,也不是靠克字辈的力量,而是觉新借朋友之力弄来的。由于政治上的失势,加以天灾战祸,佃户逃亡,住在城里的这些地主收不到租,经济实力大受损伤。为了享乐,他们又不愿回到乡下,只在城里挥霍无度,加速了经济上的破落。在资本主义经济的吸引下,从高老太爷到克明都把钱投入西蜀实业公司。本来看不起经商的书香官宦人家,也把子弟(觉新)送到公司当职员,希望从工商业方面找出路。结果西蜀公司遭大火,高家股票全成了废纸。这虽然是偶然的(如果是茅盾,他就会写成是诸如外国资本的入侵,造成民族企业的破产),但毕竟给高家以沉重的打击。可见高家的败落不仅因为道德的沦丧,而更重要的是时代之使然。就在这江河日下之时,便有可能在家庭中封建思想统治最薄弱的角落产生了叛逆者。这就是克文一房。因克文早死,后母避嫌不愿严管丈夫的前妻之子,而如父的长兄觉新,无论如何总比克文、克明等开明一点。这样,觉慧、觉民便比较自由,他们得到上学的机会,那学校也比较进步,还要聘请吴虞为国文教师,可见是个开风气的地方。觉慧等便首先被新思潮吸引走了。

《家》也写出了五四新文化运动对中国封建阶级的冲击。《家》的故事就发生在五四之后不久,巴金相当充分地描写了新文化运动的影响。《新青年》、《少年中国》,吴虞的《吃人与礼教》,刘半农的《作揖主义》,白话文,“的”、“底”、“地”的区分,女子剪发,男女同校……书中这类社会背景的描绘,使作品有着很鲜明的时代色彩,可以说写出了新文化运动的思想风暴的冲击波,使一个顽固的封建堡垒发生大震荡。如果说《红楼梦》中贾家的没落是封建阶级内部财产再分配的表现,那么这不是《家》里高府破败的主要原因。人们更多地看到的是时代的冲击,从辛亥革命到五四运动的冲击,使这本已腐烂的家族，更快地分崩离析了。正是在这样的时代背景下，《家》塑造了新人的形象，这就是觉慧、觉民和琴等。他们具有民主主义的觉悟，接受现代文明的洗礼，属于五四运动所唤醒的一代新人。《家》所处的时代背景，是五四的高潮。到了《秋》，才有京汉铁路大罢工(1923 年)的发生。那时像觉慧这样的人物，是十分进步的。在第十七、十八两节，曾经对比地描写了家里的两种娱乐。一种是传统的舞龙，主人们以烧炙舞龙者的肉体为乐；一种是觉慧等年轻人的划船唱歌，燃放新式焰火。这后一种娱乐毕竟比前一种野蛮的游戏要文明得多，使人们觉得觉慧和他的兄妹们是比较有希望的新人。所以尽管《激流》中含有旧家庭崩溃的感伤情调，但总体上说，它并不是旧阶级没落的挽歌，因为它写了个性主义的胜利，写了新的、有希望的一代的成长，这是令人鼓舞的。在上世纪三四十年代，觉慧的出走就曾鼓舞一些出身旧家庭的青年，大胆地反叛封建阶级，离家寻找新路。

《家》还是对封建伦理“吃人”的控诉书。封建家长在家庭内部实行封建专制，而封建伦理就是这种专制的依据。小说塑造了多个牺牲在封建伦理、迷信之下的的女性形象。一种是家族中的青年女性，如梅表姐、瑞珏等，按照封建伦理她们处在家庭的底层，无权掌握自己的命运，必须听命于长辈。家长们漠视年轻一代的意志，按照封建观念包办他们的婚姻，于是造成梅的郁死、觉新的痛苦，还有蕙、枚的死。他们用封建迷信害死了瑞珏，因虐待而逼死了淑贞。这些年轻的女子都成了封建阶级人肉筵席上的珍馐。和高家过年过节、阖家团聚、四代同堂、其乐融融的场面形成鲜明的对照，可以看出这种表面的欢乐、融洽的家庭，实是充满了血泪的阴森可怕的牢笼。《家》中这一类女性形象，与茅盾、丁玲笔下那些时髦的女性不同，属于五四前恪守着封建规范的女子，如果早生十几二十年，她们也可能成为长一辈的周氏那样的人物。她们尽管也温顺、贤惠，还是做了封建伦理的牺牲品。另一种是描写主子与奴才的关系，奴才完全没有人身自由，丫头可以像物品一样被主人随意送人。所以家长可以任意蹂躏丫头，可以把婉儿送给老头做妾，甚至逼死鸣凤。鸣凤之死，人命关天，主子却不负任何责任，社会也绝不会来干预(她们是不是“家生”奴隶，小说里没有交代)。这许多女性的不幸，博得广大读者的同情。巴金怀着对家庭中这些被迫害者的深切同情，充分描写她们的不幸，揭露、控诉封建家族、封建伦理的罪恶。

现实主义的成就还表现在人物塑造上。这里也有几位富有典型意义的人物。首先便是觉新,这是塑造得十分成功的形象。他是一个横跨在两个时代之间的人物,两边的力量都在拉他。作品充分地写出了他的矛盾性格,写他饱受伤害的痛苦心境。一方面,作为在五四之前成家立业的人,他接受了封建正统观念,并奉为行动的准则。他成了一个恭顺的封建阶级的奴仆,因而被克明选为接替他挽救高家命运的人。另一方面,他又是封建制度的受害者,只因双方母亲的小小意气,毁了他与梅的婚姻,愚昧的封建迷信又夺去了爱妻瑞珏的生命。他在痛苦中迎来了五四运动,他不能不为新思潮所触动,因而看明白了封建家庭的腐败,对自己的屈辱的生活不满意;叛逆的火种同样在他心里萌生,只因旧的思想包袱太重,难以燃烧起来。于是,他一面受封建伦理之害,一面又帮着封建家长做着害人害己的事。一面维护着旧家庭,一面又不满旧家庭,最终也不惋惜它的溃灭。他摇摆在新和旧之间,“变成了一个有两重人格的人:在旧社会里,在旧家庭里他是一个暮气十足的少爷;他跟他的两个兄弟在一起的时候他又是一个新青年”。新文化和旧文化分别拉扯着他的左右两手，他发现自我的失落，想要找回自我，然而又孱弱得无力找回自我。他承受着封建压迫的痛苦，又加以自身思想矛盾的痛苦,像这样的人极可能在痛苦中毁灭自我。不过作家似乎心有不忍,还给了他一个不幸中有幸的结局——因高家的崩塌让他得到解脱的机会，后来有了个差强人意的小家庭。这个形象昭示了这样的道理:一部分知识分子的软弱性，归根到底在于过重地肩扛着旧文化的因袭重担，觉新不过特别突出罢了。

觉慧是封建家庭中最坚决的叛逆者,由于看透了高老太爷、冯乐山等的荒淫无耻,自感在精神上、道德上都高于长辈,因而产生了反抗的勇气和力量。高老太爷病重,陈姨太请人捉鬼,唯有觉慧敢于把来人拒之门外,并把陈姨太、觉新痛痛快快地骂了一顿,这成为《家》中新旧两代人冲突的最高潮。他对下层的仆人深怀同情,把下人也看作是和主人一样的人,并且爱上了丫头鸣凤,他认为少爷和婢女是平等的,可以相爱。毫无疑问,在川西封建大家族中出现这样的人物,他是黑暗王国中的一线光明。但他也是矛盾的,他要以少爷的身份来保护鸣凤,然而这个身份正是封建家庭给予的。他与鸣凤之间,在思想、文化、情趣等方面都有许多不同。他对鸣凤说:“我想起你,总觉得很惭愧,我一天过得舒舒服服,你却在我家里受罪。”他们一个是怜悯,一个是感恩。正如《二月》里的萧涧秋可以下决心娶文嫂,事实上却是根本没有可能的。不管觉慧有多深的人道主义情怀,他也不可能挽救鸣凤。巴金让觉慧在读《复活》时不免想起自己是否是个聂赫留朵夫,可见对觉慧性格的矛盾,他是有所了解的。但作家似乎偏爱这个人物,生硬地以工作与恋爱的矛盾,让他在鸣凤死后才得知事实真相,以捶胸顿足的一番忏悔——“我是杀死她的凶手”,“我害了她,我有责任。我的确没有胆量”——来原谅了这个人物。觉慧的形象也真实地包含着出身封建家庭的知识分子新人的性格弱点。

《家》之后,巴金续写了《春》(1938年)和《秋》(1940年)。除了继续发展《家》中的矛盾冲突,还增写了觉新的娘舅周伯涛,一具封建僵尸,葬送蕙和枚的幸福和生命等情节。这两部长篇,描写高老太爷死后,克明当家时期高家的继续败落,用许多情节丰富了这方面的内容。到克明死后,家终于总崩溃了(卖公馆一节是建国后新增的),因而完整地反映了高家的衰亡史。一些人物思想性格也有发展。觉民的性格更坚强了。懦弱的觉新在一桩桩、一件件血的教训面前,最终放弃了作揖主义。他帮助觉慧出走还是勉强的,到了帮助淑英出走,就积极多了。但《春》、《秋》对封建家族罪恶的揭露,主要是量的增加而未能在深刻性上有所增强。周伯涛包办子女婚姻,但如果蕙遇到的是觉新式的丈夫,枚遇到的是瑞珏式的妻子,悲剧还会发生吗?蕙、枚的悲剧不及《家》中觉新的悲剧那么深刻。

1944年,巴金出版中篇《憩园》,写官僚地主家庭的三少爷杨梦痴,吃喝嫖赌,卖掉了公房,也花光了妻子的嫁妆,终于被儿子赶出家庭,最后因盗窃被捕,罚做苦力瘐死狱中。杨梦痴的形象不仅与《激流》三部曲中的克定用了同一原型,而且他的结局也可以作为那三部曲的尾声。《憩园》让人们看到了封建阶级最腐朽的部分的最终没落,也令人触目惊心。书中同时描写了正在走运的富有的姚家,其儿子小虎在父亲的溺爱和外婆的纵容之下不好好读书,小小年纪学会赌钱。可能作家想要把这姚家小少爷写成未来的杨梦痴,从而提出“不留德行,光留财产给子孙,是靠不住的”。这虽然也有教育意义,但封建阶级的没落绝不仅仅因为对于子弟教育的松懈。《激流》三部曲中对于大家庭“树倒猢狲散”的感伤,到了《憩园》成了对旧家庭的挽歌,提出对没落者勿忘"宽恕是第一"。一方面是主张对旧势力的憎恨,对"吃人"的家族制度发出悲愤的"我控诉";一方面又对没落者保有温情,主张宽恕生活中的失败者。这两个矛盾方面的结合,也是早期小说中爱与憎的辩论所反映的作家思想矛盾的延续,形成了巴金的人道主义思想的特征。《憩园》不仅给《激流》三部曲添设了尾声,而且使巴金的封建家族系列小说更为完整。

《激流》三部曲在艺术上也是巴金小说中成就最显著的。比较他的其他小说,在人物形象的塑造上有其更为成功之处。像杜大心、李冷等形象多是某种观念的化身,而《激流》三部曲中主要人物是有血有肉的。如觉新三兄弟,不仅觉新性格中的文化内涵是丰富的,就是同属叛逆者的觉民和觉慧,性格也不完全一样。在追求个性解放的青年女性中,琴、淑英、淑华由于处境不同,表现也各不相同。几个旧式的女性如张氏、王氏和沈氏,性格也较鲜明。克明的道学派头,克安、克定的荒淫无耻,几房兄弟妯娌间的勾心斗角,他们那种尖酸刻薄、含沙射影、指桑骂槐的语言等,大都写得鲜明生动,有助于形象的凸现。这在巴金作品中,是很难得的。

但就总体风格而言,巴金小说不属于客观冷静地描写现实那一派,而是激情充沛、热情奔放的。他的小说叙述多于描写,人物的性格、作为,故事的进展,多是作家用燃烧着爱憎激情的语言向读者介绍的。他较少让人物以自身的言语举动来表现自己的个性,却常常让他们作抒情独白,或用日记、书信等形式来剖白自己的思想。有时日记长到分不清是人物的日记,还是巴金以第一人称在写作。这说明作家的主观已经与他所叙述的客观对象,紧紧地拥抱着,甚至融化在一起了。他的含情语言有时缺少节制,稍嫌松散,但也有的段落相当优美,抒情性很强。就长篇的结构来说,也不像是严密编排过的。但虽然人物众多,头绪繁纷,写来却有条不紊,起伏有致,举重若轻,在许多地方可以看出在自由奔放中对"无技巧"的境界的追求。

巴金写的短篇小说也很多,出过《复仇集》、《光明集》、《电椅集》、《抹布集》、《将军集》、《沈默集》、《沈落集》、《神、鬼、人》等,题材相当广泛。《抹布集》中的《杨嫂》、《第二的母亲》写旧家庭中被践踏、被侮辱的人物的故事。这类短篇可以作为片断,补充《激流》三部曲等封建家族小说。在现代短篇创作中,巴金是写外国题材最多的一位作家,其《复仇集》就是怀念法国生活的。

这一类作品有的从自己的感受写国外的生活，如《马赛的夜》、《人》等，有的写外国的历史题材，如一些描写法国大革命时期的人物马拉、丹东等的短篇。这部分小说也贯串着反抗黑暗社会的主题。《在门槛上》记述在西班牙革命中战死的父女。《亡命》、《亚丽安娜》歌颂流亡巴黎的波兰女革命家。《我的眼泪》、《电椅》表示对美国政府杀害无罪的意大利人的极端愤怒。可能出于对流亡者的同情，也写了表现白俄的《将军》，诉说将军的哀怨。巴金的短篇对旧社会的抨击是非常猛烈的，如《奴隶的心》，从主人公彭全家的惨遭迫害来揭露旧社会。《爱的十字架》是一篇无以为生的贫穷者的绝命书，也很有控诉力量。《狗》、《幽灵》用浪漫主义手法，通过幻觉和想象来抨击现实。对为反抗黑暗现实而牺牲的人，总是热情地赞扬，如《父亲买新皮鞋回来的时候》。巴金的短篇不太注重篇章结构和文字的锤炼，而一任感情自然地奔腾流泻，因而激情充沛，带有抒情性。在描绘现实的同时，也尽情地渲染主观感情，在故事发展过程中伴随着一位爱憎鲜明的叙事者形象。所以风格是奔放的、热烈的，是小说中的自由体诗。而一些偏重客观描写的，如几篇写农村生活斗争的短篇，《五十多个》、《还乡》、《月夜》等，反而不如上述一些篇章有特色。

三、曹禺的《雷雨》和《日出》

话剧艺术的成熟——命运悲剧《雷雨》——《日出》和人性的变异——《原野》和复仇问题——高度的艺术成就

曹禺(1910~1996)，原名万家宝，原籍湖北潜江，出生于天津一封建官僚家庭。他的父亲与天津当时一周姓的官僚买办大家族有较密切的往来，因而他对封建家庭和上层人物的生活是相当熟悉的。他后来说过："我出身在一个官僚家庭里，看到过许多高级恶棍、高级流氓；《雷雨》、《日出》、《北京人》里出现的那些人物，我看得太多了，有一个时期甚至可以说是和他们朝夕相处。"[6]曹禺少年时代有较多机会欣赏中国传统戏曲，受到了戏剧的启蒙。12岁进入具有新剧活动传统的南开中学，成为该校新剧团的骨干。这时他接触到易卜生的社会问题剧，还曾扮演过《玩偶之家》的主角娜拉。1930年入清华大学西洋文学系学习,认真研读了希腊三大悲剧家、莎士比亚、契诃夫等的剧作。他读过几百种中外的剧本,传统戏曲和西方剧作给了他丰富的养分。他产生创作的冲动时,很自然地首先想要表现自己最熟悉的生活。他的创作冲动来之于生活,但怎样认识这样的生活却非他所擅长。大约经过五年的酝酿,在1933年完成了他的话剧成名作《雷雨》,1934年发表。该剧演出后立即受到文艺界和观众的热烈欢迎。接着,又在1935年完成了《日出》。这两部多幕话剧的出现,标志着中国话剧艺术的成熟。

《雷雨》(四幕)以1925年前后中国社会为背景,描写周朴园的带着封建性的资产阶级家庭的崩溃。表现旧家庭内部的腐朽性,不始于曹禺。如陈大悲的《幽兰女士》、熊佛西的《青春的悲哀》、白薇的《打出幽灵塔》也是同类题材,甚至某些人物、情节与《雷雨》有相似之处。但曹禺并没有想到要写社会或家庭问题剧,他自述当时并未想到要匡正、讽刺、攻击什么。他把《雷雨》写成了一出命运悲剧。曹禺看到"宇宙正像一口残酷的井,落在里面,怎样呼号也难逃脱这黑暗的坑"[7]。他无力来解释,甚或也无意来解释,只能归因于"自然的法则",这使得《雷雨》笼罩着一层宿命的、神秘的气氛,读者和研究家可以作出各不相同的解释。

剧中所有人物都在与命运搏斗,而所有的人都无法挣脱命运的安排。最突出的是女主人公侍萍,作家通过她来描写"残酷的井"。这个被周朴园爱过又遭其抛弃的侍女,她最害怕的是女儿重蹈覆辙。然而偏偏女儿四凤又进了周家,而且重复了母亲的不幸,与她同母异父的哥哥、周家大少爷周萍热恋,已身怀六甲了。当侍萍出现在周朴园面前,周问她是谁指使她回来的,她回答是"命"! 侍萍看到周家的无情和残忍,她极力逃离黑暗,没想到女儿仍然重蹈覆辙。她无力解释,也只能归之于命。

另一个女主人公蘩漪,是作者满怀激情塑造的人物。她在周家过着没有爱情和温暖的日子,受不了周家烦闷窒息的生活,精神上感到沉重的压抑。但她有个性解放的要求,不甘屈服于命运,她的反抗是非常强烈的,出轨的。她敢于到周萍那里寻找感情的寄托。封建旧家庭中庶母或姨太太与大少爷的乱伦,这也是文学中的老题材。传统的观念里,乱伦是丑恶的,但对蘩漪来说,这是对封建道德的极大胆的挑战,她的反抗的强烈超过了《莎菲女士的日记》里的莎菲。周萍对后妈做了万不该做的事,他想摆脱,又去爱四凤,却背上始乱终弃的罪名，重复其父的罪孽，只有在一声自杀的枪响中才得到解脱。蘩漪之所求其实是相当卑微的，只要能与周萍保持着“母亲不母亲、情人不情人”的关系，她也可能苟且地活下去，至少暂时是这样的。而为了拉住周萍，为了满足自己感情上的需要，蘩漪照样可以不择手段。当她无法忍受周家父子的伤害时，她的报复、反抗也是非常强烈的。她的性格已被扭曲，其中含有阴鸷和残忍。这是她反抗命运的仅有的一点力量资源了。

周朴园的所作所为，都为了建立他的“最圆满、最有秩序的家庭”，但是命运也跟他开了个大玩笑。他的所有亲人最后都死的死，疯的疯了。剧本本来有序幕和尾声，说的是十年后这“最圆满、最有秩序”的周公馆已成了教会的医院，这里住着两个疯了的老妇，即蘩漪和侍萍，周朴园不时来看她们。他的家庭，也是他的理想，全都崩溃了。

就这样，命运总是向着与人的意愿相反的方向走去。谁都想冲出去，谁都冲不出去。那么这命运又是谁安排下的，把一个个人物都牢牢地圈在里头？曹禺没有回答，他当时也回答不了。只要他真实、生动地表现了这命运的无以抗拒的力量，让人感到震撼，人们自会思考答案。当然答案各有不同，在特定的历史背景下，最多的回答自然是旧家庭的罪恶、资产阶级的腐朽没落等。连曹禺自己都说，写到后来他也“毁谤着中国的家庭和社会”[8]了。

《雷雨》的最大成功，在于突出了人的情感冲突，从写情感入手，更易于突显人的性格的多面性、复杂性。剧本通过与蘩漪和侍萍两个女性的情感纠葛，完成了周朴园形象的塑造。因为周朴园曾经爱过侍萍，侍萍又曾为他生了周萍和鲁大海两个儿子，后来又是他把侍萍逼上死路的；在误以为她已死的特定境况下，这个念经吃素的人，也能表现出“眷念”、“忏悔”之情。一旦侍萍竟活着站在他的面前，对他的名誉、利益构成威胁时，他便露出了伪君子的面目。但最后，却又是他逼着周萍认母。翻来覆去的思想变幻，人物性格的复杂多面，使这个形象塑造得十分丰满。他与蘩漪名为夫妻，其实并无感情。通过强迫吃药一场戏，写周朴园关心的并不是蘩漪的健康，而是自己的意志的贯彻；他需要的是蘩漪做出一个服从的榜样。封建家长的面目和专横、冷酷的性格，被突出地表现出来了。侍萍是深受迫害的弱女子，她从自己的悲惨经历中，形成对周朴园和他的家庭的较深认识，性格中有坚韧的一面。但当她再次来到周家，看到周朴园还怀念着她，还说要给梅小姐修墓，便又主动地在他面前挑起往事，承认自己就是当年的梅，这种割不断的情丝，显出她性格中软弱的一面。

在话剧作品中成功地塑造了性格鲜明、复杂的人物形象，是《雷雨》的成就远高于此前的家庭剧的第一个因素，也是它的艺术成熟的突出标志。

1935年，曹禺完成了《日出》(四幕)。写《雷雨》时，他本不准备匡正什么，但面对着笔下那些黑暗与丑恶，他不能不诅咒起旧家庭来。《日出》则把眼光从家庭伸展到社会，写了更多的人，批判那“损不足以奉有余”(《道德经》)的社会的不合理性。同时，他感到《雷雨》那种以血缘关系为纽带的结构，“太像戏”[9]了，在技巧上用得过分。他在契诃夫《三姐妹》的启发下，追求一种新的风格，不要那张牙舞爪的穿插和惊心动魄的场面，而是有多少人生的零碎便用多少“色点”，来集成一幅画，以阐明主题。但对曹禺来说，最重要的仍然是塑造人物，这仍是剧本成功的关键。不同于《雷雨》写人物的情感纠葛，《日出》偏重写人性的变态。

《日出》以交际花陈白露为串线人物，通过她，一方面联系那腐朽没落的上流社会，一方面把笔深入到社会的最底层。这样便把“有余”和“不足”这两个世界的景象都展现在观众面前，让人们看到了一幅半殖民地都市社会的里外两面。剧本用的是人像展览式的结构，以展览众多的不同类型的人物，写他们在共同的社会环境下，各各发生了人性的变异。

在上流社会，所有的人都围绕着金钱打转转，所有的性格都由金钱来打造。狠毒而又腐朽的大丰银行经理潘月亭，不择手段往上爬；同样狠毒但更狡诘的李石清，与潘月亭勾心斗角，组成了矛盾的中心。围绕着他们而活动的人物，有自作多情假天真的顾八奶奶、油头粉面下流卑污的面首胡四、中国话不如外国语熟练的洋奴张乔治、凶神恶煞的地痞黑三等等。这些吸血鬼、寄生虫虽说五花八门，都是铜臭里爬出的蛆，表现金钱对人性的严重腐蚀。这一群社会渣滓的背后，则用暗场处理的方法，点出幕后操纵着他们命运的人物是金八。无论潘月亭或黑三的活动中都有金八的影子，以这恶势力来代替《雷雨》中支配人物命运的“自然的法则”，明显地看出《日出》向社会批判迈出了一步。

这么多人物都在舞台上各演其戏，如果说有什么比较重要的情节，大概就是潘月亭在公债场上搏斗，为掩盖力量的空虚请人佯装盖楼。窃获此机密的李石清趁机要挟,结果是两败俱伤。因为该剧写的多是一些生活场面,不像《雷雨》那样有一个完整的情节,在艺术上这是一条更加艰难的路,如果不是对笔下的人物有深刻把握,是很难成功的。但是《日出》在这条路上闯了过来,表现了曹禺在生活和技巧两个方面的深厚根底。

《日出》又通过陈白露救小东西的线索,在第三幕描写了宝和下处,一个下等妓院里的生活。翠喜对自己悲苦身世的自述,小东西难忍黑三的残酷虐待被迫投环自尽,她们鬼似的生活,加上周围卖唱的、说数来宝的、卖报的各种声音的烘托,画出了城市下层社会的一个很典型的角落。这场戏与第二幕、第四幕中黄省三失业后走投无路、求死不得的惨状,写出失去了人的生活后,即使是善良的人性,也会被压榨而扭曲和变形。这些与上流社会里人的荒淫无耻、穷奢极欲形成强烈的对照,产生很强的批判力量。两种截然不同的却同样不健全的人的形象对比,揭示了社会的不合理性,最后通过陈白露之口宣告:"黑夜过去了,太阳就要出来;但是太阳不是我们的,我们要睡了。"陈白露也是个受损害者,她是"有余"社会的副产品,但她还有是非之心与善良的品性,可惜在醉生梦死的生活中已经被腐蚀得无力自拔了。她的死是对社会,也对自身均已绝望的表现。剧中的人物都不是能够迎接太阳的人。作家设计的用作衬托的窗外打夯工人的歌声,隐隐的有一种象征的意义。

1936年曹禺写出《原野》(三幕),写的是发生在农村的故事。主人公仇虎,全家为恶霸焦阎王所害。当仇虎从狱中逃出,来到焦家报仇时,焦阎王已死。仇虎乃杀了其子焦大星,又使瞎眼的焦母误将自己的孙子小黑子打死,他带着原先的未婚妻(后来被迫做了焦大星的续弦)金子逃走。他因为两条人命而陷于精神分裂,当遭追捕者围困而走投无路时,自杀身亡。作家对农村生活并不熟悉,用现实主义来要求,情节中有不符合人物性格与情理的漏洞。当时巴金有一篇写农村的短篇《短刀》,也是写双亲被土豪所害的一个农民,数年后持刀杀死仇人而出逃。大概当时某些作家所理解的农村矛盾就是这样的。《原野》揭露了心地残忍的恶霸,揭露了他们与土匪、官府的勾结,又通过仇虎的幻觉,写出地狱里也没有真理,没有法律,焦阎王就是阎罗王。剧本描写了专横、残忍、暴戾的焦母,这个人物是焦阎王的化身。《原野》暴露社会的黑暗,更表现环境逼迫下主人公强烈的复仇情绪和内心矛盾、人格分裂。但作者所表现的以“父债子还”为由,杀死冤家的两代无辜后人,这种疯狂仇杀明显带着盲目性。仇虎上一次入狱是被陷害,这回真的犯罪了。曹禺这样来安排情节显然是希望把复仇心理表现得更加强烈，并且来歌颂人物的复仇,说“在黑的原野里,我们寻不出他的一丝‘丑’,反之,逐渐发现他是美的”。所以剧本的最后使用超现实的方法,转向了表现主义。在第三幕的仇虎出逃中,用奥尼尔《琼斯王》的表现方法,渲染原野上“原始的生命”的神秘感、恐怖感和人物的变态心理。对仇虎的心理和行为,可以有各自的解读,但描写复仇还是应该把握一条界限,那就是不要祸及无辜。鲁迅的《铸剑》写眉间尺在黑色人帮助下的复仇,对象就是那有杀父之仇的残暴的国王。焦大星顶多也就是仇虎的情敌,更不要说再下一代的焦家孙子。这种绝人之后的报复,站在普世的价值底线上,不应给予肯定的评价。

抗日战争后,曹禺又有新的收获,当他回到描写封建旧家庭没落的题材上时,他成功地完成了多幕剧《北京人》,还成功地改编了巴金的《家》。《北京人》和《雷雨》、《日出》,为曹禺的三大杰作。

曹禺的出现,在中国话剧史上有重要的意义,他的《雷雨》和《日出》,是现代话剧艺术成熟的标志。无论在人物形象塑造、大型化的结构、戏剧语言等方面的创造上,他所达到的艺术水平,都高于过去的剧作家,把我国话剧艺术提高到一个崭新的高度。《雷雨》问世后,再去看看五四时期的《终身大事》等同类作品,已是恍如隔世。如果说曹禺之前,是欧阳予倩、田汉、洪深、丁西林的时代,那么曹禺之后,剧坛上最有成就的,是一批以曹禺为代表的新人,他们达到的艺术水平,普遍地超过了前人。曹禺创造了现代话剧中第一批够得上艺术典型的人物形象。如周朴园、繁漪、陈白露、李石清和后来的《北京人》中某些重要人物。他的话剧往往人物很少,《雷雨》总共 8 人,《日出》、《北京人》稍多,也不过 15 人。但绝大多数人物都性格鲜明,连一些次要人物,如鲁贵、福升、黄省三、翠喜等,也都写得活龙活现。他的人物形象能够站立起来,十分重要的原因是写出了性格的多面性。周朴园迫害侍萍那么冷酷无情,对她的怀念又那么真挚持久;侍萍怨恨并看透了周朴园,不愿再进周公馆,然而见到周朴园却又主动与他相认,似乎又有割不断的情意;繁漪爱周萍,甚至不惜哀求他怜悯,却又能干出雨夜跟踪,反扣窗户,置其于危地的举动；陈白露醉生梦死，无力自拔，但又同情弱者，敢于仗义相救……这些人物很难简单地用正面、反面来概括，他们的性格内涵很丰富，可以不断地被解读。从多种解读中，人们可以更深入地认识这些真实可信的活人形象。

语言对塑造舞台上的人物形象，其重要性更甚于小说等文体。周朴园怎样在家中像个专制暴君？怎样写出鲁贵、福升含着狡狯的奴性？怎样让人一看便知方达生是个书呆气十足的人物？怎样写出张乔治的洋奴嘴脸？怎样表现富孀顾八奶奶俗不可耐却又故作风雅的特征？怎样表现翠喜是低级的妓女？……这都得力于语言。曹禺让他们一张口，就能让观众认出其身份、地位、职业、教养、性格特征等等。有些对话看来很平淡，却只能是出于某一特定条件下某种人之口，对塑造人物形象有重要作用。

话剧中的人物语言除了性格化，还必须有较强的动作性。这动作指的是心理动作，人物的语言愈能与心理动作紧紧联系，对于在舞台上表现人物便愈是有利。繁漪感到了四凤与周萍的不一般的关系，但手中无凭，因此搞突然袭击变相地来拷问四凤，话中都含“他”字，如：“他现在还没起来吗？”“他昨天晚上什么时候回来？”“他在这几天就走，究竟到什么地方去？”“他又喝醉了吗？”这是向名为下人实为情敌的人窥探虚实的语言，希望抓到对方语言中的破绽，以证实自己的猜测。虽说有点失态，但又只能如此。四凤心里有鬼，故戒备森严，以不变应万变，一律答以“我不知道”、“我不清楚”。这是一个下人的抵抗与自卫。这些语言看来都很平常，却生动地表现了人物的心理动作，含着很丰富的潜台词。又如李石清谋得襄理职务后，便尽心尽职为潘月亭卖命，他洋洋得意地向潘报告公债场上的好消息，不无自我表功之意。这时潘却一再说“我听福升说你太太……”“是你太太催你回去么？”“你知道你儿子病了么？”“你还是先回家看看吧”。这是暗示李石清大难将至，因为潘月亭以为报复的时机已到，对强忍着仇恨与其共处的人，可以一脚踢掉了。他的语言是猫吃老鼠前的戏弄，也是极有动作性的，颇有力地表现了潘月亭的阴险。

作家不能在舞台上亲自出场，但在剧本中却可以，那就是通过“舞台指示”的写作，直接出面介绍、解释自己的人物。曹禺剧本的“舞台指示”对人物从外表到内心世界的描写都很详尽，语言则相当精彩。若把这些段落放到小说中，作为人物描写来读，也是极出色的，语言的优美使曹禺的剧本有很强的可读性。

曹禺剧本的戏剧冲突，都相当尖锐、紧张，不断地深化着，最终引向大爆发。他对冲突的组织是紧凑的。《雷雨》用锁闭式结构，剧本所要表现的便是各种冲突的最后结局；这些冲突的缘由，则在人物的对话中用回叙的方法来交代。《原野》是开放式结构，从仇虎回到焦家，到他杀人、自杀，按顺序推进剧情的发展。《日出》则用人像展览式，剧中人物虽有主次，但并无中心人物，而且互为宾主，交相映衬；冲突也非单线的，而是多线索交错，目的在于通过较多人物形象的塑造，共现人性变异的可惊景象。

《雷雨》以亲缘关系连结了冲突各方的人物，使结构十分紧凑。它要在一天时间里了结周朴园几十年的冤孽，所以一开幕，冲突各方均已剑拔弩张，矛盾到了一触即发的地步。周朴园回到家中，正在为与政府勾结镇压工人运动而忙碌；鲁大海来到周家，作为工人的代表要面见周朴园。这一对人物的冲突是十分紧张的。家庭内，周萍为了摆脱繁漪，准备远走高飞；繁漪叫来鲁妈(侍萍)，要赶走四凤，除掉情敌，以便拉住周萍。此一冲突也非常紧张。侍萍不愿女儿受骗，应约前来领人；周朴园不愿侍萍健在，然而她偏偏出现在眼前。事情的发展总是违反人物的意愿。这种情节的安排是为了立即把人物推到矛盾的顶端，使剧情扣人心弦。但是，矛盾并非平直地向前发展。到第二幕，工人运动镇压下去了，四凤也被侍萍领走了，连鲁贵也已经被辞退回家了，周家的矛盾似乎缓和了。然而突然出现转折，在第三幕中又有周冲送钱，繁漪跟踪，侍萍审女，鲁大海与周萍狭路相逢等等，把剧情大大推进一步。因为各种矛盾均未根本解决，最后必然引出第四幕悲剧的大爆发。《日出》不像《雷雨》这样单纯、集中，它至少要解决小东西的生死、潘月亭的胜败、陈白露的去留等几组矛盾。但其戏剧冲突同样是紧张的。其中最主要的一对矛盾，潘月亭与李石清的冲突，就是全剧最紧张的部分。作家用步步逼进的方法，把这一对矛盾推向高潮。第一回合，李石清窃得机密，潘月亭处于下风，强压怒火，表面上平静，唇舌交锋也是含蓄的、克制的。第二回合，出人意表却在情理之中，潘一举惩罚了李。因为李石清处于无力还手的地位，二人交锋仍保持着表面的容忍与客气。但更出人意表的是李石清不甘退走，还要坐等最后结局，这一笔尽显李的刻毒。他要亲眼看着对手垮台，并施以挖苦、嘲弄以泄愤，导致两人最终大打出手，丑态毕露。这些冲突构成了曹禺戏剧的最精彩部分，是他的戏魂。如果没有这一个个冲突，也就没有曹禺的戏剧了。

因为戏剧冲突的尖锐，造成曹禺话剧的紧张气氛。作家常常在剧情进展过程中，利用各种机会来加强这种紧张气氛。如周朴园逼迫繁漪喝药，强令周萍下跪；在雷鸣电闪中，侍萍逼迫四凤对天发誓，等等。但并非一味追求紧张，也很注意气氛的调节。既可以在表现上层社会灯红酒绿的生活时，让黄省三像鬼魂般上场；也能在潘李搏斗之后，插入顾八奶奶跟胡四学戏，用轻松的一笑缓和紧张气氛。剧情进展中，制造一个个的悬念。《雷雨》一再地写电线断了，《日出》中反复提到陈白露有安眠药。这些既是交代，也是对观众的暗示和吸引。

在曹禺创造的高超的话剧艺术中，当然包括中国传统戏曲艺术的滋养；但这不是他艺术成功的关键。他更多地吸收了西方戏剧的优点，经过消化、融会，使这外来的戏剧形式为我所用，第一次在较大的思想容量和深刻性上表现了中国的民族生活，使这种外来的形式在中国的土壤里扎下了根子。唯其如此，它才是话剧艺术在中国成熟的标志。他的第一部话剧《雷雨》，明显地受希腊命运悲剧的影响。侍萍重新出现在周公馆，她极力使女儿免蹈陷阱，却偏偏无法逃脱命运的捉弄，正是命运悲剧影响的表现。《雷雨》又有明显的莎士比亚式的性格悲剧的意味，这特别表现在塑造"雷雨"式的人物繁漪之上，描写"她爱起你来像一团火，那样热烈，恨起你来也会像一团火，把你烧毁的"。这个"雷雨"性格对周家矛盾的公开爆发、对悲剧结局的造成，起了极重要作用。《雷雨》又可说是一出社会悲剧，其中含有《群鬼》等易卜生剧作的影响。《雷雨》写出周家悲剧的原因，根本上是由周朴园等对侍萍、繁漪、四凤等各种类型妇女的欺骗、欺压所造成的。可以说，曹禺对欧洲命运悲剧、性格悲剧、社会悲剧在艺术上都有所吸收，把它们加以融会，用来表现本民族的生活，写出了中国现代第一出真正的悲剧，若用西方悲剧观念来衡量也是够标准的一出悲剧。他以自己的实践证明话剧艺术已为中华民族所掌握。

四、其他长篇小说和多幕剧

李劼人的长河小说——《死水微澜》的人物形象——李健吾的话剧——向戏曲吸取营养

除了前述茅盾、老舍、巴金的长篇小说，以及王统照、鲁彦等农村题材长篇小说之外，20 世纪 30 年代还有一位长篇小说创作上有重要收获的作家李劼人(1891~1962)。他是郭沫若的同学，亲身经历了辛亥革命，参加过四川保路同志会的斗争，他成了以这些近代历史为题材的重要小说家。五四运动后，李劼人赴法勤工俭学，开始从事法国文学研究和翻译工作，深得左拉、福楼拜、莫泊桑诸家的滋养，形成自己描写生活细腻、真切之风。1925 年便开始酝酿以辛亥革命前后的社会生活，写作几部连续性的长篇小说。1936、1937 年间，他接连发表了长篇《死水微澜》、《暴风雨前》、《大波》(第一、二、三部)。这几部长篇依时间顺序，从中日甲午战争直写到辛亥革命，描写了四川许多重大的历史事件，构成现代重要的长河小说(即若干部反映长时段的、有历史连续性的小说)。20 世纪 60 年代初补写了《大波》第四部，还计划接续着写袁世凯窃国到五四运动时期的社会变动。可惜未能完成这一宏愿便与世长辞了。

《死水微澜》以中日甲午战争后到义和团起义失败的历史为背景，描写成都城外村镇上哥老会(袍哥)与教民的冲突，为人们撩开了四川社会帷幕的一角。哥老会是民间的秘密结社，作品描写这里的哥老会首领罗德生(罗歪嘴)，横行霸道，无所不为，本是地方上的一霸。他使计吞食了土粮户顾天成(三贡爷)的钱财，双方因此结下了冤仇。这时，死气沉沉的四川腹地的村镇里，外国资本主义的势力已经在悄悄然地渗透了进来，曾师母等教民的势力正在潜滋暗长着，袍哥称霸天下的局面就要被打破了。顾天成为了报仇，便一头栽进洋教会的怀抱。罗与顾的矛盾虽为私仇，却反映着颇有时代性的社会冲突。这时，义和团攻教堂、杀洋人的消息传到这僻静的村镇上来，于是这里“死水”般的生活，也激起了一点点“微澜”。外面发生的事变，其谁胜谁负竟决定了罗、顾双方的命运。因为清政府的投降媚外，义和团失败，曾经放言要打教堂的罗德生只得仓皇逃命。

小说以蔡老板夫妇开的兴顺号杂货铺为活动场景。几个主要人物形象都比较饱满，尤其是老板娘蔡大嫂(邓幺姑)的形象，更具有多面性。生活在“死水”里的蔡大嫂还不可能有个性解放的觉悟；但她不肯安分、不甘寂寞，敢于抗拒命运的摆布。在特定的时代和社会里，她被囚禁在闷罐子般的村镇和家庭中，不免有愚昧的一面，因向往城市生活，竟然也羡慕起妓女来了。另一面她不怕人言可畏，行为泼辣、放荡，大胆地去爱而无所顾忌，是对传统道德规范的反叛。因欣赏、钟情罗德生，敢于公开地做他的姘妇。旧道德对她已经失了约束力，这在当时又是非常不容易的。即便如此，她对自己的丈夫还保持着情义，是为了救他而自愿改嫁给顾天成的。她明知顾是自己的仇家，还敢于嫁到他家去，又表明她有自己的主见。这个人物无论从旧道德或新道德来衡量，都不能说是完美的，然而性格中确又闪耀着人性的光芒。蔡大嫂跟了谁，是地方上两派势力消长的反映。她自身的复杂性则反映了“死水微澜”时期，在社会的大动荡来到之前，新的性格没有成形，旧的思想负累尚未挣脱。作家绝不是只为表现一个女人的杨花水性，蔡大嫂的人性躁动中也是很有时代内涵的。这个人物比之现代文学史上一些出色的女性形象，是毫不逊色的。她是李劼人对于现代文学的重要贡献。

《暴风雨前》以成都官绅人家的子弟郝又三为中心人物，描写清末维新派的活动。由于排满思潮开始进入四川，一些有资产阶级改良主义思想的青年，便成立了文明合作社，郝又三也为其中人物。这时正是辛亥革命的“暴风雨前”的酝酿时期，在革命思潮的激荡下，有的社友加入了孙中山领导的同盟会。而郝又三游移不定，踟蹰不前，终由害怕革命而丧失信心，沉湎于女色。三部《大波》描写四川保路运动的“轩然大波”。第一部写 1911 年夏，以立宪派人物蒲殿俊、罗纶为首的保路运动，遭到四川总督赵尔丰的镇压。第二部写同盟会的革命党人，联络哥老会，建立同志军，与赵尔丰的新军的战斗。第三部写清政府派川汉铁路督办大臣端方，率湖北新军入川镇压保路运动。同盟会员运动新军起义，重庆独立。赵尔丰迫于形势施展阴谋，释放蒲殿俊等，与其联合在成都搞假独立，于 11 月间成立军政府。湖北新军在同盟会员的领导下起义，惩处了端方。后来的第四部则写军政府内后续的斗争、巡防军的叛乱、军政府的改组等。

这一套长河小说，就所反映的社会生活面而言，一部更比一部广阔。但艺术上都不及第一部《死水微澜》精致。《死水微澜》是以小写大，所表现的只是一个村镇上几个人物间的恩仇怨恨，集中地塑造了几个人物形象，罗德生、顾天成、蔡家夫妇的性格都较鲜明。故事也与日常生活相联结，对当时蜀地的人物性情、地方民俗、建筑风格、服饰、饮食、语言特征等，都刻画得纤细入微，使作品有引人入胜的魅力。小说用较小的人事纠葛，来烘托一场革命风暴来到之前的特定的社会气氛。作家还借鉴了古典小说的传统艺术方法，使作品有较浓郁的民族风格。但其他几部长篇企图再现真实的重大历史事件，因而场面过大(特别是《大波》)，人物很多，又有近半数的真人，为了准确描写历史事件，不能不牵人就事。作家对这些人物的思想性格不一定都熟悉，很难在形象塑造上下大功夫。但在现代历史题材的小说中，像这样规模巨大、描写真切的作品，它仍可称首屈一指。所以郭沫若在读了李劼人的这几部长篇后说："我是想称颂劼人的小说为'小说的近代史'，至少是'小说的近代《华阳国志》'。"[10]

20世纪30年代为话剧艺术的成熟做出贡献的作家，还有李健吾(1906~1982)，他也是法国文学的翻译家和文艺批评家，笔名刘西渭，山西运城人。他在20世纪20年代初即参加组建北京实验剧团。1924年写的表现铁路工人痛苦生活的独幕剧《工人》，曾为中共刊物《向导》转载。20世纪30年代的剧作有多幕剧《这不过是春天》、《以身作则》、《母亲的梦》、《梁允达》和独幕剧《没有登记的同志》等。他的剧多以大革命时代为背景，讽刺上层社会的腐败。但他的剧作在思想的深刻性和人物形象的塑造上，不及曹禺的剧作。他的主要贡献是在话剧艺术民族化上下了一些功夫。如果说曹禺这时的几部剧作都留着西方戏剧影响的鲜明印记，那么李健吾的剧作却较为接近传统戏曲。他曾经写作"乡土文学"，也能注意戏剧的地方色彩。他说："我梦想去抓住属于中国的一切，完美无间地放进一个舶来的造型的形体。"[11]

《梁允达》一剧，把传统戏曲的表演方法与话剧的结构相糅合。该剧描写富农梁允达年轻时在土豪刘狗唆使下，打死父亲取得了家产。20年后，刘狗为躲避北伐军的清算逃匿在梁家。正适梁的儿子四喜为还赌债而发愁，刘狗又教唆四喜去打杀父亲夺取家产。但刘在梁家的种种丑行被梁允达发现，乃在祠堂里杀了他。这个剧揭露了地富阶级两代人的道德沦丧,反映了封建性农村的崩溃。此剧共三幕却有42场。每幕一景,让人物不断上下场,以多场次的连缀串出情节。这是把话剧表演空间的有限性与戏曲表演空间的自由相结合的一种创造,使得只写一天里发生的事情,能把20年的历史交代清楚而不显得沉闷。特别难能可贵的是农民口语的运用,达到相当娴熟的地步,这在20世纪30年代几乎无人可及。试看一段对话:

刘:那是我出了神,冷不防叫人吓了一跳。像我这副模样,别说鬼,就是你房里钻出个大马猴,我也不在乎。

梁赵氏:呸!(向四喜)你倒好,窝在家里头,叫人家外头找,东也问西也问,问到黄昏,不见个蹄子影儿,原来在家里头!

四喜:你自个儿不知道哪儿逛了一趟,说是卖人情找我!

梁赵氏:(向蔡)你大叔听,他可冤死人!他也算我男人,嫁过好几年,成天不着面,不是要钱,就是踩人家小媳妇儿脚跟子,倒像我成了多余!

蔡:家长家短。当着生人,还是少说两句好。

这四个人的语言都是口语化的,大大增强了戏剧的农村生活气息。三幕喜剧《以身作则》写营长方义生调戏假道学徐举人的女儿徐玉贞,岂知徐玉贞正是他的未婚妻。从剧情上也可以看出与传统戏曲中同类题材剧目的联系。李健吾的剧本所设人物一般都不多,而此剧中的人物竟完全可以对应戏曲中常见的员外、小姐、老仆、恶少、恶仆、彩婆子等各类角色。如果不是有意识的借鉴,至少可以看出受戏曲潜移默化的影响之深。三幕剧《这不过是春天》,也是精练紧凑之作。警察厅长夫人过去的男友冯允平,是南方派到军阀统治下的北京做秘密工作的革命党。密探白振山探明了冯的真实身份,因厅长不肯给赏,便把消息透露给厅长夫人。夫人立即给了他一笔钱,白振山便将冯放走了。厅长秘书先是害怕冯允平会抢走自己的饭碗,听说他要走,便兴高采烈地送走他。这个剧本的故事是很一般化的,但在很短时间和很少的场景中,交代了剧情的前因后果,每个人物的心理都能刻画得十分鲜明,表现了作家很高的话剧创作技巧。抗战时期,陈铨创作了话剧《野玫瑰》,得到国民政府的嘉奖，情节与李健吾这部剧相近。当时曾有人揭发陈铨抄袭或模仿李健吾这出三幕剧。李健吾在 20 世纪 40 年代后，主要从事学术研究工作，在戏剧创作上没有什么发展。

五、张恨水的通俗长篇小说

五四后的市民文学——《金粉世家》等社会言情小说——张恨水的成就和局限——其他通俗小说

五四文学革命中，曾给予城市通俗小说以严厉的批判，但市场帮助通俗小说抵御了这严重的冲击。只要有人爱读，通俗小说就有市场，有市场就有生产者。因此，五四以后城市里的通俗小说得以继续发展，市民文学取得相当的成就。言情小说、社会小说、武侠小说、侦探小说、历史演义诸品种都有新的收获。在李涵秋描写都市广阔社会生活的《广陵潮》之后，又有朱瘦菊的《歇浦潮》等社会历史小说，对上海都市生活作比较充分的描写。武侠小说中向恺然（平江不肖生）的《江湖奇侠传》，侦探小说中程小青的《霍桑探案》，言情小说中秦瘦鸥的《秋海棠》等，对市民文学的发展都有各自的历史贡献。蔡东藩的系列中国通俗历史演义（《历朝通俗演义》），还受到历史学家的赞扬。在市民文学中产生了周瘦鹃、包天笑、徐卓呆、李寿民（还珠楼主）等一批名家，他们中最有名气的当是张恨水，他的小说代表了市民文学的新高度。

张恨水（1895~1967），原名张心远，安徽潜山人。1914 年开始在报纸上发表章回体小说，其作品多是在报上连载后再出版的。《春明外史》是他的成名作。《金粉世家》、《啼笑因缘》两部长篇为其社会言情小说的代表作，都曾轰动一时，使他成为五四后用章回体写社会言情小说的最有成就的作家。《春明外史》从 1924 年 4 月开始在北京报纸上连载，到 1929 年 1 月结束，一部小说居然登了将近五年。《金粉世家》从 1927 年到 1932 年连载六个年头，起笔时他的女儿方牙牙学语，书完成时女儿已上学两年了。如此慢节奏，这是小说创作的典型的商业运作实例。因为几部名著的轰动效应，连载的报纸销量大增，张恨水成了拥有大量读者、非常受欢迎的作家。他一生出版过中长篇小说约 111 部,3000 万言以上。[12]他的写作目的非常明确,就是为满足市民的阅读需求。他认为新文学虽高虽美,但"匹夫匹妇"难以接受。"大家若都鄙弃章回小说而不为,让这班人永远去看侠客口中吐白光、才子中状元、佳人后花园私订终身的故事,拿笔杆的人,似乎要负一点责任。"[13]他表示愿为"这班人",也就是城市市民写作,可见他是很自觉地要用传统的小说形式来为市民阶层服务的。

为此，他的创作注意照顾市民的思想水平和审美趣味，使他们乐于接受。这就使他写小说取了与启蒙文学,与正在兴起的革命文学都不相同的创作路向。启蒙文学是带着批判的眼光看生活,有明确的教育人的目的;市民文学客观上也有教育作用,却是为了满足人(主要是市民)的精神的、娱乐的需求。张恨水站在市民大致同一的水平上,提供他们感兴趣的生活图景,在吸引他们阅读的同时,唤起他们的正义感、同情心,培育他们在生活中辨别是非的能力。所以他的小说多以言情为主干,揭露、批判封建专制统治下上层社会的黑暗,带有"谴责小说"的特色。

《金粉世家》是张恨水长篇小说中成就最高的一部,也是他最有代表性的作品。这部长篇与巴金的《激流》三部曲,都是现代文学史上较大规模地描写旧家庭败落的作品。它以国务总理金铨的七子金燕西,与平民女子冷清秋等女性的婚恋关系为主线,以金铨一家的生活为主体,比较深入细致地描写了现代官僚的日常家庭生活。包括身为总理的金铨,也主要写他作为一家之长在家庭生活中的表现。写出了表面上似乎并无大风大浪,内里这庞然大物却正在腐烂,艺术上最具传统小说善写平日家庭琐细生活之神韵。几乎和所有败落的封建性大家庭一样，金家造就了没有出息只会坐吃山空的晚辈子弟。除了一号主人公金燕西,还有他的兄弟凤举、鹏振等都一样的是些饱暖思淫逸的纨绔子弟,再加上家里那些势利女人如佩芬、玉芬等各为其私利明争暗斗;只要金铨一死,这个貌似辉煌的豪门很快就会分崩离析。金燕西追求冷清秋,开始时不能说对她毫无感情,但基本上是个猎色行为。所以未得到她时可以说是费尽心机,用尽手段,到手后即厌弃之而移情别恋。作品的这些描写,从家庭生活的角度揭示了上层统治者的腐朽、没落,还是很有社会批判的力量的。

张恨水还很善于描写平民阶层的精神状态和心理特征，写冷清秋一家倒也相当真切。作者说,冷清秋是“不新不旧”的人物,实际上就是个市民知识分子,她虽为学生,还是难脱市民意识。冷清秋对金家的富贵不无羡慕,在金燕西面前有很重的自卑感,认为金家的丫头“恐怕我还比不上”。她对金说:“你是什么门第,我是什么门第?我能这样高攀吗?”进了金家后的事实,证明她不该嫁到这样的地方来。无奈物质的诱惑难以抵挡,在她眼里金家什么都好,进了金家竟分不清东西南北,满眼都是自己羡慕之物。金燕西用满足物欲的方法征服她的感情,也就不算太难了。她跌入金家的陷阱,得到的只是不幸,这也有她自己的责任;后来逃脱金家,做了卖字妇人,其遭遇令人同情。通过这个人物,在一定程度上概括了市民阶层的命运。还有冷清秋的舅舅宋润卿,作品写出了他仰慕权贵、善于巴结奉承的心理状态,也较好地刻画了市民阶层中某一类型人物的思想性格特征。

作品对金家家道没落中的世态人情也有相当的描画。金家在金铨死后,树倒猢狲散,“破篮装泥鳅,走的走,溜的溜了”,姨太太也要当姑子去,令人感叹世事难料、人生无常:“人事真难说,谁也料不定什么时候走上风,什么时候走下风的。”金燕西在落魄途中连人格也不要了,对比当初的威风、气派,前后判若两人。小说表面上像是一曲哀歌,却能够从这令人生出感伤之慨的生活描写中,触发人们对人生、对人的命运进行思考,一定程度上具有超越文本的思想力量。作为通俗小说,不仅有故事,而且故事中的人物有一定的性格特征,故事本身带着悲剧意味,有着引人深思的含义,这比起单纯的暴露、谴责,思想含量更要深厚,因而被称为“民国红楼梦”。

张恨水的另一部也大受欢迎的长篇小说是《啼笑因缘》,1930年开始在报上连载,便吸引了广大读者,后来不断被搬上舞台、银幕,又吸引着众多观众。在这部小说中,也有可与《金粉世家》相对应的人物,如富家少爷樊家树、平民女子沈凤喜、高官千金何丽娜等。但多了寄托着市民理想的侠客式的人物关家父女,使小说增添了一些传奇色彩,更受市民读者的喜爱。最重要的还是张恨水加强了对城市下层人民生活的描写,通过沦落风尘的说书艺人沈凤喜的被害,暴露了封建军阀的野蛮无道,直接地谴责了凶残的统治者。对沈凤喜一家的生活和小市民心理状态的细腻刻画,更超越了对冷清秋一家人物的描绘,是这部小说中最富有现实主义的部分,可以看出作家塑造人物形象的进步。因为政治上鲜明的对统治者的批判,这部小说也得到比《金粉世家》更高的评价。

张恨水的小说能够受到欢迎，一是往往细写上层社会的生活，如金燕西、樊家树的富裕的家庭，这是一般市民所乐见，能满足他们好奇、窥密的心理需求，这里面包含着市民的欲望和理想。二是在描写上层社会的内幕时，不断批判他们的不仁不义或写出他们的没落。因为社会地位的悬殊，作为底层的市民对上层统治者多怀有不平、不满之心，而张恨水的小说对上层社会的谴责，使得市民阶层的不满情绪得到宣泄。再加上熟练地运用他们所熟悉的传统小说的艺术方法，设计一些引人的或传奇性的情节，如《金粉世家》中才子佳人式的恋爱，《啼笑因缘》中一男三女的情感纠葛，女侠的侠义之举等，对市民读者就更有吸引力。但是从五四启蒙文学的角度来审视，就会对张的小说有所不满。把《金粉世家》与巴金的《家》比较，虽然前者也写了旧家庭的腐朽性和没落，但在揭露、批判的力度上，远不及后者，更没有巴金那样的"我控诉"的激情，也没有出现具备很高的民主主义觉悟的像觉慧、觉民等新人。到了《啼笑因缘》，加强了对军阀的批判，塑造了"平民化的大少爷"樊家树，他已经不是金燕西那样的纨绔子弟了。但小说的思想性与新文学仍有距离。樊家树之爱沈凤喜，与觉慧之爱鸣凤仍是不相同的。觉慧认为少爷与女仆人格上是平等的；樊对沈则供给高跟鞋、平光镜、金戒指，要把她提携到上流社会来。觉慧爱鸣凤是建立在对封建家庭的坚决背叛之上；樊则从未对家庭有半点的反抗。樊爱上艺姬，这当然不能见容于家庭，作品便编造沈凤喜相貌酷似财政部长的千金何丽娜，用这巧合的情节帮助樊在家里掩盖自己的行为。后来沈被害而死，那个十三妹式的女侠关秀姑在刺杀了军阀之后，为了报恩也跟着父亲出走。三个去掉两个，其结局必定是也只能是樊家树与何丽娜这门当户对的一对新式男女状元的大团圆。所以，五四时新文学先驱们从"人的文学"的高度来看鸳鸯蝴蝶派，就把它们打入旧文学之列。但如从政治上看，张恨水小说反封建、反军阀的倾向是很鲜明的。张和鸳蝴派的小说大受市民欢迎的事实，反映启蒙文学不仅难以进到中国的农村，而且也未能占有城市市民的广大市场。启蒙文学主要还是在知识分子的圈子里流行，这个历史事实说明启蒙主义的一套思想，在中国还是行之不远的。

张恨水在小说的艺术形式上，主要是采用为市民所熟悉的章回体，继承以叙述为主的方法。叙述情节的发展过程相当细致，用胡适的小说"经济法”,可能要被大段地压缩。但细述过程也有好处,不仅故事性强,而且现实主义手段比较高明的作家,可以在细述过程中通过人物的言谈举止,来细腻地刻画他的性格,比如晚出的张爱玲就是做得最好的。张恨水笔下的一些人物,也已经能达到一定程度的性格化。再则,如果作者熟悉生活又讲究真实性,还可以在这过程中描写社会生活的方方面面,其作品可能有不同程度的对城市生活的认识价值。这些传统方法的长处,张恨水是继承了的。他的小说重故事性,往往大故事中套小故事,情节依照时间顺序连贯前行。叙述情节与具体描写相结合,但比起传统小说,描写更多、更细腻一些。如细描人物的穿着打扮、房间的布置陈设等,艺术手法上可以看出《红楼梦》的影响。通过他的细致描绘,把上世纪二三十年代城市生活的某些方面写得相当生动。但也有情节发展较慢,文字难免拖沓等的缺点。

“九一八”事变后,张恨水站在民族的立场上,常在自己的作品中插入抗日的内容,还出有短篇小说集《弯弓集》,取“弯弓射日”之意。抗战后的主要作品有讽刺小说《八十一梦》(1941 年)和《五子登科》(1947 年)。前者有的用神话故事,以天上世界影射人间,批判现实。有的段落则直接反映现实事件,笔法类似《官场现形记》。该书被当局所禁,实际上只写了十几个梦。《五子登科》写抗战胜利后,国民政府派往北平的接收专员金子原,与汉奸狼狈为奸,变“接收”为“劫收”,狂捞金子、车子、女子、房子等的丑行。这些作品不能说写得有多么深刻,但矛头直指国民党当局,讽刺也是很辛辣的。作品还表现了一个清寒的正直的知识分子,对国民党官僚贪赃枉法、鱼肉百姓的愤慨与不满。这些作品加入了 20 世纪 40 年代在国民党控制区发展起来的政治性讽刺文学之列。

同时期市民文学中比较有特色的小说,还有《孽海花》作者曾朴的《鲁男子》。曾朴于 1927 年与其子曾虚白在上海开设真美善书店,并创办《真美善》半月刊(后改月刊、季刊)。《鲁男子》即在该刊发表,原拟写成五部,仅完成第一部《恋》。内容写鲁男子与齐苑中、朱小雄与汤银凤两对表兄妹的恋爱悲剧,表现在封建包办婚姻制度下,青年男女的痛苦。又通过鲁男子与朱小雄之口,展开关于爱情生活中灵与肉关系的辩论。一个在近代小说史上有影响的作家,也来写作表现恋爱至上的作品,使《鲁男子》在当时也引起了人们的注意。

注释：

[1]老舍：《我怎样写〈骆驼祥子〉》，《收获》，1979年1月号。

[2]老舍：《人物，语言及其他》，《题材，人物及其他》，第66页。

[3]同注[1]。

[4]巴金：《将军集·序二》，《巴金短篇小说集》第2集，开明书店，1936年出版，第41页。

[5] 巴金：《写作生活底回顾》，《巴金短篇小说集》第1集，开明书店，1936年出版，第8~9页。

[6]《曹禺谈〈雷雨〉》，《人民戏剧》1979年第3期。

[7]曹禺：《雷雨·序》，《曹禺文集》第1卷，中国戏剧出版社，1988年出版，213页。

[8]同上，第211页。

[9]曹禺：《怎样写〈日出〉》，《月报》第1卷第4期，1937年4月出版。

[10]郭沫若：《中国左拉之待望》，《李劼人选集》第1卷，四川人民出版社，1980年出版，第6页。

[11]李健吾：《以身作则·后记》，文化生活出版社，1936年出版。

[12]据张恨水《我的创作和生活》，载《文史资料选辑》第70辑。

[13]恨水：《总答谢》，《新民报》1944年5月22日。

第九章

各放异彩的各类创作

一、原始生命力的赞颂——沈从文的小说

京派和海派——沈从文与湘西世界——给高等人造的镜子——歌唱人的自然性——凄美的《边城》——现实主义和浪漫主义的并用

1933 和 1934 年之交，文坛上发生了一场“京派”和“海派”的论争。北平的沈从文连续发表《论“海派”》、《关于“海派”》等文批评上海文人，与上海作家苏汶等发生争论。沈从文在文章中把“投机取巧”、“见风转舵”、“招摇”、“哄骗”、“吃吃喝喝”、“感情主义”等，都说成是“海派”作风。他主张从事文学工作应有“厚重，诚实，带点儿顽固而且也带点儿呆气的性格”，这大致上也是他自己的创作态度。沈从文的批评使人想起数年前，徐志摩肩着“健康”、“尊严”的大旗批评文坛上一系列“主义”，两者之间实有关联，都表现一部分自由主义作家的生活态度和文艺观。但徐当时主要反对无产阶级文学；沈的批评范围就大多了，指向了成分十分复杂的上海作家群，因而引起了强烈的反响，连鲁迅也来参加争论，接连发表了两篇同题的分析京海之争的杂文。

因为这场论争，沈从文被看成是京派作家的中坚。当时北平确实有一个作家群体，成员多兼为学者，沈从文也在其中，但他们是否能够构成流派，是见仁见智之事。而在上海，则并不存在作为文学流派的海派。京派和海派乃是中国近代以来形成的两种文化作风，其中形成于十里洋场的海派文化，受环境的培育，有着比较鲜明的商业色彩。沈从文的观点是要求文学超越功利，走一条“纯文学”的道路。他既反对政治的也反对商业的功利，所以到了抗战爆发后又成了“与抗战无关”论的支持者。沈从文自湘西故乡进入故都

北平，在创作中对城市文明多所批判，还自称“乡下人”。他在北平斜着眼睛往远处一瞥，只见那十里洋场上的文化、文学也是个花花世界，他有所不满是很可理解的，同时也反映他对海派的缺乏理解。20世纪30年代的上海已成为“冒险家的乐园”，人的各种各样的欲望都处于亢奋状态中，那是最讲功利的地方，也是使文学商业化的地方。这时中国文学的中心急忙搬迁，已经从沈从文安身的北平，搬到“东方巴黎”来了。只是这个中心迟迟未得到正名，所以失去了中心地位的北平可以很方便地送它一个“海派”，一个颇有贬义的名称。

沈从文的创作具有极鲜明的独特性，但总体上说，还是从文化的角度对中国城乡社会的各有不同的国民性，发表自己独特的见解。沈从文(1902~1988)，湖南凤凰人。他所生活的湘西沅水流域，地处湖南、四川、贵州三省的交界，是土家族、苗族等聚居的地区。沈从文身上便有苗族的血统。这地区由于地理的偏僻，经济文化落后，曾被称为“中国的盲肠”。人民生活中保存着许多古风，流传着赶尸、放蛊、落洞等似真似幻的离奇、神秘的传说，也还有着原始的带着奇特野性的习俗。在半封建的中国社会里，这是个生活形态很独特的地区。沈从文出身于当地一行伍世家，高小毕业后从军，辗转于三省边境和沅水流域，因而非常熟悉这里的淳朴善良、充满生命活力却又带着原始性、野蛮性的底层民众的生活和习性。这里人民的独特的生活样式和淳朴的乡俗民风，给了他深刻的印象，也培育了他对民间世俗生活的特别的兴趣，促使他思考人生和人性问题。后来，他大量地描写湘西的民俗、民情、民风、民性。这里的各色人物，从行伍、商贾、船夫、水手、渔民、匠人、娼妓、巫师直至土匪等三教九流，都被他写得具体、形象，十分生动引人，构成了完整、奇特的湘西世界。这成了他对中国现代文学的独特贡献。

1923年，沈从文离开湘西来到北京，此后在《晨报》副刊、《现代评论》等报刊上发表小说，开始用他从湘西带来的特有的眼光，与在北京得到的对都市文明的感受和体验，两相参照，形成了他的人性观，构筑起他的独特的文学世界。1926年，出版了第一部小说集《鸭子》。30年代是他创作丰收的时期，1928年后连续出版了《入伍后》、《雨后及其他》、《神巫之爱》、《旅店及其他》、《龙朱》、《虎雏》、《都市一妇人》、《月下小景》、《如蕤集》、《阿黑小史》、

《八骏图》、《新与旧》等中短篇集和长篇小说《长河》等。1949年前总共出版小说、散文、传记等约六七十部，是现代文学史上产量最多的作家之一。

沈从文进入城市后，喜欢称自己为“乡下人”，这个称呼已经能够说明他对城市的观感。这位深受湘西民风熏染的作家，很快就发现城市生活中令人厌恶的风气。他用“乡下人”的眼光看到了在“现代文明”的背后，在那彬彬有礼的谈吐举止的背后，上流社会一些人物的灵魂却是庸俗、低下的，人际关系中表现出的是自私和道德的沦丧。他当然不会有好感，也就不会给这些人物好看的颜色。他写了《绅士的太太》、《都市一妇人》、《八骏图》、《大小阮》等带有暴露性和讽刺意味的小说。在《绅士的太太》的开头，他表明是在给高等人造一面镜子，镜子里照出的是念经的绅士在外生活荒淫，而他的三姨太和从国外归来的大少爷相勾搭，而且还联合着把别人家的年轻太太拉下水。《都市一妇人》的女主人公，被引诱，受屈辱，还沦落为娼；为了不致重遭被遗弃的苦运，竟用毒药把相好的青年军官的眼睛弄瞎了。沈从文特别看到了长期在城市文明教育熏染之下，越是有教养的人们，越是习惯于把本是正常的、正当的人性的欲求，加以掩饰、遮盖；结果是使人变得很虚假，行为不自然，甚至造成人性的变异和歪曲，压抑、扼杀了人的生命力。他写了《八骏图》来批判文明人的病态的“阉寺性”。《八骏图》的主人公达士先生，在青岛休养时认识了七位教授，连他本人正是“八骏”。小说通过他的眼睛，写这些体面、端庄的高级知识分子，在对待两性关系上，表面的做作和潜意识里的庸俗、懦怯的病态心理。又通过他给未婚妻的信，来揭示他的灵魂其实是一样的卑琐、虚伪。这和作家所描写的湘西乡村底层男女性爱的大胆、自然，形成巨大的反差。他要批判那些压制人性的虚矫的感情、虚伪的文明。沈从文说，看惯了乡下人的自然的生存状态，熟悉他们的直率的性格，“使我对于城市中人在狭窄庸懦的生活里产生的做人善恶观念，不能引起多少兴味”，他们“忧郁强执不像一个‘人’的感情了”[1]。沈的笔有时也触及城市的下层，这里照样是缺少温爱的。《生》里一位玩木偶的卖艺人，一次次重复地玩着王九打倒赵四。原来他的心里隐藏着血泪辛酸，他的儿子王九死于与赵四的争斗中。老人心中的秘密当然没有人知晓，在这个社会上没有人会对他施舍一点同情。

与现代主义一些作品对城市现代文明的批判有所不同，沈从文所批判的并非因科技的发达和物质的丰足所造成的文明的失落和人性堕落。他的批判基本上还是比较单纯的文化的批判、道德批判。并且他的批判也没有引向宗教，而是引向他自己的天国，那个他所深深眷念的世俗世界，社会发展程度比城市更落后却保持着人性的原态的湘西世界。沈从文似乎无心来对现代都市和偏远乡村做学理的分析，他从单纯的人性的角度所做的审视，限制了他对城市生活的更深的开掘。他的这些城市题材的作品，不如表现湘西乡村的小说那样成功。在那里，他要通过笔下的湘西世界，表达自己的见解——人应该怎样生活，怎样的生命才是合理的、符合人性的，这里面可以看到他对于人生的理想。

在探究沈从文的湘西小说时，不应该忽略了他的三部描写湘西生活的散文集，即《从文自传》、《湘行散记》和《湘西》。这绝非一般的游记或乡土回忆，他写这些散文并不是要人们跟随他去寻幽探胜，以满足猎奇心。他认为应该排除那些奇风异俗的神秘性，在为其中一些极端的愚昧、落后的心理、习俗感到痛心的同时，去发现里面保存着的未受现代文明浸染的人的真实、勇敢和充沛的生命力，为其在社会的进步中可能消失来担一份忧虑。沈从文并没有一味地肯定乡下的生活，他说看到了民间许多"蠢事"，这些事按常理来说，是"愚昧"、"怪异"、"野蛮"的，这里的人可能不理解生命的价值，曾令他产生"无言的哀戚"[2]。这些事肯定会令有的作家产生改造国民性的痛切感。但沈从文同时也从另一个角度看到了这些现象中所蕴含的人性的力量，所包藏的人类的强悍的生命力。大概在他进入大城市后，在与城市文明的对比中，这种感觉更加强烈了。

散文的纪实性使它更具真实感，其中很多故事成了他的小说的素材或原型后，这些散文便成了理解他的小说的一把钥匙。也使人深信，正是湘西哺育了沈从文，没有湘西就没有沈从文。在《怀化镇》一文中，记卖豆腐的青年男子爱着一女子，在她活着时得不到，死后掘坟盗尸，与其尸体亲热，这情节后来衍化为小说《三个男人和一个女人》。青年人因此获罪，在被执行死刑前，沈曾问他为什么做这样的事？答曰："美得很。"他以微笑面对死亡，这给了沈以深刻的印象。卖豆腐青年之所为从道德、法律上来评论，都是不允许的。但沈从"美得很"的回答中，看到人性的力量，看到人性欲求的强烈和决绝，甘愿以生命相抵；所以在小说里，描写女尸被放在鲜花上。沈自己说，对他看到的事不以“社会价值”来估定爱憎，也不用“道德君子的感情”去对待。他不“领会伦理的美”，只是以“艺术家的感情”去看这些现象[3]。他说自己是“一个以鉴赏人类生活与自然现象为生的乡下人”[4]。这种与众不同的态度和观点，可能是他的作品长期不被理解的缘故之一。《一个大王》记土匪大王的传奇性经历，这个土匪头子凭着自己的本性无拘无束地活着，做着自己想做的事，为此也不惧、不惜以生命为代价。沈显然认为这比那些扭曲人性而不自然地活着，要更好些。在散文《鸭窝的夜》、《一九三四年一月十八日》、《一个多情水手与一个多情妇人》等篇中，写到辰河上的水手和妓女的感情，后来成为小说《柏子》中的人物的原型，说明沈是根据辰河上看到的同类人物，塑造了柏子这个“有人性的多情水手”的形象。沈从文看到草根阶层在表面的粗野之下有着文明人所没有、少有的真情，不禁慨叹乡下的妓女也比城里的人更有真情，他要歌唱这种朴实的情感。他从湘西乡村的许多人物、事件中，看到了顺从着人性“所发生的景象，如何离奇，如何眩目”[5]。那些“化外之民”做出的反常规的事情，其实只是循着生命的自然进程，自由自在地生活，这才是自然、真实的人的本性。沈从文的这种观点基本上是属于自然人性论的。“自然说所坚持的‘自然’来自自然哲学中的本原观念，特指人类本性。自然说认为人应该按照自己本性决定自己命运，不应受外在法律和习俗的约束。”[6]沈从文的湘西题材的创作，张扬人的自然性的合理，反对加以压抑或扭曲。他说要在“一切有生中发现了‘美’，亦即发现了‘神’。……生命之最高意义，即此种‘神在生命中’的认识”[7]。这些成了沈从文小说的最有特色的部分。

这样，在沈从文的小说中就有两个世界，城市的世界和乡村的世界，就有了两个世界的鲜明对比。1928年，他在《阿丽思中国游记》中，写阿丽思所遇到的农民，虽然野蛮，却坦诚谦虚，强过假绅士。他把最大热情给予了湘西的乡村世界，希望在自己的笔下保留住自在自足的原态的湘西世界，保留住这里的丰富多彩、极具地域特色的乡土风貌和人民的生活图景。无论是水乡市埠或山野村庄，在他的笔下既是和谐雅丽的诗，又是富于光色的画。他自己也说：“最亲切熟悉的，或许还是我的家乡和一条延长千里的沅水，及各个支流县分乡村人事。这地方的人民爱恶哀乐、生活式样，都各有鲜明特征。我的生命在这环境中长成，因之和这一切分不开。”[8]他要写出这里底层的人民，没有文化，言行粗野，好像不很文明，但能够不掩饰自己的真实欲望，把“自然性”的一面坦率地表露出来，显得更自然，也更健康。

《夫妇》写农村一对年轻的新婚夫妇走娘家时，在大草堆里做那被认为是羞耻的性事。周围的人提议用各所想出的法子惩罚、羞辱他们。叙事主人公璜认为，他们的欲望是人所共有的，反而是要惩罚他们的那些乡人是很无聊的。璜帮助他们解围，还把青年女子头上的野花留作纪念。这一举动当然表明了作家欣赏的态度。《雨后》中也有一对农村男女青年，也写他们的野合。女的读过书，会念几句诗，男的听不懂，但他的“撒野”、“放肆”令女子“醉到不知人事”。作家似乎想要表明，返璞归真的人性本来是最美的，比诗还美。《柏子》写辰河上的水手和吊脚楼里的大脚婆妓女，说着粗鲁的话，相互调情。通过这样的描写，传达他们在粗鲁后面的真挚情意，把嫖客和妓女的金钱交易淡化，淡化到了简直看不见了。他们都那么卑微，情感却那么真挚，就像一对热恋的情人，读者能感到他们是可爱的。沈从文感慨文明社会失落的人间真情，还在这蛮野之地、蛮野之民中闪着亮光。沈从文的这些小说都涉及了性爱，而且他的大部分作品，包括城市题材的《八骏图》等，情节也往往是与性爱有关的。这还是与沈的自然人性论的观念相关，性爱既是人的本能，应该包含在他所追求的“不悖乎人性”的人生形式中，应该是合理的，不必故作“高尚”、“文雅”而加以束缚、压制或遮遮掩掩。他以这样的认识来考察不同社会、文化背景下的文明，肯定自然的、健全的人性，批判那些病态的戕害生命力的伪道德、伪文明。

但沈从文也并非只重肉而轻视灵的一面，他还要构筑一个善与美的理想世界，那当然仍属于湘西世界的，只是把时间推向遥远的过去。他据民间风俗和佛经的材料，尽情地讴歌带着原始性的湘西少数民族的爱情生活。那一桩桩动人的甚至有点欧化气味的爱情故事，实是作家梦幻里一个个极乐世界的象征。这就是《龙朱》、《媚金，豹子与那羊》、《月下小景》等。在这些篇章中，用带着浓厚浪漫主义色彩的笔致，写苗族人民淳朴坚贞、洁白无瑕的爱情。那里是景美、人美、歌美、情更美，说不尽的委婉动人。《月下小景》写到原始野蛮的婚姻陋习，本是悲剧的题材，因为着力渲染青年男女的纯真爱情而成了一曲真诚的爱的颂歌。也许作家更希望这一切发生在现实的土地上，于是他又写了著名的中篇《边城》，后来这一篇竟成了他的代表作。作家明确地声明,他并不是为了带领读者到边城去旅行:“我要表现的本是一种‘人生的形式’,一种‘优美,健康,自然,而又不悖乎人性的人生形式’……为人类‘爱’字作一度恰如其分的说明。”[9]地处三省边界的茶峒,生活是那么宁静、安谧,然而又是停滞、沉闷的。人们对生活的要求十分低微,知足常乐,少有变革的企望。所以作家说他固然希望给人带来勇气和信心,却只能给予一点怀古的幽情,甚或只能给“一次苦笑”、“一个噩梦”[10]。好在这些都不是读者所关注的,他们被作家编织的感人肺腑的爱情故事所深深吸引了:茶峒乡船总顺顺的两个儿子天保、傩送,同时爱上了碧溪岨渡口老船夫的外孙女翠翠。按照当地风俗,二人应该各自呈献自己的歌声,任凭翠翠选择。天保不擅歌,但傩送宁愿替他歌唱。天保不受,毅然外出,不幸中途遇难。哀伤的傩送也出走了。经不住这打击的老船夫,在一个暴风雨之夜溘然长逝。江边的白塔也倒了,渡船也漂走了,只留下了孤独的翠翠。虽然好心的顺顺要接她回家,但傩送呢?“这个人也许永远不回来了,也许明天回来!”这爱情的悲剧如此凄美,却又那么暖人心怀。作品中几乎没有一个人物不是美与善的化身。温柔天真的翠翠、她的殉情的双亲、侠骨柔肠的外祖父、豪爽慷慨的顺顺,都具有作家所想望的“人性”美。还有那一对爱情上竞争的对手,相互毫无嫉妒怨恨之心;傩送为了纯真的爱情,宁愿放弃一座碾场的陪嫁,而选择了渡船;天保则宁愿牺牲自己的幸福,希望成全弟弟。就连当年向翠翠母亲求爱遭到拒绝的杨马兵,最后也来照应翠翠。这里没有邪恶、贪欲、嫉妒,人人都那么和善、诚挚、自足、豪侠重义,古道热肠。这一切并非毫无生活根据的,正是在那宁静、安谧、停滞、沉闷的偏僻角落里,才保存着这样的古风,足以令作家怀念,又不免忧虑随着社会的变动,将失却这一切。所以他创造了美,又让美在一场风雨里被冲毁了。

湘西小说里还有一部分作品,可以看到受鲁迅起始的、以乡村回忆为题材的“乡土文学”的影响,触及某些发人深思的社会问题,有着鲜明的启蒙文学的特征。《萧萧》写女主人公 12 岁时被嫁到婆家,小丈夫还不到 3 岁。后来她被工人花狗的歌,唱开了心窍,做了妇人还怀了孕。于是按老规矩,她或是被沉潭,或是被发卖。只是由于偶然的原因,她生下个男孩而被婆家留下了。花狗虽然是类似柏子那种有强悍的生命力的青年,但作品不以他为主角,而突出地描写封建宗法制下婚姻的不合理性。作者还进而描写萧萧后来还是跟她的小丈夫圆房了，那时她（与花狗所生）的儿子已10岁，过了两年又忙着给儿子娶了个大他6岁的媳妇，这才是更可悲的。受害者对自身的悲剧并无半点醒悟，照着世代相传的老谱，她又亲自给下一代安排悲剧。《丈夫》写的是旧传统美德的消泯和解体。这当然是由于农村经济的衰败，农民为了求生，再也顾不得旧传统了。一些妇女出去“做生意”，也就是卖淫挣钱，这是得到丈夫允许的。由于生存方式的变换，她们失去了农妇的质朴与羞涩，不但肉体被蹂躏，精神也被锈蚀。连那麻木的丈夫也难以忍受，他终于带着妻子回去了。还有《牛》，写农民所受苛捐杂税的痛苦。沈的这部分作品，与描写农民的苦难、鞭挞他们的愚昧灵魂的五四启蒙文学是一脉相承的。

身处剧烈变动的时代，沈从文感受到了这变动的影响力。他未曾把农村全都看成世外桃源。他看到了“20年来的内战，使一些首当其冲的农民，性格灵魂被大力所压，失去了原来的质朴、勤俭、和平，正直的型范”。他既有怀念，也看到过去的毁灭。《新与旧》中通过一位老刽子手30年间两次行刑的不同遭遇，点出了时代的变迁。他还在《七个野人与最后一个迎春节》中，揭露国民政府残酷剿灭少数民族的血腥行径。他的未完成的长篇《长河》，“力图再现抗战前夕，蒋介石推行‘新生活运动’对湘西的影响，以及随后而来的蒋介石政权以欺骗手段，将湘西苗族武装起义送上战场，企图假日军之手一举消灭苗族主力的图景”[11]。从已成的第一卷看，这部小说如能完成，可能是反映现代湘西政治变动的力作。

由于沈从文的小说题材相当广泛，对待题材的态度也不尽相同，他使用的艺术方法也就是多样的，可以说是并用着现实主义和浪漫主义。一些作品写的是作家看到的现实生活，多求真切重现生活原貌，许多人物如翠翠、柏子、虎雏、盗尸的卖豆腐青年等，都有生活中的原型。作家既浓墨重绘湘西地方景色——河里上下行的船只，河边的吊脚楼……给人物活动制造了特有的生活氛围；又十分突出地写种种民间风习。高山丛林中对歌定情，幼小的男孩娶大媳妇，敢于违抗礼教的妇女被沉潭……从美好的到野蛮的，这些风习都化成了情节，使故事显出别于他方的特异色彩，也具有重要的民俗学价值。同时，他也借少数民族和偏远地区的自然形态的生活，来描画自己的理想世界的图景。他有意地删削落后和痛苦，甚至使用夸张的手法，使故事具有传奇性或神话色彩，把读者引入一个美妙神奇的梦一般的境界。这类作品的浪漫主义特点也是十分鲜明的。

沈从文的大多数作品，都不太显露自己的感情色彩，情节是明快的，感情是含蓄的。他揭露上流社会的丑恶，如《绅士的太太》，并不展览污秽的事物，只让读者意会得到。他也讽刺，但不露锋芒，往往通过一两个小动作，点出人物微妙的心理状态。像《八骏图》写那些教授的“变态的不自然”，从揭示他们表里不一的矛盾中，达到揶揄的目的。他批判不合理的事物，也只是平静地说上两三句话。《萧萧》的结尾写女主人公无动于衷地抱着幼儿观看儿子迎娶大媳妇，“同十年前抱着丈夫一样”。这点睛的一笔就有很大的震撼力。他的不少小说的结尾都收束得快，但因为含蓄，便有深长意味，并不给人草草收场之感。也有一些作品则有意制造一种气氛，来表现作者的情感并影响读者。《边城》中老船工去世，是在特大雷雨之夜。第二天，世界似乎变了样，翠翠的门前成了水沟，渡船不知何处去，而那有象征性的白塔也坍塌了。美的毁灭使人们益发觉得美的珍贵，为此作家制造了令人惆怅的场景。《菜园》中园主人的儿子、儿媳被杀害，菜园变成花园，到了菊花盛开之日，名士缙绅相聚赏菊，扶醉而归。小说写的是这一边的豪兴，人们感到的却是另一边的悲凉。

沈从文笔下多数篇章的语言，是朴素、洁净的。他着力运用这样的语言进行描绘。写景，有鲜丽的色彩；写情，也丰腴饱满。代表作《边城》兼具抒情诗的优美笔触，表现自然、民风和人性的美，提供了富于诗情画意的乡村风俗画幅，充满牧歌情调，形成别具一格的抒情乡土小说。他还常常变换着各种体式，结构多变，不拘一格，不循常例，显示了摸索使用不同角度和笔法写作，自觉地“求差”的成果，被称为中国现代文学史上不可多得的“文体作家”。

二、新的都市，新的感觉——现代派的小说

受日本新感觉派的影响——描绘病态的都市摩登生活——人的精神危机——性心理分析的成果——小说艺术的创新

20世纪30年代，中国小说界出现一个现代主义流派。这一派的主导人物刘呐鸥等人创办《无轨列车》(1928年)、《新文艺》(1929年)，翻译介绍日本新感觉派的作品，说新感觉派的作品“能够把现在日本时代色彩描给我们看”，“描写着现代日本资本主义社会的腐烂期的不健全的生活”[12]。同时介绍法国被称为新感觉派的作家保尔·穆杭，说他的特点也在“描写潜在的现代人的精神世界”，“现代文明的临死的苦闷”[13]。日本新感觉派是在上世纪20年代日本关东大地震后出现的，带着浓重的世纪末色彩的文学流派，成员有横光利一、川端康成等。刘呐鸥的小说深受日本新感觉派的影响，所以20世纪30年代中国的这个现代主义流派也被某些研究者叫做“新感觉派”。这一流派的主要成员还有穆时英和施蛰存，施蛰存主要受弗洛伊德精神分析学理论的影响，创作过许多心理小说。他们虽然只是个小流派，其创作却有着鲜明的特征。在《无轨列车》和《新文艺》停办后，又以施蛰存主编的《现代》为阵地，继续发表他们的现代主义小说。

刘呐鸥(1900~1939)，台湾台南人，于1930年出版唯一的短篇小说集《都市风景线》。穆时英(1912~1940)，浙江慈溪人，于1932年出版短篇集《南北极》，其中的《黑旋风》、《南北极》等用地道的市井语言写上海流浪汉的生活，散发着浓烈的流氓无产者的思想气味；稍后的《公墓》、《白金的女体塑像》、《圣处女的感情》诸集子，是他的现代主义小说的最重要的结集。穆还曾写过长篇小说《中国行进》，描写1931年大水灾后中国城市社会的生活。《现代》的主编施蛰存(1905~2003)，浙江杭州人，1929年出版短篇集《上元灯》，这个集子中的作品虽也重视心理描写，但还是用传统的手法。1933年他出了三部短篇集《将军底头》、《梅雨之夕》、《善女人行品》。这些集子中的不少作品，是现代最重要的心理分析小说。因此也有人把这一派称为“新感觉—心理主义”文学流派。

在20世纪20年代新文学作品中，从启蒙的视角反映乡土社会，占着重要的地位。知识分子题材的作品虽然大多写的是城里的事，但意图不在于反映城市生活。到了30年代，大都市(又以上海最为典型)日趋繁荣，更摩登化，也更殖民化了，人的欲望在城市的各个角落奔突而出，人际冲突更显得尖锐、紧张。在表面的灯红酒绿之下，城市生活中潜伏着重重危机，弥漫着颓丧、没落的情绪。这时，城市生活引起作家的注意，不同思想倾向的作家从不同的视角观照这一领域,城市题材的作品多了。其中左翼作家重在对城市作社会剖析。现代派的小说在新感觉主义的影响下,主要是从精神层面上反映并且批判现代都市生活。《新文艺》第2卷第1号(1930年)的“新书广告栏”上,有一段介绍刘呐鸥《都市风景线》的广告词:“呐鸥先生是一位敏感的都市人,操着他的特殊的手腕,他把这飞机、电影、JASS、摩天楼、色情、长型汽车的高速度大量生产的现代生活,下着锐利的解剖刀。”这大致概括了刘的小说,也是现代派小说的特色,那就是他们下刀解剖的不是一般的都市生活,而是摩登形态的都市,在中国也就是那最殖民化的都市的生活。这里享用着最新的科技成果、最时髦的消费、最富感官刺激的娱乐,一种堪称最新异的生活。但这新异的生活带来了城市人的精神危机,在纸醉金迷的环境中多的是理性的缺失,人际关系的冷漠,人的精神紧张而又寂寞,疲倦甚至沦落。与表面的繁荣对比,构成病态的现代都市生活、现代人的畸形的心理状态。西方现代主义往往揭示物质上的高度发达与人的精神堕落的反差,并且批判这种反常的现象,这也成了20世纪30年代中国现代派小说对摩登都市的重点描绘的内容。

现代派小说里出现城市里的舞女、职员、投机商、资本家、政客、失业者等形象,描写从喧闹的舞厅到宁静的别墅,各种现代城市生活中发生的事情,但所写的多是生活中丑陋的一面。穆时英的《上海的狐步舞》,开头写夜晚僻静街道上一个提篮的人被杀。接着写一个富豪人家父子夫妻间的糜烂生活。中间又插进一个母亲替她的做暗娼的女儿在拉客。通过这样几个同时发生在夜晚的画面,造成一种社会生活不安之感,这里蕴藏的各种矛盾不知何时会爆发,构成了“上海。造在地狱上面的天堂”的主题。《夜总会里的五个人》,写某星期六晚上夜总会里出现的五个现代人:投机破产的富户胡均益、失去青春的交际花黄黛茜、怀疑主义者季洁、大学生郑萍、被解职的市府一等秘书缪宗旦。这是一群被快速旋转的现代生活压扁了的人物,他们悲哀的脸上都戴着“欢乐”的面具。最后是破产的胡均益拔枪自尽,其余四个“欢乐”的人为他送殡,心里却想着能像死者这样安歇多好,因为他们在这现代的生活中都太疲倦了。现代派小说的共同特点是考察现代都市光怪陆离的各种现象时,着重表现在这种环境里人的精神堕落。刘呐鸥的一本《都市风景线》里全都是道德沦丧、精神堕落的“风景”。《风景》所画出的就是摩登、放荡的男女，以“赤裸裸地流露真实感情”为借口，行性乱之实，是实实在在的一道社会道德沦丧的污秽风景。《礼仪和卫生》写的也是男女的性乱，犹如换妻一般。律师的妻子以丈夫寻花问柳不“卫生”为由，跟别的男人出外去“换空气”，却让自己的妹妹来“陪”姐夫。《残留》的女主人公熬不住性的饥渴，丈夫刚去世就想跟别的男子乱来，甚至甘愿做“咸水妹”让外国水手侮辱。《两个时间的不感症者》、《游戏》都描写舞女，有的对待两性关系就像做游戏一般，有的只知自己的某一时间属于某人，而没有对人的真实感情。

穆时英也写舞女之类的城市底层小人物，从他的笔下还能在一定程度上看出作家心里对下层人物的同情。例如他的《黑牡丹》里写逃避舞客奸污幸而遇救的舞女，把自己说成是牡丹妖的化身，为的是不敢暴露舞女的真实身份，害怕遭人遗弃。但这个舞女自述她是“脱离了爵士乐，狐步舞，混合酒，春季的流行色，八汽缸的跑车，埃及烟……我便成了没有灵魂的人”。人除了肉欲便什么都没有了。她们本是都市的点缀品，供有钱人享乐的玩物，是被生活挤扁、精神遭到腐蚀，成了“没有灵魂的人”了。《薄暮的舞女》中的素雯，等待情人的救援，然而他破产了，救不了她，素雯于是赶紧向别的舞客献上殷勤。从这情节来表现人与人的关系只是金钱的关系，不过从中还能感到所包含着的受侮辱者的辛酸和作家对她的同情。

现代派小说大量揭示现代城市生活中的丑恶现象，但不走社会剖析的路子，而主要归结为精神的原因。他们觉得现代都市生活导致人的精神的危机。在这一点上，与在关东大地震后对生命充满幻灭感的日本新感觉派会有共鸣。中国的现代派小说家也有世纪末的情绪，在他们眼里，人是不可信的，生活中多的是阴暗面，缺少光明和希望。一切都可以用穆时英在《上海狐步舞》中一句点题的话来概括：现代都市是“造在地狱上的天堂”。无论眼前的生活多么五彩缤纷，人们最终总要走进地狱。人自身也是不可信的。穆时英在解释《夜总会里的五个人》时说：“每一个人，都是部分地，或是全部地不能被人家了解的，而且是精神地隔绝了的。”因此感觉越敏锐的人，“那种寂寞就越加深深地钻到骨髓里”[14]。他的一篇题为《Pierrot》（法语，意为丑角、傻瓜）的小说，就流露了这种阴暗的心理。小说写主人公潘鹤龄是一个“傻瓜”，他的作品没有人理解，他爱的异国女子也不忠实于他，父母又只把他当做摇钱树。他在失望中遇见一个农民在火中舍身救母，于是大受感动，认为只有工农才有“人性”，便毅然参加革命。被捕后立场坚定，因受刑断了一条腿，幻想获释后将大受同志们的欢迎。但出狱后，得到的却是怀疑。潘先生于是精神彻底崩溃。现代派的这类小说，使人感到人间没有可信的，生活是没有希望的。不仅一个潘鹤龄，在这荒诞世界里大家都扮演着“傻瓜”和“丑角”，都像《夜总会里的五个人》所写的，今天是四个人为一个人送葬，不可预知的是，哪一天谁人也来为这四个人送葬哩！所以，他们笔下的人物，大多都那么颓废、孤寂、忧郁甚至绝望，醉生梦死，还有那么多色情狂，好像明天就是世界的末日了。

现代派的小说非常注意描写人物的心理活动，施蛰存的多篇作品中心理描写都十分精彩。他受弗洛伊德精神分析学相当深的影响，很重视对人物潜意识的挖掘，同样偏重于性心理的细致描绘。短篇集《将军底头》，选取人们熟悉的历史故事，用弗洛伊德理论颠覆故事中原先所包含的宗教的、道德的意义。《鸠摩罗什》写道和爱的冲突，写宗教教义与性欲的冲突造成的双重人格。高僧鸠摩罗什虽识崇高的教义，而且已然修成正果，却还是个凡人肉身，经不住一次次情欲诱惑而精神崩溃。《将军底头》写种族和爱的冲突。唐朝将军花惊定，虽制定了管束部队的严格军纪，但他自己仍是爱上了美丽的吐蕃姑娘，战死后还提着自己的头颅驰马寻找她。《石秀》描写性欲心理，写《水浒》英雄石秀，因性欲而成为性的虐待狂，揭示他杀潘巧云的黑暗心理，解构了石秀杀嫂的英雄仗义的性质。施蛰存选择的故事固然都是很有兴味的，但并非为史而史，他要通过这些改编的故事来表现自己对人、对历史的观念，要使这样的观念成为观察历史、观察生活的普遍的理论依据。他同时用这样的观念来审视现实，在施的现实题材的小说中，同样贯彻着对性心理的分析和描绘。《梅雨之夕》通过主人公下班打伞送一邂逅相遇的女子回家，写他在这过程中的意识流动。《在巴黎大戏院》的“我”结交一个摩登女郎，写这个主人公在与女子交往过程中的微妙的心理活动，写出他的近乎神经质的、变态的性心理。这些小说都没有完整的故事情节，往往是接连着写人物的感觉、幻觉，或写主人公的内心独白。如果不是单纯的心理描写，而是将心理活动与一定的社会内容相联系，作品的内涵往往更有深刻性。如《春阳》写女主人公婵阿姨，在未婚夫死后，为了获得三千亩土地的继承权，而与他的牌位拜堂，甘守活寡。因无子嗣，族中人便盼她早死，好分她的财产。若是换一个作家，很可能展开这家族内部的矛盾。而施蛰存却全然抛开这些，只写婵阿姨只身到上海银行取款，在各种场合遇见男性时的感觉。她来到餐馆，便注意一位正在寻找座位的男客的态度；来到银行，又对年轻男职员的举动格外敏感。她处处希望得到爱的温情，然而人们只把她看成“太太”。小说表现出一个未婚寡妇的苦闷与变态心理，固然还是写的性心理，但透过这种心理，还能看到封建宗法制度如何戕贼人性。《春阳》因用心理分析的方法，写人的性心理而能自然地反射出社会关系和社会问题，被人称之为“心理现实主义”，成为现代短篇小说的名篇。

现代派小说的眼光主要盯住城市，对那里的现代生活持批判态度，在一定程度上留下了20世纪30年代中国大都会上海的面影。因为受弗洛伊德理论的影响，这种批判又着重在对畸形的性心理的揭示和分析。这是他们的长处也是局限。对资本主义社会施加给人的重压和腐蚀，造成心理的紧张乃至变态，作了一定深度的描绘，是他们为现代文学所做的开拓。但在用弗洛伊德理论来阐释现实生活现象时，也把弗氏的局限性承接了下来，他们过于热衷从性变态的特定角度来看城市，对人、对历史的阐释有其褊狭性。施蛰存《将军底头》中诸篇小说，写人的神性和兽性冲突，永远是道高一尺魔高一丈，实际上还是把人物行为的驱动力全归结为性欲，以致被认为是在图解弗氏的理论。《石秀》一篇描写主人公的“最愉快的是杀人”的思想时，渲染了“恐怖也是一种美”；对此，作家只是客观地展示，似乎认同了人物的观念。

刘呐鸥等人把源于西方的现代主义的城市批判，引进到了中国的现代小说领域，为中国现代文学增添了新的因素，产生了积极的影响。沈从文也在批判城市文明，比较而言，沈在这方面的成果，不及被他视为“海派”的这些现代派作品深刻。但是刘呐鸥等人的作品写大上海社会，还只能说表现了某一方面，而过多的弗罗依德的影响，又造成了他们创作的狭隘性。因此，他们始终只是个小流派。到了抗战时期，三个主将中有两人死于非命，这个流派未能继续发展便消失于现代文学的天空了。

现代派小说在艺术上有所创新。在新感觉主义的影响下，他们一面注意探讨人的潜意识，对人的心理深加挖掘。一面特别重视主观(五官)对外部世界的新奇的感觉、感受，将人物或作者的主观感觉、感受投射到所要描写的客体对象上。其所描写的客观场景，往往就是主观感觉或心理的表现；小说里的风景、场景，也是一个都市人的心理风景、场景。如果是心理发生畸变的人物，透过他的主观感觉或情绪，就会使得客观景象发生变形，或显得怪诞。靠着作家对生活的敏感，确也捕捉到许多对于客体的新奇感觉，所以小说的形象显得很新鲜，很奇特，但又是很合理的。如《Pierrot》中用浓重色彩写街市，就是主人公在特定心理之下感觉到的街市：

> 街有着无数都市的风魔的眼：舞场的色情的眼，百货公司的饕餮的蝇眼，“啤酒园”的乐天的醉眼，美容室的欺诈的俗眼，旅邸的亲昵的荡眼，教堂的伪善的法眼，电影院的奸猾的三角眼，饭店的蒙眬的睡眼……
>
> 桃色的眼，湖色的眼，青色的睛，眼的光轮里边展开了都市的风土画……

这里并没有对街景的客观描绘，而是从主人公的感觉中看出周围的城市生活，充满了色情、欺诈、伪善、奸猾等，好像一只只贪婪的眼睛盯着路人。这样的描写传达出现代都市光怪陆离、嘈杂不安的景象，也表现出主人公思绪迷乱、无处着落的心态。写的既是摩登都市的场景，也是人物的心理场景。在同一篇小说中，写主人公思想矛盾时，抬起头来看到笔、墨水瓶、书、石膏像、帽子、床、花瓶等，全是黑色的，连古龙香水的香味、烟卷上的烟，也是黑色的。这种描写都表现了新感觉派的艺术特征，能真实地传达人物的心理状态。

新奇的感觉的运用也表现在修辞上，许多形容、比喻都是很新鲜、奇特的，但又能让读者体会到其中所含的深意。写灯光可以是“潮湿”的，光线可以是“桃色”的，声音可以像绢一样。云彩竟也可以流着闪闪的汗珠，那是人们在炎热的天气下，热情极端高涨时的真实感觉。作家感到人和社会的关系是疏离的，好像人被当作无足轻重的物体，被社会随意地吞吐着。于是看人群下车是被车子吐出来，进楼是被大楼吞到肚子里，等等。即便是单纯的从语言上来看，也是这一派小说的一种创造。

现代派的小说采用适应现代生活的快节奏的结构方法，加速情节的进展，如采用多线索并进的方法，有时如电影中的蒙太奇，剪接不同时间的画面，跳跃性较大。《夜总会里的五个人》开头写×月×日×时，齐头并进地写在这同一时间里五个人物的状态。然后描写夜总会中五个“快乐”的人，最后写四个送殡的人。就这样几段描写的并列，已经非常省俭而快速地完成了小说的主题。《上海的狐步舞》共四个段落，实是呈现了四个画面，把它们拼凑在一起，不用多加一语，主题自显。

但现代派小说并没有完全抛弃传统的手法，既不颠三倒四地打乱时间的顺序，也不用过分朦胧、神秘的语言，他们的意识流手法既使人有新颖感，又能够理解这手法的意图。像施蛰存的《魔道》，主人公乘车、访友、上酒吧，处处感到一个黑色妖婆的影子。通过这幻觉，象征性地表现社会上处处都有妖魔鬼怪；人们对这样的表现方法，容易理解。《夜叉》用了同样的手法，更带有一点恐怖的气氛，写主人公幻觉中处处都有个白衣的夜叉，有点像古代的志怪。人们对这样的手法并不陌生，又能理解这是表现了精神压抑下人的心理变态。

三、现代主义和现实主义的诗

“普遍的幻灭”下的诗歌——现代派的诗——“雨巷”诗人戴望舒——卞之琳等“汉园”诗人——乡土诗人臧克家

在各种文体中，诗歌是最适宜于表达感情的一种，它与不同历史背景下人的感情状态，关系当是最为密切的。20世纪30年代，受时局动荡所形成的那个时代的普遍情绪，对此时的诗歌创作便有着深刻的影响。五四之后，在个性解放思潮的鼓荡下，从郭沫若到徐志摩、闻一多等兴盛一时的浪漫主义诗歌，此时走向衰落。徐志摩意外遭遇空难，标志着新月诗派的并不意外的终结。20世纪30年代成名的一位诗人，后来回顾“四一二”政变后的诗坛说，那时的年轻诗人“所走道路不同，可以说是植根于同一缘由——普遍的幻灭。面对狰狞的现实，投入积极的斗争，使他们中大多数没有工夫多作艺术上的考虑，而回避现实，使他们中其余人在讲求艺术中寻找了出路”[15]。在这“普遍的幻灭”的思想背景下，诗歌艺术上的取法和探索，都与诗人的思想倾向、生活态度大有关系。左联的诗人还在唱着战斗的歌，另一些诗人则着重抒发自己浓重的幻灭感。这时小说中有“幻灭小说”,描写革命的失败和理想破灭的故事。在诗歌里宣泄这种幻灭情绪的就更多了,这是当时富有时代特征的文学现象。其中一些人为了寻找艺术的出路,就转向现代主义。当时被称为现代派诗人的戴望舒,就是有代表性的。上一节所述现代派的小说,选择都市批判为其主要内容,那是因为受着国外新感觉派的影响。现代派的诗也受西方现代派诗歌的影响,特别是20世纪20年代英国T·S·艾略特的长诗《荒原》的影响。《荒原》对第一次世界大战后西方资本主义世界的批判,艾氏所创造的“荒原景象”,最易引起有正义感的、有所追求又陷于幻灭中的青年诗人的共鸣。虽然中国青年诗人所要批判的“荒原”和艾略特是不一样的,那是革命理想破灭后,他们眼里的更加凄凉、衰败的社会景象。但他们诗歌的表现方法、感情色彩,仍然留下了“荒原景象”的鲜明印记。也还有一些诗人,虽因大革命的失败发生思想的震荡,但仍然面向现实,以回忆过去的生活来表示对现实的执着,如臧克家等。这两种人都在艺术上下了大力气,创作了不少精美的诗篇。20世纪30年代新诗艺术上的创造,主要来自他们的作品。

新月诗派衰微之后,现代派的诗在诗坛上兴起。现代派得名于《现代》杂志,也因他们以“现代”为标榜。该刊编者施蛰存在《又关于本刊中的诗》中说:“《现代》中的诗是诗。而且是纯然的现代诗。它们是现代人在现代生活中所感受的现代情绪,用现代的词藻排列成的现代诗形。”[16]这段话表明了他们的追求,他们的诗可视为20世纪20年代象征派诗歌的发展。在艺术上,他们不赞同新月派的格律诗主张,强调形式的自由,不讲究整齐和押韵;同时注重意象的显现、诗意的朦胧和晦涩。《现代》的另一编者苏汶说:“一个人在梦里泄漏自己底潜意识,在诗作里泄露隐秘的灵魂,然而也只是像梦一般地朦胧的。”所以诗的“动机是在于表现自己与隐藏自己之间”[17]。这些观念接近现代主义,也在戴望舒等人的诗中有所体现。

戴望舒(1905~1950),现代派最主要的诗人,浙江杭县(今余杭)人,曾留学法国,受法国后期象征派诗的影响。1926年,与施蛰存、苏汶一起加入共产主义青年团,因参加革命活动被捕,保释出狱后,适逢“四一二”政变。革命的失败对他的思想产生严重的冲击。与西方现代主义不同,这时自称在现代生活中感受了现代情绪的现代派诗人,他们的幻灭感是由革命失败所引起的。

戴望舒于1928年发表《雨巷》,写抒情主人公在细雨中彷徨于寂寥空巷,表达一种空茫、哀怨的心境。因为制造一种回荡的旋律和流畅的节奏,被誉为开辟了新诗音节的新纪元,从此诗名大震,有“雨巷诗人”的美称。他出过《我的记忆》、《望舒草》、《灾难的岁月》等诗集。但《雨巷》的诗节奏不符合现代派诗的主张。戴望舒认为诗不能借重音乐和绘画,“诗的韵律不在字的抑扬顿挫上,而在诗的情绪的抑扬顿挫上”[18]。他自己更喜欢《我的记忆》那样自由、洒脱的风格。

从戴望舒的诗中能深深地感受到浓重的幻灭的、失落的情绪。《雨巷》制造一个阴晦、潮湿、狭窄的环境,形成一种给人沉抑之感的气氛,选择像丁香一样“结着愁怨的姑娘”为意象,写这幻想中的人物也像梦一般地飘散了、消失了。一切都像梦,像太息那样地虚空、缥缈、不可捉摸;然而就是这些也都失去了,留下的除了无限惆怅的情绪,便没有别的了。这首诗十分典型地表现了人的幻灭和失落之感。在他自感满意的《我的记忆》一诗中,写记忆生存在“燃着的烟卷上”、“绘着百合花的笔杆上”、“喝了一半的酒瓶上”、“往日的诗稿上”、“压干的花片上”。这些群像构成一个小资产阶级知识分子的生活和感情依托的象征,但这一切都留在往日,于今只剩下记忆了。如果说地面上、现实生活中,自己所向往的、追求的已经消逝无踪,那么天上呢?《乐园鸟》中询问那在苍茫青空中飞翔的乐园鸟:“假使你是从乐园里来的,/可以对我们说吗,/……自从亚当夏娃被逐后,/那天上的花园已荒芜到怎样了?”这首诗借用弥尔敦《失乐园》的意境,里面明显地包含着T·S·艾略特《荒原》的思想影响,写的是天上照样也是荒芜的,凡是地上失去的,在天上也找不回来了。

如果说过去的理想已经失落了,那么现在剩下与失落感相伴随的,是那深深的孤独感和寂寞感,那“无尽的、寂寞的、凄凉的路”(《八重子》),以及走在这路上的无尽忧愁、烦闷、悲观和颓丧。《生涯》中唱道:“人间伴我唯孤苦,/白昼给我是寂寥;/只有甜甜的梦儿/慰我在深宵:/我希望长睡沉沉,/长在那梦里温存。”于是只有梦,可以作为唯一的追求。《寻梦者》一诗声明:“梦会开出花来的。/梦会开出娇艳的花来的。”但诗的最后说:“你的梦开出娇妍的花来了,/在你已衰老了的时候。”这句诗里虽有理想的追求需要终身付出的含义,但此时人也已经衰老,更表明了追求的困难,成功总是这样的悲壮。

这种情绪几乎遍布于戴的20世纪30年代的诗中。《烦忧》表现“寂寞的秋的清愁”。《秋天的梦》里只有“一些寒冷，和一些忧郁”。《白蝴蝶》形容蝴蝶的翅膀像书页，但“翻开的书页：/寂寞；/合上的书页：/寂寞”。这种情绪甚至贯串在长时间里，到了他写《过旧居》时仍表示：“只是寂寞，寂寞，伴着阳光。/生活，生活，漫漫无尽的苦路！”如果说李金发的诗中也布满颓丧情绪，却多少给人以“为赋新词强说愁”之感；那么戴望舒的情绪就是真实的、深沉的。

但戴望舒没有止于倾诉幻灭之情，他似在寻求一种精神的解脱，一些诗里可以看到诗人灵魂的挣扎。他从自己的切身体验，进而对人生做了思考，从一个大宇宙的背景来看人：“星来星去，宇宙运行，/春秋代序，人死人生，/太阳无量数，太空无限大，/我们只是倏忽渺小的夏虫井蛙。”宇宙是那样的宽阔宏大，运行不止，是人类认识无法达到的；所以宇宙不求人的了解，不求闻达，它也就无牵无挂。人们从中得到的启示，应是“为人之大道全在懵懂”，不妨活得潇洒：“也看山，看水，看云，看风，/看春夏秋冬之不同，/还看人世的痴愚，人世的倥偬：/静默地看着，乐在其中。”（《赠克木》）这首诗带有出世思想的色彩，是对理想主义的否定；但不是玩世，也许看风、看云还能看到自己所想望的景象，可以从颓丧中为自己开出一条路来。这里又透露出戴望舒的深刻的思想矛盾。他在《我的素描》中说，我是“寂寞的”、“悒郁的”，但“我是青春和衰老的集合体，/我有健康的身体和病的心”。又称自己是“年轻的老人”，“对于秋草秋风是太年轻，/而对春月春花却又太老”（《过时》）。既然还保留着“年轻”、“青春”和“健康”，不见得就毫无希望了。寻梦虽不易，但还相信“好东西”永存。《偶成》写“生命的春天”还会来到，还能听见“迢遥的梦”的呼唤：“这些好东西都决不会消失，/因为一切好东西都永远存在，/它们只是像冰一样凝结，/而有一天会像花一样重开。”所以他的某些诗还保留着一点亮色、一点热情。《断指》写诗人保留着一位牺牲的革命者的断指，“这断指上还染着油墨底痕迹，/是赤色的，是可爱的光辉的赤色的”。诗人珍藏着这永远的纪念，以它来激励自己：“每当为了一件琐事而颓丧的时候，/我会说：‘好，让我拿出那个玻璃瓶来吧’。”《夜行者》一诗写道：

> 这里他来了：夜行者！
> 冷清清的街上有沉着跫音，

从黑茫茫的雾，

到黑茫茫的雾。

虽是四顾皆茫茫，但他仍然“迈着夜一样静的步子”，不停地走着。这个形象与《雨巷》中那个“我”，意蕴是很不一样的，表现了诗人尚未丧尽的一点追求的愿望。

李金发写象征派的诗，给人以生涩之感。到了戴望舒，由于他以及同一时期另一些现代派诗人，对中国古代文化的颇深的修养，他们摒弃了李金发的过分奇异、怪诞的诗风，追求把外来的新形式与古典诗词艺术相融化，因而无论从意象的选择、语言的运用、意境和气氛的制造，都可以说是中国化了，其成熟性远非李金发可比。可以说，西方现代派的诗艺到了20世纪30年代，已被中国的某些诗人所消化，从而产生了属于中国的现代派诗。

戴望舒诗中大量象征性的意象，大多与诗人的主观情绪相融合，使这些意象中饱含着浓烈的诗情。又因贴近诗人所欲表现的情绪，也并不过分朦胧、晦涩。其中最突出的一批意象含有诗人的自我写照，如寻梦者、夜行人、游子、流浪人、单恋者、薄命妾等等，这些均与《雨巷》的独行者属于一类。但《雨巷》没有像别的诗那样去雕饰意象，只在“寂寥的雨巷”这特定的环境中，写“我”的梦幻，梦幻中寂寥的我遇到一个“像我一样”的姑娘。这姑娘像丁香一样的“结着愁怨”，投出“太息一般的眼光”，“像梦一般地凄婉迷茫”。但是在雨中：

在雨的哀曲里，

消了她的颜色，

散了她的芬芳，

消散了，甚至她的

太息般的眼光，

丁香般的惆怅。

“我”的想象所描画的姑娘，是“我”的主观情绪的外化，在她身上也映照着“我”自已的形象。因为涂抹着许多“我”的愁绪，便更有诗情，更有艺术的感染力。从一个朦胧的、虚幻的形象中，让人们强烈地感受抒情主人公实体的情怀。

象征派诗要避开现实主义的直写、浪漫主义的直抒，讲求曲折地表现主观情绪。这一点，也在戴望舒的诗中有所体现。他的某些诗，意在言外。例如，诗中提供的形象似乎是爱情，甚至带有颓废色彩，但细细品味，所要说的完全是另外的意思。《到我这里来》发出希望“你”能到来的呼唤：“可是，啊，你是不存在着了……而我是徒然地等待着你，每一个傍晚。”这并不是一首情诗，其主题类似《我的记忆》，表现诗人的幻灭感。又如《我的恋人》，诗里恋人只是想象中的，所以“我永远不能对你说她的名字”，实际上我是没有恋人的，生活中所要追求的，都是空的。表层意似在写爱，深层意是表现内心的痛苦。这种表现方法，使现代派诗人的诗往往具有多义性。加以某些诗的意象之间关联词的省略、思绪的跳跃，也使戴望舒有的诗略为晦涩。

戴望舒并不过分追求“远取譬”，他的譬喻方法大多既较为新鲜，又较为适切。如用飘荡的云喻心中的烦闷，用翔飞的虫鸟喻心灵的颠簸等等。他用女子的嘴唇，形容秋天枫林的颜色；用远山啼哭得发紫，描写太阳的落山。“青色的灵魂”、“绛色的沉哀”、“天青色的爱情”，这些色彩的使用，也表明他对色泽感觉的敏锐。他还能感觉到“秋天的梦”有轻重，并将它与“牧女之恋”联系起来，又显出联想的丰富。但因为主观的感伤情绪，也使他在自己的诗中，过多地运用了某一类形象：夕阳、荒冢、老村、死叶、残月、怪枭、昏灯、溟雨……这类形象使他的诗的感情色彩更加昏暗。

尽管戴望舒不主张诗的音乐性，但即使在《我的记忆》之后的诗，也还是比较整齐而富节奏感的。《雨巷》大量使用重叠、复沓、叠韵，造成柔婉的节奏，极好地帮助了情绪的表达。他的诗仍比一般自由体诗富于音乐美，这或者是不自觉地受新月派的影响。在诗的情调上，则有晚唐五代词的纤丽之风，不少意象来自古诗。《雨巷》中用“丁香”形容哀愁的女子，就是取之于“丁香空结雨中愁”（南唐李璟《浣溪沙》），这是古代诗人常用以表达“轻愁”的意象。《旅思》在“栈月星饭的岁月”中，用“寂静的促织声”，给旅人以安慰。《秋夜思》开头写“谁家动刀尺？/心也需要秋衣”，结尾则说“而断裂的吴丝蜀桐，反使人从弦柱间思忆华年”。这些意象都取自古诗，虽然不一定新鲜了，却造成了古诗词的氛围气，是戴望舒现代派诗较接近民族欣赏习惯的一大因素。经戴望舒等的努力，中国读者陌生的诗歌形式，也在向着与民族传统交融的方向迈步。

抗战爆发后戴望舒到了香港，香港沦陷后曾被捕入狱。经受了血的洗礼和锻炼，他的诗风发生了很大的变化。1939 年的《元日祝福》，标志着他的诗歌创作从现代主义走了出来，转向浪漫主义。这时的诗收于《灾难的岁月》(1948 年出版)中。《心愿》写得朴素而真挚，表现了侵略战争怎样打破了知识分子的普普通通的生活，他们追求宁静安逸已不可能。唯一的路就是投向广大群众的抗日洪流。这首诗真实地表现了戴望舒的思想怎样踏上新的境界。《过旧居》、《示长女》等诗都留下类似的思想足迹。在苦难中怀念祖国，想象着未来，表示对胜利的等待与信心，成为此时戴望舒诗歌的中心内容。《狱中题壁》写一个死在敌人狱中的爱国者的“唯一的美梦”，那就是当胜利之日，能被自己的同胞掘出尸体，让他“曝着太阳，沐着飘风”，“把他的灵魂高高扬起”。这是用梦幻的形式表达对祖国的一片忠魂。《我用残损的手掌》写沦陷区在日本帝国主义蹂躏下“变成灰烬”，只剩下“血和泥”。诗人“寄与爱和一切希望”，给予那辽远的“依然完整”的一角，即还没有被敌人占领的祖国土地，“因为只有那里我们不像牲口一样活，蝼蚁一样死”。这首诗让想象跨越辽阔的空间，真切地表现了沦陷区爱国者热爱祖国之情。其他如《等待》揭露敌人的种种残暴行径，表现急切盼望解放的心情。《偶成》则表达胜利一定到来的信心。这些诗因为多表现侵略者铁蹄下人们于深夜盼望天明的心情，表现对光复和解放的美好想象，都带着浪漫主义的特色。

20 世纪 30 年代重要的现代派诗人，还有卞之琳、何其芳等。他们与李广田当时是北京大学的同学，于 1936 年出版了三人的诗合集《汉园集》，因而有“汉园三诗人”之称。卞之琳(1910~2000)原为新月派诗人，出版的诗集有《三秋草》、《鱼目集》等。他们当时也都体验了大革命失败后的阴沉的政治气氛，卞之琳说那时“我彷徨，我苦闷。有一阵我就悄悄发而为诗”[19]。这时，西方 20 世纪 20 年代现代派的诗引起了他的共鸣，对他的诗歌创作和艺术探求影响颇大。前期的一些诗以北平街市景象为题材，可以称之为组诗。如写卖酸梅汤、卖烧饼老人的《酸梅汤》、《苦雨》，写卖冰糖葫芦、卖萝卜者的《几个人》，写茶馆的《路过居》，写满天风沙、荒凉冷落的《春城》、《西长安街》等。

他自述这些描写北平灰色街景与波特莱尔写巴黎街头穷人和T·S·艾略特的诗的影响有关[20]。他并不直接抒发当时的彷徨、苦闷,而是通过这些古城的荒凉、沉闷,人物的麻木、呆痴,综合地造成一种景象和氛围,象征着人和社会的没落。这些诗画出的图景那样具体而富有地方色彩,并不荒诞却是无边的荒芜,不妨称为中国的"荒原"!类似的方法如《古镇的梦》,以古镇为意象,写小镇白天的算命锣和夜里的梆子:"是深夜,/又是清冷的下午:/敲梆的过桥,/敲锣的又过桥,/不断的是桥下流水的声音。"用这几种声音构成一种单调的、停滞的、死气沉沉的环境气氛,给人一种窒息感,虽然有声却"一样的寂寥"。题目为"梦",生活在这里的人都还在梦中,看不到他们哪一天才能醒悟。写的是古镇,同样是象征着社会的荒凉和衰败。《旧元夜遐思》写人都在睡梦中:"人在你的梦里,你在人的梦里。"独醒者似乎无可奈何,只有"愁眼"相看。戴望舒诗中的寂寞是自己的感受,而卞之琳的寂寞更加广大,是对社会的、人生的感受。

卞诗也宣泄此时诗人心中的惆怅、忧郁与烦闷之情。如《记录》写街景朦胧、昼梦沉重,一天生活的记录恰如"一片皱折的白纸"。《奈何》表现了一种落寞而不知所从的情绪。《一个和尚》写做一天和尚撞一天钟的生活,昏沉沉地,连梦也是苍白的。诗人对生活前景,还是茫然的。《道旁》写一个"家驮在身上像一只蜗牛,/弓了背,弓了手杖,弓了腿"的倦行人,他要问路,却问不到路在何方,因为所问的人只知看流水里的流云。《归》也写找不到路,"伸向黄昏去的道路像一段灰心"。也有少量的诗表现在彷徨中不甘沦落、坚持前行的精神,如《长途》一面写长途像一条压在肩上的沉重的扁担,一面也表示"不能不向前望"的心情。在"九一八"后,有的诗中也隐隐流露出"对祖国式微的哀怨"。如《尺八》写身在日本、心念祖国,对失却昔日光辉的文明感到悲哀。

值得注意的是卞诗中带批判性的部分,更鲜明地体现着现代主义的思想特征。《寂寞》一共八行诗,概括了现代人的悲剧。进城的农人为了谋生,必需报时的表,而且是"夜明表",因为夜间也要干活。这个表是象征现代生活的,没有表就不能计算分秒,在讲科学、讲"现代性"的环境里就无法生存。一直到他死了,表还在走,继续尽着提醒他、催促他准时出工的责任。可是又有谁来提醒、催促着关心人的生命?与之对比的是儿时的农村生活,那时枕边不用放个表,还可以放着自己喜欢的蝈蝈,而蝈蝈也还有墓草的家园。现代社会比自然经济下的农村要进步,但社会越进步,科学越发达,人越是变成了工具,社会对人也越无情。

卞之琳十分注意诗形式的探索。他的诗均较短小、精练,重视“顿”或“音组”的整齐,借鉴十四行诗,在用韵上做了许多试验。卞诗从意象到诗的语言、外形,更接近新月派的诗,又能敏感地捕捉生活中的诗意,如从北平人手掌中磨着两个小核桃,感到一种慢吞吞的生活节奏,写出了“一个人赶了过去又一个,/他不管,尽是低着头,低着头”的诗句,表现一种无聊、沉闷的生活气氛。他的想象常是鲜美的。他用“大香炉”形容多灰尘的北平,把风沙说成是飞着的狼和虎;他把弓着背、拄着手杖的行人形容为一只蜗牛,好像把“家驮在身上”,这可以引起许多联想。他有时模仿艾略特、魏尔仑和瓦雷里,到了1934、1935年,许多诗句子和段落之间思维的跳跃很大,诗意相当晦涩。总共四句诗的《断章》,引申出了多种理解。《距离的组织》一诗,诗人曾详加注释,仍然是难解的。没有一定感悟或想象的能力,就无法解读这些诗。但解读这类诗的过程,应该同时是一个审美感受的过程,考索的结果应该是一个新的艺术天地的发现,因而带给人以美的享受。卞之琳的诗并非都能做到这一点,但确也有一些诗晦而不涩,如1937年的十四行诗《淘气》,用各种暗喻来表现爱情,写得活泼而有生趣,人们拨开那朦胧的迷雾时,能够感到艺术手法上的独到之处。

卞之琳说自己在20世纪30年代由于方向不明,所以诗创作是“小处敏感,大处茫然”[21]。确实,他的诗是细腻的,表现出诗人艺术感觉的敏锐,而这也是何其芳的特点。何其芳这时的诗,后来收在《预言》中。这些诗的基本倾向与卞之琳也很接近。正如卞之琳有他的北平组诗,何其芳也写有《古城》:“长城拦不住胡沙/和着塞外的大漠风/吹来这古城中,/吹湖水成冰,树木摇落,/摇落浪游人的心。”何其芳也是以感叹寒冷风沙笼罩下一座落寞的古城,来抒发自身对社会的凄清之感、悲凉之情;而他曾自承,这是受T·S·艾略特《荒原》的影响。也如戴望舒的《寻梦者》,写作散文集《画梦录》的何其芳,在他诗中也有许多梦。在《季候病》中他说:“我是梦着,忆着,怀想着秋天!”而在《失眠夜》里说“梦里也是沙漠”,在夜行的车上,“载着各种不同的梦,/沿途捡拾些上来/又沿途丢下去”。那时的现代派诗人写梦,正是幻灭感的象征。但现实中没有的,梦里也没有,所以在《柏林》、《风沙日》等诗中,何其芳表现了人生旅途的寂寞、厌倦。他的感伤情调比戴望舒的诗更为浓郁。《季候病》里怀想着秋天的人,像"一湾小溪流着透明的忧愁",他说:"过了春又到了夏,我在暗暗地憔悴,/迷漠地怀想着,不做声,也不流泪!"在《慨叹》中慨叹自己饮着不幸的爱情的苦泪,"悼惜我丧失了的年华",追问"丧失了多少清晨露珠的新鲜?"

在艺术上,不同于卞之琳的文字淡泊,何其芳的诗色彩绚丽,一些诗给人以浓艳之感。诗的修辞十分讲究,使他的诗语言优美。同样写幽怨、寂寞、烦扰的情绪,或者写爱情的诗,都能表现得曲折委婉,一唱三叹。他听到"足音",便感到它"叹息似的"走近了;听到夜里的梆声,便感到它"迈着沉重的大步"走来;乃至看到小溪,那小溪也"流着透明的忧愁"。他极力地形容,用天使雪白的手臂形容声音的柔美,用没有水的沙漠比喻寂寞,而黎明则像是开放着的花朵。在他的诗里,万物都有声色、有感情,梦是银色的,平静也是银色的,露是悲伤的,睡莲也能从梦里展开它处女的心。他让笔下的万物都活动起来,夜里星空的静寂可以滴下来,农人的镰刀在饱食稻香,流水声睡了,睡在那绿草里。

比较起来,汉园诗人中李广田的诗,风格要浑厚些,创作方法上不同于现代派。他的诗有的也表现一种彷徨心情,《如第一站》。另一些诗则表现对现实的执着,表示"我无心于住在天国里,/因为住在天国时,/便失掉了天国,/且失掉了我的母亲,这土地"(《地之子》)。李广田的诗数量较少,他的成就主要在散文方面。

随着国内形势的变化,许多原先因幻灭而彷徨的知识分子在逐渐高涨的民族救亡运动的鼓舞下,政治热情也随之高涨。他们的诗风逐渐有了变化。卞之琳在抗战爆发前不久写的《灯虫》一诗,最后以"像风扫满阶的落红"宣告他将结束一个诗创作的时期。何其芳为表示告别过去而写了《送葬》,又在《预言》的最后一首《云》中,写他更多地接触了社会现实后感情的变化:"我情愿有一个茅草的屋顶,/不爱云,不爱月,/也不爱星星。"这些都预示着他们的诗创作将迈入一个新时期。抗战爆发后,卞之琳曾到过敌后根据地,创作了《慰劳信集》。他的诗仍然是紧凑、精致而且较整齐的,但内容是描写根据地抗敌的军队、民兵、妇女,也描写中共领导人。不但思想内容变了,诗风也变得较为朴素流畅。何其芳于1938年到延安，此后诗风也发生了很大的变化。

与现代派的诗并行的，是现实主义的诗歌；尽管也受到社会动荡的影响，仍有人执着地面对现实。这方面最有代表性的应是臧克家。臧克家(1905~2004)，山东诸城人，是受新月派，特别是闻一多的影响而成长的诗人。因为成长时期的社会背景不同，臧诗的思想倾向已经与20世纪20年代的新月派不一样了。他曾经参加过大革命，大革命失败后经历过流亡生活。人生的坎坷在他的诗中打下了烙印。1933年出版诗集《烙印》，以后又出版《罪恶的黑手》、《自己的写照》、《运河》等诗集。臧克家"生于穷乡，长于穷乡"，了解农民而且爱农民，深深地同情农民的命运，使他成为20世纪30年代以诗来回忆农村生活、描写农民苦难的现实主义诗人。

《烙印》是臧克家的第一部诗集，也是他的最有影响的诗集。其中有两类诗最为重要，一类诗表现诗人对生活的体味、见解和态度，他说过："我曾写下了《烙印》，《生活》，《希望》和《老马》表现我的人生观和生活态度。"[22]这一类诗保持着为人生派的思想特色，大致接近朱自清的《自从》、《匆匆》、《毁灭》诸诗的倾向。诗人写他所看到的生活："这可不是混着好玩，这是生活，/一万支暗箭埋伏在你的周边，/伺候你一千回小心里一回的不检点。"他又指着"希望"说道："你老是发着美丽的大言，/从来不知道什么叫红脸。/人类追着你的背影乞怜，/你不曾给他们一次圆满。""希望"既是一张永不兑现的空头支票，那么，在诗人看来，不但不可对生活空抱幻想，还必须处处、时时小心翼翼。《像粒砂》更唱道，"像粒砂，风挟你飞扬，/你自己也不知道要去的地方"，写出无法掌握自己命运的悲苦境况。面对这样的生活，臧克家在诗中提出了"个人的坚忍主义"，即不灰心，不颓丧，要能咬紧牙关，忍受困苦的磨难。在《生活》中说："在人生的剧幕上，你既是被排定的一个角色，/就当拼命的来一个痛快"，"当前的磨难就是你的对手，/运尽气力去和它苦斗"，只有这样，才能"活着带一点倔强，/尽多苦涩，苦涩中有你独到的真味"。闻一多曾指出，臧克家最重要的诗虽然是写农民的，"但是若没有《烙印》和《生活》一类的作品作基础，前面那些诗的意义便单薄了，甚至虚伪了"[23]。

臧克家对生活所持的"坚忍主义"，既含着中国农民的思想性格，也是他描写农民时的一种眼光。所以他的名篇《老马》,诗人自己说这是写他的生活态度的,却被普遍地视为描写农民命运的。《老马》中的形象带着象征性,用老马的境遇象征诗人所看到的人生:

总得叫大车装个够,
它横竖不说一句话,
背上的压力往肉里扣,
它把头沉重的垂下!

这刻不知道下刻的命,
它有泪只往心里咽,
眼里飘来一道鞭影,
它抬起头来望望前面。

诗人曾说最后两句是"写照人生"[24],那背负超重的生活重压,低头咽泪,便是"坚忍主义"的表现。臧克家说:"我所爱的当然是封建性的乡村,我所爱的,也还是悲剧型的农民。"[25]这种"悲剧型农民"正是他后来在一首《庄户孙》的诗中所写:"压死了不作声,/冤死了不伸诉,/累死了——/为着别人。"诗人认为他们勤劳、朴实、硬朗,有一颗光亮的良心。他爱他们,也受到这种农民性格的感染。他的《海》中还说:"乡村/是我的海,/我不否认人家说/我对它的偏爱/我爱那/红的心,/黑的脸,/连他们身上的疮疤/我也喜欢。"热爱农民,让农民的血流入自己的脉管,于是表现自己生活态度的诗,所选择的形象竟是一个地地道道的农民。

诗人也在某些诗中,如《天火》、《不久有那么一天》等,表现对变革现实的期待与希望。后一首诗中希望有朝一日,太阳从西天出来,黄河的水变清了,世道改变了。但这类诗的数量不多。

《烙印》中另一类诗便是写农民的,如《难民》、《老哥哥》、《歇午工》等,也有一些写其他下层劳动者的,如《炭鬼》、《洋车夫》、《贩鱼郎》、《渔翁》等。在后来的一些诗集中,特别是抗战时的《泥土的歌》中,还有不少写农村的。所以,臧克家可以称得上是"乡土诗人"。这些写农村的诗,描绘了连年的社会动荡下农村的破败。《难民》写背井离乡、流落在外的农民，设置了黄昏的特定情景，表现他们无家可归、前路茫茫的惨状。《村夜》则写动乱年代屡遭灾劫的农村，突出了农民的恐怖感。此类诗还有《答客问》等。诗人也写农民受欺压的痛苦，如《老哥哥》表现农民受地主的欺骗，把一生的精力耗尽后，便被一脚踢掉。写农民劳动辛苦的有《歇午工》等，表现诗人对劳苦者的深挚的同情。抗战后，农村题材仍在臧克家的诗中占相当比重，也时有佳篇。《三代》用极简约的诗句，概括了农民的命运："孩子/在土里洗澡；/爸爸/在土里流汗；/爷爷/在土里葬埋。"这三代人的境况，正好又是一个农民从生至死的经历。此时又因形势的发展，诗中更明显地流露了对农民受欺压的不平。长诗《六机匠》写一老实农民（织布匠）的坎坷一生，同时指出这样"一粒种子"，"埋在封建的泥土里"，不能开花结实，如果在集体农场中，他是可以成为劳动英雄的。

写其他劳动者的诗中，《罪恶的黑手》是重要的一首，描叙建筑工人们在铁鞭之下，用"罪恶的黑手"建起了雄伟的教堂，捏出慈悲的耶稣。此诗是诗人有意想从"过分的拘谨渐渐向博大雄健处走"[26]的努力，所以比起其他一些短诗显得较有气魄。臧克家曾写过多部长诗，艺术上往往不如他的短诗凝练、集中、有感染力。这"博大雄健"的追求，似乎与他的艺术个性并不相谐。

能代表臧克家诗歌艺术风格的那些短诗，多比较短小，却有很大的概括力。《老马》只用八句诗，用马头的一俯一仰，既概括了某种类型的农民的特性，又能鲜明地表现一种人生态度。《三代》实际上只用三句诗。《渔翁》则只有四句诗："夕阳里载一船云霞，/静波上把冷梦泊下，/三月里披一身烟雨，/腊月天飘一蓑衣雪花。"从春到冬，从早到晚，概括了渔人的生活。《村夜》写动乱的乡村，未曾用一句诗去写军阀混战、土匪抢掠，只短短数言，写农民"把心和耳朵连起，/机警地听狗的动静"，把紧张、恐怖的心态点出，足见他们生活的不安。凝练、集中、精粹是臧诗在艺术构思上的追求。有的诗人是把情感往外挥洒，臧克家则是往紧里收缩。就这一点来说，他是继承了中国古典诗词的构思方法的。

臧克家的诗被认为是现实主义的，这与他多用刻绘生活的方法有关。而在描绘现实时，真正做到精雕细刻。遣词造句都苦心经营，追求新颖、独特、形象化。《难民》中用"坠在"、"溶尽"写时光，用"牵动"眼光、"推入"朦胧、"牵回”异乡，来写流浪者的心态，这些动词都在诗句中格外亮堂，使描述更有动感。又用“沉重”形容“身影”，写“凄凉”被“支撑”，这种修辞上的搭配，也使诗更有形象性。同时，也使他的诗给人以精致之感；虽然有时雕琢过多，略感不自然。这方面也明显留着受闻一多影响的痕迹，但并无闻诗那种给人太文、太累之感。在语言的运用中，超越中间环节也给诗增添不少意趣。如“我抢着拾起洋火，/把一点温暖点在她心上”（《温柔的逆旅》），“列车动了，/拖着一厢救亡的热情”（《伟大的交响》）。偶尔也吸收一些象征派的手法，如“清水窒死了黑的呼吸”（《吊八百死者》）、“像鞭梢下的螺旋——在夜的尖上痛苦抽我”（《螺旋》）等。把多种手法吸收来描写现实，这有助于臧诗的艺术表现力。

臧克家写诗讲求严谨，但他反对形式上追求整齐，又反对完全散文化。他的诗在自然的基础上讲究节奏感，把诗的韵脚，看成“是感情的站口，节奏回归的强有力的记号”[27]。他的诗反映格律诗风格走向自然的趋向。

臧克家登上诗坛，正是现代派的诗风行之时。臧克家反对诗人坐在个人小天地里唱自己的小调，做那不想叫人看懂的神秘诗。他认为“把一句诗写得叫人人懂，懂了还觉得好，这难，把一句诗雕得只有自己懂这很容易”[28]，所以他写诗讲求平易、朴实，然而又认真、严谨，追求艺术的锤炼，形成自己的凝重的诗风。闻一多曾极有见识地以苏轼与孟郊的对比，来说明臧克家的艺术特色。臧的诗缺少豪放派的苏轼那种雄奇丰姿，然而却有孟郊的生活里磨出来的功力，他应属于新诗中的“苦吟派”。在20世纪30年代，他坚持诗歌反映现实，表现人民疾苦的创作道路，但又避免了政治情绪高昂却艺术粗糙之弊，对新诗艺术的进步做出了贡献。

四、多姿多彩的各类散文

何其芳的《画梦录》及其风格转变——李广田等的乡土散文——林语堂的幽默、闲适的散文——丰子恺等的人生体味的散文

在评论五四和20世纪20年代新文学的成就时，有一个得到当时作家普遍认同的观点，即在新文学的第一个十年里，各个文学部门中以散文的成

绩为大。新文学在第二个十年有了新的进展，譬如大型的作品——长篇小说、多幕剧等，都有很明显的收获，这对新文学是巨大的贡献。就散文本身而言，同样在发展中，品种更丰富，文字、风格更多样，更成熟；无论五四时期的老作家或此时大批新起的散文家，他们的创作比第一个十年有新的进展。

20世纪30年代散文中，以鲁迅杂文为代表的议论散文，取得巨大的成就，成为这一时期散文领域中耀眼夺目的部分。而且出于思想倾向、艺术主张的差别，杂文、小品领域出现不同风格的作品。同时，抒情、记叙、哲理散文，也有较大发展。其中抒情散文的创新尤可注意。

这时的抒情散文以何其芳的作品最有特色。何其芳(1912~1977)，四川万县人。1936年出版散文集《画梦录》，后来又出版《刻意集》、《还乡杂记》等。何其芳是从写诗开始他的创作生活的，他写的散文也像诗，只不过是“不分行的抒写”，他认为这更便于抒情。他想在现代散文艺术上有所创造，努力“证明每篇散文应该是一种独立的创作，不是一段未完篇的小说，也不是一首短诗的放大”[29]。这就是他所创造的像《画梦录》中那样一些抒情散文，曾被称为“诗人的散文”[30]，其实他写出的就是散文诗。由于此时的何其芳正是一位现代派的诗人，因此现代派的一些方法很容易渗入诗的近邻——散文诗或抒情散文。在过去那些寄情景物或借助叙事以抒情之外，又多了运用想象，选择意象，通过象征的方法抒写情感的散文。鲁迅在《野草》中用过这种方法，而《画梦录》在整体上使用了这样的方法。他不是在写梦、记梦，而是在画梦；也不是淡彩勾勒，而是刻意的精工细描，还要把梦涂饰得色彩艳丽。可以说，何其芳的《画梦录》同时还带有唯美主义的特色。

何其芳自述写《画梦录》时“感到了一种深沉的寂寞，一种大的苦闷，更感到了现实与幻想的矛盾，人的生活的可怜，然而找不到一个肯定的结论”，他称这时是自己的“苦闷时期”[31]。这一段话很集中地概述了《画梦录》的中心思想，那是与他这时的诗很相近的，他是怀着苦闷的心情描画对生活、对社会的幻灭感，描画孤寂和苦闷。在这种心境下，他“更喜欢T·S·爱略忒的那种荒凉和绝望，杜斯退益夫斯基的那种阴暗”[32]。确实，《画梦录》也带着荒凉、阴暗和绝望的色彩。《画梦录》出版后产生很大的影响，1937年还得了《大公报》的文艺奖，就因为其所反映的这种情绪，在“四一二”政变到抗战爆发这段时间里有普遍性，很能引起知识青年的共鸣。当然更因为它在艺术上的独创性,“雄辩地说明了散文本身怎样是一种独立的艺术制作,有它超达深渊的情趣”[33]。

《画梦录》的思想情调都与何其芳此时的诗相近似。《墓》、《秋海棠》等用选择特定意象来制造气氛。《墓》的构思类似戴望舒的《雨巷》,一个少年在想象中与墓中的少女相爱,那爱情是那么清淳、甜蜜。然而那只是梦,只是幻影,象征着生活中没有爱的温馨,没有感情的暖流。也使用某些历史故事、传说,如《丁令威》、《淳于棼》。丁令威学仙化鹤归来,此时昔日故人已复归于土,少年人却弯弓射他。被革职而落魄的淳于棼,梦里享受荣华,醒来对人说:“在那梦里的国土我竟生了贪恋之心呢。”这些篇都写在现实生活中感到的寂寞、孤独。还有一类略有情节,如《货郎》、《楼》等。但目的不在于讲述某个故事,只是借故事来制造某种感情气氛。走乡串巷的货郎林小货,与一大宅老主人间有一种特殊的关系。因为老主人从不出门,所以愿听他讲讲外界的事,与货郎之间有点心的交流。这样,“林小货是卖不了什么也得走走。而这些大宅第的主人呢,向来是不缺乏什么也得买点他的货”。然而现在老爷子病了,没有人来听货郎说些什么了,他“陡然觉到自己的衰老和担子的沉重”。从这个故事里透露出一种深深的寂寞感。《楼》里不能守成的纨绔子弟,只知盖楼,盖好便拆,终生未有满意之时;留下一妻一女,身后凄凉。这是个建筑空中楼阁的悲哀故事,也是作者对人世的一种感叹。一部《画梦录》,表现的多是这种幻灭、怅惘、孤凄的情绪,反映了一部分知识分子心灵的痛苦。也有《雨前》这样的篇章,写气候的干燥少雨以表现生活,包括感情生活的枯燥、干渴,从而发出“一个巨大的心的呼声”,希望生活中能听到雨声,能看到绿树的覆荫。在《梦后》中也说,“在万念灰灭时偏又远远的有所神往,仿佛天涯地角尚有一个牵系”。

何其芳的“梦”实是主观情绪的象征,它是那么缥缈,作家却要把它“画”出来。这首先是意象的选择,必能满含着作家的主观情绪,如上述各篇,或用想象,或用传说,所造出的意象都能形象、生动又充分地作某种情绪的化身。《梦后》中用一古代隐者为意象,写他独自下围棋,左右手分执黑白子,自相攻伐。这意象很容易使人产生一种寂寞感。其次是围绕着中心的意象,又频频制造十分浓郁的气氛。《楼》在主体故事前后,特意写钓鱼,说上钩的鱼可怜,不会发出声音,又从钓鱼引出“我”的叔叔们在乡间被埋没。这些描写与盖楼这一文章的主体似不相干，但像是一个不吉祥的征兆，为主体故事的出台制造了氛围。在《雨前》中，写干裂大地和憔悴柳条的盼雨，写鹰隼对天色的愤怒鸣声，更是造足了气氛，使人感到万物都在盼雨，于是一句"然而雨还是没有来"，便给人以情感就要爆裂似的感觉。

何其芳散文的语言同他的诗一般，也是优美、精致的。在文字上精雕细镂，使被描写的对象纤毫毕现，有很强的可感性。《秋海棠》中思妇的一颗泪被描写得如此细致："……滑到美丽的睫毛尖，凝成玲珑的粒，圆的光亮，如青草上的白露，没有微风的撼摇就静静的，不可重拾的坠下……"这泪化为海棠花："两瓣圆圆的鼓着如玫瑰颊间的酒涡，两瓣长长的伸张着如羡慕昆虫们飞游的翅……朱色的茎斜斜的从石阑干的础下擎出，如同擎出一个古代的甜美的故事。"即使表达一种主观感情，也能写得非常具体、形象。如写把握不住光明而产生感伤之情："她用手紧握着每一个新鲜的早晨，而又放开手叹一口气让每一个黄昏过去。"(《墓》)又注意表现色彩的感受，如"黄色的欢乐"、"银样的鸣声"等，这就更增添了文字的浓艳。

何其芳尽力使散文更为艺术化。但是艺术上的繁重与思想的单一，形成了很明显的反差。像雾一般，庞大而又稀薄，湿漉漉的带着过多感伤的水气。有些作品很用力气却雕琢过分，形容过多。到抗战前夕，由于接触社会生活而发生思想变化，发现自己开始写散文时，"由于孤独，只听见自己的青春的呼声，不曾震惊于辗转在饥寒死亡之中的无边的呻吟"。现实的鞭子抽打他从梦中惊醒，他"也要使自己的歌唱变成鞭子，还击到这不合理的社会的背上"[34]。1936 年的《还乡杂记》，把描绘还乡的见闻与回忆糅合着，他的笔从梦境回到了现实，而且感情也粗犷起来了，文字自然也显得明朗、朴实。抗战后何其芳到了延安，此后出有《星火集》、《星火续集》，他的散文风格实现了大转变，从抒情转为纪实。何其芳原是个多愁善感的知识分子，《画梦录》这样的作品是他的特长、他的艺术个性之所在。一旦抛弃了"自我表现"，要转变为"忠实客观"的记叙，也就是把自己已经成型的最有特色、最擅长的本事丢失了。

抒情散文的重要作者还有丽尼(1909~1968)，他原名郭安仁，是剧联、左联的成员。他比何其芳更早些开始散文创作，著有《黄昏之献》、《鹰之歌》、《白夜》等散文集。《黄昏之献》中除个别带叙事性的篇章外，基本上是抒情散文诗集。因为个人经历的缘故，正如他在《黄昏之献》开头说的，“断裂的心弦，也许弹不出好的曲调来吧”，他写的也多是些秋风、冷雨、黄昏和黑夜，唱的是飘流曲、悲风曲、无言之曲，反映在大革命失败后的幻灭与苦闷。感情的内涵是悲哀的，但文字却不柔婉，像大江瀑布，汹涌澎湃，在形式的散漫中任凭自己的感情奔涌而出。到《鹰之歌》中，调子有了改变，从悲哀变为悲怆；艺术上也更成熟，每一篇的内容较集中，语言也较紧凑。《秋夜》把世界写成是一个大“荒原”，各怀寂寞与愁苦的人都离开乡村而去。同月写的《狼嗥》中，发出了反抗的“野之号叫”，用象征方法，由下山的饿狼喊出“我们饥饿”，“这世界是不能不毁灭的呀！”在《无业者》中，以在煤火上熬煎了13年的工人为抒情主人公，诅咒这“人吃人的世界！不让人活的世界！”在《行列》中，歌唱集体的战斗，“我”的手被满是油渍的手挽着，向前走去。《鹰之歌》以后，丽尼散文的战斗色彩比以前浓烈多了。

1938年，丽尼写了《江南的记忆》，怀念江南的土地，对国土的沦丧、同胞的受难表示悲哀，喊出“江南，美丽的土地，我们底！”他希望听到江南每一个角落里，人民拿起武器打游击的消息。此后，他不再从事散文创作了。

记叙性散文在20世纪30年代也有发展。李广田散文中记人的篇章就是很有代表性的。李广田(1906~1968)，山东邹平人，在他的《画廊集》、《银狐集》、《雀蓑集》中的散文大量是记人的。早出的《画廊集》中某些篇，如《黄昏》、《秋》、《秋雨》等表现知识分子的落寞情绪和矛盾的心境，因而怀念并且描写家乡的生活和人物。到了《银狐集》，记人就占了绝对优势。一直到抗战时期，他的《金坛子》等集子仍以写人的为好，所以也被视为短篇小说集。作家出身于农家，他自述是带着“乡下人的气分”，描绘“极村俗的画廊”，在他所写的人物中，大多与农村有关。如果他把这些素材写成小说，毫无疑问，他将是一位很出色的“乡土文学”作家。因此，不妨称李广田这部分最有特色的作品为“乡土散文”。

李广田描写农村的人物和生活，取了人道主义的大视角。《成年的悲哀》写他长于农村的可爱的小弟弟，父母为了不让他离开农村，能够一生务农，在他15岁时候就为他完婚。本是很活泼的小孩从此失去了童真，精神上受到压抑，他写信给哥哥，“热切而且可怜”地要求让他到外面看看。作者说他以“人的发现”的眼光，写农村少年的个性解放要求。《野店》描述荒僻村落的小客店，过往人物的风度、谈吐都带着古风；文中不时嵌入古代诗句，更增添了野店生活的古趣。这篇散文可以给李广田的人物画廊做个总的背景。在这样的背景下，他是怀着深挚的同情心来写各色农村人物，或者也记下些乡风乡俗。内容相近的《种菜将军》、《乡虎》、《看坡人》等，多是反映农民的贫苦、破产，人物都写得很有特色。《悲哀的玩具》以小写大，从对待小鸟的态度，写父亲情绪烦躁，祖母说他上不疼老，下不疼小。20年后，孩子长大了，懂得生活的艰辛，对父亲便由恨而悯。这种感情的变化，在于逐渐明白了父亲心境不顺，是因饥寒所迫，风雨所摧，点出了他的脾气不佳的根源。《老渡船》描写一位贫苦铁匠，像老渡船一样天天负一身别人的重载，最后无声无息地死去。《柳叶桃》写一美丽、聪明的农村女子，当了戏子被富户赎去做了三姨太，因受虐而疯的故事。《花鸟舅爷》记一个爱花鸟的贫苦农民，为了给亡母置办棺木而卖掉了门口攀花宿鸟的树。《山之子》先写登泰山所见景色和登山中的兴致与观感，突然笔锋一转，讲起山中传说的山鬼故事：哑巴的父兄均靠采百合花卖给游客为生，都死于失足坠崖，传说他们是被山鬼拉去做了替身。然而哑巴为了母亲、寡嫂和妻儿，“不得不拾起这以生命为孤注的生涯”，还在父兄失足的险峻山崖上攀援着。这个悲惨的故事与登山赏景的雅兴极不调和，表现了作家对贫苦人民的深挚同情。有一些散文怀着淡淡的哀情写农村小有产者的家道式微，如《五车楼》。李广田主要不是通过复杂的情节、紧张的矛盾冲突来塑造人物形象，如他自己所说，写的是些“没有故事的人物”。他只是用些生活的断片，加以抒情的佐料，寥寥几笔，达传神之效，有如素描、速写。这也正是散文与小说的不同。

抗战后的《金坛子》等集，故事性有了增强，原先偏重于以记人来抒发感情的特色反而减弱了。《冬景》、《活在谎话里的人们》写新时期里农民的苦难。《没有太阳的早晨》描写地主豪绅对农民的压迫，触及了农村的阶级对立。《水的裁判》写父辈有借欠关系的两位农民，互不认账，宁让房屋被雨淋塌，坚持要到河中去赌咒，结果二人均被激流冲走。作品揭示了人物心灵的麻木、愚昧，也表现了作家的无限感慨。

本时期还有一位散文家陆蠡（1908~1942），出过《海星》、《竹刀》两部集子。《海星》中有一部分是抒情散文，《松明》、《海星》等还带着哲理的意味。但最能代表他的成就的倒是一些写人物的，而且也多是写农村的人物。他有一些散文是回忆农村的童年生活，如《蟋蟀》、《八哥》等，和另一些写农村山水风貌的，都有浓郁的乡土生活气息。《灯》里虽然没有突出的人物形象，却从农民的婚事、起居中，描绘岁月的流逝无法改变封建农村的沉闷、停滞甚至凝固了的生活。对在这种生活中默默地承受着苦难的人们，作家饱含同情替他们申诉不平。《哑子》很有点象征性，他所写的哑子无言地劳动着，也无言地遭受无理的毒打。《网》用漏网的鱼来比喻凄凉的老渔人。《水碓》、《庙宿》、《嫁衣》都是写农村妇女的不幸生涯。《水碓》中的童养媳受尽虐待，滚入石臼被捣成肉酱，和着糕粉做成肉饼出卖；为此，作家发出"燔毁这杀人的臼杵"的愤怒呼声。《竹刀》在构思上颇似《山之子》，也从写山色而转为写人，写的是强悍的山民，一个无法忍受剥削而杀了老板也牺牲了自己的青年农民，悲中有壮。陆蠡的散文用于描写的文字多，不大口语化，总体上说调子是沉郁的。

上述这些散文家的创作，有一个相仿的发展轨迹。大约初期作品往往偏重于抒发个人的主观情感，尤重于呈现自己的内心世界。这些作品多用精致的艺术装饰着孤独、烦闷、感伤和颓丧的情感。这表明他们也具有当时一般知识青年的普遍的精神状态。但随着民族救亡运动日益高涨，作家们的精神渐渐振奋起来，特别到了1935、1936年，在火热的救亡运动的激荡下，那些忧郁的、迷惘和颓丧的情绪渐渐减退、消散，作家走出个人的感情圈子，面向现实，作品的记叙性增强了，文风也趋向质朴，其中一些人的主要成就从抒情转到了写实。到了抗战爆发后，受民族解放战火的洗礼，他们的作品更呈现出新的思想面貌。

20世纪30年代杂文、小品类的创作，除了鲁迅、周作人的作品，林语堂也是十分活跃的一家。林语堂(1895~1976)，福建龙溪人，原是《语丝》主要撰稿人之一，在文化战线上曾是鲁迅的友人。《剪拂集》之后又出版杂文集《大荒集》、《我的话·行素集》、《我的话·披荆集》等，抗战后还出版《有不为斋文集》、《雅人雅事》、《拨荆集》等。1932年主编《论语》杂志，后又创办《人间世》(1934年)、《宇宙风》(1935年)等杂志。继20世纪20年代提倡"幽默"之后，又提出散文应"以自我为中心，以闲适为格调"[35]，提倡用"闲适之笔调语出性灵”[36]。他在《论性灵》一文中对“性灵”做了解释:“一人有一人之个性,以此个性 Personality 无拘无碍自由自在表之文学,便叫性灵。”又说:“真有性灵的文学……都是归返自然,属于幽默派、超脱派、道家派的。”[37]他还反对“载道派”的以我之口述他人之言;提倡“言志派”的小品,即言自我之志。这些与当时周作人的主张是合拍的,代表了20世纪30年代散文领域的一种思潮,这思潮还是属于个性解放的范畴。在五四“人的文学”高潮已经过去,“阶级的文学”、“战斗的文学”已经成为影响巨大的新潮之时,林语堂仍坚持自由主义,在文学领域里高唱个性解放的调子,因而受左翼文学阵营的批判是在所难免的,鲁迅就有多篇杂文批评林语堂。

20世纪30年代林语堂的散文,主要内容有几个方面。一是坚持对国民性的批评。《萨天师语录》仿尼采的《查拉图斯特拉如是说》,写查氏来中国的见闻。其重点放在批判中国的封建文化,指“东方文明动物只有两个阶级:食人的与被人食的”。批判中庸、驯服的国民性,认为中国的家庭如“鸽子笼”,子女成了长辈的附属物。所以中国人“多么稳重,多么识时务,多么驯顺。由野狼变到家狗,四千年似乎太快了”。通过查氏的眼睛,批评“东方美丽之神”的少奶奶,而热烈地赞美健康、自然,带着野性的村姑。通篇贯串着强烈的要求个性解放的思想。《中国人之聪明》批评中国人的性格“‘刻方为圆’,不伤人感情,不辨是非,与世浮沉,而成一老猾巨奸”,“然则中国人虽绝顶聪明,归根结蒂,仍是聪明反为聪明误”。《中国的国民性》一文题目很大,好像用写杂文的手法来写论文。此文也集中地批判中国人普遍的忍耐性、散漫性及老猾性,批判“忍辱含垢”、“老猾奸诈”、“八面玲珑”、“逆来顺受”、“明哲保身”等等,使国民精神“颓唐萎靡”。他回顾历史,总结经验,指出国民精神的萎缩,根本原因是“由于人权没有保障”,如汉代“有党锢之祸。清议之士,大遭屠杀,或流或刑,或夷其家族,杀了一次又一次”。林语堂批评国民性,在深度上不及鲁迅,但他也自有特点,在于探求造成愚弱国民性的根源,提出了建立民主、法制的要求。他说要改善国民性,“根本要着,在给与宪法人权之保障”,“给中国人民以公道法律的保障,使人人在法律范围之内,可以各开其口,各做其事,各展其才,各行其志”。但他感叹如今“真正参悟这人权保障与我们处世态度互相关系的人,真寥如晨星了”。他固然对落后的国民性也痛加鞭挞,但不限于单纯的批判,更指出了造成的原因,提出保障人权的根本性问题;可以说从思想的、文化的批判,进到了制度的批判。杂文中涉及人权问题,这是林语堂杂文思想上的独特性。《脸与法治》虽在揭露有特权的贵人,最重要的还在于指出要使特权者丢丢脸,方才可以"促法治之实现,而跻国家于太平"。《半部〈韩非〉治天下》中再次指出:"法律既不能保障人权,龟头焉有伸而不缩……结果遂有四万万同胞如一盘散沙之现象。"他提出要纠正人治的恶习,"得法治则治,不得法治则乱"。

林语堂散文的另一重要内容是提出人应该怎样生活的看法, 对这个问题他的回答是"率其本性"。在《孤崖一枝花》中说,"宇宙万类,应时生灭,然必尽其性。花树开花,乃花之性,率性之谓道","古人著书立说,皆率性之作","说话为文美术图画及一切表现亦人之本性"。《言志篇》又说"要有能做我自己的自由和敢做我自己的胆量", 这是很明白地以手中的人道主义、个性解放的旗帜示人。他还很明确地说,应该"把人当作一切事物的中心,把人类幸福当作一切知识的终结"(《人生的乐趣》)。

与此相关的是林语堂提倡"世俗生活的乐趣",说中国人本是懂得生活艺术的。他把这种思想称为"中国的人文精神"(《人生的乐趣》)。所以一些看似无关紧要的题目,所谓的"闲适"之事,也可以拿来做一大篇文章,诸如《论躺在床上》。在那"战斗"尚未有穷期的年代,林语堂讲"躺床"之类的"乐趣"、"情趣",当然就被认为是有闲阶级的闲情逸致。为了给自己作辩护,他在《清算月亮》中问道:"江上清风与山头明月只属于资本家有闲阶级所有乎?""如果中国人全部失去了欣赏月亮与夏日清风的能力, 那么中国之为国也必将变得更为狭小、粗劣与物质主义了。"《大自然的享受?——乐园失掉了吗?》表现了对现世的乐观态度和对人类生活的爱,说"我们这个行星是个很好的行星",然后详细描述地球上的四季变化、自然万物,赞叹"宇宙间真没有一样东西比此更好"。如果说《人生的乐趣》、《论躺在床上》等是讲人自身的身心和谐,那么这一篇讲享受大自然,就是表达人和自然和谐的文章。

林语堂的杂文还有相当数量是抨击社会现实的, 矛头指向当权的国民党当局。他主张的幽默之风,在这类作品中最为鲜明。如他的《论政治病》,认为凡政坛要人都需有相当病菌潜伏在身, 以备下野时有真实的医生证书昭示记者,用治病休养为下台的借口。这是讽刺一些官僚权贵争权夺利,走马灯般轮番上下台。《作文六诀》讽刺蒋冯阎打着漂亮招牌进行军阀战争。《谈言论自由》讽刺政府喜欢的是守口如瓶的顺民，人民因为被压迫，才相约莫谈国事。对国民党为翦除异己，镇压百姓，到处乱扣“共产党”的帽子，也时常在文字中流露不满情绪。《奉旨不哭不笑》讽刺国民政府禁止纪念“九一八”的集会游行，“其目的在维持目前表面上之治安”，是“哭不得，笑不得”的政策。

在散文的风格上，林语堂的独特性，也是他的艺术贡献，就在于“幽默”之风的创造。幽默本来是文学艺术中的一种风格，自有其艺术上的价值。鲁迅杂文有不少也具幽默的意味，只是鲁迅在他幽默的时候，人们可以感觉到他自己是不笑的。而林语堂却跟着读者一起笑，还使劲逗着你笑。为了达到幽默的效果，他用了很多方法。有时用夸张，如《冬至之晨杀人记》讽刺交往中的客套像写八股文，把先寒暄评气候，再叙往事追旧谊，继之谈时事发感慨，入题的话留在最后，乃是要奉托之“小事”。他把这些冗长、啰嗦的内容夸张地归结为气象学、史学、政治、经济等等，让人捧腹，达讽刺之效。《论政治病》故意地开列几十种病，说：“总之，人间世上可有之病，五官脏腑可反之常，应有尽有了。只有妇科不大有。其理由是中国女子上台下台者尚少，不然一定子宫下坠，卵巢左倾等等，也都不至无人过问了。”有时说反话，如《说避暑之益》，其第四样益处就是可以在夏日黄昏与一起避暑者闲话，从中听到平时听不到的家庭秘史，诸如“维持礼教乐善好施的社会中坚某君有什么外遇，……或是何老爷的丫头的婴孩相貌，非常像何老爷”。如果你善谈，那在两周避暑中听到的，足够回城后一年的谈助而有余。有时讲笑话，如《黏指民族》讽刺政府官员之中饱、分羹、私肥、克扣等贪污腐败行为，说某国生物学教授摩尔发现，中国人巴掌上能够分泌出一种黏性液质，因此银钱到手，必有一部分胶泥于手上，十元过手，必泥一元，乃无可如何之事。几乎所有的幽默都是带着批判性的，只是非义愤填膺式的批判，但讽刺还是很辛辣的。有时表面看来嬉皮笑脸、插科打诨式的，好像有伤严肃性，他是把批判的锋芒包裹在里面，无损于文章的品格，应该承认并容纳这样的风格。如《让娘儿们干一下吧！》，看题目好像不端庄，但内容是批评“世事无论是中国是外国，是再不会比现在男子统治下的情形更坏了”，所以不妨“把世界的政权交给娘儿们去”。此文并不是谈论男女平等或女权主义，而是批判现实政治的。为了幽默，选材必多取可笑之事。有些是选取笑料，如《杂说》所引用的古代的趣闻。但主要还是针对现实,往往是丑陋、悖理之事,是笑生活中可笑之事。即使是游记,如《春日游杭记》,也多是对所见社会上可笑之事的批评。可见林语堂的幽默总的说来是一种社会批判的手段,带有反叛的意识;他在《笑》中说,"儒者之伪,在文中排臭架子,欲于一笑一颦之中尽合圣道",他让人发笑,就是要背弃这儒者的圣道。

批判现实为何要取幽默之道,林语堂有自己的认识。他对幽默从理论上作了很多说明,他认为:"幽默是人类心灵舒展的花朵,它是心灵的放纵或者是放纵的心灵。唯有放纵的心灵, 才能客观地静观万事万物而不为环境所囿。"他说嘲谑、讥讽像严冬的冷风,而"幽默则如从天而降的温润细雨,将我们孕育在一种人与人之间友情的愉快与安适的气氛中"(《论东西文化的幽默》)。这里可以看出,与20世纪20年代时主张的"费厄泼赖"在思想上的一线相牵。

林语堂的散文主张受到鲁迅的批评。鲁迅当然了解幽默风格的独特价值,但他认为当时的中国是不会有幽默的。因为中国的统治者是不肯笑的,对平民百姓则是不准笑。在这样的社会条件下提倡幽默, 是帮了统治者的忙。在《"论语一年"》、《小品文的危机》等许多杂文中,他针对林语堂的主张,指出那"闲适的幽默",表面上似乎也在骂统治者,实则是"将屠户的凶残,使大家化为一笑"[38],使"在血案中而没有血迹,也没有血腥气"[39]。在左翼文学运动的高潮中,他更要坚持散文的战斗性,反对小品文蜕化为饭后茶余消闲取乐的玩物,甚至变成为统治者帮忙的工具。所以,不断批评"闲适"小品"靠着低诉或微吟,将粗犷的人心,磨得渐渐的平滑"[40]。他又认为杂文发展的正确方向"必须是匕首,是投枪,能和读者一同杀出一条生存的血路的东西;但自然,它也能给人愉快和休息,然而这并不是'小摆设',更不是抚慰和麻痹,它给人的愉快和休息是休养,是劳作和战斗之前的准备"[41]。鲁迅的意见在当时有着很大的影响力,《文学》杂志的"社谈"中就曾提出:"创造新的小品文,使得小品文摆脱名士气味,成为新时代的工具;我们应该把'五四'时代开始的'随感录''杂感'一类的文章作为新小品文的基础,继续发展下去。"[42]1934年,陈望道主编的《太白》创刊,与《芒种》、《新语林》等散文刊物发表鲁迅、叶圣陶、茅盾、夏丏尊等的作品,目的正在反对林语堂的主张,坚持小品文的战斗性。这样,在20世纪30年代的杂文领域,不同思想倾向和文学主张的作家作品，各行其是，各走其道，各自做出贡献。林语堂和接近他的思想风格的作家被称为“论语派”。

1936年林语堂离开中国赴美，在美国曾用英文写了《吾国与吾民》、《京华烟云》等多种作品。长篇小说《京华烟云》(1939年)，以1900年义和团起义到抗战爆发为背景，写北京几家人家的悲欢离合。这部小说在国外产生广泛影响，被译为多种文字，1940年被译成中文在国内出版，并于1975年获诺贝尔文学奖的提名。

现代散文一般分议论、抒情、叙事三个种类，但在其自由发展中，也有一些界限不很严格，难以归类的作品。这类作品中有所议论，但不像杂文；虽有记事，又不以记事为目的，意在从中引出议论来；文字中时不时又含有抒情的意味。丰子恺的散文就是这样混合了这几个方面的功能而自创一体的。

丰子恺(1898~1975)，浙江石门湾人，他是现代著名的漫画家，同时也是风格独特的散文家。20世纪30年代出版的散文集有《缘缘堂随笔》、《车厢社会》、《缘缘堂再笔》等。1927年皈依弘一法师(李叔同)，为佛教徒，作品中含佛教思想。他是最有佛教思想色彩的现代作家之一。

丰子恺散文最突出的思想特点，是一种佛家人性论，主张人的生活应当顺其自然。《蝌蚪》写青蛙本是生活在田野的两栖动物：“把它们关在这商业大都市的中央，石路的旁边，铁筋建筑的楼上，水门汀砌的房笼内，磁制的小茶杯里，除了从自来水龙头上放出来的一勺之水以外，周围都是磁、砖、石、铁、钢、玻璃、电线、和煤烟，都是不适于它们的生活而足以致它们死命的东西。世间的凄凉、残酷、和悲惨，无过于此。”他认为“这象征着某种生活之下的人的灵魂！”对生活中维系着人际关系的看似文明的制度、礼仪、规矩、习俗等，但违反人的自然的本性的，他都有所批评；他希望有一种顺着自己本性的生活，当然是他所理解的人的本性。《家》反对造作，希望做人能够真实、自然，自然才能自在、自由。而“交际应酬中的脸孔多少总有些不自然，其表情筋肉多少总有些儿吃力。最自然，最舒服的，只有板着脸孔独居的时候”。但也希望生活要有趣味，他说：“趣味，在我是生活上一种重要的养料，其重要几近于面包。”反对为了获得面包而牺牲趣味，或者为了堆积钱币而抑制趣味。他把友人的家、旅馆、别宅、本寓细加比较，结论是最好的还是本寓，因为这里最自由，也最有趣味：回到自己家里，“芭蕉鞠躬，樱桃点头，葡萄棚上特地飘下几张叶子来表示欢迎。两个小儿女跑来牵我的衣，老仆忙着打扫房间。老妻忙着烧素菜，故乡的臭豆腐干，故乡的冬菜，故乡的红米饭。窗外有故乡的天空，门外有打着石门湾土白的行人，这些行人差不多个个是认识的。还有各种负贩的叫卖声，这些叫卖声在我统统是稔熟的。……这里是我的最自由，最永久的本宅，我的归宿之处，我的家。”在他的心目中什么才是好的生活？不是享受荣华富贵，不要灯红酒绿、车水马龙，而这样朴素的、带着乡间气息的、充满人情味的生活，才合乎他的本性，合乎他的情趣。但文章最后还是落实到佛教思想，说家仍非我的真本宅、真归宿，不必恋恋于虚幻的身和地，人其实是无“家”可归的，不妨到处为“家”。一篇很精彩的文章，这结尾一段的宣教反而没趣。他这样主张有情趣的生活，乃出于对人的关怀，因为他认为人不是一架机器。《暂时脱离尘世》说人不是机器，他们也喜欢休息，喜欢说笑，喜爱放弃俗念，使心地暂时脱离尘世。《闲居》希望能“把一天的生活的情调来比方音乐”，“把一天的生活当作一个乐曲，其经过就像乐章(movement)的移行了”。

带着对人生的这种观点，丰子恺在散文里表达自己对世界的观察，借着客观事物表明自己的态度。《渐》、《秋》等叙述从时序变动中所得到的感悟，对时间、对人生真谛的理解。《秋》里说：“我现在对于春非常厌恶。”因为春是群芳斗艳、蜂蝶扰攘、草木昆虫争先恐后地滋生繁殖之时，丰子恺认为“天地间的凡庸、贪婪、无耻、与愚痴，无过于此”，它们今日争荣竞秀，装笑效颦，将招致蹂躏、摧残、攀折之苦，过不了多久，没有一个不憔悴而化为泥尘的，何苦来也！这是借自然现象来阐明“天地万物，没有一件逃得出荣枯、盛衰、生夭、有无之理”，表达自己的人生哲理：“生荣不足道，而宁愿欢喜赞叹一切的死灭。”其中含有佛教色空的观念。

出于同一思想，丰子恺的散文就有不少是描写、赞美童真的，因为在他看来，儿童才是真正的“人”，他们的言语、行为能够依照自己的本性，天真烂漫，非常自然。他猛烈抨击限制、扭曲、戕害儿童天性的社会生活。《儿女》赞美儿童的“活跃的生命流露”。而社会教给他们“揖让、进退、规行、矩步等大人们的礼貌，犹如刑具，都是戕贼这天赋的健全的身手的。于是活跃的人逐渐变成了手足麻痹、半身不遂的残废者。残废者要求健全者的举止同他自己一样，何其乖谬！”他反对封建的旧伦理，主张成人和孩子应无上下之分，大家是朋友。“并育于大地上的人，都是同类的朋友，共为大自然的儿女。”所以，无论君臣、父子、兄弟、夫妇之情，只是一种广义的友谊。“朋友之情，实在是一切人情的基础。”《送阿宝出黄金时代》说孩子长大成人了，固然可喜；但“所悲者，你的黄金时代快要度尽，现实渐渐暴露，你将停止你的美丽的梦，而开始生活的奋斗了”。丰子恺深切地感到并说出人的矛盾：人必须成长，否则难以为生；但成长的同时，便失去了宝贵的童真。他对此感到了悲哀。

丰子恺的散文还常常表达自己对人生的体味，含有很浓的哲理性。《实行的悲哀》举出种种例子，诸如看风景等等，来说明人的思想上的矛盾。人在生活中总有着各种希望，或等待着，或努力奋斗促使希望变成现实；但等到希望实现了，往往又觉得兴味索然。所以“世事之乐不在于实行而在于希望，犹似风景之美不在其中而在其外”，“世间苦的根本就在于此”。《初冬浴日漫感》从日常小事谈对事物的观感不是绝对的，今日觉得好的，明日可能就成了坏事。《生机》写水仙经了旱、水、冻，还是开出花来了。引出的结论是：“人间的事，只要生机不灭，即使重遭天灾人祸，暂被阻抑，终有抬头的日子。”跟着还有个尾巴：“个人的事如此，家庭的事如此，国家、民族的事也如此。”或因为宗教信仰使他写文章也有布道的习惯，他的文章常给人诲人不倦之感。《手指》说：“我觉得手指的全体，同人群的全体一样。五根手指倘能一致团结，成为一个拳头以抵抗外侮，那就根根有效用，根根有力量，不复有善恶强弱之分了。”他是很敏感的，多能从平常事里悟出启发人的大道理。

丰子恺也时时观察着现实生活，一些臧否现实生活的文章也有其深刻性。《车厢社会》观察车厢里的怪状，“上了车纷争坐位，下了车各自回家”，把车厢当做社会的缩影。《吃瓜子》讽刺中国人不珍惜时间，于是有“天才”来发明了嗑瓜子。一可以吃不厌，二不至于吃饱，三是剥壳方法需有技巧，凭这三条使嗑瓜子成了最好的消磨时间的方法。《肉腿》写农民为抗旱辛苦车水，“舞场里、银幕上的肉腿忙着活动的时候，正是运河岸上的肉腿忙着活动的时候”。

丰子恺的散文有一些写得十分通俗、平易近人。文字通俗有趣，道理深入浅出，是他的散文的特征。有一些虽说是讲着很深的人生体味，也要举出种种例证，很丰富、很充实，又差不多都是来自平常生活中的观察、体验，有的还细加描写。他很少引经据典，绝不板着面孔说理，而说理反而很坚实。他的精彩文字多在细致描写之处。如《吃瓜子》一文，对怎样嗑瓜子写得非常仔细，尤其是描写中国的小姐和日本人嗑瓜子的几个段落，惟妙惟肖。又如《手指》对人的五个手指的描写，《家》里对友人家、旅馆、别宅、本寓的分别叙述。又因都来自平常生活，让人感到亲切。而且他的文章也富有趣味性，在情趣盎然的叙述中，读者很容易理解、接受他的观点。所以他把自己的随笔，比做"爆过、放松过的年糕"(《爆炒米花》)，吃来又香又不费力，很平民化。

也是《语丝》的作家，后在周作人支持的《骆驼草》上发表散文的梁遇春(1906~1932)，出过《春醪集》、《泪与笑》。他的作品也多为思想随笔，常常讲些个人的生活体味，或由此引出些人生哲理，往往带着幽默、玩世的色彩。他表述的观点与人们通常习惯的认识，常常是"反其道而行"的。如黎明即起是中国人修身养性的第一功，他在《"春朝"一刻值千金》中却主张迟起，津津有味地描写迟起的乐趣："我天天总是在可能范围之内，尽量地滞在床上——是我们的神庙——看着射在被上的日光，暗笑四围人们无谓的匆忙，回味前夜的痴梦——那是比做梦还有意思的事，——细想迟起的好处，唯我独尊地躺着，东倒西倾的小房立刻变做一座快乐的皇宫。"表面的幽默里深藏着对生活的讽刺，因为迟起可以少过那一波不兴、无声无臭、单调灰色的生活。他厌恶这"人世的平庸无味"，便说一点俏皮话来解闷。人们在争论"人生观"，他便发表《人死观》；人们以失恋为痛苦，他却认为失恋并不可悲，婚后没感情才是可悲的；人们赞美春天，他却说那花红草绿的美丽春天与恶劣的实际人生是不和谐的；一般人多尊敬绅士、君子，他独赞美流浪汉，等等。看来他说的话很反常，可细想起来却往往更符合实际，且鞭辟入理。

梁遇春主张一种潇洒的、无拘无束的生活，希望还我海阔天空。因为他认为，在这样的生活中才有人的真性情。《途中》说电车上和道路上的人们多半是不相识的，大家不必拿出假面孔来，而讲堂、宴会等正式场合，都是眉开眼笑的敷衍。所以"途中是认识人生最方便的地方。车中，船上同人行道可说是人生博览会的三张入场券"。《"失掉了悲哀"的悲哀》，讲一个人吃了自己的心，便没有得意、失意和主意，便可永葆青春。这似乎是在鼓吹出世的生活态度，却是反映了现实给人带来的折磨、灾难太多了。正如他在《醉中梦话》(之二)中说的，滑稽与愁闷有因果关系，愁闷深了才看出生活中的种种矛盾。幽默不失为他的散文的一个艺术特色,可以说是以出世的姿态写入世的文章。

他的不少文章如《第二度的青春》等,写对人生的体味。年纪很轻,其文章却好像世事洞明,看透了一切。《善言》有一点消极的出世思想,好像已经勘破红尘:“宇宙里万事万物无一不是永逝不回”,“花有重开日,人无再少年”,所以“天下事不完亦完,完亦不完,顺着自己的心情在这个梦的世界去建筑起一个梦的宫殿罢”。有的似乎还有点厌世之情,《猫狗》在抨击现实的同时也表明:“现实的黑暗和灵魂的堕落霸占了一切。我愿意这片大地是个绝无人烟的荒凉世界,我又愿意我从来就未曾来到世界过。”但也有一些比较严肃的文章,如《论知识贩卖所的伙计》,严厉地批判某些教师、教授自以为功成名就,便只抱个死沉沉的旧架子,血管变硬,抵御新知识,失去了“活气”,失去了对事物的兴趣。《救火夫》写得很长,通篇都在赞美舍己救人的救火队员,称他们“为着爱的力量的缘故,胆敢和自然中最可畏的东西肉搏,站在最前面的战线”,演出“宇宙里最悲壮雄伟的戏剧”。从对救火队员的歌颂,提出“爱人类”的思想。

梁遇春的散文文字比较自由、潇洒、幽默,也爱用西典。他表面上说些“拉闲扯散,瞎三道四的废话”,但所藏深意还是可以品味得到的,其中所含对于人生的透彻、微妙的独见,颇堪玩味。

注释:

[1] 沈从文:《怀化镇》,《沈从文散文选》,湖南文艺出版社,1981 年出版,第 64 页。

[2] 沈从文:《一九三四年一月十八》,《沈从文散文选》,湖南文艺出版社,1981 年出版,第 157 页。

[3] 沈从文:《女难》,《沈从文散文选》,湖南文艺出版社,1981 年出版,第 81 页。

[4] 沈从文:《学历史的地方》,《沈从文散文选》,湖南文艺出版社,1981 年出版,第 117 页。

[5] 沈从文:《一个大王》,《沈从文散文选》,湖南文艺出版社,1981 年出

版，第109页。

[6]赵敦华主编：《西方人学观念史》，北京出版社，2005年出版，第28页。

[7]沈从文：《云南看云集·新废邮存底·美与爱》，《沈从文选集》第5卷，四川人民出版社，1983年出版，第179页。

[8]沈从文：《沈从文小说选集·题记》，人民文学出版社，1957年出版。

[9]沈从文：《从文小说习作选·代序》，《沈从文散文》第3集，中国广播电视出版社，1994年出版，第395页。

[10]沈从文：《边城·题记》，《沈从文文集》第6卷，花城出版社，1983年出版，第72页。

[11]凌宇：《从边城走向世界》，三联书店，1985年出版，第227页。

[12]刘呐鸥为《色情文化》写的广告，载《无轨列车》第3期，1928年10月10日。

[13] B.Cremieux：《保尔·穆杭论》（呐鸥译），《无轨列车》第4期，1928年10月25日。

[14]穆时英：《公墓·自序》，现代书局，1933年出版。

[15]卞之琳：《戴望舒诗集·序》，四川人民出版社，1981年出版。

[16]载《现代》第4卷第1期，1933年11月出版。

[17]杜衡：《望舒草·序》，现代书局，1933年8月出版。

[18]戴望舒：《诗论零札》，《望舒诗稿》，上海杂志公司，1937年出版，第148页。

[19]卞之琳：《雕虫纪历·自序》，人民文学出版社，1979年出版。

[20]卞之琳：《雕虫纪历·自序》，人民文学出版社，1979年出版。

[21]同注[10]。

[22]臧克家：《十年诗选·序》，现代出版社，1946年出版。

[23]闻一多：《烙印·序》，开明书店，1934年出版。

[24]臧克家：《我的诗生活》，读书出版社，1946年第3版，第48页。

[25]同注[22]，第8页。

[26]臧克家：《罪恶的黑手·序》，生活书店，1934年出版。

[27]同注[22]，第16页。

[28] 臧克家:《运河·自序》,文化生活出版社,1936年出版。

[29] 何其芳《还乡杂记·代序》、《何其芳文集》第2卷,人民文学出版社,1982年出版,第125页。

[30] 李广田:《谈散文》,《中国现代散文理论》,广西人民出版社,1984年出版,第149页。

[31] 何其芳:《给艾青先生的一封信——谈〈画梦录和我的道路〉》,《文艺阵地》第4卷第7期,1940年2月出版。

[32] 同上。"爱略忒"今译"艾略特","杜斯退益夫斯基"今译"陀思妥耶夫斯基"。

[33] 1937年5月12日《大公报》上关于《画梦录》得奖的评语。

[34] 何其芳:《刻意集·序》,文化生活出版社,1938年出版,第4、5、10页。

[35] 林语堂:《〈人间世〉发刊词》,《人间世》第1期,1934年4月出版。

[36] 林语堂:《论小品文笔调》,《人间世》第6期,1934年6月出版。

[37] 林语堂:《翦拂集·序》,北新书局,1928年出版。

[38] 鲁迅:《南腔北调集·"论语一年"》,《鲁迅全集》第4卷,人民文学出版社,1981年出版,第567页。

[39] 鲁迅:《准风月谈·帮闲法发隐》,《鲁迅全集》第5卷,人民文学出版社,1981年出版,第272页。

[40] 鲁迅:《南腔北调集·小品文的危机》,《鲁迅全集》第4卷,人民文学出版社,1981年出版,第575页。

[41] 同上,第576~577页。

[42] 蕙:《关于小品文》,《文学》第3卷第1号,1934年7月出版。

第十章

抗战文艺和几个地区的文学

一、为民族解放而歌的抗战文艺运动

为保卫人类尊严而战——“文协”的成立和活动——报告文学中的战争——表现战争中的人

1937 年“七七”事变爆发,中国开始了全面抗战的新历史时期。在这场伟大的民族解放战争中,全国人民总动员,经过八年的英勇战斗、流血牺牲,打败了日本侵略者,于 1945 年赢得了抗战的最后胜利。抗战胜利后,紧接着又爆发了国共之间的国内战争,直到国民党败退台湾,1949 年中华人民共和国成立。这样,在几乎连续的 12 年时间里,中国都在大规模的战争中度过。战争的胜负与民族和国家的命运紧紧地联系着,因而具有至高无上的神圣性,这对于中国现代文学的发展影响至大。如果把 1937 年到 1949 年的中国文学,称为战争时期的文学,虽嫌笼统,也无不可。

战争是“武器的批判”,是残酷的,血淋淋的。但日本侵华不仅是中日两国之间的矛盾,更是日本军国主义对人类普世价值观和社会基本准则的践踏、蹂躏,是冒天下之大不韪。不仅给中国人民带来巨大灾难,也对人类进步造成极大破坏和阻碍。中国作家不但有爱国主义,有保卫民族的激情,而且深知抗战的意义。抗战爆发后,现代主义诗人戴望舒写道:“几时可以开颜笑笑,/把肚子吃一个饱,/到树林子去散一会儿步,/然后回来安逸地睡一觉?/只有把敌人打倒。”“几时可以一家团聚,/拍拍妻子,抱抱儿女,/烧个好菜,看本电影,/回来围炉谈笑到更深?/只有将敌人杀尽。”(《心愿》)为了保卫这起码的生命权利,保卫这最普通的人的生活,便只有拿起枪杆以战争对付战争。抗战时期成长起来的青年诗人艾青写道:“敌人来到我们的家乡/我们的茅屋被烧掉/我们的牲口被吃光/我们的父母被杀死/我们的妻女被强奸/我们没有了镰刀与锄头/只有背上了子弹与枪炮/……”(《向太阳》)写出中国人民被迫拿起了枪杆。同时期的田间,用短诗描绘出这样的画面:

假使我们不去打仗,
敌人用刺刀
杀死了我们,
还要用手指着我们骨头说:
“看,
这是奴隶!”
(《假使我们不去打仗》)

打仗、流血、牺牲,是为了生的权利,为了不做奴隶,能自由地活在世上,这就是最崇高的人道主义,最广大的博爱;田间这首诗表现了这样的真理,所以成了抗战时期的代表性诗作之一。经过了战火的洗礼,中国作家对战争的理解更全面,更深化了。当时一位作家说:“战争是残酷的,也是伟大的!它把人类送进悲惨的地狱,也带给人类以光明和自由。它是一把刀,可以用来屠杀死千万个无辜的人,也可以用来杀死那杀人的人。它又是一把火,烧毁了人间的幸福与荣华,却在灰烬里孕育着滋长着新的生命之花……”[1]这颇能代表中国作家对战争的共识。老舍提出要“给死伤的同胞们复仇”时说:“记住,这是五四!人道主义的,争取自由解放的五四,不能接受这血与火的威胁”,“我们活着,我们斗争,我们胜利,这是我们五四的新口号!”[2]在侵略者面前,为捍卫人类的尊严,就要用反侵略的战争去打败敌人。冯至在《我们的时代》中说,奋起抗战是为了分担“一个共同的人类的命运”。田间的诗唱道,只有我们的战斗胜利了,才能说“我不曾/背叛世界”[3]。

中国的作家们正是怀抱着这样的认识,拿起笔,也有的拿起枪,投入了伟大的保卫民族、保卫人类共同价值观念的战斗。

卢沟桥抗日战争打响后,文艺界人心振奋,长期以来受到蒋介石的不抵抗政策压抑的广大作家，都以高度的政治热情投入抗日救国的伟大斗争。文艺界迅速现出临战的态势，文学很快进入了“战时状态”。在日本的郭沫若写好了遗言，7月下旬冒死回到祖国投入抗日斗争。他回国后即担任《救亡日报》的社长(夏衍任主笔，阿英任主编)。上海四家有影响的文学刊物《文学》、《文丛》、《中流》、《译文》合编《呐喊》，“八一三”后在上海创刊，由茅盾任主编。出了两期后改名《烽火》。胡风主编的《七月》(周刊)也于9月创刊。不久，上海沦陷，上海文艺界的主力转移到武汉。这时，国内的政治局面已有很大的变化，共同的民族利益使国共两党实现了第二次合作，形成了抗日民族统一战线。中共取得合法的地位，国民政府军事委员会政治部的第三厅，负责抗日宣传工作，由郭沫若担任厅长，阳翰笙任秘书，田汉任负责艺术宣传的第六处处长。但国共两党的摩擦、斗争并未止息，时或尖锐时或缓和，连绵于整个抗战时期。国民党害怕中共力量和影响的扩大，所以总要限制、阻挠中共组织的文艺活动，1940年9月，国民政府撤销了第三厅。11月，复于政治部下设文化工作委员会，任命郭沫若为主任，阳翰笙为副主任，但其活动已十分困难。到1945年3月，这个委员会也被取消了。在作家组织方面，经过阳翰笙、张道藩等的协商，1938年3月27日，中华全国文艺界抗敌协会(简称“文协”)在汉口成立。有五百多位作家出席了成立大会，邵力子任主席。会议选出郭沫若、茅盾、夏衍、丁玲、老舍、胡风、巴金、朱自清、田汉、郁达夫、胡秋原、陈西滢、张恨水等45人为理事。“文协”发表宣言，提出自己的任务是“团结一切不愿做日本帝国主义者底奴隶的文艺作家，从文艺的道路上参加这个光荣的民族解放事业”。周恩来出席成立大会，被推举为名誉理事。国民党方面的张道藩、王平陵等被举为理事。老舍被选为主持“文协”日常工作的总务部主任。从此“文协”开始活动，创办了会刊《抗战文艺》(蒋锡金、楼适夷、姚蓬子负责)，一直出版到1946年，是抗战时期坚持最久的刊物之一。“文协”提出了“文章下乡”、“文章入伍”的口号，组织作家战地访问团，帮助作家深入前线、民间，了解抗战时期的现实生活，创作激发人民群众抗战热情的作品。1939到1940年，是“文协”最活跃的时期。重庆、成都、桂林、昆明、贵阳、延安、晋东南、上海、广州、香港等地都成立了“文协”分会。各地“文协”开展各种抗日宣传活动，对抗战初期蓬蓬勃勃、热火朝天的文艺运动的形成，动员全国军民投身抗战，起到了应有的作用。《抗战文艺》等刊物还发表文章，对周作人背叛民族，屈膝事敌，堕落为可耻的汉奸，痛加挞伐。

但在抗战文艺的蓬勃气势的下面，文艺界统一战线内的矛盾、斗争，也随着时局变动时隐时现地延续着，且有不断加剧的趋势。国民党坚持一党专政，就总是害怕民主。“文协”成立仅三个多月，国民党当局即成立中央图书杂志审查委员会，连续公布抗战时期图书、杂志、剧本的审查标准。其后几年间，仅重庆一地便有千余种书刊被禁，百余种剧目不能上演。1941 年皖南事变后，国民党为统治文化工作，其中央宣传部成立了文化运动委员会，由张道藩、潘公展领导。1942 年 9 月，中央文化运动委员会主办的《文化先锋》创刊，发表中央宣传部部长张道藩的《我们所需要的文艺政策》，明确认定文艺“无时无刻不反映政治，无时无刻不受政治的束缚”。1944 年 3 月，国民党当局的《文艺先锋》上发表文章，反对“写作自由”，说现在的问题不是自由不自由，而是“自由太多了”。持自由主义立场的作家，如梁实秋、沈从文等都有文章表示对国民党的专制主义文艺政策不满。为抗战文艺运动的健康发展，文艺界必须与日益加强的文化专制主义做斗争。当时中共领导、团结的作家展开了反控制、反吞噬的斗争。《新华日报》等报刊，连续发表文章，驳斥所谓“自由太多”的谬论。为了突破国民党当局钳制思想，压制进步文化的种种禁锢，乃以为老作家祝寿、纪念国内外已故作家等名义，举行聚会，开展活动；并积极营救被捕作家，为援助贫病作家的生活开展募捐，用这样的活动表示对国民党当局的抗议。这是一场政治上争民主、争自由的斗争。1945 年 2 月，由郭沫若起草了《文化界时局进言》，要求实现民主，废除审查制度，让人民享有言论、出版、演出的自由。372 位包括国内最有名望的作家、艺术家、文化界人士签了名，引起国内外的震动。

抗战胜利后，“文协” 于 1945 年 10 月更名为中华全国文艺界协会继续活动。

战争的形势要求文艺直接为抗战出力，最便捷的途径，一是宣传，二是报道。在宣传抗战方面最具优越性的戏剧起了先锋的作用。上海戏剧界夏衍、章泯、于伶、崔嵬、宋之的、陈白尘、阿英、张庚、郑伯奇、凌鹤、塞克等 16 人，集体编出了抗战时期第一部抗敌题材的三幕剧《保卫卢沟桥》。“七七”事变一周月时便在上海公演，盛况空前。上海戏剧界在 8 月组成了 13 个救亡演出队，有 11 个队奔赴内地宣传抗日。9 月，又有孩子剧团的成立。10 月（一说为 12 月），在汉口成立了中华全国戏剧界抗敌协会，这是最早的一个全国性的文艺抗敌组织。1938 年，第三厅将五个上海救亡演剧队和其他进步戏剧团体，组成九个抗敌演剧队和四个抗敌宣传队（后改编成 10 个抗敌演剧宣传队），分赴各战区开展宣传工作。他们在抗战中进行了艰苦卓绝的斗争，挫败国民党当局的阻挠、迫害，有五个队坚持到抗战胜利，后来成为 1949 年后中国话剧界的骨干力量。为适应宣传的需要，这时产生了大量的独幕剧、街头剧、报告剧等。内容则多控诉日寇暴行，批判、惩处汉奸，伤员重上前线，士兵英勇杀敌，人民团结抗敌等等。尽管艺术上都比较简单、粗糙，但因为反映了群众坚决抗日的情绪，有很强的宣传鼓动力，演出效果大都很好。其中《放下你的鞭子》影响最大，在街头广场表演时，演员混于观众中，就在观众身边演戏，增强了真实感。1945 年由王莹带领，该剧在美国白宫演出，罗斯福总统观看了这次演出。它与《三江好》、《最后一计》，被合称为“好一计（记）鞭子”，是抗战初期最有代表性的小型戏剧。对正面战场上的战绩，也及时编剧加以表彰。如王震之、崔嵬执笔的《八百壮士》，锡金、罗荪、罗烽执笔的《台儿庄》等，在当时也起到鼓舞抗敌士气的作用。各演出队在各地的活动，使话剧“从锦绣丛中到了十字街头；从上海深入了内地；从都市到了农村；从社会的表面渐向着社会的里层。从各种不同的环境中可以得着丰富的新经验，这种新的滋养料，可以使今后的戏剧改换一个面目”[4]。后来由于国民党当局的限制，国统区话剧活动主要还是局限于城市，但创作上的收获超过 20 世纪 30 年代，成为现代话剧丰收的时期。

如果说戏剧可以直接面向群众，抗战后的诗歌则同样朝着这样的方向发展。1937 年 8 月，抗战时期的第一个诗刊创刊，由郭沫若起名为《高射炮》，意谓诗应如高炮之声一般响亮。另一刊物《时调》，在其创刊宣言中也呼喊：“让诗歌的触手伸到街头，伸到穷乡”，“让我们用活的语言作民族解放的歌唱！”此时，诗歌为了适应抗战初期宣传的需要，除了短诗增多，还出现了被称为“听的诗”和“新诗中的新诗”[5]的朗诵诗。1938 年在武汉举行的鲁迅逝世两周年纪念会上，开展了诗朗诵的活动，此后在集会、街头、广播中常有诗朗诵，作者有冯乃超、锡金、高兰等许多诗人。朱自清指出这种诗的特点：“宣传是朗诵诗的任务，它讽刺，批评，鼓励行动或者工作。它有时候形象化，但是主要的在运用赤裸裸的抽象的语言；这不是文绉绉的拖泥带水的语言，而是沉着痛快的，充满了辣味和火气的语言。这是口语，是对话，是直接向听的人说的。”[6]高兰在朗诵诗写作中成绩较大，出版有《朗诵诗集》。朗诵诗的出现，对抗战诗歌的风格有所影响，使许多诗人的诗都具有情绪饱满，语言有力，流畅上口，鼓动性强的特点。

文学创作的轻便形式，特别是报告文学，因为能够迅速、及时地报道抗战，便发展得非常迅速。抗战初起之时人心振奋，大家关心民族的命运，关心战况，促使了报告文学的兴盛。当时的文艺刊物上所载报告文学、速写、通讯等，数量颇大。作家奔赴各战区前线劳军，也用这类形式报告了各战场的情况。从茅盾、巴金等卓有成就的作家，到新起的年轻作家，几乎都写有报告文学作品。像淞沪战役、台儿庄战役等都成为报告文学反映的重要内容。作家们用热情的笔记下了中国军民英勇杀敌作战的事迹；记下了日本帝国主义的侵略暴行，揭露了日军的法西斯的本质；也记下政府腐败造成退却中人民流离失所的惨状。抗战造就了一批在报告文学的创作上取得可观的成绩的作家。如碧野，他有报道北方抗日游击战争的三个报告文学集——《北方的原野》、《太行山边》和《在北线》。骆宾基写了《“我有右胳膊就行”》，记一位伤了左臂的伤兵的坚强抗日精神，在当时让很多读者受到感动。萧乾的《刘粹刚之死》，报道一位国民党空军战士，“八一三”后连接击落14架敌机，后在掩护八路军反攻娘子关时，不幸壮烈牺牲。曾与鲁迅有过交往的木刻家曹白，这时参加了上海难民收容所的工作，他收在散文集《呼吸》中的一批报告，真实地再现了难民的苦难，控诉了日军的暴行。此外，黄钢的《开麦拉之前的汪精卫》以巧妙的手法，描写准备投敌的汪精卫虚伪作态的神情、动作、语言，是一篇在艺术上有所创造的写人物的报告文学。还有一些作家来到敌后根据地，报道了中共领导下根据地的抗日斗争和生活见闻。如沙汀的《随军散记》（后改名《记贺龙》）、周立波的《晋察冀边区印象记》等，也都是有影响的报告文学集。1941年后，因为政治环境的变化，在国民党控制区已难以充分报道抗日运动，报告文学乃趋衰落；但在中共的抗日根据地，这种体裁继续发展，抗战后转为报道内战中战事的进展。

在报告文学作家中，丘东平（1910~1941）的战争文学有突出的成绩，他创作了《第七连》、《我们在那里打了败仗》、《一个连长的战斗遭遇》等著名报告文学，这些作品也曾被视为小说，曾被分别收入小说选和报告文学选。从作品的艺术特征来看，如《第七连》、《我们在那里打了败仗》等更接近报告文学；《一个连长的战斗遭遇》的表现方法更像小说。现在一并在这里介绍。丘东平既描写了国民党军队官兵的抗敌情绪和英勇牺牲，也真实地报道了战斗的失利，人们不难从中找出失利的原因。代表作《一个连长的战斗遭遇》写连长林青史无法阻止战士们自发的冲锋，致使连队受到惨重的损失。虽然在转移中他们很英勇，还打了胜仗；但林却因为这次冲锋违反了军纪而被处决。作品写林青史是个英雄，他不但在上级允许其脱离前线时坚决留队参加战斗，而且明知要遭到严惩，为成全人格，不避责任，独身回队接受死亡。他因违反军规的罪名而死于自己人之手，这是战争本身的荒诞性。作品写出这个大悲剧，成为抗战时期比较有深度的战争文学。但作家可能更重视从处决林的事件中，作出政治的清明或昏庸的评判，他当然反对这一处决，他要批评国民党。也许是意犹未尽，他又写了《友军的营长》，写国军一位营长为保全队伍的撤退而被处决。林青史未能阻止"蠢动"的自发冲锋，是负有责任的；而盲目的冲锋，表现了战争中的人无法自控的心理紧张和混乱。作者看到这是"勇猛"而"愚蠢"的，"壮烈"而"可悲"的。对这种人性在战争中的异常状态，作家看到了但还未能给予比较充分的表现。那时这类小说作品不少，如奚如的《萧连长》[7]等。

由于报告文学介于新闻报道和文学之间，所以在文学史上并不特别受到重视。但是20世纪中国社会的特点是变动极为迅速，历史的内容非常丰富、复杂。仅从文学反映现实的角度评说，首先要求迅速地报道现实而不十分强调艺术修饰的报告文学，反而保存了更多历史的真实。就反映抗日战争而言，在诗歌、小说、戏剧中也都有写这场战争的，但最多地记载、描写战争的是报告文学；因而在反映战争的特殊环境中的人和人性状况，可以说报告文学的成果比较其他体裁更丰富、更深刻。

在整个抗战时期，报告文学作品大量揭露日军灭绝人性的的罪行，同时在描写反侵略斗争时，凸显中国人民伟大的人道主义胸怀。这使人们看到中国的战争文学也是灵魂拯救的文学。在一些报告文学中，一面通过日本官兵的叙述，揭露日本的法西斯教育如何欺骗人民，把人变成真正的"鬼子"；一面记述用人道主义对待日本俘虏，实行灵魂拯救，帮助他们恢复人性。可能出自宣扬人道主义，也出自认识敌人的需要，当时描写日本俘虏的报告文学颇不少。其中就有揭露军国主义对士兵的法西斯教育。天虚的《两个俘虏》写他和丁玲参加对日本俘虏的问话，从中了解到日本士兵受到的政治欺骗："在经久的爱国教育的政治欺骗，和武士道个人英雄主义的麻醉下，他们的脑里，灌满了'天皇'，灌满了'大和魂'等毒汁。"而且他们被俘后很难回去，因为会连累父母和家庭也要受到严厉的惩罚。从而揭露了日本军国主义不但残杀中国人民，同时也残杀了日本人民的灵魂，使人变成鬼。作品写出日本士兵本来也具有人的情感，经过耐心教育，"发现着一颗颗热烈地被驱赶到异国来送死的屈辱的心"，他们也思念故乡，爱自己心中的女人，想吃故乡的食品。"人类的一切的天赋，在他们心中逐渐复活转来"，正是通过人性的渠道，经过教育使他们发生了灵魂的蜕变，有的参加了反对日本帝国主义侵略中国的行列。沈起予的《人性的恢复》[8]，详细记述在"博爱村"、"和平村"里怎样把战俘当人看待，帮助日本军人恢复人性。康濯的《捉放俘虏记》[9]，写被我俘获的日本兵笠原、若木的思想变化。林语堂的《日本俘虏访问记》[10]，写他参观俘虏营后，"我很自豪而且感觉快乐的发现中国对俘虏的待遇已实行了西方各国的人道主义的传统"。这些作品表现了中国人民伟大的人道主义精神，不把罪恶归于日本的普通士兵，通过耐心的工作使他们从开始时的否认侵略，逐渐觉悟，认识到自己受了欺骗，承认军国主义所灌输的一系列思想是荒谬的。这些作品的描写不能说有多么深入，但所表现的中国人民伟大的人道主义胸襟，感人至深。这样的战争文学延续了"人的文学"的传统。

战争的特殊环境较之平时，给了深藏潜在的人性充分展现自己复杂性、真实性的宽阔舞台，为写人的性格的多面性，提供了更多机会。正如鲁彦说的，战争中原先的"温良的人性"可能失去，懦弱者可以变得坚强，理智的可能转为残暴。在战争中，人性发生变异，或被扭曲，是经常可见的。一篇报告文学记述河北一普通农妇，母亲和丈夫都被日军所杀。七个日兵住进她家，当他们因疲劳而熟睡时，她竟能以一弱女子之力，将七个日兵都杀了。她与最后一个惊醒的日寇搏斗时受了伤，但还是将这个鬼子杀死，完成了这"复仇的血祭"[11]。这在平时是难以想象的，是人性的一次大变异。罗烽的《三百零七个和一个》[12]，写山东被占领区里一个老祖父，他的儿子被杀害，儿媳被轮奸致死，只剩下他与一个孙子；但孙子也被日本人骗走，即将与三百多小孩一起送往日本。老人给孙子的送别礼物是塞了砒霜的蛋糕，随后自己也吞下了剩余的砒霜。祖父看起来是狠心的，但他宁愿让孙子死去，也不愿他到日本去做奴隶。给至亲的人下毒，血亲之爱既可以说已经消亡，又可以说是发展到最高峰。这是既悲壮又惨烈的。这些故事情节直扣人性大门，如果深加开掘，都有可能创作出震撼心灵的战争文学。

战争也教育人、锻炼人，使人性变得完善。宋之的的《墙》记1938年在山西长治，日寇在贫穷农民家中抢不到东西，一怒之下抓了三个农民要枪毙他们，就令这三个农民站着，等他们回去拿枪。他们拿了枪回来时，惊奇地发现那三个农民竟还在原地等待他们执行处决。多么触目惊心！作家感慨地说，农民是被"墙"围在了里面，"这道墙是传统的封建势力之总和。在那上面寄生着迷信的、自私的、无识的、愚蠢的各种各样的腐蚀物"。这一事例表明长期封建统治造成国民性的懦弱，竟然顺从地等待侵略者的屠杀，连逃走也不会、不敢。国民性的弱点在战争中得到更显豁的暴露，促使人们对民族文化作进一步的反思，这是抗战文学的一个特色。但到了1939年以后，同样在山西，一些作品描写根据地农民觉悟的提高，给人以隔世之感。他们已知道"民主"、"自由"、"独裁"、"法西斯"等新名词，他们不再等待被人宰杀，而是组织了起来，计划着杀退敌人来保卫自己的家园，并且取得杀敌的战绩。他们要筑起新的"墙"来把敌人包围、消灭。当时不少作品都写了我们民族的浴火重生，可惜还不很充分，像《墙》这样的题材也是可以写出大作品来的。

战争中的敌我双方阵线分明，双方的关系往往就是你死我活，因此，怎样写我所仇恨又仇恨我的敌人，是把他们简单化为恶魔，还是把他们同样作为人来写，真实地展现人性的矛盾、复杂，这对于战争文学来说是个重要的课题。在报告文学中，可以看到马若璞的《战地拾零》[13]，写杀死敌兵的我军战士所表现的中华民族的善良人性。有的作品也能写出一些穷凶极恶的日本士兵身上呈现出兽性、神性的两相交织，如适越的《人兽之间》[14]、周立波的《敌兵的忧郁》[15]等。以群在《听日本人自己的告白》[16]中，披露日本兵的日记、书信，让我们看到一些本是善良的人，被军国主义者驱使，充当炮灰的痛苦。

因文体特点的限制，报告文学中上述这类内容还只是作为新闻报道，不可能写得很深入；但却透露这样的消息——战争文学写人性的宽阔的可能性。在伟大的抗日战争中，在民族的和个人的生死关头，战争题材中可能遇到一些紧张的关键的时刻，提供了审视人性的许多机会，把人的兽性和神性的搏斗推向尖端，把生命、死亡、牺牲等尖锐的问题摆到人物面前请求回答，从而产生震撼人心的艺术效果。而在抗战时期的大量作品中，更多的还是直接的为鼓励抗战而作的，能够注意上述这些问题的不很多。比较而言，报告文学涉及人的问题，还算是最多的了。

二、抗战时期的文学论争

关于“暴露与讽刺”的论争——“与抗战无关”论受到批判——讨论“传统与现代”的关系——“战国策”派受到批判

抗战时期，文艺界不断地发生创作和理论的论争，有的问题是从抗战前延续下来的。例如有关文艺与政治关系的问题，在抗战前已经争论过，但没有也不可能达到认识的统一。有的是在新的历史环境里出现的新问题，有的争论还一直延续到抗战后和1949年新中国成立后。

最早出现的是关于“暴露与讽刺”问题的论争。1938年4月，张天翼发表短篇小说《华威先生》，描写一个对抗战“包而不办”的国民党基层官僚的形象。由于抗战初兴，在全国一致对外的特定气氛下，有人对这种对内的批评便感到不适，因而出现反对的文章。茅盾发表《暴露与讽刺》等文，肯定《华威先生》，并指出抗战文艺仍需暴露与讽刺。当年11月，日本《改造》杂志译载了《华威先生》，并在按语中诬蔑中国人民。于是争论趋于激烈，《救亡日报》、《文艺阵地》等报刊上发表许多文章，有人以《华威先生》“出国”，起了资敌反宣传的作用，从而认为抗战文艺应以歌颂为主，揭露的对象则只能是日本帝国主义。亲国民党的刊物更指责说，揭露黑暗面会使人悲观失望、灰心丧气。许多作家都不赞同这种意见。罗荪、吴组缃等认为，对黑暗的嘲笑，在今日仍是必要的，一味地颂扬光明，反倒有害；使人悲观失望、灰心丧气的，是那黑暗现实本身，而不是揭露黑暗的作品。张天翼也发表文章，揭露日本《改造》

杂志的卑劣用心。他指出，像华威这样的人是我们民族身上的小疮，敢于揭出来，正是我们民族健康、进步的表现。这场论辩虽然只是针对一篇短篇小说，但对抗战文艺创作的健康发展，还是有很大影响的。正确处理歌颂和暴露的关系，提倡敢于直面黑暗的现实，对抗战时期的文艺创作能否深刻反映现实，有重要的意义。国民党当局始终反对暴露黑暗，直到1943年，主管国民党宣传工作、人称“三民主义文艺理论家”的张道藩，仍称文艺暴露黑暗会“加深民众的灰心和颓唐，消沉战斗意志”，而要求“作家从光明面作积极的阐发”[17]。当权派害怕揭露、批评黑暗面，不仅是气量问题，主要还是害怕有损他们的权力和统治。所以这一场文学上的论争，实际上是一次政治斗争。

1938年9月，《中央日报》(国民党机关报)在重庆复刊，梁实秋出任该报副刊《平明》的主编。12月1日他发表《编者的话》，征求“与抗战无关”的作品，说：“现在抗战高于一切，所以有人一下笔就忘不了抗战。我的意见稍为不同。于抗战有关的材料，我们最为欢迎，但是与抗战无关的材料，只要真实流畅，也是好的，不必勉强把抗战截搭上去。至于空洞的‘抗战八股’，那是对谁都没有益处的。”这个言论一出，立即招来众多的批评意见，形成对“与抗战无关”论的批判。梁实秋的言论有其针对性。抗战爆发后，群情振奋，文学创作也都高唱抗战；但有的作品热情有余，内容空洞、雷同，还存在梁所批评的硬“把抗战截搭上去”和“抗战八股”的现象。这引起人们的不满，所以梁的批评并非他的特别发现，应该说是当时的共识。但梁原是新月社的干将，曾因主张人性论，反对无产阶级文学而与鲁迅等左翼作家有过激烈的论争。由于这样的历史瓜葛，在一致抗战的前提下，不同立场、观点的作家不免还互相怀有戒心。因此，尽管梁实秋也说“于抗战有关的材料，我们最为欢迎”，仍然立即引起原先左翼作家们的批评。先有罗荪的反驳，接着《抗战文艺》上又发表宋之的等的批判文章。他们的主要论点是，抗日战争已成为中华民族生死存亡的主要枢纽，其影响已扩大到中国的每一根纤维，所以“没有一个人，没有一件事，在现在是‘与抗战无关’的。不管是在前线流血，还是在后方‘乱爱’，都不能说与抗战无关”[18]；“在今日的中国，要使一个作者既忠于真实，又要找寻‘与抗战无关的材料’……实在还不容易”[19]。对于“抗战八股”，大家都认为应该反对。但批评梁的人认为，不可以此为名，使文艺脱离抗战；而应该为了把梁实秋等"避之惟恐不及的时代呀现实呀这可怕的东西把握得更紧,更深入",才去克服"抗战八股"[20]。这场论争影响不小,从重庆一直发展到上海孤岛。因处于抗战初期,梁实秋的观点不合时潮,所以绝大多数人都不赞同,批评他的文章很多。到1939年4月1日,《中央日报》发表《梁实秋告辞》一文,他辞去了《平明》主编,且于不久后离开重庆。但争论并未结束,接着又出现了沈从文、施蛰存的一些言论,涉及文艺与政治关系的老问题,使争论延续下去。

这场论辩的中心似乎是题材(写什么)问题,但梁实秋提出问题的思想根据,是文艺脱离政治的理论。而以原先左翼作家为主体的反对者,却坚持文艺是阶级斗争的工具,不可能超脱于政治。所以,这场论辩的实质在于文艺与政治的关系问题。出于对这一问题的认识的深刻分歧,使论辩在梁实秋辞职后,又继续了较长时间。比梁实秋更为鲜明地表现对文艺必须服从政治的不满的,是沈从文。他的《一般或特殊》(1939年)、《文学运动的重造》(1942年),在新时期进一步发展了他在"京派与海派"论争中的观点。因为沈文是继梁文之后发表的,影响不及梁文广泛,但观点却讲得更为透彻。沈从文反对以文学为宣传,认为这使文学成了在朝在野者的"宣传品",成为"虚伪"、"浮夸"、"不落实"、"无固定性"、"一会儿就成过去"的东西。他反对把文学商品化,使文学创作成了"商品竞卖";也反对文学与政治派别发生关系,反对作家"在官从政",把文学作为政治的附属品或某一派的工具。在批评这两种现象时,确也揭露了文坛上某些人的丑态;但同时不分青红皂白,用尖酸的语言骂到文坛上的一大片。他主张把文学从"商场"和"官场"解放出来,远离"宣传"空气和战争的浪漫情绪,不趋时邀功,应该"埋头做事"、"沉默苦干"。这样,写的虽是与今日的抗战无关的东西,却于将来更有意义。沈从文希望"保留一点农人沉静与固执性情"[21]。他的观点也受到了另一些作家的严厉批评,他们甚至感到"义愤"而认定他和梁实秋等的言论,是抗战文艺中的"逆流"。巴人认为沈从文的主张,是"要我们的作者,从战壕,从前线,从农村,从游击区,拖回到研究室去",这实是"胡适主义"的注脚。在民族存亡、生死攸关的时刻发出这样的言论,难道要人们在敌人的鼻息下去"埋头做事"、"沉默苦干"吗?[22]郭沫若分析了抗战初期一般作家受战争的强烈刺激,情绪异常激越,而造成那时创作中偏于鼓动、直观的特点,并认为:"在抗战期间作家以他的文笔活动来动员大众，努力实际工作，而竟目之为‘从政’，不惜鸣鼓而攻，这倒不仅是一种曲解，简直是一种诬蔑！”[23]巴人还感慨地说：“时代没有将沉浸于湘西水手们粗野的感情里的这位作者叫醒过来，这是我们的损失。”[24]此外，对施蛰存否认抗战文艺成绩的《文学的贫困》一文，许多作家也给予批驳。

由现代中国的历史所决定，文艺与政治的关系是新文学发展过程中必有的最尖锐、最持久的争论。抗战文艺队伍中，许多作家的政治热情十分高昂，他们以文艺为抗战服务为光荣。另有一些人则更看重艺术、学术本身的价值，并不喜欢追随政治潮流。如果他们真去“埋头做事”、“沉默苦干”，即使当时受冷遇、被误解，只要做出于民族有益之事，他们的成绩终有得到应有评价之一日。不巧也耐不住沉默，他们冷嘲热讽，甚至翻战前的老账；于是引起另一些人，包括本来就有门户之见者，以严厉之语言相加，造成了绵延数年的论争。但论争虽然热闹，关于文艺与政治关系的认识，还是不可能达到统一的。

五四新文学发展到抗战时期，已有二十多年了，反思这场文学革命的条件，大体上说已经是具备了的。而促发这反思的契机，则是抗日战争中暴露的新文学与广大人民群众的关系的困境。使用现代人的口语写作，已经使新文学大为通俗化、大众化了。但这种新创的白话文学的形式，却与传统文学及广大群众的欣赏习惯都存在相当的距离，特别它的某些“欧化”现象，使新文学不易为文化水平还很低的广大群众所接受。尤其是在农村，占中国人口大多数的农民，与新文学还相当隔膜。新文学的这种缺点在战争中，在大城市被敌人占领、许多文化人转到农村之后，就被人们明显地感觉到了；经历过文艺大众化讨论的作家们，也是意识到了的。所以“文协”成立后，立即提出“文章下乡”、“文章入伍”的口号，抗战初期很快出现一些以通俗化为特色的刊物，如老向（王向辰）主编的《抗到底》，穆木天主编的诗刊《时调》等。一些作家有意识地创作通俗作品，如老舍出版《三四一》，内含大鼓词、二簧戏等用“旧瓶装新酒的办法写成”的作品。1938年，一些刊物上开展通俗化、利用旧形式等的讨论。一些作家提出大众化是发展抗战文艺的最大任务。“‘文章下乡，文章入伍’，要是仍旧穿了洋服，舞着手杖，不免是自欺欺人而已。”[25]这时新文学遇到的问题，其实质是一个“传统与现代”的关系问题，囿于当时现实的需要和作家的认识水平，这一重大的课题的研讨，还只能处于文学与群众的关系，作品的通俗化、大众化问题的层面上。抗战时期的文学民族形式问题的讨论，便这样开始了。

作为这一场讨论的推动力，是中国共产党内关于马列主义中国化任务的提出。1938 年 10 月，毛泽东在中共六届六中全会上，针对中共党内斗争的情况，谈到了学习问题，他提出：“洋八股必须废止，空洞抽象的调头必须少唱，教条主义必须休息，而代之以新鲜活泼的、为中国老百姓所喜闻乐见的中国作风和中国气派。”[26]1940 年初，毛泽东又在《新民主主义论》中指出：“民族的形式，新民主主义的内容——这就是我们今天的新文化。”这些意见对正在进行的文学民族形式的讨论，起了推动作用。1939、1940 年间，郭沫若、茅盾、艾思奇、周扬、胡风等都就民族形式发表了重要的论述，重庆《新华日报》社还专门召开过座谈会。

在什么是民族形式的讨论中，出现两种极端的意见。向林冰认为民间形式是民族形式的中心源泉，他在肯定民间文学时，一笔抹杀了五四新文学。而葛一虹在批评向林冰时，又走向另一极端，全盘地否定民间文学，认为旧形式是封建残余的反映。在 1940 年，什么是民族形式的中心源泉曾经是讨论的重要内容。郭沫若认为：“民族形式的中心源泉，毫无可议的，是现实生活。”[27]但关于民族形式中心源泉问题，并非这次讨论的核心问题，而只是反映了在“中心源泉”包装下的两种对“传统与现代”关系的分歧意见。一种是肯定五四新文学是“现代”的，是进步的，现在的任务是维护、坚持“现代”的方向。一种是强调“传统”的意义，又以满足广大农民的需要为充分理由，批评甚至否定新文学。由于当时新文化已经进入农村，这种思潮已经在崛起中，所以有不少人赞同这一类意见。有人认为，新文学与广大群众的隔膜，普遍存在的欧化现象，就是“洋八股”的表现。他们批评五四新文化运动对民族传统的极端否定，忽视旧形式的意义，主张全盘西化等，使“文艺之民族新形式还没有最高完成，语言形式的缺点还严重存在”[28]。不少作家认为，新文学主要接受了外来影响，现在应该逐渐去掉其“移植性”，重视其他进步的源泉，如民间文学，以增强民族气派。艾青则鲜明地表示：“作家必须认识，中国文化的根本问题，是农民问题，读者对象应该是广大的农民。”[29]有的作家则认为，照顾农民水平的大众性，也可以同时达到高度的艺术性，二者并不是不能相容的。

抗战时期保卫民族文化的情绪十分高涨，在这样的特殊背景下，强调文学的民族化是有其合理性的。艾思奇指出："没有鲜明的民族特色的东西，在世界上是站不住脚的。"[30]在指出旧形式的历史局限性的同时，肯定其中还有"合理的核心"，即那些发展的成分和属于民族特色的因素；应该"扬弃它否定的一面，但还得保留它肯定的一面"[31]。有的作家还指出，从五四的否定传统，到当前重新评价传统，肯定其合理部分，是认识的"否定之否定"。今日之肯定传统不是复古、倒退，也不是要从头来重建新文学，而是为了前进，为了以已有的新文学为基础，为出发点，来创造新的民族文艺，"在批判地利用和改造旧形式中创造出新形式"[32]。这些意见都具有积极的意义。

另一些作家在讨论中偏重于对五四新文学的肯定，他们认为新文学虽然主要接受了欧洲文学的影响，这在当时却是进步的、必要的。郭沫若对吸收外来先进文化持开放的心态，他说："百年来我们的民族也不断的在振作，不断的在吸收外来的事物以补救自己的落后。""凡是世界上适合自己的最进步的东西，无论是精神的或物质的，我们都须得尽量的摄取。"[33]文学的新形式与旧形式，民族传统与外来影响，不应相互排斥，可以互相渗透、合流。郭沫若列举文学史的实例，说明"外来形式经过充分的中国化是可以成为民族形式乃至民间形式的"[34]。他认为新文学应有"多样的形式，自由的形式"，还乐观地预计，封建时代文艺的定型化，将来是不会产生的。因此他强调学习旧形式时，仍然应该注意学习外国的优秀文艺。胡风还进而提出，应该学习国际革命文艺的经验。这些见解既赞同为了新文学的发展，在新的历史条件下必须向旧形式、向民间文学吸取营养，又没有否定学习外国文学的意义，避免了狭隘性和片面性。

在这场讨论中，胡风发表《论民族形式问题》，提出许多有益的见解。在新文学发展取向的认识上，不同于当时的多数作家。胡风也把民间文学视为封建农业社会的产物，而五四新文学是属于世界进步文艺传统的一新拓的支流。因此当前的任务就是"争取这一传统底高度的发展，而不是它底否定"；不是什么学习民间文学加强民族形式的建设，而应沿着五四之路继续走下去。他的观点当时难以被多数作家所接受。

这场以民族形式为主题的讨论，实际上是对五四新文学接受外来影响与继承本民族传统的得失的一次检讨，是一次对五四的反思。限于历史条件，当时的反思不可能很仔细、深入，大家的认识也不完全一致，某种意见后来还片面地发展成为偏向。但也有不少见解是很精辟的，即便在现在也还有参考的价值。任何一场大的历史运动都会有过去之时，又往往过不去，因为都有对它不断的检验、追问、反思尾随着。五四自不例外，抗战时期的这次讨论只是开了个头。

抗日战争时期，在西南后方出现一个文化小流派——战国策派。1941 年 4 月，林同济、陈铨、雷海宗等西南联大等校的学者、作家，出版《战国策》杂志，12 月又在《大公报》上开辟《战国》副刊，发表自己的学术观点。他们是现代中国少有的宣扬尼采“权力意志论”的文化派别。20 世纪初，新文学的先驱如鲁迅、郭沫若等曾受到尼采超人学说的深刻影响。到了 40 年代抗日战争时期，在民族情绪十分高涨的历史背景下，出于期盼抗日的胜利和民族的复兴，战国策派的主张便带有强烈的民族主义特色。但此时已是二战时期，尼采的理论已被修正、改造成一种法西斯主义的理论，与世纪初先进知识分子所尊崇的偶像破坏、价值重估的尼采思想已不可同日而语。而且经过五四更大规模的思想领域的对外开放，中国人为了振兴民族所接受的外来理论也更多样了，尼采对中国知识分子的吸引力早已今不如昔。战国策派其成员都是学养深厚的学者，理论上自有系统的见解，本为此时有特色的一学派。但时处民族存亡关头，在国共两党的对峙争斗中，提出任何引人注目的理论主张都很难被视为纯理论的探讨，也很容易被误读。战国策派认为世界处于战国时代，其早期是个性觉醒的时期，表现为生气勃勃的百家争鸣。到了晚期国力增强，进入统一和集权，走向秩序，建立起少数“权力意志”的统治。所以要“民族至上”、“国家至上”，牺牲个人和民主，“虔恪”地崇拜和服从领袖、英雄、超人。无论这些学者的主观意图是什么，这一套理论都会为维护专制制度的统治者所赏识，而反对者也可以对他们作严厉的批判，把他们的主张上到法西斯主义的纲上也是很容易的。他们在这样的处境中便不可能有发展的前景。

战国策派也有其文学主张，林同济在《寄语中国艺术人》[35]中提出文学创作的三母题：恐怖，指人在无法逃脱的死亡、毁灭面前的灵魂发抖；狂欢，是自我对恐怖的征服、镇伏；虔恪，是对“神圣的绝对体”（如国家、领袖、英雄）的屏息崇拜。陈铨还是有影响的作家，抗战中创作了多部话剧，以1941年发表的《野玫瑰》一剧影响最大。剧中的一号主人公夏艳华，是个国民党的高级特工，她甘愿牺牲自己的爱情，抛下了所爱的刘云樵，嫁给汉奸王立民。她承受着刘等对她的误解，最终完成了锄奸的任务。另一部话剧《金指环》，写主人公尚玉琴为了招降伪军，成为又一个自甘牺牲色相的女子。在两个男人（一个国军，一个伪军）即将为她而火并并殃及军民的关头，她献出了自己的生命。爱情本是人类感情中最强烈的一种，在陈铨的这些代表性剧作中，都把个人的爱情与国家、民族需要的矛盾推向极端，极力地歌颂为了国家自愿忍受极大痛苦、牺牲爱情的女子。夏艳华对刘云樵说：“我心里虽然爱你，为着国家民族的利益，我不得不忍心抛弃你。”她被树为了不起的“英雄”、“超人”。陈西滢对夏艳华有这样的评论：“这样的一个女人似乎不是血做的，肉做的，也只有尼采式的超人才能做得到。”[36]这似乎在赞美夏，却正好说明夏的形象虽也高大、英雄，其实是没有血肉的，只是作者“唯意志论”思想的化身。以女人的色相为工具去达到某一目的，是特工的一种手段。无论是被迫的还是自愿的，这种事对女性都是很残忍的，就如夏的台词所说，嫁给仇人，还要博得他的欢心，“这不是地狱生活吗？”人们可以同情这些被牺牲的女子，也可以写她们的痛苦；但她们最后的结局却被升华为作者所主张的“虔恪”。其实这种反人性的行为不值得歌颂，更不应该去写她们怎样忍受痛苦达到了精神的飞跃。说她们得到了快乐，那更是对人性的歪曲。中国古代有以牺牲女子的意愿和幸福来实现政治阴谋的惯伎，在文学作品里塑造了西施、貂婵等绝色美女，赞美她们为国而牺牲色相的行为，树为崇高的榜样，实为“非人的文学”。陈铨在抗战背景的掩饰下，继承这种传统，是不值得肯定的。也有人认为该剧是抗日的，政治上应予褒扬；但陈铨也把二号主人公汉奸王立民树为另一个超人，通过他来宣扬人生在世就是为权力，“没有权力，生命就毫无意义”，“我有铁一般的意志，我要赤手空拳，自己打出一个天下来”。在看到自己失败后，剧本写他实行自杀，以显其意志之不可征服，以完成其悲剧人物的形象。

同是主张“超人”，五四时期鲁迅等所求的“超人”就是启蒙主义者，就是

“精神界之战士”，须要他们做的是唤醒民众。抗战时期，战国策派从民族主义出发，为国家能立足于“战国时代”，主张依靠权力狂的“超人”来领导国家。陈铨批评五四新文化运动未能通过个性解放，形成一个民族意识普遍觉醒的运动[37]。可见鲁迅偏重“立人”，战国策派偏重“立国”。《野玫瑰》也因为有利于宣扬“国家至上”、“民族至上”的思想，国民政府才给予奖赏。即使在抗战时期，《野玫瑰》也无法得到人们的政治认同，这个作品引起了争论。对政府的奖励，许多作家表示不满和抗议。

战国策派的言论在文艺界受到茅盾、胡绳、孟超、愈之、汉夫、欧阳凡海等的批判。《新华日报》、《群众》、《新蜀报》、《野草》等许多报刊以及敌后根据地的报刊，都登载批判文章。当时主要是政治上的批判，把他们的主张归结为法西斯主义的反动思潮，也指出其文艺主张是反理性主义的。还有一些文章批判《野玫瑰》。茅盾也是从政治的角度批判抗战时期出现的此类歌颂特务又穿插桃色纠纷的“特工文学”，指出：“夸张其所谓‘锄奸’的作用，对于沦陷区民众的抗敌活动却避而不谈，这就不但歪曲了现实，而且暗示给读者，抵抗只要有‘特工’就成了，不需要组织民众，发动民众。这样的作品，尽管与抗战有关，然而是有害的，且正惟其表面上‘有关’，故其为害不在色情作品之下。”[38]这可以代表当时左翼知识分子对这一类作品的看法。至于对陈铨创作中的尼采思想做具体分析，从理论上给以辨别，当时还来不及这样做。

三、台湾文学和东北、华北沦陷区文学

抗战后政治地理的划分——殖民统治下的台港文学——东北沦陷区文学——北平沦陷区的作家

抗日战争爆发后，中国的政治地理便分为三个地区。一是中国共产党领导的抗日根据地，当时有“敌后抗日民主根据地”等多种名称，1943年后又有“解放区”之称。本书取用“根据地”或“解放区”。二是中国国民党控制的地区，习称“大后方”，很长时间里都被称为“国民党统治区”，简称“国统区”。本书取用“国民党控制区”。三是被日本帝国主义占领的地区，称“沦陷区”。由

于三个地区的政治背景各异,因而文学发展的状况也不尽相同。沦陷区在日本侵略者铁蹄的蹂躏下,民族的、进步的文学很难在这里有大的发展。但正如茅盾所说:“在抗日战争时期,沦陷区的各大都市中,地下的进步文艺工作者大都能坚持岗位,以各种方式,与敌伪斗争。”[39]在文学创作上,蛰居沦陷区的作家仍然取得很高的成就;虽然有的是在抗战胜利后才得以出版。一些并不表现抗战意识,但在思想上、艺术上仍然有很高价值的作品,继续为现代文学的发展做出贡献。台湾虽在清末即为日本帝国主义所侵占,那里的文学发展又有其特殊性;但与沦陷区文学有某些共同性,所以也在本节一并介绍。而大后方和根据地的文学,将在下面两章里分别介绍。

自从台湾一些进步文学青年,在五四新文化运动的影响下,揭起了提倡白话文、反对旧文学的旗帜,台湾的新文学也在20世纪20年代诞生了(见本书第1章第4节)。

20世纪20年代最早出现的有重要成就的新文学作家,便是赖和(1894~1943),他创作了台湾最早的一批白话文学作品。1926年元旦,他发表短篇小说《斗闹热》。他的小说还有《一杆“称仔”》等,同时也写诗歌和散文。这些作品表现台湾人民在殖民者统治下的痛苦生活,被认为台湾新文学的第一面反帝反封建的旗帜。尽管在艺术上也带着新文学初期的幼年性,却是现代台湾最早的现实主义之作。经过20年代的倡导和实践,到了30年代,台湾新文学有很大发展。1934年台湾文艺联盟宣告成立,这是个全岛性的文艺组织,他们提出了“文艺大众化”的主张。当年出版机关刊物《台湾文艺》,提倡为人生的艺术,要求文学作品能深入到大众中去,并发表赖和的《善讼的人的故事》等许多重要作品。同时,一些作家开始提倡乡土文学。但到“七七”事变后,日本帝国主义在台湾实施“战时体制”,推行“皇民化”运动,取缔中文作品,新文学受到严重摧残。这时,有骨气的作家仍然坚持民族立场,即便是用日文写作,其内容仍然鲜明地保持着反帝反封建的倾向。这时期的杨逵、吴浊流的作品,被称为隐蔽的抗日文学。直到抗战胜利,台湾回归祖国,结束了新文学发展的“日据时期”。但新文学的路仍然是曲折的。著名作家杨逵,便因发表反对内战的言论,被囚于火烧岛(绿岛)集中营达12年之久。台湾新文学始终是在艰难困苦中迈步前进的。

杨逵(1905~1985)是继赖和之后的一位重要作家,也是反帝反封建倾向最为鲜明的作家。他的作品在当时最具左翼文学的色彩。他曾经十度入狱,被誉为"压不扁的玫瑰花"。20世纪30年代初发表《送报伕》,用像纪实文学的朴素文字,写台湾青年杨君在日本的谋生经历。杨君在台湾因为土地被霸占,父母被逼死,他跑到日本求职,结果受尽欺骗、盘剥,被逼参加了日本劳动者的罢工斗争。此文曾在1936年由胡风译为中文在上海出版。"七七"事变后,杨逵陆续写出《模范村》、《泥娃娃》、《鹅妈妈出嫁》等小说。这几篇小说的技巧,还不能说是圆熟的,但反帝反封建的倾向很鲜明。《模范村》用小说报道了日本企图灭亡全中国的消息:"日本人早已占领了整个东北,这次可能决心要把整个中国都吞下肚去!"内容写台湾的一个乡村(泰平乡),日本统治者与村里的地主相勾结,欺压、剥削贫农、佃农。地主家的少爷、热爱祖国的阮新民接受了民主思想,背叛自己的家庭,并且启发农民的民主主义觉悟,帮助他们为翻身而斗争。《鹅妈妈出嫁》讽刺一个无赖的医院院长,情节本身很平常,目的是借此揭露日本帝国主义的所谓"共存共荣",实为无耻的掠夺。

吴浊流(1900~1976)于1936年开始创作小说,发表《水月》等篇。《先生妈》写母子二人的思想冲突。医生钱新发背叛民族意识,改用日本名字,穿和服,图建"日本语家庭",以追随殖民者的奴化为荣。他的母亲虽然是个旧式女子,可能出于守旧不断反对儿子的行为,骂他数典忘祖,有"走狗性"。母亲对穷人颇有同情心,而钱医生连这点良知也已失去。作品从两代人的冲突中,对钱医生的"走狗性"作了讽刺和批判。吴的最重要的贡献是他的长篇小说《亚细亚的孤儿》。主人公胡太明到日本留学,虽然远离政治,仍被怀疑是个间谍。回台后因为工作无着,来到南京教书,也并未找到安乐的栖身之所,反而因为是台湾人又被疑为日本间谍而入狱。可是他回到台湾,殖民当局因怀疑他是中国间谍又对其严加监视。正如书中人物所述:"我们无论到什么地方,别人都不会信任我们。命中注定我们是畸形儿,我们自身没有什么罪恶,却要遭受这种待遇是不公平的。""九一八"后,东北作家就有类似的主题,如舒群的《没有祖国的孩子》等。吴浊流直接以"孤儿"点题,通过胡太明长期、曲折的漂流经历,写出了台湾同胞的"孤儿"处境,充分地表达了失去祖国的痛苦心态,又通过他们的经历揭露了侵略者的罪恶,其中隐含的是深沉的爱国主义精神，因而胡太明被誉为不朽的艺术典型。1945 年台湾光复后，一段时间里文学上的成果不多。吴浊流在抗战时期秘密写作的《亚细亚孤儿》，此时得以出版。1947 年，他的中篇《波茨坦科长》，写汪伪汉奸科长摇身一变成为国民政府派到台湾的接收大员，讽刺国民党当局在抗战后的"劫收"，表现了对国民党政权的失望，是这个时期台湾重要的创作收获。

此外，后来被称为台湾"乡土文学之父"的钟理和(1915~1960)，抗战后移居北平。抗战胜利前夕，出版了他的第一部小说集《夹竹桃》。《夹竹桃》描写北平大杂院里的市民生活，让人想起老舍的《柳家大院》。光复后他回到台湾，创作了以《故乡》为名的系列小说《竹头庄》、《山火》、《阿煌叔》、《亲家与山歌》等，以一个归来的游子的眼光写故乡的变化。几篇作品里塑造了农村各种人物，从人事沧桑中反映在殖民统治下故乡的沉落。这些小说沉浸着作家对乡土的爱，寄托着他的幻灭的悲情，开创了台湾的乡土文学。此后，他在这方面有更大的发展。

台湾光复前，在日本帝国主义的压迫下，新文学不可能得到正常的发展。能够跟随着祖国创建了新文学，与祖国一道走入一个新的文学的历史时期，已经是很不容易的，也是很令人钦佩的。

香港在鸦片战争后被英国占领，这里的新文学的发展也相当困难。1927 年，鲁迅从广州来到这里发表《无声的中国》、《老调子已经唱完》等演讲，曾引起震动，逐渐有一些本土的和南来的作家开始了新文学的拓荒工作。1928 年，出现第一个新文学杂志《伴侣》。1929 年，诞生了纯白话文的期刊《铁马》。许地山于 1935 年到香港大学任教，对推进香港新文学的发展起过重要作用。"七七"事变后，上海、武汉、广州相继沦陷，更多作家南下香港。1939 年 3 月，"文协"香港分会成立，许地山、乔木、戴望舒等被选举为理事。这时的文艺期刊也多了起来，有茅盾主编的《笔谈》、《文丛》和《立报》副刊《言林》，戴望舒主编的《星岛日报》副刊《星辰》，萧乾、杨刚主编的《大公报》副刊《文艺》和端木蕻良主编的《时代文学》等。太平洋战争爆发后，香港沦陷，新文学又沉寂了下来。但戴望舒、萧红、端木蕻良等都在这时写出了他们创作历程中的重要作品，虽然有的是在内地出版，如萧红的《马伯乐》、《呼兰河传》等，有的到了抗战胜利后才得以发表，如戴望舒的一些诗篇；但都应该是香港文学的构成部分。战后，国共内战爆发后，更多作家南来，包括郭沫若、茅盾、叶圣陶、夏衍、胡风、邵荃麟、聂绀弩等。他们在这里创作了不少重要作品。其中黄谷柳的长篇通俗小说《虾球传》,为这一时期新文学的重要收获。

早在五四时期,新文学运动的影响已经波及东北地区,1922 年后鲁迅和许多新文学家的作品便陆续被介绍到这里来。同时,吉林的穆木天等创建了白杨社,沈阳的梅佛光等创建启明学会。他们分别出版《白杨》和《启明旬刊》等文学刊物,在当时有比较广泛的影响。20 世纪 20 年代后期,东北左翼文艺运动开始发展,出现了一批左翼作家。1928 年至 1930 年间,仅沈阳一地出版的文学刊物约有 15 种之多。其中《关外》、《冰花》、《辽风》、《劲草》、《北国》等刊物,都曾大力宣传新兴的无产阶级文学和以爱国主义为宗旨的民族主义文学。

1931 年"九一八"事变后,日本帝国主义占领了东北三省,1932 年在这里成立伪满洲国。帝国主义侵略者在这里加紧政治压迫、经济掠夺,同时实行法西斯文化统治;采用软硬两手,或捕杀作家或诱以名利,企图切断沦陷区人民与祖国相联的精神血脉。伪满的文化统治中心机构弘报处,先后公布《出版法》、《通讯法》、《新闻法》、《记者法》,查封中文报刊。1941 年 3 月公布的《艺文指导要纲》,是一部全面地、严酷地奴化沦陷区人民思想的文化法规。它要按照日本文艺的模式来建立"满洲文学",为日本帝国主义的"东亚圣战"服务。但左翼文学、爱国抗日文学,仍然存在着、发展着。爱国作家大都还很年轻,艺术修养还不够深厚,但他们都很勇敢,作品中所呈现的抗争色彩之强烈,显示了关东文化的强悍、豪爽。与其他沦陷区文学比较,这是东北沦陷区文学的重要特色,而且它成了全国抗战文学的先锋。沦陷初期,以哈尔滨为活动中心的抗日作家有巴来(金剑啸)、三郎(萧军)、悄吟(萧红)、洛虹(罗烽)、黑人(舒群)、山丁(梁山丁)、姜椿芳、金人等。他们以《大同报·夜哨》、《国际协报·文艺》、《黑龙江民报·芜田》等报刊为阵地,发表了一系列抗敌倾向鲜明的作品。如金剑啸的长诗《兴安岭的风雪》、小说《星期天》,萧军的《烛心》、《孤雏》、《下等人》,萧红的《夜风》、《看风筝》、《王阿嫂的死》,罗烽的《口供》、《两个阵营的对峙》等。这些作品不但揭露了殖民地的黑暗现实,描写人民的苦难生活,而且热情讴歌人民抗敌的精神。金剑啸的《兴安岭的风雪》是近 200 行的长叙事诗,热情歌颂 32 位抗联战士的英勇战斗、壮烈牺牲，是抗战诗歌的重要成果。1936 年，金剑啸因报道高尔基病重消息，遭日本侵略者杀害。萧军、萧红、罗烽等先后撤入关内，同上海左翼文艺队伍汇合，形成了 20 世纪 30 年代文坛上的“东北作家群”。而留在沦陷区的作家们，则在敌人血腥统治下坚持反帝爱国的文艺创作，有关沫南的《蹉跎》等小说问世。敌伪的《艺文指导要纲》公布后，哈尔滨的文艺活动受到摧残，但不久抗日的作家又在沈阳、旅大等地开展新的活动，他们在《凤凰》、《新青年》、《明明》、《文丛》、《作风》等刊物上发表大量作品，形成文学流派。这时期比较活跃的作家有山丁、袁犀、秋萤、金音、小松、梅娘、古丁、爵青等。比较优秀的作品有长篇小说《绿色的谷》（山丁）、《河流的底层》（秋萤），短篇小说集《泥沼》（袁犀）、《小工车》（秋萤）、《第二代》（梅娘）、《群像》（爵青）等。这一作家群中，文学成就最突出的是山丁。“九一八”后，他就曾与萧军一起提倡“乡土文艺”，发表《乡土与乡土文学》、《乡土文学与〈山丁花〉》等文章。他和秋萤是东北沦陷区“乡土文学”的主要倡导者。在帝国主义殖民者企图移植日本文学以取代中国民族文化，窒息沦陷区人民的民族精神时，山丁的“乡土文学”针锋相对，主张创作具有地方特色和乡土风情的作品，以保存、增强民族意识，激发群众的爱国热情。他要“暴露乡土真实”，就是要人们记住帝国主义者对东北乡土的血腥统治。他还以自己的创作，实践这一主张，影响别的作家。他的短篇小说集《山风》、《乡愁》、《丰年》，中篇小说《芦苇》，长篇小说《绿色的谷》，诗集《季季草》，散文集《东边道行》等作品，都努力体现他的“乡土文学”主张。从这些作品里，可以看到一片忧郁而又愤怒，流淌着血泪、燃烧着烈火的乡土，也看到殖民统治的野蛮和残暴，听到人民的呻吟和呐喊。长篇小说《绿色的谷》更是东北沦陷时期“乡土文学”的代表作，可以与萧军的《第三代》、端木蕻良的《科尔沁旗草原》并列，是描绘广阔的社会生活面，反映东北近代以来历史变动的作品。小说侧重写了荒野山村狼沟一户富有地主家庭的没落，来反映社会的动荡。这动荡首先来自帝国主义的侵略。小说通过买办钱如龙兴建铁路掠夺乡民财富的情节，让人们清楚地看到了他身后站着的幽灵——南满站大陆商行的日本经理。火车象征着日本帝国主义在“亲善”、“共存”旗号下的残酷掠夺。作家自述书名中的“绿”原意是想描写绿林好汉，这本可以用来象征农民武装力量。受制于当时的环境，这些线索未能深入发展，小说便着重在描写人性的多面性、复杂性中来展现家庭没落的内因，从兄杀妹的血亲残杀中揭示人性的凶残。守“望门寡”的林淑贞爱上了“管家”，并且怀孕了；小彪少爷也大胆地爱上佃户的女儿。从这些情节表现传统观念受到冲击，旧的家庭规范已然崩塌。但林淑贞无法挣脱犯罪的恐惧，写出了人物心灵中的挣扎、搏斗。“管家”霍凤的粗野性格被豢养成奴性懦弱，麻木不仁，写出人性的变异。最后，小彪少爷毅然将自己的家产分给佃户，林家庄园终于败落。小说带着浓浓的东北生活风味和地方色彩，从这些剧变中写出了一场社会的地震。小说出版不久，山丁便遭到敌人的迫害，不得不离开乡土，逃往关内，奔向抗日根据地。

“七七”事变后，北平沦陷，北平和华北地区的作家大多南下，昔日文化故都的文坛一片冷寂。留在这里的最著名的作家周作人，这个曾清醒地透视、批判民族思想劣根性的作家，竟丧尽气节沦为可耻的汉奸。但他对沦陷区文坛还有巨大的影响，八年间他仍然写了不少散文，出有《秉烛谈》、《药味集》、《药堂杂文》、《书房一角》、《秉烛后谈》等八部集子。内容多读书札记、往事回忆等，仍以追求知识性和趣味性为其特点。一些文章中也透露出在屈膝事敌的境遇中的苦涩心态。有些延续着《乌篷船》一类小品的传统，如回忆故乡风物的《上坟船》、《禹迹寺》等，算是情意最为丰沛的，但立足当今思念旧物，文章中又难免流露着隐约可见的怅然若失之情。

以北平为中心的华北沦陷区的文学创作，比较优秀的成果是张秀亚、毕基初、袁犀、梅娘等的小说。梅娘(1920~)，原名孙嘉瑞，1942 年来到北平，是华北沦陷区颇有影响的女作家，当时曾有人将她与上海的张爱玲，并称为“北梅南玲”。但她的作品与张爱玲有明显的差别。她的一些短篇浸透着对受侮辱者的深沉同情。《侏儒》写的并非真的侏儒，而是个受尽虐待、欺凌的私生子，竟被疯狗咬死了。这个孩子在作家的眼里：“若是洗尽了脸上的泥垢，穿上干净的衣裤，一定比房东的胖少爷还体面的。”这是对人间不平的严正抗议。《行路难》的表现方法更为曲折，表面写一个女子夜行中的恐怖感，还被个“鬼”样的人抢走了钱包。最后揭出那“鬼”原来是穷困潦倒、准备轻生的小学教员。梅娘的这些作品都散发着浓烈的人道主义的气息。他的中篇《蚌》、《鱼》、《蟹》等写的是情爱故事，对受害的女性也寄予深深的同情。这几篇的题目都有象征性。《鱼》写女主人公芳，像鱼一样跳出一个网（自己的家)，又落入另一个网(被骗入丈夫的家，做姨太太)。小说用第一人称的自述，回顾她的婚恋经历，通俗生动，主题就是芳的呼声：“我是人，我需要爱。”她的这些小说多写爱情、婚恋、家庭问题，延续着五四以来女性作家创作中十分突出的追求个性解放的主题。

四、上海沦陷时期的文学

上海孤岛文学——上海沦陷时期的作家——芦焚(师陀)的小说——张爱玲的小说——《传奇》的高度艺术成就

1937年11月上海沦陷，英法等国的租界在日本侵略者的包围中，形同孤岛。一部分作家就转到这里来，坚持抗战文艺运动，直到1941年12月发生珍珠港事件，太平洋战争爆发，日军侵入租界，历时四年又一个月。人们把这段时间租界里的文学称为“孤岛文学”。

“孤岛文学”的成就是巨大的。首先在出版方面，第一套二十卷本的《鲁迅全集》就是在孤岛出版的，还有斯诺的《西行漫记》、黄镇的《西行漫画》(即《长征画集》)等的出版，是值得大书一笔的。这时出版的巴人(王任叔)的《文学读本》(后改名《文学初步》)，则为现代较系统的一部文学概论专著。四年间出版的各种文艺期刊，达一百多种，影响较大的如《文艺》、《文艺新潮》。一些复刊或新创办的报纸的副刊，也为爱国作家所占领。如《译报》的《大家谈》、《爝火》，《文汇报》的《世纪风》，以及《大美报》、《正言报》等报的副刊。有一些专业性的刊物质量也很高，如《剧场艺术》、《戏剧杂志》就是现代重要的戏剧刊物，前者在介绍斯坦尼斯拉夫斯基体系上起过不小作用。通过文艺刊物宣传抗日救国思想，批判汉奸文人，批驳文艺界不利于抗战的言论，报道抗日根据地的动态，也发表了不少优秀作品。这些工作对文艺界坚持抗日、坚持进步起了很大的鼓舞作用。

戏剧运动是“孤岛文学”十分活跃的部分，其作品是各类文学创作中成就最高的部门。于伶领导的上海剧艺社是最重要的戏剧团体，而非专业的群众小剧团也十分活跃。在话剧创作中，以阿英的南明史剧和于伶的《夜上海》

最为重要。阿英(1900~1977),即钱杏邨,安徽芜湖人。他从1936年起,到1941年离开孤岛参加新四军,共创作了十部多幕剧。其中有现实题材的《不夜城》等,有神话题材的《牛郎织女》等。代表他的戏剧创作成就的是三部署名魏如晦,以南明历史为题材的话剧《碧血花》(一名《葛嫩娘》,演出时又曾以《明末遗恨》为名)、《海国英雄》(一名《郑成功》)和《杨娥传》。《碧血花》写原南京秦淮妓女葛嫩娘,随其夫孙克咸投奔在福建抗清的郑芝龙。在郑降清后,他们仍坚持斗争,不幸被捕而遭杀害。此剧表彰历史上抗击外族入侵的英雄,这在《海国英雄》中表现得更鲜明。《海》剧重点写郑芝龙降清后,其子郑成功以台湾、厦门为基地,坚持抗清,曾经北伐打到长江,几乎占领了南京。只因郑成功骄傲轻敌而失败,后来退守台湾,联合各地抗清力量,组织天地会,决心斗争到底。而郑芝龙投降后,被解送北京,全家均被害而死。这个情节表现了战与降两条路线、两种结局,在当时很有讽喻的意义。最后,郑成功号召大家不仅要"守义",还要"战取"、"进攻","还要群策群力地来恢复我们大明的江山",这也是剧本的主题。此剧演出后,曾引起热烈的反响。《杨娥传》写明末女义士杨娥,图刺汉奸吴三桂以报国仇夫仇的故事。阿英用明末反抗异族入侵的历史人物的事迹,激励群众投身抗日斗争。他的史剧,如《海国英雄》,所依据的史料很多,人物的所作、所为、所言,多有文献可考。他再现史实是为讽喻现实,但未曾把人物现代化;只为设计剧情、加强人物的性格特征而作必要的想象。另一位重要剧作家于伶(1907~1997),江苏宜兴人,曾为左翼戏剧运动的重要骨干之一。这时所写的话剧,多以上海现实生活为题材。《夜上海》的主人公梅岭春,原为荆溪的开明绅士,日本帝国主义的侵略使他家破人亡。他坚持民族气节,幸为新四军所救。他流落到上海,大儿夫妇丧生,小女受骗。过去是只有别人央求他,现在变成跪在地上求人的人了。通过梅的经历,反映了抗战初期上海社会各种人物的面貌,被认为"孤岛"上最具现实性的话剧。

在散文领域中影响较大的,一是杂文。许多作家继承了鲁迅的传统,在报刊上以杂文揭露民族敌人为征服中国所施行的种种骗术,揭露降敌汉奸的嘴脸,鞭笞在民族危难时刻暴露出的民族劣根性,同时,也表彰在拯救民族危亡的斗争中所闪耀出来的优良的民族精神。在杂文创作中产生了被称为浙东六作家的屈轶(王任叔)、柯灵、风子(唐弢)等的合集《边鼓集》,他们与孔另境的合集《横眉集》,以及不少个人的杂文集。1938年,还发生了由阿英的《守成与发展》一文引起的,关于如何继承“鲁迅风”的争论。这场争论的结果是1939年1月《鲁迅风》杂志的创刊,不仅推动了杂文的写作,而且也推进了“孤岛”文艺界对鲁迅和鲁迅杂文研究的开展。报告文学是“孤岛”散文另一有成就的部分,特别是1939年大型报告文学集《上海一日》的出版,成为继《中国的一日》后,群众性报告文学写作中又一件大事。这部由朱作同、梅益主编的集子约100万字,作者有著名作家也有普通工人、士兵,共同记录了“八一三”后一年间,上海军民的抗日斗争。

此外,在小说、儿童文学等领域,也有较优秀的作品产生。这块弹丸之地上的爱国作家们,“在荆棘里潜行,在泥泞中苦战”。他们的成绩使“孤岛文学”成为抗战文艺的重要组成部分。

这时还有作家加入了特殊的战斗,如原左联女作家关露(1907~1982),不仅从事文学创作和编辑,出版自传体长篇小说《新旧时代》等。她还受中共派遣打入汪伪特务机关做地下工作。新中国成立后为此而蒙冤两度,蹲狱十年,她为民族解放事业贡献了自己的青春。

1941年太平洋战争爆发后,日军进入租界,全上海落入敌手。在日本法西斯主义的文化统治下,这里的文学面临着更为严峻的形势。上海本是20世纪30年代文学的中心,集聚着雄厚的文学力量。这时大部分作家已经离去,但留在这里的作家仍是各沦陷区中创作实力最强的,在沦陷期间的创作成就也最高。留沪的知名作家有郑振铎、许广平(景宋)、王统照、夏丏尊、李健吾、许杰、柯灵、钱锺书、杨绛、芦焚(师陀)等等。他们坚持民族气节,在险恶的环境中或与敌伪进行斗争,或坚持创作。

1942年4月,在上海负责文化生活出版社社务的陆蠡,因印制抗日作品而遭日本宪兵队逮捕,在狱中英勇就义。这位创作《海星》、《竹刀》等散文集的现代著名散文家,抗战后出版他的第三本散文集《囚绿记》。首篇《囚绿记》用柔婉、细腻的文笔,描写住所窗外一株翠绿的常青藤。他以这常青藤的绿色象征祖国:“它是生命,它是希望,它是慰安,它是快乐。”他热情地赞美常青藤向往太阳与光明,歌颂这永不屈服于黑暗的“绿囚”。他在这赞颂里深深地寄藏着对祖国获得自由、复兴的热切期盼,寄藏着反抗日本侵略者、追求民族解放的意志。

也像其他沦陷区那样,此时上海的文学创作也以小说的成就最为突出。在小说方面,柯灵接手陈蝶衣主编《万象》后,坚持现实主义的方向,围绕它形成爱国进步的作家群,直到 1945 年胜利前夕柯灵遭日本宪兵拘捕被迫停刊。同类刊物还有《文艺春秋》等。《紫罗兰》、《小说月报》等刊物在发表通俗小说创作上也有相当成绩。这时出现的女作家张爱玲,她最初的两篇小说《沉香屑》一、二,就是在周瘦鹃主编的《紫罗兰》上发表的。通俗文学作家秦瘦鸥,此时出版了社会言情小说《秋海棠》。

在小说创作上,除了芦焚算是老作家,这时取得了新的成就,张爱玲、钱锺书都还是新人;而且还有一些年方十几二十岁的青年人,名声不算大,作品有特色,如沈寂、郑定文等。沈寂以其题材的特异,如描写盗墓贼、盗马贼、卖人肉者、江湖乞食者等,展示丑恶人性等的创作,显出他的独特的审美风格,如写盗墓者为了争夺财宝在恐怖的墓穴中残害同伙的《大草泽的犷悍》等。但似乎缺乏生活的厚积,便难以塑造血肉丰满的人物形象。相反,郑定文所写的多是平凡的日常生活,如成名作《大姊》用朴素的文笔写朴素的人生,塑造了一个上海里弄里平凡的劳动妇女形象:她在苦难中抚养幼弟和多个子女,在平凡中焕发出爱的光辉,人物形象鲜明,也很感人。

芦焚(1910~1988),原名王长简,河南杞县人。“芦焚”是 1946 年以前发表作品使用的笔名,1946 年以后改用“师陀”。他在抗战前即已开始创作小说,首部短篇小说集《谷》以其独特的艺术风格,在 1937 年与曹禺的《日出》、何其芳的《画梦录》同获《大公报》的文艺奖金。同年出版短篇集《里门拾记》。抗战爆发后,长期蛰居于日军占领的上海。代表作《果园城记》(短篇小说集)中的主要篇章、中篇小说《无望村的馆主》都是这时期的创作。战后出版的两部长篇小说《结婚》和《马兰》,也完稿于沦陷时期。

《果园城记》是芦焚艺术上的成熟之作,18 篇短篇共同描绘一个小城的形象。类似萧红为呼兰河立传,芦焚自述:“我有意把这小城写成中国一切小城的代表,它在我心目中有生命、有性格、有思想、有见解、有情感、有寿命,像一个活的人。”[40]与呼兰河不同的是,果园城已经通车(火车)、通邮(设有邮局),共产党领导的暴动农民还一度占领过这座小城。各篇故事的时间是从清末到抗战前夕，这正是中国社会大变动的一段时间；但是却不能改变位于中原的这座小城。《灯》的篇幅很短，写小城里的人家还过着点油灯的生活。第一篇《果园城》写寡妇孟林太太，她家里有一座钟，不知道在什么时候停了摆，就永远地停在某一时刻上了。这停了摆的座钟正是果园城的象征。小说写孟林太太身上少了一样东西，“一种活着的人所必不可少的精神”。作者没有说明这精神是什么，但既然是活着所必不可少的，失去了它也就等于是没有了生命。《桃红》里孟林太太的女儿、老处女素姑，在独守空闺中为别人也为自己缝制了一件件衣服，可以够她穿三十年的了，在百无聊赖中她已成失了青春的憔悴女子。不论写的是传说或是现实，这样的故事、这样的人物都属于遥远的过去，所以这果园城也只能像素姑一样地一天天憔悴下去。作家还时不时地发些感慨，如《果园城》里说，这里“永远繁荣不起来，不管世界怎样变动，它总是像那城头上的塔样保持着自己的平静……”在《葛天民》中说：“改变一个小城市有多么困难，……我们若不看见出生和死亡，我们会相信，十年，二十年，以至五十年，它似乎永远停在留在一点上没有变动。”这是一个衰败的乡镇小城，崎岖的泥路、颓坍的墙垣，标示着宗法制乡村的荒芜，更可怕的是人心的荒芜。

芦焚说到《里门拾记》时，曾表示他要把所见所闻的“各行各流的乡邻们聚集拢来”，画几幅素描，亦即所谓“浮世绘”。《果园城记》集中地实践他的创作意图，也可以说是一部“人物志”。这里有寡妇孟林太太，她的女儿素姑，“葛天氏之民”的葛天民（《葛天民》），“中世纪封建主子”的朱魁武（《城主》），地主家的不肖子刘卓然（《刘爷列传》），小学教师贺文龙（《贺文龙的文稿》），直到说书人、邮差等等。正是这些人物的性格构成了这座小城的性格。对这一系列人物的描绘，作家的态度虽然很平和，其中却含着他的批判，含着抗战时期反思民族性格的心得。这些生长在民族文化积淀最深厚的中原大地上的人物，竟然没有一个是有出息的。暗中统治着果园城的巨绅朱魁武，农民的暴动对他似乎无大影响，而四姨太的失节却能够从精神上击垮他，从此便一蹶不振了。与世无争也无求的葛天民，只需要安安静静地活，也可以安安静静地死。纨绔子刘卓然像王子似的在嫉妒、羡叹、娇宠中长大，刘家传到他就没落了。贺文龙有当作家之壮志，却无克服困难之意志，所以永远完不成文稿。与呼兰河写草根阶层不同，《果园城记》更多写的是小城的上层，那些秀才、进士、布政使等“显耀的祖先的后裔们现在是一个一个的衰落了”，展开一幅落日残照下萧索废园的景象。人们从这乡镇小城的停滞、衰败中探询其因，就在于从生活方式、文化观念、精神状态上反映出来的人性的缺陷和弱点。这里的人十分缺乏进取性，大多保守地安于现状，要不就胡作非为，把老本输个精光。作者从这里提出了改造民族性格的问题，这是抗战中的一种民族文化的反思。芦焚的作品多少带有感伤的成分，这种感伤来自于作家的民族忧患意识。

芦焚在描写小城的历史时，常常写人物命运的变幻莫测，表现人世沧桑。《一吻》写少女时代的小摊贩大刘姐，曾被锡匠虎头鱼强吻过。但她嫁给了衙门师爷，身份和地位都变了。若干年后旧地重游，为她拉车的正是当年的锡匠。描写巧遇故人，包含着对人事无常、命运难料的感触和慨叹。大刘姐感叹，人们“吵着、嚷着、哭着、笑着、满腹机械的计算着，等到他们忽然睁开眼睛，发觉面临着那个铁面无私的时间，他们多么渺小空虚可怜，他们自己多无力呀！”《三个小人物》写布政使后裔的显贵之家日渐破落，而他家“世袭门房”之子，本是极卑贱的，却在时代的变动中保全而且提升了自己。还有《城主》中的朱“魁爷”没落后变成“鬼爷”、“龟爷”，刘氏地主的没落(《刘爷列传》)等，都说明芦焚很注意这种现象。如果联系他的中篇《无望村的馆主》，则可发现人世沧桑是芦焚的一大主题，这一类型的小说在他的创作中占有突出地位。这部《馆主》写吴王村地主宝善堂三代人的经历，概括了一户地主从发家到破落的历史。陈世德的曾祖节衣缩食，靠着点点滴滴的积累，才发了家；他父亲靠的是械斗、打官司成了一方霸主。但祖先创下的家业和威势不能支撑他的无度挥霍和胡作非为，最终竟沦为乞丐。人世的这种升降浮沉，本也是社会变动的重要表征，人性的丰富性正可在这变动过程中细加检视。芦焚对故事情节的叙述也还生动，但若从反映社会变动来看，当然未能像社会剖析小说那样把解剖刀切进社会、家庭的深处，或写出时代的冲击力。若从表现人性来看，也还未能有较深入的挖掘。这一类作品的思想深度尚有所欠缺。

芦焚在长篇《马兰》里有意对比男女主人公的性格。这部长篇虽然有些情节被安排在北京城里，但并非芦焚要把眼光从乡镇小城移向大城市去。马兰本是一种野草，有着顽强的生命力，作家用它为自己的女主人公命名，写她从被欺骗的弱女变成统军三万的山大王的传奇经历。小说也用一女三男的模式，这些男性与马兰相比都显得渺小。马兰钟情于大学教师李伯堂，李却因为种种考虑没有接受她的爱，等到他看清了马兰的心灵，便像《复活》里的聂赫留道夫，带着忏悔之心去寻找她时，他被拒绝了。马和李这两个人物的性格形成对比，隐含着作家对探求、培育民族性格的见解。另一长篇《结婚》写了洋场男女的种种龌龊和糜烂，主人公官僚家庭出身的胡去恶在上海的没落和死亡，再一次呈现了人世沧桑的图景。

在上海沦陷区出现的文学新人中，最为引人注意的是女作家张爱玲。她对社会病态的深刻描绘，在现代文学史上可以说是独树一帜。在“揭出病苦”上，现代作家中大概没有能超越鲁迅的，但鲁迅小说还有健康的青年闰土和“偷”自家罗汉豆的可爱的农村少年。张爱玲的特长在“揭出病态”，笔下的人物几乎没有一个够得上健全的。20 世纪 30 年代的现代派小说，如刘呐鸥等的小说，也很突出地表现上海都市的病态；张爱玲不是表面地、现象地写病态，她的笔毫不留情地挖到了人性的深处，笔笔见血。她对人性有着深刻的、透彻的洞察，因而对人物的态度冷峻到了极点，读她的小说只觉寒气逼人，寒彻骨髓。这和鲁迅有所不同，鲁迅的胸怀里怀着宽宏、深沉的人道主义，揭出病苦是为疗救，所以他冷峻的文字里面包着的是炽热之心。鲁迅还是反抗绝望的。这种情怀张爱玲就太欠缺了，她看透了病态，大概认为无法疗救，只有绝望，只有冷眼相送，送这些病态的人、病态的人生走向没有光的所在。

张爱玲(1921~1995)出身于已经衰微的旧贵族之家，受过良好的教育，却遇上一个大变动的时代。有人称之为“最后的贵族”，但已跌入上海的市民阶层中，也是“最新的市民”了。她笔下有一些人物，即使还保留着往昔显贵的余光，身上也已充满着浓得化不开的市民气味。凭着她对这类人物的极端熟悉和高度的艺术技巧，为人们提供了中国市民的一系列真实的形象，从这些人物身上深深地挖掘出了人性的丑陋。1943 年，她开始在周瘦鹃主编的《紫罗兰》上发表《沉香屑第一炉香》，接着在不到一年的时间里发表一批小说，包括她的代表作《倾城之恋》和《金锁记》。同时，也发表不少精彩的散文。1944 年，出版短篇小说集《传奇》和散文集《流言》。当年 5 月，傅雷以迅雨的笔名发表《论张爱玲的小说》，赞扬《金锁记》等的成就，张成了上海沦陷区名噪一时的女作家。抗战胜利后，张写有电影剧本、长篇小说等，但影响远不如前，她已经走过了创作的高峰期。随着1952年离乡远赴美国，她很快被人遗忘了，新编的中国现代文学史上见不到她的名字。她生长在快速变动的时代，等不及被更多的人所认识，便淹没在革命胜利的欢呼声里，那时人们并不认为她有多么重要。直到上世纪80年代，经美国学者夏志清的评价，中国大陆才恢复了对张爱玲的记忆，她的作品得到一些人的激赏。这时大动荡已经过去，当社会回归平静时，人们捡起前些时抛落的、遗弃的东西来看看，才发现里面还有颇可一看的。从此，中国大陆兴起了"张爱玲热"，但也有人对她评价不高。

张爱玲展现给人们看的是什么样的生活？大抵上是在被称为旧派小说或城市通俗小说里人们已经耳熟能详的，诸如旧式家庭里的婚恋，破落大家族里的悲欢和纷争，市井社会的日常俗事，底层小人物的无聊琐事之类。不过张爱玲很高明，她通过似乎是俗不可耐的一件件小事，能够挖出深藏在人性最底层的隐秘，带着轻蔑的神情和嘲讽的意味，书写她所能看到的这一种没有希望的人物。作为"传奇"，自然写得最多的是婚恋，但在张爱玲的笔下是没有真爱情的。《倾城之恋》就是一段没有爱情的爱情故事。女主人公白流苏离婚后回到娘家，兄弟在花光了她的钱后就想赶走她。她在香港遇到范柳原，她想嫁给他。首先是为了生活有个依靠，为了活命。这实在是她的处境所逼，她在下注赌博，必须小心。但是范开始并不想结婚，只要她做情人，因为他认为"婚姻就是长期的卖淫"。这样的看法未免刻毒，但也许有他的根据。这样，两人表面上互相调情，内心都在用心计，表现出非常的"精刮"。他们都想得到对方又都没有多少真情，这是毫无浪漫情味的"恋爱"。最终是战争成全了他们，日本侵占香港的战争使他们感到相互依偎的需要。他们的媒人是战争，这只能说是命运使然，人是做不了自己的主的。谁能料到最后发生这样的"喜剧"？"喜剧"也变得苍凉了。《红玫瑰与白玫瑰》中的佟振保，是个"顶天立地的好人"，但是住在朋友家里却夺人之妻，与娇蕊姘上了。娇蕊告诉他说，已向丈夫公开了两人的事情，并要求丈夫给她自由，而佟振保又提出"我们的爱只能是朋友的爱"。后来佟与把他看成"天"的烟鹂结婚，却把妻当作婢妾，还"有规律"地去宿娼，并且越闹越不像话，连家都不管了。还有《第一炉香》里的梁太太，一个"彻底的物质主义者"，婚姻对于她确实像"卖淫"一样，只是一种交易，所以为了钱财自愿嫁给年过五旬的人，然后等着他死。而她的更大的本领还表现在对侄女葛薇龙的“栽培”上，葛初到她家还能保持一点自我，一旦对新的生活从陌生到熟悉，她也“成熟”了，懂得把自己卖掉了，后来与乔其结婚。小说的结尾由薇龙来把自己与妓女做比较，说是没有区别，如果有，也只是“她们是不得已，我是自愿的！”

张爱玲也写亲情，这本是最普通的民众都有的淳朴的、天然的人之情。然而她的小说里也不写真挚的亲情，亲戚之间没有感情。《第一炉香》里姑妈见到侄女的第一句话竟是问“你爸死了没有”，而姑妈收留侄女竟是一种“投资”，为了利用她的青春。最典型的是《金锁记》，主人公曹七巧，家里原是开麻油店的。因为富户姜家的老二是个害了“骨痨”的病人，一个“没有生命的肉体”，她便以青春为代价嫁给老二，等着做寡妇来分得姜家一点家产。她在姜家被人欺负，只有浪荡的老三季泽来与她调笑。在这样的环境里，她的性格发生畸变，等到她分得家产，有了“卖掉她的一生换来的几个钱”，便开始了疯狂的报复。她在家里使性子，打丫头，换厨子，对谁都疑心。为防财产被侵吞，决绝地赶走自己曾经爱过的老三。她狠心地破坏儿女的婚姻，自己没有的幸福也绝不让儿女享有，归根到底仍然是害怕被人吞了她的钱。她这样地教育女儿：“天下的男子都是一样混帐。你自己要晓得当心，谁不想你的钱？”小说名为《金锁记》，就是指在黄金的枷锁下人性被严重扭曲，造成七巧这样可怕的、变态的性格，完全丧失了正常的母性、妻性。作品进而写出七巧还把子女也劈杀了。他们在七巧的威压之下，人性无法得到自然的、健康的发展，儿子长白跟着三叔嫖娼，女儿长安成了“活脱的一个七巧”。作品所描绘的这一家的生活画面，令人胆战心惊。

张爱玲的人物多没有真情只有财的欲望、肉的欲望。在她的笔下，婚姻或者恋爱里找不到半点纯情或者激情。不但看不到追求个性解放的自由恋爱的天真、热烈，连旧小说里后花园私订终身的那一点点浪漫气息也难得一见。她写的母子、夫妻间多的是相互的算计、戒备。扫视张写的人物，大体可以说都属市民阶层，上海的里弄人物。她写香港，也只是写那些到了香港的上海人。这一系列市民形象，大体包括几种类型。一是沦落在弄堂里的封建旧家庭人物，如《金锁记》里的姜家、《倾城之恋》里的白公馆诸人，还有《花凋》里不承认民国的郑先生等。其中有逐渐洋化了的，多半还是封建的遗老遗少。现代都市接纳了这些时代的弃儿,用名目繁多的“销金窟”来吸取他们的脊髓,总有一天把他们都变成“酒精缸里泡着的尸骸”。这是一些末路上的人物。另一类大致属中产阶层,如《心经》、《鸿鸾禧》中的银行高级职员,《琉璃瓦》中自有房产的广告部主任,《留情》中“股票公司里有地位的人”等。还有一些有着浓厚市民气味的知识分子,如医生、教授、工程师、会计师等,端着人家饭碗的不自由的自由职业者。他们爬上不容易,在种种不无痛苦的挣扎中显露着世俗性、市侩性。

张爱玲的小说中透露出一种乱世感。正如《倾城之恋》中范柳原在浅水湾一堵墙前对白流苏说的,有一天文明整个毁掉了,什么都烧完,炸完,坍完,还剩下这堵墙,我们在此相遇,也许互相有点真心。这是乱世人的真切感触,范似有预感,恐怕也是张爱玲自己的体验。这种乱世的时代背景,加上“最后的贵族”的身份,她看得到、看得透的,也就是笔下所显现的这一类生活了。张爱玲就生活在市民的圈子里,她烂熟于心的就是这些没有希望的大小人物,在乱世也是他们的末世中,苟安于不安。面对这没有出息的一群,她站在“最后的贵族”的立场上,给予批判和嘲讽,描写他们不配有更好的命运。但这不是金刚怒目式的,她的批判只在叙述故事时那不屑一顾的神色里,在面对人物时嘴唇的微微一努中,顶多包含在那些微讽、反讽的语言里。时不时还有适度的同情,尤其对女性。但她的批判却是深刻的,穿透人心直指人性的至深至痛的部位。当人们看到人性的丑陋,也看到自己的不甚雅致却是逼真的相貌时,也许有点尴尬,又无法拒绝、否认,就会产生刻骨铭心之感。只是对于作家来说,越是真实的,就越没有什么希望了,只能无可奈何地充当“一个孤伶伶的旁观者”,眼睁睁地看着她的这些没有出息的一群人物“一级一级走进没有光的所在”。所以她的作品中,生活永远是灰暗的,全都染着苍凉的色彩。

张爱玲在小说艺术上取得高度的成就。她爱读《红楼梦》,也爱读张恨水的通俗小说,所以她的创作中可以明显地看出从传统小说中吸取的艺术营养。她的写法都比较通俗,并没有像西方的短篇那样在构思上下巧功;但并不就是通俗小说,也没有跳进章回体的老套。

张的小说故事情节都较单纯,但描写很充分,她在工笔细描的写实功夫上达到非常高的水平,以细腻、逼真见长。所写多为家庭日常生活,颇得《红楼梦》的神韵，刻绘十分细密，有时觉略显琐细。如对居室的装饰、摆设，人物的服饰、打扮，那精细的勾画被认为《红楼梦》之后无第二人。如《第一炉香》里梁太太山头上的华贵豪宅，在西式建筑、西式布置里放着中国的小摆设。《倾城之恋》里白流苏娘家像神仙洞府的摆设细描，把她们的家庭历史、现状都点明了。《阿小悲秋》里哥儿达的弄堂居室则布置得像上等白俄妓女的妆阁，表现下等洋人的教养、情调、习性，同样写出了半殖民地都市的文化特色。如果说这些还算容易，则一些描写表现作者观察之细可让人叫绝。如写葛薇龙上海老家的黑铁床、黄杨木梳妆台，反映她家过往的生活状况；又特别写出月份牌上美女像的胳膊上，记着许多裁缝店、豆浆店的电话号码，非常准确地显示出她家现在的普通市民生活实况。又如阿小在厨间墙上，粘贴着一块缺角的小粉镜，这原是装在坤包上的，也许是哪位太太废弃的，却成了阿小的奢侈品，免去她在水缸照身影的不便。如果不是细致观察，是捕捉不到这样微妙的细节的。

但环境或服饰的描写毕竟还是外在的，最大的功夫还是直接写人。因对所描写的生活非常熟悉，张爱玲描写人，可以说手到擒来，人物肖像的描绘无不逼真，言谈举止也惟妙惟肖，其手法也很有《红楼梦》的韵味。一些重要人物，如曹七巧、白流苏、梁太太等，都像是雕刻般有立体感。旧家庭兄弟妯娌间为各自利益的纷争，相互的勾心斗角、指桑骂槐，文明礼仪的表皮下俗不可耐的内心世界，都写得非常之真切。人物的对话可以说上一大篇，有时或者可以简练些，但没有不像的。许多细节似乎可有可无，有之则生活氛围大为增强。如《倾城之恋》中老太太说话先伸手在枕边摸出个小痰罐，吐了口痰再开口。《第一炉香》里梁太太生气离开客厅，把手里的烟卷往杜鹃花盆一扔。这些动作能使人物活了起来，绝非可有可无的。《等》里的庞医生看病间歇吃汤团，把嘴里的香烟给太太接着抽；庞医生吃完了，太太又把烟还给他，他再接着抽。一支烟两人用，动作连贯默契，说明已是他们的生活习惯，非常符合他们的身份。就是一些次要的人物，如《第一炉香》里的年轻女仆睨儿，也写得活脱如同大观园里某丫鬟的再生。人物心理描写则走传统的路子，通过言语动作来表现心理的变化。《茉莉香片》、《心经》等都写人物的心理。《鸿鸾禧》虽没有深刻的思想内涵，然而描写婚礼进行的过程中，把新娘、小姑、公婆、客人等各类人物的心理波动写得相当充分，一个个小市民的嘴脸都活龙活现，饶有情趣。

张爱玲对小说艺术的重要贡献还表现在语言的创造上，应该说多是非常精彩的。张的语言总体风格是通俗、平易的，常用形容和比喻，往往别出心裁，妙喻连珠，奇譬成串，显示着她的智慧和高超的想象力。这是读张的小说的一种愉快的享受。在这一点上，只有钱锺书的《围城》或者可比。《红玫瑰与白玫瑰》里形容一些男人与妻子、情妇的关系，说："娶了红玫瑰，久而久之，红的变了墙上的一抹蚊子血，白的还是'床前明月光'；娶了白玫瑰，白的便是衣服上沾的一粒饭粘子，红的却是心口上一颗朱砂痣。"真可谓巧妙而又贴切。而这样的比喻、形容，在张的小说中在在皆有。好的比喻不仅增强作品的表现力，而且意象鲜明，意味无穷。如用"笼中鸟"形容被关闭在家庭里的弱者，已成俗套，而张爱玲在《茉莉香片》中出人意表地用"屏风上的鸟"做形容，就显得高人一等。她写聂传庆的母亲嫁到聂家后，"她是绣在屏风上的鸟——悒郁的紫色缎子屏风上，织金云朵里的一只白鸟。年深月久了，羽毛暗了，霉了，给虫蛀了，死也还死在屏风上"。然后，又用以形容在家庭的管束、虐待下成了精神残废者的聂传庆。跟具体的故事情节一联系，这"屏风上的鸟"就不仅是比喻聂家母子了，而是具有更广泛的意义，成了某种生存境遇和思想性格的象征，还包孕着作者主观的见识和情感因素，那么浓郁、强烈。这种例子在张的小说中俯拾皆是，在博喻的功夫上她是很难超越的。

如果说上述的比喻还是比较明显的，还有一类要靠读者细心体味，那是隐喻。往往伴随情节的发展，用一些外部的景色，或某一物件，赋予它某种感情色彩，不仅起加强或烘托的作用，而且本身也成了一个含义深刻的意象。如《金锁记》在开头和结尾的不同时间里出现了四次月亮。到了七巧心理变态，狠心虐杀自己的儿女，家成了疯狂世界，于是月亮竟变成了白灼灼的太阳。这样的荒诞正如她家的生活一样。其实三十年间月亮并无不同；然而人世沧桑，人的感情变了，月亮似乎也变了。读到这些月亮的描写，读者感受到的不会只是月色如何，而是对人生的无限感慨，几声苍凉的叹息。月亮的意象里隐含着作者对人生的感受。

本来张爱玲的小说以工笔细描的写实为其特长，但那巧妙的意象的营造，使她的作品又多了些写意的色彩，而这是不露痕迹地、自然地融化在写实中的，二者相得益彰。又由此形成浓艳、繁复、典雅的风格，带着珠光宝气的贵族相,却能和通俗、显露、平易的文字水乳交融。写实与写意,叙述与抒情,高雅与通俗,经了张爱玲的艺术化合,亲密无间地统一在她的作品里了。

20世纪40年代沦陷区的环境使张爱玲的没有明显政治内容的小说,得到了滋长的机会。但她显露才华的时间并不很长。到了她为《传奇》写《再版自序》(1944年)时,她已有预感地宣告:“时代是仓促的,已经在破坏中,还有更大的破坏要来。”她担心“我们的文明”即将过去,“思想背景里有这惘惘的威胁”。这反映抗战即将胜利,在一场大动荡、大风暴即将来临时,她的思想情绪、她的敏锐的预感。这已经预告了她此后可能的命运。幸好在中国现代文学的视野里消失了一阵之后,还有时来运转之机。当着理想主义消退,文学中的英雄形象已经谢幕,当着市民的世俗性得到承认,人们可以公开地谈论欲望,为此可以不择手段、弃绝诚信,以致满眼看去不知道应该相信什么的时候,在一些人的眼中,张爱玲笔下的世界就不仅是可接受的,而且是可享受的了。

注释:

[1] 王西彦:《被毁灭了的台儿庄》,《战地》第5期,1938年5月出版。

[2] 老舍:《五四之夜》,《七月》第4集第1期,1939年7月出版。

[3] 田间:《我爱战争》,《新华日报》1945年5月4日。

[4] 欧阳予倩:《戏剧在抗战中》,《抗战独幕剧选》,戏剧时代出版社,1938年再版,第116页。

[5] 朱自清:《论朗诵诗》,《论雅俗共赏》,观察社,1948年出版,第35页。

[6] 同上,第37页。

[7] 载《文艺阵地》第4卷第2期,1939年11月出版。

[8] 载《文艺阵地》第6卷第2—4期,1941年2月—1942年4月出版。

[9] 载《八路军军政杂志》第1卷第3期,延安,1939年3月出版。

[10] 载《时与潮》第22卷第6期,原载《亚美杂志》1944年11月号。

[11] 慧剑:《固安一农妇》,原载《辛报》1937年11月1日,见《中国抗日战争时期大后方文学书系·报告文学第三集》,重庆出版社,1989年6月出版。

[12] 载《冀村之夜》,新文艺出版社,1939 年 7 月出版。

[13] 载《文艺阵地》第 4 卷第 6 期,1940 年 1 月出版。

[14] 载《文艺阵地》第 2 卷第 6 期,1939 年 1 月出版。

[15] 收入周立波的《晋察冀边区印象记》,汉口读书生活出版社,1938 年出版。

[16] 收入以群的《生活在战斗中》,重庆中国文化服务社,1940 年出版。

[17] 张道藩:《作家们的新认识与新任务》,《中央日报》,1943 年 3 月 27 日。

[18] 宋之的:《谈"抗战八股"》,《抗战文艺》第 3 卷第 2 期,1938 年 12 月出版。

[19] 罗荪:《"与抗战无关"》,《大公报》(重庆)1938 年 12 月 5 日。

[20] 张天翼:《论"无关"抗战的题材》,《文学月报》第 1 卷第 6 期,1940 年 6 月出版。

[21] 沈从文:《文学运动的重造》,《文艺先锋》第 1 卷第 2 期,1942 年 10 月出版。

[22] 巴人:《展开文艺领域中反个人主义斗争》,《文艺阵地》第 3 卷第 1 期,1939 年 4 月出版。

[23] 郭沫若:《新文艺的使命》,《新华日报》,1943 年 3 月 27 日。

[24] 同注[22]。

[25] 茅盾:《大众化与利用旧形式》,《文艺阵地》第 1 卷第 4 期,1938 年 6 月出版。

[26] 毛泽东:《中国共产党在民族战争中的地位》,《毛泽东选集》第 2 卷,人民出版社,1952 年出版,第 522~523 页。

[27] 郭沫若:《"民族形式"商兑》,《大公报》1940 年 6 月 9 日。

[28] 周扬:《对旧形式利用在文学上的一个看法》,《中国文化》创刊号,1940 年 2 月出版。

[29] 见《民族形式座谈会笔记》,《新华日报》1940 年 7 月 4 日。

[30] 艾思奇:《旧形式运用的基本原则》,《文艺战线》第 3 卷第 1 期,1939 年 4 月出版。

[31] 巴人:《中国气派与中国作风》,《文艺阵地》第 3 卷第 10 期,1939 年

9月出版。

[32]同注[28]。

[33][34]同注[27]。

[35]载《战国》第8期,1942年1月21日出版。

[36]西滢:《野玫瑰》,《文史杂志》第2卷第3期,1941年1月出版。

[37]参见陈铨《五四运动与狂飚运动》,《民族文学》第1卷第3期,1943年9月出版。

[38] 茅盾:《八年来文艺工作的成果及倾向》,《文联》第1卷第1期,1946年1月出版。

[39]茅盾:《在反动派压迫下斗争和发展的革命文艺》,载《中华全国文学艺术工作者代表大会纪念文集》,第49页。

[40]芦焚:《果园城记·序》,《师陀全集》第2集,河南大学出版社,2004年出版,第453页。

第十一章

抗战时期文学的重要收获

一、抗战初期的各类作品

新的文学价值观——反映抗战现实的作品——回顾性的小说——萧红的《呼兰河传》

抗日战争关系到民族的生死存亡，正如《义勇军进行曲》中的一句歌词："中华民族到了最危险的时候！"这时抗战第一，是天经地义的，是最大的政治，其他的一切都要服从它。那时一切都为了抗战，文学也要把政治摆在首位，在战争中努力发挥战斗的作用。这是抗战时期的核心价值观。对文学最大的、最急切的要求就是宣传、鼓动抗日。这时的文学创作也以及时、迅速地反映抗战的现实为主要任务。

抗战爆发后，在戏剧、诗歌、报告文学诸领域，立即产生反映和鼓动抗战的作品，而在小说领域，同样有不少小说家立即来写反映抗战初期社会生活变动的作品。茅盾在1938年发表长篇小说《第一阶段的故事》。这部小说仍以他所熟悉的民族资本家（何耀先）为主要人物，通过他的家庭和周围人物在抗战初兴时的各种表现，描写从"七七"事变到上海沦陷，在时局的急遽变动中上海各阶层的思想动态。这部小说原拟题名《何去何从》，意在描写各类人物对抗战的不同态度，提出民族去向的重大问题。但构架甚大，除个别人物外，写得略显粗糙。艾芜的一些短篇，则反映抗战初期某些新鲜气象。他的《纺车复活的时候》通过几个农村妇女纺纱和买纺车，反映抗战后洋货在内地暂时消失，农村手工业复兴，因此给农民带来希望。几个妇女的形象都写得鲜明生动，作品洋溢着喜剧的气氛。《秋收》描写国民政府的一支部队帮助农民秋收,使姜老太婆改变了对旧军队的观感和态度。这类小说反映了民族矛盾尖锐时国内社会关系的变动,同时也反映抗战初期作家的乐观情绪。

抗战初期普遍的乐观情绪，也表现在大型话剧的创作中。比较有代表性的,是曹禺的《蜕变》。这是他在1939年创作的一部多幕剧。第一幕揭露某伤兵医院的腐败。院长和他的外甥(庶务主任)利用医院搞囤积粮食的勾当,置伤兵的死活于不顾。医院办得一塌糊涂,正直的丁大夫无法工作。好在来了视察专员梁公仰,发现问题,秉公处理,撤了院长的职,判了庶务主任的刑,改造了医院,丁大夫的才干得以发挥。此剧暴露黑暗的部分写得相当生动,但解决问题的关键是靠一个廉洁正派的梁公仰，他赤手空拳，顷刻间把医院改造好了,缺少可信性。曹禺对此做了解释,说这出戏不是要写行政上的改革,"戏的关键还是在我们民族在抗战中一种'蜕'旧'变'新的气象。这题目就是本戏的主题"[1]。他没有看到这种"蜕变"不是轻而易举的,反而宣扬"抗战三年,军事有办法,国家有办法,人心有办法,局势一天比一天好"(剧中人丁大夫之语)。在这种过分乐观的情绪之下,才编出了一个"新官吏"的来到便开辟了新局面的情节。抗战初期,由于一时对新局势的特点认识还不全面,廉价的乐观主义影响了创作的现实主义深度,这在《蜕变》中表现得很鲜明。

一方面是表现、歌颂抗日斗争,另一方面也暴露消极面,抨击那些阻碍、破坏抗战的行径。这后一方面的作品,在抗战初期的小说中也不少。张天翼的短篇集《速写三篇》中,《谭九先生的工作》揭露地主分子在抗战中囤积粮食,争权夺利的丑恶面目。特别是《华威先生》一篇,是抗战初期短篇小说中有代表性的作品。当时张天翼正在长沙从事统一战线工作,他看到一些国民党的官僚、政客,打着抗日招牌,却不做抗日的实际工作,反而专门在统一战线中闹摩擦。他们争夺抗日组织的领导权,又"包而不办"以达限制、统制、取缔民众抗日运动的目的。因此用了一天时间写成此篇,塑造了华威先生的典型。作品的成功在于它没有花力气去写华威有什么恶劣行径,而是集中笔力写好人物。在短短的篇幅中,只用华威参加三个会议的不同场面,写他骚首弄姿、装腔作势,却遮不住企图控制群众组织的卑劣用心,也挡不住群众对他阻碍抗日工作的愤懑情绪。因为华威上窜下跳，一举一动都显出一个虚伪、腐败的官僚的特征,所以虽无多少夸张,却有很大讽刺力量。作品发表后便引起一些人的不安,后来还发出所谓"暴露黑暗是帮助敌人"的谬论。同时也引起文艺界关于“暴露与讽刺”问题的讨论，可见其影响之大。

由《华威先生》所引起的讨论，不仅涉及如何看待文学的暴露与讽刺问题，而且也帮助处于兴奋状态中的作家们，正确把握抗战的现实。使得文艺创作除了正面表现抗战，歌颂全国军民在民族解放斗争中的英勇事迹，也能注意抗战中的艰难、险阻，注意民族内部的阴暗角落。一些揭露性作品的产生，增强了抗战初期创作中的现实主义力量。在这方面，沙汀取得显著成果，他这时的一些小说仍保持先前的艺术风格，也多具讽刺性和揭露性。《防空》讽刺愚先生等人，利用防空名义争夺小县城里防空协会职位的丑剧。《老烟的故事》写一个曾因参加革命而被捕过的知识分子，此后杯弓蛇影，最终死于惊恐，曲折地反映专制统治的恐怖气氛。而《在其香居茶馆里》则是脍炙人口的名篇，小说深刻地揭露抗战时期大后方的基层政权和兵役制的腐朽、窳败。作品并没有直接表现抽壮丁的情形，而是选择联保主任方治国与土豪邢幺吵吵在茶馆里的一场恶斗，用他们的手撕破他们的真面目，暴露兵役制的黑暗内幕。作者选择了特定的时刻(新县长到任，宣布要整顿兵役，严惩舞弊行为)，写方治国因摸不透新县长的脾气，为保住自己，对已逃过四次兵役的邢幺吵吵之子下了手。于是在茶馆里双方大打出手，丑态毕露。同《华威先生》一样，这篇小说的成功也在于写活了人。作品处处表现方治国的“软硬人”的特征。作为基层干部，为了维护自己的统治权，他具有凶狠毒辣的“硬”的一面；但同时又必须仰仗上级与地方土豪，充当他们的走狗，就又有奴性的“软”的一面。这正是旧社会里某些保甲长这类人物的性格特征。同时写邢幺吵吵的粗暴蛮横、无所顾忌，在双方的交锋中主动寻衅，完全是一副土豪的嘴脸。一些次要人物如哥老会的头目、地痞、视学等也都眉目清晰。这一批地方上的头面人物的聚会，让人们看到社会底层的黑暗一角。因此，《在其香居茶馆里》不但有很强的现实批判力量，而且对深刻地认识四川基层社会状况，也有不小的作用。最后矛盾不是在茶馆里解决的，而是在县城由新县长和邢幺吵吵的大哥(县里有威望的耆宿)摆平的。所谓“整顿兵役”不过是骗人的空话，新县长当然不会真的触动土豪的半根毫毛。这篇小说结构紧凑，又有起伏波澜，是沙汀的优秀短篇之一。

这时的话剧中也有了揭露大后方黑暗现实的作品。较早有宋之的的《雾重庆》。宋之的(1914~1956)，河北丰润人，1933 年参加剧联，从事左翼戏剧运动。抗战爆发后曾与陈白尘共同改编反映东北人民抗敌斗争的五幕话剧《民族万岁》。1940年,创作了《刑》和《雾重庆》(一名《鞭》)。《雾重庆》的前两幕,写一群由北平流亡到重庆的大学生,生活无着,报国无门,不得不去开饭馆。后三幕写他们中的沙大千,遇着官僚袁慕容,跟着他跑香港搞走私,终于堕落。这个剧情说明在雾海茫茫的气候之下,意志薄弱者可能发霉。此剧重点写一些普通人抗战中的生活和思想变迁,让人们从中感受到整个社会政治气候的阴晦潮湿,借以达到揭露的目的。同样暴露黑暗,但更重于讽刺的,有陈白尘的《乱世男女》等。陈白尘(1908~1994),江苏淮阴人,也是20世纪30年代左翼戏剧运动中成长起来的剧作家。《乱世男女》写一群男女,内中有资本家、文人等,他们从南京逃到武汉,又从武汉逃到大后方。他们口头上叫嚷着抗战,却有的准备跑香港,有的想要当汉奸。剧本用适度的夸张以达讽刺效果,但情节不够精练。当时这一类暴露性的作品,常受到国民党当局的非难,陈白尘曾驳斥了所谓"既经抗战,凡百大吉"的言论。他指出"只有强烈地倾向着光明的人,才会对黑暗加以无情的暴露",而"讳疾忌医,不是一个民族的美德"[2]。他还写一些讽刺短剧,如收在他的《后方小喜剧》集中的《禁止小便》等。善写喜剧的丁西林,这时有独幕喜剧《三块钱国币》。他的四幕剧《等太太回来的时候》,描写当汉奸者众叛亲离的下场,歌颂坚守民族气节的人。虽然仍是喜剧,因为内容比较严肃,实际上倒更像正剧。四幕剧《妙峰山》以喜剧形式对时局做了讽刺。妙峰山上以王老虎为首的"土匪",能以五百之众全歼两千日寇;可是王老虎反遭政府逮捕。而这位王老虎原是蔡元培领导下的北京景山大学的教授,他把"山寨"治理得井井有条,成了"乐土",使"俘虏"们都不愿意离去。人们一看便知这是在巧妙地抨击国民党当局的消极抗日和腐败。类似的讽刺剧还有欧阳予倩的《越打越肥》等。

上述两类作品,或从正面表现抗战后社会的进步与人际关系的变化,或从反面揭露社会的消极面,批判那些阻碍抗战和社会进步的事物。这里既有歌颂,也有暴露、批判,共同地构成抗战初期叙事性作品的主要内容。

在这时期产生的一些有影响的小说,从题材上看,似与当前的抗战无关,多是作家对以往生活的回顾。因为往往包含着作家在较长时间里对生活的思考,因而也具有很强的艺术感染力,同样成为抗战初期重要的创作收获。抗战爆发，没有一个作家不被卷进抗战的硝烟之中。只因际遇有别，也有人还希望有条件写点过去的经历。这类小说以其所写的是抗战前的生活，故可称之为回顾性小说。

这方面最重要的当然是巴金创作的《春》和《秋》两部长篇，完成了《激流》三部曲的创作，为中国现代文学做了他的最重要的贡献。

另一部重要的回顾性小说是女作家萧红的《呼兰河传》。萧红于1940年2月来到香港，写下中篇《马伯乐》、长篇《呼兰河传》和短篇集《旷野的呼唤》。《马伯乐》以上海"八一三"战役为背景，讽刺在抗战中只会空发感慨、议论而无实际行动的卑琐、自私的知识分子。1940年12月，写成她的最优秀的长篇《呼兰河传》。这是一部用回忆童年生活和见闻的方式写的小说，极为生动、细致地展示了偏远、闭塞的北方小城里，人的生存状态和精神状态。这里的事卑琐、离奇、反常，黎民百姓无论生活或思想，都离开真正的人甚远。在细腻、轻松甚至还有点风趣的文字背后，深藏着作家的同情、忧伤和悲感。开头两章用旁观者的笔调所画出的风土画，勾画出北国小城的死气沉沉的生活。这里任何一件无关紧要的小事，诸如一匹马陷入泥坑，两个学徒打架，都会引起一阵风波，但迅即恢复平静。春夏秋冬，生老病死，就这样地循环往复。人们依时随分，活着吃饭，死了完事！在这样的背景下，作家在回忆中搜索那些辛酸的往事，写下了团圆媳妇、有二伯、冯歪嘴子、王大姑娘等草根阶层的人物。这些人物的共同点是都无力把握自己的命运，也不知道自己应该有把握命运的权利。他们这种性格、遭遇，在鲁迅和20世纪20年代乡土作家的笔下已经描写过。但在北国的特定社会风习之中，他们的小城旧事仍然让人感到震撼，不仅为他们的贫苦，更为他们的愚昧麻木感到震撼。其中像12岁过门做媳妇的团圆媳妇，只因她身体健壮，还是个活泼少年，在公婆看来当然不像个媳妇的样儿，便受尽了种种非人的折磨与惩罚，被不分昼夜地一天打八顿，用皮鞭狠抽。因为家里认为"不狠哪能规矩出一个好人来"。家里人还以为是为她好，婆婆为了给她治"病"，让她吃偏方、野药，请人跳大神、赶鬼，又看香、扶乩、摸帖，直至残忍地把她三次当众放入滚烫的开水中"洗澡"，读来令人毛骨悚然。她终于被活活地折磨死了，然而婆婆也为她花掉了五千多吊钱，倾家荡产了。团圆媳妇被封建观念和迷信害死，固值得同情，那婆婆也是十分可悲、可怜的，既害人也害己。作品也写了世态的凉薄。人们对冯歪嘴子的媳妇本来有好印象，因冯只是一个磨官，她竟甘愿做冯的“野老婆”。他家穷到婴儿都没有衣穿，好像是放在鸟窝里。有的穷人竟看不起这比自己更穷的人，在冯歪嘴最困难的时候都来看他们的热闹，说他老婆的坏话。她也在为冯生了第二个孩子后死去了。这里真正是一座密不透风的铁屋子，无论每个人充当的是何等角色，最终都一样地要被窒息而死。可是他们到死了也没有明白过来，这是作家感到十分悲哀的。所以整部作品回荡着感伤、低回、凄凉的调子。但通过这些普普通通人物的不幸生涯，有力地展示了中国社会某一方面的真实面貌，所写的这些生活本身就有极大的否定力量，使人们深切感到鲁迅的“揭出病苦，引起疗救的注意”的工作，应该要继续做下去。

至于作品语言运用的娴熟，更胜过她的《生死场》。采用散文的结构，不设统一的情节，用散点透视的方法，在不同章节里分别塑造人物形象。整部小说写来轻松自如，举重若轻地表现那些本是十分沉重的题材，显出萧红艺术上的臻于成熟。1941 年她写了《小城三月》，以清新流畅而略带感伤的文笔，写不满包办婚姻抑郁而死的翠姨。1942 年 1 月，这位艺术上正日臻完美的女作家过早地离开了人世。

1939 年，另一位东北作家端木蕻良，出版了写于 1933 年的长篇小说《科尔沁旗草原》。这部长篇可以与萧军的《第三代》一起，作为东北农村的近代历史变迁来读，其构思较为宏大，原拟描画出整个科尔沁草原的社会结构。小说写的是日俄战争到“九一八”事变期间的故事，却把笔向前伸展了 200 年，写了鸶鹭湖畔首户人家、丁家大地主的发迹经过。以此与丁家的走向没落形成照应，说明 200 年间东北封建地主经济的形成与衰落，在更广阔的时空中反映了社会变迁。丁元凯与丁宁父子两代既相同又不同。父亲由于经济上的衰落和精神空虚，于百无聊赖中不自觉地投向商业竞争，终因投机失败而死。他的失败是封建宗法制经济基础动摇的表现。儿子在南方受过现代意识的熏染，思想比较复杂。他既有同情受欺压者之心，又始终无法挣脱地主少爷的本性；所以他同情周围那些被黑暗所吞噬了的女性，又因自己的放浪导致侍女灵子的被害；他同情贫苦农民，然而当他的姑表兄弟大山领导农民“推地”(退租)时，又要手腕来阻止农民的斗争。他受托尔斯泰《复活》的影响，却连聂赫留道夫式的人物也做不成，只能在痛苦与幻灭中又到南方去了。这父子两代都无法挽救家庭衰败的命运。作品塑造了农民大山的形象，他与丁家既是亲戚又有仇恨。作家让他领导了佃户们的“推地”斗争,其意或为在地主阶级的身边树一个掘墓人。不过这个人物写得并不很成功,这种用血缘关系来连结两个阶级的方法,也就未达预想的成效。如果说萧红的《呼兰河传》更接近乡土文学,那么《科尔沁旗草原》至少就作家的主观意图而言,是想写成社会剖析小说的。但与创作的大构架相比,生活准备尚有不足。书中大量东北风俗与日常生活的描写,纷披繁重的枝叶有时也使主干反而显得细弱。回顾性小说到了皖南事变后,仍在发展。同是东北作家的骆宾基,也写了回忆东北生活的长篇《混沌》(《姜步畏家史》第一部)。小说以一个幼童的眼光,描写闯关东的一个小家庭的变迁,反映了俄国十月革命至20世纪20年代初,时局动荡带给北国边陲小镇的种种影响。清丽柔婉的文笔,写出对故土的怀念,在当时显示了作家的爱国情思。

1939年还有一部有影响的长篇小说问世,这就是齐同(1902~1950)的《新生代》,这是反映“一二·九”运动的作品。小说描写陈学海、魏玲、刘时、陆飞等一批学生,投身民族救亡运动,参加“一二·九”、“一二一六”示威游行,随后又组织北平学生寒假农村工作团下乡,参加了“民先队”。作品对国民党对外妥协、对内镇压抗日学生运动的行径,给予猛烈的抨击。小说以陈学海为中心人物,但他只是被卷进“一二·九”运动的,以他的眼光来看这场运动,只能较多地写出其外观表象,而难以触及运动的核心,也未能深刻地画出20世纪30年代的革命知识分子的心灵轨迹。但许多场面的描写还是生动的,其中第四章写“一二·九”示威游行,群众奋力冲破大刀、水龙的阻挡,写得火炽壮观。描写学生下乡的经历,也很有生活气息。小说在一定程度上“将从‘一二·九’到‘七七’北方青年的思想变动忠诚地告诉读者”[3]。

二、艾青和自由体诗的新高潮

艾青的诗,自由体的新高峰——爱国主义与人道主义的结合——艾青诗作的高度艺术成就——田间等的抗战诗

抗战爆发后,最初兴盛起来的几种体裁中,诗歌的成就也很大。胡风曾

经分析这时诗歌的发展状况："在诗上，由于人民情绪底兴奋，焕发，感激和乐观，不但那些忧伤的低诉绝了迹，同时也减去了那种可望而不可即的焦躁的意味，而是从生活激动发出的火热的声音。这是诗底疾风迅雷的时期，和战争初期的人民底精神状态是完全相应的。"[4]在这种背景下，产生了抗战后重要的诗歌流派——七月诗派。这个流派中出现了两位重要的诗人，即艾青和田间。但他们先后到中共领导的敌后根据地去了，在根据地文艺整风后，他们的诗风都有了变化。因而，艾青和田间，既曾是七月诗派的最重要的诗人，又不是自始至终都属于这个流派的。

抗战时期，是继五四时期之后，自由体诗的第二次高潮期。上一次高潮的顶峰是郭沫若的《女神》，这一次则以艾青的诗为新高峰。两次高潮都出现在民族情绪十分高涨的背景之下。五四运动是反帝爱国的政治运动；抗日战争则更关系着中华民族的生死存亡。广大民众要求民族解放的激情奔腾激荡，这种情绪要求不受拘束地、爆发式地释放出来，这使得自由体诗再次被历史所选择，而且产生了能够完成历史新使命的诗人——艾青。

艾青(1910~1996)，原名蒋海澄，浙江金华人。出身于地主家庭，是大叶荷村一贫苦农妇溺毙亲生的女婴，将奶水来喂养他长大的。他在乳母家感染了"农民的忧郁"。受自己父母的歧视，更使他长大后深深怀念乳母，并产生了强烈的叛逆性格。1929 年到法国学绘画，过着不安定的生活，体验了流浪者的生活。1932 年回国后，参加左翼美术家联盟被捕入狱。这些经历使他有了做殉道者的感觉："我们岂不是/都在自己的年代里/被钉上了十字架么？"(《笑》)他的诗中，农村题材占着重要的比重，他笔下的农村是那样单调、简陋与卑微："而寒冷与饥饿，/愚蠢与迷信啊，/就在那些小屋里/强硬地盘踞着。"(《旷野》)但他的思想经历，又使他不可能像臧克家那样成为"乡土诗人"。他在 20 世纪 40 年代曾说："出身的阶级，给我很大的负累，使我至今还不可能用一个纯粹的农民的眼光看中国的农村。"[5]农民的忧郁、流浪者的悲愤再加上知识分子殉道感，形成艾青诗特有的感情色彩，他崇尚一种"苦难的美"。他说："在未经解放的时代里，苦难比幸福更美。""凡我们此刻所蒙受的一切耻辱与不幸、迫害与困厄，即是我们诗的最真实的源泉。"[6]尽管不同时期的诗中也反射着不同的时代色彩，但却始终有一种忧郁与悲愤之情贯穿其中。就其基本的思想倾向而言，凡是成功的诗，都一以贯之的贯穿着深沉的人道主义情怀。

艾青于1932年开始写诗。1933年发表在狱中创作的成名作《大堰河——我的保姆》。大堰河即大叶荷的谐音，在这首诗中，艾青用这个名字塑造了一位农村劳动妇女的形象，鲜明地表现了他所独具的看待农民的眼光，也是一种人道主义的眼光。他笔下的大堰河，勤劳、善良，怀着微薄的生活愿望，忍受着种种痛苦，牺牲自己，养育他人，又在贫穷、孤寂中告别人世。她无声无息地生，也无声无息地死，对命运没有半句怨恨，对自己哺育的别人的儿子却有深挚的母亲之爱。这是现代新诗中，也是现代文学史上最重要的农村妇女典型形象之一。诗人对这个以自己的乳母为原型，代表农村广大苦难妇女的形象，寄予了极深沉的爱。他说写作《大堰河》，"我是在写着给予这不公道的世界的咒语"，这是人道主义者对这不公的社会的控诉！这首诗的另一特点是在歌唱自己的对象时，抒情主人公也把自己置于诗中，诗人的主体与他所要表现的客体，如胶似漆地粘合一起。对大堰河歌唱，只能是这一个"我"的歌唱，所以诗中流露的情感格外强烈，极富抒情性，也特别感人。这首自由体诗的文字本身并没有多少音乐性，倒是比较质朴、粗犷的，但节奏感很强，显出感情的饱满、真挚。艺术上使用铺叙方法、不断复沓的诗句，排出了一系列的形象，以浓烈的生活气息和浓重感伤的感情气氛，造成了一种回肠荡气的效果。此诗奠定了艾青诗歌的基本艺术特征。这些艺术特色基本上延续下去，成了艾青诗歌的最重要的特点。1936年，他出版第一部诗集，便以《大堰河》为名。

抗战的爆发，激起了艾青诗情的大爆发，从1937年到1940年，这是他的诗创作收获最丰富的时期。在民族危机降临之时，艾青是忠贞的爱国主义者。他的诗几乎都围绕着这些主题——表现深沉的爱国主义、忧国忧民的情怀以及对民族复兴的信念。同时，他把爱国主义与人道主义连结着，用人道主义的眼光来诉说被侵略的苦难，歌唱保卫祖国的战争，以突显爱国主义的精神。同时，他在歌唱祖国时灌注自己的深情，把民族的命运与抒情主人公自己的命运紧紧相连。这个时期，他的诗多收在《北方》、《旷野》、《他死在第二次》以及《献给乡村的诗》、《黎明的通知》等集子中。他还写了长诗《向太阳》和《火把》。他这个时期的诗，其内容和感情色彩，可以分为两大类型。

1937年,艾青写下了歌颂光明、迎接光明的一组诗,如《太阳》、《春》、《黎明》、《煤的对话》、《复活的土地》等,不妨称之为"太阳组诗"。这是艾青诗潮澎湃的第一个潮头,标志着诗情爆发期的到来。在民族救亡的情绪极度高涨,全民族的抗战即将爆发之时,诗人的心胸受到猛烈的撞击,他敏锐地感觉到民族复兴的新历史时期即将开始了,于是发出呼唤太阳的歌声,气势磅礴:

从远古的墓茔
从黑暗的年代
从人类死亡之流的那边
震惊沉睡的山脉
若火轮飞旋于沙丘之上
太阳向我滚来……

这里,太阳是光明的象征,太阳的到来也就是民族新生契机的到来。接着,他又歌唱春天,歌唱黎明,歌唱复活的土地。他兴奋地表明:"你——悲哀的诗人呀,/也应该拂去往日的忧郁,/让希望苏醒在你自己的/久久负伤着的心里。"在《煤的对话》里,他呼喊:"请给我以火,给我以火!"他迫切希望燃烧,希望发出光和热,像被压抑了万年之久的煤一样,要把所有的力量全都迸发出来。这首诗真切地表达了受压迫人民求解放的情绪,也表现了作者以身许国的爱国激情。可以说艾青的《太阳》是新的《太阳礼赞》,《煤的对话》是新的《炉中煤》。艾青的这些诗,预告一场历史的暴风雨即将来临,激励人们快快起来迎接它。1937年10月,他以《他起来了》一诗作为这第一个潮头的顶尖。这首诗概括地描绘了在屈辱中奋力崛起的中华民族的形象,庄严地宣告了中华民族的解放斗争达到了新的阶段。抗战爆发后,在群众抗敌热潮的感染下,艾青于1938年春在武汉写下长诗《向太阳》。诗中写得最为火热壮观的不再是歌唱惠特曼、邓肯的"太阳之歌",而是那"在太阳下"为民族解放而战的群众,是募捐队的女孩、加紧生产的工人、认真操练的士兵,还有他们的雄壮的合唱。在这种场面下,诗人宣告自己从"昨天"迈入"今天"了。他无限兴奋,不再写"太阳向我滚来",而是"我向太阳"奔去,宣称"我甚至想在这光明的际会中死去”。这种把感情的表达推向极致的艺术方法，就像郭沫若的《天狗》中表示要吞下日月一样。尽管此诗也带着抗战初期创作中兴奋有余、却嫌浮露的共性，但以其最高昂的声调为他的“太阳组诗”做了总结。

抗战爆发以后，艾青“满怀热情从中国东部到中部，从中部到北部，从北部到南部再到西北部——延安”[7]。这一段流徙，使他更多地接触到祖国的苦难现实。那满目疮痍的国土，那在灾难中挣扎的人民，以及他们顽强地履行着复兴民族的天职，为此付出种种牺牲，这些都给艾青以深刻的印象，激发他创作了一组以北方生活为题材的优秀诗篇，如《雪落在中国的土地上》、《北方》、《乞丐》、《手推车》、《补衣妇》、《我爱这土地》、《旷野》等，还有《吹号者》、《他死在第二次》等叙事性长诗。这些诗构成了从1938年到1940年艾青创作高潮中的第二个潮头。这组“北方组诗”以生活感受的扎实和感情的深沉，超越了“太阳组诗”，奠定了艾青在新诗发展中的崇高地位。如果说1937年那些诗是明显的感情宣泄，那么1938年以后的诗主要是把感情蕴含在对生活的描绘之中。因为这样的特点，他的诗为我们苦难的民族画了像，是怀着“农民的忧郁”给民族画了像。《北方》一诗里正在抵抗顽敌的前线，这里“颓垣与荒冢呀，/都披上了土色的忧郁”，就连畜生的眼睛也是悲哀的。他描写旷野，是“悲哀而旷达”、“辛苦而又贫困的旷野”，依然是我们民族形象的写照。甚至他写手推车，人们看到的也不仅是一架手推车，更是推着它的主人——农民的形象，也是我们民族的形象。那一首脍炙人口的《乞丐》，如果题在抗战时期画家的“流民图”上，难道不是极恰切的吗？在《雪落在中国的土地上》里，他喊出了：

雪落在中国的土地上，
寒冷在封锁着中国呀……

把民族的危机极为形象地画了出来，极有警醒之力。而且这“中国的苦难与灾难/像这雪夜一样广阔而又漫长呀！”他的诗所以动人，就在于充分写出了祖国的苦难，这些诗句所含的忧患之心更突显他爱国情深。而且艾青充分地写苦难，写民族的危机感，却绝不悲观、颓唐，只会产生更大的激励作用。当时有人并不喜欢这样突出苦难，似乎表现爱国主义就要慷慨激昂。艾青在

《北方》一诗中说“北方是悲哀的”，一位晋察冀根据地的青年诗人在他的诗里反问道：“那是谁说‘北方是悲哀的’呢！”艾青这时看到抗日烽火虽已燃起，广大的中国还在苦雨凄风之下，奋起抗敌的祖国仍然要经受许多苦难。他才那样深沉地感叹道：“中国的路/是如此崎岖/是如此的泥泞呀！”但诗人对这灾难深重的祖国，不是嫌弃，而是无限的依恋、钟情，满怀忧患。他在《北方》中唱道：“我爱这悲哀的国土，/古老的国土——这国土/养育了为我所爱的/世界上最艰苦/与最古老的种族。”而在《我爱这土地》中，那“为什么我的眼里常含泪水？/因为我对这土地爱得深沉”的诗句，更不知感动了多少爱国者的心。艾青在描写苦难的同时，也表现在苦难中顽强挣扎、坚韧奋斗的民族精神。他诗里那些赶着马车的中国农夫、撑船的船夫、默默地为人缝补的补衣妇，他们都被赋予我们民族的吃苦耐劳、甘愿自我牺牲的性格特征。这些是构成艾青笔下的民族形象的最重要的部分。

艾青也有几首表现战争的诗，如《吹号者》等。站在人道主义立场上，他写的战争带着悲壮的色彩，还有点悲凉——从政治层面上表现战争中死的悲壮，从人性的层面表现死的悲凉。《吹号者》描写号兵倒在冲锋的路上，这时他的号角上“映出了永远奔跑不完的/带着射击前进的人群，/和嘶鸣的马匹/和隆隆的车辆……/而太阳，太阳/使那号角射出闪闪的光芒……”何等悲壮，用这战争的雄伟壮丽来显示为保卫祖国而死的价值，但同时这画面也对比地显出号兵生命的卑微。他活着时就在不断耗着自己的生命，用带着血丝的呼吸来吹响冲锋号，召唤冲向胜利也可能是冲向死亡，他自己就是无声无息地倒下的，他的生命那么卑贱。但这正义之战是必须进行到底的，这里有着浓重的悲剧意味。艾青还有《他死在第二次》，诗中的伤兵是“把生命交给了战争”的人，当他重上战场再一次中弹倒下，他不知道这是什么地方，只知道这里是祖国的土地，这就是死的意义。但诗人并没有把牺牲写得轰轰烈烈，士兵从祖国所得到的只是一垄土堆，“在那些土堆上/人们是从来不标出死者的名字的”。这里固然包含对士兵的同情，对世道的愤懑，但伤兵形象同样象征着生命的卑微。作为士兵“必须在战争中受伤/伤好了必须再去参加战争”，好像一种宿命，总要他这样卑微的生命来承当人类的苦难。这世界要用这卑微的生命做代价，去换取更多人的生存权，显示了世界的荒谬和战争的悲剧性。艾青坚持政治价值标准，又表达对死亡的悲情，他的诗才有那么大的感人力量，也丰富了对死亡主题的表现。

1940年，艾青还写过知识分子题材的长诗《火把》。总的说来，他的长诗在艺术上不及短诗出色。同年，艾青有一些写南方农村的诗，带着牧歌情调，较多受叶遂宁的影响。但这不是他的诗的主要色调。

艾青的诗在描绘民族的形象时，总是用浓烈的笔墨同时描绘自我的形象，他的诗总是“有我”的。这个自我当然是一个爱国的知识分子，艾青写的便是这个自我眼睛里的民族生活。“北方组诗”所以染着很浓的忧郁感，就因为诗中的自我情感是忧郁的。《雪落在中国的土地上》在描述农民的苦难时也没有忘掉宣告：“而我/也并不比你们快乐啊”，“流浪与监禁/已失去了我的青春的最可贵的日子，/我的生命/也像你们的生命/一样的憔悴呀。”这是典型的个人感情与民族感情的融合。《北方》中也说，自己虽是南方旅客，但“我爱这悲哀的国土，/一片无垠的荒漠，/也引起了我的崇敬：/——我看见/我们的祖先/带领了羊群，/吹着笳笛，/沉浸在这大漠的黄昏里”。这样的自我歌唱与歌唱民族，两种情感很自然地融化在一起。

艾青的诗是散文化的，他所追求的是“努力把自己所感受到的世界不拘束地表达出来”[8]。这也体现了艾青在美学上的理想，他认为“健康的灵魂不需遮蔽，他们比肉体的袒露更美”[9]。他认为美不过是外衣，在诗歌中感情的真挚、崇高才是感人力量之所在。所以艾青不讲究外在的形式美，诗的语言是朴素的。他的诗也不讲究整齐，而且大多数不押韵，比以往某些自由体更自由。但艾青写自由体诗，是在新诗已经发展了近20年之后，这时自由体诗已经有了很大发展，还经过了格律诗的提倡、探索和象征派诗的介绍、实践，可供借鉴的经验多了。艾青在法国留学时期以及后来，也广泛接受了外国诗歌的经验。既受惠特曼，也受苏联的马雅可夫斯基、叶遂宁的影响，而且还受从波特莱尔、蓝波到凡尔哈仑诸诗人的影响，在20世纪30年代他也写过现代派的诗。这样，在艺术上就比五四时期的自由体有很大的提高，成为自由体诗的一座新高峰。

艾青的自由体诗绝少直抒胸臆之作，他特别注意意象的捕捉。他说：“诗人的脑子对世界永远发出一种磁力：它不息地把许多事物的意象、想象、象征、联想……集中起来，组织起来。”[10]艾青诗中的意象，就是他的主观感情与客观形象的一种契合，由此而触发了一种诗情画意。“雪落在中国的土地上”，这是一种景致，由雪而联想到寒，由气候之寒联想到国家、民族命运。这样，大雪纷飞的景象便成了当时中国政治形势的写照。由此又可让自己的想象张帆远征，接二连三地出现了戴皮帽的农夫、蓬发垢面的少妇……使诗的形象显得丰富饱满。又如北方的手推车，它那单调的声音，不论是沙哑枯涩的或是尖厉刺耳的，难道与“北国人民的悲哀”没有一点联系吗？手推车是农民常用工具，是农民生活的很恰当的象征，它的声响更加强了这种效果。而它的辙印，又使人想到农民的苦难的路。艾青的诗因为意象的象征性与联想的作用而颇能引人思索与回味，这一点是他的诗艺高于一般自由体诗之处。就连叙事性诗中，如前述那号兵、伤兵等，也仍然包含着一定的象征意义。因而这些诗的思想、情感的含蕴量，超过了所记录的生活本身。

艾青有时也用诗来刻绘，如《雪落在中国的土地上》中描绘风，《北方》中描绘北方的土地。而在《乞丐》中，用的简直就是白描。由于抓住了饥饿的乞食者最有特征的神态，使逃难中的乞丐形象给人留下深刻印象，而且透过这画面，让读者看到画面背后更多的东西。人们看到饥饿的乞丐，想到的则是国家的灾难。又如《街》，目的也不是要写一条普通的街，而是用诗人的感情裹着的一条特定时刻、特定事变下的街，是一条既受侵略者蹂躏、破坏，又被逼着起而战斗的街。因此歌唱这街，也就是歌唱抗战，歌颂经受战火洗礼的人民。

在形式上不受拘束并不等于不要讲究艺术，艾青把技巧看成鸟的双翅、车的双轮，不但要形象而且要新鲜的形象。所以即使像《我爱这土地》那样，直接诉说“爱”，也先要把自己变成一只鸟，先要倾诉鸟对土地之情，表示死后连羽毛也要烂在地里。在他的诗中还常常可以看到奇巧的比喻的运用。《除夕》中用一个拟人的比喻：

> 枯涸的池沼，
>
> ——像大地盲了的眼

这样的设譬，比之最精细的描绘更简练且更有艺术的震撼力。再如《浮桥》中形容乡村农民的破屋：

那些颓废的墙堵
像穷人们的破衣
褴褛得失去了温暖

同样因比喻妥帖，而使人具体地感受到农民的极端贫穷。在语言的运用上，不仅注意修辞，让菜贩“挑着满箩绿色”，而且也讲究色彩，写“灰色的雨滴”、“紫色的灵魂”、“土色的忧郁”，有时还让太阳披上“轰响的光彩”。因而语言虽很质朴，但不少诗中色彩也很鲜丽。

田间(1916~1985)，原名童天鉴，安徽无为人，左联后期成员。他在中国诗歌会的影响下，认为诗应该有战斗性，批评当时诗坛上某些诗是纸扎的美女。他还受匈牙利爱国诗人裴多菲和苏联诗人马雅可夫斯基的“罗斯塔之窗”的影响，认为诗是呐喊，是鼓号声，是人民的灵魂、祖国之音。1935 年出版《未明集》，1936 年又出版《中国牧歌》和长诗《中国·农村的故事》。他用“燃烧的”、“愤怒的”句子，短促急遽的节奏，歌唱祖国的田野、森林、江河，歌唱失去的牡丹江、大连湾，发出反抗侵略的呼号。在《诗，我的诗呵》中，他表示：“强烈的/节拍，/战斗的/生命，/是属于民众和祖国。”所以，抗战一爆发，田间便怀着炽热的情感，用诗来号召人民投入反抗侵略的伟大战斗。这时的诗，后来辑为《给战斗者》。其中写于 1937 年 12 月的长诗《给战斗者》，是田间的代表作，也是现代最重要的政治抒情诗之一。

《给战斗者》表现强烈的爱国主义思想，表达了对祖国的深挚情感。诗中唱道：“在中国，/我们怀爱着——/五月的/麦酒，/九月的，/米粉。”“我们/要收藏——/在自己的大地上纺织的/祖国底/白麻，/祖国底/蓝布。”这麦酒、米粉、白麻、蓝布的形象，很容易激起人们对民族生活的爱恋之情。诗中还描写了扬子江上捕鱼、乌兰哈达狩猎和篝火旁纺织的场面，这些颇具民族和地方色彩的生活画面，也能拨动民族情感之弦。诗中又描写放牧牲口、砍伐树木、耕种禾麦，描写劳动者用自己的筋骨、脊背去开扩生活。诗人是站在人民的立场来歌唱祖国的；祖国之所以可爱，就因为她是我们劳动、创造的场所。其次，《给战斗者》也表现了中华民族宁死不屈、坚持抗战到底的决心，反映了中国人民抗敌救国的强烈愿望，因而成为抗战的号角。诗中也描写了民族的苦难，激励人民敌忾同仇地去抗击侵略者，“在斗争里，胜利或者死……”

《给战斗者》以独创的艺术形式给人新颖之感。它以短促的诗句，造出鼓点式的节奏。这鼓点不是散乱无章的，而是按照一定的谱子敲打出来的。由于诗句短（有的只一字），便增加了停顿的次数，好像每个词都站立在显眼的位置上，增强了词义的力量。如将一句诗分解成多行：

我们
必须
拔出敌人的刀刃，
从自己的
血管。

像“必须”、“血管”等词，独占一行，便增加了分量。加上句式常用倒装、设问、复沓、排比等，给人以更深的印象。《给战斗者》还以强烈的笔触，绘制出惊心动魄的、让人耳目一新的画面。如表现中国遭受侵略，先写“在没有灯光/没有热气的晚上”，日本侵略者来了。这里“灯光”、“热气”象征光明与温暖，又易于引起对和平、安宁夜晚的联想，但这一切已被破坏。接着描绘被蹂躏的人民：“他们颤抖，/在大连，/在满洲的/野营里，/让喝了酒的/吃人肉的/残忍的野兽/用它底刀/嬉戏着——/荒芜的/生命，/饥饿的血……”这里无论写人民的苦难或写侵略者的暴戾，都非常形象化。这是用语言文字描绘出的一幅血淋淋的画面，有很强的感奋作用。《给战斗者》是首长诗，但安排上有曲折，有高潮，情绪或激昂或舒缓；它像一线长流水，有时遇到礁石激起浪花，有时在狭窄的河道急奔，有时又河面开阔，水流平稳。整首诗的情绪跌宕起伏，无拖沓平淡之感。闻一多称赞田间是“时代的鼓手”，说他的诗没有“半音”、“花头”，“只是一句句朴质，干脆，真诚的话，（多么有斤两的话！）简短而坚实的句子，就是一声声‘鼓点’，单调，但响亮而沉重，打入你耳中，打在你心上。”[11]田间所创造的这种风格，对七月诗派也有不小的影响。

1938 年初田间曾赴山西，参加西北战地服务团。在抗日宣传工作中，他写了不少诗，“企图叙述这时代中最伟大的场面的一角”。[12] 这些诗多收于

《呈在大风沙里奔走的岗卫们》中，都带着饱满的激情描绘抗战初期的生活。他还在根据地开展街头诗运动，让诗直接与群众见面，即时产生鼓动的效果。这些诗多揭示抗战中平常事情的重大意义，用凝练的警句、强烈的激情来打动人心。这些诗是鼓动，是激励，是号召，是诗中的宣传画。《假使我们不去打仗》仅有六行，选择显豁的令人触目惊心的画面，字字千钧，有很强的警醒作用。仅就其短小精悍而言，也可说是一种小诗，是小诗的政治化。同时，他还写了叙事诗《她也要杀人》，企图表现遭到侵略者蹂躏的中国妇女的复仇意志。

艾青和田间，是抗战时期最有影响的两位抒发抗敌爱国之情的诗人。但艾青歌唱抗敌爱国的诗里包含着人道主义的情怀，有兴奋还有忧伤，情感丰富而且浓郁；田间诗里的情感比较单纯，充满政治激情，歌声昂扬，在当时更得好评。

抗战初期，其他诗人的诗也同样表现了饱满的政治热情。郭沫若这时出有《战声集》，此集中诗不多，表现了他回国后参加抗战的兴奋与激动，表达他坚持抗战的见解。臧克家的诗数量较多，有诗报告《淮上吟》，叙事诗《向祖国》、《古树的花朵》，短诗集《从军行》、《泥淖集》等。他的诗与郭诗有共同点，也都包含着饱满的政治激情，但艺术上缺少锤炼。臧克家说："抗战的号角一响，我疯狂了，一肚子淤积得到了倾倒，一腔子热情，无遮拦的流泄，看到什么写什么，听到什么写什么。"[13]像这样一种热烈的情绪，在蒲风等原中国诗歌会作家的诗中，是同样表现着的。为了表达抗敌激情，还使另一些诗人的诗风有了转变。抗战爆发后，李金发发表《亡国是可怕的》，此后不再写作象征派的诗而转向现实主义。他的《悼》、《轻骑队的死》、《人道的毁灭》等和长诗《无依的灵魂》，热情地歌唱民族抗战。1939年元旦，戴望舒写了《元日祝福》一诗，用平易质朴的语言，向抗战中血染的土地和英勇的人民祝愿自由、解放。从此以后，戴望舒的创作踏上新里程，从现代派转向浪漫主义。卞之琳曾到过敌后根据地，创作了《慰劳信集》，诗风也变得相当朴素流畅了。

三、战火中的现实社会批判

郭沫若的《屈原》等历史剧——及时反映现实生活的剧作——《腐蚀》等批判性的小说——《淘金记》等“四川三记”——其他小说家

抗战爆发后,话剧这种通过表演直接面对群众,可以迅速地发挥宣传鼓动作用的艺术形式,似乎更适合那个激情澎湃的时代。不仅数量更多了,而且佳作迭现,硕果累累,从话剧创作的整体上看,艺术质量有了提高。在20世纪30年代的基础上,20世纪40年代的话剧迈上了戏剧发展历史的新台阶。

但话剧运动的处境还是艰难的。国民党当局出于政治的原因,对揭露现实生活的负面、批评当局的剧本,无论出版或演出,都设下关卡,予以限制或取缔。在国共合作的背景下,中共与国民党控制区里的话剧界有着比较密切的联系,政治斗争渗透到了话剧领域。皖南事变后,由中共领导或支持的重要话剧团体,如在重庆成立的中华剧艺社(1941年,社长应云卫)、中国艺术剧社(1942年,领导者为夏衍、于伶)、在桂林成立的新中国剧社(1941年,名誉社长田汉、社长杜宣)等,团结了大批艺术造诣高的导演、演员,成为大后方戏剧运动的中坚力量,对话剧运动的发展起了推动作用。香港失陷后,桂林的话剧运动一度十分活跃。1944年2月,曾在桂林举办过轰动一时的“西南第一届戏剧展览会”。南方五省的33个剧团,在这里举行三个多月近二百场的演出活动,为现代戏剧史上空前之举。

抗战中和战后的话剧创作,大多数作品都求及时地反映现实生活,话剧创作与现实生活的密切联系,大大超过了抗战前。这方面的收获很多,包括某一时段里很有影响的历史剧,也是有现实的针对性的,写历史其实是为了进行社会现实的批判。这时,在大后方出现了历史剧创作的高潮,这是出于政治的原因。皖南事变后,国民党当局加强了对文化的控制、限制。直接反映、批判现实生活,因为触动当局的统治,往往难以被批准;于是剧作家转向写作历史题材以讽喻当今,以达现实批判之目的。

在这个时期的历史剧创作中,郭沫若的六部剧作最有代表性,影响也最大。1941年底,郭沫若整理出根据旧作改编、扩写的五幕历史剧《棠棣之花》。

1942年,戏剧界为庆祝郭沫若五十寿辰演出了此剧。从此,以古鉴今、借古讽今的历史剧创作,便发展了起来。《棠棣之花》仍是写聂政刺杀韩相侠累的经历,但增加了三家分晋的内容。当秦国打着"共存共荣"的幌子,企图吞并韩国时,侠累却要分裂韩、赵、魏三家,挑起内讧。剧本批评他"兄弟阋墙,引狼入室","勇于私斗,怯于公仇",借以影射、批判国民党当局制造皖南事变、"同室操戈"的反共行径。同时,歌颂聂氏姐弟二人的爱国主义和自我牺牲精神,突出了团结抗敌、反对投降分裂的主题。接着,在1942和1943的两年里,郭沫若连续写出了《屈原》、《虎符》、《高渐离》、《孔雀胆》、《南冠草》等多幕历史剧。其中《屈原》的演出,在大后方曾产生巨大震动。

《屈原》一剧有两个层面。一是情节层面,写战国时代楚国的一场尖锐的政治斗争。面临"连横"或是"合纵"的抉择,楚国出现了两条路线。一是以屈原为代表的、主张联合抗秦以保全楚国独立的路线;另一是以楚王宠妃郑袖、上官大夫靳尚、令尹子兰为代表的降秦路线。忠于祖国和人民的屈原,受到亲秦投降派和一些腐败贵族的反对。昏庸的楚怀王听信了投降派,致使屈原蒙冤受害。置于抗日战争的背景下,这些情节何所影射,实际上所要批判的对象是谁,都是一目了然的。这使该剧当时在政治斗争中发挥了作用,这是它在国民党控制区产生震动效应的最重要的原因。该剧的第二个层面是人物的塑造,在独立与投降的两条路线冲突中,塑造了坚贞不屈的爱国者屈原的形象。作者把屈原写成坚守正义、坚贞不屈还具有充沛激情的诗人气质的政治家;但他同时又是个舍生取义的受难者的形象。通过《橘颂》和第一幕中他与宋玉的长篇谈话,写他对人生的见解和耿介的心怀。在《橘颂》中,屈原赞美橘树独立不移、赋性坚贞,有类似仁人志士的品格。这也是他自己人格、情操的写照。屈原在剧中虽是朝廷重臣,但给人更深的印象还是个有独立人格,维护人的尊严的知识分子。他在替国家、人民受难,身处逆境时,不怕孤立,不怕被视为"疯子",有着坚定的个性主义知识分子的性格特征。这对专制制度统治下的人们,不言而喻有着教育的、激励的作用。他的愤怒,他的抗议之声,不仅能引起当时受压制的人们的强烈共鸣;而且当着第一个层面的故事情节失去了影射的作用,这个人物形象却仍然可以对不同时期正在为坚持真理而斗争的人们,起着鼓舞的作用。《屈原》中还描写了坚持正义、忠于理想、纯洁坚贞的婵娟,还有钓者、卫士等一批有正义感的、见义勇为的人物。通过这些人物，写出屈原与楚国人民群众的心是相连相通的。

《屈原》的结构十分紧凑，艺术概括力很强。五幕剧写的只是主人公一天的生活，然而却是极紧张、极激烈的一天。屈原的伟大人格、坚贞的爱国之心，像透过凸镜的光，全部聚集在这一天里了，通过这一天便概括了一个人的一生。戏剧冲突集中在关系屈原命运的时刻，把种种冲突之前的酝酿和之后的发展，全都合理地省略了。但在这一天中，剧情起伏不停，高潮迭起。第一幕交代了人物关系后，便在第二幕写郑袖无耻加害屈原，出现第一个戏剧冲突高潮。由于高潮出现得早，也就给主人公抒发受陷害后的愤怒情绪提供了更多的机会。接着写矛盾双方在城外相遇，屈原严斥张仪，钓者仗义执言，南后密令毒死屈原，接连出现紧张的戏剧冲突。最终逼出主人公感情的大爆发，造成了浓重的悲剧气氛。若舍此道而写成人物传记剧，则必无如此集中、紧凑的艺术效果。

在刻画人物时，既把他们放在戏剧冲突中表现，又给他们提供各种机会，直抒胸臆，以内心独白式的语言，充分地表露自己的心灵世界。主人公语言优美、豪放、悲壮，富有诗意。因此，不仅人物语言像诗一般，整部剧也就是一首诗，一首对爱国者的颂诗。同时，主人公的感情中常常包含着作家的主观感情，作家与人物是二而一地重叠着。郭沫若在屈原身上找到了自己的感情喷火口，是借屈原之口唱自己的歌。如屈原朗诵的《雷电颂》：

……我没有眼泪。宇宙，宇宙也没有眼泪呀！眼泪有什么用呵？我们只有雷霆，只有闪电，只有风暴，我们没有拖泥带水的雨！这是我的意志，宇宙的意志。鼓动吧，风！咆哮吧，雷！闪耀吧，电！把一切沉睡在黑暗怀里的东西，毁灭，毁灭，毁灭呀！

这简直就是郭沫若自我激情的“天狗式”的喷发，也是《女神》风格之再生。

《屈原》还表现了郭沫若丰富的想象力。剧中主要人物的生平史料保存至今的并不算多。郭沫若凭借有限的史料和自己的想象力，设计了郑袖陷害屈原和宋玉背叛恩师的情节。因为作家创作的目的不在于真实地再现历史上的某一事件，而在于借古人形象来书写今人的胸臆。所以，《屈原》是历史剧创作中的浪漫主义之作。

郭沫若的历史剧大多运用战国时代的史实。《虎符》写魏信陵君救赵的故事,继续用魏与赵联合抵抗强秦的历史,以讽喻现实,批评了魏安鳌王对强敌采取忍让、求和的错误路线。此剧在表现团结抗敌的主题时,提出为了达到团结,必须“把一个人当成人”,立于这样的思想,反对专制独裁的暴虐统治。信陵君提出“你把我当成人,我把你当成人,相互间把人当成人,这就是克服秦兵的秘诀,也就是治天下的秘诀”。人们一看便知,这是说给当时的专制统治者听的。而剧中另一重要人物,帮助信陵君窃符的如姬,她的心里隐藏着对信陵君的爱,也因为她看到信陵君“是把人当成人的,他可怜我没有受到人的待遇。他也可怜一切的人都没有受到人的待遇”。20 世纪 20 年代末,郭沫若参加了革命文学的倡导运动后,他曾宣告放弃个性解放的思想。但《屈原》、《虎符》诸剧仍然表现出他对人的解放的追求,特别在专制制度的统治和压迫下,把人当成人仍然是觉醒者所要热烈追求的。这在郭剧中就有很多表现。屈原在死前对郑詹尹说:“人是最可亲爱的呵!”而如姬也在自杀前表示希望见见人的面孔,听听人的声音,因为“人,始终是可爱的”。肯定地说,这都是郭沫若的肺腑之声。

《高渐离》一剧主要通过荆轲的友人高渐离和宋意,隐名埋姓,躲避迫害,以及最后复仇行动的失败,揭露秦始皇的专制统治。上述四部剧都是以战国时代的历史故事为题材,正面人物如聂政、聂嫈、屈原、婵娟、魏太妃、如姬、高渐离等的最后结局,都是悲剧性的。这是因为郭沫若认为,战国时代是一个悲剧时代。借着那个时代的故事,可以以史为镜,照出今日中国的社会矛盾,既是曲折地又能鲜明地针砭现实。

其他两部史剧,《孔雀胆》写元末云南梁王,受王妃与丞相的蒙骗,致使忠诚的白族英雄段功遭受暗害,仍是揭露昏聩的统治者陷害忠良的故事。《南冠草》表彰明末 17 岁的爱国志士夏完淳抗清的英勇事迹,并痛斥汉奸洪承畴,其主旨也在于激励人们坚决抵抗日本帝国主义的侵略。但后写的几部历史剧,其感人的力量都未能超越《屈原》。

这些历史剧的基本思想和艺术的特征,均同于《屈原》。20 世纪 40 年代,郭沫若已是中国古代史研究的卓有成就的史学家。他对自己剧中所涉及的史实、史料,都有所研究并有独特的理解,因而能根据现实的需要去加以选择、融会、运用,使之既具有强烈的现实意义,又不违背历史的精神。他认为

“优秀的史剧家必须得是优秀的史学家”，但“史学家和史剧家的任务毕竟不同，这是科学与艺术之别”[14]。他还认为：“剧作家的任务是在把握历史的精神而不必为历史的事实所束缚。剧作家有他创作上的自由，他可以推翻历史的成案，对于既成事实加以新的解释，新的阐发，而具体地把真实的古代精神翻译到现在。”[15]所以，历史研究要“实事求是”，历史剧创作则要“失事求似”。这样，他的史剧无论其创作的目的或方法，都不在于严格地重现历史的原貌或如实地敷陈史实。他是为今而史的，所选择的题材便多与今日的生活相似，无论战国时代关于抗秦降秦的路线斗争，或反抗暴君专制统治，或其他有关民族矛盾的故事，都容易让人联想起当下的景况。

这六部史剧都充满了忧愤之情，对民族危难的忧虑，对腐败昏庸的统治者和无耻投降派的愤怒，因此也都是悲剧。但同时，又塑造了民族的精英，一批坚守气节、不畏强暴、视死如归、舍身取义的志士仁人。他们是悲剧的英雄，身上寄托着作家的主观意愿与情绪，使得剧本带着浓烈的抒情气氛。这是早期创造社“寄托小说”的浪漫主义方法在新时期的发展。郭沫若的历史剧都可以说是诗剧。《屈原》就是一首悲壮激越的屈原之歌。其他几部也可以说是聂政与聂嫈之歌、信陵君与如姬之歌、高渐离之歌、夏完淳之歌等。这些剧都具有诗的意味。作家的感情通过人物之口倾泄而出，宣布了作家对政局、对人生的见解，因而在这些人物身上也可以看到作家的人格。

同时，想象也在郭的史剧中起十分重要的作用。如《高渐离》中所描写的秦始皇形象，《屈原》中的张仪形象，就并不完全符合历史事实。另外，还有一些重要人物和情节是虚构的。如《屈原》中的婵娟，《虎符》中的魏太妃和如姬盗符的重要情节等。如果没有这些想象，就不可能有那么完美的剧情，那么浑穆的气象，那么畅快的抒发。五四时期由郭沫若的诗歌开辟出来的新文学的浪漫主义，到了20世纪40年代在戏剧中复兴。郭沫若的《屈原》等历史剧，使浪漫主义重新焕发了绚丽的光彩。

20世纪40年代重要的史剧家还有阳翰笙。阳翰笙(1902~1993)，即华汉，原名欧阳继修，四川高县人，为左翼戏剧运动和现代电影事业的开创者之一。1937年8月，他即以太平天国的史实为题材，写了《李秀成之死》，用李秀成英勇抗击清军，最后不幸壮烈牺牲的史实，来激发人民抗日的热情。皖南事变后，阳翰笙于 1941 年 9 月写出了《天国春秋》，以太平天国走向失败的转折点的“杨韦事变”，这一惨痛的历史来揭发、控诉国民党当局袭击、残害新四军、破坏抗日的罪行。这是第一部针对皖南事变的借古讽今的史剧，同《屈原》一样，在当时发生很大的影响。剧中混在起义军内部的韦昌辉，是个阴险毒辣的投机分子，由于他的阴谋，使当时已是太平天国柱石的杨秀清及其部下两万人被害。而他自己全家也被天王杀死。这一场自相残杀写得惊心动魄。剧本最后写因妒意而做了韦昌辉帮凶的洪宣娇，在血的事实面前，无限悔恨地呼喊：“大敌当前，我们不该自相惨杀！”这个结尾发人深省，也使人对制造摩擦、杀害抗日战士的国民党当局产生愤恨之情。1942 年，阳翰笙又以近代史上著名的四川保路同志会的斗争史实，写了《草莽英雄》。剧中主人公哥老会领导人罗选青，不听革命党人唐彬贤的劝告，对清政府和混入内部的敌人失却警惕，结果被围牺牲。这个剧教育人们不可只讲联合而不辨敌我。阳翰笙在抗战时期，还有《塞上风云》、《两面人》等抗日题材的剧作。

同样以李秀成事迹为题材的，还有欧阳予倩的《忠王李秀成》(1942 年)。剧本写曾国藩的军队包围天京，太平天国已到生死亡存的关头。这时，一面是李秀成竭尽全力的英勇奋战，支撑残局；另一面是洪秀全的嫉贤妒能，对威望极高的李秀成不能放心，而洪氏亲属更趁机大发国难财。通过剧中人之口揭露“那班奸臣，他们宁愿把江山让给敌人，也不放过自己的弟兄”。因此，“要打退妖兵，一定要先把那些奸贼除掉”。这在当时显然是影射蒋介石政权的。“八一三”后，欧阳予倩曾将《桃花扇》改编为京剧，赞扬李香君等崇尚气节的下层人物，鞭挞卖国求荣者和动摇的知识分子。1947 年，他又将此剧改为话剧。

抗战时期写太平天国题材的还有陈白尘，他在抗战前写过《石达开的末路》。1937 年 4 月，又写成《金田村》，为计划中《太平天国》三部曲的第一部。他原拟这三部分别写太平天国的兴起、内讧和失败，目的在于说明“这是当前民族抗×(按：指“抗日”)战争统一战线的一个大教训”[16]。1942 年，为了当时政治斗争的需要，他将《石达开的末路》改写成《大渡河》，把主题从批判石达开背叛革命、行“妇人之仁”的错误，改为太平天国的内讧引起分裂，导致石达开的灭亡。通过剧中人之口指出：“不以仁义治天下，只凭残杀！——天下的人，是可以杀得完的么？”也是针对着皖南事变，以此控诉国民党当局的。

这些太平天国史剧，因为作者创作思想不同，所以艺术上色彩各异。欧阳予倩认为“历史戏究竟是戏，不是历史”，因此把历史人物“描绘成怎样的形象，那是可以根据作者的见解来处理的，分寸是可以由作者来掌握的”[17]。这个见解略近于郭沫若的浪漫主义史剧观。而陈白尘却认为，“写出人物的真实，便是写出人物的批判”，“写出人物的批判，也就是写出历史的教训”[18]；所以不必搞什么“翻案”、“还魂”、“强调”、“隐喻”。大的方面如太平天国的政治、军事、经济、思想，小到风俗、习惯、语言、动作、礼仪、服饰，他都比较注意历史的真实性。同时，史剧家对历史的理解、运用也不一致，对太平天国历史和某些人物的评价，也不一定都妥当。同一个杨秀清，在阳翰笙和陈白尘的笔下，便判若两人。只能说在以古喻今，积极地为现实服务上，它们是一致的。在抗战时期的特定历史条件下，战国史剧、太平天国史剧和南明史剧格外地引人注意，如果加上稍后出现的根据地的李自成史剧，确也蔚为大观，在现代话剧发展中写下了独放异彩的一章。

但是当时更多的作品还是力求直接地、迅速地反映抗战中的现实生活。抗战时期是夏衍话剧创作的高潮期，这时的作品延续左翼戏剧的传统，及时地反映抗战的现实，用戏剧来鼓舞人们投身抗战，其作品具有很强的现实性。在皖南事变之前，他连续创作了三部描写抗战后上海生活的多幕剧，着重写各种人在新的现实面前的思想动荡。这三部话剧是《一年间》（1938 年）、《心防》（1940 年）和《愁城记》（1940 年），构成了一组上海交响曲。《一年间》写刘爱庐的女婿于明扬因愤于民族危亡的时局，怀恨而死。刘之子刘瑞春是空军飞行员，新婚之夜接到命令赶回部队，后来立了战功。写这样的两位青年，显然是不赞同前者而表彰后者，所要表达的思想就是只要起来战斗，胜利是有希望的。这里包含着抗战爆发所引起的民族复兴的乐观情绪。《心防》描写刘皓如等一批勇敢、坚毅的爱国文化人，在上海孤岛坚持斗争的事迹。刘皓如说：“现在摆在我们面前的问题，是如何死守这一条五百万人精神上的防线，要永远地使人心不死，在精神上永远地不被敌人征服，这就是留在上海的文化工作者的责任！”作者热情地歌颂刘皓如，歌颂民族正气，表明土地可以被侵占，但人心是永远不能征服的。《愁城记》的调子较前两部略为沉郁。此剧揭露置民族命运于不顾，一心利用遗产发国难财的赵福泉，同时对留恋小家庭生活的赵婉、林孟平也有所批评。剧本暗示真正的出路只有投奔革命。这三部剧都是抗战题材，都具有抗战初期文学创作的共同特点。

皖南事变后，夏衍剧作的题材仍以与抗战有关的为多。重要的剧作有《水乡吟》(1942年)、《法西斯细菌》(1942年)、《离离草》(1944年)和《芳草天涯》(1945年)。同时，与宋之的、于伶合写了《戏剧春秋》(1943年)。《法西斯细菌》(一名《第七号风球》)是他这一时期最重要的一部剧作。主人公俞实夫是一位研究斑疹伤寒病菌的学者，他埋头于自己所从事的科学研究，有一股献身精神，却不问政治。近代以来，相当一部分知识分子有一种“洁癖”，即尊崇、追求科学，对政治十分淡漠，以远离政治来表示清高。这些知识分子往往为人正直，做事认真，但毕竟是书生，处世为人不免迂阔。夏衍塑造的俞实夫形象，就是个典型。剧本通过俞实夫在抗日战争中的亲身经历，宣告了不问政治之路不通，让法西斯的暴行粉碎了他的“科学至上”的幻想。他的科研成果不但未能造福人类，反而成了法西斯屠杀人民的工具。在严峻的事实面前，他看清了“法西斯细菌不消灭，要把中国造成一个现代化的国家，不可能”。剧本写了俞实夫十年时间里在四个地方的经历，每一次迁移不仅是戏剧场景的转换，也是人物思想发展中的一级台阶。整个剧的结构均衡、完整，人物性格写得鲜明。这个剧反映了民族斗争和阶级斗争紧张时期，形势要求知识分子加强政治化，他们的专业上的成绩反倒是次要的了。《戏剧春秋》的时间跨度很大，从1921年写到抗战爆发。通过戏剧工作者陆宪揆的经历，描出了中国话剧运动发展的轨迹。如果想要了解中国话剧运动所经历的令人感佩的奋斗和令人喟叹的悲哀，这部剧实在是真实、生动的形象化的教材。可惜前紧后松，左翼戏剧运动阶段的戏，时代特征写得不很鲜明。

夏衍的创作总是循着左翼文学的要求，剧作所反映的大多是现实的重要题材。但《芳草天涯》有所不同，这是一部社会伦理剧，发表后还曾引起争论。他在此剧《前记》中说明了写作动机，认为如果恋爱和家庭变成生活中的正号而不是负号，人们不再为由此而引起的纠纷浪费精力，那么世界就可能进步得更快一些。为此，他要展现恋爱和家庭生活中的“负号”。尚志恢教授家庭不和，这位42岁的男人于是爱上年轻女学生孟小云。但在友人的“踏过旁人的苦痛而走向自己的幸福，这是犯罪的行为”的劝诫之下，双方都克制了自己的感情，投入抗日工作中去。这个剧多少有点像沙汀的《困兽记》。但沙汀写乡村知识分子家庭纠纷，其意是在描画那时的阴湿沉闷的社会氛围；夏衍用意却在爱情本身，剧中写的是理智的胜利，但留给人们的是感情的遗憾。作品涉及到了“第三者”问题，全剧的潜台词似乎也就是“爱是不能忘记的”。但作者对自己所提出的理智与感情的矛盾、爱情与伦理的矛盾等问题，实际上无力给予解决，也未能从伦理的角度对上述诸矛盾现象作更深的开掘。不过在当时，也算是一部有意义的社会伦理剧。而且由于作者对知识分子十分熟悉，就描写人物的真切而言，在《上海屋檐下》之后，要算是最好的。它之受到部分人的批评，在于被认为没有直接表现现实的政治斗争，代表了“非政治倾向”。这样的批评当然是十分机械、简单的。

描写抗战时期社会现实的剧作中，比较重要的还有陈白尘的《结婚进行曲》(1942 年)，用描写小职员生活的痛苦来表达对大后方社会现状的不满。1944 年，他写了《岁寒图》，主题与夏衍的《法西斯细菌》相同。主人公黎竹荪医德高尚，想于十年内在全国消灭结核菌。但中国的社会现实撞破了他的理想，就连他的爱女也因贫困而染上肺结核。他从现实得到教训，终于觉悟了：“整个社会都在腐烂，整个社会都在患肺结核病，我的计划怎么能实行呢？”这是紧接着《法西斯细菌》的又一部教导知识分子应该把政治摆在生活的第一位的剧作，生动反映抗战时期文学价值观和社会价值观的取向。于伶从孤岛来到大后方后，创作了《长夜行》(1942 年)，在结构上颇似《上海屋檐下》，以上海公共租界一普通弄堂的房子为场景，表现上海孤岛人民在茫茫长夜里的艰难生活。而宋之的的《祖国在呼唤》(1943 年)，则描写香港沦陷后的生活，表现爱国知识分子回到内地参加抗战的故事。

抗战开始后，上海一批电影工作者迁入内地。由于当时物质条件困难，电影事业难以发展，他们中有的人就写起话剧来。这也是话剧创作繁荣的一个原因。袁俊的《万世师表》与《戏剧春秋》相似，从五四时期写到抗战，不过写的是教育界。袁俊(1910~1996)，原名张骏祥，江苏镇江人，他在电影事业上很有贡献。20 世纪 40 年代写过好几部话剧，如《小城故事》、《边城故事》、《山城故事》等。《万世师表》描写方义逵、林桐、管洪声三代知识分子，热爱祖国，忠于教育事业。特别是继往开来的第二代林桐，在抗战中历尽艰辛，付出很大牺牲，率领学生从北平迁校到云南。那时教育事业极端窳陋，教授为了生活要上街摆香烟摊，稍有办法的多另谋生路。林桐却能坚贞自守。他们虽然并非完人，但继承了我们民族的优良文化传统，又为发展民族文化而献身,是值得敬重的。五四以来写知识分子的作品很多,但像这样写教育界正面人物的还不多,故有其独特的价值。

另一位著名的电影工作者沈浮(1905~1994),天津市人。他这时写的话剧有《重庆二十四小时》、《金玉满堂》、《小人物狂想曲》等。《重庆二十四小时》对比地描绘了国民党控制区里两种截然相反的生活:有的人无以为生,求死不得;有的人大发国难财,趁人之危以饱私囊。这个剧中的戏剧工作者康泰,是个很有特色的人物形象。他是演丑角的,在舞台上“装疯卖傻”,逗人发笑,为的让痛苦的人们舒展一下愁眉。在生活中好仗义执言,爱打抱不平,只是态度往往粗暴鲁莽。这是一个“善”的化身,却以“丑”的面目显形,这是被社会逼出来的。作家发现这样独特性格中包含的社会内容,作了一定程度的开掘,使这个人物形象给人较深的印象。

抗战时期话剧创作的弱点是题材尚较狭窄,甚至构思也有某些雷同。为了暴露现实的黑暗,剧中往往有正反两种人物。正面人物多系知识分子,他们又大多生活在苦难中但仍坚持奋斗。反面人物又多是发国难财者,或者有某种政治背景。最后,往往是光明的战胜。这种现象有其历史的原因,因为当时一般作家生活艰难,疲于谋生,创作时只能以自己熟悉的知识分子生活为主要题材。又为了快速地反映当下的社会生活,强调作品的现实性,也来不及对题材作充分的消化。一些题材本是很有意义的,但不及深入开掘,以致有思想深度的作品较少。

抗战胜利后,国民党控制区的话剧创作在继续发展。最早发生影响的是茅盾的《清明前后》。此剧起笔于抗战胜利前夕,完成于欢庆胜利的热浪中。事缘当年清明前后重庆发生的轰动一时的泄漏黄金提价消息的案件，国民政府查办“小人物”以掩人耳目。茅盾即以此案为题材,创作了这部五幕剧。通过这一事件,提出民族资产阶级的出路问题。抗战结束了,中国面临着何去何从的问题。林文清是爱国的民族资本家,他辛辛苦苦地把厂子从上海迁到重庆,遇到的却是国民政府的“统制”、“管制”、“限价”等钳制和压迫。他也做黄金买卖的金融投机,但发财的梦幻迅即破灭,正面临着破产的危机。他在新的历史条件下,碰了《子夜》中吴荪甫碰过的老钉子。在事实的教育下,他认识到政治不改革,不求进步,民族工业是没有出路的。同时剧本还描写安分守己的小职员李维勤被捕入狱,在“黄金案”中做了“大人物”的替罪羊,妻子也被逼疯了。而在重庆“兜得转”的,只有那些“不官不商,亦官亦商”的人物,如金澹庵、余为民、严干臣之流。这些内容由茅盾来处理,使该剧具有鲜明的社会剖析剧的特点,似乎是《子夜》的重版,而且还保留着小说的笔法。茅盾自己说:“正像人家把散文分行写了便以为是诗一样,我把小说的对话部分加强了便亦自以为是剧本了。而‘说明’之多,亦充分指示了我之没有办法。”[19]

洪深写于抗战后的剧作,艺术上较之他以往的作品更显成熟。他写了《包得行》等较优秀的剧本。他的三幕剧《鸡鸣早看天》也是战后一部重要剧作。该剧写抗战胜利消息传来,在川北某公路旁的小镇上,一辆抛锚商车上的司机、搭客暂住镇上吉记旅店。这里有店主家庭的各成员,有镇上人物,有各色旅客,展现了颇有时代特征的社会面貌。人们看到,虽然抗战胜利了,乌云仍然笼罩着这“大后方”。提灯游行庆祝胜利要向群众派款,还不准贴“永久和平”、“民主政治”的标语。赵正华等地主抱怨胜利来得太快,使年轻人得意,变得胆大了。妓女王桂芳是流亡到四川的“义民”,但那些发了国难财的高高兴兴回原籍去了,却没有人来理睬她。店主家一切仍“老是这一套”,年轻一代还在受欺压。而罪行累累的大汉奸林先生却摇身一变,要告发小汉奸,欲谋财夺妻。剧本虽无中心人物,但透过这一群人的错综复杂的关系,很深刻地表现了战后四川的社会生活面貌。它是洪深剧作中现实主义成就较高的一部。

战后话剧中还有一部成就较高的,便是田汉的《丽人行》(1947 年。见本书第 7 章第 5 节)。

在小说领域,同样的一个鲜明的现象,就是迅速反映现实生活,让作品即时发挥批判现实的作用,这在创作实践中已成了这时的主流。特别在皖南事变后,一批左翼作家又以揭露、批判国民党控制区的社会生活为创作的重点。茅盾创作了日记体长篇小说《腐蚀》,这是最早反映皖南事变的作品,是在事变后三个月左右所创作的。

由于政治环境的限制,《腐蚀》采取了披露一位国民党特务的日记的形式。日记主人公赵惠明,是个失足落水的小特务。借着她的日记隐晦地描写国民党当局对皖南事变的策划。1940 年 11 月 19 日的日记中写道:“剿共等事都已布置好了,很大规模,不久就有事实证明。”日记也隐约地记载了事变后中共在国民党控制区所进行的斗争, 一定程度上反映了当时紧张的社会气氛。这些虽然只能用侧笔来写,但多少保存了一些历史的面貌。通过赵惠明的经历, 用她在日记中的慨叹:“这简直不是人住的世界! 我们比鬼都不如! ”以暴露特务组织是一座阴森恐怖的魔鬼窝巢。如果说《子夜》里有对半殖民地都市的社会剖析,那么《腐蚀》就完全是一部政治小说。所以它的发表与话剧《天国春秋》、《屈原》的演出一样,在皖南事变后国民党控制区的中心, 引起了相当程度的震动。但学养深厚的茅盾不会满足于单纯的政治批判,他还希望尽力来塑造好人物形象,尤其是赵惠明的形象,通过她在日记中的自讼、自嘲、自辩,暴露人物的思想矛盾,企图把她写成性格复杂的人物。她原是追求个性解放的青年,因不能忍受父亲和姨太太的欺压而走向社会。但由于以个人为中心的思想,导致误入政治歧途,不过最后还是让她走上了自新之路。茅盾说,给主人公安排这样的结局,是出于“当时的宣传策略”[20]。也因此,这日记中老有作家的影子,他在一旁指挥着人物,让她尽可能说些作家所要她说的话。所以,《腐蚀》既是赵惠明的日记,又是茅盾所希望披露的日记。

此后,茅盾创作的长篇有《霜叶红似二月花》、《走上岗位》、《锻炼》等,继续描写他所熟悉的各类工商业者和知识分子。只是因为环境的缘故,往往未能完篇,或只在报刊上连载过。如《霜叶红似二月花》,“本来打算写从‘五四’到 1927 这一时期的政治、社会和思想的大变动”[21]。已成的第一部涉及浙东地区航运家与地主的矛盾,其中搀杂着许多家庭生活的精彩描写。可惜已出场的几个人物,只有小试锋芒的机会。这部构思宏伟的作品,只开了头,当时未能完成。

继茅盾的《腐蚀》之后,揭露国民党控制区里的黑暗现实的作品数量很多,而且用的手法也很多。有的直接描绘黑暗现实的情状,也有的用浪漫主义的手法。如靳以(1909~1959)写于 1942 年的短篇《众神》,是一篇讽刺小说,写一个“军需总监”、“实业总长”死后升入天堂,在受审讯时,他的囤积居奇、买空卖空、捣乱金融、走私军火等罪行都被揭发,但竟然都有同伙一一予以辩护,最后仍跻身众神之列,享天上乐园之福。靳以在抗战中创作颇丰富,还写过一部通过黄氏大家庭中各成员的经历,反映“七七”事变前夕社会动态的长篇《前夕》。骆宾基这时也创作《混沌》等长篇，其中《边陲线上》表现东北抗日游击队的斗争，描写各类人物在艰苦环境中的心灵动态。著名短篇《北望园的春天》写老实厚道却自卑的赵人杰，表现小公务员在痛苦生活中的挣扎。"北望"显然含思念故土之意。他也写有批判现实的作品，如《1944 年的事件》，写一个迫于生活而当了盗贼的小职员被判处死刑，对国民党当局进行尖锐的抨击。就是张恨水这样的作家，出于爱国的激情，也对现实生活表示不满，创作了《八十一梦》等讽刺小说。而沙汀的《淘金记》，不仅深入揭露黑暗现实，又能深刻地描绘人物形象，在艺术上是一部有所创造的作品。

抗战后，沙汀接连完成了描写四川农村生活的三部长篇：《淘金记》、《困兽记》和《还乡记》。这"三记"连同他上一时期和本时期的许多反映四川农村的短篇小说，共同组成了巴蜀农村生活的系列小说，这是现代文学史上具有独特地方特色的小说。这"三记"中，又以《淘金记》(1943 年)在艺术上成就最高。

《淘金记》描写 1939 年冬，四川农村小镇北斗镇上一场围绕开发烧箕背金矿的斗争。烧箕背原是地主何寡母家的一处坟山，后发现这里蕴藏着金矿。开金厂的林幺长子和恶棍地痞白酱丹均垂涎于此。但何寡母以祖坟为何家风水所系，而且是个"发坟"，宁愿有金不要，对他们都严加拒绝。作品把白酱丹作为地方恶势力的代表来写，描述他一步步施展诡计来夺取何家财富。他先利用何家独子何宝元的孱弱无能，企图骗取他的同意，作为突破口。当林幺长子先下手为强，背着何寡母自行开挖时，白酱丹不甘示弱，也立即动手。何寡母只好求退休的哥老叶二爷帮助，通过联保主任龙哥的力量来制止他们。白酱丹因与龙哥有勾结，讨得了 1000 元的赔偿费。林幺长子则慑于龙哥的威势而不得不停手。后来白酱丹又以戒烟所所长的身份，敲走均有烟瘾的何家母子 500 元。他们敢于这样做，是因为何家虽是地主，仍有一定经济实力，但政治上已经没有靠山，成了一块弱肉。白酱丹等凭借与基层政权当权者的勾结，千方百计谋取何家财产。何寡母虽做事认真、精明，但毕竟是妇人，家中更没有强有力的继承人。何宝元是个纨绔子弟，对母亲在家庭里大权独揽心怀不满，然而自己又无力担起维护和发展家业的担子，因而何家的败落在所难免。作品反映了抗战时期四川农村恶霸势力的猖狂。作品没有写他们鱼肉百姓的恶行，而是从他们吞噬没有政治靠山的地主，以表现其贪婪与狠毒。小说所描写的弱肉强食的残酷性，给人以深刻的印象。

小说更进一步写出这时地方的恶霸势力，得到了中央政府的支持。白酱丹贼心不死，鼓动何寡母的侄儿丘娃，以分家为名对坟山所有权提出要求。正当他进城去办立法手续之时，政府从中插了一手。当局告诉白酱丹，政府正奖励这种开发，根本无须与丘娃联合，只要以后给何寡母分点红就可以了。他们说“中央也搬到这里来了”，表示支持白酱丹，使白有恃无恐，强迫何寡母入股就范。何寡母拼命抵挡，搬出“节妇”、“祖坟”、“独子”、“风水”等种种名义阻挡开发。然而这些老封建的招魂幡，怎敌得过官僚资本的一纸法令！何寡母是失败了。但是正当白酱丹兴高彩烈地准备大干之时，凑了股份却无人来交钱。原来粮价正在上涨，国民政府的官员们并不真的想办矿业，只想着个人发财；这时他们觉得囤粮更能赚钱，还省去办金矿的许多麻烦。开发烧箕背的事就这样放下了。

通过以上情节，《淘金记》生动表现了地方恶霸势力之间的弱肉强食、财产兼并的过程。同时，揭露了国民党领导的中央政府入川后，打着“抗战建国”之名，与地方势力勾结，搜刮地方财富的恶行。这对人们认识抗战时期的大后方，认识国民党统治中心周边农村的真实面貌，也对认识四川农村社会的特有生活风情，都是很有价值的。

《淘金记》保持了沙汀小说的一贯风格。在不动声色的客观叙述中，用人物自身的言行，完成各自的性格塑造；把主观的倾向寓藏在情节背后，尤以描写的细腻见长。整部作品人物不算多，为争夺烧箕背开发权虽经历数次波澜，但并无特别动人的情节与紧张的冲突。全靠在事件发展过程中，在人物交往中，详细地写对话，以人物的语言为表现人物的主要手段。因此，给人以雕刻精细之感。写白酱丹“吐出的口沫连鱼也毒得死的”，三天不害人，一身筋骨疼，表现他的光棍流氓的特征。但他的阴谋诡计，实在也并不高明，只能欺凌很少出门的女流何寡母。而龙哥是受招安的土匪，虽说当了基层干部，身上仍然带着匪气。何寡母持身严刻，也很能干，在家里管束儿子不遗余力，但对外来的强力采取守势，只能用以柔克刚的策略。如为制止白酱丹等的开采，她一开始就想到甘愿赔偿开采费。这几个人物都是塑造得好的，所以当时一位作家曾赞叹道：“沙汀居然制出了这样一面照妖镜来，像X光似的照出了我们皮肉底下的牛鬼蛇神，牛鬼蛇神底下的人性，居然从这样的腐朽里变出或提炼出了神奇。”[22]

《困兽记》(1944年)写成都附近一群乡村教师因时局变化,在当局的刁难下无法重新组成抗战初期那样的演剧队。作品主要写了两个家庭。吴媚在父母包办下嫁给土豪李守嫌为妾，因参加演剧活动思想有所觉醒，不满家庭,大胆地爱上田畴。田畴与孟瑜是牺牲了可能得到的舒适生活而结合的,已经有了几个孩子;抗战时期,他们的生活十分艰难,满腹牢骚,又因吴媚的插入,造成感情破裂。这一群人物在阴湿的政治气候下,好像只能冒点烟总也燃烧不起来的湿柴。于是作困兽之斗,盲目冲闯,结果当然毫无所得。吴媚又回到李家,田与孟继续过那困苦的生活。他们呼唤:“我们都是大时代的牺牲品呵!”小说表达了知识分子的苦闷。虽有韧性的牛祚、机智的章桐,但像一星微光,早消融到那浓重的黑暗中去了。

《还乡记》(1946年)写人烟稀少、野兽出没的荒山沟林檎沟,走投无路才来到这里的人,仍然受着当地统治者的压迫。作品重点写贫苦农民冯大生,被迫卖身做壮丁。保长罗懒王趁他外出当兵,引诱其妻金姐,得手后又将她甩给保队副徐荣成。金姐因此与公婆发生冲突,后改嫁给徐,又受徐的欺压。冯大生从军队逃回,欲报夺妻之仇,但无论申诉、告状、讲理信,均遭失败。但在这个过程中,他的性格得到磨练,反抗精神得到增强,被统治者视为“又硬又野”的人。

作品还写在这抗战大后方的偏僻角落里,老百姓虽然听不到枪声,却受尽了统治者以各种名义,包括以战争名义的盘剥。这里既有代表封建统治的乡长杨茂森,也有保长的父亲罗敦五这样带有资本主义色彩的人物。罗是个教士,主张以“管、教、养、卫”的手段对付群众。罗敦五的出现说明四川这个小山沟的社会也在变化,但不是变得文明了,而是更半殖民地化了,在封建压迫之外,又加上了官僚资本主义的剥削。这两种势力相互勾结,以“中央”通令为名,打着建立合作社的旗号,强迫收缴山民的笋子。冯大生等终于群起反抗,表明农民的逐渐觉醒,连这“化外”之地也不那么安静了。

但在《还乡记》中,冯大生报仇与反对统购竹笋的斗争,这二者联系不甚紧密,艺术上也不平衡。冯大生与徐荣成等斗争,几经曲折,写得比较生动。人物语言的性格化程度也高,如冯大生在茶馆向杨茂森控告徐荣成,与罗懒王等辩论,不仅对话生动,表现了某些基层统治者的奸滑,而且也具讽刺意味。作者努力塑造农民的形象，除了冯大生，其他如有反抗性而又老成持重的张大爷，性格泼辣然而又有软弱性的金姐等，都还是写得较鲜明的。但比较起来，仍不如写保长、乡长、师爷那么熟练。沙汀用四川口语写作，使作品语言具有四川方言某些特有的生动性，似乎让人感到小说也有股麻辣味。但也有一些方言令别处读者无法看懂，无助于加强小说的表现力。

沙汀这时写的短篇小说，基本上还保持着过去的艺术特色。《替身》可作为《在其香居茶馆里》的续篇来读，它从另一个侧面反映了腐败的兵役制：有势力的人不服兵役，保长只好抓年老的过路盐客，刮了胡子充数。《堪察加小景》(即《一个秋天的晚上》)写某乡公所里一夜之事：无辜被捕的流娼、企图污辱她的班长和想要保护她的好心的所丁，从短暂时间里这三个人的关系中，写出了社会上被侮辱者的辛酸，也写出草根阶层的心相照应，把人性的两面都展示出来，令人为之动情，艺术手段相当高明。

艾芜在这时期也有三部长篇。《丰饶的原野》是艾芜根据对故乡农村生活的回忆创作的，重点描写汪二爷的三个长年："在邵安娃身上看出奴性的服从，在刘老九身上看出了坚决的反抗，在赵长生身上看出了反抗和服从的二重性格。"[23]作者热情地肯定刘老九，认为如果有一定的机遇，他将是李自成、李秀成式的人物；批评了赵长生的矛盾性，认为历史进步得慢，这种人也负有一部分责任；而给邵安娃以悲惨的结局，说明面对压迫忍辱负重只能导致自己的毁灭。《故乡》的故事发生在南方山区红军长征时经过的某边远县城。地主家庭出身的大学生余峻廷，抗战后从上海回到故乡，小说以他为贯串人物，展开了小县城里一系列冲突。教育局长徐松一提倡新生活运动，实际上贪赃受贿，蓄婢纳妾，还要办银行、发票子、开公司，搞买空卖空。通过他和土豪龙成恩，与乡村民族资产者蔡兴和等的矛盾冲突，反映了抗战时期内地农村社会的黑暗。印刷工人雷志恒带领农民进行的斗争被瓦解，他逃出故乡，投奔光明。余峻廷在看清了家乡的黑暗后，无可奈何地出走了。小说常以细腻的笔触，通过日常生活细节，表现人物栩栩风貌和特定生活情趣。如徐松一在宦海浮沉中种种复杂心理，他的大小老婆在家庭中的明争暗斗，都描写得不错。在人物性格刻画上，较之《丰饶的原野》有不少进步。但因日常生活描写偏多，情节进展缓慢，读来也感沉闷。1948 年出版的《山野》，在结构方面较前两部紧凑，写抗日战争时期南方山村人民抵抗日本侵略者的侵扰，写出了乡村各阶级对待抗日的不同态度。作家把这复杂的内容集中在一天一夜的时间里来表现。吉丁村村长韦茂和，虽组织队伍抵抗日军，但在战斗最紧张、家产被抢走的时刻动摇了，听从他的亲家徐德川的主意，产生投降的念头。阿栋等是“有田有地，平日自耕自种”的人家，只想过太平日子，对抗日持消极态度。只有贫苦的“小院人”，如阿劲、阿岩、阿龙等，还有韦长松等煤矿工人，成为最坚决的抗日力量。韦茂和的大女婿徐华峰站在贫苦群众一边，为保卫家园贡献出了鲜血。二女儿韦美珍也与阿龙等一起挫败了徐德川的投敌阴谋。小说对韦村长一家的描写比较充分，而作为抗日主力军的阿龙和韦长松等还只能写成一组“群像”。艾芜比较重视描写农民形象，但他的长篇小说往往人物较多，笔力分散，因而在人物形象的塑造上略嫌不足。艾芜还有中篇《一个女人的悲剧》，描写周四嫂的丈夫被抓去当壮丁，夫死子亡，更不堪地主等的敲诈，她拉着两个女儿跳崖自杀。短篇《石青嫂子》的女主人公，在丈夫被抓走后，同样遇到地主逼租、焚屋、毁地等的残酷迫害，但她为了五个孩子而坚强地生活下去。这些作品真实地再现了大后方农村妇女的悲惨命运。而石青嫂子的思想性格更表现了中国妇女不畏强暴、不怕困苦的美德，是难得的塑造得比较成功的农村妇女形象。

姚雪垠(1910~1999)是抗战时期出现的比较重要的小说家，河南邓县人。在抗战初期，即以短篇小说《差半车麦秸》而获得好评。“差半车麦秸”是一个农民游击队员的外号，他抱着朴素的抗敌保家的思想参加了游击队，但实际上仍是一个地道的庄稼人，既淳朴、勇敢，又保留着农民的某些缺点。一次他摸进一个村子侦察敌情，却顺手拿走老百姓的一根牛绳，因为他此时还记挂着“俺家还少一根牛绳哩”。作品把一个在极端贫穷的生活中，在缺少卫生习惯、没有文化的环境中所形成的农民性格特征与外部神态，都描写得很真切。而且在语言的通俗平易方面，少有人堪与匹敌。作者曾说，这篇小说是在文学通俗化的讨论中写出来的[24]。从这篇小说可以看出抗战初期提倡通俗化的积极成果。

1942年，姚雪垠出版中篇小说《牛全德与红萝卜》，继《差半车麦秸》之后，又塑造了两个农民游击战士的形象。牛全德因当过兵沾染了“兵油子”气。红萝卜则老实、厚道、胆小，家庭观念严重。牛全德看不起红萝卜，对他还有所误解，想在战场上杀死他。但出于民族大义，当他的汉奸把兄弟追逐红萝卜时，他救了红萝卜，自己却牺牲了。这部小说生动地反映了农民在抗战中的思想变化，而且继续努力实践大众化，作品风格刚健清新。作家熟练地运用农民口语，说农民翻身是“穷人也会伸伸脊梁筋”，形容女人脸上搽粉太多是“像驴屎蛋上下了霜”。抗战胜利前夕写的长篇《长夜》，这部带着传奇色彩的自传体小说，对了解20世纪20年代河南土匪状况有一定价值。作者认为书中所写李水沫为首的以农民为主体的这股土匪，进行的是“低级形态的武装叛乱”[25]，因此书中某些故事情节和人物，后来被用于写作杰出的历史小说《李自成》。抗战时期，姚雪垠还写有长篇小说《春暖花开的时候》、《戎马恋》等。

从1946年到1948年，香港《华商报》上连载一部借鉴章回体形式的通俗长篇小说，黄谷柳(1908~1977)的《虾球传》。少年主人公虾球的家境贫困，在求生中被盗窃集团头子鳄鱼头洪斌收用。通过他这一经历，掀开了香港黑社会的一角。虾球受骗做了扒手，偷的却是从国外归来探亲的生父的血汗钱，这样的经历帮助他渐渐觉悟。小说从第二部以后，描写虾球在血的教训下逐步觉醒，后来投奔共产党领导的游击队，在歼灭鳄鱼头队伍的战斗中立了功。整部小说既有章回小说的故事性强、情节曲折生动、语言通俗等特点，又有较浓郁的南国生活气氛和地方色彩。小说描写香港和南方城市生活，为现代文学增添了新因素。又因比较可信地写出了虾球从城市流浪儿成长为革命战士的过程，使虾球的形象塑造得比较成功，这也是《虾球传》的一大贡献。但后半部分描写游击队的战斗生活比较一般化，重情节叙述，人物形象没有多大发展。

四、战火中的民族文化反思

《北京人》，对民族文化的反思——《四世同堂》、《寒夜》等小说——钱锺书的《围城》

抗战时期还有一类作品，虽然数量上不一定多，却很值得注意，那是在抗战的背景下对民族文化的反思之作。战火不仅烧毁了我们的家园，而且烧出了我们的精神的原形来。在度过了初期的兴奋之后，面对黑暗、艰难的现实，从抗日战争的背景思考近代以来我们民族饱受列强侵凌的原因，从文化上寻病症、求答案、作反思。一些作品虽然没有直接写抗战，但更向民族的思想深处掘进，现实主义得到加强。话剧《北京人》就是很有代表性的。

这个时期话剧艺术的最高成就仍属于曹禺。他在写了《蜕变》之后，又写了《北京人》，于 1941 年出版。《北京人》的戏剧冲突不像他过去剧作那么显豁、激烈，又因未直接描写抗战，在当时被有的人误为"后退"。其实无论在思想的深刻性上，或艺术的圆熟上，都超过了《雷雨》和《日出》。

《北京人》描写曾氏封建家庭的没落，这是曹禺熟悉的老题材。但写这种题材，既没有揭露，如《雷雨》那样揭出周朴园家庭里乱伦丑行，或如巴金的《家》那样揭出家长对青年人和下人的迫害；也没有多写外界力量对这家庭的冲击，至多不过以暴发户杜家等的逼债作为背景烘托，因而也远不如《日出》中写潘月亭破产那么热闹。曹禺笔下的曾家不是在急风暴雨中坍塌，而是像被抛弃在路旁的一块冰，在时代的烈日下，正悄悄然融化着，似乎无声无臭。作家不重情节和戏剧冲突，他要在舞台上表现日常生活，在日常生活中表现人。此剧着重写人物。曾皓、曾文清两代人既没有什么滔天的罪恶，也没有什么特别见不得人的丑闻，他们的文化教养也都很高。但在北京这古帝都的特有环境气氛里，用着全套封建传统文化所养育出来的这些人，已经是连站立的力气都没有了，只有等待没落、灭亡。曾家的没落、灭亡自有其经济上、政治上的原因，曹禺避开这些，他要做的是从思想文化的角度，去挖掘出其深埋在民族土壤里的根子。

曾皓的形象，比起巴金《家》里的高老太爷，要刻画得更细腻、更深刻。他眼睁睁地看着家的没落，虽连挣扎的力气也没有，却仍然自命"读书第一"，绝对不把将要逼死自己的资产阶级暴发户放在眼里。连房子都要卖掉了，最关心的却仍是买了 15 年、上了一百多道漆的棺材，认为还要再漆四五年才勉强可用。对曾皓来说，最重要的不是想办法活下去，而是如何才能死得体面。一切表面的清规戒律、繁文缛节都要保持，不可省却。儿子要出门，一定先去给祖宗磕头，这一类的规矩曾皓都要坚守。曾文清受封建文化的熏陶更深，他能诗善画，会品茶、养鸽子、抽大烟，在他心里甚至全部家业还不如一幅画重要。他怕他的妻子曾思懿，一个王熙凤式的女人，而与表妹愫芳诗画传情，但又不敢相爱，有权娶小也没有这勇气。这是个极孱弱的思想文化的软骨病者，让人们看到典型的北京贵族文化对人的精神的销蚀作用。他走而复归，最后自杀，都是必然的。还有那位女婿江泰，因为学过现代自然科学，稍有不同。他的头脑似乎清醒一点，能看出曾文清只有品茶本领，但不会种茶，认为他不敢爱、不敢恨、不敢笑、不敢喊，是人类的堕落。他的自责同样严厉，说自己是“活死人、死活人、活人死”，这样的评价也还准确。因为他确是什么事也干不成的人。曾文清与江泰，都是中国型的奥勃洛莫夫，连曾皓都说他们是“一群能说会道的废物”。如果说鲁迅在《孔乙己》中写出封建文化对下层小知识分子的精神腐蚀；那么《北京人》便全面地揭示了在这种文化环境中封建阶级自身的腐烂。

作为与这种保持着高雅、高尚的面孔，却已霉烂透了的文化的对比，剧中出现了“北京人”的形象，这是蛮荒时代我们人类的祖先。最早的版本中曾让他登场，后来改为北京猿人的头像投影。所以剧名《北京人》含有两指，一指剧中所写的曾家是地地道道的北京人，中国最有文化的地方的有高度文化修养的一家人；二指与其对比的原始的北京人。通过住在曾家的人类学家袁任敢之口，说明人类曾有过令人向往的“北京人时代”：“那时候的人要爱就爱，要恨就恨，要哭就哭，要喊就喊，他们自由地活着，没有礼教来拘束，没有文明来捆绑，没有虚伪，没有欺诈，没有阴险，没有陷害……没有现在这么多人吃人的礼教同文明，而他们是非常快活的。”又写了袁任敢和女儿袁圆平等相处的新型父女关系，以袁圆和她的同辈、曾家第三代曾霆做对比，展现了两种文明之下所造就的两种人。袁圆是在民主、科学思想培育下的新北京人；曾霆则沿着老辈的路走，很可能成为封建阶级的殉葬品。在抗战的背景下，人们可能更能够感到一个民族需要强悍的性格，要使人性得到自由、快活、奔放的发展。而长期封建社会里发展起来的人吃人的礼教和文明，是戕贼人性的，使人变得虚伪、堕落，使我们的民族落后、衰败。所以北京人和袁氏父女的形象都包含着鲜明的批判性，是对古老的封建文明的批判。袁家和曾家形成鲜明的对比，寄托着作家进步的社会观。同时，还让孙媳瑞贞结交了进步人士，读到了新书。让愫芳，这个同样受封建文化的浸润，心灵受尽残害、凌辱而忍辱负重的善良女性，跟着瑞贞出走，并暗示她们走向光明去了。

《北京人》追求一种自然、平淡的格调，不设大波大澜、大起大伏的情节。所写的家庭内部的思想冲突、生活纠纷，也都带有日常性，重点在于写人。艺术上十分细腻，写曾皓自私地把愫芳留在身边伺候自己，不让她出嫁。剧中曾皓两次按住愫芳的手，然后愫芳偷偷地把手抽掉。这里很含蓄地表现了曾皓的灵魂和愫芳的心理，无声胜有声。又写愫芳未婚却做婴孩的衣服，这个动作也把她的寂寞、苦闷、向往都表现出来了。两面三刀的思懿，语言的个性特征极鲜明，她把愫芳视为情敌，又要装出恪守封建伦理的贤惠之态。她的语言也能透露这复杂的心态，如："我一直就想着也有愫妹妹这双巧手，针线好，字画好，说句笑话，有时想着想着，我真恨不得拿起一把菜刀，把你的两只巧手砍下来，给我接上去。"笑语露天机，但其表现方式，又极合于人物的性格特征。《北京人》中的几个主要人物，都刻画得十分细腻、精致。

此后，曹禺还改编了巴金的《家》，这是曹禺对《家》的一次再创造。剧本把重点放在封建婚姻造成的悲剧上，而且突出了冯乐山的形象，揭示悲剧的根源在于封建统治阶级。

抗战时期还有一部以追求人格独立为主题的多幕剧，吴祖光的以艺人生活为题材的《风雪夜归人》。吴祖光(1917~2003)，江苏武进人，抗战时期成长的青年剧作家，写过《正气歌》等多部剧作。1942 年的《风雪夜归人》是他的代表作。剧本描写名优魏莲生与法院院长苏弘基的四姨太、青楼出身的玉春，两个天涯沦落人的相爱。事发后，苏将玉春送人为奴，魏被迫流落他乡，结局悲惨。这是继田汉的《名优之死》后，又一部描写民间艺人生活的力作。因为作者熟谙艺人生活，剧中人物的言谈举止，都描写得真切动人。许多俗语的运用使作品很有民间的、地方的风味。同类题材常见于旧派小说，如同时期秦瘦鸥的《秋海棠》也有相近情节。但《风雪夜归人》主要不是写艺人的受侮辱、受迫害，而是表现他们的人的觉醒。男女主人公欲奋翅高飞，是为求人格独立的反抗行动，主题可归于曹禺的《雷雨》一类。而且有与《雷雨》相似的人物，如苏弘基类似周朴园，性格中有两面性，而且也念佛吃斋。玉春与追求个性解放的繁漪相似，甚至管家王新贵与鲁贵也有思想的共同点。剧本也设有序幕和尾声，把故事发生的时间推到 20 年前。但玉春比起繁漪来，思想觉悟要高出很多。她虽是非常年轻的青楼女子，却并非如繁漪那样作盲目的反抗，而且是魏莲生的启蒙老师，站在思想的高处启发他认识自己是个"顶可怜顶可怜的人”，“也许就不能算人”，告诉他怎样才真正算得上是个“人”。她像个教育者不断地启发魏：“你想到过你是为什么活着的吗？”魏是在她的开导下才有了人的觉悟，表示不愿再“关在笼子”，“听人家的高兴，看人家的脸子，什么都没有自己作主的份儿”，并下了决心不演戏跟着她私奔。玉春怎么有这等清楚的意识，魏的思想怎么能很快地觉醒，剧中都还描写得不很充分。

抗战后老舍的创作，体裁多样。他以鼓词形式写了长诗《剑北篇》，写了《残雾》、《面子问题》等九部话剧。其中与宋之的合作的《国家至上》，描写回、汉两族人民团结抗战的故事，是抗战时期的优秀剧作之一。他还写了长篇小说《火葬》、《四世同堂》、《鼓书艺人》和短篇集《火车集》、《贫血集》。此外还编写过京剧和曲艺。其创作的数量相当多，而且主要内容又大多是描写和宣传团结抗日的。这时期的代表作是长篇《四世同堂》。

《四世同堂》，包括《惶惑》、《偷生》、《饥荒》三部长篇，原计划写 100 万字。前两部写于抗战时期，于 1946 年出版。战后，老舍于 1946 年到美国讲学并继续完成最后一部，1950 年后曾发表其中的部分章节。结尾的 13 段中文原稿已佚，1983 年由英文转译为中文出版，全书方成完璧。这部长篇是描写抗战时期沦陷区人民生活的最重要的作品，也是老舍继《骆驼祥子》之后，又一部描写北京市民生活的杰作，是他的北京市民生活系列小说中一座高峰。

抗日战争时期，老舍并未在北京沦陷区生活过，但他对北京的市民思想性格深知深解，因而能够根据他人所介绍的北京沦陷后的生活情景，加上自己对抗战后社会生活的体验，驱遣他所十分熟悉的北京各类人物，到新的历史环境中去活动，并且真实地展现了他们的精神面貌。

这部长篇在艺术构思上颇具特色，情节是围绕北京西城一条叫做小羊圈胡同里的市民生活而展开的。这里住着十余户人家，包括各类知识分子、赋闲的小官僚和许多普通城市贫民，如洋车夫、剃头匠、艺人、棚匠、舞狮子的、“窝脖儿”的（搬运工）等等。其中最重要的有三家人家。作为普通市民典型的祁家，有祖父一辈年过古稀的祁老人、父一辈的祁天佑，这两代人都是守着“规矩”做生意的旧式商人。子一辈的三兄弟都是新式知识分子。作品集中地写这一家祖孙四代在北京沦陷后的痛苦生活和精神波动。与祁家有交往的钱默吟一家，原是旧式知识分子家庭。钱默吟的二儿子钱仲石，是个很有民族气节的现代工人(司机)，他制造事故，与车上的日本兵同归于尽。钱默吟也冒险救了一位未及撤退的王排长而被捕入狱，他的妻子和大儿子均遭日本侵略者迫害而死。这是坚守民族气节、甘为民族而牺牲自我的一家，虽然家破人亡，但钱默吟坚强地走上抗日道路，代表了民族的正气。与之对比的是冠晓荷和大赤包一家。冠曾任税务局长、县长等职，他极想趁日本占领北京之机重新出山，是主动投靠帝国主义的民族败类。作品揭露他们认贼作父，出卖同胞，也写了他们的可耻下场。环绕着这三家的那许多贫民，包括警察局的白巡长，不但多具底层人民的友爱互助的好品德，而且都有鲜明的民族意识，他们爱祖国而憎恨侵略者和汉奸。作品以祁家为中心，以钱冠两家为对比，以许多贫民家庭为烘托，写的虽是一条胡同里的事，却是北京沦陷区生活的缩影。侵略者侵占了中国的国土，害死了祁天佑、钱孟石、小文、小崔，乃至祁家第四代的小妞子，给中国人民带来了深重灾难。但在血火洗炼中，也诞生了钱默吟、钱仲石等民族英雄，锻炼了瑞全等新一代青年，排除了冠晓荷、大赤包、祁瑞丰等一批人渣。这些人物形象中有许多是写得生动的。如作家热情歌颂钱默吟，虽对他参加地下抗日活动写得不具体，但对他被捕前后的思想、生活的描绘，对这样一个带有旧式文人习性的爱国者的生活风度、性格特征，还是写得很鲜明的。

但是老舍写这部规模宏大的长篇，并不仅仅是为了反映沦陷区的生活。书中当然也揭露了日本侵略者许多令人发指的罪恶，但也不仅仅是为了揭露。老舍把全书的重心放在写被占领区的人的心灵之上，他是把《四世同堂》作为“亡国篇”来写的，是想探讨国民的精神与强国和亡国的关系。这个过程中，作家写出了自己的发现。他深深感到我们民族性、国民性中某些严重的弱点，对于民族的生存、发展都是不利的。这尤其是在强敌入侵、民族备受蹂躏的历史背景下，就显得更为明显了。《四世同堂》中，作家所肯定的人物，大多数人的身上都有很重的传统思想的影响。善良的祁老人保守着相当多的旧观念，以为日本人进北京，最多三天就会走。钱默吟家里不仅服饰陈旧，生活习惯也旧，女人买货郎的东西，只开个门缝，伸出手去交钱取货而不露脸。钱默吟自己不问世事，做的诗只给自己看，平日养草种花，消磨时光。祁天佑经商只求本分地凭勤劳去挣衣食与家业，能把忧郁与委屈都放在肚里。就是新式知识分子的瑞宣，也放弃了自由恋爱的理想，默默地接受父母的包办婚姻。他爱国，所以支持弟弟瑞全出走参加抗日工作，但自己却留下了。他对瑞全说：“你去尽忠，我来尽孝。”他受的是新教育，却为旧伦理尽义务。其妻韵梅，更是典型的贤妻良母。洋车夫小崔，有的是力气，只为了坚守毫无意义的“男不与女斗”的信念，白白地挨了大赤包一巴掌。马寡妇听到年轻人要去当兵抗日时，竟说：“咱们北平人不应该说这样的话呀！凡事都得忍。”白巡长也信一“忍”字，理由是“好鞋不踩臭狗屎”。他们都记住了“别管天下怎么乱，咱们北平人绝不能忘了礼节”，结果是守住了礼节却做了任人宰割的亡国奴。

在这许多传统文化思想的笼罩下，小羊圈胡同里除了冠家和丁约翰之外，其他的人家都和睦相处，相安无事，人与人之间充满着友爱的温馨，出现了助人为乐的李四爷和他那总感到丈夫对人的帮助还不尽心，因而不断催促他多做好事的老伴。如果不是日本的侵略，这里仍将是平静的、安谧的。然而，这北京人的礼节，却挡不住侵略者的炮火，也保不住他们素淡低微的生活。强暴的侵凌，促使年轻的、年老的北京人反省。瑞宣在钱孟石死后，对被害死而脸上不带怒气，被侵略而不敢拿起刀枪的现象，发出了深深的感慨。他深感中国人的一个严重弱点是身上没有“刺”。文化素养颇高的钱默吟，也开始羡慕身体强壮的人，认为三个读书人也比不上一个会打仗的。他希望自己的孙子成为会打仗的人。这是很大的价值观的转变。乃至七十多岁的祁老人也反省了：“我活了快八十岁，永远是屈己下人，先磕头，后张嘴，现在我明白了，磕头说好话并不见得总有好处。”这些人物的醒悟，也反映了作家自身的思想发展，他“为我们的文化担忧”，他看到了只读书而不培育一种敢于抗争的民族性格，是不可取的。20世纪30年代，老舍写过《猫城记》，批判了国民性的严重弱点。到了抗战时期，在民族危亡的关头，他看得更清楚、更具体了，对这一问题的急切性体会得更深了。虽然没有像曹禺那样另造个“北京人”的虚拟的形象，但从文化上作反思则是一致的。这是民族解放战争对一位正直的爱国作家思想的推动。

一方面是写北京人性格中的保守性，另一方面又写出他们的觉醒与蜕变，描写一些性格软弱的人，在面临亡国危机时，凭着一颗爱国心，也敢于去冒险、牺牲。这就写出了民族有希望的一面。所以虽是作为“亡国篇”来写，却从这些普普通通人物的心灵变迁中，让人们看到中国是不会亡的。

《四世同堂》继续保持着老舍作品特有的、浓郁的北京地方色彩。第 14 节对北京中秋节风俗的描绘，构成了“北京之秋”的美景。还有第 38 节对北京端午节民俗的叙述，都饱蘸着作家对乡土的爱。作品的语言几乎是更为纯粹的北京口语，颇有市井风味，然而也平易、动人、洗练。就是比喻、形容，也充满北京地方特色，如“冠先生的声音里老像有个刚咬破的蜜桃”，“瑞宣想说的话像刚倒满了杯的啤酒，都要往外流了”。加上对人物民族性格的深入挖掘，使《四世同堂》有着显明的民族化特征。

但因作家毕竟对北京沦陷区生活没有亲身的经历，故在特定环境气氛与生活的描绘上尚未达到尽善。如小说开头写卢沟桥事变和北京陷落，就缺少当时战争中紧张、动乱的气氛。有些情节，如钱默吟与瑞全的地下活动，不可能写得清晰。有的也不尽合理，如让尤桐芳死于钱默吟在戏院中投下的炸弹等。

在美国期间，老舍还写了《鼓书艺人》，描写曲艺艺人在抗战中的生活。这时作家的思想更加倾向于革命，但这篇小说当时尚未在国内发表。

巴金的抗战后的小说创作也有新因素，有了描写抗战的新题材。但其创作思想还是 20 世纪 30 年代的延续，这比另一些作家要鲜明些。他坚持民主主义的思想，继续完成描写封建家族崩溃的宏大工程，写完了《激流》三部曲的后两部《春》和《秋》，又写了《憩园》，这可视为《激流》尾声的中篇，完成了他的封建家族系列小说。同时他也努力反映抗战后的现实生活，这些新作中仍然纠缠着爱与憎的冲突，表现出无政府主义的思想倾向。

巴金以《火》为名的三部长篇，被称为“抗战三部曲”。火，就是表示青年人在战火中受到了洗礼。第一部完成于 1940 年，写“八一三”上海战役中一群爱国青年的活动，描写抗战爆发后一度蓬勃开展的救亡运动；也隐约地描写了青年人的救亡活动受到政府的限制，使他们感到“到处都是苦恼”。因而他们发出让大上海变成火山，把一切烧死的极端的愤怒之声。作品仍然宣扬以暗杀手段来改变现实的并不切实的思想。《火》的第二部又名《冯文淑》，于 1941 年出版。冯是第一部里已经出现的热情的爱国女青年，第二部写她离开上海后随战地工作团到前方去，写她所在的文艺宣传小分队的生活。也许作家认为这是青年的一种应有的抉择，但作者缺少这方面的生活体验，虽也尽力写他们生气勃勃的活动,生活实感还是不足。《火》的第三部又叫《田惠世》,作于1943年。田惠世是个基督教徒,致力于慈善事业,他的信条是“用爱拯救世界”。小说表现他的信条被现实撞碎了。田惠世想办个刊物,未能持久。心爱的儿子被日本侵略者炸死。他曾经接济过许多病人,然而自己却死于肺病,并没有人来接济他。田惠世茫茫然发问:“难道这便是主的回答么?”“爱”既不能拯救世界,“憎”又趁势而起,于是又回到第一部的无政府主义的盲目反抗去了,让朱素贞在未婚夫刘波被汉奸杀害后,只身回到上海,用美人计接近汉奸头子丁默村,欲行暗杀,失败后被害。《火》三部曲各在不同方面描写了一些抗战现实,但对这世界是爱还是憎,巴金的思想徘徊未定,这是《灭亡》、《新生》中提出的问题,这时还未有新的回答。

但是决定巴金创作成就的并非他的思想、观念,而是他对生活熟悉的程度。写旧家庭的《激流》在现实主义艺术上取得了成功;而以前的《爱情》三部曲,现在的《火》三部曲等,成就都不高。最重要的原因还在于有没有充分的生活体验。好在《火》之后巴金的艺术方法有所变化,从过去的着重于宣泄激情,转而为比较客观冷静地描绘现实。他自己认为:“在后期的作品里我不再让我的感情毫无节制地奔放了。我也不再像从前那样唠唠叨叨地讲故事了。我写了一点生活,让那种生活来暗示或者说明我的思想感情,请读者自己作结论。”[26]有了这种思想,他就有可能看重自己生活储备比较坚实的题材,在艺术手法上主要用生活来说话了。此后他写了三部中篇小说,曾被称为“生活三部曲”。这几部新作报道了巴金创作的新消息,即《激流》的时代、《火》的时代的结束,巴金告别了他的激情时代。最早的是1944年的中篇《憩园》(见本书第8章第2节)。接着,在抗战胜利前夕完成了中篇《第四病室》,描写大后方医院的腐败、龌陋。抗战胜利后,巴金写出中篇《寒夜》。

《寒夜》中最主要的人物是某书局校对员汪文宣,正患着严重的肺病,为了微薄的工资,仍然坚持工作。他的母亲由于思想封建,竟不承认没有坐花轿过门的曾树生是儿媳。汪在外受尽上级、同事的歧视,每日战战兢兢地工作,回家又面临婆媳冲突,不得安宁,心境十分痛苦。他的妻子终因无法忍受婆婆的歧视,无力抵抗上级的诱胁而离开了丈夫。汪盼望着抗战胜利,然而胜利后一切如故,他也在庆祝胜利的鞭炮声中死去。这部小说有很强的社会批判的倾向,写出底层小人物“无处不是苦恼”,反映他们仍在“寒夜”里挣扎。他们说:“胜利是他们胜利,不是我们胜利。我们没有发过国难财,却倒了胜利楣。”同时在《寒夜》中已经看不到巴金过去作品中那些热烈地歌唱的人物和猛烈地否定的人物,似乎不再把人写成应该这样的和不应该这样的了。这里无论母亲、丈夫、媳妇每一个人都有弱点却又都不坏,他们各有自己生存的理由,但也都有苦恼,都在挣扎,都难以得到理想的结局。《寒夜》在描写抗战胜利后某一方面的现实的同时,也相当深刻地刻画了人的生存困境,所以是一幅有普遍性的人生画图。

《寒夜》的艺术最能体现巴金所述他的“后期”特色。通过一个小人物日常生活的细腻的描绘、客观的叙述,来表现作家的意图。这是巴金建国前的最后一部中篇。此时期他还出版了《还魂草》、《小人小事》两个短篇集子。

抗战时期描写知识分子生活的中长篇小说不少。以知识分子为主角的作品,除上述巴金的《火》等,还出现夏衍的长篇《春寒》、郁茹的中篇《遥远的爱》等写女青年在抗战的艰难环境里的挣扎、苦斗的作品。严文井的《一个人的烦恼》、姚雪垠的《戎马恋》则描写被时代潮流冲走的人物。这些作品描写的主人公虽面目各异,但与时代还是有着紧密关系的。这时知识分子题材中颇有特色的一部作品,是1947年出版的钱锺书的长篇小说《围城》。人物的活动大背景也是抗战,但是其人物的思想性格,他们在生活中的具体作为,也可以放到别的时期。就是说作家的意图主要不是通过这些人来反映抗战,而只是将背景设在抗战时期,给人物的活动一个时间的规定。他的目的只在要写活这些人,这些知识分子,而写他们又是为了讽刺他们,批评、鞭挞他们的性格、人格。若论描写、揭示中国知识分子的心态、品格的深刻性,以及在讽刺艺术的创造上,这部小说还是值得称道的。

钱锺书(1910~1998),江苏无锡人,是一位学识渊博的学者。抗战开始后,他在上海孤岛和沦陷区创作了一些散文和小说,出过散文、短篇集《写在人生边上》、《人·兽·鬼》。这些小说已从日常生活中揭示某种类型知识分子的心态。他们既在中国传统文化的土壤中生长,又不同程度地接受西方文明的照射;但并没有真正吸收健康的养料,顶多拣拾个西式包装,甚至还是些思想糟粕。这些在长篇小说《围城》中得到更为集中的描绘。正因为对士林世相的精细入微的刻画,使《围城》成为一部新《儒林外史》。

《围城》以从国外留学归来的方鸿渐为中心人物，描写抗战爆发前后从上海到湖南后方的一些知识分子的生活。随着他的行踪，描写他所接触的各色人物。如趁上任之机携带药品、高价出售给学校发国难财的教授李梅亭，依靠亲属的政治背景当上文学系主任的汪处厚，在国外买假博士头衔回国招摇撞骗的韩学愈等等。在三闾大学，一群高级知识分子各怀鬼胎，勾心斗角，互相倾轧，乌烟瘴气。这些人物只能说是知识界的一批“混混”。抗战时期的小说，既有描写为民族解放而奔走呼号，在战火中得到洗礼的知识分子，也有像《围城》这样写出在同一背景下知识分子的另一番景象。但是，无论是哪一类型的知识分子，都可以拿《围城》做一面镜子，也许都能够在不同的准确度上，照出自己的面影。对于反思中国知识分子的人格品位，这部长篇是有用的。

书名为《围城》，通过书中人物的对话说明其意是指婚姻像被围困的一座城，城外的人想冲进去，城里的人想逃出去。从书中描写的方鸿渐的经历来看，不妨说人们生活的这个世俗社会，也是一座座的围城。所有的人都在为冲出去或冲进去而忙碌，为此各各要弄自己的手段和武器。看看这种时候的人，就觉得都不大雅观，尽管有着真真假假的各种文凭、关系、背景、本领，装得出知识分子的斯文姿态，却个个都俗气十足。也许为了讽刺，作家做了一定的夸张，好像把知识分子的形象写得丑了点。但冷静思索就会发现，其实这些人物也并无大恶，他们的丑陋的思想、性情也存于许多普通人的身上。主人公方鸿渐自始至终面对恋爱、婚姻、生计、出路的围城，置身诸种平凡的生活包围之中，在苦苦挣扎时显出他的懦弱无能。他不满家庭包办婚姻，如果不是未婚妻早夭，他是冲不出去的。他遇到鲍小姐、苏文纨、唐晓芙、孙柔嘉四个女子，与她们相处中，他总是失败者，最后与孙柔嘉合而复散。可以说，这是个从事业到生活均一事无成者。如果说三闾大学那一群知识分子的灵魂是卑污的，则这位方鸿渐还只能说是卑琐的、孱弱的。五四以来的现代文学作品中，不乏这样的灰色人物。比较起来，方鸿渐虽然也是假博士，但心地并不怎么坏，所以在世俗社会中他只好败退。作家对人物的种种精妙讽刺固可博人一粲，回味起来却又能使人为之而感到悲哀。所以这部小说对认识人，认识最文明的人(知识分子)有它的价值。

《围城》是一部讽刺小说。这种讽刺主要不用夸张人物行为的方法，而是精细地透视他们的五脏六腑,乃至每一根颤抖着的神经,从中挖掘那些与光彩体面的外观相当矛盾的因素。因而也显得比较含蓄,很容易使人想起《儒林外史》中某些艺术手法。李梅亭用一粒鱼肝油丸冒充人丹给孙柔嘉治病,也是用小动作写尽人物的自私、吝啬,却有极强的讽刺力。作家又能以自己的博识,设计精巧、超拔的比喻,对人物作揶揄、嘲弄,无不淋漓尽致。他的讽刺艺术在现代文学中是相当杰出的。但这一类巧喻用得多了,会使人感到作家机智、博识,但深沉不足,反而可能减损批判的力量。

注释:

[1] 曹禺:《关于"蜕变"二字》,《蜕变》,文化生活出版社,1941年1月出版,第404页。

[2] 陈白尘:《乱世男女·自序》,上海杂志公司,1946年1l月复兴二版,第5~6页。

[3] 齐同:《新生代第一部"一二九"发刊小引》,《新生代》,人民文学出版社,1957年出版,第1~2页。

[4] 胡风:《关于创作发展的二三感想》,《在混乱里面》,作家书屋,1946年出版,第11页。

[5] 艾青:《献给乡村的诗·序》,北门出版社,1947年出版。

[6] 艾青:《诗话》,人民文学出版社,1956年出版,第138、142页。

[7] 艾青:《艾青选集·自序》,开明书店,1951年出版,第7页。

[8] 同上,第9页。

[9] 同上,第182页。

[10] 同上,第157页。

[11] 闻一多:《时代的鼓手》,《闻一多选集》,开明书店,1951年出版,第121页。

[12] 田间:《呈在大风沙里奔走的岗卫们·后记》,生活书店,1938年出版。

[13] 臧克家:《十年诗选·序》,现代出版社,1946年出版,第12页。

[14] 郭沫若:《历史·史剧·现实》,《沫若文集》第13卷,人民文学出版

社,1961 年出版,第 17 页。

[15] 郭沫若:《我怎样写〈棠棣之花〉》,《沫若文集》第 3 卷,人民文学出版社,1957 年出版,第 168 页。

[16] 陈白尘:《太平天国·序》,上海生活书店,1938 年出版。

[17] 欧阳予倩:《桃花扇·序》,《欧阳予倩选集》,人民文学出版社,1959 年出版,第 253 页。

[18] 陈白尘:《历史与现实》,《习剧随笔》,当今出版社,1944 年出版,第 11 页。

[19] 茅盾:《清明前后·后记》,大众书店,1945 年出版,第 190 页。

[20] 茅盾:《腐蚀·新版后记》,《茅盾文集》第 5 卷,人民文学出版社,1958 年出版,第 307 页。

[21] 茅盾:《霜叶红似二月花·新版后记》,《茅盾文集》第 6 卷,人民文学出版社,1958 年出版,第 258 页。

[22] 卞之琳:《沙汀的〈淘金记〉》,《文哨》第 1 卷第 2 期,1945 年 7 月出版。

[23] 艾芜:《春天·改版后记》,自强出版社,1946 年出版,第 11 页。

[24] 姚雪垠:《谈小说创作的中国风格和中国气派问题》,《当代文学》1981 年第 1 期。

[25] 姚雪垠:《为重印〈长夜〉致读者的一封信》,《长夜》,人民文学出版社,1981 年出版,第 8 页。

[26] 巴金:《谈我的短篇小说》,《巴金文集》第 14 卷,人民文学出版社,1961 年出版,第 454 页。

第十二章

建立“为工农兵”的文艺

一、敌后根据地的新文艺

根据地文艺的新气象——被忽略的新的思想矛盾——初绘“黄土地”——陆萍形象的典型意义——现代文明到了农村

1935年10月红军长征到达陕北，在这里建立陕甘宁根据地，随之就有许多文化人奔赴陕北。1936年11月，来到这里的作家在保安成立了中国文艺协会，丁玲被选为主席。1937年抗战爆发后，八路军、新四军在敌后展开游击战，建立了晋察冀、晋冀鲁豫、晋绥、山东、华中诸敌后根据地。由于这些地区多处在各省边缘的山区或农村，经济、文化均十分落后，为夺取抗日的胜利，就有个发展经济、文化，建设好根据地的重要任务。为此，产生了对知识分子的需要。1939年12月，毛泽东为中共中央写了《大量吸收知识分子》的决定。1940年，中共中央书记处书记、中宣部部长张闻天在《抗战以来中华民族的新文化运动与今后任务》中，提出为发展新文化应提倡自由思想、自由研究、自由辩论的生动、活泼的民主作风；“要善于尊重文化人”，要有大气量，要谦逊，能“求大同而弃小异”，与他们建立真诚恳切的交谊。同年10月，中共中央宣传部、中央文化工作委员会联合发出《关于各抗日根据地文化人与文化人团体的指示》，要求“纠正党内一部分同志轻视、厌恶、猜疑文化人的落后心理”，强调“我们应该在实际上保证他们写作的充分自由”。1941年，中共中央机关报《解放日报》接连发表《欢迎科学艺术人才》、《努力开展文艺运动》、《把文化工作推进一步》等社论。一些领导人也在讲话中强调尊重知识分子。如1941年陈毅在苏北根据地指出，要“大胆让文化人和文化团体有自由创作活动的机会，对一个作品一种工作，我们要特别以宽容的态度，善意批评的态度去对待”。在物质生活十分困难的条件下，延安在生活上也曾给予文化人较好的照顾。海内外许多爱国青年和知识分子，络绎不绝地投奔延安和各根据地。这些原先生活在城市的作家、知识分子们，不论是左翼作家，或是自由主义作家，都处于国民党文化专制政策的统制之下，常有受压迫之感。来到敌后根据地，便对这里的欢迎知识分子的气氛有好感，这为发展根据地文艺提供了有利条件。1937 年底，延安成立了陕甘宁边区文化界救亡协会，选举成仿吾、周扬、柯仲平等为负责人。1939 年，改为全国“文协”的延安分会。其他各根据地也先后成立了各种文艺界的抗敌救国组织。在中国的这些偏僻的地区，文艺运动开始发展起来了。在经济、出版条件都十分困难的情况下，敌后根据地诞生了许多文艺刊物。如陕甘宁边区就出过《文艺突击》、《大众文艺》、《中国文艺》、《文艺战线》、《文艺月报》、《谷雨》、《部队文艺》、《草叶》、《诗刊》、《延安文艺》、《群众文艺》等。油印、石印、铅印的都有，有的则在国统区印刷出版。为了培养文艺干部，各根据地和部队创办了艺术学校、艺术训练班等。其中最重要的是 1938 年由毛泽东、周恩来等倡议，在延安成立的鲁迅艺术学院(后改名鲁迅艺术文学院)。沙可夫、吴玉章、周扬等先后主持过“鲁艺”的工作。“鲁艺”成立时，毛泽东为之题词“抗日的现实主义，革命的浪漫主义”。经过文艺战线上广大群众的艰苦奋斗，使文化落后的根据地开出了革命文艺之花。

来到根据地的作家们有了条件可以满怀热情地到前线、到农村去。1937 年 10 月，延安作家组织了西北战地服务团，奔赴华北前线工作。丁玲、周巍峙等先后担任该团领导。他们在晋东南、晋察冀等地工作六年。也和这时全国文艺创作的情况大致相仿，报告文学成为最早的收获。一些作家描写了对根据地的最初印象。黄钢的《我看见了八路军》写他所见的八路军是有政治觉悟的队伍。何其芳的《我歌唱延安》写他初到延安的见闻和自己的兴奋心情，此文在大后方发表后，在知识分子中发生较大影响。除了沙汀、周立波那些报告文学集之外，丁玲写了《一颗未出膛的枪弹》、《东村事件》等报告文学作品。前者较为生动地记述一位与队伍离散，被东北军所俘的小红军，表现这个倔强而又未脱稚气的红小鬼的坚定革命意志，他成了丁玲笔下写得较生动的人物形象之一。作品也描写东北军在红军影响下，不愿打内战，突出团结抗日的主题。根据地的报告文学的特点是,大多正面地描写抗日军民的生活和斗争。丁玲的《彭德怀速写》、陈荒煤的《陈赓将军印象记》、刘白羽的《游击中间》等,描写了八路军将领的形象,或报道根据地人民为民族生存的浴血奋战。有一些干部也在戎马倥偬中拿起笔来记录他们亲历的战斗生活。如莫休的报告文学《抢桥》,追记长征途中抢占泸定桥战斗时20位红军英雄的动人心弦的神勇奇迹。萧向荣的《平型关战斗前后的日记》,生动记述平型关歼敌过程,还记述了战斗中的体会。有的也写小说,如奚如的《老革命碰着新问题》,记一位参加长征的小鬼,听到与国民党联合抗日要摘掉帽上的红五星,戴上青天白日的帽徽时,思想不通。政治指导员教育他说:农民的儿子除了晓得土地革命,也应晓得民族革命,帮助他打通了思想。这篇小说反映了抗战爆发后中共领导的部队中普遍存在的思想动向。1939年,"文协"延安分会组织《五月的延安》写作活动,吸引了广大群众。1941年,冀中区的《冀中一日》写作活动,投稿者近10万人。在游击战争的条件下,编辑们把稿件装在大车上,以便于随时转移。这个活动很能代表根据地文艺的广泛群众性的特色。

除了报告文学之外,一些轻便的文艺形式同样受到重视。1938年,延安开展了街头诗运动,田间、柯仲平等是这个运动的主要倡导者。许多诗人写作短小精悍的街头诗、诗传单等,使新诗在集镇、乡村的墙头上与广大群众见面。在文艺大众化的实践中,最有成绩的是柯仲平、马健翎领导的民众剧团,他们长期活动在陕北农村,对当地农民熟悉的剧种秦腔进行改革,编演了《查路条》、《十二把镰刀》等小型剧目,称"新秦腔"。他们的实践成为根据地戏剧改革的先声。

蓬勃发展起来的文艺运动,一时可能掩盖了矛盾的另一面,即知识分子从现代城市来到中共领导下作为抗日根据地的农村,所难以避免的思想矛盾,这在过去还很少有这样的经验。他们往往经历了从对新鲜生活的兴奋,到发现自己与环境的隔阂、不谐,因而产生困惑、苦闷的思想历程。抗战前后来到根据地的著名作家有丁玲、艾青、萧军、田间等,他们都有不少对根据地的新鲜感受。一些诗人来到根据地后,歌声变得欢快了,诗歌的感情色彩起了很大变化。何其芳便是诗风变化颇为明显的一位,这时的诗多收在他的第二部诗集《夜歌》中。他来到延安后,便感到像《预言》中那种诗的情调,与这里轰轰烈烈的抗战现实不太和谐。此时的诗，开始面对现实，除描写他在四川、北京的生活，还表现童年时代听到的劳动人民的悲惨生活和反抗。《一个泥水匠的故事》用沉郁而坚定的调子歌唱为抗日而英勇牺牲在敌人刑场上的泥水匠，通过这个形象表现中国人民的抗敌意志。有一些抒情诗，如《快乐的人们》，歌唱延安的新生活，写得气势雄浑、壮阔。他的许多诗真实地表现了知识分子投身革命，受到革命理想鼓舞而产生的兴奋昂扬情绪。在《我为少男少女们歌唱》中说，他要歌唱早晨、希望，歌唱属于未来的事物和正在成长的力量。诗的最后唱道："轻轻地从我琴弦上/失掉了成年的忧伤，/我重新变得年轻了，/我的血流得很快，/对于生活我又充满了梦想，充满了渴望。"在新的环境里，诗人似乎恢复了青春。写《画梦录》的这位作者好像自己的梦用不着画，快要实现了，幻灭了、失落了的理想好像很快就会成为现实，于是他的歌声也变得年轻了。更为典型的是《生活是多么广阔》一诗，诗人觉得五彩缤纷的生活就像海洋一样，处处都有快乐的宝藏，轻轻弯一下腰就能捡到快乐。于是，他的热情大迸发，似有用不完的精力，他要"去参加歌咏队，去演戏，/去建设铁路，去作飞行师，/去坐在实验室里，去写诗，/去高山上滑雪，去驾一只船颠簸在波涛上，/去北极探险， 去热带搜集植物，/去带一个帐篷在星火下露宿"。这样的描写似与还在艰难困苦中抗战的延安的实际生活相去甚远，却相当充分地表现了诗人的兴奋，含着浪漫谛克幻想的兴奋。过去那种忧郁、低沉、感伤的调子，为明快、炽热、昂扬所取代，而细腻、雅隽的文字也变得直率、粗犷、雄厚了。这正如他在诗中唱的："唯有有力量的才能叫喊得很宏亮，/唯有真理才能叫喊得简单、明白而且动人。"(《叫喊》)

这类诗歌的感情炽热，因为初到延安，正如他在《我歌唱延安》中说的，这时心里正"充满了感动"，所以热烈地赞颂延安的"自由"、"宽大"、"快活"，并且自问自答：难道延安没有缺点吗？我还没有发现。"呼吸着这里的空气我只感到快乐。仿佛我曾经常常想象着一个好的社会，好的地方，而现在我就像生活在我的那种想象里了。"但是，日子长了，心情平静下来了，用不了多久就会"发现"根据地的生活并非尽善尽美，知识分子的情调与这里的实际生活也会发生矛盾和摩擦。渐渐地，一种苦闷复又爬上了心头。这时何其芳的诗还保持着感情的真挚，他尽情地歌唱欢乐，也不隐瞒心中的矛盾。一个知识分子在新的时代环境中，在思想斗争过程中，有时也会有苦闷、孤寂的感觉。在《夜歌》(一)中，他唱道："我是如此快乐地爱好我自己，/而又如此痛苦地想突破我自己，提高我自己！"何其芳有的诗，如《叹息三章》就表现了在这种思想矛盾中力求自我宽慰与超越之情。

艾青来到根据地后，诗歌感情色彩的变化类似何其芳。1941年他来到延安，受根据地新现实的鼓舞，他的诗一洗过去那忧郁、悲哀的色彩，也变得明亮、欢快了。《黎明的通知》以轻快的节拍、欢欣的调子、连续不断的呼唤，来表达诗人迎接光明来到的极为充沛的激情。类似的诗还有《太阳的话》等。他还以同样的激情歌颂领袖，写出了《毛泽东》一诗。1941年的长诗《雪里钻》，通过歌颂一匹英雄的战马，表现人民军队的英勇，诗写得紧张、悲壮。这匹名叫"雪里钻"的马含有象征意义，它在战斗失利的危急关头，奋力一跃而使主人摆脱险境。大难不死，化险为夷，不正是我们民族境遇的写照吗？此诗也表现了艾青对民族解放斗争胜利的信心。1941年底的《时代》一诗，弹起"没有一个人的痛苦会比我更甚"的调子，与他那些歌唱光明的诗显得不大合拍，流露出诗人在新环境中同样产生了新的思想矛盾。

何其芳、艾青诗歌的情感起伏状态，在当时是有普遍性的。如丁玲在1936年来到陕北后，也写过《七月的延安》，说："这是什么地方/这是乐园。"这些作家大多是20世纪30年代成长起来的左翼作家，很多人不仅在政治信仰上早已皈依马克思主义，而且加入了共产党。他们长期在城市从事地下工作，一旦到了自己的政权领导的地区，便有"解放"了的感觉，精神上的兴奋、喜悦自不待言，但他们一时忽略了自己与新环境的矛盾。他们在城市接受了五四的启蒙，往往带着个性解放的要求走进新文学队伍，有的更怀着争取民主、自由的理想投身到中共领导的革命运动中。现在他们来到了农村根据地，在这里，原先的启蒙对象，被认为需要教育的农民，已经成为了抗日和革命的主力军。落后的农村已成为包围城市并夺取城市，也就是夺取革命胜利的根据地。毛泽东当时就明确指出："中国的革命实质上是农民革命，现在的抗日，实质上是农民抗日。"[1]这种地位的变化便要求给予农民的观念、情感、喜好包括审美趣味以尊重，以农民的价值观作为重要的评价生活的标准。如果发生了矛盾，外来的知识分子必须"放下臭架子"，"甘当小学生"来改造自己的思想情感。可是许多作家一时还不能意识到这种变化，他们还在用五四的眼光观照着根据地，这就是他们在欢欣之后又发生思想苦闷的根本原因。

但是出于个人思想、经历等的原因，有些作家相对而言与环境比较和谐。这部分作家的共同性是并不着力于抒写个人的内心世界，重点都在于歌唱现实的革命斗争；他们也写抒情诗，则多为政治抒情诗，这种诗的特点主要不是表现自己，而是鼓动别人。在陕北的诗人中，柯仲平这时达到自己诗歌创作的高潮。柯仲平(1902~1964)，云南广南人，是加入过创造社的老诗人，出版有《海夜歌声》、《风火山》等诗歌、诗剧。1938年，他创作了两首长叙事诗《边区自卫军》和《平汉路工人破坏大队》，用叙事诗形式表现工农群众的斗争，在叙事诗题材上有所开拓；而且也注意诗的大众化，想让诗能够用民间歌调来唱，有的诗句具有民歌风味。1938年，为庆贺中共六届六中全会，柯仲平写了《告同志》，表达热爱共产党的情感。他还描写知识分子在延安经受的锻炼，反映他们以苦为荣、追求真理、热爱边区、昂扬向上的情绪，如《延安与中国青年》等。在晋察冀，一批年轻诗人组织"战地社"等诗歌团体，出版《诗建设》周刊，积极开展诗朗诵、诗传单、街头诗等活动。晋察冀诗人群中最有影响的是田间，还有陈辉、邵子南、方冰、魏巍等。田间于1938年到延安，积极从事街头诗运动。年底，随西北战地服务团来到晋察冀。许多精彩的街头诗，如《假使我们不去打仗》、《义勇军》、《给饲养员》、《多一些！》等，都是在这时写下的。这批诗人的风格并不完全一致，但都主张诗应与实际斗争同呼吸共命运，发挥诗的战斗作用。建国后由魏巍编辑了《晋察冀诗抄》，内收38位诗人的部分诗作(1984年版)。他们的诗歌唱杀敌的英雄、游击队里的小鬼、狼牙山上报警的牧羊人、坚贞不屈的干部、冒死掩护八路军的农民……有的诗如方冰的《歌唱二小放牛郎》，在根据地广为流传。他们的一些诗也具有民歌的风格。这批诗人中，陈辉(1920~1944)的政治抒情诗颇具特色。陈辉原名吴盛辉。他的诗表现高度的政治热情和深沉的对祖国、对人民的爱，声调激越高昂，如奔腾江河，如熊熊烈火。在《献诗——为伊甸园而歌》中，热情歌唱为民族解放而战的晋察冀，歌唱"燃着战火的土地"，认为这里比天上的伊甸园更美。他用简捷有力的诗句"生活——革命，人民——上帝"，来概括根据地的光明、神圣。他也直接描写晋察冀军民的斗争，这类诗善于从平凡的生活中捕捉战斗的诗意，有刚劲的，也有柔婉的。1944年，他在战斗中英勇牺牲，为民族解放献出了自己的宝贵生命。

如果说此时根据地诗歌创作的基调是浪漫主义的，那么在小说中仍然保持着现实主义的精神。抗日根据地毕竟是经济、文化都十分落后的地区，新政权不可能在短时间里改变这里各个方面的落后性。特别是旧的习惯势力，还很有影响力。从城市来到边区的作家们，不但具有较多的现代文化科学知识，而且大多受了五四民主、科学精神的熏染。他们很自然地对边区生活中还普遍存在的封建观念、小生产者的保守、狭隘的落后思想，是十分敏感的。他们是较早踏上中国西北、华北黄土高原的作家，以特有的敏锐和最初的感受，描绘了这片黄土地上的生活。描写农民的愚昧、麻木的精神状态，这并不新鲜。这已被鲁迅和许多乡土文学作家摄入他们所绘制的图景中。但这时根据地作家的某些小说，仍有其独特的意义。因为同是经济、文化落后的地区，黄土高原的自然条件更恶劣，这里的乡村又更为闭塞，在红军来到之前，很少有外界新风的吹拂；因而这里也更多地保留了旧的思想、风习；封建文化的积淀，也像那厚厚的黄土高坡一般，层层叠叠地压在大地上，压在广大群众的心上。当这里成了革命的根据地，当它接纳了来自四面八方的各种新思想之后，必然会发生革命的与保守的、现代的与传统的思想观念的冲突，有的就表现在革命队伍中，因而更具有尖锐性。所以，尽管这里的小说家和优秀作品并不多，但其中有一些作品也曾产生过较大的影响，成为中国“西部文学”的滥觞。

丁玲进入根据地后成为这里最重要的小说家。这位写过《莎菲女士的日记》，有着强烈的个性解放意识的女作家，以她特有的敏锐观察力，描写她所接触到的新现实，写出了一批短篇小说。一方面，她发现淳朴的工农兵身上，有许多知识分子所缺少的优秀精神品质。在《入伍》中用对比的手法，批评了某些小资产阶级知识分子的思想弱点。另一方面，她也看到农村中封建观念的严重性，她在《夜》里描写不合理的封建婚姻制和传统观念，给一对男女村干部带来的精神痛苦。1941 年，她创作了《我在霞村的时候》和《在医院中》，这是她此一时期最有代表性的两篇小说，也是这时期根据地最重要的文艺作品。

《我在霞村的时候》写一位名叫贞贞的农村姑娘，因为反抗包办婚姻不幸落入火坑，当了一年多日本侵略军的随军妓女。后来她逃出魔掌，跑回家中，又受到周围那些愚昧、自私、冷漠、毫无同情心的群众的鄙视、厌弃。那情景能让人想起祥林嫂丧夫失子后从山里回到鲁镇时的遭遇。霞村的群众，特别是妇女，不但不给贞贞以同情，反而说她是“缺德的婆娘”，“比破鞋还不如”。她们因为有了贞贞才产生对自己的崇敬，才看出自己的圣洁，并为自己没有被人强奸而骄傲。多么可惊的愚昧啊！贞贞不仅肉体遭到敌人蹂躏，更可怜的是在精神上又受自己同胞的侮辱。没有比这使丁玲更感痛心的了，她对贞贞寄予无限的同情，让贞贞拒绝了原先爱她的夏大宝的求婚，离家治病学习去了。她把这受侮辱者写得比周围嘲笑她的群众都要高尚，赋予贞贞以“复仇女神”的“强硬”性格，以表示对旧习惯势力的反抗，表现了作者一贯的对妇女深受社会欺凌的不平和愤慨。这篇小说以其向黄土地开掘的一定深度，而获得长久的现实主义的生命力。

《在医院中》的主人公陆萍，因向往革命由上海来到延安，被分配在伤兵医院工作。工农出身的医院领导人对医务全是外行，把医院弄得乱糟糟。一些本可不必截肢的伤员，因此而失去了手脚。陆萍以极大的热情，企图改变医院这种落后的面貌，然而这里的领导和群众，既不尊重知识又不尊重人才。陆萍得到的回报竟是诽谤、中伤以及一顶顶可怕的大帽子。令人吃惊的是这里的工作人员，竟也像霞村妇女那样的愚昧、麻木。他们不好好工作、学习，因而都很清闲，百无聊赖地“互相传播着谁又和谁在谈恋爱了，谁是党员，谁不是”之类的事(那时党的组织还没有公开)。所以追求进步的陆萍在这里便十分孤立，她所能有的结局，也像贞贞一样，就是一走了事。当她离开医院时，丁玲不胜感慨地写道：“新的生活虽要开始，然而还有新的荆棘。人是要经过千锤百炼而不消沉才能真正有用。人是在艰苦中生长。”这篇小说揭示了小生产者出身的干部的严重弱点，诸如眼界狭窄、因循守旧、缺少文化知识也缺少上进心等，描写了这些弱点对革命事业的严重危害。与之相反，像陆萍这样受过民主、科学思想洗礼的青年，有知识，有朝气，有为革命献身的精神，却不能发挥应有的作用。问题就是这么尖锐地被摆了出来。陆萍和环境的矛盾是现代文明和保守、狭隘的农民观念的冲突，在农村根据地里，在农民成了革命主力军的条件下，其结局就是陆萍的出走，现代文明的败退。当然，陆萍身上也有鲜明的小资产阶级知识分子的思想特征，她也急躁、脆弱，有某种程度的轻视群众的思想，因而无法应对这样困难的环境，她确实还要经受千锤百炼。这个形象有很大的典型性和概括力，从 20 世纪 30 年代到 20 世纪 50 年代，差不多两三代参加革命的知识分子都可以从她身上看到自己的身影。这是继莎菲之后，丁玲塑造的第二个够得上典型形象的人物，也是本时期根据地创作中在人物塑造上的重要收获。当时不少作品批评或讽刺干部思想、工作作风的缺点，如《躺在睡椅里的人》、《厂长追猪去了》等，但多就事写事，没有塑造好人物形象，因而影响也远不及《在医院中》。

这时另一位重要的小说家是孔厥(1914~1966)，他是“鲁艺”的学生，写了不少反映陕北农村生活的短篇小说。其中，有的反映了农村新人物的新精神面貌。如《病了的郝二虎》，描写一个村子的优抗主任郝二虎带病坚持工作，尽心帮助军属种地，自己的地里却一大半是草。作品歌颂他的先人后己、大公无私的高尚品德。人物形象虽说不上厚实，却也勾画出郝二虎可亲可爱的面容。孔厥此时最高的成就是《受苦人》。这篇小说叙述女主人公贵儿，幼年丧母，3 岁时由东家做主，将逃荒来的母子俩与她父女并成一家，代价是她的父亲要给东家白干 10 年。同时约定，待贵儿长大后，要与继母带来的儿子成亲。当地人称此种婚姻为“爹翁娘婆”。继母的儿子比贵儿大 14 岁，是家庭主要劳力，为支持这一家的生活而受尽折磨，手脚残废，人称“丑相儿”。八路军来到他们的家乡后，“丑相儿”年纪不小了便要求完婚。这时贵儿长大已经上学了，她有了自己的主见，不愿嫁给他，只因“丑相儿”对她父女恩深情重，不得已答应与他名义上成亲。婚后 11 天，“丑相儿”要求做真夫妻，贵儿只得劝他另娶。“丑相儿”乃愤而用斧子砍伤了她。最后贵儿说：“叫我以后跟他怎样办呀！”“他也是够可怜的呵！”这一对男女主人公应该说都没有过错，他们都值得同情，然而满足任何一方的要求必然要损害另一方。这也是一篇染着浓郁的黄土色彩的小说，通过这一对不幸的人物，作品有力地控诉了造成他们心灵创伤的封建制度。“丑相儿”不仅外貌，就连心灵也被压榨得失去了人样儿。他把一纸婚约视同性命，最后举斧伤人，就是因为在与贵儿争夺时，这文书被撕毁了。而贵儿竟以为做假夫妻便可了结这桩难解的家庭纠纷。他们都有愚昧的一面。小说使人深感医治这被扭曲了的灵魂，让穷苦人民恢复人所应有的精神面貌，是十分艰巨的一件事。在现代文学描写农民苦难命运的一批作品中，《受苦人》是十分杰出的一篇。固然故事情节动人，最重要的还是作品表现出深厚的人道主义的情怀。

孔厥还有一些小说,如《凤仙花》表现了农民接受现代文明,开始新的追求。他的《凤仙花》及类似题材的小说,写一批在干部家里帮助看孩子的农村男女少年,他们直接从外来干部的家庭生活中看到了一种新的比较文明的生活。有的不习惯,有的则为其所吸引。凤仙花就是被深深吸引的一个,她冲破父亲的阻拦参加革命,也要去当“公家人”。这类作品颇有时代气息,从这些生活小事中,人们感到太阳已从黄土地上冉冉升起了。1943 年,孔厥发表著名的传记小说《一个女人翻身的故事》,也产生较大的影响。

丁玲、孔厥等的这些小说,表现了现代文明与黄土地的初次碰撞,这本是很有意义的题材。封建思想经过几千年的积淀像高高的黄土地一样,压在了农民的心上。他们的小说初步描写了人与环境的矛盾,写出人难以冲破的生存困境和精神困境,表明现代文明战胜愚昧、落后的思想的艰巨性。这是启蒙性的“人的文学”在新的历史背景下的新开拓。描写陕北黄土高原上生活变化的题材,后来还有欧阳山的《高干大》等长篇。这是抗战后新文学作家把现代文明带进西部偏僻乡村后出现的新事物。

二、延安文艺整风运动

根据地作家与环境的矛盾——《在延安文艺座谈会上的讲话》——根据地的文艺整风运动——预示新的文学时期的到来

延安欢迎知识分子,欢迎作家的来到。但延安的主导的文艺观,是早期共产党人的文学是革命的工具、左翼作家的文艺是阶级的留声机等理论的延续和发展。这些主张都在当前民族生死存亡的紧张时刻和严重关头被强化。在这种时候,对文艺的第一要求就是要当好武器和工具。但是,并非所有根据地作家都能明确地意识到。他们欢迎创作自由,没有看清根据地的自由的边界。同时,他们大多很深刻地接受了五四启蒙主义的影响,常常以思想的启蒙者自居,似乎也没有意识到在根据地,他们的主要的启蒙对象农民,已经成为抗战的主力军。在抗战中,农民起了巨大作用也做出巨大牺牲的条件下,要求人们改变对农民的观感,对文艺作品中的农民形象自然会有新的要求。五四新文学在启蒙主义的总题之下，为批判愚弱的国民性，偏重揭示农民思想上的落后面。新文学中最著名的农民形象还是阿Q、闰土、祥林嫂等；给人最深刻的农村面貌就是鲁镇、未庄等。带着启蒙者的眼光来到根据地，作家的笔下所呈现的对农村、农民的认识，就像《我在霞村的时候》、《受苦人》等，仍然没有超出乡土文学的思想范畴。这自然引起一些人的不满，在他们的心中，霞村毕竟已不再是鲁镇，而是中国共产党领导的革命根据地了，这里承载着夺取革命胜利的伟大使命。作家们为什么只写贞贞，只写苦人儿，为什么不多写八路军、新四军？当时根据地的一些干部不满作家的创作，向文艺界发出呼吁，认为"我们所处的现实是纪念碑性的"，"我们的革命不仅是社会上、物质上的解放，而且也是人性上、智能上、情感上的整个的解放"[2]，而作家们却没有这样来表现我们伟大的现实。有的则认为："中国有革命战争，但是没有描写革命战争的切实作品。"[3]甚至有的作家也持有类似的观点，晋察冀的孙犁说，"人民喜欢英雄故事。他们对战士、对英雄表示特有的崇敬，在民间有大量的歌颂英雄的口头文学"，因而我们应该写今日的农民如何成长为抗日英雄[4]。但这样的意见并不为所有的根据地作家所接受。有一位知名作家甚至还提出"为大后方服务"的主张，认为这种作品才有"全国意义"。

还有，要让文艺为抗战的主力军农民服务，能够得到他们的认可、欢迎，首先在语言上和表现形式上要能够为他们所接受。在这方面，新文学还不能都做到。农村自来有自己的文学和艺术，被学者称为通俗文学、民间文学。但是这些从艺术形式上看是比较低级的文学艺术，往往不受作家的重视。这在现代也是一样的。五四新文学主要是借鉴外来形式而创立起来的，与民间文学传统少有关联。文学要为抗战服务，也就要为作为抗战主力军的农民服务，可是新文学与广大农民之间还有着很厚的隔膜。而在农民的文化生活还很贫乏，他们的精神需要亟待满足的情况下，对根据地作品的大众化要求就有其紧迫性。但并不是所有的作家对这种紧迫性都有深切的认识，有人更感兴趣的还是追求艺术的高级形式。根据地一个有影响的诗刊发表社论说：诗的特点是"入乎内"，群众不懂是因为水平低；不去提高他们的水平反而批评诗人，这是"舍本逐末"。1941年，晋察冀边区曾讨论已经兴起的农村秧歌运动，有人看不起这种民间艺术，认为它令人"头痛"、"催人呕吐"，"给人以肉麻之感”。1942年初，在太行区党委召开的文化座谈会上，又发生大众化问题的争论。有人认为，大众化就是庸俗化。从鼓励艺术方法、艺术风格多样化的角度来看，应该允许作家保持、发展自己的艺术个性，不能一律要求作家的每一部作品，都要为大多数人所喜爱。但当时正处在抗日战争最困难的时期，对文学艺术家的第一位要求就是创作为抗战服务，能为农民接受、喜爱的作品，教育大家同心协力争取抗战的胜利。“鲁艺”作为根据地最高的艺术学府，理应从事提高工作，这本是无可厚非的。但在那时的具体历史条件下，“鲁艺”被认为是在艺术教育中搞“关门提高”，被视为一种很大的错误偏向而受到批评。文学要能为农民服务才是最重要的，这样的观点必然成为唯一的至少是最重要的文学价值观。在现代与传统的碰撞中，出现了向着民间传统的大角度倾斜，在文学形式的创造上便产生了单一化的倾向。

这些问题说到底，就是知识分子同工农兵，主要是同农民的关系问题。因为出身、教养、生活经历的不同，知识分子与农民之间在感情、趣味等方面隔着一条鸿沟。他们即使去表现工农兵，也只是知识分子眼中的工农兵，往往还会带着“小资”情调。某些知识分子不见得就没有看不起工农大众和体力劳动者的偏见。作品在描写农民群众或农民出身的干部时，甚至在外形上给以丑化，而这对于深刻地批判小生产者的思想局限是不必要的。即使是《在医院中》这样的优秀之作，也免不了这样的现象。这些都是根据地的作家所面对的实际问题。

但是，关于怎样描写农民、怎样塑造农民和工农干部形象的问题，关于文学形式怎样为工农群众所喜闻乐见的问题，所有这些都还是文学上的问题。一旦直接触及根据地的社会现实，甚至触及与政治有关的问题，矛盾就变得尖锐起来了。这种尖锐化又因中共的整风运动而加剧。

1942年中共开展整风运动，引发了文化界的批评潮。有的作家用杂文等形式，对延安社会生活中存在的一些问题进行批评。其中最为著名的有丁玲的《三八节有感》、艾青的《了解作家，尊重作家》、罗烽的《还是杂文的时代》、萧军的《论同志之“爱”与“耐”》等，还有王实味的多篇文章。他们中很多人如王实味等都是共产党员或老左翼作家，但是不知道从上海亭子间到延安的窑洞，不仅是地区不同，更是从一个时代走进了另一个时代，即走进了中共建立了政权的时代。他们往往还保存着知识分子的个性主义、自由主义的思想作风，写起“问题小说”和暴露性、批判性的作品，可以说驾轻就熟。当他们从初来时的兴奋中逐渐冷静下来后，以其知识分子的敏感，很容易发现根据地的诸多问题。这正如来到根据地后的周扬所说：“人进入到一种未知的生活，开头总是感觉得新奇的；但几经接触之后，实际便渐渐露出它本来面目，被你借幻想所渲染上的辉煌色彩很快地褪去，一切都显得平淡，甚至厌烦了。你看见了你不愿看的东西。战争中有血，有死亡，有残酷。肮脏、愚昧、黑暗依然在农村中占有势力。”[5]于是重演幻灭，复萌痛苦，发而为不满之声。有人说，“太阳里也有黑点”；有人说，“黑白莫辨”的云雾不仅盛产于重庆，延安也时常出现。于是有人提出“还是杂文时代”，还要“鲁迅笔法”。延安出现大型墙报《轻骑队》，发表许多很尖锐的批评性的杂文，在干群中引起强烈的反响。《解放日报》文艺副刊也登载许多批评性、讽刺性的作品。一位初到延安时认为这里没有缺点的作家，后来也觉得这里缺少点什么，例如缺少生活里的“美满”。有的认为，缺少“理解”、“温暖”、“同志之爱”等。艾青的杂文更提出建立民主政治问题，“因为民主政治能保障他们的艺术创作的独立的精神。因为只有给艺术创作以自由独立的精神，艺术才能对社会改革的事业起推进的作用”[6]。另外一些作品涉及知识分子与工农干部的关系。丁玲的《三八节有感》抱怨延安女性在生活中受“压迫”。这篇杂文发表后一周，晋绥根据地的女作家莫耶也发表小说《丽萍的烦恼》。莫耶就是热情歌颂根据地、影响很大的《延安颂》的歌词作者。她的小说描写女知识青年丽萍无法忍受丈夫，一个工农出身的老干部在男女关系上的封建思想，提出了离婚要求。这篇小说被认为表现了小资产阶级对工农的偏见，甚至认为是反党的。发表它的《西北文艺》于是被停刊了。同一主题的小说还有《解放日报》上发表的马加的《间隔》，相当尖锐地揭示了工农干部与知识分子在婚姻问题上的感情“间隔”。这种暴露与讽刺性的作品多了，引起了一些工农干部的强烈不满，甚至惊动了中共高层领导。

尤其是延安中央研究院的王实味，连续发表了《政治家·艺术家》、《野百合花》和《硬骨头与软骨病》，更加引起了人们的关注。王实味(1906~1947)，河南潢川人，当时是延安中央研究院的特别研究员。他在《政治家·艺术家》一文中，说到从旧中国过来的人都有黑暗肮脏的思想，政治家也不例外；而艺术家则应是揭破肮脏与黑暗，指示纯洁与光明的人。他的这种观点并不新鲜，王国维就认为文学家能给人们以精神上之利益，从而认为“生百政治家，不如生一大文学家”[7]。但在根据地发表这样的言论，等于是否定革命政治家的领导作用。《野百合花》是一篇杂文，批评延安“衣分三色，食分五等”，在紧张的战争时期，这里却是“歌啭玉堂春，舞回金莲步”等等，把问题提得十分尖锐。

如上所述，许多作家并没有意识到自己已经来到一个新的时代，在发表这样一些言论时大概还不清楚他们这是在批评什么。然而毛泽东看得清楚，当他看了王实味的文章后曾质问：现在的报纸是王实味挂帅，还是马克思挂帅？根据地文艺界出现的这些动向，使得毛泽东认为在中共整风的同时，开展文艺界的整风运动也是十分必要的了。

1942 年 5 月，毛泽东亲自主持了延安文艺座谈会，在 5 月 2 日和 23 日，两次就文艺整风问题发表讲话。这就是《在延安文艺座谈会上的讲话》（以下简称《讲话》）的《引言》和《结论》。1943 年 10 月 19 日，《解放日报》发表这篇《讲话》，作为文艺整风的指导方针。

毛泽东这篇《讲话》，开宗明义便点出其主题是要解决文艺与革命的关系。他把这种关系归纳为“文艺服从于政治”，认为“在现在世界上，一切文化或文学艺术都是属于一定的阶级，属于一定的政治路线的”[8]。根据这样的理解，他对革命文艺的任务做了规定，认为革命文艺应该是“团结人民、教育人民、打击敌人、消灭敌人的有力的武器”。这是《讲话》的核心要点，是中共对于文艺的根本价值观。例如文艺既是处于从属的地位，那么批评、衡量文艺的标准，顺理成章地自然是“政治第一、艺术第二”了。

那么文艺怎样才能当好革命的“有力的武器”呢？毛泽东提出：“为什么人的问题，是个根本的问题，原则的问题。”因此，要把“为群众”和“如何为群众”作为讨论的中心。他提出“文艺为工农兵服务”，作为发展革命文艺的根本方针。为了满足工农兵的需求，毛泽东提出文艺创作应“在普及基础上的提高，在提高指导下的普及”的原则。

毛泽东深知实现上述这些目标，根本问题在于作家，在于知识分子与工农兵的关系。所以他要求文艺家们的立场、思想、感情来一个转变，“由一个阶级变到另一个阶级”。他还讲了文学创作的“源”（人民生活）和“流”（中外文学遗产)的关系,强调生活是文学艺术的唯一源泉。毛泽东号召作家们深入工农兵生活中去,“长期地无条件地全心全意地到工农兵群众中去,到火热的斗争中去,到唯一的最广大最丰富的源泉中去,观察、体验、研究、分析一切人,一切阶级,一切群众,一切生动的生活形式和斗争形式,一切文学和艺术的原始材料,然后才有可能进入创作过程。”

毛泽东在《讲话》中,对当时作家中被认为更成问题的政治方面的“糊涂观念”,逐一进行了批评。他首先否定了人性论,认为在阶级社会里没有超阶级的人性,小资产阶级知识分子所主张的人性,实质上不过是资产阶级的个人主义。

基于当时的情况,毛泽东认为“文艺界需要有一个严肃的整风运动”,要在文艺界“展开一个无产阶级对非无产阶级的思想斗争”。毛泽东从阶级斗争的观点把问题看得非常严重,指出小资产阶级知识分子总要经过种种方法,也经过文学艺术的方法,顽强地表现自己,要求按照他们的面貌来改造党、改造世界。他警告说:“在这种情形下,我们的工作,就是要向他们大喝一声,说:‘同志’们,你们那一套是不行的,无产阶级是不能迁就你们的,依了你们,实际上就是依了大地主大资产阶级,就有亡党亡国的危险。”

《讲话》集中地表达了中国共产党对文艺问题的看法,系统地制定了领导文化工作的理论、方针、政策。不仅指导了当时各根据地的文艺整风运动,而且指导了此后长时期里革命文学的发展。

延安文艺座谈会之后,文艺整风运动便全面展开,并从延安发展到各根据地。1942年4月开始,《解放日报》上便已经陆续发表文章批驳王实味。5月底,王所在的中央研究院开始批判王实味。范文澜、罗迈(李维汉)等都发了言。6月17日,《解放日报》发表了张如心在斗争会上的题为《彻底粉碎王实味的托派理论及其反党活动》的发言。周扬发表《王实味的文艺观和我们的文艺观》,指王实味的观点就是文学领域的托洛茨基主义。丁玲等作家纷纷转变态度。艾青发表《现实不容许歪曲》来批判王实味。6月15日,延安文艺界举行座谈会,一些与会者批判王实味,并联系自己做了反省。丁玲在总结发言中指出,大会是空前的,是文艺界响应中共的整风号召,“对于王实味托派思想的清算,并检讨残存文艺界的小资产阶级意识的最有教育意义的一个会”[9]。

1943年春节，在文艺整风高潮中延安出现了大规模的秧歌运动，文艺家们实践《讲话》的方针，放下架子学习农民群众中流行的文艺形式，推动群众文艺活动热潮的兴起。1943年3月，中共中央组织部和中央文委联合召开党的文艺工作者会议，动员作家深入工农兵生活。经过整风，根据地作家们达成了思想统一。不久之后，何其芳写了《朱总司令在延安文艺座谈会上》一文，记载座谈会上朱德以八路军总司令的身份，声明自己是投降无产阶级的；也写下何当时思想的震动：“朱总司令这样的革命领袖却这样赤裸裸地说他也是投降，这就一下子打破了我自己那种可羞的，不必要的，知识分子的自尊心，喜欢粉饰自己的心理，而认识了这样一个客观真理：是投降。”又说“投降，就是完全缴械”[10]。这时可以说，把原先的个性主义、自由主义等全盘缴械，把“投降”看成是“光荣”、“进步”了。这绝非何其芳的个人现象，而是带有普遍性的。几个月前还发表对根据地不满言论的作家，思想发生大转变，纷纷进行自我批评。丁玲说是整风学习使自己对以前的过错，有一种“翻然而悟，憬然而惧的感觉”[11]。这时她也表示愿意“缴纳一切武装”，做一个“投降者”，“从那一个阶级投降到这一个阶级来”[12]。周立波检讨了错误倾向的根源，如小资产阶级出身的烙印、资产阶级文艺的影响等。他说，为克服这些倾向，要“走向群众”，“把自己的心带去”[13]。刘白羽认为作家是“时代的喉舌，他应该更敏感，更彻底的改造自己，才好引导旁人，改造旁人”[14]。周扬发表《艺术教育的改造问题》，这篇文章以及张庚的《论边区剧运和戏剧的技术教育》、何其芳的《论文学教育》等，都检讨了“鲁艺”艺术教育中的“关门提高”。张庚及其他一些同志还对“演大戏”热的现象进行检讨。在创作问题上，增强了对表现新的人物、新的世界的重要性的认识。有的作家认为，“在五年抗战的烽火中锻炼了的工农大众，已经自觉地或半自觉地站起来，组织成为一个巨大的力量，他们有充分的权利要求现实主义的作家来描写他们的生存的积极意义”，“而且，也只有歌颂这种真正的生存的力量的作品，才能算是现实主义的”[15]。这样的观点预示着将要出现的根据地文艺的新面目。在自我批评的同时，许多作家也对王实味展开猛烈的批判。王实味被当作“托派分子”、“国民党探子”而遭逮捕。

延安这一场文艺整风是中国现代文学史上的大事。五四新文学从创建和发展“人的文学”开始，到后来出现了“阶级的文学”。接着发生了文学的“人性论”和“阶级论”、“创作自由论”和“政治工具论”等的论争。两种相反的文艺观各行其是，实际上形成了现代文学的两股潮流、两脉传统。通过这一场文艺整风，在根据地，“人性论”、“创作自由论”等被彻底否定，建立了“阶级论”文学的系统的理论，通过“整风”的形式取得作家们的认同。他们或心悦诚服地表示愿意“缴械”、“投降”，通过思想改造力求抛弃个性主义和自由主义的文学观，或意识到要自觉地做好“时代的喉舌”，代工农兵立言。于是，在根据地成长、发展起来的“为工农兵”的文艺，后来也称为“新的人民的文艺”[16]，便逐渐推向全国，预示着中国现代文学发展的一个新时期即将到来。

根据地的文艺在为工农兵服务的方针下，面貌发生了重大的变化。作家的创作都注重于反映中国共产党领导下的工农斗争，歌颂革命斗争的胜利，歌颂共产党和党的领袖；塑造了许多农民和革命士兵的形象，表现他们的觉醒和英雄事迹；在艺术形式上偏重学习、继承民间文艺的传统，在诗歌、戏剧、小说等领域努力创造为农民所能够接受的形式。从这个时候开始，新文学从主要向西方文学学习现代新形式，转变为更加重视吸收民族、民间传统的营养，因而推进了新文学的民族化。新文学得以进入农村，走到农民和士兵中去。农民接受新文学的影响，反过来，农民也影响新文学。农民的思想观念、审美趣味、欣赏习惯也为作家们所接受，在此后的创作中有鲜明的反映。

于是，文艺整风后根据地文学出现新的发展取向。从五四文学革命提倡“问题小说”，提倡正视、揭露现实，反对虚假的“团圆主义”；到此后提倡歌颂为主，肯定新“大团圆”的合理性。从反对写英雄豪杰，提倡写普通人的悲欢离合；到此后大写新英雄豪杰，歌唱革命的英雄主义。从为改造国民性而描写、批判群众中的思想病态；到此后主要写工农群众的优秀品质，也描写他们的思想转变和进步。从彻底否定旧的文艺传统，强调文学的现代化，注重从世界先进文学吸取艺术营养；到此后强调挖掘、继承、发扬民族、民间文艺传统，作为建设新文学的借鉴，并学习人民群众的生动活泼的语言，使作品为他们喜闻乐见。从知识分子在文化运动中发挥先锋、启蒙作用；到此后强调知识分子接受工农兵的教育，转变立场，改造世界观……一系列的现象都标示着新文学的历史，发展到此时开始出现转折性的变动。其中既有因文学发展自身的要求而发生的方向摆动，例如新文学本来存在的与民族传统的疏离，在抗战时期民族精神高涨的背景下，转而向传统吸取养料；又有来自政治需要的驱动，为做好革命的武器、工具而发生的转变。

这样的转变在创造根据地文艺的新面貌的同时，也产生了新的偏向。文艺从属于政治，往往使得文艺成了为政治任务服务的工具，而文艺创作的自身规律，文艺创作中所“绝对必须保证”的“个人的创造性和个人爱好的广阔天地”，“思想和幻想、形式和内容的广阔天地”[17]，便不受重视。加以政治第一的批评标准，更使文艺的特征、作品的艺术性被忽视。为工农兵服务被理解成主要甚至只能是写工农兵的题材，而且主要是歌颂他们的英雄业绩。强调学习民族文化传统和民间文艺，创造新的民族风格，却忽视了向世界文艺学习，广收博采，反而把自己封闭了起来。单一的艺术追求又使某些作家丢掉了自己的艺术个性。作家不愿敞开“灵魂深处”的感情世界，避免“顽强地表现自己”的嫌疑，便使抒情诗、抒情散文等大为衰落。这些偏向的产生，文艺发展中的曲折，与毛泽东《讲话》本身的局限性有关。这在经过十年“文化大革命”的灾难后，被人们普遍地认识到了。在 1976 年粉碎“四人帮”后的一场新的思想解放高潮中，在反思中国现代文学发展历史中，毛泽东《讲话》所含的错误开始得到纠正。1981 年 8 月，中共中央主管宣传工作的胡乔木在中央宣传部召集的思想战线问题座谈会上作《当前思想战线的若干问题》的报告，指出：“对毛泽东同志的文艺思想也要采取科学的分析态度。”“长期的实践证明，《讲话》中关于文艺从属于政治的提法，关于把文艺作品的思想内容简单地归结为作品的政治观点、政治倾向性，并把政治标准作为衡量文艺作品的第一标准的提法，关于把具有社会性的人性完全归结为人的阶级性的提法……关于把反对国民党统治而来到延安、但还带有许多小资产阶级习气的作家同国民党比较、同大地主大资产阶级相提并论的提法，这些相互关连的提法，虽然有它们产生的一定的历史原因，但究竟是不确切的，并且对于建国以来的文艺发展产生了不利的影响。”“应该承认，毛泽东同志对当代的作家、艺术家以及一般知识分子缺少充分的理解和应有的信任，以至在长时间内对他们采取了不正确的态度和政策，错误地把他们看成是资产阶级的一部分，后来甚至看成是‘黑线人物’或‘牛鬼蛇神’，使林彪、江青反革命集团得以利用这种观点对他们进行了残酷的迫害。这个沉痛的教训我们必须永远牢记。”[18]此后《讲话》制定的“文艺为工农兵服务”的方针，也改为“为人民服务"和"为社会主义服务"。

文艺整风开了用政治批判和专政的办法,来处理文艺分歧的头,造成十分恶劣的影响和后果。王实味被错定为"托派分子"、"国民党探子"而遭逮捕后,在 1947 年 7 月被秘密处死。当时对批判王实味持有不同意见的萧军,到了 20 世纪 40 年代后期在东北主编《文化报》时也遭到无理的批判,长期受到政治迫害。这些错案在三四十年后得到平反。萧军于 1980 年 4 月得到平反,王实味也于 1991 年 2 月得到了平反。

三、赵树理等的小说

农村通俗小说家赵树理——评书体小说的创造——被误读的赵树理方向——孙犁等其他短篇小说作家

延安文艺整风之后,根据地出现了一批新人新作。在短篇小说创作中,以赵树理的风格最引人注目,影响也最大。赵树理(1906~1970),山西沁水人,是一位农村知识分子,晋冀鲁豫根据地的作家。他出身于农民家庭,读过省立师范,同时参加农业劳动。他在读书时接受了五四新文化的启蒙,对鲁迅等的新文学作品有深刻的印象;但也很快就发现农民对他心中钦佩的新文学是十分隔膜的。因为从小体验了农民生活的痛苦,怀着深挚的对农民的人道主义情怀,又极端热爱农村生活,终其一生他都在为农民的幸福而奔忙,包括用他的笔。他在 20 世纪 30 年代开始发表小说,希望自己的作品对农民能有启蒙的作用。为使自己的作品能够在农民中发挥作用,他下决心不求上"文坛",宁愿摆"文摊",写作大众化的作品以挤进《笑林广记》、《七侠五义》里,去争夺农民读者[19]。由于他非常熟悉北中国农村的社会生活,从小接受民间艺术和农民语言的滋养、熏陶,娴熟地掌握了精湛的民间文艺技巧和农民口语;这成了他从事文艺大众化的极有利的先天条件,使他能够创造具有独特艺术个性的"评书体小说"。他的作品大受农民的欢迎,20 世纪 40 年代在根据地曾经发生过很大的影响。

赵树理的成名小说是 1943 年 5 月发表的《小二黑结婚》。这是根据他在乡下遇到迫害自由恋爱的青年男女的案件写的。他在调查这个案件中,了解到很多农民并不同情被害者,因为他们不赞成自由恋爱。为了启发群众民主主义觉悟,赵树理在小说中重点塑造了两个思想落后的家长形象——二诸葛和三仙姑。二诸葛是善良但十分愚昧、懦弱的老农民。他迷信命运,以"命相不对"为由,阻挠儿子小二黑与三仙姑的女儿小芹恋爱。三仙姑是农村神婆一类的人物,她以"下神"的迷信活动,掩护自己不正当的男女关系。她心理变态,竟然嫉妒自己的女儿。这种畸形的性格是封建农村经济贫困、文化落后和买卖婚姻陋习的产物。只要了解晋东南山区农村社会状况,便能从小说中看出这样的内涵。赵树理为了求通俗特意把这篇小说称为"通俗故事",他不会为求深刻而多加开掘;只把两个落后人物写得十分生动,对他们的封建观念和不当行为做了善意的批评和适度的讽刺。作品最后写根据地的区政府惩治了迫害青年的"基层干部"、流氓恶棍金旺、兴旺,教育了二诸葛、三仙姑,使小二黑、小芹得到幸福的结合。赵树理也把这样的小说叫做"问题小说",但与五四时期为人生派的"问题小说"有所不同。因为时代背景的变化,赵所写的是他在工作中遇到的问题。这说明他希望文学能更直接地对实际工作起积极作用。他还改变了生活原型的悲剧结局,因为他认为这样写才有利于鼓舞青年人的反封建斗争,所以他的小说多有"大团圆"的结局。这篇成名作基本上体现了赵树理创作的特点。

同年,赵树理又发表了《李有才板话》。这篇小说描写根据地改造村政权和减租减息。已经有了阶级斗争观点的赵树理,他的反封建当然不仅指对封建观念的批判,更包括反对封建政权对农民的压迫。但这篇小说的突出成就不在于写阶级斗争的紧张、尖锐,而在于很有概括力地表现了根据地初建时期农村的阶级分野,因而后来在土改运动中被当做了解旧农村阶级状况的参考书。小说中的阎家山,就是阎锡山长期统治下山西农村的缩影。地主阎恒元和他的亲族、爪牙严密地掌控着这里的社会生活。八路军来后他退居幕后,暗中继续控制着村政权,而且骗得"模范村"的称号。对此,村里农民表现了三种不同的态度。老农老秦不相信被压迫的境况能够改变,还阻挡儿子参加斗争。这个人物描写得并不充分,但很有概括力,好像让人们看到闰土、老通宝之类的老农来到了根据地。而"小"字辈人物,如小顺、小保、小明等青年人,却有一股初生之犊不怕虎的气概,他们闻风而动,积极勇敢,成为改造村政权与减租减息的主力。第三种人就是本书主人公李有才,他孤孑一身,极端贫穷,但比较有社会见识,对阎恒元的本质有深刻的了解。他以快板为武器,辛辣地揭露、抨击阎恒元的统治,成为"小"字辈的贴心人和参谋、顾问,也成为阎恒元的眼中钉。但是李有才不如"小"字辈勇敢,对村里的这场变革取观望的态度,这非常真实地表现农民对阶级斗争的态度。能否发现李有才这样的人,便成了农村社会变革中是否发动了群众的重要标志。以上三种人代表了新政权开辟时期农民的政治动向和思想情绪。赵树理仍然写他的"问题小说",他认为解决问题要像县工会主任老杨那样,深入群众,与群众打成一片;因而能够很快发现问题,找回被赶走的李有才,粉碎了阎恒元的阴谋诡计。《李有才板话》真实地写出特定历史条件下农村"政治生活的横断面",描写了农民的心理动态,因此,被誉为"反映农村斗争的最杰出的作品,也是解放区文艺的代表之作"[20]。

《李有才板话》全景式地反映农村阶级斗争,但只是一个小村子的故事。赵树理笔下够得上"宏大叙事"的作品只有1945年写的长篇小说《李家庄的变迁》,可惜写长篇非其擅长。写的虽然还是一个村庄,时间跨度却比较大,从辛亥革命直写到抗战胜利,写出二十多年间这村庄的变迁。主人公铁锁是个贫苦农民,小说的开头写他在一场诉讼中败给地主李如珍。后来他流落他乡,与共产党员小常不期而遇。在小常的帮助下,铁锁逐渐觉悟,回家乡组织农民与地主斗争,终于惩处了李如珍,使农民翻了身。铁锁是革命农民的典型,赵树理对他不觉悟的状况写得很真切,但他领导农民斗争却写得不"英雄"。《李家庄的变迁》写农民打死李如珍,这是赵树理笔下阶级斗争最惨烈的一幕,也是唯一的一幕了。李有才太有才了,他与地主的斗争也不过是编个快板"抛冷话"。这是因为他在创作中非常坚持写自己所看到的,而不愿为了符合某种理论、某种观点而作想象和夸张。

赵树理更擅长的是描写小世界,即如《小二黑结婚》那样,写平凡的日常的生活。1944年,他写了传记小说《孟祥英翻身》,就选择了婆媳矛盾的视角来处理妇女模范的题材。到了抗战胜利以后,创作重点便转为描写农民日常生活中的矛盾。如《福贵》写农村中深受压迫、歧视又偶沾陋习的农民的觉醒,写他们开始有了人格尊严的意识。《小经理》写新一代农民朝气勃勃征服生活的小故事。《传家宝》通过婆媳矛盾写新旧两种理家方式的交替,相当生动地反映了农村自然经济所受商品经济的冲击，写了年轻妇女的新精神面貌。1947 年的中篇小说《邪不压正》,写农村土改中的“左”倾错误。这篇小说更显出赵树理慧眼独具。当时写土改题材的作品几乎都写地主对农民的压迫以及农民的觉醒、奋起,最后清算了地主的罪行等等。但赵树理更具前瞻性，敏锐地从土改中看到新的带普遍性的问题。他通过描写土改中乱斗中农、扩大打击面的“左”倾错误,揭示当了权的农民小生产者利用初握之权,使自己在分配斗争果实中成为“翻得高”,成为利益既得者,而且立即转过脸来欺压别的农民。这提出了新政权建立后的极重要的问题,是新政权所面临的新考验。这样的作品在当时是不多的,也许因所写是一户中农在女儿婚事上前前后后的纠纷,以这样的小事来涵盖重大主题,所以其价值长期不为人所认识。赵树理对农村的人和事,哪怕是小小的变动都这么敏感,可以说他的思想是站在了时代的前列。

赵树理把农民的美学观和艺术趣味带进了新文学。农民们喜欢看的自己经历过的生活,被赵树理真实、细腻、朴素地描绘了下来。尤其是那许多家庭生活的描写,使他的作品富有农村特有的生活情趣。而且通过父子、婆媳、夫妻间的种种冲突，相当深刻地表明了改造农村家庭关系对于社会进步的重要性。正是通过家庭这窗口,带着读者深入到农民生活的底蕴中去。他坚持农民的求实精神,不回避生活中的阴暗面和工作中的失误。但又具有农民的温厚的性格,对落后事物所给予的是温和的、含笑的批评,希望他们在笑声中与过去告别。他表现农村的变革,这中间有矛盾、有艰难、有曲折,但作品色彩明朗、调子轻松、幽默风趣。他赋予喜剧以新的含义,表现的是一种翻身农民的快乐之感。这些构成了赵树理小说的鲜明的时代色彩。

在小说艺术上，赵树理的贡献在于把中国传统的评书改造成为现代小说,创造了一种评书体的小说形式,推进了白话新小说的民族化。五四以后的短篇常常是截取生活片断，并不注重情节的完整性。西方短篇形式的输入，对于中国小说的现代化起了巨大的促进作用。但这新形式对于广大群众,尤其是对于农民来说还是陌生的。加以新小说语言上的欧化和知识分子腔,使它很难进入农村。而中国古典白话小说,是在说书基础上形成的,讲究故事的完整性、连贯性,重行为叙述,少静止描写;要求人物面目清晰,语言通俗流畅,动作性强,使小说不仅能看,而且能说;常通过人物自身的语言行动表现其性格。这种形式自有其优越性，但也往往拘泥于一定套式中，结构变化较小，表现方法凝固，语言中的陈词套语多，这些都不利于表现丰富、复杂的现代生活。新小说的民族化，并不是回到章回体那里去，但可以吸取旧小说艺术中的精华，把它融合到新小说中来，使它既为本民族群众所喜闻乐见，又能胜任反映现代生活和描写现代人心理的要求。赵树理写过欧化的新小说，又谙熟传统评书和农民的语言，凭着这些优越的条件，在20世纪40年代取得小说形式的创造性的突破。他的小说有的保留章回小说的连贯性，抛弃呆板的套式，加以革新，如《小二黑结婚》、《李有才板话》等。有的连贯中有跳跃，但保持事件的时间顺序，如《福贵》。也有只选取生活片断的，如《小经理》、《田寡妇看瓜》等。由于十分熟悉自己的人物，一举一动，一笑一颦，均能传达人物的心曲隐微，因而运用传统的以人物自身言行写心理的方法，也能得心应手。特别是语言上的创造，对形成赵树理独特艺术风格关系至大。他使用经过提炼、纯化了的北方农民口语，加入必要的现代语汇，有些地方模仿说书的语调，创造出一种既通俗、质朴又生动活泼、幽默有趣的语言，无论描情写意、状物取景，均能曲尽其妙。他把农民口语引入现代文学语言，对推进现代汉语的发展，也有所贡献。在根据地小说创作中，赵树理的艺术风格影响最大。到了20世纪50年代，在山西作家群中形成了以赵树理为代表的、俗称“山药蛋”派的小说艺术流派。

赵树理的成名是现代文学史上的独特现象，他是真正从底层成长起来的作家。写作《小二黑结婚》时并没有读过毛泽东的《讲话》，他的成就的取得都来自他对农民的诚挚的情感和为农民服务的决心。作品发表后，在群众中广获好评，而且还有了“墙外香”。在国民党控制区的郭沫若、茅盾等都为其新鲜形式反映新鲜生活的作品而感动，热情洋溢地高声赞美他的作品。1946年，周扬在延安发表了长篇评论《论赵树理的创作》，明确地把赵树理的创作与毛泽东的《讲话》联系起来，指他的成就：“正是他实践了毛泽东同志所提出的文艺方向的结果。”[21]从此，赵树理被树为文艺整风后的文艺标兵。1947年在晋冀鲁豫边区文联的大会上，陈荒煤作《向赵树理方向迈进》的报告，赵的大众风格被定为了文学发展的“方向”。若说是为农民服务，赵树理的创作是典范；若说是为政治服务，赵树理并不一定合格，因为政治有时和农民的利益是相互冲突的。赵树理作品反映农民的思想和情趣，有时和政治相和谐，如他喜欢团圆式的结尾，周扬曾解释说：“‘五四’时代反对过中国旧小说戏剧中的团圆主义，那是正确的，因为旧小说戏剧中的团圆不过是解脱不合理的，建立在封建制度和秩序之上的社会的一个幻想的出路，它是粉饰现实的。在新的社会制度下，团圆就是实际和可能的事情了，它是生活中的矛盾的合理圆满的解决。”[22]就是因为农民这种欣赏趣味正可以用来表现“新的社会制度”的优越，所以受到支持。而后来的事实说明赵树理坚定地维护农民群众的利益，与政治发生了越来越严重的冲突。这虽是后话，却说明 20 世纪 40 年代末选择他为“方向”，含有相当程度的对他的误读。而赵树理却因一贯身体力行地维护农民的利益而深受人们的热爱，他由此得到的赞誉甚至高于他的文学创作。

在题材、语言上与赵树理比较相近的作家是康濯。康濯(1920~1991)，湖南湘阴人，曾长期在晋察冀边区工作。他的主要成就是描写农民生活，出过《我的两家房东》、《春种秋收》等短篇小说集，也多是通过农民家庭生活的描写，反映根据地农村的变革与进步。这些作品，讲的似乎也只是平平常常的家长里短，但叙述得娓娓动听，在不知不觉中展现了一个完整的事件。他的小说有如缓慢流淌而不时泛着细波微澜的小溪流。并不重故事性，没有大起大伏的矛盾冲突，人物的语言动作也不多，而作者的叙述较多。从 1943 年的《腊梅花》，到 1949 年的《我在乡下》，包括其代表作《我的两家房东》，都是用第一人称写的，通过“我”的眼睛去观察，用“我”的口气去叙述，当然也就带着“我”的特有的观感、情绪。因此，他的作品含有一些抒情意味，这与孙犁的风格又有点相似。而他的语言，也达到完全的口语化，同样具有通俗、平易、生动的特点。这一点，除了赵树理之外，康濯在根据地作家中也是很杰出的。《我的两家房东》是他的代表作，通过“我”来连接上下庄的两家农民。这两家的栓柱和金凤正在恋爱，但金凤父亲陈永年却不赞同女儿自由恋爱。作品还写了受包办婚姻之害、年轻而略带忧郁性情的金凤姐，正住在娘家等待离婚，以不幸的姐姐去衬托追求幸福的妹妹。最后，姐妹双双达到了目的。整篇小说没有写她们如何斗争，也未写陈永年如何转变，从头到尾只是不断地展现一个个人物的情绪波动，通过情绪的描写来交代事件、完成主题。康濯写人物心理，不用直接的描述、剖析，只写情绪变化，显得含蓄。

根据地短篇小说艺术创作中,成绩比较突出的还有孙犁。孙犁(1913~2002),河北安平人,长期在晋察冀边区工作。他的小说与赵树理、康濯不同,多在战争生活中写农民,如《杀楼》、《村落战》等;歌颂农民英勇抗敌的精神,如《荷花淀》、《芦花荡》等。而且写得最多的是农村妇女形象。受压迫最深的农村妇女,这时在根据地可以与男子平等地参加各项工作,她们的聪明才智与优良品德一下子迸发了出来。孙犁亲眼看到了那些普通妇女在重大问题上深明大义、顾全大局的胸襟,曾说过:"她们在抗日战争年代,所表现的识大体、乐观主义以及献身精神,使我衷心敬佩到五体投地的程度。"[23]这不仅决定了大批美好的妇女形象从他笔下诞生,而且造成了为抒发自己敬佩之情在文字风格上的抒情意味。根据地作品中的妇女形象很多,但没有哪一位作家能像孙犁这样集中地饱含深情地来塑造妇女形象。代表作《荷花淀》描写水生嫂等一群妇女送夫参军,并且自己组织起来,保卫家园。在妻子的柔情中,同时也含着巾帼英雄的侠气。她们的心是那样的单纯、爽朗、洁净,就像清水荷花一般的秀丽,并进而表现经过战争锻炼的妇女具有何等坚毅、刚强的性格。像水生嫂这类形象,在孙犁小说中是很多的,如《光荣》中的秀梅、《蒿儿梁》中的妇救会主任等。有一些妇女形象也写得性格鲜明,如《"藏"》中的浅花,她对丈夫既心有疑虑,又怀着淳朴、真挚的爱。孙犁把这两者糅合在一起,写出了人物复杂的心理状态。《村歌》描写双眉在被人误解的情况下,仍不畏惧,不退缩,把她那开朗、泼辣的性格,表现得很鲜明。由于孙犁的小说并不重视故事的完整,因而人物的塑造主要不是在情节发展中依靠人物的行动去完成,往往只是在关键的地方,用点睛之笔,以简练的三言两语来勾画。如《嘱咐》中水生与水生嫂久别重逢,次日水生嫂亲自送走丈夫时,逗着孩子说:"看你爷没出息,当了八年八路军,还得叫我撑冰床子送他!"一句话写出了她的挚爱、豪迈,使人物活起来了。

孙犁的创作虽然基本上也属于现实主义,但他也很重视浪漫主义。早在1941年他就说过,在表现农民的斗争中可以渲染浪漫主义,因为"浪漫主义适合于战斗的时代,英雄的时代。这种时代,生活本身就带有浓烈的浪漫主义色彩"[24]。因此,他的小说并没有很强的故事性,也很少生活细节的精致描绘,往往抓取一两个生活片断、场景,染上或浓或淡的主观感情色彩。他的小说,充满了诗情画意,颇有写意画的特点,有的不妨当做一篇散文诗来读。这种风格并非始于孙犁，鲁迅的《故乡》、《社戏》等也是介于小说与散文之间的作品。在根据地小说中，孙犁小说在叙事与抒情的结合上，或者说在小说的诗化上，是最有代表性的。《荷花淀》就是最具有这种特色的一篇。（不过，孙犁的小说并非每一篇都像《荷花淀》这样的风格。）为了渲染感情色彩，孙犁很注意语言的优美，他笔调轻柔、清丽，一些比喻或描绘都很富有诗意。《荷花淀》中描写妇女织席，便是脍炙人口的一段。《纪念》中写母女夜谈："月亮也落下去。我望一望那明亮的三星，很像一张木犁，它长年在天空游动，密密层层的星星，很像是它翻起的土花，播撒的种子。"多么优美的想象！甚至人物语言也讲究美，如水生嫂向水生诉说别后的思念："可是在黑夜，一觉醒了，我就想：你如果能像天上的星星，在我眼前晃一晃就好了。"在这里，语言是否符合人物的性格，似乎是不重要的，更为重要的还在于制造一种抒情的诗意。

孙犁和赵树理是根据地成长起来的两位最著名的短篇小说家，他们不仅各有独特的艺术风格，而且作品所表现的思想也不尽相同。赵树理因为明确地要写"问题小说"，确也接触到了新农村的不少问题，有时还能敏锐地发现对于新政权建设是非常重要的问题。同时，从《小二黑结婚》开始一直贯串着对农民的民主主义教育，比较多地批评农民中落后、愚昧的思想，反封建的意识是鲜明的。尽管因此后来成了"写中间人物"的代表性作家，他的创作与五四的启蒙文学还是一线相牵的。孙犁则认为他所处的是"战斗的时代"、"英雄的时代"，既然农民群众喜欢"英雄故事"，他所写的就多是对农民英勇抗敌的颂扬，并且把胜利的战争也写得很美。在歌颂农民战争时，对他们某些封建意识缺乏必要的警觉，有时写得很明白。诸如《荷花淀》、《采蒲台》中对战争中女性贞操观、节烈观的肯定，妻子用"我留下清白的身子，你争取英雄的称号"来勉励丈夫，这是不值得赞颂的。

在军事题材方面，最重要的小说家是刘白羽，他是北京通县（今通州）人。1938 年到根据地，抗战胜利后被派往东北担任随军记者，跟随部队转战东北、华北、中南等地。他本着做"时代的喉舌"的思想，成为本时期有影响的报告文学作者之一。同时创作军事题材的小说，并形成了自己的独特艺术风格，他的这类小说具有介于小说与报告文学两种体裁之间的某些特性，或可称之为"报告小说"。这是一种适合快速发展的战争环境的小说形式。此时最著名的短篇是《无敌三勇士》，写三个战士不团结，班长在乱葬岗子上捡到了一根骨头，他问战士们："这是什么人的骨头？"战士们都认为一定是穷人的。这件事引发了班上的诉苦运动，战士们"以苦见苦，大家真的是亲人了"。这深深触动了那三个闹不团结的战士，他们认识到大家本是一根藤上的苦瓜、一个阶级的亲骨肉，于是在火线上团结战斗立了大战功。这篇小说也是评书体的，这在刘白羽小说中是仅有的。刘白羽比较有影响的军事小说还有《政治委员》、《火光在前》等。

描写战争生活比较重要的小说，还有邵子南的《地雷阵》。小说描写爆破英雄李勇创造"地雷战"的事迹，表现一个普通农民在抗日烽火中的锻炼成长。这篇小说韵散相间，插入许多类似民歌与快板的诗，而且语言也接近评书，风格上颇近于《李有才板话》。

四、《高干大》等各类长篇小说

颇有前瞻性的《高干大》——《桑干河上》等描写土地所有制的变革——新英雄传奇的出现

根据地的长篇小说出现较晚，一批优秀之作大都是在抗战胜利后才陆续问世的。长篇小说容量大，适于作"宏大叙事"，描写复杂的社会变动。而从抗日战争、国共战争到中华人民共和国成立，恰是中国社会翻天覆地的大变动时期，正是长篇小说大有用武之时。根据地的长篇主要有三个方面的题材：一是描写封建土地所有制变革的暴风骤雨的大斗争；二是描写根据地人民发展生产的题材；三是描写惊天动地的武装斗争，创造了"新英雄传奇"的新品种。这三个方面都有比较优秀的成果。

1946 年出版的《高干大》，是根据地长篇中出现较早的，又是最优秀的作品之一。作者欧阳山(1908~2000)，湖北荆州人。1932 年在广州组织普罗作家同盟，翌年到上海参加左联。20 世纪 30 年代出版过短篇集《七年忌》等。他曾提倡写作"方言小说"，以求推进新文学的大众化。1941 年到延安，次年参加了延安文艺座谈会，随后深入陕北农村。《高干大》是他这时期的代表作，写的是为“打倒贫穷和落后”而奋斗的故事。这本是符合广大农民切身利益之事,然而却遇到重重困难。这困难来自何方?不是来自各方敌人,恰恰来自急切地须要摆脱贫穷、落后的农民,又特别是领导着农民、手中有权的干部。总之,来自人的愚昧、落后的思想。

故事发生在1941年,当时的陕北刚经过土地革命,许多工作都没有上轨道,不少干部思想作风还存在严重的缺点。这时为了发展生产、改善生活,任家沟已经组织了农村互助性的合作社。但社长任常有,只知紧跟上级,违反自愿原则向农民硬性摊派股金;农民花了钱不得利,就把合作社叫做“活捉社”。农民出身的副社长兼推销员高生亮(高干大),则持相反态度,他一心只想让群众能得到利益,凡是于农民有利的事他就干。一个思想落后的干部讽刺他说:“你又做买卖,又开工厂,又办银行,又闹药铺,又搞运输队,——这还不算。税收你也管,司法你也管。巫神你要干涉,两夫妻打架你也要插手。民财教建,一手包办。”归根到底,这种高度的积极性、主动性正是贫困的农民急切要求改变命运的表现,更何况高干大已经是一个共产党员了。而且这个人不但极端热心,还颇有经营之才。他采取自由入股、包交公债、公盐、公粮等办法,都受到群众的欢迎,又完全符合民办公助的方针政策。这样一个忠心耿耿、兼具胆识才干的干部,竟然在党内外都遭受严重打击。

在党内,区委书记赵士杰心里本是支持高干大的,但高想出的那些办法还在试验之中,成败未卜,上级又不予肯定,他也就不敢大胆表态支持。区长程浩明则坚决反对,因为他唯书唯上,而高想出的办法上级没有说过,书本上也没有说过。后来高生亮做出了成绩,实践证明他是对的,程又感到合作社成了半个政府,夺了他区政府的威信,因而对高十分不满,利用他的地位、权力处处给高制造麻烦。

在党外,高干大遇到的抵抗主要来自巫神。作家写高也有迷信思想,没有把高与以郝四儿为首的巫神之间的矛盾单纯处理成反迷信的斗争。他们的矛盾仍然是围绕着办合作社的问题。几个巫神闹鬼搞得数村百姓惶惶不安,许多人要迁居,麦子熟了没人敢收;村里的共产党员和当地的治安机关,竟也被巫神治服了。在与巫神的激烈搏斗中,高干大险些丧命。

尽管如此,因为高干大的思想、行动代表了大多数群众的利益,所以得到广大群众的支持,合作社越办越好。在与困难的顽强斗争中,他表现了无私无畏的精神和坚韧不拔的毅力，十分感人。作家还写高干大有眼光，思想认识高远。他有摆脱贫穷落后的强烈愿望，他说旧社会统治者把什么都剥削光了，“剩下给咱们的只有穷，只有落后。咱们打倒了他们，还要打倒贫穷和落后！”但穷人要富起来并不容易，高干大想出利用旧商人等的办法，显出他很有谋略。他认为要敢于让少数农民先发财，只有少数人先富了，多数人才愿意把钱交给合作社；然后多数人才能发财。多数人发了财，合作社才有力量，反过来抵制旧商人的剥削，并且兴办各项生产事业；最后才能改变贫穷落后的境况。在20世纪40年代的历史条件下，高干大的思想并不为人注意，人们更感兴趣的或者还在于他如何斗巫神。但差不多半个世纪后，当中国人民历经磨难后把工作的中心转到经济建设上来，在为改变贫穷落后的斗争中，才发现高干大当年的思路竟如此超前，这才佩服作家当时能够从生活中发现这样的人物，写下了他颇有前瞻性的一些思想，真是难能可贵的。而且作家也并没有把先进人物写得十全十美。高干大不是“高大全”，他身上仍然带有农民意识，“大半个是共产党了，小半个还仍然是农民”，但他毕竟成就了一番了不起的事业。高干大的形象不但有思想光辉，而且也是深厚敦实的，是真实可信的。比起根据地长篇中其他先进的农民形象，算得上是塑造得最为成功的。

《高干大》还尖锐地揭露了教条主义、官僚主义的危害。任常有是中了“左”倾路线之毒甚深的人，他鼓吹盲从，提出一切要听上级的，认为高干大违反上级旨意，“简直就是个反革命！”他怀念“左”倾路线的统治，威吓高干大说：“要是在苏维埃时代，我们开个群众大会，就能给你判个死罪！”这从侧面让人们看到“左”倾路线统治时期的恐怖现实。支持任常有的程浩明认为，“上级说什么话，咱们也说什么话。上级叫咱怎么做，咱就怎么做”，这样最“保险”。他还鼓吹“一切服从于政治”、“经济工作……是政治工作的一部分”等等。可见错误路线如顽症一般，冰冻三尺非一日之寒。可惜对程浩明的思想挖掘还不深，这个教条主义者、官僚主义者的典型，写得比较概念化。赵树理也看到农村基层政权的问题，但他笔下那些坏的基层干部，还多是带流氓无产者习性的人。《高干大》里的干部地位较高，身上的政治色彩、路线色彩更为鲜明，其危害性大多了，小说里的矛盾也更尖锐。这些作品说明农民虽然掌握了政权，想要大家脱贫致富，过上好日子，仍然要解决人的问题，要提高人的，尤其是掌了权的人的思想素质。黄土地上多少矛盾，多少尖锐的斗争，仍是离不开改造国民性的主题，还待长久艰难的思想启蒙！

因为《高干大》没有正面写农民和地主的阶级斗争，所以在当时没有得到充分的评价，其实它是根据地所出的最优秀的长篇。

反映农村生产互助的长篇还有《种谷记》，作者柳青(1916~1978)，陕西吴堡人。1938 年到延安工作，1943 年后在米脂县担任多年的乡政府文书，熟悉、了解陕北农民的生活。1947 年 5 月，他完成了《种谷记》。

《种谷记》描写陕北王家沟为发展生产，组织变工种谷的故事。建立新政权时，中农王克俭担任村行政主任，成为集体种谷的主要障碍，并为反动地主王国雄所利用。村农会主席王加扶是肯为群众办事的好干部，他带领村里人挫败坏人的破坏，完成了集体种谷的任务。群众觉悟提高后，王克俭被罢免，劳动模范王存起当选为代理行政。《种谷记》是最早描写农村互助合作运动的长篇，在当时其题材是很新鲜的。柳青显然很努力地对人物做细微、深入的观察，捕捉人物的富有个性特征的语言、行为。每个主要人物都有一段关于他的生平经历和能够表现其性格特点的生活故事，所以他的人物形象给人以扎实敦厚之感。其中塑造得最好的是中农王克俭，既写他在特定时期的政治态度："新社会没吃亏，旧社会也不沾光，不管怎么，我就是好好种我的地"；又能通过细节表现中农的心理，如勉强与别人互助，始则不愿借驴，继则千叮咛万嘱咐，最后嫌别人使得太狠，索性出面干涉，写出对自己那一点财产爱之如命的幽隐。和《高干大》一样，柳青也写了干部的分歧、矛盾，但把原因归结为阶级性。王克俭不好是因为他是自私的中农，而且还被地主利用。王加扶所以优秀，因为他是贫农。这样，人物的作为都离不开阶级特性的规定，影响了对人物思想性格的发掘。这部小说的情节缺乏生动性，给人以沉闷之感。特别是下半部，人物都已出场，关于他们的生平轶事也都讲过了，剩下组织变工种谷过程的叙述，人物的对话又多于行动，致使情节进展迂缓，作品显得拖沓。

写工业生产题材的作品数量很少。草明的中篇小说《原动力》，算是难得的较为成功的一部。草明(1913~2002)，广东顺德人，20 世纪 30 年代出现的比较有成就的女作家。1933 年从广东到上海参加左联，同年开始发表短篇小说。皖南事变后到延安。抗战胜利后，在东北镜泊湖水电站工作，于 1948 年根据在这里的生活体验完成了《原动力》。

小说描写东北玉带湖水力发电站的修复过程。这个电站遭到日本侵略者和国民党的严重破坏和洗劫。共产党来了以后，老工人孙怀德自动保护机器，刨冰修复工厂。在领导克服了官僚作风后，工人更加发扬主人翁的精神，他们及时揭露敌人的暴动阴谋，清洗坏人，取得发电的成功。通过这些情节表现中国共产党领导下的工人，是历史前进的原动力。小说着重塑造老工人孙怀德的形象，重点是要表现工人阶级的高尚品质。但王经理带领干部下厂所遇到的情况，颇似到农村发动土改。这是因为老孙头等工人还保留着明显的农民性格特点。《原动力》写出中国工人来自农民，其性格、情感与农民还有密切的关联；赋予特定时期中国工人以特殊的性格，也是小说的一个贡献。但作品以八万余字的篇幅反映一段较复杂的历史过程，当然在广度、深度上都还有不足，多数人物的描写也较粗糙。小说中不少地方保持着女作家优美抒情的笔致，另一些地方又可看出对传统小说技法的学习。为了故事的完整，而使结尾过于粗大。整个作品留着在艺术上作新的追求，但尚未臻成熟的痕迹。在此之前现代企业的工人生活在新文学中表现得很不够，因此尽管《原动力》在艺术上尚有不足，它仍有其开拓的意义。

抗战胜利后，在国共内战时期，中国共产党已经开始在自己领导的地区实行土地改革。在长期的封建社会里，农村土地主要为少数封建地主所占有。这种土地所有制阻碍中国社会的发展。孙中山领导的民主革命提出了“耕者有其田”的土地纲领，但是未能实现。1946 年中共中央发布《五四指示》，1947 年发布《中国土地法大纲》，改变抗战时期的减租减息政策，实行土改，将地主的土地平分给农民。这是中国农村的翻天覆地的大变革。中国社会发生了什么变动，这不是由着文学来决定的；怎么样反映中国社会的变动，这是作家们可以决定的。面对这样的历史性的惊天大变，这时正在中共领导地区的作家，必然会有人怀着高度的政治热情作出及时的反映。在 20 世纪 40 年代的末期，这里产生了一批以土改为题材的作品，最有名的就是后来获得斯大林文学奖金的两部长篇——丁玲的《桑干河上》(后改名《太阳照在桑干河上》)和周立波的《暴风骤雨》。

两部长篇小说描写中共领导的土改运动，各有其特色。《暴风骤雨》从头到尾地写了土改运动的完整过程，同时联系一个村庄的历史，通过这里的人物的经历，让读者信服今天这一场土改的正义性。《桑干河上》当然也含有这样的意图，但是丁玲更关注的是人，她尽力地来描绘农村各种人在这场大变动中的心灵波澜。这当是她这部小说的一大优点。

《桑干河上》写的是从制定《五四指示》到公布《中国土地法大纲》这一段时间里，河北北部农村土改运动的进展。中国大陆的土改用的是剥夺地主土地分给农民的方法，甚至用暴力来镇压地主。因此，整个土改的过程，斗争是非常激烈的。但是，丁玲并没有选取这样的角度，她也写地主的挣扎、反抗，但主要写他们的狡诈，在大势已去之时用尽心机来麻痹、软化农民，尽量地保存自己。这使得斗争更显得复杂。而在农民方面，在面临翻身解放之时，也没有能够团结一心来夺取胜利，而是各有各的算盘。工会（无生产资料只靠出卖劳力为生的雇农的组织）主任老董、妇女主任桂花、村长赵得禄、组织委员赵全功，全有私心而不能积极奋斗，有的还因私利而互相冲突。治安员张正典娶了地主钱文贵的女儿，便丧失立场，以致被政府开除了。两位最主要的干部，一位农会主任程仁，本是农民的中坚力量，只因与钱文贵的侄女黑妮相恋，怕斗了钱文贵会害了黑妮，因而逡巡不前，在运动开始之时没有发挥出领导农民斗争的作用。剩下一位党支书张裕民，虽是最能干、最清醒的，但面对上述种种困难，也不能不心怀忧虑。党员发展到三十多人，但他们对共产党的认识还停留在“共产党是穷人党”的水平上；怎样做个好党员，他们的回答除了“死活替穷人干一辈子”，还包括“跳黄河一块跳”、“叫我怎办就怎办”等。《桑干河上》直率地描绘农民的弱点，表现他们即使在历史的大风暴前，行动不齐心，组织也不严密。但是凭借着农民内心的欲望所迸发出的力量和气势，在中共政权的领导、支持下，完成了一场所有制的变革。丁玲说：“从丰富的现实生活来看，在斗争初期，走在最前边的常常也不全是崇高、完美无缺的人；但他们可以从这里前进，成为崇高、完美无缺的人。”[25]《桑干河上》比较真实可信地描绘作为小生产者的农民，在获取新的利益的时候，在机会刚刚来到面前那一瞬间的心理状态。尽管还不能说已经深入地做了挖掘，在《桑干河上》里小生产者的思想弱点还是被表现得比较充分的，在当时也算是不一般化了。

一场土改运动中交织着各种各样的利益的冲突。丁玲写了农民内部的矛盾(主要是干部间的矛盾),也写地主与农民的矛盾、地主之间的矛盾,比较充分地呈现了改变土地所有制的复杂性。在这样复杂的背景前,《桑干河上》展开了20世纪40年代农村革命中阴谋与爱情的故事。阴谋,指钱文贵为了保存自己,把女儿嫁给治安员张正典,以腐蚀他的灵魂;让儿子参加八路军,为自己捞个“抗属”的身份,作为护身符;搞假分家,使原来不多的土地更加分散;威吓另一地主李子俊,迫使其逃走以制造混乱转移斗争目标;特别是利用侄女黑妮施展“美人计”,以之软化农会主任程仁……《桑干河上》写的几个地主形象各有特色。孱弱胆小的李子俊,狡猾投机的江世荣,威风扫地的侯殿魁,一个个如秋风中的落叶,他们衬出了垂死挣扎的钱文贵的阴险。他不但欺压农民(如对刘满一家的坑害),而且也暗算别的地主,诡计多端。毫无疑义,在根据地文学的地主恶霸形象中,钱文贵是很有特色、写得相当充分的一个。

所谓爱情,即指黑妮与程仁的关系。在《桑干河上》的所有妇女形象中,黑妮是被描写得最为美丽的。她虽然生活在钱文贵之家,却大胆地爱上了家里的雇工程仁,为了获得婚姻幸福,她怀有冲破封建牢笼的热望。她在暖水屯的政治生活中并非重要人物,但由于丁玲满怀同情地描写她美好的愿望遭受压抑,而成为书中最有吸引力的形象之一。这阴谋与爱情的线索,与从正面展开的土改运动过程的描写,构成了《桑干河上》的主要内容,而前者毕竟是最具“莎士比亚化”的情节生动性的部分,也是《桑干河上》区别于其他土改题材作品之处。

从《莎菲女士的日记》开始,丁玲便显示了她的善于刻画人物心理的艺术特长。她不做长篇静止的心理分析,在有的场合,她也会让人物充分地表演一番。如《败阵》一章写李子俊老婆在索取地契的群众面前,哭泣、下跪、自责、哀求,扮演各种可怜相,用以柔克刚的手段哄退群众,就是描写得十分精彩的。而《果树园闹腾起来了》一章,在一样果园两样景象中,通过她的眼睛,观察周围的变化,刻画了她的嫉妒、愤恨,挖掘出她那压在心底的疯狂性。加上作家从旁所做的精辟分析,把一个被打倒而不甘失败的地主分子的心理状态淋漓尽致地展现了出来。把这两章合起来,李子俊女人的形象甚至比篇幅较多的钱文贵更加鲜明。农民形象中写得最成功的是佃户侯忠全老汉。被革命风暴吓破了胆的侯殿魁，战战兢兢地捧着地契送上门来。然而被传统尊卑观念压弯了腰的侯忠全惟恐有所不恭，只好也陪着不肯上炕的旧主子坐到地上去了。就是这样一些深深触及人物心灵底蕴的描写，使人物形象站立了起来。《桑干河上》中能够描写得这样深刻的人物不能说很多。丁玲自己说过："我的农村生活基础不厚，小说中的人物同我的关系也不算深。只是由于我同他们一起生活过，共同战斗过，我爱这群人，爱这段生活，我要把他们真实地留在纸上。"[26]

周立波的《暴风骤雨》有着与《桑干河上》不同的特点。周立波（1908~1979），湖南益阳人。20世纪30年代中期参加左翼文艺运动，曾译过《被开垦的处女地》、《秘密的中国》等名著。抗战时期在"鲁艺"任教。1946年冬，到东北参加土改。他的《暴风骤雨》也是表现《五四指示》发布后的东北土改运动。上部描写哈尔滨附近元茂屯的农民，斗垮恶霸地主韩凤岐（韩老六），打退胡子（土匪）进攻的故事。下部则描写对另一种类型的地主，即表面上假装慈悲，暗地里准备反攻的杜善人的斗争。小说涉及农村政权的变质、改造二流子、改革旧婚姻、肃清特务、分果实、参军支前等相当广泛的内容，因而比较完整地包容了土改运动的全貌。而为了显现这场斗争的正义性，一是写土改所要消灭的对象是穷凶极恶、杀人不眨眼的魔鬼。二是把被压迫的贫苦农民写成心灵崇高、优美的人，要让人们强烈地感到他们之受欺压是多么不公平、不合理，因此，今日的天地翻覆完全是顺乎天理合乎人性的。

1946年，正是东北战场斗争最艰苦的时候，在双方力量对比上，国民党还占有某种优势。这时的土改就有特别的艰巨性。恶霸地主韩老六的"五亲六眷，家里师徒，磕头拜把的，布满全屯。在哈尔滨，在佳木斯，在一面坡，都有他的休戚相关的亲友，大青顶子还有韩老七（土匪）"。斗争是严重的，连工作队也挨过黑枪。周立波着意描写韩老六的凶顽气焰，特别是写出这气焰在精神上对于农民的恐怖的威压。深受韩老六之害的老农田万顺、因告发韩老六而蹲了大狱的白玉山，还有赶车的老孙头、中农刘德山等，他们心灵上都深深地埋藏着对韩老六的畏惧，通过这些人物的心理，反射出地主势力之凶恶。因此，消灭韩老六，必然是你死我活的搏斗，农民们要以暴抗暴，以血还血。《暴风骤雨》描写土改中的暴力，以显斗争的残酷性。

《暴风骤雨》着力塑造了一批很有光彩的农民形象，他们深受地主压迫并最早起来斗争,最突出的是赵玉林、郭全海等。也有思想历程比较曲折,但最终也能奋发起来的,如老树开花的田万顺、重新焕发了斗争精神的白玉山。还有普通的农村妇女,在土改斗争中经过锻炼成长起来的妇女骨干,如赵大嫂、白大嫂等。作品写他们是农村的革命先锋,而且具有美丽的心灵。赵玉林在斗争中始终站在最前列并英勇牺牲,他的贡献最大。但这个穷到被叫做"赵光腚"的人,在分配土改果实时,虽被评为一等一级,却只要了三等三级的财物。郭全海在分马中主动照顾他人,还把自己的小驹也给了别人,后来新婚不到一个月又带头参了军。一般说来,在土改中斗倒了地主后,如何分配地主财产,这是对农民,特别是对党员、干部和积极分子的更重要考验。一些农民出于私有观念,都希望自己能够多得。周立波让他的主要人物在这种考验面前,表现出大公无私的高贵品德。作家通过这样的描写,证明他们应该是历史的新主人,而过去对他们的压迫是多么大的历史罪过。在当时这样来歌颂农民,是作品思想性高的表现,而像《桑干河上》那样写农民内心的复杂性、矛盾性,很快就受到某些人的诟病。

《暴风骤雨》以叙述为主,辅以描写。它用大笔勾勒事件的轮廓,又精细地描绘某些重点的场面,既能泼墨挥洒,写那陡起陡落的大波浪,又能细腻刻镂,不放过一些关键部位的描绘。如写斗争韩老六,先从渲染整个屯子的热烈气氛入手,然后以人们的表现、感觉、情绪、反应来作多方面的烘托,使读者有身临其境之感。分马的场面描写,也用的此种方法。在长篇艺术的民族化上,这部小说也做了有益的探索。首先在语言上完全运用东北农民的口语,这对于真实地再现东北地区的农村生活有很大帮助,并对周立波创作风格的变化产生重大影响。在结构上,尽量避免多线索的交叉并进,而借鉴某些古典小说单线发展的写法,把一个个人物编织在故事线上。小说从工作队进村写起,由队员访贫问苦,发现并启发赵玉林提高觉悟,写他带头斗争韩老六,推动了小说情节的进展。在斗争会上发现了郭全海,之后又由郭的串连活动而引出白玉山。再写因谣言的蛊惑,致使白玉山与白大嫂子吵架,遂引出了劝架的李常有。李常有的出场距赵玉林的登台,已间隔了一段时间,斗争已向前迈出了一大步。这种写法的优点是每一个重要人物,都能够在情节发展的某一段落得到集中描绘的机会,加上主要人物在出场时都交代了他们的特殊经历,因而很快就给读者较深的印象。这与《水浒传》的结构是比较接近的。不过这种写法也给作品造成一些缺陷,即全书缺乏一个或几个贯串始终的中心人物,每个人都只在某一片断中得到较为充分地表现,不能在变化了的复杂多样的环境条件下多方面地展现性格。《暴风骤雨》中写得最好的人物是赶大车的老孙头。这是一个性格比较复杂的人物,他的内心深藏翻身的热望和明确的是非,始终关心着土改的进展,这是他的主要方面;但由于特殊的阅历使他世故圆滑,私心重,好夸口,嘴硬胆小,在滑稽风趣中不免带点江湖气味。他是可爱的又是可笑的。他始终跟随着潮流前进,但又始终处于潮流的边沿。这个形象的成功,给《暴风骤雨》增添了颜色。由于作家把握住了人物的个性,使他的一言一行无不具有十分鲜明的老孙头方式;而且让他贯串始终,从接工作队、斗地主、直到商量如何分配果实,几乎都有老孙头在场,使他得天独厚地得到了许多表现的机会。而其他站在旋涡中心的人物,反而没有这样的机会。加以作家生活积累尚有欠缺,过程又拉得过长,特别在下部不停地记述事件的经过,人物进出繁忙,得不到集中刻画,都减损了作品的艺术力量。

长篇小说的创作中还有一个突出现象,就是出现了"新英雄传奇"。五四新文学在"人的文学"思想主导之下,主张反映普通人的生活,对中国封建时代有广泛影响的英雄传奇(如三国、水浒、杨家将等)的传统,暂时没有人去继承。但现实生活中仍然存在着发展这一传统的可能。因为中国革命的重要特点是武装斗争,也就是中共领导下的农民战争。抗战时期在敌后农村,农民们组织武工队,活跃在游击区和敌占区,配合主力部队作战,创造了许多神出鬼没、惊险奇特、带有传奇性的战斗事迹。在强调继承民族传统的思潮下,有的作家很自然地把反映农民的武装斗争与英雄传奇的文学传统联系了起来。他们采用或借鉴章回体的形式,来描写传奇性的对敌武装斗争的故事,产生了新英雄传奇的新品种。较早出现的如1944年在延安发表的柯蓝的《洋铁桶的故事》(原名《抗日英雄洋铁桶》)。小说描写山西沁源农民吴贵,外号"洋铁桶",在八路军支持下出生入死与日军和汉奸英勇战斗的故事。因写惊险的敌后武装斗争,用的章回体,语言通俗,在群众中很受欢迎。接着,马烽、西戎于1945年合著了《吕梁英雄传》。这部章回体长篇,根据晋绥边区第四届群英会上表彰的民兵英雄的斗争事迹,"把这许多生动的斗争故事,用几个人物连起来”[27]。小说描写康家寨农民群众，面对日本侵略军的野蛮“扫荡”，组成了以自卫队长雷石柱、指导员武得民为首的民兵队伍，开展地雷战等，沉重地打击了敌人。整部小说中大大小小无数次英勇机智的武装斗争，写得生动、引人，记录下抗日斗争的有价值的历史画面，反映了中国农民的英雄气概与传奇性的业绩。小说采用章回体的结构和说书的表现方法，流传很广。不过作者自己认为“只能说是一本连续故事，作为一本小说看是很不够的”[28]。而且也有注重情节的曲折生动而忽略了塑造人物的缺点，甚至有些地方留下了编造情节的痕迹。

新英雄传奇的最佳作品是袁静、孔厥合著的《新儿女英雄传》。这部小说于1948年在报上发表后，即在国内文坛上引起很大的反响。清朝末季出现的《儿女英雄传》，曾是侠义小说中影响颇大的一部。民国以后，在戏曲舞台和说书场上，根据此书改编的节目连绵不绝地演出。袁、孔的小说借旧作之名而冠之以“新”，这本足以吸引人了。且这部小说表现抗日英雄故事，既反映了新鲜的现实生活，在艺术手法上又有超越《儿女英雄传》之处，这便是它广受欢迎的原因。郭沫若在为此书写的序中，肯定它的确是一部成功的作品，大可以和旧的《儿女英雄传》，甚至和《水浒传》、《三国志》争取大众的读者了。

这部小说描写抗日战争时期冀中白洋淀申家庄、何庄等地的农民，在共产党员黑老蔡等的领导下，进行抗日自卫斗争的英雄故事。素材也是直接取之于群众斗争，如“水上英雄”一节的基本情节便与孙犁的《荷花淀》相同，因为都是取材于白洋淀人民的抗日故事。同时此书以牛大水、杨小梅和张金龙三人的婚姻纠葛为副线，将武装斗争的主线与此副线相扭结，因而在战斗硝烟弥漫之中更添些民间生活情趣。书中既有英雄事业，又有儿女情长。写英雄事迹，不回避困难、挫折，因而惊心动魄；写儿女私情，也情意绵绵，舒展有度。小说保留章回体的某些样式，以适应群众欣赏习惯；又不受其限制，如回目不用对仗的诗句，章内又分节，开头用民歌、民谣、成语、谚语、歌词等代替“诗曰”。章与章之间的情节也不一定都连贯。纯熟的北方农民口语的使用，对表现农民斗争、渲染特定地区生活气氛，都起了重要作用。

新英雄传奇都具有通俗文学的特点，因而大多偏重写斗争的事迹，重情节，轻人物，在艺术上与其情节之曲折惊险相比，人物塑造仍显逊色，反映生活比较表面化。即使最优秀的《新儿女英雄传》,其主要人物如黑老蔡、牛大水、杨小梅等的内心世界的发掘也都不够,正面人物不如反面人物写得那样活脱、自如。这一品种在建国之后才更为成熟,在上世纪五六十年代产生了《林海雪原》、《野火春风斗古城》、《铁道游击队》、《平原游击队》、《烈火金刚》等一批作品。

五、民歌体叙事诗和新歌剧等

新诗向民歌学习——《漳河水》等民歌体叙事诗——戏剧舞台的"三足鼎立"——民族新歌剧《白毛女》——一枝独秀的报告文学

白话新诗的创立,主要借鉴了西方现代诗歌的形式,为要打破旧体诗词的格律,在诗的形式上就不大注意对古代诗歌的继承。20世纪20年代曾经有一些学者、诗人注意收集民歌,但新诗创作如何从民歌吸取艺术营养,乃至改变诗风还提不到日程上来。因此,白话新诗和其他文学部门一样,很难为农民群众所接受。农民有自己创作、口传民歌的传统,却难以理解、接受白话新诗。到了文艺整风后,由于提倡文学的中国作风、中国气派,要求作品为群众喜闻乐见,在诗的领域不仅大规模采风,收集整理了许多民歌、民谣,而且作家学习、采用它们的表现方法,也来写民歌体的新诗。许多作家下农村,惊奇地发现民间诗歌的宝库如此丰富,他们说:"这些顺天游,走西口,五更,戏莺莺实在使我们迷醉,使我们不愿意离开他们,离开这些朴素活泼而新鲜的歌曲,离开这藏有无穷歌曲的乡村。"[29]有的诗人积极地吸收民歌的艺术营养,过了几年,中国现代诗史上一种新的诗体出现了,这就是后来被称为"民歌体"的新诗。它在20世纪40年代后半期在根据地农村成熟了,一时也曾给人耳目一新之感。

"民歌体"新诗的突出成就在叙事诗上。因为文艺整风后,根据地诗人被要求努力书写工农兵的生活和斗争,因此叙事诗和叙事性的诗歌很自然成了主要的文体。比较早出现的作品是1946年李季的叙事长诗《王贵与李香香》。

李季(1922~1980),河南唐河人。1938年入延安抗日军政大学学习,1942年后在三边地区工作,开始收集陕北民歌“信天游”,得三千余首。1946年9月,他根据流传在三边的民间历史故事,以“信天游”形式所创作的叙事长诗《王贵与李香香》,在延安《解放日报》发表,立即引起反响。负责领导文化工作的陆定一,数日后即发表《读了一首诗》,认为“用丰富的民间语汇来作诗,内容形式都好”[30],赞扬李季等是文艺界披荆斩棘的开路先锋。《王贵与李香香》描写土地革命时期,一对相爱的贫苦青年农民王贵和李香香的悲欢离合,借他们的苦难婚姻表现地主与农民之间的尖锐的阶级冲突。诗歌也反映了土地革命的波澜壮阔的气势。诗歌把描写爱情与表现阶级斗争结合起来,把农民的个人解放,与整个社会的解放联系起来。所以婚后的王贵立即参军去了。诗的最后,以“咱们闹革命,革命也是为了咱”,点明了主题。

叙事诗也有故事情节,但它毕竟是诗,而诗是离不开抒情的。如果诗人不能通过叙事来抒情,那么故事再好,不如写成小说或其他体裁。《王贵与李香香》的情节很平常,它之能够产生影响,还在于李季娴熟地运用民间抒情诗“信天游”的艺术资源,以抒情诗形式来叙事,因而有一定的感染力。在这个意义上,也可以说《王贵与李香香》是李季集中了农民的艺术智慧的再创造。他写王贵和李香香之间的真挚的爱:

烟锅锅点灯半炕炕明,
酒盅盅量米不嫌哥哥穷。

因为有了烟锅点灯、酒盅量米,才把王贵之贫穷十分形象地表现出来;反过来,更显出李香香的爱之深。这两句诗就是选用、改造了“信天游”。采用这类民歌手法的诗句很多,如表现灾荒之苦,用“二三月饿死人装棺材,/五六月饿死没人埋”;表现革命兴起的热烈,用“听见枪响齐下手,/菜刀、鸟枪、打狗棒”等。

“信天游”的特点在于大量比兴的使用,两句一组的构成法又有利于比兴的运用,往往一首诗从头到尾都是各种比喻的铺排。而那些形容、比喻又多是农民群众取之于自己的劳动生活,取之于对自然美的领略,不但丰富,而且往往是十分新鲜、精巧的。诗中写王贵是:“冬雪大来冬麦好,/王贵好像麦苗苗。”因为是“苗苗”,所以不仅幼小,还有点稚嫩,而且又在大雪之下,正经受着寒冷的重压,用以比喻王贵,甚为确切。然而这雪的压迫,也磨炼与滋润了麦苗,它必将茁壮成长。又如形容李香香之美:“一对大眼水汪汪,/就像那露水珠草上淌。”如没有对草上露珠晶莹之美的观察与感受,也想不出这么美的诗句。这些都得之于对“信天游”的学习。借助着这许多形象的诗句,使字有情、声有容,无论写人物的情意深切或愤怒仇恨,都能神丰气足,情意盎然。

“信天游”的地方色彩十分浓郁,其形式与《王贵与李香香》的内容是和谐的,像这样的诗句:

> 沙梁梁高来沙窝窝低,
> 照不见亲人在哪里。
>
> 阳洼里糜子背洼里谷,
> 哪里想起你哪里哭。

这里所展现的自然景象,有鲜明的地方风光、浓郁的黄土高原的情调,这与诗中主人公在特定环境中的思想情绪,完全融化在一起,可以说是情景交融,给人物提供了适宜的抒情环境。但“信天游”的形式,它的诗形象的系统,由于地方特色十分鲜明,不可能灵活地表现现代不同地区的多样生活与人的丰富感情。这也是“民歌体”在艺术上的局限性,

民歌有时还有偏于直露的缺点,而古典诗词艺术大多含蓄蕴藉。如果学习古典诗词这一长处,将其与民歌艺术融于一体,对提高新诗诗艺会有所增益。稍后出现的阮章竞的叙事诗《漳河水》,便在这方面的实践中取得一定成效。

阮章竞(1914–2000),广东中山人。1937 年来到太行山区根据地,努力向太行山区民歌学习,形成了自己独特的既有民歌特点又有古典诗词韵味的诗风,创作过《圈套》、《妇女自由歌》等著名诗篇。1949 年 5 月,他发表了长叙事诗《漳河水》,叙述漳河边三位农村妇女,荷荷、苓苓和紫金英,她们都希望有一位如意夫君。但是“断线风筝女儿命,事事都由爷娘定”,在封建包办婚

姻下,荷荷嫁给一个富农,受尽婆婆和丈夫的欺压;苓苓的丈夫是狠心郎,对她随意耍弄、打骂;紫金英更惨,过门半年丈夫病死,留下个"墓生孩",从此守寡。长诗的第一部是写这三位女子对自己不幸生平的诉说,有如剪不断的哀丝愁缕,真是"声声泪,山要碎!"第二部写共产党来了后实行民主改革,她们挣脱了封建枷锁,过上了自由幸福的新生活。《漳河水》是一曲妇女解放的赞歌,是以叙事方式写出的《妇女自由歌》。

《漳河水》也采用了民歌的表现形式,在艺术上与《王贵与李香香》有相近之处。例如大量比兴的使用使诗的形象性很强,但它又有较为蕴藉的特色,因而抒情的意味更浓。如开头一段《漳河小曲》:

漳河水,九十九道弯,
层层树,重重山,
层层绿树重重雾,
重重高山云断路。

清晨天,云霞红红艳,
艳艳红天掉在河里面,
漳水染成桃花片,
唱一道小曲过漳河沿。[31]

九十九道弯已甚曲折,复加以层层的山和路,山重水复,云烟缭绕,雾气濛濛,实在是一幅标准的水墨画。下段忽将水光染成一片红色,其中用个"掉"字,已见其奇,紧接着用"染成桃花片"来形容,更感奇崛、清丽。从诗的角度看,不断的复沓,层层逼进,婉转而又缠绵,蕴含着说不尽的情意。这段开头,通俗流畅,有民歌风;然诗情画意,水乳相融,又颇有古诗风味。这在写景的新诗中,不可多得。对新诗如何多方面的借鉴、吸收,以增益自己的表现力,也是有启发的。

《漳河水》对叙事诗如何精细地刻画人物的心理,也有较好的尝试。这首诗的叙事方式,主要是诗中人物的直抒胸臆,因此人物既是诗所要描述的对象,同时又是诗的抒情主人公。这已甚有利于在叙事中抒情,又以在抒情中唱出了心灵深处的声音，更有助于人物心理的刻画。例如写紫金英的心理：

看尽花开看花落，
熬月到五更炕头坐，
风寒棉被薄！

灰溜溜的心儿没处搁，
水裙懒去绣花朵，
无心描眉额！

这里用很简练的诗句，把寡妇的冷寂、空虚、辛酸、悲苦等无所依托的心态，刻画得入木三分。整个诗因为注意心理描写，而显得更细腻、精致。《漳河水》与《王贵与李香香》相比，除了保持着山野风姿，还比较地典雅一些。

根据地比较重要的长篇民歌体叙事诗，还有田间的《赶车传》和李冰的《赵巧儿》。另外，张志民的《王九诉苦》、《死不着》虽不是长诗，但也都是叙事性的。由于强调作家改造世界观，他们不再写那些被认为是小资产阶级情调的抒情诗了，文艺整风后根据地的抒情诗急遽衰落。而为了表现工农兵，叙事诗便大为发展。艾青在 1942 年还有《献给乡村的诗》、《向世界宣布吧》等较好的抒情诗，但此后很快卷进写长叙事诗的热潮。他的一首描写陕北某个劳动英雄的长叙事诗，每一细节都找那位农民核对过，然而仍然是失败了。包括田间的《赶车传》，也不是很成功的。实践说明，题材、风格上的追求一律，妨碍了一些作家艺术个性的发展，也损害了他们的艺术创造。

根据地戏剧舞台上呈现“三足鼎立”的现象。一是话剧进入农村，表现工农兵抗日斗争并努力实践民族化。二是传统戏曲仍受广大干部群众的欢迎，但开始用新的观点进行改编，当时称为“旧戏改革的开端”。三是这里最突出的成就，即新的民族歌剧的创造，主要是在表演、音乐上的成功使它受到广泛的热烈的欢迎，一度轰动了中国戏剧界。这样，话剧、戏曲和新歌剧共同装点了根据地的舞台，呈现了热烈的景象，一定程度上满足了抗日军民的精神需求。

文化生活相当落后的农村，欣赏戏曲成了农民主要的娱乐活动。戏曲也就是中国传统的歌剧或歌舞剧，在长期的发展过程中，形成了一套自成体系的表演程式；它与所表现的古代社会生活内容，是极紧密地胶结着的，很难照搬来表演现代生活。五四以后，有人做过创立现代歌剧的尝试，产生过黎锦晖的《小小画家》，田汉、聂耳的《扬子江的暴风雨》等歌剧作品。在根据地，"鲁艺"师生也曾在延安演出过《农村曲》、《军民进行曲》等。但这些作品主要是借鉴西洋歌剧创作的，尚未能作为新民族形式的歌剧而为广大群众所认可。而在延安文艺整风后，根据地的热火朝天的秧歌运动，却为创立新歌剧打开了一条路。

1943年春节，延安出现了秧歌运动的热潮，盛况空前。在街头演出的短小精悍的秧歌剧中，出现了"鲁艺"秧歌队演出的《兄妹开荒》（王大化、李波、路由创作）。这个剧删除旧秧歌中男女调情的成分，表现一对兄妹争当劳动英雄的高度生产热情，用活泼、欢快的曲调表现群众新的对待劳动的态度。延安出现了万人空巷争看《兄妹开荒》的热烈情景。随后，秧歌运动发展到各个根据地，产生了一批小型秧歌剧，如《夫妻识字》（马可）等，都是很受欢迎的剧目。延安《解放日报》发表《从春节宣传看文艺的新方向》的社论，说："这种形式在今天中国的农村环境中还大有发展的余地，因为广大的农民群众还很需要这种融合音乐、诗歌、戏剧、跳舞和装饰美术于一炉，富有伸缩性且不受舞台限制的综合艺术。"一位艺术家在看了《兄妹开荒》后说："我们渴望着中国新歌剧的诞生，但是很多的眼光不是放在西洋歌剧上，就是放在中国已经定型了的旧剧上。今天，我们也应该看看老百姓自己创造的歌舞剧的形态，它可以给我们多少启示啊！"[32]人们看到秧歌剧可能是大型民族新歌剧的雏形。

1945年，西北战地服务团从晋察冀边区回到延安，带回一个流传在河北北部的民间新传奇《白毛仙姑》。故事叙述在某村显灵的"白毛仙姑"，原来是被地主污辱而逃匿于深山的孤女。"鲁艺"师生为了向即将召开的中共七次代表大会献礼，决定将此新传奇改编成大型秧歌剧。当时抗日战争快要结束，国共两党的斗争日趋尖锐，农村的减租减息政策不久就要改变为实行土地改革。所以在对传说作开掘、提炼时，很自然选择了表现阶级斗争为方向，增加了阶级压迫的内容，使这个故事能突出体现"旧社会把人逼成'鬼'，新社会把‘鬼’变成人”的主题。1945 年 5 月,“鲁艺”师生集体创作的大型秧歌剧《白毛女》(贺敬之、丁毅执笔),在延安公演,轰动一时。

《白毛女》的剧情是贫农杨白劳因欠地主黄世仁的租子,被迫将喜儿顶债,自己服卤自尽。喜儿到黄家后遭黄世仁奸污,后来逃出黄家匿居山洞,变成了“白毛仙姑”。这一段剧情是为反映旧中国农民所受超经济剥削的悲惨生活。杨白劳是老一辈旧式农民形象,除夕之夜躲债归来,他带回了二斤白面、二尺红头绳和一副门神,这三件东西正好代表了普通农民的微薄生活愿望。这一场戏充满了善良农家的温馨气氛,但这不见容于旧社会,杨白劳只有以死来表示自己的抗议。他的轻生既表明阶级压迫的惨烈,又表现他性格中懦弱的一面。这是闰土式农民形象系列中的重要一员。整部《白毛女》的构思就是为了反映中国封建农村的阶级矛盾, 反映封建剥削的严重性和残酷性。但这样的描写仍不能满足农民泄恨的情绪。初演本的结尾写八路军来了救出喜儿, 但未将谋色害命的黄世仁处以极刑, 曾引起一些观众的强烈不满。作者便将黄的身份改为汉奸地主,使处死他不违背抗日时期对地主的政策。

《白毛女》的基调是浪漫主义的。主人公喜儿的形象是理想化的。这个形象的价值在于突出了人物的反压迫的意志, 在演出过程中曾对这个形象不断地进行修改,删去被认为有损于她的形象的描写,使她变得更加坚强、完美。喜儿虽然是被侮辱的弱者,剧本把她写成了复仇女神。《白毛女》既是农民的屈辱史,这在现代作品中是被表现得比较多的;更是喜儿的复仇篇,她虽然还没有明确的阶级意识,但怀有强烈的求生本能和反抗压迫的意志。复仇的愿望支持着她在非人的环境中活了下来, 通过她在超乎常态的山上生活的唱段,来喷发出积郁心头的仇恨火焰,倾泄要求彻底摧毁封建统治的激情。这部剧的情节的主架,也是奇特的、罕见的,带着传奇的色彩。而歌剧的特点又利于人物通过特定的戏剧情景,表露自己的激情。无论是杨白劳服卤前悲愤绝望的表白, 或是喜儿与黄世仁在娘娘庙不期而遇时满腔怒火的喷射,都非常动人心弦。

《白毛女》是民族新歌剧创立过程中的里程碑。它的演出获得成功后,同样形态的大型秧歌剧便如雨后春笋般出现。短短三四年间诞生的大型秧歌剧有《赤叶河》(阮章竞著)、《王秀鸾》(傅铎著)、《刘胡兰》(魏风等集体创作)、《无敌民兵》(柯仲平著)、《不要杀他》(华北抗敌剧社集体创作、刘佳执笔)等。一剧之成,带出了一个新剧种。这种特殊的新歌剧形态,借鉴西洋歌剧以音乐表现人物性格的方法,采用中国民间音乐与戏曲曲调,编制适合人物性格与剧情的乐曲;保留秧歌剧载歌载舞的特点,掺以话剧的对话,而对话又适当吸收传统戏曲念白的特点,恰当处理对话与歌唱间的转换,使之自然、和谐。它是以秧歌剧为基础,吸收中外古今其他戏剧形式的某些优点,比较自由活泼且有民族风味、适于反映现代生活的新歌剧品种。经过一段时间的实践,主要是在建国以后,新歌剧中的舞蹈成分(即秧歌动作)已经脱落。但《白毛女》所创立的这种形态一直被保存下来,不断运用。

中国的传统戏曲深受根据地军民的喜爱。但在演出旧剧目时,为达到为现实服务的目的,戏曲工作者往往要将传统的剧目进行改编,或者创作新编历史剧。同时也对旧形式进行程度不同的改造,用来编演现代戏。这是根据地最初的戏剧改革。

京剧当时改称平剧,因为1928年国民政府将北京改名为北平。五四时期,包括京剧在内的传统戏曲,曾受到新文化运动的最严厉的批判,意欲将其扫地出门。但传统戏曲扎根广大群众,深受热爱,在五四后还在继续发展。在敌后根据地,也一样为广大军民所热爱。这个事实促使人们对五四的批判做出反思。1942年10月,延安平剧研究院成立。他们在《致全国文艺界书》中说道:“过去有些人在理论观念上,曾经把平剧根本否定过的。考其中心论据,以为平剧是封建时代的产物,落后,保守;其表现形式与涵义内容,均不能适应时代要求。然而,在人民大众的心目中,在老百姓的实际生活里,在抗战部队革命干部的观感上,都没有把平剧否定掉。相反的,直到今天,广大群众对平剧的要求,非常强烈,……这证明平剧是有着深厚的群众基础,为广大群众所喜见乐闻的,有中国气派的民族的艺术表现形式。”因此,怎样对待平剧,“这不仅是一个单纯的对待平剧本身的问题,而且是新民主主义整个文艺政策,思想运动的问题”。毛泽东为延安平剧研究院的成立题词“推陈出新”,这就是后来戏曲改革的指导方针。

1943年底,平剧研究院演出《逼上梁山》(杨绍萱、齐燕铭等执笔),是根据《水浒传》中林冲被逼上梁山的故事改编的。剧中增加了一些农民群众的形象。有大动乱中逃荒的饥民，也有贯串全剧的贫苦农民李铁一家、店员李小二等。演出在延安产生了很大影响。接着，他们又在1944年集体创作了《三打祝家庄》（李纶、魏晨旭、任桂林执笔）。这些新编历史剧都贯彻古为今用的原则，目的在于发挥教育群众的作用。但对历史为现实服务的理解较狭隘，为了影射现实便加进一些与古代生活不协调的语言、情节。《逼上梁山》中描写林冲教士兵手执镢头铁锹，演习"穿沟战法"，以喻人民战争和地道战。这虽然是次要的缺点，但后来曾发展为旧戏改革中的庸俗化偏向。

在编演现代戏上，秦腔取得较大的成绩。秦腔流行于西北民间，且大半在乡间演出，比较接近群众，其表演形式较活泼，易于表现现代生活。秦腔作家马健翎等除了改编传统剧目，还有多年的创作秦腔现代戏的经验，写过好几个大型的现代戏（或称新秦腔），如《大家欢喜》、《保卫和平》、《穷人恨》等。其中，1943年的《血泪仇》是他的代表作。马健翎的剧可用秦腔演出，也可谱上其他剧种的唱腔或民歌、小调来演出。他甚至不规定故事发生的地点，以方便各地演出时做灵活处理，演成本地的故事，增强观众的亲切感。但他的戏往往重过程，枝多蔓长，人物驳杂。如《血泪仇》即有52个角色，有的甫上即下；人物类型化，脸谱化。马健翎对戏曲旧形式的利用、改造，有较大贡献，但他的剧本的文学成就并不很高。

话剧这种外来形式经过20世纪30年代许多戏剧家的努力，已经为城市里的人们所熟悉。抗战后它进入根据地农村，农民群众感到陌生，他们把话剧称为"开会戏"（误以演员在台上的对话为开会发言）。戏剧工作者们认为，话剧在欧洲也是先在城市发展起来的。在肯定其优越功能的前提下，思考不受欢迎的原因，认识到话剧应该表现农民群众感兴趣的题材，要使用群众的语言，要借鉴、学习旧戏在表演上能够吸引群众的优长，促进外来艺术形式的民族化。

根据地话剧的特点在于接近现实生活，题材都是现实生活中的新事，因此抗战中农民和部队的生活就成了表现的重点。1942年底创作的《把眼光放远一点》（冀中火线剧社集体创作，胡丹沸执笔），是文艺整风后最早出现的优秀独幕剧，描写当年反"扫荡"斗争中，冀中一家农民两兄弟妯娌之间的矛盾。老二夫妇一心向往个人发家，害怕战争会破坏"衣裳、粮食、铺的盖的大大小小、盆盆碗碗”,因此只求苟安,不顾国家民族的命运。作品鞭挞了小生产者的自私和短视,歌颂了重义明理的老大。戏剧冲突集中,人物形象塑造得较为鲜明;既有紧张的场面,又有轻松愉快的喜剧气氛。军队题材的作品数量较多,成就更高。1944 年,足以代表根据地话剧创作成就的《同志,你走错了路》(姚仲明、陈波儿等集体创作)问世。这部四幕六场的话剧表现了过去很少涉及的中共党内的两条路线斗争,塑造了高级干部形象,描写领导层中的思想斗争。剧本以抗日战争初期国共合作形成后两党的斗争为背景,表现八路军某支队政治部主任潘辉, 在统一战线问题上与代表右倾投降主义路线的联络部长吴志克的斗争。作者力图塑造好剧中的主要人物,如吴志克的言行具有脱离实际、死背教条、自以为是、夸夸其谈的特点。支队司令李东平只知打仗,缺少理论素养,曾经做了教条主义的俘虏。警卫连长胡胜有着强烈的阶级感情和鲜明的爱憎,表现出忠实而又鲁莽的性格。通过他们的言行,大体上可以识别其不同的出身经历和性格特征。但也有不很成功的,如潘辉几乎成了正确路线的化身,缺少个性特征。剧本写出由于无力抵制错误路线, 部队在与国民党顽固派斗争中接连失算, 又上了当在转移中遭到伏击,胡胜英勇牺牲。吴志克在血的教训下才醒悟了过来。剧本把共产党内两条路线的斗争写得相当激烈,戏剧冲突也就是路线斗争。这是一出“政治性的戏”,或曰“政治剧本”。像这样在政治斗争中写人,过去是少有的。这样的戏少了从多方面表现人物的可能性;如果对人物性格把握不深,就有可能把他们写成一个个政治概念的化身,如潘辉的形象就是这样的。作者们的实践有创造经验的意义。还有一出以部队整风运动为背景的话剧,是 1945 年的《李国瑞》(杜烽著), 此剧是根据真人真事加工改编的, 写的是基层连队生活,写活了一个转变战士李国瑞的形象。连队指导员王竞生,经过整风学习,克服了残余的军阀作风,改变了对后进战士李国瑞的态度,使李深受感动,积极性大为增强。在写作此剧时,利用了李国瑞、王竞生本人提供的许多生活素材和语言,使剧本具有浓郁的生活气息,人物形象相当生动。李国瑞是解放区话剧中有数的令人难忘的人物形象之一。

根据地话剧的题材还是比较多样的。1943 年,吴雪、陈戈、丁洪、戴碧湘根据四川旅外剧人抗战演剧队的一出幕表戏改作的《抓壮丁》,揭露了国民党控制区里地主、保长相互吞食,又相互勾结,借抽壮丁之名盘剥农民的丑恶行径。抗战后产生了一批表现工业战线斗争和工人生活的剧作，还有描写知识分子生活和思想改造的剧作。这是过去所没有的。前者较突出的如四幕话剧《红旗歌》（刘沧浪、陈怀皑、陈淼等集体创作，鲁煤执笔），表现工人中两种劳动态度和两种管理作风之间的斗争。后者如《民主青年进行曲》（贾克、赵寻、轲犁等集体创作）写国民党控制地区学生的反饥饿、反内战运动。这些作品在艺术上都很一般，其意义主要还在题材的开拓上。历史剧的创作在根据地话剧中也有一席地位。与国民党控制区的历史剧不同，这里历史剧的创作目的在于吸取历史经验教训，以达到现实的教育作用。当1944年郭沫若为李自成起义失败写了《甲申三百年祭》后，毛泽东即推荐给干部们学习，“希望大家引为鉴戒，不要重犯胜利时骄傲的错误”[33]。一些剧作家即以此为题材进行创作，产生了《甲申记》（夏征农、吴天石、西蒙著）和《李闯王》（阿英著）。这两出话剧都描写李自成的部队打入北京城后骄傲自满，生活腐化，内部矛盾激化，终为清军所败。在当时，这有着很大的警醒力量。

根据地戏剧创作也存在一些普遍性的缺点。一是对生活消化不足。剧作家在深入生活中了解到大量生动的素材，许多及时反映现实的剧本，几乎都以真人真事为基础。但往往未能从容地下提炼的功夫，剧作的生活气息浓厚而修剪、琢磨不足。二是对传统消化不足。为了话剧的民族化，大家都很重视向传统戏曲学习，但来不及对古典遗产进行选择、消化。例如有的话剧借鉴戏曲的结构方法，采用“全本连台”的形式，二道幕前后的戏交替进行，场与场之间情节不断线。情节过程虽很完整，却缺乏剪裁，造成冗长、松散之弊。这一类艺术比较粗糙的作品，在根据地话剧中占了一定的比重。

文艺整风前，延安曾发生过关于杂文的争论，一些作家提倡写杂文。丁玲在《我们需要杂文》中批评了杂文不适宜于根据地、现在只应该反映正面生活之类的意见，她认为：“即使在进步的地方，有了初步的民主，然而这里更须要督促，监视，中国所有的几千年来的根深蒂固的封建恶习，是不容易铲除的，而所谓进步的地方，又非从天而降，它与中国的旧社会是相连结着的。”[34]罗烽的《还是杂文的时代》[35]，则把杂文的功用看成似乎专为暴露黑暗。金灿然在《论杂文》[36]一文中，也认为杂文的时代没有过去，而且当民族斗争白热化，阶级斗争正微妙曲折地进行着的时候，杂文这形式“正面对着辽阔的发展前途”。但他认为杂文不应只是暴露黑暗,也应“贯穿着一种对于光明的礼赞”。所以,要求“杂文的题材、内容、格式、对象等等的随着时代及环境的不同而有所变易”。他还认为讽刺不是杂文的灵魂,杂文的灵魂是立场。开展文艺整风以后,反对写批评性杂文的意见便占了上风。作家们致力于表现根据地生活的光明面,报道工农兵的先进事迹,于是作为叙事性散文的报告文学便显得一枝独秀了。这时,许多小说家、散文家、诗人都写报告文学。其重点是报道、歌颂在共产党领导下军民的斗争事迹和根据地的新社会生活。比较重要的作者有周而复、华山、刘白羽等。

战争的报道是报告文学的重要内容。抗日战争和国共战争的战况、进程被保留在报告文学中。如果缺了这样一个部门,从全面、真实地表现那个历史转折时期来说,将会是很大的遗憾。中国人民是怎样抗击日本侵略军的?《冀中宋庄之战》(作者周游)记述在一次小村庄的战斗中,八路军两个连歼敌千余人的神迹。作者说:“复写由血肉所创造的如此雄奇壮伟的场面,是难以圆满传达出它本身的完美性和生动性的。”但它已经尽力地记下了抗日战士那无私无畏、英勇善战的英雄事迹。华山的《窑洞阵地战》、《碉堡线上》和袁潮的《李家沟反维持记》,则记述根据地农民、民兵、武工队等的各种形式的战斗和斗争,表现了中国人民的机智聪明,反映抗战的雄伟风貌。记述军民血肉关系的,如《“不要杀他”》(作者韩塞),因为真实描写人民群众深明大义,比同名的歌剧更为感人。在国共战争期间,报告文学首先注重反映战争的进程。反映东北战场的有华山的几篇报告文学,其中《英雄的十月》是写辽沈战役的。华山的作品注意描绘战争中的英雄主义气概,许多篇章虽然只是大笔勾画,却是一曲曲响彻云霄的战斗凯歌。刘白羽也写了不少报道东北战场的作品,出过《环行东北》和《历史的暴风雨》两个集子。《红旗》写辽沈战役中解放锦州一役,记录了许多战斗英雄的事迹。刘白羽的作品中常有作者的议论,夹叙夹议,或带有政论性,或含有抒情性。《光明照耀着沈阳》报道打下沈阳后的头几天,中共干部以高效率的工作迅速恢复城市秩序和生产。在人民解放军接连占领中心城市的时候,这样的报道是十分引人注意的。国共战争中一些重大军事行动也都得到报道,如周立波的《南下记》写王震率领三五九旅北返的战斗;曾克的《挺进大别山》写刘伯承、邓小平的部队的外线出击;韩希梁记录著名的孟良崮战役和震惊中外的淮海战役的《飞兵在沂蒙山上》、《六十八天》等。农民在战争中的作用得到较充分的反映，如《一支运粮队》(作者洪林)生动地描写一批普通农民在战火的锻炼中成长。

自抗日战争爆发到中华人民共和国成立，中国是在连绵的战争中度过的。但是在现代文学中，战争题材的优秀作品却并不多。报告文学近于新闻报道，靠着它的记载总算在文学领域保留了一些这时期中国人民最重要的生活图景。也许这是报告文学的偏胜的一面。但是与军事题材相比较，报告文学就较少反映农村的变革，它把这个题材让给小说、诗歌了。朱襄的《天水岭群众翻身记》具体记述了农民群众斗地主的过程，可以当做活的历史来读，算是补了这方面的不足。

根据地报告文学的另一重要特点，是很注意报道人民群众中的先进人物。作家并无塑造艺术典型的初衷，但报告文学中的先进人物形象并不比小说、诗歌中那些正面的典型人物逊色，甚至更为真实、感人。有的描写从普通农民中成长起来的先进人物，如丁玲的《田保霖》、马烽的《张初元的故事》等；有的记载名震一时的英雄，如白朗记述东北抗联女英雄赵一曼生平的《一面光荣的旗帜》；有的描写中共高级领导干部，如黄既的《关向应同志在病中》，写出了关向应对革命事业的高度责任感和鞠躬尽瘁、死而后已的崇高品德，也写了他的丰富的精神生活和高度的文化素养。在这方面，周而复(1914~2004)的《诺尔曼·白求恩断片》堪称是最有代表性的。这个时期周而复写过《晋察冀行》、《东北横断面》、《松花江上》等集子。在《诺尔曼·白求恩断片》中，他用朴实的文字，通过生活片断，不仅塑造了对同志对人民极端热忱的国际主义战士形象；而且把白求恩大夫的个性特征很鲜明地凸现出来了。所记的事迹只能是白求恩做出来的，而不是其他先进人物的。白求恩痛惜受伤战士被锯掉的肢体，说："这是生命啊，在海洋，在日光中，至少是一百万年的变化史呀！"这是一个医生、生物学家所特有的语言。别人走路看到少了一层台阶是跳下去，白求恩却搬了一块石头垫上，说："这是伤病员要走的路，应该给他们铺好。"通过这样的细节把人物写活了。白求恩责备同志也许过于苛刻，态度有时也不大讲究；但由于通过一言一行传达出人物的内心世界，使读者不但不觉得他可畏，反而更感到他的可亲。

各家的报告文学虽然各有其风格，但也有某些共同的艺术特征。由于作者大多亲历事件，因此对所反映的人与事往往都有充沛的炽热的感情，只用朴实的文字便能把事件写得有血有肉。比起20世纪30年代的报告文学,这时语言更口语化、通俗化了。而且多少受到根据地小说艺术民族化趋向的影响,在结构上也注意了事件的完整性、连贯性,叙述多于描写,使群众易于接受。因此,它虽然也是外来形式,却较快地在群众中普及、推广开来。它的作者队伍具有较广泛的群众性,作品在群众中的影响也相当大。

注释:

[1] 毛泽东:《新民主主义论》,《毛泽东选集》第2卷,1952年出版,第685页。

[2] 江华:《寄》,《解放日报》,1942年3月17日。

[3] 引自马加的《萧克将军在马兰》,《解放日报》,1941年11月21日。

[4] 孙犁:《论战时的英雄文学》,《孙犁文集》第4卷,百花文艺出版社,1982年出版,第335页。

[5] 周扬:《文学与生活漫谈》,《解放日报》,1941年7月17日。

[6] 艾青:《了解作家,尊重作家》,《解放日报》1942年3月11日。

[7] 王国维:《教育小言四则》,《王国维学术经典集》上卷,江西人民出版社,1994年出版,第112页。

[8] 本小节从此以下,凡未注明出处的引文,均见毛泽东的《在延安文艺座谈会上的讲话》。

[9] 见《延安文艺界举行座谈会》,《解放日报》,1942年6月19日。

[10] 载《新华日报》,1946年11月30日。

[11] 丁玲:《文艺界对王实味应有的态度及反省》,《解放日报》,1942年6月16日。

[12] 丁玲:《关于立场问题我见》,《丁玲文集》第6卷,湖南人民出版社,1984年出版,第21页。

[13] 立波:《思想、生活和形式》,《解放日报》,1942年6月12日。

[14] 刘白羽:《与现实斗争生活结合》,《解放日报》,1942年5月31日。

[15] 金灿然:《间隔》,《解放日报》,1942年7月2日。

[16] 这是1949年7月周扬在中华全国文学艺术工作者代表大会上关

于解放区文艺运动的报告的题目。

[17] 列宁:《党的组织和党的文学》,《列宁选集》第 1 卷,人民出版社,1960 年出版,第 724 页。

[18] 胡乔木:《当前思想战线的若干问题》,引自《三中全会以来》下,人民出版社,1982 年出版,第 943~945 页。

[19] 据陈荒煤的《向赵树理方向迈进》,《人民日报》1947 年 8 月 10 日。

[20] 周扬:《新的人民的文艺》,新华书店,1949 年出版,第 6 页。

[21] 周扬:《论赵树理的创作》,《解放日报》,1946 年 8 月 26 日。

[22] 周扬:《表现新的群众的时代》,《解放日报》,1944 年 3 月 21 日。

[23] 孙犁:《关于〈荷花淀〉的写作》,《孙犁文集》第 4 卷,百花出版社,1982 年出版,第 612 页。

[24] 孙犁:《论战时的英雄文学》,《孙犁文集》第 4 卷,百花出版社,1982 年出版,第 336 页。

[25][26] 丁玲:《太阳照在桑干河上·重印前言》,人民文学出版社,1979 年出版。

[27][28] 马烽、西戎:《吕梁英雄传·后记》,新华书店,1949 年出版。

[29] 丁玲:《三日杂记》,《解放日报》,1945 年 5 月 19 日。

[30] 陆定一:《读了一首诗》,《解放日报》,1946 年 9 月 28 日。

[31] 1949 年底,阮章竞曾对《漳河水》做了一次修改,这里引的是修改后的诗句。

[32] 安波:《由鲁艺的秧歌创作谈到秧歌的前途》,《解放日报》,1943 年 4 月 12 日。

[33] 毛泽东:《学习和时局》,《毛泽东选集》第 3 卷,人民出版社,1953 年出版,第 952 页。

[34] 载《解放日报》,1941 年 10 月 23 日。

[35] 载《解放日报》,1942 年 3 月 12 日。

[36] 载《解放日报》,1943 年 7 月 25 日。

第十三章

大转折前夜的文学

一、关于胡风"主观论"的论争

主观问题引起的争论——胡风理论的主要内容——论争中的深刻教训——反对两种倾向的言论

从20世纪40年代中期开始，围绕着主观在创作中的地位、作用问题的论辩，是国民党控制区最具理论性的一场文艺论辩。用"主观论"来概括胡风的文艺观，是因为他的理论核心是强调作家的"主观战斗精神"。

胡风(1902~1985)，原名张光人，湖北蕲春人，是20世纪30年代出现的重要左翼文艺理论家、批评家。抗战后，负责"文协"研究部工作，始终关注着抗战文艺的发展，并且形成、提出自己独立的见解。胡风一贯坚持文学的现实主义。抗战后，现实主义问题一直受文艺界的关注。无论是"暴露与讽刺"、"与抗战无关"等的讨论，或反对"抗战八股"、反对"差不多"等，也都与是否坚持现实主义有关。胡风认为文艺创作是主客观的结合、融合或统一。如果主观精神过多，"主观精神失去了现实底精神，流于空灵"，那就脱离了现实主义。依据胡风的观察，在抗战初期的兴奋中，文艺创作就曾出现主观失去客观的空洞和浮躁。反之，如果"主观意志真正被对象所冷却所吞没"，同样会导致违反现实主义[1]。在抗战进入相持阶段后，初期的激动已经过去，有的作家热情减弱、衰退，在政治的低气压下又出现客观压倒主观的偏向。这是造成抗战文艺中现实主义匮乏的原因。在20世纪40年代，胡风认为这是文艺创作中的主要偏向，这才有了"主观战斗精神"命题的提出。

1940年，胡风发表《今天，我们的中心问题是什么？》，提出了作家的"战斗意志燃烧”的命题。1944年，他为“文协”起草的《文艺工作底发展及其努力方向》一文，再次批评作家的“主观战斗精神的衰落”，认为要加强作家的人格力量和战斗要求，才能克服当前创作的缺点。但从来在左翼文艺队伍中，主导的文艺思想是强调文艺为革命服务，而文艺未能紧紧地追随革命政治，是革命文艺工作的更重要的偏向。在根据地文艺整风运动影响下，有的人认为文艺脱离政治、脱离群众，是国民党控制区文艺界的更危险的偏向；而胡风反而要求作家加强主观精神，至少是可能助长这种偏向的。所以，胡风上述观点发表后，即有人发表商榷的文章。1945年，胡风主编的《希望》杂志创刊。创刊号上发表他的《置身在为民主的斗争里面》，简要而系统地提出他的理论见解，此文被称为《希望》的序言。同期发表舒芜的《论主观》，企图从哲学上支持胡风的观点。恰好当年发生对茅盾的《清明前后》和夏衍的《芳草天涯》两剧评价的争论。有人以《芳草天涯》没有直接表现政治斗争为证，认为当前文艺界更成问题的是脱离政治的倾向。有人批评《清明前后》艺术上的明显缺陷，但又认为有了现实主义就不必强调政治倾向。许多文艺家卷进了论争，邵荃麟的《略论文艺的政治倾向》、何其芳的《关于现实主义》以及林默涵等的文章，都反对胡风的观点。冯雪峰以画室的笔名发表《题外的话》，同时还发表长篇论文《论民主革命的文艺运动》。在不同意见的争论中，都涉及胡风的观点，特别对“主观战斗精神”有较多的批评。后来胡风又发表《论现实主义的路》等论文，进一步阐述自己的见解。1948年在香港出版的《大众文艺丛刊》上，邵荃麟、林默涵、胡绳、乔木（乔冠华）等曾对胡风的观点做了批评。但由于当时战场上国民党已经兵败如山倒，中共领导的革命队伍正准备迎接全国性的胜利，来不及从容地来讨论比较复杂的文艺理论问题；加以五四以来未曾树立内部论争应有的风度，在当时是不可能达成比较一致的意见的。因此到了中华人民共和国建国后，这一论争还在继续发展，并且引发了“胡风反革命集团”的冤案。

胡风的“主观战斗精神”理论，包含以下主要内容：

首先，所谓发扬“主观战斗精神”，也就是要发挥创作主体的作用。在他看来，创作中主体（作家）和对象（所要描写的社会生活）的矛盾和统一中，主体作用是非常重要的一方；因为并不是有了生活（对象）就有文学，就有现实主义。生活只是创作的“基本条件”，正如游泳必须在水里，但在水里并不等于就会游泳，有的还可能被淹死。“文艺创造，是从对于血肉的现实人生的搏斗开始的。”[2]主体对他的对象，有一个“摄取”、“克服”、“批判”的过程，这就要求“主观力量底坚强”。他说：“在作为主体的作家这一面，同时也就是不断的自我扩张过程，不断的自我斗争过程。”[3]胡风的用词容易引起误解，好像在宣扬主观唯心主义。所以他后来有所解释，“我说的‘主观战斗精神’是指的作者在创作过程中对人物的爱爱仇仇的态度”，也就是作家对客观现实的关心、爱憎，与哲学本体论上与客观对立的“主观”不同[4]。“自我扩张”的含意“指的是作家写的人物都得通过自己的感情去体验，人物的感情都要化成作家自己的感情，这才能写出人物的真实来。不过是普通所说的设身处地的意思”[5]。

胡风还阐述了这种主体作用的状态和特征，应该是充满激情，非常积极主动的。主观战斗精神应该是作家“战斗意志的燃烧、情绪的饱满”，不能像“客观主义”那样的“思想力的灰白”、“艺术力的死灭”。正当的创作应从对血肉的现实人生搏斗开始，即从对感性的认识开始，是“主观精神底突入、发掘、以至融解、凝结的创造努力”[6]。现实生活应该反映在作家主观的苦恼、仇恨、兴奋、感激等情感之上。他用“搏斗”、“把捉”、“拥抱”、“突击”、“感应”等表示这种情感的作用和状态，对客观对象加以批判、选择、溶化，溶进作家的同感与反感，肯定与否定。“一定要主动地表现出或选择或抵抗的作用，而对象也要主动地用它底真实性来促成、修改、甚至推翻作家或迎合或选择或抵抗的作用，这就引起了深刻的自我斗争。经过了这样的斗争，作家才能够在历史要求底真实性上得到自我扩张——这艺术创造底源泉。”[7]也只有这样，所谓向人民学习，改造思想，才“不会是善男信女式的忏悔，而是创作实践里面的一下鞭子一条血痕的斗争”[8]。按照这样的理解，那种要求作家投入生活，进行观察、分析、研究，“创作过程就成了一种冷静的、‘精密’的、单纯的、逻辑思维的过程”[9]，违反了形象思维的规律，典型便成了七拼八凑的图解式的、死的东西了。

胡风又认为，作家深入对象时还要清醒地看到自己对象的特征，这就是他的著名的“精神奴役的创伤”说。他认为中国的人民大众身上“随时随地都潜伏着或扩展着几千年的精神奴役的创伤”[10]，他解释这指的“占绝对大多数的农民却是小私有者”，具有性格的两面性，既坚强、善良，“同时又是以封建主义底各种各样的具体表现所造成的各式各态的安命精神为内容”[11]。只有写好这相互激荡、纠结、相生相克的两面，才能写出“活的人”。而“作家深入他们，要不被这种感性存在的海洋所淹没，就得有和他们底生活内容肉搏的批判的力量”[12]。胡风的这一观点，显然和鲁迅早期对群众的看法和“改造国民性”的思想，是有联系的。其实早在“民族形式”问题的讨论中，胡风就已经把他对农民的认识谈得很明白。他认为：“农民底觉醒，如果不接受民主主义底领导，就不会走上民族解放的大路，自己解放的大路；因为，农民意识本身，是看不清楚历史也看不清楚自己的。”[13]他主张，新文学应该是帮助他们“‘从亚细亚的落后’（‘今天的状态’）脱出，接近而且获得现代的思维生活”[14]。他反对文艺对农民一味的歌颂、美化，而不去揭示农民中的封建的、落后的意识。这样的观点在20世纪40年代的中后期，已经可能被视为异端了。

在20世纪40年代，对什么是中国文学创作中的主要问题，有着不同的理解。胡风认为是主观战斗精神的缺失，这本不妨作为一家之言供作家们参考。在新文学发展过程中，像胡风这样具有系统的独立的文艺观的作家本不很多，有不同的声音本来也是好事。然而同为左翼作家，在另一些人那里就认为胡的观点有害，不能容忍，必须予以批判、清除。

1942年在延安整风中发表的毛泽东的《讲话》，已经被确定为革命文艺发展的指针。《讲话》非常强调现实生活是创作的唯一源泉，同时也肯定文学作品可以比现实生活更高、更典型。但现实生活怎样才能变为更高、更典型的文艺作品呢？生活不等于文学，无论多么丰富的生活都不能直接变成文学作品。生活与文学作品之间应该还有一个中间环节，这就是作家的艺术创造，作家的主观精神活动。而这个问题在以往的文学理论里面，应该说还未有细致、深入的研究。坚持文学的现实主义的胡风，也十分重视生活对创作的意义，但他特别关注生活与作品之间的这个中间环节，即作家的艺术创造的环节，提出作家“主观战斗精神”的命题，无疑有其理论的与实践的意义。可惜为历史条件所限，他基本上还只是提出了问题，而未能更详细地探讨，更完备地说明这一问题。他用了“摄取”、“克服”、“批判”、“选择”、“溶化”等来描述主观作用，也显得抽象、空泛。而且他的解释也有不精确之处。强调“主观战斗精神”、“自我扩张”是“艺术创造底源泉”，也容易被误解为宣扬主观唯心主义，成了另一些作家射击的靶子。显然，胡风理论注重的是从文艺创作的内部关系(作家的主观精神活动)，寻求加强现实主义之途径。而批评胡风的作家则主要从文艺的外部关系，即文艺与政治的关系上来考察问题。20世纪40年代，“文艺与人民相结合”的思潮正成为新文艺的主流。何其芳当时就说，现在的主要问题“并不是简单地强调什么‘主观精神与客观事物紧密的结合’”，而是文艺如何“与人民结合”[15]。有了毛泽东的《讲话》以后，许多作家以之为指导，便认为“非政治的倾向是今天严重的、普遍的、泛滥于文艺界的更有害的倾向”[16]。因而当前不是什么发扬“主观”的问题，而是“主观”太多了。再则“主观”是有阶级性的，小资产阶级的“主观”更要好好地改造，才能加强与人民、与政治的结合。他们争辩说：下水不等于会游泳，这是真理；而不下水就一定不会游泳，则是更重要的真理。他们认为，胡风的观点会产生叫人不必急于下水的后果；这样，胡风的观点便成了阻碍作家与人民大众结合的有害之论了。有的作家如何其芳，也看出了胡风所谈的只是具体的创作规律，但他认为现在具体的创作规律应当服从整个“战斗的规律”。所谓“战斗的规律”就是发动千百万群众参加人民革命斗争，这才是国民党控制地区文艺界的中心任务。于是对胡风的观点全面拒斥。他们抓住胡风把“自我扩张”作为创造源泉的观点，认为这“可能使我们走到超阶级超社会的唯心论泥沼中去”[17]。有的提出人民群众的本质是善良、优美的，其缺点是长期受压迫的结果；认为强调文学表现群众的缺点，还提出不要被其淹没，这有可能造成拒绝、反对与人民的结合的后果。从围绕着“主观论”的这场论争中，还可以看到从20世纪30年代带来的左翼文艺队伍内部的宗派情绪。所以，理论问题的讨论难有一种平等的切磋的态度，却似乎论争双方是不能两立的，有你无我。有的文章所批的是经过引申、推论后的胡风观点，甚至把胡风提倡写“活的人”，篡改成“活的个人”，以证明胡风不重视反映“活的群众”。从1928年的无产阶级文学论争，到1936年的两个口号论争，再到这次关于“主观论”的论争，对于同一战线的不同文艺见解，也互不相容，互相排斥，不惜夸大对方的错误以达消灭之目的。这是新文学发展过程中的深刻教训。

在这次论争中，邵荃麟、冯雪峰等也曾注意到反对两种倾向的问题。邵荃麟(1906~1971)，浙江慈溪人，曾经创作过《英雄》、《喜酒》、《宿店》等小说集。20世纪40年代一度担任中共重庆局文委委员，为抗战时期有影响的文艺理论家。他在批评非政治倾向的同时,也指出公式主义与标语口号文学的错误,指出“从整个思想运动上来说,这种主观教条主义仍是今天应该批判的主要对象”,“在反对非政治倾向斗争中,如果不同时指出公式主义的错误,则未始不可能使我们去重蹈过去的覆辙”[18]。他的《论主观问题》一文,批评了舒芜把主观提到哲学的决定地位的错误。但认为胡风等的理论,“是针对着抗战中后期文艺上教条主义的倾向而提出,这在动机上说是很好的,因此这种思想在反抗黑暗的意义上,未始没有它的作用,即在今天也不应完全抹煞它某种程度的作用,但是由于他们只把病象当作病源,没有更深入去追求这种现象的社会原因,同时也不是从现实革命形势发展与要求上去把握问题,他只是以一种小资产阶级的思想去对付另一种小资产阶级思想,因此,不仅不能解决问题,而其本身思想也成为一种偏向。”[19]这样的评论,在当时算是比较客观的。

二、七月派的文学创作

抗战时期出现的重要流派——七月派诗歌的思想和艺术特色——路翎小说描写“原始的强力”

胡风还是文学界的一位组织者。抗战后出现以诗歌创作为主的七月派,就是与胡风的扶植、培育分不开的。这一流派由胡风主编的《七月》杂志而得名。除了诗歌,他们在文学理论批评、小说、报告文学等领域,也有突出的成绩。因诗歌成就更突出,成为抗战后诗坛上最重要的诗派。

《七月》创刊于1937年9月,初为周刊,仅出三期。10月改为半月刊,出至次年7月。1939年7月在重庆复刊,皖南事变后被迫于1941年9月停刊。《七月》发表各种体裁的作品,如第十章提到的丘东平、曹白的报告文学作品,就有不少是发表在这个刊物上的,但以诗歌影响最大,以至说起七月派,好像就是说七月诗派。在这里发表诗歌的有艾青、田间等三十多位作家。其中大多数是年轻的“初来者”,在诗风上颇受艾青、田间的影响。他们出版《七月诗丛》以及《七月文丛》中的一些诗集。《七月》停刊后,他们又创办了《希望》、《泥土》、《呼吸》等刊物，继续发表诗歌。除了艾青和田间，这一流派的诗人还有亦门（即阿垅、S·M）、鲁藜、邹荻帆、冀汸、孙钿、绿原、曾卓、芦甸、天蓝、庄涌、彭燕郊、方然、杜谷、牛汉等，阵营颇不小。

按照胡风的现实主义理论，作家应该用他的创作参与现实的斗争，应该有战斗性，诗歌应该在时代的激流里跃动。诗人就是战士，要以饱满的热情拥抱血与火的现实。由于七月派是在民族解放战争高潮的历史背景下诞生的，所以他们的诗便具有强烈的政治色彩，政治抒情诗便占有很大比重。阿垅甚至不惜沿用20世纪30年代左翼作家的命题，发表《我们今天需要政治内容，不是技巧》（1943年），要求诗歌表现"典型环境中的典型情绪"。七月派的许多诗，格调接近田间的《给战斗者》，是呼唤人们英勇抗战的号角，也是中国人民顽强、坚韧的抗敌意志的表现。

1937年8月，抗战刚刚爆发，胡风就写了《为祖国而歌》。诗歌刻画"在黑暗中/在重压下/在侮辱中/苦痛着/呻吟着/挣扎着/是我底祖国/是我底受难的祖国！"接着表示为了祖国的明天，要用"热泪"与"活血"来尽情歌唱。诗歌表达了诗人的爱国主义思想，深情激越而沉郁悲壮。邹狄帆的《走向北方》写为了祖国奔向抗战前方的激情："祖国呵，/我们为着争求您底自由与光明，/灼热的心无时不是在追逐着遥远的风沙，/而不辞万里的行程啦。"每个人虽然只有"微弱的光"，但"四万万五千万支灯芯焰"，"也能如一星燎原的火"。当着祖国遭受侵略者的蹂躏时，诗人们更觉得祖国的天、地、河水、阳光和一草一木的可爱，他们歌唱故乡，歌唱生活在故乡的父母，歌唱在故乡土地上的劳动。冀汸的《旷野》歌唱祖国辽阔的原野，《夏日》则歌唱丰收的田地和劳动。彭燕郊的《雪天》一诗中，把雪里的山、树、村落、田野都写得很美，因为这一切都已着了战斗的色彩。杜谷的《泥土的梦》描写泥土之美，因为这是祖国的土地："泥土有绿郁的梦/灌木林的梦/繁花的梦/发散着果实的酒香的梦/金色的谷粒的梦/它在梦中听见了/孩子们的刈草镰/和风车水磨转动的声音。""泥土从深沉的梦里醒来/慢慢睁开晶莹黑亮的大眼/它眼里充满了喜悦的泪/看，我们的泥土是怀孕了。"牛汉的《落雪的夜》说："祖国呵，/你是不是也寒冷？""我可以为你的温暖，/将自己当作一束木炭/燃烧起来……"这首诗也表达了对祖国的炽热的爱。

但他们的诗不是空泛的激情宣泄，因为看到了保卫祖国、振兴祖国的艰难，他们用深沉的调子来写这抗战的艰难。阿垅(1907~1967)，浙江杭州人，是七月派的重要诗人，出过诗集《无弦琴》。他的《纤夫》一诗用沉郁、悲壮的调子，描写嘉陵江上的纤夫，拉着逆水顶风的行舟，以比喻民族解放斗争的艰险、危难。纤夫们拉的是“污黑而又猥琐的，/灰黑的木头处处蛀蚀着/木板坼裂成黑而又黑的巨缝”，这是象征古老中国的大木船；“中国的船啊！古老而又破漏的船啊！”但是他们还是坚持着：“并不是一里一里的/也不是一步一步的/而只是——一寸一寸那么的，/一寸一寸的一百里/一寸一寸的一千里啊！”因为这船上载的是“大地底第二次的春底胚胎、酵母”，也就是民族新生的希望。许多诗控诉敌人的入侵和血腥屠杀，写国土沦丧的耻辱，同时也表现抗敌战士的战斗、偷袭、突围。这些诗，像一篇篇讨伐侵略者的檄文，一张张向祖国表示忠诚的决心书，一曲曲对民族英雄们的热情颂歌。例如绿原写的《颤抖的钢铁》，献给牺牲在敌后的民族战士：“你底死/像正午十二点的影子一样正直，/你底死像塔高到最高，/监督着一片磷火乱滚的国土，英雄呵！”冀汸的《跃动的夜》用“火的跳跃”、“血的奔流”来形容抗敌者的沸腾的热情，“企图歌出我们民族不可侮辱与不可征服的潜在力”[20]。

七月派的诗也表达对当时现实黑暗的愤慨。当着国民党控制地区处于政治的低压下时，七月派的诗从歌唱爱国、抒发抗日热情为主，转为更多的对现实的抨击、揭露。阿垅的《雾》描写“雾重庆”的“不明不白的世界”：“暗中的嘉陵江和长江，/无日无夜地低哭着/像从被剜的两眼倾溢的两行苦泪。”庄涌的《朗诵给重庆听》写道：“重庆，你长江身上的一块疮，/现在又来了一大批下江化妆师，/用脂粉掩饰你的内伤，不见红肿！”对国民党当局不积极抗日却压迫百姓，实行特务统治，他们的许多诗进行愤怒的批判。阿垅的诗说他在“没有诗的日子”里写诗，表现的是“在痛苦本身之上”的痛苦。许多诗表现了坚决反抗专制统治之情。冀汸在《今日的宣言》中说：

鞭子不能属于你
锁链不能属于我

我可以流血地倒下
不会流泪地跪下的

表现了强烈反抗专制统治的傲岸不屈的精神。牛汉的《在牢狱》一诗，也表达了“不屈的敢于犯罪的意志”。在抗日战争胜利的时候，七月诗人们及时告诫人们，不要忘掉还有新的斗争。绿原(1922~)，湖北黄陂人，40年代著有诗集《童话》、《又一个起点》。1944年12月，绿原写了《给天真的乐观主义者》，对国民党统治下的社会现实作猛烈的抨击，用人民的受难和统治者穷奢极欲的对比画面，向人们发出“在中国谁能快乐而自由”的尖锐的问题。这是在胜利的前夕提醒人们不可有盲目的乐观。他的《为了自由》、《伽利略在真理面前》等均是一时名篇。日本一宣布无条件投降，绿原立即写了《终点，又是一个起点》，再次告诫人们：“我们底武器不能放下！/我们底凄凉的记忆不能遗失！”这些诗表现了诗人的高度政治敏感。

部分七月派诗人曾在延安工作或到过根据地，对那里的生活有很多新鲜的感受，他们有一些诗歌颂中共领导的抗日根据地，呼唤人民革命斗争胜利的到来。在根据地工作的鲁藜的《延安散歌》，用延安日常生活的片段，歌唱这里自由欢快、朝气蓬勃的生活。在《山》中用优美的诗句，描绘延安的窑洞：“在夜里/山开花了，灿烂地。”最后写道：“我是一个从人生的黑海里来的/来到这里，看见了灯塔。”在《草》中说，在这新的土地上，“我永远沐着和爱的光和甜蜜的雨，/我要用我小小的生命，/装饰这黄色的山谷”。他的诗就是这“小小的生命”，欢快、清浅、隽永而且含着甜味，歌唱对根据地的爱。阿垅也写有《哨》、《窑洞》等歌颂延安的生活。胡征在《五月的城》中，礼赞延安是“喷香的城/发光的城/红色的城”。

七月派的诗还表现对美好明天的向往。到了中共在大陆取得胜利的前夕，歌唱革命胜利的诗篇多了起来。罗洛在《我知道风的方向》中，用欢快的调子歌唱：

我知道风的方向
风打从冬天走向春天
我知道风的方向
我们和风正走着同一的道路啊……

20世纪20年代，徐志摩感叹"我不知道风是在哪一个方向吹"。20年后，罗洛反其意而用之，成了面对革命胜利所发出的欢乐之声。几个月后，在人民解放军包围北平城时，邹荻帆在《朗诵给北平听》的结尾写道："城墙上/旗帜像水平线上的帆船一样/出现了，近了，近了……"这同时也是宣告中共领导的革命的全国性胜利近了！接着化铁（刘德馨）在《解放》中写道："终于有一天，我们看到了这样的队伍。/……那庞大的工农的军队，/已越过了黄河，越过了淮河，/马上就要渡过长江，/而且要渡过粤江呀！"诗歌用质朴的然而又是美好壮丽的语言宣布"古老的中国站立了起来"。

此外，还有一些就国际政治而发的抒情诗，是诗的时事评论。这是20世纪40年代诗歌的新因素。把诗与现实紧密相连，举着自己的诗篇作为斗争的旗帜，这始终是七月派诗人们的信念。他们的诗伴随着人民熬过民族的苦难，像子弹一般射向专制统治，像鲜花和歌声加入庆祝新政权诞生的行列。一直到中共领导的新政权诞生后，在那些诗的颂歌和战歌声中，还能看到他们摇曳的身影。鲜明、强烈的政治色彩，十分充沛的政治激情，使他们把左翼的红色诗歌推向了最高峰。至于这个流派后来遭遇灭顶之灾[21]，相信他们当时无法料到，那是后话。

七月派对自由体诗在1940年代的再度兴旺起到重要作用。他们认为："诗的生命不是格律、词藻、行数之类所可赋予的；从某种意义上讲，诗在文字之外，诗在生活之中。"[22]他们的诗往往十分自由，一行诗从一个字到三五十个字，一任其奔涌。《七月》创刊号上，胡风就在《血誓》一诗中，号召青年诗人学习马雅可夫斯基。他们的政治抒情诗也是激情昂扬而自由奔放的。不讲究文字的雕琢、修饰，而是以诗中炽热、饱满的激情，去撞击人们的心，使读者的情绪燃烧、沸腾，为诗情所激动、溶化。绿原的《悲愤的人们》描写人民对国民党统治者的愤怒情绪，他从实际生活中提出许多问题摆在读者面前：

自由！自由！自由！
你自由吗？你自由吗，
当你在疲乏的梦中被粗鲁的拍门声所惊醒？
你自由吗？你自由吗，
当你只敢像鸵鸟似的把头埋在沙里让人打屁股？

你自由吗？你自由吗，

当你底女儿在冷风中穿着一条裤子？

当你(被)裁员的消息骇病了？

这些诗句有很强的鼓动性，它的力量完全来自生活本身。

为了加强诗的感人力量，七月派诗人也注意寻找抒发情感的形象，这形象往往带着象征性。借着对这一具体形象的讴歌，来表达诗人的情怀。如歌唱旗：“让狂风吹！/让子弹射过！/让露水浸湿！/让暴雨打！/让太阳晒！/……旗，革命的旗/旗，光荣的旗/是我们的眼睛呀。”(孙钿《旗》)又如写树，站在褐色小坡上永远佝偻着腰的树，听到贫穷无告的农民的哭泣，见过散落血迹的亡命人，见过村庄的破败、市集的衰落，“你凄凉的飘摇的一生/充满西部中国冗长的不幸的和灾难的记忆”(杜谷《树之歌》)。这里以旗象征民族革命的兴起，以树象征民族的苦难。这里抒情主体与抒情对象尚未合二而一，未形成一意象。抒情对象是独立的，它是被歌唱者，诗人借着歌唱它以表达自己的情感。

有些诗虽然并没有多么巧妙的形容、比喻，但因语言精粹、警辟，也有很强的表达感情的力度。如说民族战士在斗争中是“用生命解释自由的意义”(庄涌《祝中原大战》)。写感情的力量：“哭泣/在我们并不是弱者的自辱；/那暴涨的山洪，/谁阻遏得住！”(庄涌《遥送行》)七月派的诗中不乏这类闪光的警句。

七月派诗人虽然各有自己的艺术个性，但总的看来都比较质朴、粗犷、奔放而有气势，这特别表现在许多政治抒情诗中。作为一个群体，他们用诗反映了时代，也代表一个时代的诗歌主导潮流。但他们的政治抒情诗也有某种模式，写自由体诗仍未能完全避免直露之弊。有诗情少画意，雄浑而不很深醇，可远眺却不一定都可近瞩。这可能也是五四以来许多自由体诗的共同性。

七月派作家在小说创作上最有成就的是路翎。他的小说在这一流派的各类创作中，最能体现胡风的文艺观。路翎(1923~1994)，江苏南京人。主要作品有短篇小说集《青春的祝福》、《在铁链中》等，中篇小说《饥饿的郭素娥》、《蜗牛在荆棘上》和长篇小说《财主底儿女们》。

路翎的中短篇小说中成就较高的是对最底层的劳动人民的描写。这些人物往往具有这样的特征：他们是最受欺压的，辗转在生死线上的；但他们又最能为求生而挣扎，尽管大多是盲目的，或者几乎就是出于本能的。他们从为生的挣扎而走向死的灭亡，这是路翎的人物形象最具有特征的部分，给读者的印象也最为深刻。1942 年发表的《饥饿的郭素娥》，主人公是一个被父亲抛弃，又被比她大 24 岁的大烟鬼收为妻子的农村妇女。她的挣扎表现在对她所能理解的幸福的追求；却被丈夫和保长、流氓施以酷刑，在惨遭奸污后悲惨地死去。作家让郭素娥发出这样的呼声："你们不晓得一个女人底日子，她挨不下去，她痛苦！"她的死并未引起人们的同情，不过给人们当作"训诫儿孙的故事或茶馆里的谈资"。作家表示深深的愤慨。短篇《卸煤台下》，是写工人的。佃农出身的矿工许小东，因捡了工厂废弃的锅而被解雇。为了报复，他用石头打工头，不幸从卸煤台跌下，被机车轧断一条腿。生活逼疯了他，他无以为生时把妻子也卖掉了。路翎的这些较为优秀的作品，代表了他创作的基本倾向，表现了作家对于受压迫的底层人民的不幸命运，怀着深深的同情。

但与其他作家所写的同类题材不同，路翎在写这些底层人物时，十分注重表现他们身上的"原始的强力"。他说："郭素娥，不是内在地压碎在旧社会里的女人，我企图'浪费'地寻求的，是人民底原始的强力，个性底积极解放。"[23]在其他一些人物身上，也都鲜明地打着这"原始的强力"的印记。许小东身上有"一种野性的失望情绪使他颤抖"，可以无故地打破妻子的头；"一种可怕的自弃力量伴随着燃烧的复仇意志"，使他向工头报复。《何绍德被捕了》里的矿工何绍德，凭着一股内心的"强力"，打了包工头后自动投案。《罗大斗的一生》中的主人公，被抓去当壮丁，当队伍开拔，将与母亲离别的一刹那，他"被一种冷酷的疯狂所掌握"，撞死在石头上。在《蜗牛在荆棘中》，被抓去当壮丁的黄述泰，听信了关于妻子不贞的谣言，便请假回乡，这时也被一种疯狂情绪所控制，要回来杀人，他要用行凶让故乡战栗。包括在长篇小说《财主底儿女们》中，无论是写上流社会某些人物的争夺财产，或是写在战乱中为求生而搏斗、而相互践踏的各色人物，同样充满着"原始的强力"。这已成为路翎小说中的人物的重要标志。

胡风曾称赞路翎的人物“不是表相上的标志,也不是所谓‘意识’上的符号,他从生活本身底泥海似的广袤和铁蒺藜似的错综里面展示了人生诸相”[24]。这表明路翎有意避免人物描写中的概念化的弊病,而追求表现人物性格的复杂性。他所强调的“原始强力”,主要表现形态是一种带盲目性、突发性、疯狂性的行为。其中有的包含着个性解放的要求,有的是一种强烈的爱或恨的表露,有的是人物的莫名的自尊心;更有不少是人身上的原始性,亦即动物性或兽性的发泄,其中也有“精神奴役创伤”的烙印。路翎注重写这些内容,使他的人物除了具有较清晰的阶级面目,还包含着更丰富的人性的内涵,确也有助于各类人物深层心理的开掘。可以说,突出描写人物特别的心理状态,是他塑造人物形象的特点。也是以这样的特点,使他在当时小说创作领域内,成为自有个性的一家。但如果细加观察又能看出,他的人物多具流氓无产者阶层的心理特征。他的一些人物也很赞美流浪汉。《卸煤台下》中唯一同情许小东的“强人”孙其银,当过铁匠、监工,领导过小游击队,挨过打,流过血,也爱过城里的下流女人。许小东羡慕这样的人,认为“家里那些种田人,没有这心肠啊!”郭素娥爱的张振山,《两个流浪汉》中的陈福安,还有何绍德,也多有流浪的经历。黄述泰更是向往流浪生活,认为“流浪者有无穷的天地,万倍于乡场穷人的生涯”,这是男子汉的宽阔世界。路翎对这种思想性格或有较深体验,他的主观确也尽力地“拥抱”、“突入”了这一类人物。可惜他并未完全实现胡风要求的“从生活本身底泥海”中展现生活,而在反对把人物当做某种思想的符号时,也让自己的许多人物做了“原始强力”的符号。因而他的小说同样给人以有着某种模式之感。

《财主底儿女们》是一部规模很大、内容丰富的重要长篇。上部出版于1945年,下部于1948年出版。这部长篇得到胡风的激赏和高度评价。

长篇的上部写20世纪30年代苏州巨富蒋捷三家的没落,但它与巴金的《家》里写的高家的破落不同。当蒋捷三在世时,已陆续将财产分给多已成家立业的子女们,蒋家不再具有几代聚居的封建大家庭模式。这些儿女也多已不是封建阶级的孝子顺孙,而是新一代的资产者了。上部对儿女们争夺遗产的描写,客观上反映了江南地主向资产阶级转化的痛苦血腥的蜕变过程。主要人物的心理变化写得千回百折,随着竞争的加剧,不断刮起一阵阵思想的风暴。人物形象也较鲜明。那个抢走了蒋家大部分家产的大儿媳金素痕,一会儿是凶悍的魔鬼,一会儿又是温柔的母亲,是上部中性格最复杂、给人印象最深刻的人物。蒋捷三看似精明,却不能适应新的社会生活,他的时代已经过去。老大蒋蔚祖懦弱无为,除了做父亲的随葬品,别无他用。老二蒋少祖是个自由主义者,他是旧家庭的叛逆者,其实同样是懦弱的。他徒有经济家、政治家之名,却轻易地败在金素痕的手下,后来更退化为复古主义者。财主的这些儿女均无所作为,他们的命运注定是随着封建家庭的败落而沉沦。于是年少的老三蒋纯祖,必然要去寻找一条新的道路。

下部以蒋纯祖为中心人物,写他在抗战中怀着成就一番惊人事业的雄心去追寻出路的种种经历。小说开头对南京失陷后大溃退的描写,不妨看成一种象征,一种关于人类间的关系的象征。财主的最小的儿子就是随着溃退的队伍,在人与人的互相践踏、残杀中,毫无目标地漂流。在他看到的现实中,人与兽并无严格界限。这使他意志颓唐,只是一个偶然的机缘才又兴奋起来,他参加了共产党领导的演剧队。但这里一些以“最高原则”为指导的人,实是几个品质卑劣的伪君子。因为他们妨碍了自己的恋爱,蒋纯祖又脱离这支队伍。最后他来到石桥场,从事乡村教育工作。然而事业上既难有成就,皖南事变后复遭迫害,恋爱也不成功。他在一事无成中告别了人世。蒋纯祖的形象使人想起了罗曼·罗兰塑造的约翰·克利斯朵夫形象。这个财主的小儿子有自己的追求,希望给人类留下“光荣的遗迹”,幻想着“在将来的幸福的王国里,必须竖立着他底辉煌的纪念碑”。但他四处碰壁,既不容于世俗社会,又无法适应新的革命队伍的生活。他在为命运的挣扎中得到的教训只是“在这个社会里,没有地位和声名,是不能生活的”。他要燃烧起对这世界的仇恨,用更高的劳绩和声名来击败他的对手。和《围城》里那一群灰色的知识分子相比,蒋纯祖也许够英雄,一个个人奋斗的英雄。他的死宣告在中国此路不通,但他的失败却带着点悲壮的色彩。作家让他在生命的最后时刻,“明白了自己底自私,傲慢,虚荣”,希望此后“将照着一个穷人的样式,平实地为人”,可惜为时已晚,无补于事了。给他安排这样的下场,含有作家对他的批评,对个人奋斗道路的否定。但路翎还是要表现蒋纯祖追求“光明、斗争的交响和青春的世界底强烈的欢乐”,是因“忠实和勇敢而致悲惨”的;他通过蒋纯祖这个人物,仍然比较深入地展示了“中国底知识分子们底某几种物质的、精神的世界”[25]。蒋纯祖的灭亡反映奋斗着的个性主义者在中国现实社会中的困境，也预示了追求个性主义的时代即将结束。在另一种新的时代即将来到时，这样的描写也许对人们不无启示和告诫的作用。下部对人物精神世界的刻画更为重视，但在写人物心灵搏斗时，过多的抽象理念的叙述、解析，某些过程的剪裁上的忽略，使它在艺术光彩上反而不及上部。

三、九叶诗派等的诗歌创作

诗歌艺术的多元化——冯至的《十四行诗》——九叶诗派的出现——穆旦的现代主义诗篇

经历了自由体诗的创造、格律体诗的提倡、现代派诗的崛起，到了20世纪40年代，新诗艺术多元化的局面得到确立。整个20世纪40年代，多种方法并存共进，自由体诗占着主导地位，但它有很强的开放性，允许其他诗体的长处、优点的渗透，因而艺术上比过去更成熟了。这时虽然没有人继续高举格律诗派的旗帜，但闻一多、徐志摩的艺术探索的成果，已溶入到整个新诗艺术中去了。格律诗自成一派的局面已经过去，但新诗可以写得整齐，注重音律，则已经得到肯定，曾被讥为“豆腐块”的具有建筑美特征的形式，已成为自由体的一种了。冯至出版他的《十四行集》，标志着运用这种外来格律诗形式的成熟。在中共领导的根据地农村，民歌体诗的兴盛，为新诗增加了新品种，并且影响了城市里诗歌的通俗化。借鉴、使用市民熟悉的民谣、小调形式的诗，如《马凡陀的山歌》一时也颇有影响。还有主张“寓教于诗”的陶行知，坚持写民歌。稍晚一点出现的“九叶诗派”，在运用现代派诗歌方法上，可以说更上了一层楼。经过30年的实践，到20世纪40年代后期，艺术上不拘一格，自由发展，成了大趋势。新诗虽有主潮，但没有任何一种诗体、流派、方法能一统江山。新诗艺术的多元化，远较其他几种体裁鲜明、突出。

冯至是20世纪20年代成长的重要抒情诗人（见本书第5章第1节）。到了40年代，他运用西方的格律体写过一本《十四行集》。他是从自由诗起步，转向追求格律，从浪漫主义开始，接受现代主义影响的诗人。

冯至曾自述1942年出版的《十四行集》的写作经验，说在抗战时期的昆明，他住在偏僻的地方，那时“有些体验，永远在我的脑子里再现，有些人物，我不断地从他们那里吸取养分，有些自然现象，它们给我许多启示：我为什么不给他们留下一些感谢的纪念呢？由于这个念头，于是从历史上不朽的人物到无名的村童农妇，从远方的千古的名城到山坡上的飞虫小草，从个人的一段生活到许多人共同的遭遇，凡是和我的生命发生深切的关联的，对于每一件事物我都写出一首诗”[26]。这组诗里写到的有古今名人杜甫、蔡元培、鲁迅、歌德、梵高，也有名城威尼斯和人们陌生的加利树、鼠曲草等草木，以及更多社会上平凡的人物。但写这些并不是为了直接歌唱他们，也不为再现生活，而是写这些生活给予诗人的启示和诗人对生活的思考。这些思考必是与“生命发生深切的关联的”，含有诗人自己的生命体验、自己的生命哲学。所以，《十四行诗》也可以说是思索的诗，其中还可以看到冯至所受存在主义的影响。但这并不是指他用诗表现了哪一些存在主义的思想，不是说他用自己的诗歌形象去演绎存在主义，而是说存在主义对于人、人与他人、人与环境等的关系的观念，起了触媒的作用，促使他去思考这一类问题，并按照他自己的思想和社会体验，对这些问题给出自己的回答。这其中可能有符合存在主义的，也有的是冯至自己的答案，有的可能与存在主义并无关系，甚或相反。它所表现的还是诗人自己的对人、对生命价值的思考，对生活的感悟和对生命的热烈情感，留给人们不少可堪回味的隽永的思想成果，这是他的诗的真正价值之所在。

这部诗集共27首十四行诗，是一个完整的思想整体。诗中固然有一些对“人世”（社会）的批判，主要还是写诗人的人生感悟。在诗人看来，生命是漫长的，但“整个的生命在承受/狂风乍起，彗星的出现”（第1首）；人生像是“绝望的宇宙”，总被关闭在一个框子里，“在框子外/没有人生，也没有世界”（第6首）。“框子”可以是命运的象征，无论多么努力，人都无法摆脱命运的摆布和捉弄。诗人总觉得生命很难“把定”（第20首），“自身也都不能自主”（第21首）。人在世上身驮重负，经过“无数的山水”，但最终“从远方什么也带不来，/从面前什么也带不走”（第15首），并且人总是要走向“未来的死亡”（第2首），终有曲终人不见，只留“青山默默”之时。他赞同歌德的名言，一切生的意义就是“死和变”（第13首）。从诗里反映的这些思想来看，这个时期冯至受到了存在主义思潮的影响，加以在民族生死存亡的战火考验中，看到了人的各种表现，促使他格外关注人的生存问题。这27首十四行诗承载着一定分量的思考，更多是些感触性的，揭示了人的矛盾、分裂和悲剧性的一面。不论其轻重，都表现了人对自己的认识求深化的努力，带有一种自我启蒙的特征。因为含着存在主义影响的因素，所以被视为20世纪40年代的现代主义诗歌的代表性作品之一。

但作者并不悲观，冯至的十四行诗表现了在命运的规定下，人还要勇敢进行探索的精神。他在最后一首诗中表示："但愿这些诗像一面风旗/把住些把不住的事体。"（第27首）他告诉人们，不要总是走着"熟路"，不要怕"走入迷途"，生活中还有"许多小路，又深邃，又生疏"，只要走下去，总会成功。要知道"我们的身边有多少事物/向我们要求新的发现"。他批判那种自我满足的心理，在这种心理下，可能到了一生终结之时，却连自己都认识不清，还要问："这是谁的身体？"（第26首）他想要突破人的生命的渺小，在"深夜"的一刻想着"十年前"、"廿年前"的更长时间，在"深山"的一隅想着"十里外"、"廿里外"更广阔的空间。他呼喊："给我狭窄的心/一个大的宇宙！"（第22首）诗人还把临风玉树作为榜样，愿"化身为你根下的泥土"（第3首）。又从小草"想到人的一生"：

> 但你躲避一切名称，
> 过一个渺小的生活，
> 不辜负高贵和洁白，
> 默默地成就你的死生。

从渺小的生命中看到"伟大的骄傲"（第四首）。所以，在27首诗里，虽然写了人的局限和困境，但并不引向悲观和颓丧，更多地表现了突破生命局限的积极向上的精神，突破了存在主义的思想局限。

在人与他人的关系上，诗人从水城威尼斯看到"人世的象征"，人群就像被水隔开的"千百个寂寞的集体"，虽然有桥相通，虽然可以开窗相视一笑，但夜一来到，窗都关了，桥上也没有人了（第5首）。又从躲避空袭的聚散中，说明危险一过，人们还是要各自散去的（第7首）。人始终是"孤单"的，与周围世界有巨大的“距离”(第 21 首)。这些诗写了人的孤独、寂寞,但诗人十分珍惜人的关系,因为无论原野上的或心灵上的路,都是许多无名的行人踏出来的:

寂寞的儿童、白发的夫妇,
还有些年纪青青的男女,
还有死去的朋友,他们都

给我们踏出来这些道路;
我们纪念着他们的步履
不要荒芜了这几条小路。

这同样表现了对存在主义的突破。

冯至把诗情比作流动的水,把诗的形式比作瓶子(第 27 首),水因瓶而定其形,但这形应该适合于不定形的情感。比起简单的小诗和繁复的长诗,十四行诗规模适中,诗人每有生命体验,虽然容量不很大,却可能在这样的格式里得到适度的表现。一方面,诗人对生活有敏锐的觉察,思虑精微,许多题材像风一样吹过,却被他捕捉到了。如第 21 首写狂风暴雨之夜,这时茅屋孤灯下的人最感孤单和寒冷。诗人抓住这有特征的情境,写在这样的时刻连最接近自己的身边物,也各各想着自己的来处和故乡。把这样的时刻捕捉住了,也就把生命的孤单、渺小充分地表现出来。第 22 首写深山里夜雨沉沉,也是最容易产生孤独感、寂寞感的时候,又恰是极好的表现人希望突破狭窄的时空,向往寥廓和永恒的时候。诗人抓住这样的时刻,把他的思想表达得相当深刻。另一方面,诗人的联想丰富,一棵树、一株草、一个普通人都足以让他产生联想。威尼斯一首,从被水所间隔的建筑,联想到这是生活中人被间隔的象征;从原野的小路是许多人踏出来的,联想到心灵的小路不也是许多人帮助踏出来的吗?这些联想是他的最为成功的诗的艺术。十四行体的形式此前用的人不多,却是冯至找到的得心应手的工具,可以说运用得相当娴熟,艺术上已经相当成熟。

冯至的十四行诗在风格上形成一种平凡与深沉的统一。他的思考都来自最平凡的日常生活，并不都用“远取譬”的方法，所以比较易于了解，不像有的现代派诗那样过分的朦胧、艰涩。但从平凡生活、物事中的发现，又往往是不一般的，包含的思想是深沉的，对人的启悟作用大。但总的来说，冯至的十四行诗是偏于智性的。

这时期最重要的现代主义诗派是穆旦等的“九叶诗派”。成员有杭约赫(曹辛之)、辛笛、陈敬容、唐湜、穆旦(查良铮)等。他们中的穆旦、郑敏、杜运燮、唐祈、袁可嘉等都是昆明西南联大的学生。抗战时期，联大教师中诗人正多，有曾经是或正在从事现代诗写作的，如卞之琳、冯至等，英国现代诗人、新批评派理论家燕卜荪也正在这里授课。穆旦等从思想到诗的构思、技巧和手法，不同程度地接受了西方现代主义诗歌的影响，因而互相认同，形成了一个流派。抗战胜利后，杭约赫主持创办了《诗创造》(1947 年出版，月刊)和《中国新诗》(1948 年出版，月刊)，这是抗战后的重要诗刊。但此流派在发展中遇到困难。《诗创造》因内部观点不一致而分化。新创的《中国新诗》才更具现代主义流派的色彩，但也仅出五期。最重要的原因在于九叶诗派还只能说是个小流派，在文艺观上与当时诗歌界流行的观点有明显的区别。他们非常明确地坚持“人的文学”的创作方向，同样明确地批评以工具、宣传为本位的“政治文学”。他们不否认诗与人民、与时代的紧密关系，但强调“个人本位”，不赞同诗歌成为政治的附庸。受新批评派影响的袁可嘉是他们理论上的代表性人物，他说：“在服役于人民的原则下我们必须坚持人的立场、生命的立场；在不歧视政治的作用下我们必须坚持文学的立场，艺术的立场。”[27]他还认为“人”比“人民”更广泛，政治也是人的一部分。他承认文学与政治的“平行密切关系”，但不承认“二者之间有任何从属关系”[28]。由于坚持以人为本位，便强调人的独立性，自我意识的扩张和深化，认为诗必纯粹出于内心的要求，乃至出自潜意识。这样一些主张受到了其他某些流派的批评，甚至被认为是文学的“逆流”。由于国内政治斗争进入“两种命运决战”的尖锐时期，他们要独立于斗争之外来探讨、歌唱人、人的生命，要求允许各种诗派有自己的观点和实践，也有各种诗歌的“拥抱”和“大合唱”[29]，这在当时也是难以实现的。到 20 世纪 40 年代末期，有一些诗社开始批评他们。《泥土》第 3 期发表长篇评论《文艺骗子沈从文和他的集团》，文中所粗暴地批判的“沈从文集团”，就包括穆旦等人和《诗创造》社。还有人一概否定穆旦、郑敏、陈敬容、杭约赫的创作和唐湜的诗论，指责《中国新诗》播下了“腐臭的感伤气氛，自我夸张的炫耀和吹嘘，贪鄙无耻的个人主义，不知所云的梦呓和空虚”等“毒素”[30]。七月派对他们的批判是十分严厉的，阿垅涉及批评九叶诗派的文章即近十篇。随着人民革命胜利的迅速来到，他们在新中国的文坛上消失了。直到粉碎了“四人帮”，九位诗人的合集《九叶集》在1981年出版，他们的作品才得重见天日，并被普遍地称为“九叶诗人”、“九叶诗派”。

其实这个出现在20世纪40年代的后期，经历过艰苦、长期的抗战才走到胜利，一个人们寄予希望的新的中国已经露出曙光的条件下，九叶派的诗即使是写人的内心矛盾、搏斗，也已经将内心向外开放，与时代、与大众的情感相拥抱。像杭约赫在《启示》中唱的，“抛弃了心爱的镜子，/开始向自己的世界外去找寻世界”。他们已经丢失了20世纪30年代现代派诗中那种浓重的幻灭感、失落感。较为年长的辛笛，早在30年代已出过《珠贝集》，而在1946年的《布谷》中唱道：“二年前我当你/是在歌唱永恒的爱情/于今二十年后/我知道个人的爱情太渺小/你声音的内涵变了/你一声声在诉说/人民的苦难无边/我们须奋起/须激斗/用我们自己的双手/来制造大众的幸福。”可以说九叶派的诗是直接面对着现实的，与20世纪40年代新诗主潮是同一流向的。他们笔下也出现荒诞的世界，但不是因为精神的迷惘与困惑，那是为了抨击，为了抗争。辛笛在《回答》里说：“让我给你以最简单的回答/除了我对祖国对人类的热情绝灭/我有一分气力总还是要嚷要思想/向每一个天真的人说狐狸说豺狼。”在《阿Q答问》中又表示“我死也要说”。这种积极的面向生活的态度，本是与七月派相近的。

陈敬容的《抗辩》对只许闭眼忍受，不许问明是非的专制主义提出强烈的抗辩。《逻辑病者的春天》、《冬日黄昏桥上》都是写畸形的城市社会，在那里人像“渺小的沙丁鱼，/无论衣食住行，/全是个挤！不挤容不下你”，这些诗要“揭露这世界的真面目”。唐湜的《时间与旗》是具有现代派诗风的政治抒情诗，其中也有对上海这“都市的魔怪”的揭露，更有对“在地下引着人们前进”的取火者的歌颂。杭约赫曾经在延安“鲁艺”学习过，他的《神话》、《拓荒》表示对根据地的怀念，把那里比喻为“天堂”和“乐园”。他还有一部写得很有气势的政治抒情长诗《复活的土地》。诗中写了各色人物、各种景象，把上海

“冒险家们的乐园”描绘成一个“饕餮的”、“荒淫的”海洋，写出了一个半殖民地都市的末日。唐湜的《骚动的城》，写“物价从烟突里奔出/像黑烟一样望天上飞”，也写出都市的不安。他们也有一些独具特色的政治讽刺诗。杜运燮的《追物价的人》，讽刺国民党控制区严重的通货膨胀，诉说受害群众的辛酸。袁可嘉的《南京》，用十四行诗的形式来讽刺国民政府，别具一格，显得端庄典雅。在九叶派的诗中，人们也听到了20世纪40年代后期中国社会激剧震荡的涛声。

九叶派诗人的笔下写了不少受压迫、受侮辱的底层人物、卑微的劳动者，如郑敏的《小漆匠》、《人力车夫》，唐祈的《挖煤工人》、《老妓女》，唐湜的《偷穗头的姑娘》等，但并不重于刻画人物的面目，而是借着这些人物形象写诗人的感觉和态度。小漆匠的纯洁无知但含着希望的眼睛，使诗人的心增加痛楚。而从像小野兽般爬行在矿穴、被太阳所摒弃的挖煤工身上，诗人却看见“地下已经有了火种”。这类诗最能反映九叶派诗人在感情上倾向广大的受压迫人民。正如穆旦在《赞美》一诗中说的：“我要以一切拥抱你，你，/我到处看见的人民呵，/在耻辱里生活的人民，佝偻的人民，/我要以带血的手和你们一一拥抱。/因为一个民族已经起来。”

而且在20世纪40年代后期，九叶派的诗篇也在呼唤一个新中国的诞生。陈敬容在《力的前奏》中表现人们正怀着热情，在痛苦的挣扎里守候黎明。唐祈的《最末的时辰》宣告，“当另一支军队/跨着六尺的阔步开到”，那阴森恐怖的旧中国的“最末的时辰终归来到！”杜运燮的《雷》全诗12句，以奔放的声调喊出了12个“他们来了！”直如阵阵雷声滚滚而来，标志着革命胜利的日子步步逼近。

作为现代派的诗人，他们的诗也有对人、对人生的思考，也有在沉思冥想中的精神苦恼和困惑。如杜运燮的《井》，表现了人的精神的孤寂：“你们只汲取我的表面，/剩下冷寂的心灵深处，/让四方飘落的花叶腐烂。//你们也扰乱我的表现，/我的生命来自黑暗的地层，/那里我才与无边的宇宙相联。”陈敬容的《船舶和我们》揭示现代人彼此间的冷漠，等等。但是哪怕是痛苦的感情，那色彩不再是感伤、颓丧的了。陈敬容的《从灰尘中望出去》，用哀婉的笔调诉说“脱不尽的枷锁，唱不完的哀歌”；但突然柳暗花明，从蜷伏在厚重的灰尘下望出去，却见“一角蓝天”，就从这里射进照亮全诗的光。像她的《珠和觅珠人》,很容易写成怀才不遇的牢骚,然而却表达了热切等待把生命投入一个新世界的美好愿望。郑敏在她的《寂寞》里也曾喊出"我是寂寞的",但诗最终表现出的是诗人为克服寂寞、寻找生命的真义的努力。包括象征派、现代派诗中常常出现的一些主题,如生与死,到郑敏那里也有新的理解。《时代与死》中说,如果把高贵的心化为黑夜的流光,照亮夜行者的脚步,则光明虽消逝,却已溶入生者的血液,被载向未来。这样的"'死'也就是最高潮的'生'"。《生的美》以树木变为煤作譬,说明只有在地下忍受黑暗与挤压,让痛苦深深浸透身体,灵魂才能燃烧,吐出光和力。这些都是在沉思、辩析中悟出的生活哲理。在这方面,穆旦的诗是最有特色的。

穆旦(1918~1977)是九叶诗派的代表诗人,原名查良铮,出生于天津。20世纪40年代出版的诗集有《探险队》、《穆旦诗集》和《旗》。他还是著名的翻译家,贡献过普希金、拜仑、雪莱等浪漫主义诗人的精美译品。王佐良在1948年的文章中说,穆旦的诗"很少读者,而且无人赞赏"[31]。但闻一多遍选《现代诗钞》(1943年)时,便选了他的11首诗,并且很快被介绍到英美。

穆旦早期的作品基本上还是写实的。他用写实的笔法写社会底层的人物,如流浪汉、更夫、老木匠、纺纱女工,表现人世的不平,如《两个世界》等。他那时已经看到"世界不过是人类的大赌场"(《神秘》)。在民族危亡的重要关头,他的诗关注着祖国的命运,如《哀国难》等。《野兽》写于"七七"事变后,用野兽的形象比喻被侵略的中国,当它受到噬咬时,"它抖身,它站立,它跃起","在黑暗中,随着一声凄厉的号叫,/它是以如星的锐利的眼睛,/射出那可怕的复仇的光芒"。诗歌形象地表现了一个民族的觉醒和奋起,也寄托着诗人对"野性"中所含原始生命力的肯定和赞美。

穆旦最有特色的作品是他的一批现代主义特征鲜明的诗篇。现代主义在抗战期间得到发展,是因为当时正在经历人类史上最大规模的世界性战争。这场残酷的大战暴露了现代文明的阴暗面,使人们看到科技越是发达,财富越是富饶,可能给人类带来的灾害越大。战争也充分暴露了人性的凶残,人的虚弱、无力。此时为了抵抗侵略者,保卫自己的家园,民族情绪空前高涨,文学创作中抗战成了中心内容。但在大后方,另有一些受到过西方现代主义文学影响的知识分子,艾略特的"荒原"景象在他们心中具体化了,也引起了他们思想上的强烈共鸣;这时写出的现代主义的诗,就不仅比李金发的象征派诗,也比20世纪30年代以幻灭情绪为中心的现代诗,要成熟了许多。穆旦的诗是思索的诗、理性的诗,也是真正的现代主义的诗。面对自己发现的这个荒凉的世界,穆旦说"我们躺下来没有救治,/我们走去",他还要走,还要思索,企图反抗、挣扎,这就成了他的诗歌的基调。因为深深地看到了人的矛盾,诗的情感不仅有点苦涩,还略带悲观的色彩。

作为对人、对个体生命的思考,穆旦较早的一些诗还比较有亮色,肯定个体生命的意义,对生命怀着希望。1938年的《我看》写"生命的飞奔":"叫天风挽你坦荡地漫游,/像鸟的歌唱,云的流盼,树的摇曳。"诗人肯定欲望,《春》写道:春天来了,"看这满园的欲望多么美丽"。在诗人眼里,欲望是美丽的,春是生命活力勃发的象征。在《我歌颂肉体》(1947年)中写人的肉体是生命的"大树的根",不但是生命存在的基础,而且是"自由而丰富的",是"美的真实"。但人不仅只是肉体,还是有灵魂的,人的思想中蕴藏着主体的精神力量。《发现》(1947年)肯定人有了思想才有"发现"之力,而"发现"能把人"轻轻的打开, 一如春天/一瓣又一瓣的打开花朵","摇醒那被一切纠缠着的生命的根"。而且"你的大胆,就是你最遥远的边界","发现"有无限大的力量。另一方面,思想也诱惑着人,如《蛇的诱惑》说:"园当中那个智慧的果子:/阿谀,倾轧,慈善事业,/这是可喜爱的,如果我吃下,/我会微笑着在文明的世界里游览。"原来"智慧果"就是这样一些丑恶的东西,为了肉体的生存,却必须学会这一套。诗人看到人是不自由的,这世界不给人自由:"这苍白的世界正向我们索要屈辱的牺牲。"(《牺牲》)他歌唱人的童年:"在荒莽的年代,当人类还是/一群淡淡的,从远方投来的影,/朦胧,可爱,投在我心上。"(《童年》)童年保有原始的人的单纯,但随着文明的发展,"一切都开始滋生,互相交溶。/无数荒诞的野兽游行云雾里",人类逐渐丧失了本真。社会进步了,人却失去了童真,变得越发复杂,变得隔膜、虚伪。有进步也有失落,这是人类与生俱来的无法挣脱的特性所引发出来的痛苦和矛盾。这是永远的悖论、无奈的悲剧。这种对人的反思和批判,形成穆旦诗歌独特的旋律。在此前的新诗中,包括李金发、戴望舒、卞之琳的诗都还没有这样集中地、充分地表现过。

还有一些诗写人的处境,如《我》写人"永远是自己,锁在荒野里",人从母体分出，就是孤独的。有些诗也表现人与命运抗争的思想，如《我向自己说》用热血澎湃来写自我对命运的抗争，对绝望的抗拒。但当他进一步体验了人在现实中的无力，人类无法摆脱苦难，世界的病难以医治，世界是“无边的荒凉”（《哀悼》），他又感到了绝望，感到了“丰富的痛苦”（《出发》）。人的生存困境、启蒙者的痛苦是难以解脱的，穆旦的诗是在这深刻痛苦中的思想挣扎和搏斗，在挣扎和搏斗中的不断思索。这就是他的诗的重要价值。当着无法排除这痛苦和矛盾时，他感到只有投向自己心造的“上帝”，这在《隐现》一诗中得到集中的表现。

《隐现》（1948 年）是“玄思”的代表性作品，以带有宗教模式的“宣道”、“历程”、“祈神”三大段，表现一个完整的精神发展过程。批判的矛头对着“荒凉的世界”，对着现代文明：

我们有机器和制度却没有文明
我们有复杂的感情却无处归依
我们有很多的声音而没有真理
我们来自一个良心却各自藏起。

诗歌描写人的生存状态是：计算钱财，度量别人对自己的态度，前途则是由社会给划定了的，并且“我们有太多的利害，分裂，阴谋，报复”。所以诗人惊问：“主呵，我们生来的自由失散到哪里去了？”人生来应有自由，但“等我们哭泣时已经没有眼泪/等我们欢笑时已经没有声音/等我们热爱时已经一无所有”，写出人的悲剧性，也概括了诗人对人生的体验。诗中又说，我们想要“忽然转身，看见你”，即看见上帝，转而投向上帝的怀抱，请上帝来舒平被曲解的生命，糅合我们枯竭的心。诗里把主看成是“生命的源泉”。这里的上帝是诗人自己创造的精神归宿、情感指向的象征物，展现了穆旦的自我拯救方式。20 世纪 40 年代就有人说，穆旦是自己“创造了一个上帝”[32]。这个上帝不是基督教信奉的上帝，而是穆旦自己心造的，是因为他感到生命的虚无、信仰的缺失，必需要有“上帝”，才可能使自己的心有所皈依。所以穆旦诗中的“上帝”，应该是他所创造的一个意象。

《诗八首》也是穆旦的著名诗作，通常被解释为爱情诗，但并非典型的情诗。它是通过爱情这一人类最强烈的感情活动，来探索、表现人性的矛盾、分裂。全诗第一句就用“火灾”点明了爱情，既写爱可以像火一样猛烈，也表示爱里面包含着可怕的灾难。这里的灾难并不是指失恋之类的事，而是指即使热恋的人，“再没有更近的接近”中，人的思想、情感也并非都能相通，反而可能“相隔如重山”。这由人的生存形式的个体性所决定，所以人总是感到孤独，人生总是不完美的，这是全诗的基调。人既“永远不能完成他自己”，就需要“另一半”，因此在第三节歌颂性爱，肯定感性的生命力，描写它的美丽。但第四节又回到人性分裂，到了第七节点明你我都只有“孤独的爱情”。在因爱而结合后，“等季候一到就要各自飘落”，这既可以指人生的终结，也可以指爱的飘落。世界上只有“赐生我们的巨树永青”，这是能够“移动了景物”(推动时间)、“形成了树木和屹立的岩石”(创造世界)的力量，是神的力量。这里的神仍然并不就是上帝，也可以是自然力、宇宙力的象征，用以衬出人的渺小和无奈。情诗本是歌唱爱情的甜蜜、美丽的，一般人很少想到爱的里面还包含着人的无法摆脱的精神困境。穆旦写出喜剧中的悲剧，爱在他的笔下一点也不轻松，他所思考的可以说近于冷酷，其中所反映的痛苦几乎达到了痉挛状态，是最深的对于人的幻灭，却正是他的思想敏锐与深刻之处。

穆旦曾经说过：“我是特别主张要写出有时代意义的内容。问题是，首先要把自我扩充到时代那么大，然后再写自我，这样写出的作品就成了时代的作品。”[33]他同其他“九叶诗人”一样，虽然接受现代主义的影响，但从未把自己拘囚在“自我”的小圈子里，从未忘掉民族，忘掉世界，总是把“自我”的命运与民族的命运相联。《赞美》在风格上甚至接近艾青的《北方》、《雪落在中国的土地上》等诗，也是通过农民的受难者的形象，隐喻苦难的民族正从苦难中站立起来，反复地咏唱“然而一个民族已经起来”。诗人的自我与民族在情感上已经合二而一：“我要以带血的手和你们一一拥抱。”写出对灾难中的民族的深沉的爱。《合唱》中也表示要拥抱觉醒的土地。《森林之魅》的副题是“祭胡康河上的白骨”，这是作者参加中国的抗日远征军，在缅甸战场上亲历的一场惨烈的生死之战，许多战士牺牲在荒无人烟的森林里。诗唱道：“你们死去为了要活的人们的生存”，哪怕以后没有人知道历史曾从这莽莽森林里走过，但你们“留下了英灵化入树干而滋生”，个体生命已经得到永生。

九叶派诗人受西方现代派诗歌艺术的熏育，但非捡拾他人的皮毛、食洋不化者。他们中有的人的作品是比较晦涩的，这一点在穆旦的诗里更为明显,这因为他的诗更为智性化。但是许多现代派的表现方法,也给中国新诗增添了新的艺术因素。例如意象的捕捉和运用的成功,把诗人的情感凝结在意象中,大大地增强了诗的形象性。穆旦的《春》,借春天为意象写“这满园的欲望多么美丽”,从外在的春色来表现内在的生的欲望。辛笛的《风景》用病态的风景使人联想病态的社会。这在郑敏那里有时是与浪漫主义手法结合着的,如《清道夫》并不是写实地描绘清道夫形象,而是通过这个形象表示对混沌现实的厌恶。所以,九叶派诗的抒情往往是间接性的。穆旦也用诗歌的“戏剧化”方法,如《森林之魅》、《神魔之争》都用对话的方式,在双方的思想、情感互动中,把诗的主题表现得更为鲜明。《在寒冷的腊月里》表现农民的苦难,还用了独白与对白的交错。

象征的手法要求高度的想象力。他们诗中的想象有时是十分奇特的。如陈敬容的《雨后》中:“当一只青蛙在草丛间跳跃，我仿佛看见大地眏着眼睛。”唐祈的《雾》写夜间的雾：

比云卑湿,龌龊,
走着,走着,又蹲下来
它没有重量的
庞大白色的臀部。

这表现了诗人想象力的高超。

在语言的运用上,他们也自有特殊性。穆旦写大地苏醒了是“苏醒的大地朝向我转移”;写“一瞬间”是“一拥抱间”;风吹过来是“东风耳语着树叶”;还有如“笑声解开睡眠”(《发现》)等等。一些特别的表达方法加强了形象的冲击力,如写通货膨胀、人民贫困是“把贫乏加十个零,印出来我们的生存”,“庞大的数字像是一串列车,它猛力的前冲,/我们不过是它的尾巴,在点的后面飘摇”(《饥饿的中国》)。又常常用相互矛盾的字句:“想要跳出这跳不出的人群”(《牺牲》),“我们相信又不能相信”(《我歌颂肉体》)。这类表达方法构成穆旦诗的语言个性。九叶诗派的诗中也有通感的妙用。唐祈在色的运用方面很有特色,如“工厂的大烟囱停止了/黑色的喘息”,“佃农们太熟悉绿色的/回忆”,就比直写黑烟和农作物要艺术得多。

九叶诗派在现代诗坛上出现较晚,或可称为现代文学的最后诗派,又在社会大变动之后很快消失了。所以即便是成就最高,后来得到高度评价的穆旦,长期以来识者不多。但他们在吸收、运用西方现代派诗歌艺术,使之逐渐具有中国的性格,他们在诗歌艺术上的共同创造,却显然后来居上,超越了之前的象征派、现代派的诗。

四、在新时代的前夜

政治色彩鲜明化的诗和散文——徐讦和无名氏的小说——用笑声送旧——用大批判迎新

新诗的发展,一方面在20世纪40年代确立了艺术上的多元化,另一方面由于抗战时期民族情绪的高涨和抗战胜利后革命战争的迅猛发展,诗的政治性也明显地增强了。不仅作为抗战后最重要的诗歌流派七月派,是以政治抒情诗或曰政治性的抒情诗来表现他们的思想、情感;就是偏重于玄思的现代主义诗派,如九叶派,也同样关注现实生活,用诗来表达他们对现实的态度。那时,无论新老诗人差不多都有这样的特点。而在中共领导的根据地,用诗歌表现阶级斗争更成为主流。国民党控制区的一些叙事诗,描写阶级斗争的也多起来了。原为左翼美术家联盟成员的力扬,在1942年创作长诗《射虎者》(即《射虎者及其家族》),描写以打猎、砍柴为生的祖孙三代,受地主的压迫欺凌,他们经历了太平天国的起义,失败后正在寻找“更好的复仇的武器”。另一部重要的叙事诗是玉杲的《大渡河支流》(1945年),描写四川地主兼高利贷者山耳,残酷剥削农民还勒死叛逆的女儿,长诗主要揭露他的狠毒和腐朽。此诗反映诗歌题材的取向,在封建阶级灭亡的前夕,开始有了这种揭露、批判封建地主阶级的作品。

在散文方面,与根据地的报告文学一枝独秀正相反,在国民党控制区,抗战初期曾经兴盛一时的报告文学,皖南事变后由于政治环境的恶化而渐趋衰落。但其他各类散文仍有所收获,杂文尤显突出;而这一品类恰在根据地已趋式微。在重庆出版的《新华日报》和当时的重要文艺期刊如《抗战文艺》、《文哨》等，都常有杂文发表。在桂林还有以刊登杂文为主的《野草》月刊，出版《野草丛书》，形成了夏衍、聂绀弩、秦似、孟超等的杂文作者群。在香港也有《大众文艺丛刊》、《华商报·副刊》等许多报刊登载杂文。杂文的内容则以政治评论为主，诸如针对国内外时事和各种社会现象，揭露、批判黑暗势力，提出自己对时局的见解，这几乎是各家杂文的共同特点，可以说杂文里始终跳动着时代的心律。

郭沫若在抗战后出版了《羽书集》、《今昔蒲剑》(《蒲剑集》与《今昔集》的合集)、《沸羹集》、《天地玄黄》等散文集，其中包含不少政治评论性的杂文。如国民党特务暗杀民主战士李公朴、闻一多后，遭到人民群众愤怒的谴责，郭沫若作《让公朴永远抱着一个孩子》、《悼闻一多》、《等于打死了林肯和罗斯福》等，揭发、控诉国民党当局的法西斯主义罪行。这样一些杂文直接地投身于政治斗争的战场。20 世纪 40 年代后期，闻一多在长期埋首古书之后奋起参加社会活动，成了坚强的民主斗士。他曾表示："因为经过十余年故纸堆中的生活，我有了把握，看清了我们这民族，这文化的病症，我敢于开方了。"[34]他也写杂文批判国民党当局，同时特别注重挖掘其深刻的封建主义的历史根源，也强调发扬五四精神，继续批判封建主义的意义。他的《最后一次的讲演》怒斥反人民的统治者，面对特务手枪，表现了死不可畏的知识分子硬骨头精神。曾经是湖畔诗人的冯雪峰，这时创作了《灵山歌》等，但他主要从事散文写作，出版了《乡风与市风》、《有进无退》、《跨的日子》等；不少短小精悍的政论，如《法西主义的特性与中国的法西主义》、《武力》等，也是犀利的批判国民党当局独裁统治的文章。在抗日烽火中，在民族遭受空前灾难时，民族文化、心理上的弱点也得到充分的暴露。如果说曹禺的《北京人》、老舍的《四世同堂》中，都已不同程度地批评了民族性格的缺陷，那么杂文这形式应该更有利于做这方面的工作。冯雪峰的杂文也有政治评论，但却是在侧重于剖析人的心灵上，显现了自己的特色，使人们看到鲁迅要画出国民灵魂的工作还有人继续在做。冯的杂文在艺术的丰富性上或有所不足，但能以思想的解剖刀，切入中国人病态的精神世界，表现了较强的思想批判的力量。如《还好主义》，对遭入侵的劫难后幸存者的侥幸与自慰心理深加鞭笞，指出其中含着"奴性的卑贱的苟安，一种低级生活的满足"；一句"总算还好"，便"冲淡了多少仇恨心，减少了多少战斗的热力，麻痹了多少的力求上进的意志呵！”这使人们想起鲁迅对“暂时做稳了奴隶”的苟安心理的批判。他如《赌的变迁》、《简论市侩主义》、《论平庸》等都将批判的锋芒藏于细密的说理中。到了《跨的时代》一集，因为写于国共内战时期，便更多对临近灭亡的没落阶级思想特征的解剖，如《残酷或麻木》、《腐烂》、《自私》等。但这时的杂文批判性加强，表意更直接，少了一点杂文应有的趣味性，有的是纯然的政论。冯雪峰还是个寓言的作者，出版有《今寓言》、《雪峰寓言三百篇》(上卷)等，这一体裁在现代文学史上并不多见。冯的寓言多具政治性，也有的含有深醇的哲理意味，是他对现代散文的另一贡献。

若从杂文艺术上说，此时聂绀弩的作品，在这方面堪称上乘。聂绀弩(1903~1986)，出版有《历史的奥秘》、《蛇与塔》等杂文集，1948 年在香港又出版《血书》。聂自己认为他的杂文艺术，是从鲁迅学来的，他说：“我就是学习乃至仿效鲁迅的杂文的一个。”[35]他善于运用古代的较通俗的故事，做巧妙的分析，既抨击现实，又使人感到趣味盎然。语言也颇生动，有时故意用点古文或旧小说笔调；所以读其杂文，常能感到将思想的深刻性与艺术的生动性结合得较好。他用《封神榜》的申公豹，比喻一切逆历史潮流而动的反动派的特征。分析《水浒传》中武大被杀的原因，说明只是因为穷，以此揭露统治者当局对无辜百姓的屠杀。他还由抗战后的失业军官，扯到不得志的林冲和杨志。又写《探春论》，借查抄大观园，把贾府比作政府，旁敲侧击，评议时政。1941 年 2 月写的《韩康的药店》，述《金瓶梅》中西门庆的药店生意不及韩康的小药店兴隆，于是强行收买、砸店、诬蔑通匪，但终未能压垮韩家小店，自己却死在潘金莲的肚皮上。这十分诙谐地影射国民党当局发动的皖南事变，终将导致自己的灭亡。他的这些杂文，都可以说有很强的政治批判的力量。他的《血书》力证土地改革的正义性，欢呼这是光明的大革命。

在香港出版的重要杂文集，还有林默涵的《狮和龙》，其中除少量写于延安、重庆，大多是在香港写的。《狮和龙》一文，从故乡民间节日文艺活动说起，娓娓道来，在富有趣味性的描述中，说明人民力量如狮，必然战胜缥缈的龙。这种杂文的重点不在于向思想的深层突进，而在于以象征的手法，预示革命胜利的必定到来，带着那个特定时代的色彩。

除了议论性强的杂文在继续发展，在国民党控制区的散文中，记叙性与抒情性相结合,也是一大特征。茅盾、巴金的一些散文中,这种趋势便很明显。茅盾在抗战后,接连出版了《炮火的洗礼》、《见闻杂记》、《时间的记录》等多种散文集。这些散文多根据自己的经历,记录了抗战时期的社会风云;但往往含有很浓的感情色彩,有的托物寄情,也像是优美的散文诗。1941 年写的《白杨礼赞》,就是一篇壮美雄健的散文诗。它以西北黄土高原的似乎单调的景色,来衬托傲然耸立在那里的白杨。白杨虽然缺少一点华丽与妩媚,却伟岸、正直、质朴、严肃、温和,作者用它作为北方农民的象征。茅盾还有一篇《风景谈》,同样以西北的自然景色为背景,表现生活在这里的革命青年,文中洋溢着难以抑制的赞美之情。作者把这些在艰苦中自强奋进的人,看成是"民族的精神化身"。这是一幅淡彩的根据地社会风景画,也是一曲美丽的青春赞歌。这些艺术上十分讲究的散文,都有鲜明的政治倾向,都是对中共领导下的根据地的热烈赞颂。巴金的散文除了记叙漂泊生活中的旅途见闻之外,也有许多优美的散文诗。他出版了《龙·虎·狗》、《废园外》等集子。《废园外》描写敌机的轰炸使一个幽居的少女丧生,对日本帝国主义者的暴行表示无比愤怒,对被害者寄予深挚的同情。他的许多篇章用幻想和象征的手法,来表达激情和愿望。如《灯》以灯象征热情,通过描绘神话和现实的灯,表达一种对生活的信心。《龙》写"我"没有接受因反抗上帝而受到处罚的龙的规劝,以表达"我要走,就是火山、大海、猛兽在前面等我,我也要去"的顽强追求光明的信念。《日》则表示愿飞向日球,宁愿在那里化为一阵烟、一撮灰,它好比一首新的《太阳礼赞》。这些散文是浪漫主义园地里的新花。在记叙散文中,这时报道根据地和苏联见闻类的作品不少。如郭沫若的《苏联纪行》,茅盾的《杂谈苏联》、《苏联见闻录》等,既有访问游览见闻的记载,也常常发表自己的感触,表现着鲜明的感情倾向。

但是在散文的政治色彩日益浓厚的趋势下,仍然有一些好像与抗战、与政治无关,只是写的日常的琐事、小事,表达一种生活中的情趣的小品,成了一些人眼里的"异类"。最有代表性的当是梁实秋的《雅舍小品》。梁在 1927 年就曾出版过杂文集,但真正在散文领域中自显特色并成为重要一家,还是始于 20 世纪 40 年代的《雅舍小品》,共出四集,第一集到 1949 年才出版。首篇《雅舍》写的是抗战时期的住,虽然那时他在四川住处甚至不能避风挡雨,却自感乐在其中,清幽的月夜、朦胧的雨景,都颇可玩赏,让人读后自然地想起刘禹锡的《陋室铭》;这一篇最能反映梁的生活态度和思想风格,其所表现出的道家风范更强于周作人和林语堂。他的小品表面上很超然,写的好像是无关紧要甚至会被认为无聊的小事,但其实质还是贯彻着对国民性的批判,只是不用金刚怒目式的笔法,只在亦庄亦谐、说说笑笑之中包含着作者的倾向性。又如《女人》、《男人》似乎在讲着不同性别的弱点,稍一留意就看得出其实是在批评小市民的种种习性。所以他的这类作品,议论不多,叙述不少,内容丰富多样,描绘细腻,知识性、趣味性兼备,但差不多没有不包含着批判性的。在20世纪40年代,梁实秋的散文延续二三十年代周作人、林语堂的风格,共同形成现代散文的独特一脉。

20世纪40年代,在国民党控制区还有一些小说另具特点,在当时也有一定的影响,如徐訏和无名氏的小说。徐訏曾在30年代帮助林语堂编过《人间世》等刊物,思想基本上属于自由主义的范畴,曾出版《三思楼月书》约20种,内含小说、戏剧等,还出过厚厚两大本《四十诗综》。无名氏原名卜宝南,后改名卜乃夫。人们把这两位小说家并列,除去政治倾向性的考量,大概因为他们的小说还有些共同点:一是写法上接近通俗小说,在20世纪40年代曾被人称为"洋装的鸳鸯蝴蝶派";二是都带有浪漫主义的特点,后来曾有人把他们立为"新浪漫主义"流派;三是通过作品鲜明地或比较隐晦地含着对人生、对世界的见解,一些人物可视为某一思想的符号。

徐訏(1908~1980)写于抗战爆发前夕的中篇小说《鬼恋》,是他的名篇。小说用浪漫主义的手法描写一个冷艳的"女鬼",把这个形象表现得亦真亦幻,扑朔迷离。但她对"鬼"和"人"的界线十分分明,不论"我"对她多么痴情,总是被拒于这条界线外。人们被作家所设下的悬念所吸引,却忽略了"鬼"的身世,原来她曾是个革命者。她做秘密工作,吃了很多苦,参加过18次暗杀,成功了13次,亲手杀死三男一女,进过牢狱,也曾亡命国外。结果是"一次次的失败,卖友的卖友,告密的告密,做官的做官,捕的捕,死的死,同侪中只剩我孤苦的一身"。所以在她的眼里,这人间"鬼怪离奇",她"不想做人"了,只为冷观人世而做了"鬼"。这个"鬼"可以说就是作家思想的符号,包含着他对人世的看法。"鬼"其实是还有良知的人,许多"人"则实际上是鬼。徐訏还有几部中篇,如《精神病患者的悲歌》,写主人公白苹的精神病是古堡式的家庭所逼出来的，要治她的病，只有用爱。小说表面写的是三角恋爱，医生“我”同时被两个女性所爱。结果是侍女海兰为了表示对白苹的爱，甘愿自尽，把爱的机会让给了白苹。白苹为了报答她，把自己献身给了上帝。“我”则把对这两位美丽女性的爱献给了全人类。作品也有通俗小说的特色，宣扬的是爱的哲学，如海兰所说：“在爱神面前，人类终永远是原谅与宽恕吧。”徐讦曾经接触过马克思主义，但后来写文章声称回到个人主义、自由主义。这篇《悲歌》的思想和《鬼恋》是一正一反，可以看出徐讦的思想倾向。徐讦还有40余万言的长篇《风萧萧》(1943年开始连载)，主人公是个姓徐的学者，抗战时期加入美国特工组织。围绕着他的是三个美貌女子，这或许是作家设计的通俗小说的“卖点”。这三个美女中有国民党特务，也有美国特务，互不相识却实为一家，都在上海与日本特工作斗争。主人公们虽各有其人生态度，但在小说中这并不重要，好像是穿在对敌斗争的人物身上的一件外衣，并无助于小说的思想深刻性。作品主要是歌颂地下的抗日斗争，书名取自“风萧萧兮易水寒”，意在显示秘密斗争的悲壮。

20世纪40年代后期，在全国性的翻天覆地大变动即将来到的背景下，无名氏开始他的多卷本长篇小说《无名书》的写作，这一套小说所要表现的思想比之徐讦，更要宏大得多。无名氏(1917~2003)先以言情的通俗小说《塔里的女人》、《北极风情画》，造成颇大的影响。他自述这些小说只是用来造名的，他真正想写的，是多卷本的《无名书》。1949年前，他完成了《野兽、野兽、野兽》、《海艳》和《金色的蛇夜》上卷。中华人民共和国建国后，他又写出《金色的蛇夜》下卷和《死的岩层》、《花开在星云以外》、《创世纪大菩提》。建国后写的几部，在1960年已经完稿，20世纪80年代在台湾出版。无名氏说：“流行的写实小说，大多属于社会现实的写真，《无名书》则属于人类感情(过程)的写实，人类(人生哲学)思维(过程)的写真，与人类诗感觉的写实，以及中国时代精神(过程)生命精神(过程)的写实。”[36]

《野兽、野兽、野兽》写青年知识分子印蒂，在20世纪20年代大革命高潮的“红色狂热”中投身革命。“四一二”政变后被捕，在敌人酷刑、色诱下不动摇。但被救出狱后，因受革命队伍中“左”倾路线和小人之害，被迫脱离革命。无名氏对革命工作大概缺少体验，写中共内部的路线斗争便只能是人物的口头辩论。以“野兽”为书名，似欲揭示革命的非理性，却写得肤浅、表面，还不及茅盾的《蚀》三部曲，也就缺少震撼力。中国现代文学一些作品的情节，曾涉及革命运动中的错误，如《子夜》、《骆驼祥子》、《财主底儿女们》中的某些描写，几乎没有很成功的。《野兽》也不例外，好像换几个正派的人，革命或者就会搞得好了。好在《野兽》只是《无名书》的第一部，只是主人公人生之旅的第一站，只在于说明印蒂初期生命探讨过程中对暴力革命的否定，为他后来的精神追寻找个理由。所以，如果用现实主义为标准来看《无名书》，可能没有太大的价值，如果摆在20世纪40年代末的特定历史关头，分析其独特的思想，这还是一部颇值得注意的作品。第二部《海艳》写印蒂告别革命以后，与美貌的表妹瞿縈狂热恋爱。两人在海岛上变换花样享受人欲。印蒂得到了“过度的幸福”后，感到厌倦，产生怀疑：过分的爱会失去自我，变成爱的奴隶。对爱的幻灭使他悄悄地抛下瞿縈走了。此时“九一八”事变爆发，他应朋友之召，到东北参加抗日义勇军去了。《金色的蛇夜》写义勇军的失败又把印蒂抛回到十里洋场的上海，他在这里认识了象征“恶之花”的交际花莎卡罗，她是纵欲、堕落的代表。印蒂在“黑色生活”里纵情寻欢作乐，是为说明“魔性从来比神性更深刻、更永恒”。其实《无名书》的前三卷都是表现人的魔性，也就是兽性的。革命固然是一匹“野兽”，爱情也拯救不了人生。人的欲望向善、向美的方面走，就是“海艳”；向丑、向恶的方面走，就是“蛇夜”。印蒂在经过了这许多“地狱”中的历险路程，体验了种种兽的生活后，为了摆脱精神危机，他只有换条路，再上“天堂”去看看了。于是作家开始把他引向宗教，让他去寻求灵魂救赎之途。

在第四部《死的岩层》里，印蒂接受了天主教的洗礼，但两年的教徒生活，他发现上帝其实并无主宰人的力量，于是改而投归佛教。佛门的清规戒律又使他感到这里只有形式上的“净”，个性的“我”却遭到严厉的束缚。他觉得宗教并不能解决人生的终极问题，于是便有整合东西文化，创造人类新文化的念头。第五部《花开在星云以外》写印蒂隐遁于华山之巅，以禅学为基础，试图融会儒、释、耶，形成新的宇宙观（“星云以外”即指的宇宙）。他的所谓“星球哲学”也无非是让在纷繁世间挣扎的人们“望星空”，把人的关注引向更大的、缥缈的空间，以求自我解脱，化解思想矛盾和生活纠纷。第六部《创世纪大菩提》为印蒂的思想探求画个句号，他经历了革命—爱情—享乐—禁欲—修炼，最后回到世俗，下华山回归瞿縈，与这位“圣母”结婚。这时的印蒂上过天入过地，经历了兽性的放纵和神性的修炼，再回到现实，已达到了思想的圆全。但是“创世记”(以基督教为代表的西方文化)和“大菩提”(以佛教为代表的东方文化)能结合出什么成果呢？印蒂他们创办“地球农场”，开始新的实践。不知道是经历了人世的历练，变得谦虚了，或者有别的原因，印蒂对自己的新的实践是很低调的。他称自己的农场只是“最小最小的角落”，所要实验的只是“小小理想”。而这理想也只是“比较新鲜”而已，就是正义、平等、博爱、幸福等。书中多次引用法国的《人权宣言》，宣扬人人生而平等。看来印蒂最后达到的，并未超出自由主义或者空想社会主义的范畴。便这样，无名氏让他的故事在“大团圆”中结束了。

主人公印蒂的行为，不一定有多少性格的依据，他也是一个思想符号，他的一次次经历只是“无休止的探索”的某一过程。他经历过革命，尝够了爱情、享乐等甜酸苦辣味，也皈依过上帝和佛祖，企图在宗教里寻求灵魂的平静，以达到终极的彼岸。或者作者想把他当作《神曲》里的但丁、《浮士德》里的浮士德。在最后一部小说中，瞿縈问道：“人们为了证实一个简单的命题，究竟还要流多少血呢？”[37]他们未能在生活中寻到答案。在连续不断的战争环境里，在一个王朝覆灭前夕的崩溃声中，面对着满眼的混乱，左冲右突，疲惫不堪，找不到前途，甚感自身虚弱的知识分子，为了寻求安慰和精神的支持，便投归宗教，这在20世纪40年代后期并不是只有无名氏一人。在这个意义上，《无名书》还是让人们看到那时一部分知识分子的精神困境。但在革命处于最高潮，在胜利在望的时刻，很少有人会理解这样的作品，甚至感到它与革命格格不入。所以《无名书》头两部半诞生后，并不被人太看重，那时为无名氏搏得盛名的，是他的《塔里的女人》。全部《无名书》表现的其实是“大幻灭”，对革命、爱情、享乐、宗教等的大幻灭，表现了无法寻求人自身的终极问题的迷惘。这是现代主义的一大主题，《无名书》也是20世纪40年代中国现代主义的大作品。只有在经历了历史的曲折，当革命事业受到挫折后，到了20世纪末，人们才开始对这样的作品有所理解，还有人甚至喜爱它。但最后一部让印蒂得到美满婚姻，进行社会实验，用“大团圆”作结局，是个败笔，使《无名书》差不多成了一部通俗小说。

《无名书》是现代文学史上最重于描写的小说，全书篇幅浩大，但生活内容并不充实。作者自述：“我走的不是流行的写实主义道路，但任何小说只要多少有点故事情节，就得多少参考一点写实小说艺术的手法。”[38]虽然明白这样的道理，但在这方面不很成功。他的非常突出的特点是大篇幅、大段落的描写，这不是指对人物行为、肖像、生活场景、生活细节的精雕细刻，而是用最鲜艳、最耀眼、最繁复的形容、比喻，不惜夸张、重复，甚至使用生僻生造的词，来描写人物的思想、感情，描写事情的过程，好像只顾不停地炫鬻自己的才情。像下面这样的文字，在书中几乎成了主体：

紫色——是一种睡，万万千千浮动而粗犷的细胞在睡，睡得比紫色更深，更沉。蓝色——是梦，梦像岚色一样美，雾带一样轻，但并不透明。绿色——是睡与醒的中间色，从睡的边缘爬到醒的边缘，又从后一条直线滑回前一根直线，但它不是梦。橘色——是一种醒觉，所有意识的枝桠，突然从光秃，变成一片繁茂、葱茏，从地平线上睡着了的一切光芒陡然醒来。现在，这些年轻人，正仿佛从一片中间色里醒过来，用一种橘色视觉，望着湖上的亭台楼阁、花树山水。他们的橘色视觉泡沫，不断泛起、漫开，渗入湖上每一丛梅树，每一朵梅花，每一叶，每一茎，每一光，每一色。他们眼睛里的水样液与透明液流溢到每一萼、每一蕊，反映天空和太阳的七色，又几乎透入每一颗宇宙粒子。湖上的那些紫色、绿色、蓝色，正是他们昨夜的各种经历，各种神秘的色彩，使他们无限恍惚，又无比甜馨。

这是描写杭州西泠景色中的一小段，像这样的描写，在书中不仅一段、一页，甚至整节。也有大段的人物语言，叙述人物的思想见解，表明其内心世界；有的时候像抒情独白，有的时候似在谈哲理，但可能不符合特定情景，也缺少人物的个性特征。在这一点上，倒是具有鲜明的浪漫主义的特征。对这样的艺术特性，有的人极为欣赏，赞为“奇书”；有的人则不感兴趣。

国民党当局在抗战中对民族做出过贡献，但政治上实行独裁，特务横行，官员贪污腐败，经济衰退，通货膨胀，民不聊生，使其大失民心。到了20世纪40年代后期，由于在国共内战中连连失利，国民党政权的总崩溃之势已定。在这特定历史条件下，讽刺性作品便发达起来，形成了创作中的一股潮流。人们用藐视的眼光、嘲讽的口气，来描绘一个王朝的末日。

在抗战后的大后方，人民群众不满国民党当局的腐败，本已在流行一些讽刺性的民谣、顺口溜等。如宝鸡一首民谣唱道："半分责任不负，一句真话不讲，两面作人不羞，三民主义不顾，四处开会不绝，五院兼职不少，六法全书不问，七情感应不灵，八圈麻将不够，九流三教不拒，十目所视不怕，百货生意不断，千秋事业不想，万民唾骂不冤。"重庆一首讽刺国民党官员的民谣说："迟迟上班签签到，摆摆龙门说说笑，理理抽屉磨磨墨，写写私函看看报……"这类顺口溜的盛行是专制主义的产物，因为在专制统治下人民没有言论自由，心中的不满便发而为这样一些讽刺、调侃的口头作品，这类作品最能反映真实的民心。顺应这种潮流，在文学是斗争武器的思想和根据地提倡学习民歌风气的影响下，也有作家写起了适合市民口味的民谣风味的诗歌。其代表性的作家是袁水拍。

袁水拍(1919~1982)出版过《人民》、《向日葵》、《冬天冬天》、《沸腾的岁月》等诗集，大多是政治抒情诗。20 世纪 40 年代中期开始以马凡陀为笔名写讽刺诗，后结集为《马凡陀的山歌》、《马凡陀的山歌续集》。这是当时最有影响的政治讽刺诗集。《马凡陀的山歌》的内容多涉及城市市民所关心的时事和社会生活，往往带有时事评论、新闻评论的特色，有很强的讽刺性。因为道出市民心中的痛苦与不满，能引起他们的共鸣，在当时国民党控制区的民主运动中，起了一定的斗争武器的作用。其价值则在于像清末的《二十年目睹之怪现状》，保留了一个王朝末日的许多社会怪现象。这些畸形的光怪陆离的现象中，可以看出一个政权已经腐烂透了，非垮不可。有的诗借鉴民间希奇古怪歌的形式，放大了不合理现象，给人以深刻印象，如《四不像》、《海内奇谈》等。《人咬狗》写道："忽听门外人咬狗，/拿起门来开开手，/拾起狗来打砖头，/反被砖头咬一口！……"本来写的是特务的横行，却也能概括一切都颠倒了、反常了的社会现实。《发票贴在印花上》也记下抗战后国民党控制区里大量的反常现象："吉普开到人身上"；"房子造在金条，/工厂死在接收上，/鸟窠做在烟囱上"；"民主涂在嘴巴上，/自由附在条件上"；"脑袋碰在枪弹上，/和平挑在刀尖上"……把这些合起来就是国民党在大陆的统治崩溃前夕，半殖民地城市的一部分实际状况。1946 年，香港有人用十首《山歌》的内容，便编了一出讽刺剧上演。《山歌》的另一个价值在于反映了那时的民心，好比是给一个腐败政权的垮台做了注释。国民党政权的无能、腐败、与民为敌，最终败退台湾，这一段历史的教训是深刻的。而要了解他们统治大陆的最后日子的景象，了解民众心之所思，袁水拍的这一批“山歌”仍是很有用的。

《马凡陀的山歌》是出现在城市里的民歌体诗，它多以市民熟悉的民谣、小调的格调写成，有的是填词。轻松、诙谐、幽默，但又锐利、泼辣、有锋芒。有的令人捧腹，发挥了笑的批判力量。但有时也油滑，反而有损批判之力。

写讽刺诗在当时是很普遍的。郭沫若的《进步赞》用反语揭露国民党当局镇压 1945 年“一二·一”昆明学生民主运动：“谁能说咱们中国没有进步呢？……/水龙已经进步成为了机关枪，/板刀已经进步成为了手榴弹，/超度青年的笨拙的刽子手们/已经进步成为了机械化的好汉。”他还有《这个就叫“最民主”》（后改题为《猫哭老鼠》）等讽刺诗。臧克家的《宝贝儿》、《生命的零度》、《冬天》诸集中都有一些讽刺诗，他也认为：“在今天，不但要求诗要带政治讽刺性，还要进一步要求政治讽刺诗。”[39]但他的风格不同于袁水拍。一贯以严谨态度写诗的诗人，他的讽刺诗虽也尖锐、明快，但少了一点幽默、诙谐。他写得较好的是主题比较严肃、时事性很强的诗，如《生命的零度》。这首诗据上海街头一夜间冻死八百流浪儿童的消息，以满腔怒火控诉了人间的不平。

到了 20 世纪 40 年代后期，讽刺剧也有所发展。最著名的是陈白尘（1908~1994）的《升官图》，该剧在国民党控制区的演出也曾轰动一时。《升官图》夸张地表现丑恶现象，在暴露官场的腐败、黑暗方面，还是相当尖锐的。为了能通过国民党当局的审查，把剧情发生的时间写成民国初年，但人们一看便知是在讽刺现状，是一部新《官场现形记》。剧中借着两个强盗的升官梦，重现了一个县衙门里的官僚们利欲熏心、营私舞弊、腐朽透顶的内幕。接着来了视察的省长，把剧情推向高潮。原来在贪赃枉法的手段上，这位省长大人又更胜一筹。剧作家设计的省长以需用金条熏治头痛病，向下级进行勒索的一场戏，虽然用了夸张手法，却是官僚敲骨吸髓搜刮百姓血汗的典型表现。《升官图》在艺术上借鉴果戈理的《钦差大臣》和传统戏曲的讽刺手法，把五四以来讽刺喜剧推向新水平。

随后，吴祖光创作了《捉鬼传》，写钟馗捉鬼后酒醉，千年后醒来，见鬼蜮之辈复满盈天下，乃败逃而去。以此说明现在的鬼比古代还多，而且手段也更厉害。前两幕写古代生活，常用现代语言，如“接收大员”、“抗战夫人”等以讽刺现实。剧本写得幽默，但有时噱头嫌多。他还写有《嫦娥奔月》，把羿写成暴君，通过月下老人之口，责其“一统天下二十年，颠倒纲常，逆天行事”，彻底地否定了蒋介石的统治。1948年，宋之的出版剧集《人与兽》，其中独幕剧《群猴》是在根据地写的讽刺剧，内容是讽刺蒋介石导演的“国大”选举。参加竞选的代表都到孙镇长家行贿，请他帮助活动。这些人里有CC系统的、三青团的、孔祥熙派的、宋美龄派的，他们互相争吵，终至大打出手。警察闻讯来到，他们都假装成耍猴戏的。剧本讽刺这些人物实乃沐猴而冠。1949年，瞿白音创作的独幕剧《南下列车》，描写国民政府南逃广州时，一列头等餐车上逃难的国民党各色人物，他们张皇失措，丑态百出。这部讽刺喜剧用笑声向这些被讽刺的人物的时代告别。

清朝将亡，出现了《官场现形记》等几部“谴责小说”。到了20世纪40年代末，是国民党政权统治中国大陆的最后日子了，这时讽刺作品盛行，所展现的也是一种末世景象。这些作品固然有以嘲笑之声送走或驱赶旧势力之意，其中也多有讽喻的意义，也是值得记取的。

抗战胜利后，很快就爆发了国共内战。在这一场被视为决定中国的两种命运的大决战中，文学界的某些自由主义作家站在超乎两党的立场上，对战争说了些从两方面听来都会觉得不很得体的话。尤其在国民党的败象已露的情势下，他们又公开提出政治上的“第三条道路”。在文学上，他们坚持文学的独立性的观点，如沈从文仍然坚持他在20世纪30年代“京海之争”时的思想，既反对与商业结合的“职业作家”，又反对与政治结合的“政治文学”[40]。他经常批评政治影响了文学，要求文学或学术要“一律交给自由主义者，听其在阳光和空气下自由发展”，要求扩大自由主义在文学发展中的作用[41]。朱光潜发表《自由主义与文艺》，系统地提出维护文艺领域的自由主义的意见。首先，他认为文艺应“自由”、“自主”，因为“自由是文艺的本性”；文艺“不是一种奴隶底活动”，而是完全地服从作家“自己的心灵上底要求”；因而“不能凭文艺以外底某一种力量（无论是哲学底，宗教底，道德底或政治底）奴使文艺，强迫它走这个方向不走那个方向”。其次，“这自由性充分表现了人性的尊严”，因为爱美是人性的最可宝贵的基本要求之一，爱美才有艺术活动，才会要求实现美的价值。他猛烈地攻击要文艺去做政治等的奴隶，是“奴颜屈膝而靦不知耻”[42]。这篇文章可以说是概括了梁实秋、胡秋原、苏汶等的观点，是中国大陆自由主义作家发表的最系统也是最后的意见了。

由于自由主义当时已经形成政治力量，已经有了政党组织，在国民党的失败已成定局的情况下，国外一些势力曾对中国的“民主个人主义者”寄予希望；所以在政治上对他们的批判，是由毛泽东自己操笔的。1949 年，毛泽东连续发表了《丢掉幻想，准备斗争》等多篇评论。他给自由主义者定性：“他们的头脑中还残留着许多反动的即反人民的思想，但他们不是国民党反动派，他们是人民中国的中间派，或右派。”[43]在文学领域，当一个新的时代就要开始之时，作为即将成为这个新时代的主人的政治力量，已经忙着部署新的工作；这工作当然也包括对自由主义作家和他们的文学观的打击和批判。这个任务主要由当时结集在香港的一些左派文学家来担负。

1948 年，《大众文艺丛刊》的第一辑在香港出版。它的第一篇大文章为《对于当前文艺运动的意见——检讨·批判·和今后的方向》，署名为“《大众文艺丛刊》同人，荃麟执笔”。文章总结了抗战以来国民党控制地区的文艺思潮，认为十年来的文艺运动处在一种右倾状态中，缺乏一个以工农意识为领导的强旺的主流；文艺思想处于混乱状态，革命文艺主导思想衰弱，而个人主义文艺思想高扬，阶级斗争的精神被个人反抗的精神所代替。这些个人主义文艺思想的表现有：唯心主义的观念（如超阶级的人性），“圣洁的爱”与“永恒的美”的追求；对历史和现实的批判软弱无力，有着人道主义的微温的感叹与怜悯；追求主观精神的倾向，强调文艺的生命力与作家个人的人格力量，强调内在精神世界的描绘；创作方法上趋向于繁琐的和过分强调技巧的倾向，等等。文章特别指出了几种“反动的文艺思想倾向”，“应该列为我们直接打击的敌人”：“更主要的，是地主大资产阶级的帮凶和帮闲文艺。这中间有朱光潜、梁实秋、沈从文之流的‘为艺术而艺术论’，有徐仲年的‘唯生主义文艺论’和‘文艺再革命论’，有顾一樵的‘文艺复兴论’，以及易君左、萧乾、张道藩之流一切莫名其妙的怪论。这些人，或则公然摆出四大家族奴才总管的面目，或者扭扭捏捏化装为‘自由主义者’的姿态，但同样遮掩不了他们鼻子上的白粉。”显然，这篇大文已经表明在新的时代里，从提倡“主观战斗精神”的左翼作家胡风，到人民中国的“右派”的自由主义作家等等，已被悉数列入扫荡之列。《丛刊》的第二篇，是郭沫若的《斥反动文艺》，郭指出现在是革命势力与反革命势力“短兵相接”的时候，他于是也用“短兵相接”的姿态来写这打击“反动文艺”的文章。他用“红黄蓝白黑”几种颜色来指责当时的“反动文艺”，他的几种颜色的比附似乎并无道理，这样的比附在严肃的文艺批判中显得不很严肃。但也显示了他要扫荡沈从文、朱光潜、萧乾等一大批“反动文人”的气势，一种胜利者的气势。而点这三个人的名，显然是把他们当做文学界“自由资产阶级”的“右翼”的代表[44]，恰巧他们后来都留在了大陆，而胡适、林语堂、梁实秋等已经不在大陆了。无论是荃麟的或郭沫若的文章，都缺少从学理上对批判对象的解剖、分析，也少有具体作品的引证、评论，批评的标准又是非文学的，而像政治化的棍棒。文风也不严肃，缺少平等的、说理的论辩，缺少对被批评者的人格和对文学本身的尊重。从胜利前夕这些文学的大批判文章中，已经看不到五四提倡的民主、科学的精神，为建国后连续不断的政治运动中的“左”倾的大批判，开了先例。

但《大众文艺丛刊》上也有很微弱的不同声音。《丛刊》的最后一辑《新形势与文艺》上，登载史笃的《文艺运动的现状和趋势》，反复地强调应看到“蒋管区”的革命文艺、小资产阶级文艺的重要意义，应给予合理的评价；并认为“解放区和蒋管区两支文艺队伍自始至终总是一家人”[45]。这样的观点当时不占上风，并被认为应予商榷。

注释：

[1] 胡风：《现实主义在今天》，《胡风评论集》（中），人民文学出版社，1984 年出版，第 319 页。

[2][3] 胡风：《置身在为民主的斗争里面》，《希望》第 1 集第 1 期，1945 年 1 月出版。收于《胡风评论集》（下），人民文学出版社，1984 年出版，第 17~23 页。

[4] 胡风：《胡风评论集后记》，《胡风评论集》（下），人民文学出版社，1985 年出版，第 406 页。

[5] 同上，第 420 页。

[6] 胡风：《文艺工作底发展及其努力方向》，《胡风评论集》（下），人民文

学出版社,1985 年出版,第 10 页。

[7][8] 同注[2]。

[9] 胡风:《今天,我们的中心问题是什么?》,《七月》第 5 集第 1 期,1940 年 1 月出版。

[10] 同注[2]。

[11] 胡风:《论现实主义的路》,《胡风评论集》(下),人民文学出版社,1985 年出版,第 349 页。

[12] 同注[2]。

[13] 胡风:《论民族形式问题》,见《胡风选集》第 1 卷,四川人民出版社,1996 年出版,第 341 页。

[14] 胡风,《论持久战中的文化运动》,《胡风评论集》(中),人民文学出版社,1984 年出版,第 48 页。

[15] 何其芳:《关于现实主义》,《新华日报》1946 年 2 月 13 日。

[16][17][18] 邵荃麟:《略论文艺的政治倾向》,《新华日报》,1945 年 12 月 26 日。

[19] 邵荃麟:《论主观问题》,《大众文艺丛刊》第 5 辑,1948 年 12 月出版。

[20] 胡风:《〈七月〉编后校记》,《剑·文艺·人民》,泥土社,1950 年出版,第 256 页。

[21] 1955 年他们被打成“胡风反革命集团”,为建国后之一大冤案。粉碎“四人帮”后得到平反。

[22] 绿原:《白色花·序》,人民文学出版社,1981 年出版,第 3 页。

[23] 路翎:《饥饿的郭素娥》,希望社,1943 年出版,第 3 页。

[24] 胡风:《饥饿的郭素娥·序》,希望社,1943 年出版,第 1~2 页。

[25] 路翎:《财主底儿女们·题记》,希望社,1945 年出版。

[26] 冯至:《十四行集·序》,上海文化生活出版社,1948 年出版。

[27] 袁可嘉:《“人的文学”与“人民的文学”——从分析比较寻修正,求和谐》,天津《大公报》,1947 年 7 月 6 日。

[28] 袁可嘉:《新诗现代化——新传统的寻求》,天津《大公报》,1947 年 3 月 30 日。

[29] 唐湜:《诗的新生代》,《诗创造》第1卷第2辑,1948年2月出版。

[30] 张羽:《南北才子才女大会串》,《新诗潮》复刊第3辑,1948年7月出版。

[31] 王佐良:《一个中国诗人》,曹元勇编《蛇的诱惑》,珠海出版社,1997年出版,序第7页。此文为1947年版《穆旦诗集》的附录。

[32] 同上,序第8页。

[33] 穆旦:《致郭保卫的信(1975年9月9日)》,《蛇的诱惑》,珠海出版社,1997年出版,第227页。

[34] 闻一多:《给臧克家先生》,《闻一多选集》,开明书店,1951出版,第125页。

[35] 聂绀弩:《聂绀弩杂文集·序》,三联书店,1981年出版,第3页。

[36] 无名氏:《海艳·修正版自序》,花城出版社,1995年出版,第9页。

[37] 见《创世纪大菩提》上册,文史哲出版社(台湾),1999年出版,第29页。

[38] 同注[36]。

[39] 臧克家:《向黑暗的'黑心'刺去》,《新华日报》1945年6月14日。

[40] 沈从文:《〈文学周刊〉编者言》,天津《益世报·文学周刊》第11期,1946年10月20日。

[41] 沈从文:《从现实学习(二)》,天津《大公报》,1946年11月10日。

[42] 朱光潜:《自由主义与文艺》,《周论》第2卷第4期,1948年8月出版。

[43] 毛泽东:《丢掉幻想,准备斗争》,《毛泽东选集》第4卷,人民出版社,1964年出版,第1489~1490页。

[44] 关于建国前夕这一场文艺批判的背景,可参看中共中央党校出版社,1992年出版的《中共中央文件选集》第16册和《毛泽东文集》第4卷中所载,1947年底关于全国胜利前打击"自由资产阶级"特别是其"右翼"的论述。

[45] 史笃:《文艺运动的现状和趋势》,香港《大众文艺丛刊》第6辑,1949年3月出版,第30~31页。

结语

第一次全国“文代会”——30年中的两股文学思潮——并未完结的历史——全面反映现代文学的生态状况

1949年，在中国现代文学的历史上，是非常重要的一年。

抗战胜利后爆发的国共内战中，中共中央撤离了延安，这里的大批作家转到晋察冀、晋冀鲁豫和东北解放区。两晋的文艺界联合会成了解放区拥有作家最多的团体。1948年9月，在华北解放区已连成一片时，这两个团体乃合并为华北文艺界协会。1948年底北平解放，这时已有相当数量国民党控制区的著名作家来到了华北解放区。1949年3月，华北人民政府文化艺术工作委员会与华北文艺界协会商讨决定，由原全国“文协”在北平的理监事与华北文艺界协会理事举行联席会议，筹备召开全国文学艺术工作者代表大会，成立新的全国文艺界组织。7月2日，(第一届)全国文学艺术工作者代表大会在北平召开，到会各方面代表共八百余人，包含了原国民党控制区和解放区的多数作家。这是现代文学史上规模最大、盛况空前的大会，当时称为两支文艺大军的会师。中共领导人毛泽东亲临大会向代表们表示欢迎。朱德、周恩来出席大会做报告。朱德在报告中肯定新文艺运动的主流自五四运动以来，始终是和中国人民民主革命运动相联系的。人民革命斗争得到了胜利，新的文学艺术也得到了胜利。他认为文学艺术和革命斗争的不可分离的关系，是中国新文艺的光荣。大会发表了《大会宣言》，宣告今后的文学要继续贯彻毛泽东《在延安文艺座谈会上的讲话》的方针，进一步与广大人民、与工农兵相结合。从此，毛泽东文艺思想成为全国文艺界的共同的指导思想。这次会上成立了中华全国文学艺术界联合会，选举郭沫若为主席，茅盾、周扬为副主席。同时，又成立了文学、戏剧、电影、音乐、美术、舞蹈、曲艺各协会，从组织上为发展新中国文艺做了准备。

在这次会上,郭沫若做了题为《为建设新中国的人民文艺而奋斗》的总报告。茅盾、周扬分别就国民党控制区文艺和解放区文艺,做了《在反动派压迫下斗争和发展的革命文艺》和《新的人民的文艺》的报告。郭沫若在总报告中,根据毛泽东的《新民主主义论》对中国文化革命的论述,总结出五四新文艺的三条基本经验,即无产阶级的领导、广泛的统一战线、两条路线的斗争。郭所总结的这三条,属于政治经验。他说明五四后新文艺之“新”在于它是“无产阶级领导的人民大众反帝反封建的新民主主义的文艺”,其中无产阶级领导又是“最根本的特点”。这表明当时最重要的任务是确立中共在政治上对全国文艺的领导地位。为此,郭沫若在讲述文学上的两条路线斗争时说,30年来“中国文艺界的主要论争是存在于这样两条路线之间:一条是代表软弱的自由资产阶级的所谓为艺术而艺术的路线,一条是代表无产阶级和其他革命人民的为人民而艺术的路线”。斗争的结果是前者的失败,曾经在这条路线影响下的许多作家也逐渐改变了人生观和艺术观,接受了无产阶级的领导。这说明五四以后资产阶级在文化运动中已绝无领导作用,盟长的资格已落在无产阶级文化思想的肩上。这样来阐释现代文学的历史,是与当时的打击“自由资产阶级”特别是其“右翼”的政策相一致的,郭的这些阐述,也是对他一年前发表的《斥反动文艺》的解释。

这里,有必要简要地回顾一下历史。

五四文学革命是由思想革命(新文化运动)的引发而发展起来的,这场思想革命的性质是反封建的,因而文学革命也猛烈地批判封建传统的文学观,而以建立人道主义为思想基础的“人的文学”为目标,并且取得巨大的成就。但是“人的文学”并不是现代文学的唯一的观念和目标。中国现代文学逐渐成长的过程,也正是中国社会的转型期,社会的转型比起文学的转型要复杂、困难得多。尽管经过了辛亥革命,只因“民国”还只是一块招牌,第一次世界大战期间又发生了对世界历史进程有重大影响的俄国十月革命,于是中国社会便有两条道路可供选择。结果是“走俄国人的路”的中国共产党所领导的武装斗争取得胜利,在1949年建立了全国政权。中共建党后就提出自己的文学主张,并且逐渐形成系统的理论、方针、政策。这个理论以马克思主义的阶级论为思想基础,目标是建立列宁提出的“党的文学”。按照阶级论,文学从来就是阶级斗争的武器,因而要求新文学成为无产阶级的斗争工具、武器。文学要写人，而按照阶级论，人是划分为不同的、对立的阶级的；没有抽象的人性，要写出人的阶级性，表现人的阶级关系。现代社会充满着阶级斗争，在各个阶级中无产阶级最为先进，只有他们理所当然地是未来历史的主人公，文学作品应该表现这种历史发展的必然性。为此，文学还要努力批判现存的社会制度，歌颂为粉碎这种社会制度的革命斗争，等等。这就是自1928年左翼文艺运动勃兴后，人们看到的新文学中的新面貌、新趋势。这与本书“引言”中所描述的五四后“人的文学”的面貌已经是很不一样的了。如果说中国的现代文学充满、贯彻着批判的精神，那么五四的“人的文学”侧重于思想、文化的批判，而后来的“阶级的文学”则着重于政治的、社会的批判。

有这样两种文学思潮的并存，于是在现代文学发展过程中便不断发生文学思想的争论，往往还很激烈。无论是人性论和阶级论之争，文学独立论、创作自由论和文学从属政治论之争，其中心都在于要建设什么样的新文学，怎样来建立新文学。一部中国现代文学史差不多从头到尾都贯串着文学论争。文学史著作固然要以作家、作品为主体；但对于中国现代文学史而言，弄清其发展过程中的思潮起伏和它们的相互矛盾、斗争，倒是有利于对作家、作品的阐释和评论，也有利于突现这段文学史的历史特征。

随着全国性胜利的到来，中共所建立的文学理论自然成为全国文艺事业的指导思想。1949年召开的全国文艺工作者代表大会，肩负着这样的使命：把毛泽东《在延安文艺座谈会上的讲话》确立为全国文艺事业的指导思想。这次大会完成了这一任务，并为贯彻毛泽东的文艺方针确立了组织上、体制上的保证。

现在有一种见解，认为中国当代文学应该从1942年开始，就因为1949年后的文学正是1942年发表的毛泽东的《在延安文艺座谈会上的讲话》的继续和更大范围的实践。这种观点有其合理性，但也有缺陷，那就是忽视了1942年到1949年这一段文学与1949年后的重大区别。这时在毛泽东文艺思想指导下的根据地—解放区文学，范围还是比较小的，在更大的范围里还有着其他成分的文学，而且其成就和影响都是很大的；所以还要郭沫若来写文章给予打击和肃清。这许多其他成分的文学是到了1949年后才消失了的。1949年之前和之后的文学面貌还是大有不同的。所以，以中华人民共和国的成立为标志，宣告转型后的新文学暂告一段落，此后进入了文学的新时期，这样的划分也还是合理的。

现代文学的32年的时间太短了，正如一条弧线的任何一小段都是直线，我们必须观察、研究长时段的文学史，才不至于把弧线误为直线。1949年后，中国文学发展出现了“两岸三地文学”的新局面，在大陆又有“十七年文学”、“文化大革命”、“新时期文学”等跌宕起伏的丰富内容。在20世纪80年代被称为“新启蒙”的思想解放大潮中，五四的一些口号，如“民主”、“科学”等又被重新提起，恢复了对“人的文学”的肯定性评价，历史好像绕了一圈又回到了五四。有人回顾这一长段的文化和文学的经历，作出“花甲轮回”、“五四怪圈”等的描述。这样，从长时段来阅读五四后新文学的历史，其面貌、其过程就更加清晰，思想内涵也更加深刻。

截止于中华人民共和国诞生的现代文学史，或者可以视为转型后中国新文学的短暂序幕，这时序幕暂时落了下来。接下来将是这出史剧的进一步展开，更为紧张、更为曲折的戏剧冲突就要登场，直到今天还没有散场，许多情节还会继续编排下去。所以，这篇结语只是一段“并未完结的历史”的小结。

从1917年到1949年，这32年间中国文学的大变革，是中国文学史上千年未有的大变革。中国文学从古典到现代的转型，包括了文学语言、形式的大变革。几十年历史的昭示，让人们看到形式上“转型”，并非一种新的现代的形式完全“消灭”传统的旧形式。事实是，从五四至今，新的文学形式诞生了，并确立了自己在文学创作中的主导的、主流的地位；旧的形式逐渐退出中心地位，成了支流、旁流，但并没有灭亡。新和旧两种形式都还处于发展过程中。

以自由体为主导形式的白话新诗登上诗坛的主位，打破了诗必格律的束缚，实现了“诗体大解放”，可以说是诗体转型的完成。但是大解放了的新诗一直存在散文化的缺陷，“分行的散文”不能说就是诗了。因为诗总得有自己形式上的特点，否则文章何必有韵散之分。而旧体诗词使用文言文，在今天无论写作或接受都有一定的困难；但这种历经千年磨练出来的形式，自有其优越性和艺术的成熟性，在现代仍然受到普遍的喜爱。五四后新产生的旧体诗词不仅数量甚多，而且精品也不少。现代的这些旧体诗词虽然是旧形式，但所表现的思想感情，所反映的生活都已经具有“现代性”。这说明旧体诗词的生命还在延续，还在发展之中，不能因其旧的形式的外壳而把它归于古典文学。在五四后的诗歌领域，实际上是新旧诗体的并存、并行。

在戏剧领域，来自西方的话剧经过三四十年的实践，艺术上已经成熟；但它的流行范围主要还在城市中，知识分子还是它的主要的接受者、欣赏者。而在文学革命中受到最猛烈批判的中国传统戏曲，不仅在广大农村，而且也在城市里，仍然拥有自己的广大观众。文学革命先驱希望话剧取戏曲而代之，这是不可能的。因此，在现代戏剧领域，实际上是“三足鼎立”。话剧为一足。传统的戏曲为一足，其实它也已经不完全是“传统”的了；因为剧目虽是旧的，演出时往往根据现代人的审美需求，用现代的观念加以修改，有的甚至是大修改。它所表现的便已经不完全是古人的观念、情感，而已经被注入了现代的思想因素。不仅如此，在艺术形式上也会根据新的物质、技术条件加以改造。这一只足也就不再是纯然的古典文学，而是被现代审美需求所激活了、改造了的传统，可以说是属于现代文学的一种现象、一个门类了。第三只足则是用传统的形式新编的剧目，其中包括历史剧、现代剧。既然是新编的当然属于现代文学。这说明现代中国的戏剧不是单一的话剧，而是本土和外来的、传统和现代的多种形式、品种的并存、并行。所以戏剧的转型也不是外来的话剧“消灭”、“取代”中国的传统戏曲，而是在剧坛上增添话剧的新形式，同时改造传统戏曲，使它获得新生命，为现代人所享用。

同样，可以看到小说领域里，在新的白话小说形式得以确立之后，传统的章回体也还在被使用着。这种章回形式在被称为“通俗小说”的领域里，还是主体，因为适合广大市民的欣赏习惯，还在流行着。这种城市里流行的“通俗小说”，俗称“鸳鸯蝴蝶派”或“旧派”小说，在晚清以来发展的规模相当可观。虽然在文学革命中也受到新文学的猛烈批判，但直到1949年仍在绵延不绝地发展着。因此，现在有人提出现代文学应该是雅俗文学的“双翼齐飞”。

文化革命、文学革命有自身的特殊性，它不能用“砸烂”的方式，像政治革命那样砸烂旧政权就算成功了。文化上新和旧有着传承的关系，很难一刀两断，可以说没有旧的就没有新的。凡是对文化遗产的继承很薄弱的地方，创新的成就肯定也不高。五四新文学的先驱批判传统文化固然很坚决、很激烈，但他们都有高度的传统文化的修养，这是他们能够创造新文学的一个重要条件。新文学建立起来了,文学革命就成功了。这个时候旧的文学形式仍然可以继续存在,新和旧可以并存,旧形式还可以给新形式以艺术的借鉴,甚至慢慢地被改造、演化成为另一种新的形式。

一部全面记载文学历史的著作,应该如实地反映这些实际情况,全面地记录某一时段里各种文学的生存、发展状况。例如现代文学史应该记载白话新诗的成功、发展,同时叙述旧体诗词在五四后的发展、演变和新的成绩。戏剧领域既要写出话剧的成绩,也要有传统戏曲在现代的演变和传统形式的新编剧目(如果这些剧目够得上入史)。这样来描写戏剧界“三足鼎立”的实际面貌,才是符合历史实际的。当然在记载现代小说的历史时,也应该给城市的通俗小说应有的地位。不仅如此,作为多民族的国家,各个民族文学的发展也有很大的差异。中国社会发展的不平衡性,使不同地区、不同民族的社会和文学的发展,相互间存在相当大的落差。这样的差异、差距,这样的复杂状态,理应得到反映,因为这是20世纪中国文学的重要特点,是不该忽略的。中国的现代文学史如果只是汉文学史,那就无法全面地记下这一时期的文学生态。说现代文学是雅俗文学的“双翼齐飞”,还是不足以反映全貌。如果也用个比喻,现代中国的文学应该是“千手观音”。编写这样的能够全面反映现代文学生态状况的史著,是个很庞大的工程,尚待今后的突破。

本书参考书目

《中国现代小说史》(第1—3卷)，杨义著，人民文学出版社,1986年9月、1988年10月、1991年5月出版。

《中国现代戏剧史》,陈白尘、董建主编,中国戏剧出版社,1988年7月出版。

《中国现代文学期刊目录汇编》,唐沅等七人编,天津人民出版社,1988年9月出版。

《中国现代散文史》,俞元桂主编,山东文艺出版社,1988年11月出版。

《东北新文学论丛》,张毓茂著,沈阳出版社,1989年3月出版。

《中国现代小说流派史》,严家炎著,人民文学出版社,1989年8月出版。

《中国现代文学总书目》,贾植芳、俞元桂主编,福建教育出版社,1993年12月出版。

《中国现代戏剧思潮史》,孙庆升著,北京大学出版社,1994年12月出版。

《中国抗战时期沦陷区文学史》,徐乃翔、黄万华著,福建教育出版社,1995年7月出版。

《中国现代主义文学史》(上下卷),朱寿桐主编,江苏教育出版社,1998年5月出版。

《中国现代主义诗潮史论》,孙玉石著,北京大学出版社,1999年3月出版。

《中国人学思想史》,李中华主编,北京出版社,2005年3月出版。

《西方人学观念史》,赵敦华主编,北京出版社,2005年3月出版。

《中国文学编年史(现代卷)》,於可训、叶立文主编,湖南人民出版社,2006年9月出版。